席联鑫 编著

智慧短詩文

——文学短信鉴赏

图书在版编目（CIP）数据

智慧短诗文：文学短信鉴赏 / 席联鑫著. --南昌：江西教育出版社，2014.3

ISBN 978-7-5392-6563-6

Ⅰ.①智… Ⅱ.①席… Ⅲ.①汉语—熟语—汇编②汉语—格言—汇编 Ⅳ.①H136.3

中国版本图书馆 CIP 数据核字（2014）第 031202 号

智慧短诗文：文学短信鉴赏

席联鑫 编著

江西教育出版社出版、发行

(南昌市抚河北路 291 号　邮编：330008)

各地新华书店经销

江西省和平印务有限公司印刷

889 毫米×1194 毫米　32 开本　20.25 印张　字数 580 千字

2014 年 11 月第 1 版　2014 年 11 月第 1 次印刷

ISBN 978-7-5392-6563-6

定价：48.00 元

赣教版图书如有印装质量问题，请向我社调换　电话：0791-86710427

投稿邮箱：JXJYCBS@163.com　来稿电话：0791-86705643

网址：http://www.jxeph.com

赣版权登字-02-2014-44

前　言

随着科学技术的进步，产生了许多新媒体，而新媒体很快受到文学的青睐，于是各种文学新样式——新媒体文学应运而生。短信文学应视作是她们的排头兵，她出现得最早而且对于文学的追求最为执著。在短信文学中，有许多优秀的短诗文，她们及时反映生活，表达幽默风趣，不少佳作饱含着中华优秀传统文化的深厚积淀。习近平主席最近在纪念孔子诞辰2565周年国际研讨会上指出："不忘历史才能开辟未来，善于继承才能善于创新。只有坚持从历史走向未来，从延续民族文化血脉中开拓前进，我们才能做好今天的事业。"所以，我们有必要对我们的短信文学，对我们的智慧短诗文进行很好的研究和总结。

中国1998年才开通手机通讯业务，但发展迅猛，据2005年不完全统计，中国该年发出短信3046亿条，发短信费用达到300亿元。中国一星期所发短信数量比美国一年所发总量还多。截至2010年7月，中国年短信发信量达8000亿条。

短信的出现，很快取代了电报的业务，电报不久便销声匿迹了，人们之间相互告知事情，乃至商务联系，只要通过短信便可及时便捷地完成。

渐渐地，短信中出现了一种文学性、娱乐性较强的样式，有人称之为手机文学，有的人视为快餐文化。同时，很多报刊纷纷专门开辟了"短信平台"专栏，随之，一批专业短信写手应运而生，他们被戏称为"动大拇指，当大作家"，著名的有戴鹏飞、朱千华、无眉、匪若子、彭希曦、左良山人、慕容雪村、卫悲回、去年法冷、龙川一木、庄晓明、子非鱼兮、李乙隆、一人一人一人等。其中，戴鹏飞被称为是中国第一专业短信写手。

戴鹏飞曾在新浪网上开辟了短信专栏，创作了短信三百七十多条。其小说体短信《谁让你爱上洋葱的》等短信脍炙人口，广为传播，其作品《把大象放冰箱分几步》还成为宋丹丹与赵本山表演的春晚小品中的重要细节。他的短信的点击率最高者达500万次以上。有人说类似这种幽默风趣的短信从骨子里有娱乐性，是人们愉悦身心的港湾。还有人形容它“像春天的蒲公英，不用风吹就沾满一身”。

在短信文学非常活跃的时期，不少广播电台、杂志社、移动公司举办了各种类型的短信文学作品比赛。北京历年来举办过多届春节祝福短信大赛，甘肃、贵州以及黄石、济南等地举办过“红色手机短信大赛”，潍坊则举办过“绿色原创创意短信大赛”，广西举办过“倡导低碳生活短信大赛”，北大、人大举办过“德青杯”文明手机短信大赛，江苏也举办了大学生“一字千金”手机短信作品大赛。全国各种大赛不胜枚举。

2004年，我国首部短信小说《城外》诞生，由手机小说第一人千夫长创作，由60条短信组成，共4200字，描述了两个人的不同情感经历，在婚姻的“围城”内外演绎了一段道德和法律都不支持、虽合情但不合理的激情。同年6月，海南移动有限责任公司、《天涯》杂志社、海南在线天涯社区联合主办了“中国首届全球短信文学大赛”，为提高其权威性，特邀了铁凝、韩少功、苏童、格非、蒋子丹、李少君等著名作家为评委，大赛结束后，将获奖作品及优秀作品结集出版，书名为《扛梯子的人》，由云南人民出版社出版。诗歌类一等奖作品为《墙上的马》，诗云：“一匹马，被水墨钉在墙上/它的思念飘零/它的肉体和啸声/薄成一张宣纸/我了解它的饥渴和焦虑/所以，这么多年来/我一直代替它/在城市的水泥地上/奔跑/苦苦寻找/一棵鲜嫩的草。”其获奖评语为：“人对大自然和生命力的渴望，透过宣纸上一匹马及其意象组合，得到美丽的表现。一匹墙上的马寓意着对大自然的向往，有诗意的描述，更有本质的批判，以小见大。”散文类的一等奖作品为《年龄》，“以浅显的比喻解读年龄的多义，体现了作者对生活经验的细致体察和深入思考，通透练达，亦庄亦谐。”小说类一等奖空缺，评出了二等奖作品《竖笛》《永远的子孙》及三等奖《爷爷相亲记》等。第三届起便改成“E拇指短信文学大赛”了。

中国台湾也举办过短信大赛，有一次大赛的“家书组”第一名的短信很精练，才八个字：“我去相亲，你去体验。”其第二名是：“妈，不要再问我为什么不结婚，我很想问你为什么要结婚！”“亲爱的妈咪，我真的很爱你！我知道你希望我能快点嫁人，但是你的人生，就是我不敢结婚的原因。”“妈，等我结婚跟等我长大一样需要耐心，多给我一点时间吧。”“情书组”一等奖空缺，获二等奖的是：“我会保持单身，等你恢复单身。”“如果我们的爱情总是插播，那就别再打来了吧！”也许大陆很多读者不习惯这种写法，大赛主办方代表说：“这次大赛不仅是比赛，更是年轻人反映社会现象和思想趋势的平台。”家书组的获奖作品是：“妈麻，再不给我缴钱，我就不能天天传短信给你啦！”“老爸，收到你的短信真开心，不过就算家书抵万金，也不能折抵生活费啦，下个礼拜要记得汇钱喔！”短信中的主人翁被称为尼特(NEET)族，这种人是不愿升学、不愿就业、不愿进修的族群，在大陆叫啃老族。

很多短信，为了不辱使命，很注意文化内涵，它们在写作上渐渐注意从语法、逻辑、修辞等方面进行提炼，仅说修辞方面，比喻、对偶、排比是不在话下，回文、顶真、用典、集句、仿拟等也比比皆是。如有则短信写道：“高知不如高官，高官不如高薪，高薪不如高寿，高寿不如高兴。”还有的短信写道：“爱心是风，卷来浓浓的云；爱心是云，化作及时的雨；爱心是雨，滋润久旱的树，为你撑起一片绿荫。”这两则短信明显用了顶真的写法，环环相扣，层层递进。另有则短信写道：“魅力是女人的力量，力量是男人的魅力。姿色是女人的事业，事业是男人的姿色。”显然，短信兼用了顶真和回文两种手法。又如“微笑的人才能健康，自信的人才能微笑，坦荡的人才能自信，无私的人才能坦荡。”首先，此则短信可以从后向前倒读，自然属于回文手法。在顶真方面有点与众不同之处，按照惯例，顶真是下句之首顶上句之尾，本则短信却一反常态，以下句之尾顶上句之首。

运用嵌字手法的短信不少，而且主要是爱情短信中嵌对方的名字，以及在新年祝福中嵌“新年快乐”之类的词语。例如，有一男子追求女友张艳，曾发给她一条这样的短信：“我携仙侣天地游，爱山惜水放扁舟。张目春光无尽美，艳色却教鸟雀羞。”每句第一字抽出来便是“我爱张艳”。还有一则类似情况的短信写道：“众人皆醒我独醉，心有灵犀最珍贵。真情澎湃爱不悔，今生只与你相随。”本则短信则是将“我最爱你”四字分别嵌于各句的第五字位置。嵌字新年快乐的短信不少，例如：“新春来临气象新，年轻年老皆开心。快速奔上小康路，乐见中华锦绣程。”又如：“新春吉祥桃李艳，年年惬意鸟雀欢。快活幸福身康健，乐庆丰年比蜜甜。”不胜枚举。

有些短信运用集句的手法也很得心应手。例如，有一则短信写道：“天空中没有了翅膀的痕迹，而我已飞翔过了。悄悄的我走了，正如我悄悄的来，我挥一挥衣袖，不带走一片云彩。”明眼人一看便知。本则短信是由两位著名诗人的名诗句集合而成的。第一二句出自印度著名诗人泰戈尔的散文诗《萤火虫》，第三至六句则出自我国著名诗人徐志摩的诗《再别康桥》，两诗的意境和语言风格都很通融，短信把它们组合在一起，顺畅连贯，浑然一体，不说是天衣无缝，也可赞之为珠联璧合。

短信中用典虽然不是很多，但用得都比较得体，比较有趣。例如，有则短信写道：“新年大礼：如来送福，观音送子，孔明送智慧，西施送美丽，李时珍送健康，赵公元帅送钱币。”每句都有典，很有代表性，而且都是家喻户晓、妇孺皆知的。有的短信则要有点历史文化知识方能领会，如：“太监最讨厌的歌：把根留住；太监最讨厌的剧本：一剪梅（没）；太监最讨厌的广告词：我有我可以；太监最讨厌的成语：空前绝后；太监最讨厌的人是纪晓岚。”前面所提到的歌名、影视名、广告、成语，可能不少人还是了解的，而最末一句，太监为什么最讨厌纪晓岚呢？这却很多人不了解其中的缘故，不了解其间的“恩恩怨怨”。据传，纪晓岚当官不久，有个太监喜欢与他作对。纪总想教训他一下，正好有一次这个太监拦下纪，要他讲个笑话。纪认为时机来了，他摆出个讲笑话的架势，说：“从前有一个人……”停顿了很久不说话，太监耐不住，忙问：“下面呢？”纪晓岚便双关地说：“下面没有了。”说得太监一脸彤红。又有一次，纪晓岚找皇上有事，也被一太监拦下：“听说纪先生文才过人，可否作诗一首，不然，便不让你过去。”纪晓岚又急又气又无奈，只好念了两句：“三光天地人，四季夏秋冬。”这太监不明白纪的用意，还傻乎乎地反问：“一年不是有四季吗？怎么独独没有春天呢？”纪晓岚趁势发泄，冷冷地说：“你还有春天吗？”纪晓岚多次含沙射影地奚落太监的净身，太监们能不讨厌他吗？

在修辞方面，值得一提的是大量使用了“仿拟”的手法。个别句子的仿拟不便详举，除了仿徐志摩的《再别康桥》、卞之琳的《断章》和余光中的《乡愁》外，应着重谈一谈仿古典诗词和仿流行歌曲两大类。有不少短信，仿古人诗词佳作，有仿《虞美人》的，有仿《沁园春》的，还有仿《如梦令》的，仿拟最多的是刘禹锡的《陋室铭》和苏轼的《水调歌头·明月几时有》，仅仿苏轼的“明月几时有”的就有“女友几时有”、“房子几时有”和“银子几时有”和“中秋”等多种，如《水调歌头·工资》写道：“银子几时有，双眼望青天。不知能涨多少，到手是何年？我欲悄悄问问，又恐他人笑话，细想心真寒。仿佛总是梦，奈何无人谈。心欲静，波澜起，催人烦。不应有变，何故总许空头愿？人有妻儿老小，家需酱醋油盐，此事古难缠。但愿人长久，多加几吊钱。”《水调歌头·工资》另有一个版本是：“工资几时涨？把酒问青天。不知公司领导，今天需加班？我欲乘风归去，又恐地狱小鬼，无钱多阻拦。起舞弄清影，何不涨工资？转朱阁，低绮户，照无眠。不应有恨，物价又升，工资难涨！人有悲欢离合，工资上涨难期，此事古难全，若要人长久，必须涨工钱。”针对 SOHO 中国总裁潘石屹调侃乔布斯应该做一千元以下的手机，“搬起苹果砸自己的房”，人们反讽潘应该建造一千元以下一平米的房子，并建议发行“潘”币，1 潘＝1000 元，可买一平方米房。最近，连网络微博也仿《水调歌头·明月几时有》再讽潘石屹：“工资几时涨，围脖问青天，不知天上房价，今夕是何元？我欲千金散去，又恐琼楼玉宇，年薪不抵涨……”

有一则短信仿《水调歌头·明月几时有》用以写“A 股”：“牛市几时有？把酒问证监。不知今夕是何年。晨起影，看绿盘，一时泪满面。我欲抛盘去，又恐皆失算，低处不胜寒。股市扩容快如剑，想赚钱，难难难，牛低头，熊年年，监管不管，圈钱圈钱俱欢颜。转朱阁，看散户，夜无眠。股市常亏，何时赚？人有悲欢离合，月有阴晴圆缺，股市此难全。但愿人长久，股票不崩盘。”短信将股市的状况及股民的心理刻画得维妙维肖，刻画得入木三分。有人说这种短信“染上了古典文化的神韵，更具谐趣”。

短信中，有更多的仿拟现代流行歌曲的作品，特别是关于调侃中国足球的短信，就有仿“涛声依旧”“雾里看花”“你总是心太软”“大约在冬季”“笑脸”“好汉歌”“说句心里话”“懂你”“我们走进新时代”“爱情鸟”“我是一只小小鸟”“一千个伤心的理由”“忘情水”“既然爱了就不怕”“你快回来”等十几种。例如，仿刘德华演唱的《忘情水》的短信这样写道：“给我一杯除臭水，换我一次不倒霉。所有铁杆球迷，任他雨打风吹，付出的爱收不回；给我一杯除臭水，换我一生不伤悲，就算我会喝醉，就算再多美眉，不会闯进世界杯。”仿孙楠演唱的《你快回来》的短信为：“你快回来，我已经承受不了，你快回来，足球因你无彩；你快回来，把你的臭脚带回来，别让球迷的心再受伤害。”短信以旧瓶装新酒，装的是广大球迷失望、伤心的苦酒。

还有的短信仿流行歌曲《月亮之上》写股市、股民的情况，如《股票之上》写道：“我在遥望，大盘之上，有多少股票在自由的飞翔，昨日已忘，风干了暴涨，我要和你重逢在套牢的路上，资金已被牵引，股落股涨，解套的日子远在天堂。呕也，呕也，呕也！谁在呼唤，行情多涨，挣钱的渴望像白云在飘荡。东边割肉，西边喂狼，一摞摞的股票，就跌到了天亮。在股海沧桑中，牛股在何方？跟机构商量，让股票涨涨……呕也，呕也，呕也！”有一则短信也模仿《月亮之上》写股市，但写得简单一些：“有钱的日子，远在天堂。有一个幻想在自由飞翔，昨天清仓，今日又涨，我和你相逢在借钱的路上。盼到了解套，卖光了又暴涨，我的灵魂早已脱缰！”真乃是“满纸伤心语，一把辛酸泪，都言股民痴，谁解其中味”。

梁启超先生说：“凡有意识的模仿，都是经过自由意志选择才发生的，所以他的本质，已经是和创造同类。”他又说：“所以严格说来，无论何种模仿行为中，又不能绝对的不含有创造的成分。”（见《拈花笑佛》）短信中的许多模仿，都是有创造性的。但是，作为赠言，有的短信却会完全引用古今中外名人名言；同时，有些人发现精彩的短诗文，也会用短信转发给朋友共赏。

央视青歌赛以来，人们特别关注了原生态的歌曲和音乐。其实，在短信的创作中，也有一种类似“原生态”的现象，这些短信虽不见经传，并未在报刊上发表，它们只是坊间私人中交流，甚至只在一对一，不在一对 N 中交互出现，但是却非常有生活气息，非常生动有趣。

例如：有一位老师，原来刚毕业时，由于家庭出身不好，分配在江西省莲花县的山沟里教小学美术，生活非常贫困，连小孩发育都受到影响。后来由于下放干部回城时，见他有美术才华，帮忙把他带回了江西樟树。他培养了很多高材生，当他七十岁时，学生们从各地赶来为他做寿。他的一位外地朋友得知信息，但不能及时赶到，于是只好给他发了一条对联短信："想昔日莲花结苦蕊，观今朝樟树发新枝。"短信中"莲花"和"樟树"既是两种植物名，又是同为江西的两个地名，寓意双关，且一条简短的短信画龙点睛地概括了该位老师的人生重要历程，颇有意趣。

又如戴尔中国和读者杂志社联合举办"微言大义，虚位以'戴'"有奖征文活动，规定参赛品必须以微博发出，有一位先生有感而发，欲参加征集活动，但该人自己不会发微博，因此，只好用短信发给朋友，请朋友用微博转发：

戴月披星奔无闲，尔绩璀璨同业鲜。

戴白垂髫口舌赞，尔羊尔牛角耳欢。

戴义感恩耻唯利，尔诚尔信笑开颜。

戴盆而望难高远，尔雅温文赋新篇。

在坊间私交中，更难得的是彼此有来有往，互相以短信唱和。例如。有位教授很想念自己的学友，于是发去一条短信：

相见亦无事，不来忽忆君。

那位朋友接短信后，立即回了一条：

不如来饮酒，可以赋新诗。

非常巧合的是，这两条短信都取自于清代书法家所书写的对联，"相见亦无事，不来忽忆君"引自清代画家厉鹗书写的一副对联，"不如来饮酒，可以赋新诗"则引自清代书画家杨法的一副对联。两副对联非常含蓄地表达了两位朋友之真挚和深沉的友谊。虽然清代两位书画家不是为了相互赠与而书联，但作为今人互作应答，倒是显得珠联璧合，天衣无缝。

又如：有一位先生给朋友转发了一条"送你五千万"的短信："过年了，没啥送给你。也不想多送给你，送你五千万：千万要快乐，千万要健康，千万要平安，千万要知足．千万不要忘记我。"那位朋友"才思敏捷"，给他回敬了"三亿"的短信："发友，您好，寄来的钱收到。进行投资后，收益五个亿，为答谢您，今返赠您三个亿(忆)：常忆亲人，常忆朋友，常忆恩人。”这类短信显然是个人即兴“杜撰”的，但“投之以桃，报之以李”的情愫跃然纸上，而且都用了转类的修辞手法。再如：有两位朋友，一位姓水，一位姓朱，两人同窗，交往甚密，一次，朱某发一短信给水某，其中有一句曰“生生息息不离水”，显然，这是为了表达他与水姓学友的密不可分的友谊。水某见之，心领神会，很快也用短信回了一首七绝，最后一句便为“五颜六色只近朱”，也委婉地表达，在复杂的社会人群中.只交朱某这样的朋友，含蓄隽永，意味深长，回味无穷。以上这种相互唱和的短信，正如宋代著名文学家范仲淹在《岳阳楼记》中所云：“渔歌互答，此乐何极！”

由于受低俗之风影响，由于某些出版商唯利是图，曾经有一度，黄色短信书刊充斥市场，但是，就在那种氛围中，也有不少出版社出版了有品位、有特色的短信专集，如《三平斋夜语》(九思著)就是其中的一本。该书编写体例与众不同，是一种警句、格言体的结集，每条短信多为两部分组成，用不同的字体区分，前面几句是经典古诗文的句段，后面是作者的心得，其语意、句式、每句字数均保持一致，上下贯通，浑然一体。例如《真境》：“(明)陈继儒有言：田园有真乐，不潇洒终为忙人。诵读有真趣，不玩味终为鄙夫。山水有真美，不领会终为漫游。吟咏有真得，不解晓终为套语。淡中知味是真释，量弘识高是真人。澡身浴德是真修，物我两忘是真性。允执其中是真谛，凡事随缘是真情。交友带侠气，做人存真心。忍到熟处则忧患消，淡到真时则天地赘。”短信前面八句及最后两句为陈继儒的言论，中间则为短信作者的随感。有的短信则全为作者的人生感悟，如《为官五行》：“为官如金，守沉默之慎，葆至真之性。为官如木，汲深层之养，持至善之性。为官如水，知载舟之理，达至清之性。为官如火，疾腐恶之仇，存至诚之性。为官如土，承厚道之德，秉至美之性。”著名学者汤一介先生为该书写序，在序中特别提及，“如作者所说，这些都是为人的通言，为事的名言，为政的恒言，为官的箴言，每一篇章皆不乏佳作。例如在‘箴官规心’中，从金、木、水、火、土‘五行’来正面谈‘为官五行’……又从反面讲‘为政三勿’：先引诸葛亮的‘勿以身贵而贱人，勿以独见而违众，勿恃功能而失信’，又发展为自己的‘勿以优势而轻敌，勿以知世而习染，勿以事熟而随手，勿以政简而思浅，勿以识广而妄功，勿以友近而逾宽，勿以难多而避战，勿以德施而期返’……”汤一介先生盛赞《夜语》“提供了一个崭新的文体”，“并以自己所得滋润他人”。除《三平斋夜话》以外，比较有特色的、原创性强的短信图书还有：丁振先编的《带翅膀的短信》、黎葳编的《非常拇指》、范昌德编著的《风流短信》、杨富生编的《拇指风暴》（新编快乐短信）、梅梅、晶晶主编的《没事逗你乐》、刘元主编的《手机里舍不得删的短信》万里英编绘的《麻辣贴图短信》以及《短信葵花宝典》和《心动贴图短信》等，特别是经济日报出版社，近些年来，每年出版一本《新短信》，形成了新短信年度系列图书，并在内容选材、语言风格上力求引领新的时尚。

一般文学作品只是某一种体裁，或小说，或诗歌，但短信文学并不局限在某一种表现形式上，它既有小说，又有诗歌，散文，它还有仿应用文范畴的广告体、说明书体、配方体、书信体等，它甚至还有脑筋急转弯体和绕口令体。如有的短信写道：“法官问：‘你作伪证，你知道会有什么后果吗？’作伪证者答：‘我知道，我为他作伪证后，他会送我一件皮大衣。’”这便是脑筋急转弯的作品。又如，有的短信写道：“买茅台酒的不喝茅台酒，不买茅台酒的倒喝茅台酒。”显然这是仿绕口令“吃葡萄不吐葡萄皮，不吃葡萄倒吐葡萄皮”而作的。短信文学中，有不少作品是从民谣中汲取营养，或者是采用民谣体进行创作的。例如有反映看病贵的：“救护车一响，一头猪白养；做个阑尾炎，白耕一年田。”又如有反映旅游中的无聊和无奈的：“到北京看城头；到西安看坟头；到上海看人头；到苏州看桥头；到天津看码头；到桂林看山头；到南京看石头；到河南看光头；到杭州看丫头。”“景点生态迷人；历史故事诱人；导游忽悠骗人；游人恶习损人；饭馆摊店宰人；门票贵得吓人。”还有反映“做人难”的：“人家舞，你不舞，大伙说你一堆土；人家赌，你不赌，人家说你二百五；人家嫖，你不嫖，人家背后造你谣；人家捞，你不捞，老婆说你是草包。”这些民谣体的作品朴实无华，朗朗上口，非常贴近生活，非常贴近群众。综上所述，所以说短信文学不止是一种体裁，它包含着各种体裁。应该说，短信文学就是一种以手机为主要载体的文学，它的包容极大，亦可谓之博大精深。它不只是一株花，它是一座花园，牡丹玫瑰，甚至连含羞草都有；它不只是一件珠宝，它是一座宝库，金、银、翡翠、玛瑙，应有尽有，它流光溢彩，它花香扑鼻，给人提供广泛的享受和陶冶。

对于短信文学，有人说它是点心，有人说它是小吃，我却对它情有独钟，我认为它是一桌满汉全席，尽管目前在菜质、佐料以及烹饪技术上还达不到要求，但它具有这种态势，尤其是近年来日记体短信小说，对话体短信小说以及接龙短信小说等新的样式的出现，不断在为这桌宴席增添新菜、大菜，日后，必将出现令人满意的可口的满汉全席。

短信的篇幅本来约定俗成为70字以内，但随着短信文学的不断发展，文学短信出现了新的样式，因此，它的篇幅便超过70字了。如广西文联主席谢望新创作的中国乃至世界上的第一部日记体手机短信长篇小说《中国式燃烧》含短信5000多条，共35万字。又如号称“魔鬼诗典第一人”的王豪鸣创作的首部对话体长篇文学短信《大宝小贝》，也有短信275条，共13000多字。又如由手机体小说第一人千夫长创作的首部短信小说《城外》，也由60条短信组成，共4200字，再如中国第一部短信童话《丢失了白天的别特小镇》及BT短信《BT游记》的篇幅都不短。后来，短信文学中还出现了接龙现象。2012年8月河南举办了首届中原文化节暨短信小说接力赛，省文联副主席李佩甫撰写了“灯又灭了。……他只信一个字：缘。”（72字）为“龙头”，引发短信写手们进行接龙创作，收到1822条续写短信，精心挑选62条（4000多字）分别组成“悬疑派”和“言情派”两部小说。同时，青岛《周末》周刊也开创了“短信”版短信小说，提供《让谁乱了分寸》为开篇，两月内就收到续篇短信四万多条。以上短信的出现，不仅是个篇幅扩大的问题，更主要是形式多样化了，更注重故事情节和塑造人物，且都具有电视连续剧的吸引力了。以上各种样式的出现，彰显了短信文学的强盛生命力。

但是，短信文学出现初期，就像农民工进城一样，接受的是冷峻的目光，在建造“天堂”却没有自己的“屋檐”。有的人否认它的文学性，还有些人编段子，对照唐诗宋词等挖苦嘲笑短信文学。然而，不少有识之士对短信文字予以了热情的肯定。莫言先生说：“短信文学的本质依然可以说是文学，它只是借助手机这个平台，以短信的方式传播。这种特殊形式要求它短小、精悍，写得好同样可以出现千古之作，甚至是经典。在中国文学史上，就有不少类似短信文学这样的作品，如《聊斋志异》《笑林广记》《阅微草堂笔记》《搜神记》等中就有不少短小精悍的故事，以及唐诗宋词等。如果能创造出像这样的作品，或利用短信文学的形式，对一些经典进行改造或创新，放在手机上传播，就非常有意义。”（见欧阳文风《短信文学论》）作家韩少功也持有同样的观点，他说：“民间与庸俗之间不能画等号，甚至不能画略等号。诗经、楚辞、汉乐府、《水浒传》等，都来自民间，但并不庸俗。”评论家葛红兵也非常看好短信文学，称“它更有文学性，和直接通话相比，有不可替代的心灵沟通的效果。短信会成为文学新阵地，文学园地里会出现一种新的样式。”批评家李少君也充分肯定短信文学，他说：“假以时日，短信文学也完全可以有所成就。”“短信文学能够更加随意记录和表达所见所闻、所思、所想，甚至随时随地地记录和表达。”“加以其形式上的严格，有时反而构成一种挑战，激发作者的创造力。古代的五言七律都具有形式上的严格，但照样产生了大量千古绝唱。短信文学也是有可能创造这样的奇迹。”此外，还有许多学者对短信文学予以了热情的赞扬。吴再先生说：“我始终认为，短信与歌词是当代文艺的两朵奇葩，远比那些‘党八股’与‘商八股’来得清爽与智慧。歌词就不说了，因为只要好好温习一下崔健的词与乔羽的词就知道非同凡响。我们说说短信吧，虽然黄段子满天飞，可是红段子也不少。令人欣慰的是，充满睿智的短信灿若群星……”（见《沼泽地里散落的花瓣》）还有人称赞中国的文学短信“既有徐志摩乃至泰戈尔的诗情画意，又有鲁迅乃至萧伯纳的犀利幽默。”还有人对于具有古典诗词风味的短信发出感叹：“汉语的韵律真的无可替代，老祖宗真的伟大。”朱城先生认为，外国也有文学短信，但是，它远不如中国文学短信丰富、生动、形象、深刻，这是为什么呢？这是由于中国的语言文字有深远的文化渊源使之然，他说：“首先，繁衍数千年的中国语言文字源远流长，有着丰厚的历史积淀和博大精深的人文蕴涵，她以其所建构的空灵腾越的精妙语境和隽永智慧的修辞功力，赢得全中国乃至全人类的认同、钦佩与至爱。而这壮美的中华传统文化恰是当今短信文化得以在短期孕育成长壮实的文化母体，是取之不尽用之不竭的充沛源头。其次，中华民族对自己在悠久峥嵘的历史进程中所创造的语言文字有着无与伦比无法割舍的血脉至情，他们不仅对传统中华文化圆融娴熟，得心应手，更是心领神会，情有独钟。这又是短信文化能在不长的日子里迸发出如此旺盛生命张力的先天禀赋，是深植其灵肉的民族文化基因使然。其三，中国短信文化中还渗透着人们使用语言文字的独特理解与鲜明本色，中国人在叙述在表达在抒发其思想情感、世事认知时更多表现出委婉、含蓄、机巧、睿智、幽默、深沉等文化性格和人生态度，而中国短信文化深入浅出的普世习俗正显露出这种有别于异国待人处世行为的特点。这也是蕴孕中国特色短信文化的精血骨肉，是别具东方情韵的文化亮点。”（见《朱城博客》）

宋人梅尧臣诗曰：“力捶顽石方逢玉，尽拨寒沙始见金。”短信中确有不少思想性、文学性极高的精品。虽然它们目前还不能与唐诗、宋词同日而语，但是有不少短信确实从唐诗宋词中吸吮了营养，而且它们还不像唐宋文人那样多在抒发个人的情怀，而是涉及国计民生的热点问题，如抗震救灾、非典问题，如房子问题、教育问题、医疗问题、官员腐败问题，乃至足球等问题，从多方面针砭社会的弊病和反映老百姓的呼声，它们像杜甫的作品一样，甚至比杜甫的作品更具人民性。

如短信《水调歌头·住房》：“住房几时有？含泪问青天。不知要等多久，乔迁是何年？我欲申请‘经适’，又恐暗箱操作，宝马停楼边。常说房价跌，奈何总缠绵。黑灯房，到处是，叫人馋。不应有诈，何故总是梦难圆，家有妻儿老小，几代蜗居难熬，此事古亦怜。但愿居有屋，广厦千万间。”短信仿苏轼的《水调歌头·明月几时有》，非常艺术地将中国的住房问题反映得入木三分，发人深省。即使是在非典时期，文学短信也未哑然失声，有人仿毛泽东的《卜算子·咏梅》写道：“风雨送春归，非典迎春到，已是春花灿烂时，却戴厚口罩，戴也不放心，疯狂喝中药，待到非典离去时，久憋成傻帽。”诚然，以词牌要求来衡量，短信有很多欠缺陷，但是，我们若要以当时的情境设身处地地来回忆，从短信中，不但看不到一点半丝的对于非典的恐惧和悲观，恰恰相反，短信从通篇的非常轻松的戏谑中体现出了人们处变不惊、临危不惧的从容和淡定，甚至可以说是一种带有乐观主义的调侃。

2008 年，汶川发生了大地震，短信立即发声了：

风声、雨声、呼救声，声声入耳；
家事、国家、赈灾事，事事关心。

地震无情人有爱，
人间自有真情在。

所有的伤痛，除以 13 亿，将会变得渺小；
所有的关爱，乘以 13 亿，就能威力无比。

……

短信已走过了十来年的不凡历程，很多有识之士都认为该对她进行阶段性的总结。近年来，各报纸杂志，尤其高等院校的校刊均发表了许多很有见地的文章，如西北师大贾延飞六万来字的硕士论文《短信文学综论》（指导教师任遂虎教授）的确对我国的短信文学进行了综合性的研究和评述。更为可喜的有关短信文学的专著也应适而生了。中国社会科学出版社出版了欧阳文风先生的 23 万多字的《短信文学论》（责任编辑郭晓鸿、王冬梅），该书为欧阳友权主编的"新媒体文学丛书"之一。该书对短信文学的文学新景观，对其自由本色、民间本色、娱乐旨归的美学特征，对创作方式、语言与文体等创作特色，对接受范式和价值体认等作了精辟的论述，还提出了大文学观，并展望了短信文学的发展前景，探讨了存在的问题。该书还在论述中推介了不少优秀乃至经典的短信之作，并作了画龙点睛式的评析。该书被业内人士誉为短信文学领域内的"布白"之作。

对于短信文学研究和论述，我感到有人过分强调了它的"游戏"功能和因素。的确，在短信文学中，有一些作品的确属消遣性，这些作品因此格调不高，有的甚至打擦边球，搞亚黄色段子，这只是短信文学中的部分现象。短信文学中，很多作品还是着力营造文学氛围的，他们摒弃流水账似的记叙，他们更不在短信中打口水仗，他们是不屑媚俗从丑的。他们创作的出发点不是为了戏谑，而是出于交流的互动，出于好酒共尝、好文共赏的精神陶冶。正因为如此，对短信文学的发展，就要摒弃其消极因素，弘扬其积极的精神，诚然，这就要加强对于短信文学的文学批评，引导短信文学向着健康、高雅的方面发展。但是，这是个举步维艰、令人非常焦虑的问题。

根据目前中国的国情，中国是个超级的娱乐大国，说愚乐至死有点过分，说娱乐至疯倒是符合实际的。这主要是电视媒体助长而成的。任何一个事情，通过一个电视大赛，立即“疯”靡全国，远的不说，就说最近搞的非体育明星的跳水赛，也是一石激起千层浪，其收视效果立即爆强。为了推动短信文学的发展，有些移动公司联合有关部门举办过多次全国性的短信文学大赛，也起了很大的作用。但是，如果中国移动或其他公司联合举办一个类似“中国好声音”的“中国移动杯短信文学大赛”，中国的短信文学一定会得到振兴，一包药包好，绝非戏言。过去，有过“文化搭台，企业唱戏”的提法，为什么不可以来一个“企业搭台，短信唱戏”呢？当然，事后，还是要仔细研究一些如何持久地吸引人看、激发人写的可行性措施。短信文学要解决创作园地问题，要解决著作权问题、创作者的合理收入等问题。使短信文学发展有自身的动力，从而健康蓬勃地发展。

培根曾说：“一个民族的天才、机智和精神都可以在它的谚语中找到。”著名学者陈原则说：“被称为名言、警句或引语的现象，可以说都是语言的精华，而且是浓缩了巨大信息的‘集成电路’——往往在字面以外还传递着许多潜信息，这些潜信息成为一种非语言信息，与字面上的语义同时引起了意想不到的遐想，从而达到深化的境界……”（见广西版《实用名言大辞典》序）而文学短信涵盖了谚语、名言、警句的功能，内容比他们丰富，及时反映社会生活，深刻地引起人们的遐想和思考，社会效果不可估量。而且，文学短信在创作上越来越对艺术品位的提高有所追求，创作者们八仙过海，各显神通，不断创新，不断发展，正如培根所说，它越来越体现了中华民族的天才、机智和精神，我们应该发扬光大之，我们应该振兴短信文学，让它加入先进文化的行列，为弘扬中华优秀民族文化添光溢彩。短信文学是新媒体文学的先驱，要对她更加关心和呵护，让她以新姿重现文化舞台。

目　　录

一、人生感悟篇

1. 人生禅理

2. 人生岁月

3. 人生艰辛

2. 爱的倾诉

3. 爱的灵犀

4. 爱的伤痛

5. 戏说爱情

三、谈婚论“家”篇

1. 婚姻秘笈

2. 家庭经略

3. 戏说婚姻

4. 戏说夫妻

四、评男品女篇

1. 男女宝鉴

2. 戏说男女

3. 戏说男人

4. 戏说女人

五、交友处世篇

1. 君子之交

2. 朋友之歌

3. 处世之道

4. 戏说交际

六、修身立业篇

1. 立志拼搏

2. 谦诚善良

3. 顺其自然

3. 师爱如林

4. 亲情恩泽

八、康乐福寿篇

1. 健康无价

2. 四季祝福

3. 新年寄语

4. 戏说节庆

十、校园育人篇

1. 园丁之颂

3. 足坛悲歌

4. 股民辛酸

5. 戏说世态

十二、调侃逗趣篇

1. 酒色财气

2. 茶余饭后

3. 文字游戏

4. 动物世界

5. 戏说名著

一、人生感悟篇

1. 人生禅理

冬日拾景

一棵枯树
站着圆寂

一堆雪
抱着另一堆
取暖

一弯冰池
水的骨头
很硬

一张洁白的产床
春天
就要生了

【链接】本则短信转引自欧阳文风《短信文学论》，作者为被称作“魔鬼诗典第一人”的王豪鸣。短信文学中，像这样以“即景”的形式出现的很少。本则短信像一组写生画，又像是一组抓拍的镜头。短信的句子都极为简短，多为二至四字，仅一句长的才七个字，读起来朗朗上口，铿锵有力。短信名为拾景，但都将景中物拟人化了。在作者的眼中，一棵枯树，却像一个方丈站着圆寂了，静悄悄地结束了生命。雪也像怕冷的人，相互拥抱，竟然是为了取暖，这是怎样的一种发散思维。冰，水为之，成为冰后，它的骨头便比钢还强，比铁还硬。从冬日的产床上，作者就感受到了春天的气息，因为一个新生儿就要诞生了。短信从枯树开始，到婴儿就要生了，别出心裁的构思在死亡与新生的对比与呼应中，产生了浓郁的审美情趣。

谭得晶的短信《迷途》看也似一则“即景”短信，至少可以说是以“即景”为切入的短信。短信写道：

树
长成穹庐
撑起绿色天空
路
长成弓箭
奋力
将我们一一射入
我听到一个声音说
射出去就不要回来
永远在森林里迷途

看到短信的前几句，不由得使人想起孟浩然《过故人庄》的诗句：“绿树村边合，青山郭外斜。”孟浩然在这种场景下的感受是“待到重阳日，还来就菊花”。而本则短信的描写却是：在长成穹庐、撑起天空的树下，在长成弓箭的路上，听到了“射出去就不要回来”“永远在森林里迷途”的声音。本则短信也是转引自欧阳文风《短信文学论》，欧阳文风先生评曰：“万物皆流，唯有瞬间的诗意感受，才能在某一时刻让我们看到，‘路’长成了雄健的弓箭，在某位英雄手中奋力将我们射入那浓密的森林。唯有在艺术的瞬间，才能听到一个神秘的声音，透露出我们内心深处的渴望与秘密。”他还说：“想要迷途在森林，是对美好自然的眷恋，也是对现代城市生活的痛苦意识。从城市生活退却，永远陷入幽深的森林，意味着彻底的忧郁与抛弃。这一刹那的感觉便是主宰。‘不要回来’，不要过去，不要未来，永远的迷途是永恒的，也是幸福的。”

短信《迷途》与《冬日拾景》的写作风格很接近，都是：简洁、形象、含蓄、隽永，表面上是写景，实质上是写人生。在写景中抒情，更绽放出发人深省的人生禅思。这两则短信有如王维的诗，诗中有画，诗画中渗透情和理。

弥勒佛

笑

容

【链接】本则短信应是本自吴再先生的《智慧如诗》，标题有三个字，正文才两个字，且各排一行。不熟悉其文化背景的人一定会大惑不解，若是熟悉者却很容易联想到北京潭柘寺弥勒殿的一副对联：“大肚能容容天下难容之事，开口便笑笑天下可笑之人。”“笑”与“容”联想来便为一个名词“笑容”，这正是弥勒佛的慈眉善目、硕鼻大耳、笑口欢颜的突出特征，以及慈悲大度的精神。这副长对联的下联正是重现了三个“笑”字，上联重现三个“容”字。所以，笑与容两个字的内涵是极为丰富深邃的。它体现了人们的生存智慧，饱含哲理，开启了多少信男善女的心扉，也影响了无数普通百姓的生活态度。看着弥勒佛的袒胸开怀，人们便想到海纳百川，有容乃大；看到弥勒佛的慈颜常笑，人们便会变得自信、乐观、超然。朱元璋对这副对联也很感兴趣，传说他自己书写时，将下联“开口便笑”改成了“开口常笑”，将一个“便”字改为“常”字也反映了他的期望的另一个角度，能经常地快乐生活，这也与很多人有共同之处，人们不是流传着“笑口常开”的说法吗？

我国有许多名山大川，天下名山寺居多，寺中皆有弥勒佛，各地弥勒佛旁的对联丰富多样，只有几处与北京潭柘寺的相近。如四川峨眉山灵岩寺弥勒佛旁的对联为:“开口便笑,笑古笑今,凡事付之一笑;大肚能容,容天容地,与己何所不容。”该副对联“笑”在上联,“容”在下联,联末分别现“笑”与“容”字,“笑天下可笑之人”此处为“笑天笑地”,“容天下难容之事”此处为“容天容地”。“凡事付之一笑”与“与己何所不容”对“笑容”有进一步的强调。

湖南衡阳罗汉寺弥勒佛前的对联则为:“大肚能容,容人间恩怨亲仇,个中藏有几许;开口便笑,笑世上悲欢离合,此中已无些须。”此副对联也有自己的独到之处,着重从情感上强调“笑世人悲欢离合”“容人间恩怨亲仇”。

曾在一份杂志上看过一篇与弥勒佛有关的文章,也引用了一副对联,基本上与北京潭柘寺的那一副大同小异,但是下联却有一点不同,其下联写作“开口便笑,笑天下不笑之人”,其中以“不”字代替了“可”字,应该不是排错了字,应该是作者凭自己的体会写的,是有意而为之,这在情理上是说得通的。“不笑之人”可以理解为不善于从生活中获取快乐或生性就是郁闷忧愁的人,这些人为什么不能像弥勒佛那些笑口常开呢?为什么不能乐观一些、开心一些呢?从这个角度来笑“不笑之人”也是一种为对方着想的笑,也是一种为人化解郁闷忧愁的笑,是一种善意的笑。同理,上联可以改作“容天下能容之事”,“难”字改为“能”字,肚量更大,境界更高,且正好与“不笑之人”匹对。

“笑容”在《现代汉语词典》中释义为“含笑的神情”,“笑”修饰“容”,属偏正结构,而按照短信的构思来理解,则是并列结构的,其意则为“笑口常开,宽容大度。”短信题三字,文二字,堪称为短小精品,但是还有比它更短小的作品,题二字,文仅一字——诗人北岛的“生活:网”。这一个字的内涵更是丰富多彩的,人生不乏生活之网、事业之网、感情之网、关系之网、名利之网……数不胜数。又如孔孚的《落日》:“圆/寂。”有趣的是它如《弥勒佛》一样,寓含着佛教深邃辽远的意境,令人如灌醍醐。

人生的选择

发上等愿　结中等缘　享下等福
择高处立　就平地坐　向宽处行

【链接】游览过江苏无锡梅园的人，就一定知道本则短信的出处，本则短信完全借用了清代左宗棠为无锡梅园书写的一副对联。对联对仗十分工整，上等—中等—下等，高处—平地—宽处，都是层递地表现，极富禅意，极富哲理。人可以有很高的愿望，但需要有一定的机会和人缘，要有一个平和的心态，不能期望过高，要知足常乐。过去，在学习雷锋的年代，倡导在工作上以高标准要求自己，在生活中以低标准要求自己，或许有些左宗棠思想的身影。享下等的福也心安，有这种心态，享中等福，乃至享上等福则更能泰然处之。下联似乎只是个比喻，稍显抽象一些，立、坐、行是象征一种人生态度，喻示人们要高瞻远瞩，脚踏实地，勇于奔向宽阔的前程。尤其在当今竞争激烈的时代，更要有这种精神，才能适应。譬如一个高中毕业生，期望考到名牌大学，但落榜了，要怎么办呢，就在独木桥下躺在河里吗？应该赶快爬起来，奔上新路。在人生的道路上有各种选择，对于左宗棠先生这副对联，仁者见仁，智者见智，各有各的解读，各有各的感受。最近看到九思先生的《三平斋夜语》，他以“选择”为题，对左宗棠的这副对联的寓意作了很多的“借题发挥”，他在引用这副对联后，紧接着根据自己的感受，补充阐述为：“取法乎上，方得其中。物守中道，张弛有度。择路而行，择善而从。立身要高，处事须平。事上敬谨，待下宽仁。守定君子之心，襟度旷达万境宽；权变日常事务，心地超然五福厚。”九思先生这段文字，有中国传统文化的底蕴。

对于在左宗棠“发上等愿，结中等缘，享下等福”的最好诠释应是国学大师张中行先生的“三可”，即“可意”“可过”“可忍”。发上等愿，或许可意不可求，但人生必须志存高远；“结中等缘”有情缘、友缘、亲缘、事缘、物缘，一切随缘而过，可能圆满，但不必完美；享下等福，贫苦得可以忍受，不一定要做苦行僧。总的说来，其核心该是南怀瑾先生所推崇的古圣贤的“极高明而道中庸”。对于左宗棠的“发上等愿，结中等缘，享下等福”，有些网友仿拟新联，有人写道：“思前世缘，结今世爱，问来世情”“修前世业，结今世缘，成后代果”，还有人反诘问：“立上等志，做中等人，干下等事，可否?”有点诙谐，也发人深省。

人生与生活

哭非人生，笑非人生，哭笑不得乃人生；
生也容易，活也容易，生活不易是生活。

【链接】本则短信是一则警句式的短信，短信以对联的形式出现，而且上下句都以先分叙后总合的手法来进行表达。短信的先分后总如果以一种数学公式来比喻，它不是1＋1＝2的算术式的，而是A＋B＝C的代数式的。按照常规的分合写法，短信应该写成“哭非人生，笑非人生，哭笑乃人生；生也容易，活也容易，生活容易是生活”，这样写不仅平淡无味，而且与作者的本意不符，并且是背道而驰的。短信写成“哭笑不得”和“生活不易”，这不是加一两个字的事情，而是体现了作者的反向思维，这里不让句子顺势而下，而是突然来了个逆转，使意思表达得非常新奇，甚至有点诡异，从而显得更加深刻又隽永，更加增强了短信的警策效果，让人更加领悟了短信所表达的关于人生和生活的哲理内涵，让人如食橄榄回味无穷。

短信别出心裁地提出“哭笑不得乃人生”，“生活不易是生活”，向人们警示：人生不是轻松安逸的，它不仅有欢乐，而且有辛酸；生活不是一帆风顺的，它不仅有顺道，而且有逆境。人们特别是在辛酸时，在逆境中，要善于对待，有一则短信写道：

烦的时候没人问，学会了承受；
哭的时候没人哄，学会了坚强；
怕的时候没人陪，学会了勇敢；
累的时候没人可以依靠，学会了自立。

此则短信通过几个排比句，通过一些生活细节，形象地表叙了在辛酸时，在逆境中，即在烦、哭、怕、累，没人问、哄、陪、可以依靠时，不要消极悲观，要善于从中学会承受、坚强、勇敢和自立，即从中吸取正能量，也表现出人们对待“哭笑不得”和“生活不易”时的睿智与豁达。还有则短信写道：

人生首先要有望远镜，看远；
其次是要有显微镜，看细；
接下来要有放大镜，看透；
再就是要有太阳镜，看淡；
最后要有哈哈镜，笑看生活。

短信写了人生要有各种镜，但“最后”落笔在“哈哈镜”上，强调人们最重要的是要“笑看生活”，即使是在“生活不易”时，或者是在“哭笑不得”的时候，都应该善于从生活中、从人生中寻求到乐趣，快快乐乐地过好每一天，快快乐乐地过好一辈子。

人生断想

青春是打开了就合不上的书，
人生是踏上了就回不了的路，
爱情是放下了就收不回的赌注，
生活是升起了就拨不开的迷雾，
朋友是找到了就舍不得丢的宝库。

【链接】本则短信从青春、人生、爱情、生活、朋友五个方面进行断想，前四个方面的比喻都比较玄乎，只有第五个方面，把朋友比作“找到了就舍不得丢的宝库”，通俗易懂，说得比较直白。朋友是非常宝贵的，是无价之宝，有了知心朋友，不仅能得到物质上的帮助，更重要的是获得精神上的寄托，正如有的短信所写：“有人牵挂的漂泊不叫流浪；有人陪伴的哭泣不叫悲伤；有人分担的忧愁不叫痛苦；有人分享的快乐才叫幸福。”当然，这里的“人”不仅仅是指朋友，还可以指亲人、爱人。青春为什么是打开了就合不上的书呢？这里说得不是很明了，需要点脑筋急转弯。一般都把青春比作诗，比作歌，比作风，比作火。台湾作家席慕蓉把青春比作书，她说："青春是本仓促的书。"其意如詹·拉·洛威尔所说："如果说青春也有缺点，那就是它消失得太快。"所以，高尔基说："青春是有限的，智慧是无穷的，趁短暂的青春，去学习无穷的智慧。"所以说，青春之书一旦打开，就不要匆匆合上，应该用自己的才智尽力抒写更多华丽的篇章。有的段子说"人生没有回头车，人生不售返程票"，这与本则短信所说"人生是踏上了就回不了的路"如出一辙。生活的路上有许多十字路口，有许多坎坷，正如本则短信所说有许多迷雾，这就需要我们从生活中磨炼出火眼金睛，识破迷雾，拨开迷雾，朝着既定的目标奋勇前进。大概也是出于这种"迷雾"说，有的短信写道："看得破的人，到处都是生机；看不破的人，到处都是困境。拿得起的人，处处是担当；拿不起的人，处处是疏忽。放得下的人，处处是大道；放不下的人，处处是迷雾。想得开的人，处处是春天；想不开的人，处处是凋枯。"香港著名词作家黄霑有首歌中写道："情场中几多高手，用爱将心去偷，就像你偷得之情，剩我一世忧。"这里写爱情写了"偷"，还未见像本则短信这样，把爱情比作"赌注"，但被偷和赌输还是一样的痛苦。而且，仔细推敲，短信在前面强调的是对待爱情不要轻易"放下"，这正如经典爱情电影《曾经》中所说："曾经拥有的，不要忘记。不能得到的，更要珍惜。属于自己的，不要放弃。已经失去的，留作回忆。"

有一则短信写道："爱情需要勇气，朋友需要义气，亲情需要和气，干活需要力气，事业需要运气，生活需要好脾气。"还有的短信强调人生需要遵循和掌握各种法则，即"道"："以公道处事则事顺，以恕道处人则人服，以和道处家则家和，以谦道处世则世容，以忠道自处则无愧。"以上两则短信从内容上与短信《人生断想》是互补的，都是对待人生、事业、爱情、家庭和朋友的座右铭。所以，这三则短信可以联系起来，对照地进行理解和欣赏。

人生一张纸

出生一张纸，开始一辈子；
毕业一张纸，奋斗一辈子；
婚姻一张纸，折磨一辈子；
做官一张纸，斗争一辈子；
金钱一张纸，辛苦一辈子；
荣誉一张纸，虚名一辈子；
看病一张纸，痛苦一辈子；
悼词一张纸，了结一辈子；
淡化这些纸，明白一辈子；
忘了这些纸，快乐一辈子。

【链接】其实，此则短信前面还应增加一句："孕前一张纸，预约一辈子。"我国实行计划生育政策，夫妻结婚后，须先领准生证，才能孕育，没有准生证，就上不到户口，以后上学读书也成问题，工作也成问题，那就要麻烦一辈子。所以，首先不能忽略"准生证"这张纸。然后，才是来到这个世界上领取出生证，真正迈开了人生的第一步。长大后，读小学、中学、大学，乃至硕士、博士，要领取各种毕业证，真是要奋斗一辈子。嫁娶要领取结婚证这张纸，如果是匆匆闪婚，匆匆离婚，真要折磨一辈子。做官要有任命书这一张纸……人的一生，真是离不开各种各样的"一张纸"，本则短信就是抓住"一张纸"大做文章。短信详细地列示了人生各个阶段的特定的"一张纸"，而且着重揭示这"一张纸"和人的"一辈子"的关系，而且揭示了这样一个道理：别小觑这"一张纸"，人们为了这"一张纸"，须付出很昂贵、很沉重的代价，须"奋斗一辈子""折磨一辈子""斗争一辈子"，甚至"痛苦一辈子"。的确如此，再说读书吧，把教育当作产业以来，教育的经费如座大山压在人们的头上，从进幼儿园开始，便让人戴上了经济枷锁，小学、中学、大学便逐渐加重。对于高考，就有人戏称为"六月考儿子，七月考老子,八月考票子”。再说,做官也不容易,过去讲路线斗争,站错了队,踩错了线,跟错了人,那后果是不堪设想的。现在市场经济,若为官经不住诱惑,贪污受贿,生活腐化,最终也是锒铛入狱。所以,人们应该接受短信最后的诚恳忠告:“淡化这些纸”“忘了这些纸”,这样才能明明白白地过一辈子,快快乐乐地过一辈子。

后来,在微博上出现了类似短信《人生一张纸》的另一版本的段子:

职称一张纸,争了一辈子;
晋升一张纸,斗了一辈子;
房贷一张纸,还了一辈子;
存款一张纸,攒了一辈子;
奖状一张纸,虚名一辈子;
证书一张纸,奋斗一辈子;
病历一张纸,痛苦一辈子;
悼词一张纸,了结一辈子;
……
淡化一张纸,明白一辈子。

短信《人生一张纸》强调“淡化这些纸”,并不是提倡人民平平庸庸、碌碌无为,人生还是必须有奋斗,有拼搏,有所作为。尼采说:“每一个不曾起舞的日子,都是对生命的辜负。”这也是一辈子必须明白的道理。

人生一二三四

一个中心:以快乐为中心。

两个基本点:遇事潇洒一点,看事看远一点。

三个忘记:忘记年龄,忘记怨恨,忘记荣誉。

四个拥有:拥有真心相伴的爱人,拥有温馨和睦的家庭,拥有正当稳定的职业,拥有患难与共的朋友。

【链接】众所周知，改革开放初期，党提出了基本路线，概括起来说就是“一个中心两个基本点”，具体地说，即是以经济建设为中心，坚持四项基本原则，坚持改革开放。其中坚持四项基本原则的具体内容为：坚持社会主义道路，坚持无产阶级专政，坚持党的领导，坚持马列主义毛泽东思想。本则短信是仿拟“基本路线”的最新版本。最初的版本很短，主要是针对离退休人员和即将离退休的人员而作的，因此，初版的“一个中心”便是“以健康为中心”，“两个基本点”则是“潇洒一点，糊涂一点”。意思很明显，就是劝离退休人员在晚年要重视健康，要轻松、乐观地生活。后来在传播中逐渐完善，于是加上了“四有”：“有个伴侣，有个住处，有些朋友，有些钱用。”后来，有人又将“四有”突出了一个“老”字，即“有个老伴，有个老窝，有点老本，有些老友”。还有个版本列有“四个坚持”，即“坚持锻炼，坚持节俭，坚持吃素，坚持动脑”，仍然是与“以健康为中心”相呼应的。这个版本还将四有改为五有，加了一“有”，即“有点老酒”，显得更加幽默风趣。

本则短信大概是最后的版本，所言对象不再局限于离退休老人，而是包括年轻人，社会面更大了，因此，将“一个中心”改为“以快乐为中心”了，不再强调“以健康为中心”，尤其是在四“有”中，将原来的“有钱”改为“拥有正当稳定的职业”。这一条对离退休人员就不那么重要了，但却反映了社会的热点话题之一：就业问题。这一条，对于那些下岗人员，就显得非常重要，尤其是对于那些大学毕业难以找到合适工作的大学生来说，更为重要。教育从提出产业化的口号以来，为了创收，拼命地扩张，不仅是大学生，甚至是硕士生、博士生都不易找到合适的工作，所以，本则短信反映了他们的愿望，表达了他们的心声。唐代著名诗人白居易在《与元九书》中说：“每与人言，多询时务；每读书史，多求理道。始知文章合为时而著，歌诗合为事而作。”本则短信也具有“合为时而著”“合为事而作”的创作精神。

人生要有信仰

不怕穷，就怕囧；
不怕没金钱，就怕没信念；
不怕没车没房，就怕空虚迷茫；
不怕金融危机，就怕信仰危机；
人生是只船，信仰是风帆；
万里去远航，乘风好破浪。

【链接】本则短信首先通过四个“不怕A，就怕B”的句子，前后将物质世界、金钱世界与精神世界对比，阐述不怕物质世界匮乏，就怕精神世界空虚迷茫，从而强调“人生是只船，信仰是风帆”。

短信每句前半句与后半句各自押韵，使得每句意思更加粘合连贯，整个段落中层次分明。短信像民谣、像顺口溜一样，朗朗上口，通俗易懂，突出一个关键中心词——信仰。信仰，用离合的方法简言之，就是信奉和仰慕；详言之，便主要是指人们对于人生观、价值观、世界观的选择和持有。主要是对于古今圣贤的主张、主义的信服和尊崇。过去，革命烈士夏明翰的信仰可以体现在他的慷慨激昂的“砍头不要紧，只要主义真，杀了夏明翰，自有后来人”的血写的诗中；民族英雄文天祥则体现在他的“人生自古谁无死，留取丹心照汗青”的掷地有声的抒发中。有的人信仰也体现在对于神，或对于宗教方面。史铁生曾写过有关“昼信基督夜信佛”的散文，他认为：“人生的迷茫只有两件事：一曰生，或生的意义；二曰死，或死的后果。基督教直面苦难的人生，佛教则以智慧对待死亡。”史铁生巧妙地诙谐地对基督教和佛教进行分工，或面对生存，或面对死亡。生死观即人生观、世界观的重要部分，也与人的信仰息息相关。

短信强调人生要有信仰，而尤其是年轻人更要有信仰。现在有不少年轻人，一时找不到工作，或说找不到好的工作；一时没有丰厚的收入，一时无高档的物质享受；一时无房无车，找不到如意的对象，于是就很空虚迷茫，于是就喜欢用一个“囧”字来抒发自己的境况。所以，短信第一句便道出“不怕穷，就怕囧”，是很有针对性，很有现实意义的。现在的年轻人没有信仰更深层的表现是看不到前途，没有理想，对于社会上出现的腐败感到迷失，于是怀疑一切，信心丧失殆尽。北大中文系校友卢新宁在 2012 年 7 月 1 日北大中文系毕业典礼上的致辞对此作了精辟的论述：“我唯一的害怕，是你们已经不相信了——不相信规则能战胜潜规则，不相信学场有别于官场，不相信学术不等于权术，不相信风骨远胜于媚骨。你们或许不相信了，因为追求级别的越来越多，追求真理的越来越少；讲待遇的越来越多，讲理想的越来越少；大官越来越多，大师越来越少。”卢新宁还说：“当利益成为唯一的价值，很多人把信仰、理想、道德都当成交易的筹码，我很担心，‘怀疑’会不会成为我们时代否定一切、解构一切的‘粉碎机’？我们会不会因为心灰意冷而随波逐流，变成钱理群先生所言的‘精致利己主义’，世故老到，善于表演，懂得配合？”所以，卢新宁语重心长地对学弟学妹们说：“在你们走向社会之际，请看护好你曾经的激情和理想。在这个怀疑的时代，我们依然需要信仰。”短信后几句也强调人生要有信仰，两者一拍即合。

不带走一片云彩

天空中没有了翅膀的痕迹，
而我已经飞翔过了。
悄悄的我走了，
正如我悄悄的来，
我挥一挥衣袖，
不带走一片云彩。

【链接】本则短信是一组集句，一二句出自印度著名诗人泰戈尔的散文诗《萤火虫》，而后四句则出自中国著名诗人徐志摩的《再别康桥》，虽然未必说集结得天衣无缝，但说其珠联璧合是无不妥的。“翅膀”“飞过”“云彩”组成了一个非常和谐、美丽、令人神往、遐想的空间，其诗的意境令人陶醉，字里行间，不难看出两位诗人共同的胸襟和情怀。“天空中没有了翅膀的痕迹，而我已经飞翔过了”，对此，你难道不感觉到重在参与、重在过程、不在乎结果吗？“悄悄的我走了”“不带走一片云彩”，在物欲横流、喧嚣浮躁的现实中，你不感觉不追逐浊流、不贪求索取的难能可贵吗？这组诗，难道不能为两位诗人的脱俗和潇洒而钦佩和膜拜吗？两个异国诗人的诗组合在一起，难道你不会感到如出自一人之手吗？两位诗人早有深厚的友缘和情谊，1924年4月，泰戈尔应邀来上海等地访问，徐志摩正是这次活动的主持人兼翻译，徐志摩非常敬慕泰戈尔的“高超和谐人格”，他认为泰戈尔的访华，“可以纠正现代狂放恣纵的反常行为，可以摩挲我们想见古人的忧心、可以消平我们过渡时期张皇的意义，可以使我们扩大同情与爱心，可以引导我们入完全的梦境。”（见《泰戈尔来华》）徐志摩这段对泰戈尔的高度评价，正好可以用作对集句的意境及审美价值的最好诠释和点评，也可以用作当前社会浮躁的清醒剂和镇静剂。

非常有趣的是，泰戈尔访问上海期间，林徽因也参加了一些陪同活动。此时，徐志摩正在追求她，但她却如湖水一样的淡定和矜持。徐志摩把泰戈尔当作最知心的朋友，央求他对林徽因劝说和通融，泰戈尔也欣然答应了徐的要求，对林谈及了徐对她的爱恋，然而林徽因非常理性，依然不改心中的决定。于是有人慨叹：天空的蓝想亲吻大地的绿，它们之间只能发出一声深深的“哎！”从此事不难看出徐志摩与泰戈尔之间的深情厚谊，同时，也以活生生的事实印证了前苏联伊萨柯夫斯基所说的名言：“爱情不是一颗心去敲打另一颗心，而是两颗心共同撞击的火花。”事情虽然没有成功，但徐志摩可以坦然地说“我已经飞翔过了”，“不带走一片云彩”。

如此就行

事业无须惊天动地，有成就行；
金钱无须取之不尽，够用就行；
朋友无须两肋插刀，知心就行；
身体无须长命百岁，健康就行。

【链接】本则短信，每句句末都用"就行"二字，表示某种（方面）的事情，只要做到一定的程度便满足了，而且这种"程度"显然是要求不很高，能达到就可以了，也是一种知足常乐的心态和思想境界。有的短信以近义词"就好"代替"就行"，另有"知足常乐"一条短信，写的是："人生无需惊天动地，快乐就好，友谊无需甜言蜜语，想着就好；金钱无需车载斗量，够用就好；朋友无需遍及天下，有你就好。"两则短信，虽然大致相似但各有千秋，都谈了金钱、朋友，但谈朋友的角度不同，一则是强调不必感情用事"两肋插刀"，只要知心就行，另一则却是强调朋友不在于数量多，强调"有你"这样的朋友就很欣慰，把你摆进去，使人感到特别亲切。一则短信是从"人生"切入，另一则却从"事业"切入，反映的角度和内容很接近，"知足常乐"那一则把"友谊"和"朋友"分开叙述，表达了两个层面，而本则短信却是特别提及了"身体"方面的内容，显得相对宽泛一些。一则短信强调"就好"，一则短信强调"就行"，都是表示不奢求，不过望，很容易满足，都是知足常乐的意思。另有三则短信全用更简短的四字句，而且仿《陋室铭》篇首"山不在高，有仙则名；水不在深，有龙则灵"的句式表述了以上两则短信的内容：

房不在大，温馨则行；人不在高，能干则行；
钱不在多，够花则行；爱不在多，真诚则行。

蜗居虽小，温馨就好；蚁族虽苦，有梦就好；
价格虽高，节省就好；心事虽多，看开就好；

挣钱虽少，平安就好；看病虽难，健康就好；

污染虽多，低碳就好；噪音虽响，快乐就好。

以上数则短信是从人生的几个大的方面来表示“知足常乐”，如果说这些短信是从“宏观”上表现，那么非常有趣的是，有一条短信是从“微观”方面，从一个极为细小的事情——给朋友发了短信，朋友只要能那样对待“就行”，此则短信是这样写的：

这条短信，收到就行。如在岗位，不回也行。我的祝福，知道就行。亲如兄弟，记得就行。看完之后，笑笑就行。如不满意，删掉也行。

短信显得非常随意，非常大度，非常善解人意，也显得非常的幽默风趣。

古语说：“良田万顷，日食一升；广厦千间，夜眠八尺。”告诉人们：人的实际需求是有限的，不必过于奢望。股神巴菲特的儿子彼得·巴菲特说：“亿万富翁的子女出生时嘴里含的‘金钥匙’，有可能成为插在其后背上的‘银匕首’。”语出惊人，振聋发聩。作为一个富二代，能有这样的认识，是非常睿智的。在他的生活中，“就行”、“就好”也一定会成为他的日常用语。

什么更重要

水平比文凭重要，
能力比知识重要；
健康比容貌重要，
精神比钱财重要；
情商比智商重要，
朋友比领导重要；
问候比送礼重要，
思念比相见重要。

【链接】本则短信运用八个“A比B重要”的排比句，道出了人们在为人处世中的几个重要的有关价值取向的问题，即价值观的问题。短信之所以强调“A比B重要”，并不是无的放矢的。事实证明，在现实生活中，有不少人却是以为“B比A重要”的。的确如此，很多人以为有文凭，学历高就一定水平高、能力强，很多用人单位在招聘时也是以此为指导思想，所以，有的人竟然搞假文凭、造假学历，蒙混过关。有的人以为容貌比健康重要，尤其是有些女士，为了美容，不惜代价，以致被毁容，吃尽了苦头。对此，有识之士认为：“女人：短期，姿色最重要；长期，智慧最重要；终身，德行最重要。”有的人智商高，但情商低，不懂得亲情，不懂得感恩。还有的人不能处理好与周围同学、同事、邻居的关系，不懂得朋友的重要，只知道巴结上司，求得升迁。中华民族是个很重亲情的民族，唐代诗人王维诗曰“每逢佳节倍思亲”，常年在外的农民工不顾春运紧张，“有钱没钱，回家过年”的声音与之是一脉相承的，渗透着浓浓的亲情。无论是古人还是今人，都把与亲人团聚看作是头等大事，看作是一种享受，现在虽然是物欲横流，但是在危难时期，人们还是把精神上的交流，把亲情的传递看得更加重要，更加宝贵。在汶川地震、玉树地震之时，得以生还的人们，首先想到的不是物质上的补偿，而是亲情的抚慰，他们只想对着亲友们痛哭一场，或者只想听到亲人的一声安慰，只想向亲人报一声平安。杜甫在《春望》中写道：“烽火连三月，家书抵万金。”这虽然写的是战争环境，但家书比万金还更有价值的情感表达是相通的。我们应该走出价值取向的各个误区，消除“B比A”重要的陈腐观念，以“A比B重要”为价值取向标准，让我们的社会更加和谐，让我们的生活更加美好。

有的段子则以“A不如B”的句式来说明“B比A重要”：“万贯家财，不如一技在身；满腹经纶，不如一善在心；高谈阔论，不如一言九鼎；长篇累牍，不如一字千金。”显然，换种说法便是“一技在身，比万贯家财更重要”……

放弃也美丽

放弃该放弃的是一种明智——无累；
放弃不该放弃的是一种愚蠢——无能；
不放弃该放弃的是一种错误——无知；
不放弃不该放弃的是一种执着——无悔。

【链接】有人说："放弃父母温暖的怀抱，才有自己活泼的奔跑；放弃满天的星月，才能获得一个崭新的明天。"放弃是一种选择，放弃是一种智慧，放弃是一种学问。本则短信以一种近乎绕口令式的语句，就放弃与不放弃，该放弃与不该放弃的逻辑关系进行了简明而又精彩的表述。短信用的是四个判断句，然后用破折号隔开，再用四个带"无"的词语作进一步的阐释，极富哲理，发人深省。人不可能拥有世界的一切，古语说：鱼和熊掌不可兼得。所以，人只能拥有属于自己的，而放弃不该拥有的。所以，在人生的历程中，逼迫人们作出对于放弃与不放弃的明确选择。尤其是在人生的十字路口，在升学、就业、恋爱、婚姻等重大问题上都会面临这个难题。正如有的文章所写，面对十字路口，要放弃不适合自己的路；面对失败，要放弃懦弱；面对成功，要放弃骄傲；面对老弱病残，要放弃冷漠；面对困境，要放弃沉重的负担；面对恋情，要放弃不该爱的人，放弃纠结。有则短信写道：

少年放弃幼稚，走向成熟；
青年放弃浪漫，开创天地；
老年放弃忙碌，享受黄昏。

还有不少短信以自然界花草虫鱼来比喻人生的舍弃，例如：

溪水放弃安逸，奔向大海；
小草放弃舒坦，爬上高山；
鸟儿放弃温暖，翱翔蓝天。

又如：

放弃花的香艳，才能拥有果的甜美；

放弃一粒种子，才能拥有万颗粮食的收获；

放弃茧蛹里沉睡，才能有展翅飞翔的自由；

放弃漂亮的尾巴，才能变成活泼可爱的青蛙。

针对爱情方面的放弃，有的人说："我的风筝终于承受不住上天的痛苦，在明媚的阳光下断了线，此时，我明白了那份爱不属于我。原来，放弃也是一种幸福。"还有的人很豁达地表白：

让伤心随风而逝，只有快乐相随；

落泪前转身离去，留下简单的背影；

将昨天埋在心里，留下美好的回忆；

不管昨天的晴朗、阴霾，在明天笑看太阳的升起……

放弃也可以说是舍弃，人们常说舍得，舍了才有得，但是我们不能舍大求小，舍本求末，所以，我们也不能轻易放弃，不理解的放弃是一种浪费，是对人生的践踏和不负责任。尤其是不能放弃人的尊严、民族尊严，众所周知，朱自清宁可挨饿，放弃美国面粉，但不能放弃爱国主义的品格。放弃是需要勇气的，因为放弃是会有苦痛的，正如有些爱情歌曲里所唱那样："我真的不愿意放弃，我的心会痛苦地死去。"有的歌则从另外一个角度来唱："放弃我是你的错，别等受伤了才找我，曾经是真心只换痛苦和沦落……"

放弃不是退避，而是一种储蓄，储蓄更大的勇气、力量和智慧，放弃是一种长远的战略，古人说"大丈夫能伸能屈"也就是这种意义，所以说放弃不是结束，而是孕育着新的追求。从另一角度来看，正当的不放弃，不放弃不应该放弃的，则是一种等待，是一种无怨无悔的执著。所以，也不要轻易放弃，有时能打开门的就是那最后的一把钥匙，所以，有人戏称这种不放弃，就是那管用的钥匙。

退步是向前

手把青秧插满田，
低头便见水中天。
心地清静方为道，
退步原来是向前。

【链接】本则短信完全引用了五代布袋和尚的禅理诗，其第三句另一版本为“六根清净方为道”。原诗通过过去农村常见的田里插秧的生活细节说明一个普遍而又深刻的哲理。人们习惯于见高不见低，见远不见近。人们一般都不注意高高的蓝天倒映在水田之中，人们在插秧的不经意间，“低头便见水中天”。没有农村生活体验的人很难感悟其中佳境，尤其是现在都不需要插秧，只需随意“抛”秧，甚至直接使用机械，更无从体味“退步，原来是向前”这一禅理。过去，插秧如果是向前走，那插好的秧肯定会被自己践踏掉，所以，只有边插边后退，才能把秧插满田。布袋和尚很细心地观察生活，道出了人们未曾道出的深刻道理。平时，人们也常说是非面前退让三分，“退一步海阔天空”，似乎讲得很有气魄，很有诗意，但细想起来，却不如布袋和尚所写的生动、形象，回味无穷，而且这种“以退为进”的道理更具普遍性，更加深刻，这种思想正如“舍得”是先舍后得、有舍才有得一样，是需要有博大的胸怀、高远的目光才能洞察其旨，以之作为行动的准绳。对于这一点，著名功夫明星李连杰有着切身的体会。李连杰刚出道时，片酬是很低的，他接的第一部功夫片《致命武器》的片酬含律师费、经纪人报酬及为其宣传所需的费用等总共才 50 万美元。片酬不是很高，接不接？当时李连杰是经过思想斗争的，如果不拍，人家还不熟悉他的功夫，只有拍了，人家才会对他有真实的了解。如果不拍，人家对他的印象依然是零，他的艺术生涯只能是原地踏步，所以，尽管片酬不高他也接了。果不其然，通过在《致命武器》中亮相，人家知道了他的功夫非常好，所以后来拍《尖峰时刻 2》时，制作方则将他的片酬提高到 1700 万美元，是《致命武器》的 34 倍了，它不是前进了一大步吗，这也得益于原来的忍让。我们现在很难有“手把青秧插满田”的实践机会，但我们一定要明白“低头便见水中天”“退步原来是向前”的哲理，在处理各种事情中，运用“以退为进”乃至“急流勇退”的策略，才能心想事成，才能把要做的事情大大向前推进，取得圆满的成功！

茨威格在《昨日世界》一书中写道：“我们遇到的种种倒退，有朝一日终将成来仅仅是永远前进的节奏中的一种间歇。”这种言论对于布袋和尚的禅理，是一种补充，是一种延续。把“退步原来是向前”的思想阐述得更加丰富，更加深邃。

留一点

留一点朦胧，
留一点神秘，
留一点悬念，
留一点回味，
留一点东西别看透，
留一点沉醉。

【链接】本则短信用六个排比句，重复强调“留一点”，这是做人的诀窍，这是做人的艺术，充满了做人的哲理。譬如平时看魔术，能从惊叹中得到许多快乐，但是一旦将谜底揭开，便索然无味。看四川变脸也是如此，留一点朦胧，留一点神秘，留一点悬念，更令人沉醉，更令人好奇，更令人回味无穷。做人交友也是如此，我们待人固然要直爽、诚信、热情，但交际中也要注意策略和方式方法，否则会造成难以收拾的僵局，影响与人相处。对别人的事，既不要看透，更不要说破。一个“透”字，一个“破”字，意思都差不多，但有不同的分寸感，我们不仅对于别人的事应该如此，对于整个人生、整个社会，也应该持这种态度，一切看透，便会活得很累，便会没有情趣，严重者便会产生抑郁、悲观甚至轻生……摩罗在《体现爱，体验幸福》中说得好：“体现不到放松的心灵是残缺的。”我们应该活得轻松一点，在日常生活中，努力做到留一点朦胧，留一点神秘，留一点悬念，留一点回味，留一点东西别看透，留一点沉醉，度过每一个良宵，迎接每一个美好的明天。当然，也不能故作神秘，故作隐晦，让人难以捉摸，那样，更加会影响人际关系，使自己陷于孤独。

另有一则短信也是写六个“留一点”，但强调“留一点××给自己”，短信写道：

留一点微笑给自己，
留一点梦想给自己，
留一点自信给自己，
留一点责任给自己，
留一点时空给自己，
留一点回忆给自己。

是啊，人来到世上，不可能没有艰难没有痛苦，所以，必须快乐，必须以微笑面对生活；人活在世上，不能庸庸碌碌、无所事事，所以，人必须有梦想；人们在事业上，不可能一帆风顺、万事如意，所以，面对挫折，人必须坚定，拥有自信；人来到世上，不应该只图索取，更要对社会有所奉献，所以，人必须留一份责任给自己；社会在飞速发展，节奏快，压力大，所以，人们必须机智理性地给自己留有一定的时空；人的一生是短暂的，人必须有所作为，才能在晚年无怨无悔，留下美好的回忆。前一则短信的六个"留一点"集中表现在为人处世方面的修养，而此一则的六个"留一点"则视野更宽阔一些，它涵盖的内容要更丰富、深邃一些，顾及到人生的多个重要方面。白福开编著的《实用短信宝典》中有一则短信写"留"写得比较全面：

知人不必言尽，留些口德于己；
责人不必苛尽，留些肚量于己；
才能不必傲尽，留些内涵于己；
锋芒不必露尽，留些深刻于己；
有功不必邀尽，留些谦让于己；
得理不必抢尽，留些宽容于己；
得宠不必恃尽，留些后路于己；
气势不必倚尽，留些厚道于己；
富贵不必享尽，留些福泽于己；
凡事不必做尽，留些余德于己；

此则短信不仅是涉猎广，而且每句的前后分句写出了各自的内在逻辑关系。

感受生活

前程路漫漫，歇歇；
心事也重重，放放；
事务多又繁，缓缓；
乐趣要广泛，玩玩；
家人常分别，聚聚；
亲戚朋友多，走走；
山河更壮美，转转；
生活太匆忙，慢慢。

【链接】宋代诗人翁卷有首《乡村四月》："绿遍山原白满川，子规声里雨如烟，乡村四月闲人少，才了蚕桑又插田。"诗歌勾画了古代乡村四月的一幅农忙图。进入新世纪以后，现代社会更是飞速发展，带来了极大的物质丰富和科技进步。但是，世人寻求幸福的脚步太快了，太匆忙了，以至于和幸福擦肩而过全然不知。所以，本则短信用重音叠字的方式强调了要"歇歇"、"放放"、"缓缓"、"玩玩"、"聚聚"、"走走"、"转转"、"慢慢"，这些都是针对"匆忙"状态的调和剂。

俄国诗人普希金早就提醒人们："活得匆忙，来不及感受。"黎巴嫩诗人纪伯伦甚至怀疑我们的头脑是否还清醒："我们已经走得太远，以致于忘记了为什么而出发。"所以，印第安人说："如果走得太快，请停一停，让灵魂跟上来。"

世上的路千万条，如果我们一天到晚都只在封闭的高速公路上奔跑，我们的生活能够轻松、能够幸福吗？我们的耳边总是飞速旋转的马达声、撕心裂肺的鸣笛声，我们能够惬意地休养生息吗？米兰·昆德拉也对此发出了委婉的质疑声："慢的乐趣怎么失传了呢？古时候闲荡的人到哪儿去了？他们随着乡间小道、草原、林间空地和大自然一起消失了吗？"尽管"前程路漫漫""事务多又繁""心事也重重""生活太匆忙"，我们一定要懂得欣赏生活，感受生活，享受生活，只有这样，才能做一个幸福的人！

梁文道说："我只知道这是一个急躁而喧嚣的时代，我们就像住在一个闹腾腾的房子里，每一个人都放大了喉咙喊叫。为了让他们听到我说的话，我只好比他们还大声。于是没有人知道别人到底在讲什么。"对此，台湾著名诗人余光中，早从"音乐"的角度进行过抒发，他写道："对于不够格的音乐，耳朵受罪，应疾恶如仇。"他还幽默地说："上帝造人，在自卫系统颇不平衡，遇到不想看的东西，只要闭上眼睛就可以，但是遇到不想听的东西呢，却无法有效地塞耳。"他甚至大声疾呼："饶了我的耳朵吧，音乐！"这不是个单纯的音乐问题，这是在急躁喧嚣中，相对寻找恬静的诉求。我们要在喧嚣的音响中，寻找属于自己的旋律，我们在快节奏的行驶中，要进行理性的调整。

有一个段子说得很好："随着社会的进步，科技的发展，生活节奏越来越快，为了追求速度，中国人'赶时间'蔚然成风。没时间处理感情，只好速配闪婚；没时间旅游，只好走马观花；没时间学习，只好报速成班……我们将这种只求速度不求内涵的生活方式统称为'快餐式'。当生活中的'快餐'越来越多，原本美好的东西，悄然改变……"这段文字，也阐述了快节奏生活使人们的生活悄然变得没有情趣，使人们生活得越来越疲惫，我们应该改变这种生活状态，从容地、轻松地去感受生活，欣赏生活。

不要活得太累

不要活得太累，
不要忙得疲惫，
想吃了不要嫌贵，
想穿了不要说浪费，
心烦了找朋友聚会，
瞌睡了倒头就睡。
心态平和喝酒不醉，
天天快乐才是最美。

【**链接**】本则短信并不追求格言、警句式的态势，而用非常平实的语言，像亲人之间、朋友之间拉家常一样，劝人不要活得太累，不要忙得疲惫。短信不讲大道理，而讲的都是普通百姓日常生活中的细节：吃、穿、聚、睡、喝。短信通过具体的告白，勾勒出普通百姓的一幅纯朴生活的风俗画，画的主题便是：天天快乐才是最美。有人说：懂得放下才能得到轻松；懂得放松才能得到快乐。短信中的主人公就是懂得放下和放松的人。

莎士比亚说："一个人愿望太多，就会失去做人的乐趣。"《菜根谭》里写道："水不波则自定，鉴不翳则自明，故心无可清，去其混之者清自现；乐不必寻，去其苦之者而自存。"有的短信则以此为切入点写道："删去昨天的烦恼，把握今天的快乐，设置明天的幸福，存储永远的爱心，取消世间的怨恨，粘贴美好的心情，复制醉人的风景，打印动人的笑容。"对于老人来说，享受人生就要如有的短信所写那样："趁着有牙赶紧咬，趁着有腿赶紧跑，趁着有眼赶紧看，趁着有耳赶紧听，趁着有情赶紧爱。"对于还在岗的青年人、中年人，有的短信作了如下的忠告：

干不完的工作，停一停，放松心情；
挣不够的钱，看一看，身外之物；
看不惯的世俗，静一静，顺其自然；
生不完的闷气，说一说，心胸宽广；
接不完的应酬，辞一辞，有利健康；
尽不完的孝心，走一走，回家看看；
还不完的人情，掂一掂，量力而行；
走完的前程，缓一缓，漫步人生。

明代陈继儒认为：

田园有真乐，不潇洒终为忙人；
诵读有真趣，不玩味终为鄙夫；
山水有真美，不领会终为漫游；
吟咏有真得，不解晓终为套语。

这段话的旨意也是劝诫人们不要一味地匆忙生活，要来得及感受。有着从容不迫的感受，才能有怡然自得的享受，才能天天快乐。

测字

王局长最近忧心忡忡，遂令其妻问道于大衍禅师。禅师高人，善测字，号称一字断生死。王妻遂以“王”字作测。禅师大惊：此字不吉，恐有性命之忧。王妻惊惧，急问缘由。禅师曰：王者九五之尊，九五相加一十四，写为14，谐音“要死”。王妻哭求消灾之道。禅师沉吟：王字，上为“一”，下为“土”，若左侧加一“口”字，即为“吐”，看来有些事情还是一吐为快方保平安啊！王妻领悟，跪谢。次日，王局长主动走进了检察院的大门……

【链接】本则短信是一则反腐题材的作品，它利用了“测字”这一细节，非常微妙地揭示了贪官及其家属做贼心虚的恐怖和脆弱心理，从而也表达了百姓对他们的鄙视和戏谑。测字是中国一种独特的神秘文化，它又叫拆字、破字、相字，这与中国的汉字的独特结构有关，像外国的表音字，二三十个字母，再折腾也搞不出什么名堂。但中国的汉字是音、形、义三者相结合的文字，所以有它极其丰富的内涵和令人赏心悦目的形式美，又由于它的造字方法的独特，其象形、形声、会意、指示等手段使汉字通过拆解又重组，可以获得新的意义，所以，汉字可以像玩魔方似的展现其变幻莫测的新的形与义，这便是测字所得天独厚的游戏资源。所以，中国的测字这种方术历史也非常悠久，它始于周秦，盛于唐宋，历代均有测字的名家高手及其神秘莫测的故事。宋代谢石就是一位传奇性的测字大师。宋高宗微行时曾路遇他，知其善测字，随口说一个“问”(問)字，谢石当时并不知其身份，揣想：这个字左右看，都像“君”字，说：“你绝非凡人。”高宗又用手杖在地上画个“一”字，谢说：“‘土’上加‘一’，王也，你莫非是大宋君王？”后来高宗召谢入宫。朝中秦桧权势日重，高宗写“春”字测之，谢曰：“秦头太重，压日无光。”秦恨谢，逐放谢去边远州郡。谢去的路上，在一山下遇一老叟，也善测字，谢石遂以己姓“谢”字问之，叟说：“你于寸言中立身，是个术士。”谢又在手上写一“石”字，叟说：“很凶险啊，石遇皮必破，石遇卒必碎。”谢请叟出题，叟说：“那就请把我这个人当作一个字来测吧。”谢诧异：“一人立于山旁，是个‘仙’字，你是神仙啊！”立拜，愿当弟子。谢十分感慨：我测字功力尚可，却在凡尘之中，且落入缧绁之中，此为何因？叟笑曰：“你是以字测字，而我是以身测字啊！”相传明代崇祯皇帝在最后危难时候，也访得一高人测字，他先写一“友”字，得到的答复竟是：“友”字，“反”字出头也，反贼出头，大为不利啊。崇祯听后当然难受，但他马上改口说：“我问的是有无的有啊。”测字先生反应也很快：“‘有’者，大明二字去半，是祸非福也！”崇祯仍不甘心，“测一测申酉的‘酉’字吧。”想不到测字先生脸上为之大变：“‘酉’字乃‘尊’字掐头去脚，恐至尊皇位大势已去兮。”果然于崇祯十七年三月，李自成攻占北京紫金城，崇祯于煤山自缢身亡，明朝就此谢幕。

非常有趣的是，在细节方面，短信与古例都涉及“王”字，涉及“九五之尊”，但短信反映的是现代官场生活。人们常常戏说，在反腐中，小偷有功劳，二奶有功劳，从本则短信看来，测字先生也是功不可没。人们还常说，现在有信仰危机，贪官尤其如此，他们不信马列主义，不信党的宗旨，不信人民大众，而信财神爷，信阎王，他们甚至逢庙便进，见佛就拜，真乃是“不问苍生问鬼神”。他们又心虚胆怯，在他们的心灵深处，非常惧怕神灵的惩罚，他们常怀侥幸心理，以为受贿后求助神灵，便可以太平无事，尽享余福。当然，短信也过于夸大了测字的反腐作用，王妻测字后，“次日，王局长主动走进了检察院的大门”，反腐没那么轻而易举，当然，短信只是一种戏谑而已。

低调赋

低调不是无声，只是不装腔；
低调不是无为，只是不疯狂；
低调不是无争，只是不作秀；
低调不是无欲，只是不奢望；

低调不是无爱，只是不外露；
低调不是无情，只是不虚晃；
低调不是无痛，只是不叫嚷；
低调不是无忧，只是不悲伤；
低调不是无亲，只是不营私；
低调不是无朋，只是不结党；
低调不是无乐，只是不忽悠；
低调不是无名，只是不张扬。

【链接】短信竟以“赋”冠名，作者为席锋。赋作为一种文体，通常是运用铺陈的手法，描写与议论相结合，在写景叙事中抒情说理。如《两都赋》《三都赋》《阿房宫赋》等皆是。所写对象多是物，是都市，是建筑等。但像宋玉写的《登徒子好色赋》却是写对待三种男女关系的不同态度。扬雄写有《逐贫赋》，也不是写景写物的。“低调”本是形容词，此处也作为一个名词来表现。本则短信也是在极为有限的篇幅里，对于“低调”，极其展开地从不是“无声”“无为”“无争”“无欲”“无爱”“无情”“无痛”“无忧”“无亲”“无朋”“无乐”“无名”十二个方面进行了淋漓尽致的陈述和议论。短信采用不正面回答的手法，通过“不是A，只是不B”的句式，达到否定之否定，即负负得正的效果，曲径通幽地阐明自己的立论。短信的网张得很开，事业、理想、爱情、亲情、名利、喜悦等多个方面都广为涉猎、每个句子前半句六字，后半句五字，工整划一，且双句都押“江阳”之韵，读起来朗朗上口，而且前后在词语搭配上都较贴近生活，“不装腔”“不疯狂”“不作秀”“不奢望”“不外露”“不虚晃”“不叫嚷”“不悲伤”“不营私”“不结党”“不忽悠”“不张扬”。字面上不重复，都与前半句有针对性的默契配合，且有新近流行词语，在总体上也比较完整和谐。

人们常说：“低调做人，高调做事。”人们还常说：“人往高处走，水往低处流。”低调并非让人往低处走。目标在峰巅，但路在脚下，要一步一步地踏实渐渐往高走。结果在高处，过程却是由低至高的渐进过程，在此过程中还可从容地领略欣赏沿途的旖旎风光。正如有的人说的那样："人往高处走，是人生追求；人往低处走，是追求人生。"此话道出了人们低调生活的机趣。有的人以瓷器对人生的状态作了形象的比喻，他说："上品的瓷器收敛、温厚、宁静；下品的瓷器艳俗、夸张、讨巧。"这好像说的是古文物鉴赏的知识，但实际上就是对于人生的睿智理解，低调生活就像上品的瓷器，并不追求耀眼夺目，流光溢彩，只务实于赏心悦目，和谐温馨。说到底，应该为短信加一句话：低调不是无品位，只是不炒作。

低碳养生

以粗茶淡饭养胃，
以清新空气洗肺，
以和煦春风梳脑，
以灿烂阳光晒背，
找个知心朋友喝个小醉，
像猫咪那样酣酣入睡，
做个好梦笑上几回，
忘却辗转尘世之累。

【链接】本则短信像一幅清新的风俗画，是一幅面对奢华迷乱的生活返朴归真的田园画。在生活中顺其自然，何其轻松愉快。短信中所列的养生具体资源是粗茶淡饭、清新的空气、和煦的春风、灿烂的阳光，的确是低碳养生。晋代葛洪说："鼻之所喜不可任也，口之所嗜不可随也。"所以，短信强调"以粗茶淡饭养胃"。人们现在对烟酒的态度是戒烟少酒。所以短信只字不提烟，只说"找个知心朋友喝个小醉"。花看半开，酒饮微醺，喝个小醉，无碍大事，只要不去酒驾即可。小醉还可提高睡眠质量，可以像猫咪那样酣甜入睡，还可以"做个好梦笑上几回"，从而"忘却辗转尘世之累"。这里一连串的形象生动的描绘，让人看到一幅幅清晰的生活画面，而且这些画面是有机联系的，像一组过去的连环画，更像当今时尚的一组动漫。这样的生活是足以让人羡慕的。有一段子写道："过去在家里吃泡饭，现在在酒店里吃泡饭；过去在外面爬楼梯，现在在家里爬楼梯；过去在外面骑自行车，现在在家里骑自行车。"过去和现在虽然表面上在生活的形式上是相同的，但生活的实质，尤其是动机是大不相同的。虽然现在也想保持过去的生活方式，但那是无奈的、迫不得已的。亡羊补牢，很可能为时已晚，更何况哪里比得上短信中的这样顺其自然、其乐无穷呢！

《菜根谭》写道："藜口苋肠者，多冰清玉洁；衮衣玉食者，甘婢膝奴颜。盖志以澹泊明，而节从肥甘丧也。"作者洪应明虽是明代古人，但对于"以粗茶淡饭养胃"的作用，比今人看得还要深刻。在他看来，能够忍受粗茶淡饭的人，通常具备冰清玉洁的情操，而喜好锦衣美食的人，常常是那种卑躬屈膝左右逢源的人。因为人的志气可以从淡泊中表现出来，人的节操也可以从奢侈享受中丧失。简言之：淡泊明志，肥甘丧节。所以，我们还不能小觑了"粗茶淡饭"对于人的道德操守的影响。记住：低碳养生。

有钱与没钱

口袋里没钱，心里也没钱的人，不痛苦；
口袋里没钱，心里有钱的人，最痛苦；
口袋里有钱，心里也有钱的人，最烦恼；
口袋里有钱，心里却没有钱的人，最幸福。

【链接】社会进入货币交换阶段后，人们便拥有了"钱"的概念，对于钱，人们有着不同的追求，也就是说，钱在人们心中有着不同的地位，因此人们对钱有着不同的感受，或者为之苦，或者为之乐，或者为之烦恼，或者为之幸福。本则短信用近乎绕口令的形式，从四种状态，富有哲理地道出了个中滋味。小品《不差钱》也有类似的旨意——有的人人没了钱没用完，留下一种遗憾；有的人则相反，人还活着，钱没了，生活过得十分艰辛。现在人们对于钱还是有一种比较理智的共识，那就是——人们活在世上，没有钱是万万不能的，但是钱也不是万能的。再者，人们凭自己的能力，凭自己的劳动，能挣到多少钱，能塞给自己口袋里多少钱，就算拥有多少钱。君子爱财，取之有道，不要去想入非非，自找烦恼和痛苦。短信说得很婉曲，怕伤你的自尊心，不说你一天到晚想钱，而是拐个弯，说你心里有钱，这个“有”字，还是从心理上满足了你拥有钱的欲望和虚荣，但不要自欺欺人。如果你口袋里没有钱，心里有钱，那是很痛苦、很烦恼的事。所以，有的段子调侃地说：“现在，有些不愿做奴隶的人民，却做了人民币的奴隶。”有的人说得好，没有钱的人不一定是穷人，而那些想得到更多的钱而又得不到的人，才是真正的穷人。还有的短信写道：

有钱人什么都缺，就是不缺钱；
没钱人什么都不缺，就是缺钱。

这里将有钱人与没钱人在缺什么与不缺什么进行对比，比较含蓄，耐人寻味。有的人用一句简短的话调侃某些有钱人“穷得只有钱”，其意正如第一则短信所说，这种人就是“口袋里有钱，心里也有钱”的那种烦恼人。还有人说：“借债人忘性强，放债人记性好。”这也是调侃有钱人，“心里有钱”的人有心理负担。而有人说“没钱人没有忘记密码的烦恼”，则是说出了没钱人“口袋里没钱，心里也没有钱”的一种轻松。有一则写“钱”的短信这样写道：“最好的一个字是钱，最坏的一个字也是钱。钱、钱、钱，与福与祸都相连。”我们不管是口袋里有无钱，还是心里有无钱，都应该记住这个有益的忠告。

对于“有钱”与“没钱”的辩证关系，佛教禅师星云大师的论述是：“口袋没钱，心里没钱，轻松一辈子；口袋有钱，心里有钱，劳累一辈子；口袋没钱，心里有钱，痛苦一辈子；口袋有钱，心里没钱，快乐一辈子。”短信《有钱与没钱》很可能是根据星云大师的这段话而改写的。

钱不是万能的

钱可以买到房子，但买不到家；
钱可以买到床，但买不到睡眠；
钱可以买到钟表，但买不到时间；

钱可以买到书本，但买不到知识；
钱可以买到职位，但买不到尊敬；
钱可以买到药品，但买不到健康；
钱可以买到化妆品，但买不到青春；
钱可以买到血液，但买不到生命。

【链接】本则短信用九个“钱可以买到A，但买不到B”的排比句，精辟地揭示了生活的真谛：在生活中，没有钱是万万不能的，但钱并不是万能的。短信中的A都是属于物质性的，而B则是精神层面的，换言之，短信便是表达这样一项命题：在生活中钱可以买到各种物质的东西，但是却很难买到与之相适应的精神层面的东西。比如说，即使你有钱买到豪华的别墅，但不一定买到了温馨的家；即使你买到了昂贵的劳力士手表，但买不到一刻千金的时间；你有钱有地位，可以包二奶、三奶，你可嫖娼狎妓，但你买不到纯真的爱情；你即使买到了贵重的药品，但并不意味着买得到健康，买得到生命。所以德国哲学家叔本华说：“健康的乞丐比有病的国王幸福。”叔本华话语的思辩、睿智，正是短信旨意的精神所在。另有一则短信，从另一角度来表达如上同样的内容和旨意，有异曲同工之妙，此则短信是这样的写道：

我们可以没有别墅，但应该有个家；
我们可以没有财富，但应该有健康；
我们可以没有地位，但应该有尊严；
我们可以没有学历，但应该有知识；
我们可以没有浪漫，但应该有关爱。

此则短信则用五个“我们可以没有A，但应该有B”的排比句，凸现了B比A更重要，即家比别墅重要，健康比财富重要，尊严比地位重要，知识比学历重要，关爱比浪漫重要。在当前物欲横流、金钱至上的社会氛围中，要作出如上的选择是不易的，那需要拥有一份睿智，一份淡定。

穷富之别

没钱时养猪，有钱时养狗；

没钱时在家吃泡饭，有钱时在酒店吃泡饭；

没钱时蹲在墙边打弹珠，有钱时在草原之上打高尔夫；

没钱时在马路上骑自行车，有钱时在客厅里骑自行车；

没钱时老婆兼小秘，有钱时小秘兼老婆；

没钱时一群朋友，有钱时一圈保镖……

【链接】同样一件事情，同样一种行为，处于穷与富的不同时间，则表现出不同的格调，散发出不同的气味。本则短信对此作了十分形象而深刻的对比。没钱时养猪，这是一种谋生的手段；而有钱时，则无须养猪，而是养宠物狗，这是一种消闲，又似乎是一种身份的显示和炫耀。没钱时，在家吃泡饭，是经济条件有限所致；有钱时在酒店里吃泡饭，是因为吃多了山珍海味，吃多了甘肥油腻，为了减肥进行的一种调节。没钱时，与发小一起蹲在墙边打着弹珠，是一种纯朴自然的乐趣；而有钱时，在草原上打高尔夫，却是一种超脱了凡尘的富贵，其实是一种奢侈。没钱时在马路上骑自行车，老婆兼小秘，有一群朋友，是一种正常平实的生活；而有钱了，生活则变得矫揉造作，很多人出门几百米也要开车，却在家里安个跑步机健身，却在客厅里骑自行车，十分荒谬。说男人有钱就变坏，所以小秘兼老婆，其实，有的人岂止是兼而已，确切地说，而是小秘变老婆了。有钱了，过去的好友都疏远了，而身边却围着一大圈保镖，这不知是工作的需要，还是怕死的表现。综观上述现象，所以有人说："当今的中国，有富豪阶层，无上流社会。"我们且不说这些人都是为富不仁，但就这些人的道德修养而言，是可以非议的，有一些富女人牵着狗趾高气扬，狗粪不作清理，污染环境。有的富人及纨绔子弟肆意飙车撞人，甚至夺人生命，那是令人发指的。这些人连"穷不可欺，富不可恃"的古训都不知道，他们更不懂"穷不生根，富不结顶"的道理。穷也好，富也好，都应有一种正常的心态，还是古人说得好：“贫不怨来富不夸，谁是长贫久富家。”“穷不要失志，富不可癫狂。”特别是对于富者以及富二代，应该警钟长鸣，要有正常人的心态，过正常人一样的生活。

另外，还有两则类似的短信，有一则多一条“没钱时，钟点工叫阿姨，有钱时保姆是菲佣”。还有一则短信则写“没钱时在外面爬楼梯，有钱时在家里爬楼梯”。基本上与本则短信大同小异。有人说：“有些钱买不到的东西，其实在没有钱的时候都拥有。只是在当时并不珍惜和在意，到后来又人为地刻意去弥补。”短信中委婉地表达此意。

有些短信则是别出心裁地通过“城乡差别”来反映“穷富差别”：

乡下人喊儿子做“狗儿”，城里人叫狗儿做“儿子”；

乡下人吃上糖了，城里人得糖尿病了；

乡下人不穿补丁了，城里人衣不蔽体、露出肚脐了；

乡下人吃上大白面了，城里人又开始吃包谷面了。

另一则短信与此异曲同工：

我们刚吃上肉，你们却吃蔬菜了；

我们刚娶上媳妇，你们却独身了；

我们刚吃上糖，你们却得糖尿病了；

我们刚装上电话，你们却上网聊天了；

我们刚吃饱穿暖，你们却减肥露脐了。

当然，以上两则短信并不着意于物质上的贫富差别，而是从身体、精神层面上反映了贫富的倒挂。

当代穷人与富人的区别

欠个人的钱的是穷人，
欠国家的钱的是富人；
写书的是穷人，
盗版的是富人；
吃家禽的是穷人；

吃野兽的是富人；
喝酒看度数的是穷人，
喝酒看牌子的是富人；
耕种土地的是穷人，
买卖土地的是富人；
女人给别人睡的是穷人，
睡别人的女人的是富人。

【链接】本则短信选自白福开编著的《实用短信宝典》。本则短信与前则短信虽然都是写穷人与富人的区别，但两则短信的区别不在于本则短信的标题长些、多几个字，而在于本则短信对贫富之别有独特的视角、独特的感受、独特的表达形式。当然，形式决定于内容，更主要的是作者细心地观察了生活，有自己独特的思维，发现了生活中的一些畸形怪胎，它们如同债务中杨白劳与黄世仁关系的逆转一样，生活中的贫与富的确出现了有悖常理的怪现象，这些怪现象不说也知道，但是，说了就令人吓一跳，甚至引起了人们的认真思考。借国家的钱为什么会成为富人呢？这里面肯定有猫腻，有潜规则，也许是"国家"的经办人受了贿，得了好处，他就可以睁只眼闭只眼，他不会去主动催债，所以借债的人可以赖账、躲债、逍遥法外，过着挥霍无度的生活，反正倒霉的是国家。在金融、商业等领域，此类现象比比皆是。过去，写书还有点稿费，现在却不少作者花钱买书号，付纸张印刷费。而书商看准了某本书擅自盗印，可以牟利颇丰，成为富人。再说，中国的房地产是个"不倒翁"产业，是个只赚不赔的、永不破产倒闭的行业，尽管政府三令五申，但是房价总是降不下来，谁对他们都无可奈何。难怪有的副厅级的官员都愿跳槽到房地产行业，转眼即富。短信除了从大的方面谈当代穷与富的差别，还从一些生活细节上来反映贫富差别，如吃家禽还是吃野兽，喝酒看度数还是看牌子……短信最后还谈到了"女人"问题。贪官污吏及富商中，90%的人有二奶、情人已是不争的事实，他们有的是以下属美女为对象，让下属的丈夫戴上绿帽子，这种区别便不是经济上的贫富问题了，而是地位、人格上以强凌弱的问题了。海外学者薛涌对于中国的女色问题感慨颇深，他说："西方富人留下的印迹，是文艺复兴时期的建筑和雕塑，是哈佛、耶鲁等名校，是卡内基音乐厅、图书馆。中国富人留下的印迹，则是'二奶村'和豪华墓地。"这一对比，能不叫人汗颜吗？

关于女人的问题，有些女人自身也是有问题的，如相亲节目中，有的女嘉宾公然宣扬"宁可坐在宝马车里哭也不坐在自行车上笑"，已成为众矢之的了。最近有仿《非诚勿扰》的情景对话更加精彩：

孟非：请新上场的女嘉宾谈一下自己的择偶标准。

女嘉宾：好的，我心目中的那个他，应该富有同情心、富有上进心、富有责任心、富有包容心……

孟非：能再简洁一点吗？

女嘉宾：哦，他应该富有……

对话非常有戏剧性，巧妙地戏谑了女嘉宾心中"富有"是最重要的物质追求。人们常说："君子爱财，取之有道。"《论语》又云："富与贵，人之所欲也，不以其道得之，不处也。"希望成为一个富人，是正当的愿望，但是，必须循正道，更需要遵纪守法。

阳光的心

宽阔的心，健康一辈子；
包容的心，快乐一辈子；
善良的心，无悔一辈子；
童真的心，年轻一辈子；
平常的心，美丽一辈子。

【链接】在当今社会处于极为浮躁的状态下，人要很好地生存，要活得潇洒自如，必须具有良好的心态，本则短信从五个方面表述了五种心态以及它会产生的极佳效果。句子前后是因果关系，有了宽阔的心、包容的心、善良的心、童真的心、平常的心，就能健康、快乐、无悔、年轻、美丽地生活一辈子。也可以反过来说，要达到后面的结果，只有具备了前面的条件才能心想事成。

有一则短信则强调人要有“两三岁的童心”等心态，认为人的理想人生是：

有100岁的境界，80岁的胸怀，60岁的智慧，40岁的意志，20岁的激情，两三岁的童心。

这两则短信是相互呼应的，有两三岁的童心，即是有童真的心，就能年轻一辈子。有20岁的激情、40岁的意志，就能阳光一生。有60岁的智慧、80岁的胸怀，就会有宽阔的心、包容的心、善良的心，就能无悔一辈子、快乐一辈子、健康一辈子，就能达到100岁的境界。不管什么心态，最难能可贵、最管用的就是平常心态。

得得失失平常事，
是是非非任由之，
恩恩怨怨心不愧，
冷冷暖暖我自知，
曲曲折折事业路，
和和美美夫妻处，
平平安安是福分，
开开心心度一生。

有的短信则从更积极的态度来予以表达以阳光的心为人处世的态度：

做事尽力，
做人尽真，
事亲尽孝，
待友尽义，
恋爱尽情。

显然，如果没有平常的心，没有阳光的心，是很难唱好这支“五尽”歌的。还有短信写道：

大其心，容天下之物；
虚其心，受天下之善；
平其心，论天下之事；

潜其心,观天下之理;

定其心,应天下之变。

其实,此则短信出自(唐)施肩吾撰、李竦编《西山群仙会真记》,文中所言之心,实质上也是宽阔的心、包容的心、睿智的心、阳光的心。

天堂与地狱(一)

把工作视为一种享受,人生就是天堂;

把工作视为一种苦役,人生就是地狱。

【链接】本则短信辩证地论述了:人对工作的态度不同,因而产生幸福与痛苦的不同感受,非常富有哲理。然而当前有许多大学毕业生就业难,并非完全没有工作岗位,而是他们对岗位的要求太高,有的希望一就业就是白领,就能掏到满满的几桶金,就能高消费、高享受。还有的人不能与时俱进,还在迷恋和追求铁饭碗的标志——编制。这些人应该从此则短信中受到启发,端正自己的从业态度和立足点、出发点。鼎鼎有名的美国石油大王洛克菲勒并非一参加工作便是经营石油的销售,而是在一家公司做簿记员。他十分珍惜自己的第一份工作,虽然是早出晚归,做的事情很琐碎平凡,但他却说:“那份工作从未让我感到枯燥乏味,反而很令我着迷喜悦,连办公室里的一切繁文缛节都不能让我失去热心,而结果是雇主总在不断地为我加薪。……这并非我的运气好,而是我从不把工作视为毫无生趣的苦役,却能从工作中找到无限的快乐。”无独有偶,美国前国务卿鲍威尔的第一份工作也并非是公务员,也并非是从政,而是一个人们意料之外、与之有天壤之别的令人瞧不起的职业——在一家汽水厂当杂工。他的工作比洛克菲勒还差,除了洗瓶子之外,还要擦地板、搞卫生。有时别人把瓶打碎了弄得满地,老板总是叫他去收拾打扫,但他毫无怨言,很快就将满地的碎玻璃片及污水脏物打扫得干干净净。正是由于他的任劳任怨、勤勤恳恳,不久便被晋升为部门主管。他与洛克菲勒有着同样的心态,他说:“只要热爱自己的工作,全力以赴地做好工作，就一定会引起别人的注意和重视。”年轻的大学毕业生难道不应该从他们两人身上受到启迪吗？从中应该懂得：乐意从簿记员做起，来日才有可能做石油大王，做大企业家；乐意从勤杂工做起，日后才有可能做国务卿，做国家的栋梁。人生很重要的一点是要有一种正确的积极态度，只有这样，才能轻松地感受人生，收获人生。像短信所说那样，视工作为享受，不是苦役，生活就能远离地狱，就能沉浸在天堂般的快乐和幸福之中。

诚然，把工作当作享受是不容易做到的，它不是一蹴而就的，它是有很多前提的。首先要认识工作的意义，要有使命感，同时，不可忽视的是，要热爱工作，对工作有兴趣，这样，才会去努力工作，才会有成绩，才会有成就感，才会感到幸福，才会有步入天堂的境界。美国某州一家工厂大门口有一副标语写得很好：“如果你热爱自己的工作，你就会成为它的主人；如果你恨它，它就会成为你的主人。”其文字虽然与短信不完全相同，但表达的旨意却是完全一致的。现在择业确实比较困难，但是一些大学生，毕业后就想做白领、拿高薪，他们就像一个扛着梯子的人，在大街上走来走去，他们希望寻找到一步升入天堂的地方。天堂只是一种比喻，天堂只是一种设想，天堂只是一种心境，只有踏实地工作，努力地工作、愉快地工作，才会建造起自己心中的天堂。

天堂与地狱(二)

如果你把周围的人看成天使，那你就生活在天堂里；
如果你把周围的人看成魔鬼，那你就生活在地狱中。

【链接】本则短信从一个新的角度给人们启示，一个人的主观的心灵感受，影响着你对生活的态度。对待世界，对待生活，对待周围的人，用美好、善意的眼光去看他们，就会发现他们美好善良的一面，因此，你也就能美好和善地与之相处，因此，客观的效果是你自己就自然而然感觉到像是生活在天堂里。反之，你若戴着有色眼镜看世界，看生活，看周围的人们，你就尽看到其阴暗的一面，因此你所看到的都像是魔鬼，自然你就活得很恐怖、很累，因此就像生活在地狱里。也有人把生活比做一面镜子，你对它笑，它也笑；你对它哭，它也哭。我国古代就有一个关于镜子的谜语，其谜面便是："像喜亦喜，像忧亦忧。"讲的都是同一个道理：人生活在世界上，不能太消极太悲观，人应该积极乐观地对待生活。快乐也是一天，忧伤也是一天，我们何不高高兴兴地度过每一天呢？人生不可能万事如意，人生不可能一帆风顺，元代揭傒斯诗曰："人生如春华，美好知几时。"（见《哭王十五良仲》）人生是美好的，又是短暂的，我们要勇于面对生活中的坎坎坷坷，恩恩怨怨。正如上世纪九十年代流行的一首歌曲《潇洒走一回》写的那样："天地悠悠，过客匆匆，潮起又潮落；恩恩怨怨，生死白头，几人能看透"，"我拿青春赌明天，你用真情换此生，岁月不知人间多少的忧伤，何不潇洒走一回"，让我们懂得生活、热爱生活，让我们快快乐乐地潇洒走一回。唐代著名诗人王维有诗云："花迎喜气皆知笑，鸟识欢心亦解歌。"（见《既蒙有罪，旋复驿官，伏感圣恩，窃书鄙意兼奉简新除使君等诸公》），难道我们人还不如花、不如鸟吗？再说，王维在官场遭受挫折后尚有这样的好心情，我们难道不应该活得更快乐、更潇洒吗？而能不能快乐和潇洒，很重要的一个方面便是取决于你对于周围人的态度和感受。

有人说，一个人心中有佛，便所见的都是善良；心中有魔，所见的都是邪恶。传说苏轼一日问佛印："你看我像什么？"佛印说："像如来。"佛印反问："你看我像什么？"苏轼却很不礼貌地说："像大粪。"佛印并不生气，而苏轼却很得意地大笑，回去还沾沾自喜地告诉苏小妹，苏小妹一针见血跟他指出："你别以为你占了上风，人心里有什么，就把别人看成什么？这说明佛印心中有佛，而你心中只有大粪。"说得苏轼羞愧满面。其中道理与本则短信是一致的。

著名老画家丰子恺曾经写过一首题为《豁然开朗》的诗："你若爱，生活哪里都有爱。你若恨，生活哪里都可恨。你若感恩，处处可感恩。你若成长，事事可成长。不是世界选择了你，是你选择了这个世界。既然无处可躲，不如傻乐。既然无处可逃，不如喜悦。既然没有净土，不如静心。既然没有如意，不如释然。"（见新浪博客）这首诗与短信《天堂与地狱》的旨意一致，也是启示人们要以豁然的态度对待周围的人和事，正确地对待爱与恨，要懂得在感恩中成长，尤其是要快乐释然地生活，生活才能不似地狱，而如天堂。

从前的灯光

吹灭灯
黑暗就回了家
许多夜里
我们灭灯聊天
节约煤油
话语明亮
那天来客深冬的黑夜
娘点亮两盏煤油灯
灯光亮出了白天
屋里堆满了光的积雪
没有吃的
娘用灯光
招待客人

【链接】本则短信荣获由中国移动通讯公司、《天涯》杂志社和海南在线天涯社区联合举办的“第二届全球通短信文学大赛金拇指奖”，作者张绍民，原作无标点符号。大赛的“专家评语”为：“惜用灯油之夜，诗情已经暗涌；奢用灯油之夜，诗情更是辉煌。前暗后明，不仅相得益彰，而且高潮迭起。无论画面、情感还是语言，诸多朴素元素的组合起来便浑然一体，从容大方，大气磅礴，清贫情境中的深厚人情让人怦然动心。”

没有经历过点煤油灯的时代，没有经历过长期停电生活的 80

后、90后是很难理解这首诗歌的意境的。只听说过以茶代酒，然而本诗的闪光点却是以“灯光招待客人”，即以光代酒、以聊代饮的纯朴别致的生活。此时的人们，不以追逐灯红酒绿为幸福，此时的官员也不以亮化工程为政绩。此时的生活从物质上来说是匮乏的，然而其间却有许多精神富有的交往者。挚友光临寒舍，无需考虑“节约煤油”，竟然一改“灭灯聊天”的习惯，竟然可以慷慨地“点亮两盏灯”，使“屋里堆满了光的积雪”，“没有吃的/娘用灯光/招待客人”。推心置腹的交谈，胜过了山珍海味的用餐。这样的灯下夜话，必然会令参与者余兴未尽，常来常往，乐此不疲。读之，不禁会使人想起李商隐的诗句：“何当共剪西窗烛，却话巴山夜雨时”，或许有人联想到的却是孟浩然的诗句：“待到重阳日，还来就菊花。”一样的清新，一样的醇美。对于《从前的灯光》这首诗，欧阳文风先生精辟地指出：“在这个物欲横流的时代，许多人已经体验不到光明与温暖的幸福，但这首短信作品却能让感动之情在一个被世态炎凉磨炼得刀枪不入的人心内油然而生，为‘节约煤油’的黑暗带来的却是话语的明亮和一家人其乐融融的幸福。‘招待客人’的灯光再次证明了穷人比富人更能分享他们所拥有的一切。”

本书另选了短信《楼道的灯坏了》，也是写灯光的，但那不是煤油灯，而是人们习以为常的电灯。短信也是通过亮与暗的对比来生发诗意。此则短信也是寥寥数句，抒发“摸黑”上七楼到家后，却发现家里“竟然那么亮堂”，“多年视而不见的东西也在闪闪发光”。抒发了作者对于世界、对于自己原来熟悉的环境的重新感觉、重新认识的参悟。如果要寻找两则短信的共同亮点，那便是光的无价、光的宝贵。人们应该珍惜光亮，珍惜玲珑剔透的纯情。

楼道的灯坏了

楼道的灯坏了
我摸黑走到七楼
打开家门

我发现
我的家竟然
那么亮堂
多少年视而不见的东西
也在闪闪发亮

【链接】本则短信选自“中国首届全球通短信文学大赛”选粹《扛梯子的人》(云南人民出版社出版),短信荣获诗歌类二等奖,作者卢卫平。其获奖评语为:“瞬间感觉是诗的种子,一次熄灯事故之后的发现,虽然寻常而且琐屑,却有诗情和诗理的闪光,由诗人的眼光照亮。这种眼光总是挑战视而不见的黑暗,使世界与我们一次次重新相认。”

短信所写之事确实是一种很不起眼的鸡毛蒜皮小事,楼道的灯坏了,摸黑爬了七层楼的楼梯,回到家里打开灯,感觉家里特照亮堂,由于强烈的对比,使作者打开了想象的匣子,获得了具有诗意的灵感,对于平时视而不见的东西,也感觉到了它们在闪闪发光。平时,没有遭遇黑暗,所以对光亮熟视无睹,现今有了黑暗衬托对比,才倍感家的亮堂和物的闪光,是这种对比,才使作者那诗的种子发了芽,开了花,绽出了诗篇。

由此,使人不禁想到:近来有些很有创意的人,在繁华的闹市开起了“黑暗滋味餐馆”,他们开馆的缘由便是:“只有品尝黑暗,才能真正感受阳光的珍贵。”经营者虽然不是诗人,但却一样有着诗人的情怀和意境。人的感觉也总是在相对的比较中才产生强烈的效果。著名科学家爱因斯坦说:“如果你在一个漂亮的姑娘旁边坐了两个小时,就会觉得只过了一分钟,而你如果在一个火炉旁边坐,即使只坐一分钟,也会感到已过了两个小时。”也许,这也是一种“相对论”吧。有了对比,感觉就会放大。但是,从摸黑到看到光亮,也并不一定就会产生诗意,有人说:游子看到城里的万家灯火,心里激起的不是思乡的温柔的情感,而是对房价的狠狠的诅咒。差异在于诗人是回到自己的家,而游子仍在蜗居,他无法从黑暗的棚屋中归宿到万家灯火的楼房中去,所以,他没有诗意,只有诅咒。

挂在墙上的风筝

我有一百种理由阻止
一只风筝飞上高空
但我渴望飞翔
我对翅膀心怀妒意
风筝在风的怂恿下
跃跃欲试
我没有好心情
我认为模仿一只鸟
就不要回到
原来的枝上
而风筝是致命的

【链接】本则短信荣获由中国移动通信有限公司、《天涯》杂志社和海南在线天涯社区联合举办的“第二届全球通短信文学大赛”铜拇指奖，作者范方来。大赛的“专家评语”为：“哲理太强的诗，往往指向太明晰，道理太生硬，而这首诗恰恰避免了这些弱点，使诗意大于哲理。以飞翔为隐喻，正话反说，犀利地表达了当代人对‘理想’的反省和警惕。”

短信的确写得含蓄委婉，作者的意图并不直接说出来，而是通过诗中的细节、情节、意境流露出来，让读者去细心揣摩、领会。“专家评语”提示：该诗“以飞翔为隐喻”，让当代人对“理想”进行“反省”和“警惕”。短信采用拟人的手法，将风筝写成有复杂心理活动的人。诗中的“我”也似风筝，也非风筝。作为一只风筝，一只有理想的风筝，就应该“渴望飞翔”，“飞上天空”，就不应该“对翅膀心妒意”，即使是被动地“在风的怂恿下”，也应该“跃跃欲试”，要有所行动，不要在意有无“好心情”。风筝飞上天空，也未必一帆风顺，很可能遭遇失败，很可能刚上天不久就会“回到原来的枝上”，甚至遭到讥笑，这也许就是风筝的致命之处。风筝的天职就是应该“模仿”鸟，翱翔在天空，否则做一只挂在墙上的风筝又有什么意思呢？对于该诗，各人有自己的解读，以上只是其一，未必完全符合作者的意图，甚至相悖也有可能。

短信诗的标题为“挂在墙上的风筝”，在诗中完全没有关于“挂在墙上”的表述。“挂在墙上”的风筝，应该是一个静止的事物，是一个不作为的事物，也即是没有理想的事物，甚至可以说是没有生命的事物。由此看来，短信就是这样，正话反话，对无理想、不作为进行了犀利的批判，希望引起人们的反省和警惕，完全可以理解为作者就是告诫人们尤其是青年，不要做“挂在墙上的风筝”。

本书正巧另选有第一届全球通短信文学大赛一等奖作品诗歌《墙上的马》，即写挂在墙上、画在宣纸上的马，从题目来看也是静止的马，但具体的内容却是写动态的马，乃至写动态的人、动态的社会生活，写出人们“了解它的饥渴和焦虑”，“多年来一直代替它”，“在城市的水泥地上奔跑”，“苦苦寻找一棵鲜嫩的草”。寓意十分深刻，发人深省，与《挂在墙上的风筝》有异曲同工之妙，宛如姐妹篇一样。

痕迹

没有痕迹，
而燕子已经飞过，
在这湛蓝的天空下。
没有脚印，
而你已经走过，
在这扇虚掩着的门外。

【链接】本则短信选自“中国首届全球通短信文学大赛”选粹《扛梯子的人》（云南人民出版社出版），作者马冽驹。这是一首写意的诗歌，很容易使人联想到印度诗人泰戈尔的诗句：“天空已没有了翅膀的痕迹，而我已经飞翔过了。”都强调不在乎有没有留下痕迹，而在乎

"已经飞过",以"痕迹"跟"飞过""走过"作对比,着意于飞过和走过的过程,用句前些年时髦的话来说,就是重在参与。如果参加"过程重要还是结果重要"的辩论,短信和泰戈尔的诗句肯定是"过程比结果重要"论者的得力辩辞。"痕迹"和"脚印"本来是指结果的,但是前面加了个否定词"没有",则表达的是不在乎结果了,而引以为自豪的是"而燕子已经飞过","你已经走过",这表达的重点便是"过程比结果重要"。

"过程重要论"强调过程决定成败,其中最有说服力的论据之一便是著名科学家爱因斯坦的经历。爱因斯坦在科研上取得了巨大的成就,尤其是相对论的发现,对科学技术的贡献是无与伦比的。但是爱因斯坦并不是个天才,恰恰相反,他小时候被认为是有痴呆症,他是经过了长期的艰苦努力才终于到达自己的理论的顶峰,而他付出的努力是比别人更大,流的血汗是比别人更多的。与爱因斯坦相反的例子便是王安石《伤仲永》中提及的"仲永",他小时候很聪明,其父母很得意,总是带着他到处去炫耀,由于没有继续努力,终于成了个庸才,为过程决定成败提供了有力的论据和范例。

过程重要论者强调:人生就是一场旅行,不在乎目的地在哪,而在乎的是沿途的风景和看风景时的心情。还有的说:将军的价值不在于军衔,而在于他曾经怎样身经百战,驰骋疆场;企业家的价值不在乎他有多少钱,而在于他为社会为民众作出了怎样的服务和善举。总之,人生是一个很短暂的过程,应该珍惜它;生命中最珍贵的是体验,需懂得享受生活的没有返回的过程。请记住汪国真的诗句:无论什么成为结局/总难免兴味索然/流动的过程中/有一种永恒的快乐。

燕　子

悄无声息的来临,在春天一个晶莹的清晨。燕子,一串串黑色的音符,跳跃,静止,弹一曲优美的民谣把江南唤醒。

燕子,我可爱的妹妹,你从远方飞回江南,像一把轻捷的剪刀，把江南之春轻轻剪开，晶莹的露珠和歌声沾满了翅膀。

燕子，你在我的梦境里闪电般划过，飞进我春天圣洁的诗篇。

【链接】本则短信荣获 2004 年由海南移动通讯有限责任公司等单位联合举办的“全国首届全球通短信文学大赛”散文类优秀奖，作者胡正勇。短信虽然被划归为散文类，但短信正如末句所言，是一首“飞进我春天圣洁的诗篇”。短信以从容的散文笔调，以热情的诗句，以深邃的意境，由衷地赞颂了可爱、美丽、活泼的燕子，勤劳、聪明、善良的燕子。短信展开丰富的想象，运用许多生动贴切的比喻来赞美燕子，短信把燕子比做“一串串黑色的音符”，又比喻成“一把轻捷的剪刀”，又“在我的梦里闪电般飞过”，它弹奏优美的民谣把江南唤醒，它把江南之春剪开，翅膀上沾满了晶莹的露珠和歌声，它来去匆匆，编织出优美动人的诗篇。

杜甫的《水槛遣心》写道：“细雨鱼儿出，微风燕子斜。”有燕就有画，有燕就有诗。虽然也有诗写过“二月春风似剪刀”（贺知章《咏柳》）但怎能胜过“燕燕于飞，差池其羽。”（《诗·邶·燕子》）

风是无常的，怎能像燕子，似一串串黑色的音符，弹奏出一曲曲优美动人的民谣。风是无形的，怎能如燕儿有翅有尾、善解人意，为人们剪出江南之春，无怪乎陆游有诗吟诵：“天工不用剪刀催，山杏溪桃次第开，要信今年春事早，社前七日燕新来。”（《新燕》）燕子是极为可爱的动物，不少古诗对她进行了赞美。陆游曰：“花过莺初懒，泥新燕正忙。”（《幽居》）汪藻则夸：“燕子年年入户飞，向人无是亦无非。”（《漫兴》）燕子的确善解人意：“入幕不惊挥麈客，巡檐如唤卷帘人。”（清·叶永年《燕》）所以，人们对燕子也容易产生深厚的感情，所以，吕本中诗曰：“往来梁上燕，相顾却情亲。”（《兵乱后杂诗》）范成大则说：“莫教惊得去，留取隔帘看。”（《双燕》）挥毫为燕子写一篇赞美的诗文，值得。赞美燕子，其实，就是赞美那可爱、美丽、活泼以及勤劳、聪明、善良的人。

鄙弃冷漠

一家养有一猫，丈夫烦，遂将猫抛弃。然此猫认家，几次弃之均未成功。一晚此男驾车弃猫。数小时后致电其妻："猫回家了吗?"妻曰："早已回家。"男吼道："让它接电话，我迷路啦!"

【链接】本则短信的故事极具戏剧性，主人要将猫送走，然而自己却迷了路，猫却熟悉路，早就回了家。人们只是常说"老马识途"，然而熟猫、熟狗也是认路的，所以，在生活中，猫狗被送走又返回的事情屡见不鲜，所以，狗和猫认路回家不足为奇。本则短信构思奇特的方面在于主人送走猫后自己却认不到回家的路，只好打电话求助妻子。如果这只猫平时训练有素的话，可以遣猫去为主人领路，真是个天大的笑话。人们常说狗和猫是通人性的，它不管也不知主人对它"烦"不"烦"，它都会恋这个家，它都不会轻易离开这个家。所以，欧阳文风先生说："这是一则富有幽默味的短篇小说，对一个想抛弃猫不得却把自己弄丢了的人，进行了温和的调侃，表现了一种矛盾的滑稽。如果只作为一则普通的短信，读完以后，哈哈一笑，也许就可以过去了。"他强调指出："但是，如果我们进一步思考，会发现这则短信小说的情节是蕴含着思想的。其思想就在：连猫都那么怀念旧情，为何人如此狠心？随着科技的进步，人的物质生活日新月异，然而，在这个纷乱的世界里，我们在精神上彻底地迷失了自己，人与人之间的温情、相互搀扶、相依为命都快成为传说了。"

短信《鄙弃冷漠》主要表现了某种人的冷漠、无情，但是，人间自有真情在，短信《盲人与光明》便是一例：

一天，我去医院看望一位绝症病人，边等车，边琢磨该买点什么礼物安慰病人。车站边，一位盲人摆摊卖艺，边调音，边琢磨该奏点什么曲子招徕听众。这时，另一位盲人朋友来访。他们麻利地让座，爽朗地谈笑，而且，竟然相互点燃了一支烟！到医院，我把车站见闻告诉了病人，他说，这是他生病以来收到的最好礼物。现在，我时常想起盲人点烟的故事，他们用的是火柴，还是打火机，已记不真切了，只记得，那团火焰，很亮。

此则短信寓意也十分深刻，其故事的亮点便是：一个卖艺盲人在琢磨如何招徕观众之时，竟然对来访盲人朋友麻利让座，"竟然相互点燃了一支香烟"，而这个故事又竟然是绝症病人认为是"最好的礼物"。因为点燃的不是一般的火，而且一种真情之火，它可以驱散人与人之间的冷漠，它甚至可以化作一种精神力量，让绝症病人吸取了战胜病魔的勇气和力量。所以，作者记不清点火以外的其他情节，只记得"那团火焰，很亮"。在世态炎凉的时下，我们很需要这种火。另有一则短信《贩与乞》，写一个卖枣妇女，见一残疾少年乞讨无人问津，于是捧了一些大枣给他，并带有歉意地说"阿姨没钱"。短短的几句话，与冷漠、麻木、缺乏同情心的"无人问津"形成鲜明对比，歌颂了卖枣妇的一副热心肠，赞扬了尽己所能、助人为乐的质朴而又高尚的情操。

2. 人生岁月

年 龄

年龄是一种盼望："什么时候我才能……"

年龄是一项权利："我都……岁，我不能……"

年龄是一个藉口："我还不到……岁，我不能……"

"我已经……岁了，我不能……"

年龄是一道谜语："你猜猜看?"

年龄是个秘密："对不起，这是我的秘密……"

年龄是一种炫耀："年轻，是我最大的资本……"

年龄是一种经历："我过的桥……"

年龄是一声叹息："我这一辈子……"

【链接】2004年由海南移动通讯有限公司、《天涯》杂志社和海南在线天涯社区联合举办了"中国首届全球通短信文学大赛"。本则短信荣获散文类一等奖,作者韦俊。其获奖评语为:"以浅显的比喻解读年龄的多义,体现了作者对生活经验的细致体察和深入思考,通透练达,亦庄亦谐。密集并置和高度压缩的时间断面,有利于加强寓意的力量。"短信每前半句都是判断句,道出年龄的多种属性和丰富内涵,然后下半句多以有代表性的有个性的语言,分别对关键词"盼望""权利""藉口""炫耀""叹息"进行了生动的诠释。短信每句都使用了省略号,省略了大家熟知而毋庸赘言的话语,使短信显得简洁流畅,又给人留下想象的余地。

从"盼望"到"叹息",我们不难感觉到,年龄就是生命,年龄就是人生的演变历史。有人说得好:"不需要努力就能得到的东西只有一样,那就是年龄。因为得之容易,所以都不珍惜,只有失去得太多,才追悔不及。"正如短信所写,很多人只会从自问"什么时候我才能……"到自叹"我这一辈子……"这也正如卡尔温所说:"人生是由短暂的开花期和长久的无花期构成的。"莎士比亚也说:"人的一生是短的,但如卑劣地过这么短的一生,就太长了"。所以雷达表总裁告诫人们:"不要试图给你的生命增加时间,而要向你的时间赋予生命。"对此,有的人认为:"人生的宽度靠学习力,人生的长度靠行动力,人生的高度靠思考力。"而有的短信则说:

> 年龄是生命的长度,品行是生命的深度,意志是生命的强度,超越是生命的高度,学识是生命的密度,荣辱是生命的尺度,健康是生命的又一刻度。

还有的短信对于年龄描绘了人们应有的理想的心态:"有100岁的境界,80岁的胸怀,60岁的智慧,40岁的意志,20岁的激情,两三岁的童心。"这是对年龄富有诗情画意和哲理禅思的诠释。古人说:"少壮轻年月,迟暮惜光辉。"我们应该走出这个定势的怪圈,决不要等到年老时才慨叹"我这一辈子……"

短信第五句"年龄是个秘密:对不起,这是我的秘密……"冒号前后出现两个"秘密",是否可改成"年龄是个秘密,对不起,我不能告诉你……"或"年龄是个隐私:对不起这是我的秘密……"同一句里尽量避免字面上的重复。但是，短信却每句重复一个中心词“年龄”，让人不断加深印象。另外，“藉口”改用“借口”更妥。

人生的岁月

0 岁，出场亮相；
10 岁，功课至上；
20 岁，血气方刚；
30 岁，基本定向；
40 岁，大干一场；
50 岁，有点疯狂；
60 岁，告老还乡；
70 岁，搓搓麻将；
80 岁，晒晒太阳；
90 岁，卧病在床；
100 岁，挂在墙上。

【链接】本则短信用四字句，按照年龄顺序由小到大，层递地反映了人的一般人生轨迹：从出生到入学到工作到退休养老直至结束。另有几个版本略有不同：“20 岁春心荡漾，30 岁职场对抗，40 岁身体发胖，50 岁打打麻将，60 岁退休下岗”，“10 岁天天向上，20 岁远大理想，30 岁发愤图强……50 岁处处吃香”，其他部分都大同小异，但各有各的表现角度。这几个版本描写的过程一样，每 10 岁一档地列举展示，虽然写得比较轻松，但却显得有点消极，尤其是六十岁以后，基本上是打发日子了，一股强烈的暮气扑鼻而来。有一则短信则按品次来写男人的各个阶段：

男人：二十岁是半成品，三十岁是成品，四十岁是精品，五十岁是极品，六十岁是上品，七十岁是废品，八十岁是纪念品。

署名“我心不古”的有篇短文《戏说人的一生》，另有几个表达的视角：

20 岁觉得漂亮真好，30 岁觉得年轻真好，40 岁觉得当官真好，50 岁觉得有钱真好，60 岁觉得悠闲真好，70 岁觉得没病真好，80 岁觉得活着真好。

十几二十岁的人，拥有了青春；30 岁的人，拥有了才能；40 岁的人，拥有了成熟；50 岁的人，拥有了经验；60 岁的人，拥有了轻松。

20 岁的人，失去了天真；30 岁的人，失去了浪漫；40 岁的人，失去了青春；50 岁的人，失去了幻想；60 岁的人，失去了健康。

20 多岁看学历，30 多岁看能力，40 多岁看财力，50 多岁看体力，60 多岁看精力，70 多岁看病历，80 多岁看黄历，90 岁看日历，100 岁看舍利。

20 岁以后，故乡和外地一个样；30 岁以后，白天和晚上一个样；40 岁以后，有没有学历一个样；50 岁以后，漂亮与丑陋一个样；60 岁以后，官大与官小一个样；70 岁以后，房多与房少一个样；80 岁以后，钱多与钱少一个样；90 岁以后，男人与女人一个样；100 岁以后，起床与不起床一个样。

有的短信专门以"二十七八"至"六十七八"来调侃：

二十七八，等待提拔；
三十七八，吃香喝辣；
四十七八，意气风发；
五十七八，撒油那拉；
六十七八，吹灯拨蜡……

还有短信以"最新 IT 时代"来做年龄划分：男人 10 岁是淘宝，20 岁是新浪，30 岁是奔腾，40 岁是微软，50 岁是微博，60 岁是松下，70 岁是联想，80 岁是搜狐，90 岁是 Facebook，100 岁是百度。

凯萨韦兹说："无论你多大年龄，只要你保持创造的欲望，你就会永葆童真。"著名的学者周有光 84 岁开始学习电脑，以后一直用电脑进行写作，现在九十多岁，仍然在著书立说，生命在创造中延续。又如我国著名的两弹一星之父钱学森，到九十多岁，还一直在关注着我国的航空航天事业。临终前不久，还对我国的教育事业深怀忧虑，语重心长地向温总理发出了“我们的学校为什么不能培养出杰出的人才”这一振聋发聩的询问，真可谓老骥伏枥，壮心不已。这无愧是我们老年人学习的榜样。

人生的历程中，父母对于儿女的成长极为关心，尤其是在中国，可怜天下父母心，对儿女受教育、参加工作以及成家，每个年龄阶段无不要为之操心，有一个段子写得好：“5 岁：孩子，我给你报了少年文化宫。7 岁：孩子，我给你报了奥数班。15 岁：孩子，我给了报了重点中学。18 岁：孩子，我给你报了高考突击班。23 岁：孩子，我跟你报了考公务员。32 岁：孩子，我给你报了《非诚勿扰》。”父母为儿女的半辈子不辞辛劳，其中主要是应试教育使之然。如果有了第三代，父母转变角色为公公婆婆，又可能要再来一个循环。人生的旅程，真是走得不容易。

人生的三个阶段

少年是艺术，一件一件地创作；
壮年是工程，一座一座地建筑；
老年是历史，一页一页地翻阅。

【链接】本则短信完全引用的是刘大白先生的一段文字，用三个排比句，对人生的少、壮、老三个阶段作了形象的比喻，凸显了人生三个阶段的各自特点：少年时具有无穷的潜力，需要艺术地进行雕塑，创作出美好的形象。青壮年时期，从而立到不惑，修身立业渐趋成熟，要建筑起宏伟的工程。到老年，经过了知天命、耳顺至古稀乃至耄耋，丰富的阅历写就了人生的历史。对于人生的三个阶段，英国前首相温斯顿·丘吉尔说：“年轻意味着自由和革新，成熟意味着明智和妥协，老年意味着稳定和祥和。”而德国著名诗人歌德则说：“少年，我爱你的美貌；壮年，我爱你的言谈；老年，我爱你的德行。”少年时，伴随美貌的是朝气；青壮年时，有了社会的阅历，有了一定的建树，才有人生的发言权；到了晚年，重要的是保持晚节，永做道德的风范。对于人生的三个阶段，有的人是用“子、父、爷”三代人来相应表现，如我国著名诗人臧克家有诗：“儿子，在土里洗澡；父亲，在土里流汗；爷爷，在土里埋葬。”渗透出来的是十九世纪末和二十世纪初、中时期的时代气息。新加坡著名作家尤今则这样写道：“儿子，喜欢汽水，他只尝甜味；父亲，爱喝咖啡，这是亦苦亦甜；爷爷，要喝白开水，因为它极淡极淡。”很明显，这种描写的情景，至少是在二十世纪末叶了。恰好，报刊上见王鼎钧先生有一段相关的表述：“上帝把幼小的我们给了父母；上帝把青壮年的我们给了国家、社会；到了老年，才把我们还给了我们自己。”文字比较幽默含蓄，发人深省和回味。但显然是指当代中国的现实情况，老年人的保障亟待完善。

另有一则短信则是从“读书”来写人生的各个阶段：

> 少年时，读《少年维特之烦恼》；年轻时，读《狂人日记》《西游记》和《红楼梦》《简·爱》；失意时，读《阿Q正传》；赌博和炒股时，研究《庄子》；老年时，研究《孙子兵法》。

此则短信十分幽默地将人生的各种阶段与相应的书籍联系起来，有的与书的内容有点关联，有的却要用脑筋急转弯来理解。第一句“顺手牵羊”，抓住“少年”二字一带而出，作为一个起兴。说年轻时写《狂人日记》《西游记》，意在年轻人血气方刚、好动，容易产生幻想，喜欢游玩等。年轻阶段是恋爱成家的阶段，所以说他们喜欢做“红楼梦”，寻求“简·爱”。人在失意时不能过于消沉，需要适当地麻醉自己，所以有必要用所谓的精神胜利法来安慰自己。赌博和炒股为何要研究《庄子》呢？当然，其实这里的“庄子”只是借一个“庄”字谐音操纵赌场和股市的庄家。众所周知，《孙子兵法》是一部古代著名的军事著作，老年人退休了为何还要研究它呢？即使是部队退休的将校也用不着。其表达的意思是：老年人退休后，很多人还有一个艰巨的任务——抚养第三代，所以他们必须更多地熟悉抚养孙子的新的与时俱进的方法，故戏称为“研究《孙子兵法》”。整个短信充满着诙谐调侃，而且用典不断，甩包袱不断，富含底蕴。

对于人生的三大阶段，有短信从另一个层面作了友善的提醒：“青年时不能没有爱情，中年时不能没有友情，老年时不能没有亲情。”当然，对于这“三情”也不是决然分开的，只是强调各个阶段的重点而已，是有其特殊的含义，值得人们深思。

人生的六个时期

童年是一场梦，少年是一首歌，青年是一首诗，壮年是一幅画，中年是一部小说，老年是一套哲学散文。

【链接】叶松石云：“少年爱绮丽，壮年爱豪放，中年爱简练，老年爱深远。”（见《煮药漫抄》）与本则短信异曲同工。本则短信通过几个“A是B”的隐喻的句子将人生的各个时期“童年、少年、青年、壮年、中年、老年”分别比作是“一场梦”“一首歌”“一首诗”“一幅画”“一部小说”和“一套哲学散文”。除“梦”之外，所比都是文学艺术作品；除画之外，剩下的又全是文学作品。人来到世界上，什么都不懂，犹如在梦幻中生活；长大了，读书了，过着朝气蓬勃的生活，真像是一首动人心弦的歌；步入青年后，热情澎湃，富有幻想，真像是一首浪漫热烈的诗；壮年阶段，三十而立，四十不惑，可能事业上小有成就，生活丰富多彩，真像一幅色彩斑斓的画卷；人到中年该成熟了，见多识广，有丰富的生活积淀，真可以构成一部情节曲折感人的小说；人老了，精力有限了，只能发挥余热，放点余光，要驾驭一部鸿篇巨制的小说，恐怕是心有余而力不足了，写点千字文倒是不在乎的。而另一层隽永的含义则是老年人的生活不可能像小说那样波涛汹涌，浪花飞溅，但可以像“哲学散文”那么富有哲理，耐人寻味。正如乔羽所描绘的那样：“最美不过夕阳红，温馨又从容。夕阳是晚开的花，夕阳是陈年的酒，夕阳是迟到的爱，夕阳是未了的情，多少情爱化作一片夕阳红。”唐代著名诗人李商隐有诗曰：“夕阳无限好，只是近黄昏。”（见《乐游原》）“天意怜幽草，人间重晚晴。”（见《晚晴》）老一辈无产阶级革命家叶剑英的也有吟诵黄昏的诗句：“老夫喜作黄昏颂，满目青山夕照明。”

人生像诗，又像画，像歌又像哲学散文，多么的可观、可读又可赏,人生是何等的多姿多彩。有人说:“我们来到世上,在人生的各个阶段,应该拥有孩子的好奇,年轻人的思变,中年人的成熟,老年人的睿智。”其实,孔子早就对人生的各个时期有过精辟的论述,他在《论语·为政》中说:“吾十五而志于学,三十而立,四十不惑,五十而知天命,六十而耳顺,七十而从心欲,不逾矩。”这话也适用于今天。现在,十五岁的少年正好初中毕业,完成了九年义务制的学习任务,下一步便是考上一个好的高中、好的大学;到三十岁便成家立业了;到四十岁便渐渐人情练达、世事洞明了;五十岁不辱使命;六十岁便耳闻其言,而知其微旨;七十岁心想事成,不越规逾矩。这样的人生,也像梦一样香甜,像歌一样悦耳,像诗一样动人,像画一样美丽,像小说一样精彩,像散文哲学一样睿智。有人说,人生无论是像梦、像歌、像诗,还是像画、像小说、像散文,最重要的是要把事业搞好,要有所作为,否则,你的生命就是短暂的、空虚的。而当你的事业永远被人们记住,你的事业也就穿越了岁月,而你的人生因此而世代相传。

人生的始终

出生时,紧握双拳,开始抓住机遇;
去世日,撒开两手,最终放弃一切。

【链接】相信大家都不难观察到:人在出生时,紧握着双拳,于是有人联想到:来到世界上,就要懂得抓住任何机遇,奋斗一生;人去世后,两手撒开,启示着人们:一生结束了,该放弃名利,放弃一切。短信便是抓住这一平凡的细节,进行对比,揭示其中蕴含的人生哲理。

人常说“生不带来,死不带去”,本则短信不仅表达了此意,还赋予了新意。人来到世上,一无所有,以后在人生的道路上一切从零开始,就要勇于创造,就要懂得抓住机遇,才能获得成功。走过人生漫漫路,可能有了名利,有了地位,对于这一切不能留恋,要懂得放弃。人常说钱财乃身外之物,但是并非每个人都能对此彻悟,有的官员不仅在位时贪,退休后也拼命地捞,退休后不是发挥余热,而是利用余威，不好好安享晚年，还要拼命敛财，最终导致锒铛入狱，甚至过早地结束了自己的生命，倒是被古训“人为财死，鸟为食亡”不幸言中。

人们常嘲笑清代吴敬梓《儒林外史》中的人物严监生，他是个地主乡绅，胆小自私，爱财如命。他很有钱，但平时连猪肉都舍不得吃，他临死时还惦记着头边油灯里点两根灯芯会多耗油，始终伸着两个指头不肯咽气，侍妾越氏明白他的意思，拨去了一根灯芯后，他才瞑目而逝。其实，他并不十分可笑，他只是惜财，怕浪费，他只是个守财奴、吝啬鬼而已。真正可笑的倒是一些现代贪官，他们贪得无厌，有的还来不及享受或不会享受便东窗事发，家破人亡，这样的人才比严监生更加可笑，才更是遗臭万年。台湾作家刘墉说得好：“取是一门本事，舍是一门哲学。”“少年时舍其不能有，中年时舍其不当有，老年时舍其不必有。”能做到这些，人才能活得豁达明智，才能活得轻松快乐。

以人的生死作对照的短信不少，例如：“出生以赤身裸体登台，去世以两手空空谢幕。”还有的短信以哭声和笑声作对比：“降生时，众人抱着你笑得前仰后合；辞世时，亲眷围着你哭得死去活来。”简短一点的则是：“出生时以自己的哭声开始；辞世时以别人的哭声结束。”而余光中先生的诗《今生今世》对此写得极为精彩：“我最忘情的哭声有两次/一次，在我生命的开始/一次，在你生命的告终/第一次，我不会记得，是听你说的/第二次，你不会晓得，我说也没用/但两次哭声的中间啊/有无穷无尽的笑声/一遍一遍又一遍/回荡了整整三十年/你都晓得，我都记得。”丁振先的《人生桥》也写得颇有新意：“人生是一座桥/两头都是哭声/一头是自己的/一头是别人的/人在哭声中开始/人在哭声中终结。”

对于人生的始终，有人说：“新生最灿烂，老死亦悲壮。”博尔先生则说：“正如太阳最好是在东升和西坠之际，人的品格也是在孩提和弥留之间最看得清楚。”对于人的生与死，著名的印度诗人泰戈尔的著名诗句则是：“生如夏花之绚烂，死如秋叶之静美。”我们既要追求夏花之绚烂，也要归宿于秋叶之静美。有一则短信别出心裁地以北京地铁一号线的路线来调侃人生的始终：

人的一生好像乘坐北京地铁一号线：途径国贸，羡慕繁华；

途经天安门，幻想权力；途径金融街，梦想发财；经过公主坟，遥想华丽家庭；经过玉泉路，依然雄心勃勃……这时，有个声音飘然入耳："乘客你好，八宝山快到了！"顿时醒悟：人生苦短，何不淡然？

短信像个人生中的导游，带你领略了一路上的风光，令人触景生情，但是到了最后一站，都要下车，路上所见都是过眼烟云。人生的历程是短暂的，最后的终点、最后的归宿都是一样，在生时不要去追逐名利、贪图享受，一切淡然处之。短信对沿途一些站名"望文生义"，引起相关的联想，即使不熟悉北京的人，也能心领神会。短信写得既有趣味性，又富有哲理，让人读后如醍醐灌顶，格外清醒明智，豁然开朗，将轻松愉快地度过每一天。

人生的取舍

少年时取其丰，壮年时取其实，老年时取其精；

少年时舍其不能有，壮年时舍其不当有，老年时舍其不必有。

【链接】本则短信节选自台湾作家、教育家刘墉先生有关取舍的论述，短信就人生的少年、壮年、老年的三个阶段对于取舍的内容及实质进行比较，给人以启迪，丰、实、精与能、当、必六个字画龙点睛，准确精到，极富特色。一个人少年时，涉世未深，可能在取时会贪求数量，取其丰多。而到了壮年，有了阅历，在取方面就可能会讲究实在、充实，华而有实。到了老年，所取就应该是少而精了，应该如《菜根谭》所说："日既暮而犹烟霞绚烂，岁将晚而更橙橘芳馨。"在舍的方面，少年时由于各方面条件不成熟，能力不具备，所以首要的是要舍掉不切实际的、"不能有"的。到了壮年，工作能力、经济能力强了，则要舍得不该有的、不当有的，以当今现实观之，更要舍掉法律所不允许的。对于官商来说，就是不可以做违法乱纪之事。到了老年，安享晚年，一切从简，也像少年那样要从实际出发，舍掉不必有的。从以上看来，取和舍并不是很容易的事，大有讲究。所以刘墉先生特别强调："取是一种本事，舍是一门哲学。"在对待取舍上，应该对自己有个正确的估计，量力而行，不要和别人盲目攀比。刘墉进一步指出："没有能力的人，取不足；没有通悟的人，舍不得。"人都要知足常乐，没有能力的人，更要理性对待，不能有任何奢望苛求。而思想没有通悟，按刘墉的提法可说是没有"哲学"头脑的人，便会不忍舍，不能舍，舍不得。

取与舍的关系，换言之，就是得与失的关系。有取才有得，有舍便有失。而佛教则特别强调得中有舍，舍中有得："舍就是得，得就是舍，得而有所舍。"对于"舍"，佛教人又常说为"放下"，无德禅师就说过："千万种的梦境，醒来就无事，所以，千万种的问题，放下不就好了吗?"而人们则多说"舍"为"放弃"，也有对"放弃"的很好悟性，有的人以诗一样的语言赞扬它："放弃花的香艳，才能拥有果的香甜；放弃一粒种子，才能拥有万颗粮食的收获；放弃茧蛹里的沉睡，才能有展翅飞翔的自由；放弃漂亮的尾巴，才能变成活泼可爱的青蛙。"

但是，有不少人未能恰如其分地处理好取与舍，即得与失的关系，总是在名与利间患得患失。著名诗人汪国真写得好："也许，你渴望春天，可又担心春天会带来风沙……也许，你习惯了春天，惟恐有一天，春天会像飘逝的云霞。"对待美丽的春天尚且如此患得患失，那对于冰雪凛冽的冬天岂不要更加杞人忧天吗？所以，有人说放弃、舍得是一种智慧，是一种成熟，是一种才能，是一种美丽。据报载，广西就有一位聪明的果农，名叫卢义贞，每当香蕉挂果时，他都是每挂只留下七只香蕉，其余的毫不可惜地剪去，因为每少挂一只，香蕉便可早一周上市。如果剪掉四五只的话，便可提早一个月上市，而且还可以卖到更好的价钱。你看，这位果农对于取舍、得失不是显得很有胆识、很有底气吗？他应该算作一个很"通悟"的能人！据说浪漫诗人徐志摩在爱情和婚姻的得失上，还是蛮有"通悟"的，他说："得之，我幸；不得，我命。"也许有人会说，他这是宿命论，不可取。但他能放得下、想得通，还是可取的。

从少到老读经典

年轻时适合读儒家，梳理人间的关系；

三四十岁时，便会对道家有体会；

人到中年，事业上有成败得失，跟人有愉快也有不愉快，庄子劝人看开；五十岁以后读易经，让人知道大的环境、趋势怎么走，你个人的位置在什么地方，你怎么去适应和配合大的环境。

【链接】本则短信构思巧妙，针对人生各个阶段会出现的问题，指导人们去有针对性地读有关的经典书籍，有儒家、道家的，有庄子的，还有《易经》。其实，这些书是深奥难懂的，短信的意旨是用其精神去化解各种问题。比如说年轻人往往血气方刚，容易冲动，不善处理人间关系。儒家的思想很宽泛，若要能帮助“梳理人间的关系”，那就是借助儒家所崇尚的“礼乐”“仁义”，以及所提倡的“宽恕”和不偏不倚的“中庸”之道。道家的学说，同样深奥丰富，人到三四十岁时，有了一定的历练，对于老子创始的道家学说深有体会的，该是在“祸兮福之所倚，福兮祸之所伏”以及“知足”与“寡欲”等方面的警示。人到中年，事业上有成败得失，心情上有喜怒哀乐，为什么短信还要提出了请庄子来开导呢？其实庄子就是道家的继承和发展的功臣，若要对症下药，那就只能突出庄子的豁达大度、知足与寡欲，以此来扫除“中年人”的心理障碍，使之豁然开朗，轻装上阵。至于《易经》，更是难以入门之经典，不过改革开放以来，有不少人打着易经的旗号，搞占卦预测，并成为了热门职业，小店几乎遍布大街小巷。如果真能用“易经”预测出大环境、形势的走向以及您在其中的位置，倒还是一件开心的事，但是千万不能盲目依从，更不能因此放弃你在人生道路上应做的艰苦努力。本则短信是从读古代经典理论书解决人生各个年龄段所面临的问题来构思的。与此相反，有的短信却是构思为人生的各个年龄段忌读的几种古代名著小说——如说“青少年不宜读‘红楼’，中年不宜读‘水浒’，老年不宜看‘三国’”，其理由调侃为：《红楼梦》会误导青少年谈情说爱，《水浒传》会教唆中年人打打杀杀，《三国演义》会叫老年人更加老奸巨猾。两种设计，各有所取和所指。

赵士林《国学六法》云：“以儒做人，以道养生，以禅清心，以墨尽责，以法为基，以兵入市。”六个四字句非常精炼地概括了国学对人生的指导意义。此段言论与短信都突出了儒道的绳矩作用，短信更突出了庄子、易经，而赵士林则特别强调了“以禅清心，以墨尽责，以法为基，以兵入市。”两者相辅相成，全面地抒写了人生的重要典律。本则短信仅从读书方面进行比较，而有的短信则选择二十、三十、四十年龄段的其他不同特点来进行比较：

二十岁比胆量，三十岁比酒量，四十岁比器量；

二十岁广结朋友，三十岁筛选朋友，四十岁盘点朋友；

二十岁容易激动，三十岁常被感动，四十岁岿然不动。

此则短信构思比较巧妙，其着眼点第一句在“量”，第二句在“友”，第三句在“动”，既有纵向的对比，又有横向的对比，耐人寻味。

老人“四有”歌

一要有老伴，
二要有老友，
三要有老窝，
四要有老本。

【链接】“老人四有歌”在“人生一二三四”中有所提及，但未展开阐述，“老人四有歌”有几种版本，“四有”的排列顺序也有所不同，还有的对每个“有”都有详文诠释。老人最忌寂寞，儿女上班忙碌，或在异地生活，空巢老人若身边有个老伴，相互依托，是极为宝贵的。所以现在不少古稀以上的丧偶老人也纷纷征婚是很自然的，有文曰：“少年夫妻老来伴，三疼六病少人问，有个老伴才顺心，知冷知热情最深。”除了老伴，有老友也是很重要的，有文曰：“良朋益友胜亲人，没有老友不开心，闲暇无事常相聚，谈天说地论古今。”前些时，青年人有个时髦的词语：“代沟”，两代人在思维、生活习惯等方面确实有很大的差距，各自有独立的空间能避免产生矛盾，所以，老人最好要有自己的窝，有文曰：“鱼靠水塘鸟靠林，没有老窝不安心，住着儿女高楼厦，难有自由自在身。”另外，人在社会上，要有自己的经济地位，所以晚年要有点老本也是不可忽视的，有文曰：“无钱寸步也难行，没有老本不放心，儿孙满堂闹哄哄，床头莫离二百文。”人已老了，又离不开那四“老”，是发人深省的。短信句子短小工整，每句中有三字重复，加深印象，便于记忆。

综合以上四首打油诗，便是：没有老伴不顺心，没有老友不开心，没有老窝不安心，没有老本不放心。换言之，一个老人，必须有个老伴，有些老友、有个老窝、有点老本，晚年的生活才能过得顺心、开心、安心、放心。还有的版本演变成“五有”，加了一有：“要有老酒。”这对于女性是不适合的，但可以演绎为“要有点老的兴趣爱好”。

老人“四有歌”写得最长的是署名“楼主电梯直达”的作品：

夕阳坠山脚，晚霞悠然飘。老人有“四有”，堪欢堪自豪。

一有老伴好，本是同林鸟。鸳鸯不分离，连理枝紧靠。相濡以沫心相印，直至天荒和地老。

二有老窝好，遮雨挡风扰。自有方自便，毋庸把心操。尽享陋室春意暖，光风霁月任逍遥。

三有老底好，节约存钞票。救病如救火，无钱可糟糕。聚沙成塔防未然，风雨潇潇愁自了。

四有老友好，促膝攀挚交。畅谈天下事，展眉舒心笑。推心置腹情义浓，乐不可支喜今朝。

这首老人“四有”歌，写得更加舒展，道理讲得更充分，也更有文采。

3. 人生艰辛

人生的坎坷辛酸

人生是座无形的山，是陡是平都要攀；
人生是条无名的河，是深是浅都要过；
人生是杯无色的酒，是甜是苦都要喝；
人生是首无调的歌，是高是低都要和。

【链接】本则短信，分别将人生比做“无形的山”“无名的河”“无色的酒”“无调的歌”，然后强调都要勇敢地面对它，一定要攀上山，要趟过河，要喝下酒，要唱好歌。前普鲁士王国首相俾斯麦说过：“如果人生旅途上没有什么障碍，人还有什么可做的呢？”人生的道路总是曲折的，人生的经历总是坎坷的，想风平浪静、山平路坦总是不现实的，这就要求人们要有顽强拼搏的精神，只有敢于抗争，才能显示英雄本色。有的人说得好：“没有风浪，就显示不出风帆的威力；没有雪霜，就显示不出松柏的坚贞；没有艰辛，就显示不出人生的乐趣。”人应该做生活中的强者，这样的话听起来，可能还显得有点平坦乏味，那么，给你介绍一句颇有刺激的人生感悟：“没有天生的强者，一个人只有站在悬崖边上的时候，才会真正强大起来。”这是日本聋哑女武田麻弓在自传体小说《抗争》卷首语中的一句豪言壮语。武田麻弓的确是个少有的强者，但她身高不足1.50，从小失聪失语，青少年时所受苦难及歧视可想而知，不须详叙。她曾想自杀，又遭人强暴，25岁与一黑人特洛伊相恋，她为了赴美生活，竟然不顾父母断绝来往的压力，到娱乐中心当女招待，苦干两年总算攒到了二千万日元。赴美后，却发现自己受骗了，特洛伊尚未离婚。后来找了第二任丈夫黑人卡尔卢，更是掉进火坑了。卡尔卢是个艾滋病菌携带者，吸毒贩毒，还是杀人不眨眼的暴力团伙成员。她为了生活，不得不当裸胸舞女，然而卡尔卢还对她不满、不放心，他拿出自己奸杀妇女的照片给她看，威胁她不准外逃，于是她又自杀，有幸被好心邻居送往精神病院，她才逃过劫难。她终于鼓足勇气报了警，卡尔卢被抓，她才得以脱离苦海。后来，她总算找到了诚实和蔼的高级公寓夜班警卫多拉杰。武田麻弓的人生的确是一座崎岖的山、一条湍急的河、一杯苦涩的酒、一首难唱的歌，但是她却勇敢地攀过了、趟过了、喝下了、唱好了。后来，在众人的鼓励下，她又克服重重困难，以自己的不凡经历，写出了可歌可泣的自传体小说《抗争》。武田麻弓的血泪经历，感染了众多的读者，小说出版后几个月，便发行了29万部，我们不能不由衷地、敬佩地对她夸赞一声："你不是天生的强者，你是后天的英雄，你是悬崖边上的劲松。"

大家都认为，坎坷辛酸是人生的必修课，没有辛酸坎坷，人就永远长不大，有的短信写道：

没有辛酸，人不能品味甜美；
没有悲痛，人不知道快乐；
没有苦难，人不会感到幸福；
没有受伤，人不懂得珍惜。

人生的道路坎坷，一旦摔倒了，就要勇于爬起来，继续前进。褚时健就是一个摔倒了能勇于爬起来，又走出了辉煌的范例。褚时健本是个能人，他苦心经营，缔造了赫赫有名的红塔山烟草帝国，为国家创造的利税高达991亿。由于体制原因，他的巨大贡献没有得到相应的报酬，于是，他走偏了道路，他因贪污受贿最早被判无期，后减刑为17年。2002年保外就医时，他已75岁，他仍想干一番事业，他向亲戚朋友借钱，买下了偏远的山地，他过着苦行僧的生活，努力种植橙子，并钻研改良品种，他种的橙子销路极好，在耄耋之年，成为了一个勤劳致富的亿万富翁，谱写了他的人生传奇。

人常说，人生十有八九不如意，我们应该正视这八九，珍惜那一二，勇于战胜人生的坎坷辛酸，走出自己的辉煌人生之路。有人拿一个英文单词来喻晓此理："把不幸（EVIL）倒过来写，就是生活（LIVE）。"真是别出心裁，风趣隽永。

人生一个“找”字

生下来，找奶吃；
长大后，找书读；
毕业了，找工作；
成年了，找对象；
要办事，找关系；
困扰时，找朋友；
清明节，找故亲；
好好活，不找死。

【链接】人们生活的经验很多，本则短信从一个独特的视角，强调人生离不开一个“找”字，短信用整齐划一的“三字经”，每句突出一个“找”字，按照人的生长期以及几个主要活动，逐一进行表述，写各种“找”的对象，构成人的生存生活的网络。著名作家刘震云曾经调侃地说：“人一辈子都在寻找。你生下来要找 奶，才能活下去。长大了要找爱人，找健康，找好的工作，找自己的知心朋友，最后就是找死。而这其中最重要的就是，找到一个人，和他说一句知心的话。”短信很可能是受刘震云的这段话的启发而拟作的。而刘震云的这段话，正是对短信的最好解读，尤其是刘震云强调，这许多“找”中，“最重要的就是找一个人，和他说一句知心的话。”这是非常可取的，而且对当今人与人之间的关系，对世态炎凉是有针对性的。时下，生活节奏加快，生活压力加大，往往容易产生心理障碍，所以，找一个人说一句知心的话是很有必要和作用的，甚至比找一个心理医生更顶用。

有的短信只突出人生的两个“找”，短信写道：

人生最大的幸福在于做到两种事：
一、是找对单位和上司，
二、是找对伴侣。
当太阳升起时，与上司和谐共事，

当日落西下时，和爱人深情相拥。

短信把找对单位和上司、找对伴侣当作人生的最大幸福的标志，以凸显这两个“找”在人生中的重要。

“找”意味着人要主观进取，但是有很多事情并不是凭主观努力就能找到的。例如：人的出生，不一定找得到慈爱的父母、温馨的家庭；长大后，不一定找得到满意工作和对象；要办事，不一定找得到相应的关系，不一定找得到自己所要的目标。有则短信写得很巧妙：“好不容易上了岗，结果是富士康管的；好不容易买个紫砂锅，结果是美的产的；好不容易参加了培训，结果是本山办的；好不容易弄个药方，结果是张悟本编的；好不容易找到个对象，结果是天上人间的；好不容易读了博士，结果校友是唐骏。”短信中虽然没有出现“找”字，却极为风趣而又深刻地调侃了人生中没有找准目标的种种尴尬和无奈。短信《人生一个“找”字》还谈到“困难时，找朋友”，但你要重视平时的交往，不能“平时不烧香，临时抱佛脚”。短信不忘写上“清明节，找故亲”，这是非常可贵的，体现了中华民族思亲感恩的优良传统。但是，中华民族更推崇“厚葬不如薄养”，早在宋代，欧阳修就说过：“祭之丰，不如养之薄。”（见《陇冈纤表》）对父母、对亲人的感恩，莫优于在他们生前对他们多关心一点，多照顾一点，多体贴一点，免得留下终生的遗憾难以弥补。最后一句“不找死”，应该是指不以身试法等。

人生苦与乐

人生有做不完的梦，
人生有走不完的路，
人生有做不完的事，
人生有吃不完的苦，
人生有流不完的汗，
人生有摘不完的果，
人生有唱不完的歌，

人生有享不完的乐。

【链接】俗话说:“为人不自在,自在不为人。”显然是指人自生下来以后,不可能时时处处清闲自在,必定有不少磨难,必定要努力拼搏,才能有幸福,才有欢乐。本则短信拟写了八个“人永远有 A 不完的 B”的排比句,来表现人的一生会像马拉松赛一样,有“做不完的梦”“走不完的路”“做不完的事”“吃不完的苦”,但人要不怕吃苦,不怕流汗,战胜各种困难,应该像一首歌所唱的那样,“从来不怨命运之错,不怕旅途多坎坷。人生本来苦恼已多,再来一次又如何。”(《人生旅途》)俗语说“种豆得豆,种瓜得瓜”,付出了艰辛的耕耘,必然会有“摘不完的果,唱不完的歌,享不完的乐”!革命先烈方志敏曾说:“我们活着不能与草木同朽,不能醉生梦死,枉度人生,要有所作为!”方志敏等老一辈无产阶级革命家,为了祖国的新生,连宝贵的青春和生命都献出了,我们现在处于这样优越的生活环境,理应在改革开放中发奋图强,谱写新篇。

本则短信突出的就是“苦”与“乐”二字,有人用近乎绕口令的形式调侃人生的苦与乐:

人生有乐必有苦,人生有苦就有乐;
乐中自有人生苦,苦中自有人生乐;
人生乐从苦中来,苦尽甘来便是乐;
乐极生悲即为苦,否极泰来就是乐。

还有人说:

避苦求乐是人性的自然;
多苦少乐是人性的必然;
化苦为乐是智者的超然。

此话说得更有禅理和机趣,而丁振先则将人生的苦与乐比作“两根弦”,他在短信《二弦琴》中写到:

人生两根弦
一根是欢乐
一根是痛苦
二根琴弦拨弄

飞出四个音符
喜怒哀乐
组合
谱写出人生的交响……

短信既形象生动，又富有哲理。

人生十二“最大”

最大的敌人是自己，
最大的弱点是懒惰，
最大的错误是无知，
最大的失败是放弃，
最大的遗憾是无为，
最大的悲哀是无耻，
最大的债务是人情，
最大的动力是立志，
最大的欣慰是奉献，
最大的理智是感恩，
最大的礼物是宽容，
最大的幸福是知足。

【链接】本则短信每句都重复“最大”二字，以十二个“最大的 A 是 B”格式的排比句，着重从人的精神层面，阐述了做人的准则。前几句从负面的、否定的角度来谈，后面几句则从正面的、肯定的角度来谈，相辅相成。前半部分，谈及人生最大的敌人、弱点、错误、失败、遗憾、悲哀分别是自己、懒惰、无知、放弃、无为、无耻。接着一句“最大的债务是人情”是中性的，作为一种过渡、转折，以下便是正面、肯定的表述：人生最大的动力、欣慰、理智、礼物、幸福分别是立志、奉献、感恩、宽容和知足等高贵品质。短信虽然洋洋洒洒列举了十二个方面，但还是不可能面面俱到，难免有遗珠之憾。例如，还可以说“最大的财富是健康”，或说“最大的财富是朋友”等。另外，短信每句使用的是判断句，这种判断未必是最佳的，也未必是唯一的，如短信中说“最大的错误是无知”，说“最大的错误”是“自卑”“自私”“贪婪”“软弱”等都未必不妥。但是不能求全责备，短信虽然没有冠名为“座右铭”，但对于做人处世有很大的启迪。短信每句都八个字，短小精悍，句子结构都相同，十分工整，读起来也十分流畅，铿锵有力，给人留下非常深刻、鲜明的印象。

短文《戏说人的一生》专门就人生各个阶段的“最大欲望”写道：

0—10岁，最大的欲望是吃；10—20岁，最大的欲望是玩；20—30岁，最大的欲望是性；30—40岁，最大的欲望是财；40—50岁，最大的欲望是成功；50—60岁，最大的欲望是安心；60—70岁，最大的欲望是天伦之乐；70—80岁，最大的欲望是健康长寿；80—90岁以上，最大的欲望是无欲。

另有一则短信写道：

人生的重压在于责任，
人生的乐趣在于奋进，
人生的价值在于拼搏，
人生的前进在于努力，
人生的美好在于充实，
人生的义务在于做事，
人生的动力在于创造，
人生的意义在于奉献，
人生的幸福在于满足。

此则短信虽然没有出现“最大”二字，但是通过每句重复“在于”二字，具有同样的效果，短信完全可以改写成“人生最大的重压是责任……人生最大的幸福是满足”。

减负

该松手就松手，
不被欲望锁住，
生命之舟载不动贪婪和虚荣，
应该轻装减负，
只取必需的东西，
其他的不屑一顾。

【链接】本则短信通过生动的比喻，深刻地阐明了生活中的一个道理，不要让生命之舟承载太重，要善于轻装减负，人们才能生活得潇洒轻松。换句话说，人们在生活中要善于做减法，这不仅是指物质上的，更重要的是指精神上的。戒烟戒酒、减肥降血脂固然重要，但更重要的是要减少欲望、减少心理负担，减少精力压力，"不被欲望锁住"，对于"贪婪和虚荣"，能够"不屑一顾"。这样，生活之舟才不至于被倾覆，才能轻装稳渡。明代洪应明在这方面就有真知灼见，他在《菜根谭》一书中说得好："人生减少一分，便超脱一分。如交游减，便负纷扰；言语减，便寡愆尤；思虑减，则精神不耗；聪明减，则混沌可完。"在拜金盛行、物欲横流的当今，人们更要倍加注意，不要攀比，不要过多地追求物质享受，不要过多地消耗精神。金钱地位都要放得下，让生活顺应自然，返璞归真。有一条短信写得好："粗茶淡饭养养胃，清新空气洗洗肺，灿烂太阳晒晒背，像猫那样睡一睡。"让生活过得单纯潇洒。

现在社会发展很快，而且还在拼速度，拼 GDP 的增长，增长带来了许多负面效应，环境污染了，生态失去平衡了，天灾人祸也多了，给人类带来的威胁也越来越大了。现在人类着急了，2009 年，在哥本哈根专门召开了有关的世界峰会，号召人类减少二氧化碳的排放，过低碳的生活。现在人们也行动起来，除了有国家行动外，个人也都身体力行了，一周少开一天车，尽量少用一吨水，少用一度电，少用一次性餐具和包装袋……别以为这是小事情，作用微乎其微，但是聚沙成塔，集腋成裘，无数的量变必然带来巨大的质变。譬如说飞机上的一只塑料杯，原重为 13 克，如果每只将它减重了 3.5 克，单独看起来，没有什么意义，据报载，法国航空公司作了精确的统计，如果他们全公司每架飞机上的塑料杯每只都减重了 3.5 克的话，一年便可减少排放 20 吨的二氧化碳，这该叫人感到震撼吧。所以说生活中要懂得运用减法的艺术，要领悟其中的哲理，能从减的就从减，减法运用得好，将给我们带来令人惊喜的福音！

情之歌

世界上最难断的是感情，
世界上最难求的是爱情，
世界上最难得的是友情，
世界上最难分的是亲情，
世界上最难找的是真情，
世界上最难忘的是恩情。

【链接】情为何物？元好问的答案是“直教人生死相许”，汪国真却说：“感情上的事情，常常说不明白。”本则短信则从“感情”“爱情”“友情”“亲情”“真情”“恩情”六个方面来谈情。这里面存在着交叉的关系，如“真情”“恩情”可以贯穿在其他的几个方面，再说“感情”，可以说是喜怒哀乐，也可以说夫妻、恋人之间的感情就是爱情，朋友之间的感情就是友情，亲人之间的感情就是亲情，而且最难断、最难求、最难得、最难找、最难忘，对于感情、爱情、亲情、真情、恩情都可以搭配，并不局限在某一项，都可以进行综合地表达。有一则短信从另一个角度来对此进行描述：

世界上最深又最浅的是感情，
世界上最甜又最苦的是恋情，

世界上最长又最短的是亲情，
世界上最远又最近的是友情，
世界上最重又最轻的是恩情。

感情是看不见摸不着的，所以说是最深又是最浅的；恋爱可以让人如痴如醉，失恋可以使人痛不欲生，所以说恋情是最甜又是最苦的；有诗曰："海内存知己，天涯若比邻。"所以说友情是最远的又是最近的；亲人有多寡不一，生离死别的时间不一，所以说亲情是最长又是最短的；施恩者往往不把对人的好处记在心里，甚至视之轻如鸿毛，而受恩者则应该没齿不忘，把他人给予的恩情视之重如泰山，所以说恩情是最重的又是最轻的，以上说的都很具哲理，还有则短信与以上两则是相关联的：

爱情需要勇气，
友情需要义气，
亲情需要和气，
恩情需要底气。

此则短信与上两则是相呼应的，甚至可以说有因果关系。正因为爱情是最难求的，是最甜又是最苦的，所以爱情需要勇气；正因为友情是最难得的，是最远又是最近的，所以友情需要义气；正因为亲情是最难分的，是最长又是最短的，所以亲情需要和气；正因为恩情是最难忘的，是最重又是最短的，所以恩情需要有做人的底气。三则短信环环相扣，编织成一个人间"情"之网。对于以上内容，有的短信则简练地用五"尽"来表达：做事尽力，做人尽真，事亲尽孝，待友尽义，爱恋尽情。《情之歌》在流传中，有人加上了三句："世上最难猜的是心情，世上最痛苦的是自作多情，世上最喜欢的是您微笑的表情。"这样一加，使短信显得更加活泼轻松，更加亲切可爱。

生活的真谛

生活有挑战，应对它；
生活有风险，体验它；

生活有忧伤，消除它；
生活有责任，履行它；
生活有神秘，揭开它；
生活有挫折，克服它；
生活有机会，把握它；
生活有目标，达到它；
生活有游戏，参与它；
生活有恩赐，接受它；
生活有付出，奉献它；
生活有幸福，享受它。

【链接】短信用十二个“生活有A，B它”的排比句，对生活的苦辣酸甜方面作了全方位的扫描，辩证地道出了生活的滋味，道出了生活的真谛。人来到世界上，要敢于面对挑战、敢于面对艰难险阻，还要勇于承担责任，善于抓住机会，人们才能达到目标，走完旅程；人还要努力付出，努力奉献，才能接受恩赐，享受幸福。短信每句前半部分谈的是因、是条件；后半部分谈的是果、是目的。人们只有付出了艰辛的劳动，才能享受甜美的成果。要想不劳而获，期望天上掉下馅饼是不可能的。古人说得好：“不是一番寒彻骨，争得梅花扑鼻香。”（见元·高明《琵琶记·旌表》）这一富有哲理的比喻，阐明了人必须经受苦楚、磨难，才能取得非凡的成就，才能享受完美的人生。有两僧出外云游，小僧抱怨很辛苦，借水中鱼发泄说：“这些鱼多傻呀，逆水而游，多费力，多辛苦。”老僧：“可它们正在享受快乐呢！”小僧：“有什么快乐？”老僧：“它们正在享受奋斗的快乐。”小僧：“顺水漂流不是更舒服、更潇洒、更快乐吗？”老僧：“你看见那水中的黄叶吗？只有死去的东西，才会随波逐流，才会享受这种安逸和舒适！”老僧说出了生活的真谛。九思认为应该这样面对人生顺逆：“顺亦自适，逆亦自安；人生如棋，最须大观。接受人生得失：得而不喜，失而不忧；心无荣禄，窒欲淡然。处理人生难题：修道忘名，行义忘利；名利两忘，万事不难。放下人生困惑：放舍身心，任运随缘；了心见性，适意达观。”（见《三平斋夜语》)要"放下人生困惑",是最难做到的。唐代诗人白居易诗曰:"荣枯事过都成梦,忧喜心忘便是禅。"(见《寄李相公崔侍郎钱舍人》)这不禁使人想起一个小故事:两个和尚将过一条小河。见河边有一村妇犯难,和尚甲毫不犹豫地背起她,三人一起过了小河,约走了二十多里路,和尚乙一直在思索,终于憋不住问和尚甲:"你为什么要背那个村妇?"和尚甲很坦然地说:"我背村妇,一过河就立即放下了,可是你却把她在心里背了二十多里路还放不下。"实在耐人寻味,真可谓君子之心常泰,小人之心常劳。大概这就是禅理,该放下的一定要及时放下,不要让它无端成为你的心理负担。

有一则短信对于人生也有精辟的论述:

> 凡事顺其自然,遇事处之泰然;得意之时淡然,失意之时坦然;贫困之时安然,富贵之时慨然;碰到挫折毅然,面对不义凛然;改正错误幡然,帮助别人欣然;历尽沧桑悟然,安享晚年陶然。

类似的短信不少,或取四句六句,或拟八句十句,唯独此则短信篇幅较长,反映的内容更为全面,犹似人生处事的一套指南。

为官五行

为官如金,
守沉默之慎,
葆至真之性。
为官如木,
汲深层之养,
持至善之性。
为官如水,
知载舟之理,
达至清之性。
为官如火,
疾腐恶之仇,

存至诚之性。
为官如土，
承厚道之德，
秉至美之性。

【链接】本则短信选自九思著《三平斋夜语》(北京出版社出版)。这是一本警句、格言体的颇有特色的短信结集，著名学者汤一介先生为该书写了序。在序中，汤先生特别介绍了这个短信段子，他说该书“每一篇章皆不乏佳作。例如在‘箴官规心’中，从金、木、水、火、土五行‘来正面’讲‘为官五行’……”汤先生还在序中介绍，该书作者是一位“平易近人”“颇有君子之风”的官员，从其取用笔名“九思”，“足见作者对完美人格的孜孜以求”。这“为官五行”只是一个从正面抒怀的诗篇。汤先生还在序中兴致勃勃地介绍作者“又从反面讲‘为政三勿’：先引诸葛亮的‘勿以身贵而贱人，勿以独见而违众，勿恃功能而失信’，又发展为自己的‘勿以势优而轻敌，勿以知世而习染，勿以事熟而随手，勿以政简而思浅，勿以识广而妄动，勿以友近而逾宽，勿以难多而避战，勿以德施而期返’。说得何等之好！”

由于作者是个官员，而且是个品位较高的官员，而且是个善于思考、善于总结的官员，所以，他在这本书中，还有很多直奔主题“为官”或“为政”的短信，如“为官百忍”“为官之法”“为官八不求”“为官之道”“做官不苟”“官场兵法”“官场之情”“官场心态”“官场八观”“官有三莫”“为官之道”等，都开门见山，都毫不避讳一个“官”字，都直抒自己为官的亲身感受。如《为官之道》写道：“(明)吕坤云：为政之道，以不扰为安，以不取为与，以不害为利，以行所无事为兴废起敝。”接下来是作者的感受：“为官之道，以不惑为本。为吏之道，以不争为先。为卒之道，以不苟为守。为学之道，以不羁为法。为友之道，以不傲为交。为人之道，以不过为度。”据此，汤先生盛赞作者难能可贵之处在于“关注自己的精神生活，追求自我的道德完善，养其浩然之气，并以自己所得滋润他人。”“如果人人都能像九思那样……如此，家可以齐，国可以治，天下可以平的理想或有实现之可能。”我们希望天下所有的官员都不要辜负汤先生和广大民众的如此良好的不为奢侈的愿望。

农民工

离开爹娘
冷落自己的土地
把苦难随被子卷走
妻儿在风中远望
像一粒铁屑
沿着城市的磁场
牢牢吸上
想让自己变成一块钢
像一只候鸟
忙回闲去
在城市里换去羽毛
想让自己变成一只凤凰
城市是天堂
天堂里却没有屋檐
累了的时候
还得回到自己的家园

【链接】本则短信转引自欧阳文风《短信文学论》，欧阳文风先生点评曰："这是写农民工的生活状况的，选取了'土地''城市''候鸟'、'凤凰'等具体而简单的形象，抒发了农民工在土地和城市之间穿梭、在爹娘和妻儿的渴盼中背井离乡的无奈与企盼，从头到尾都渗透着对平凡生活的体悟，拥有一种贴切现实人生的情感温度，充分体现了短信文学日常生活叙事的本色品性。"农民工是从农村进入城镇务工的农业户口人员，是我国特有的城乡二元体制的产物，它是特殊历史时期出现的社会群体，是改革开放和工业化、城镇化必需的力量。改革开放的城市像磁场一样吸收着农村的人员，他们像一粒铁屑，他们想让自己变成一块钢。他们是有幻想的，他们甚至想让自己变成一只凤凰。但是，残酷的现实很难让他们如愿以偿，如果把城市比做天堂，但天堂里却没有他们的屋檐，多数人的结局是“累了的时候，还得回到了自己的家园”。短信入木三分地写出了农民工的辛酸，他们为城市作出了巨大的贡献，但他们却无法成为城市的主人。近年来，还有个响亮的名称叫“打工仔”，其中包括了城镇的由于各种原因去务工的人员，但打工者的主体便是农民工，据不完全统计，至今有二亿多。有一则短信《打工者》所反映的内容乃至词语上都与短信《农民工》如出一辙。《打工仔》写道：

将家捎于脊背，在人群的缝隙间喘息，维持生存状态。

陌生的目光如冻河，你是一尾无助的游鱼，索寻暖流的方向。

蛰居霓虹灯的背面，看不见家乡的星星和月亮，乡愁是我沉重的唯一行李。

注定明天又要风雨飘摇，你必须用信心作砖，慢慢地敲打，无门的墙。

对照两则短信，不难发现，他们描写的主人翁，无论说是打工者还是农民工，他们进入新城镇务工的内在动机以及外在的形象都是相似的，他们都满怀着希望，但是他们受到的却是“如冻河”的目光，他们没有自己的屋檐，他们只能“蛰居霓虹灯的背面”，他们的结局也是相同的，他们“注定明天又要风雨飘摇”，他们“累了的时候，还得回到自己的家园”，他们没有什么差异，他们本就是同一个社会的弱势群体，有的短信仅从春节回家过年买票难来反映农民工的艰辛：

春节将到，千里排队，万里抢票。望长城内外，满是包包；大河上下，人浪滔滔，遍地搭铺，死守通宵，欲与票贩试比高。攥大钞，看人山人海，一票难保。车票如此难搞，引无数英雄竞折腰。惜秦皇汉武，见此遁逃；唐宗宋祖，更是没招。一代天骄，成吉思汗，只得骑马往回飙。俱往矣，票能否搞到，还看今朝。

此则短信有几个版本，此为经济日报出版社的《新短信 2013》版，短信仿毛泽东的《沁园春·雪》，写得十分生动、形象、深刻、幽默。当然，买票难的不全是农民工，但无疑他们是其主体。

灾难面前

所有的伤痛，除以13亿，将会微不足道；

再小的关爱，乘以13亿，就能威力无比。

【链接】汶川地震，转眼间天地变色，生死转换于顷间，此时，没有了贫穷和富贵，没有了仇恨与恩怨，大家都是兄弟，大家都是姐妹，年长的是父母，年少的是儿女，大家都是一家人，大家一条心，要夺取抗震救灾的胜利。

在千年未遇的大灾难面前，乘除的运算也变得无比的神奇。一个人一颗小小的爱心水珠，全中华民族就能汇成爱的汪洋大海，这大海，就能把任何困难、任何伤痛淹没殆尽。还如有的短信所说："天地无情人有情，请相信，只要尽力，哪怕是最微小的援助，爱就在我们手中传递，世界就会因你而不同。"

灾难出现后，有人将明代顾宪成的名联改成短信：

风声、雨声、呼救声，声声入耳，

家事、国事、赈灾事，事事关心。

的确，在灾害面前，中华民族众志成城，风雨同舟，万众一心，共渡难关。有人说："灾情不会的把我们轻易吓倒。在中国土地上，无论遭受什么艰难困苦，绝不会让任何一个地方成为孤岛。"灾难出现后，牵动着每一个中华儿女的心，大家无不为之心动、心急、心痛。所以，有的人说："面对苦难的灾民，我们都恨不得让自己变成千手观音，向他们伸出一千只手，使出一万股力。虽然，我们不是千手观音，我们并没有一千只手，但我们有一颗赤诚的爱心。我们有党、有政府、有军队、有人民，就胜过了千手观音，我们创造了举世皆惊的成绩。"正如有的短信所写：

汶川大地震，举国尽惊心；
风吼天摇动，山崩石陷沉。
屋摧家也破，儿失母难寻；
骨肉知连痛，肝肠攒乱针。

逝者安详，生者坚强；
心手相连，大爱无疆。
地震无情人有爱，
人间自有真情在。

还有的短信仿照歌词，唱出了人生的豪迈：

人还在，梦就在，
大不了从头再来，
我们一起走过了凄风苦雨，
我们能够重建美好未来……

现在，灾区已重建家园，面貌焕然一新，分外妖娆。

榜上无名　脚下有路

成才岂只大学路，人生处处有通途。
何必争挤独木桥，艰苦自学展宏图。

【链接】辍学或者高考落榜，榜上无名，但并不意味着人生没有希望。榜上无名，但脚下有路。短信通过对比，形象地揭示了这一哲理。生活中，许多活生生的事例充分地证明了这一点，例如有一个青年蔡伟，他辍学未能考入大学，平时靠摆摊、骑车接人维持生计，但他晚上刻苦自学，钻研古典文献，到 38 岁时，终于破格被招收为博士研究生，传为佳话。

据载，蔡伟虽然辍学未考入大学，但他白天出摊，晚上研究古典文献，学养极深。1997 年，他读到著名学者裘锡奎的《〈神乌赋〉初探》，发现文中对“佐子”一词没有作解释，蔡根据自己的阅历，认为

“佐子”应为“嘬子”，他为此写信给裘教授，裘教授认为他的看法是可取的，于是以后多次采用了他的解释。裘教授通过进一步了解后，吸收他到“长沙马王堆汉墓简帛集成”项目参与整理工作。更为可喜的是：2009年，裘先生等三教授联名报告教育部，经批准将无正规学历、已近四十岁的蔡伟一步到位破格招为博士生。这是蔡伟连做梦也没有想到事，这叫旁人也是难以置信的事，这不由得首先叫人想到清代龚自珍的名诗：“我劝天公重抖擞，不拘一格降人才。”蔡伟的坎坷经历更让人想到古人孟子的一段流传甚广的名言：“天将降大任于斯人也，必先苦其心志，劳其筋骨，饿其体肤，空乏其事，行拂乱其所为。”（见《孟子·告子下》）唐代诗人刘禹锡在《答乐天所寄咏怀且释其枯树之叹》诗中写道：“莫羡三春桃与李，桂花成实向秋荣。”并非考上大学才是三春桃李，才有桃李芬芳。即使是三春桃李，也不一定就值得羡慕。其实，许多落榜生顽强拼搏，自学成才，恰如“桂花成实”，带来了秋天的一片繁荣，比三春桃花还更令人羡慕。

现在，随着教育经费的越来越昂贵，毕业后找工作越来越难，已渐渐有人不再热衷于挤独木桥了，2012年，仅江西省就有二万多应届高中毕业生放弃报考大学了。很多家长懂得算一笔账，辛辛苦苦花几万元甚至更多的钱送儿子上大学，可是儿子大学毕业后还挣不到打工父亲的工资。有则短信对此作了最好的抒发：

民工送娃上学堂，
砸锅卖铁盼希望，
天之骄子毕业后，
爹称多年是瞎忙。

此则短信形象生动地反映了家长的辛酸、家长的失望。作为学生本人，更应理智地找寻自己脚下应走的可走的路。他们应该像蔡伟学习，发奋图强，走出自己的一条成长之路，做出自己的一番业绩，展现自己美好的宏图，既不辜负家长的殷切希望，又为社会做出了突出的贡献。

民间的忧伤

他倚在天桥旁
怀抱着一把旧胡琴
人群过往
他的目光如烟
艺术只有一枚硬币那么重
落在生锈的铁桶里
当啷一声……

【链接】本则短信转引自欧阳文风《短信文学论》，欧阳文风先生评曰：被遗忘的拉胡琴的人，穷困潦倒，"目光如烟"，人来人往中那些琴音也空旷寂寥，拉琴的人真诚地沉浸在对艺术的热爱中，却不得不把艺术的价值降低到"只有一个硬币那么重"，忧伤的琴音比不过硬币落下时的"当啷"声。他还深有感慨的说，这样的情景我们常常在街头遇到，却只有辛酸的人能体会忧伤的民间，忧伤的场景与瞬间。这是一个落魄的民间艺术者，是我们屡见不鲜的民间卖艺人，和"乞讨"没有多大的分别，可是他们却依然在用艺术的魅力感染路人，为拥挤的城市飘起一缕断断续续的琴声。无独有偶，有一篇短文也是题为《民间的忧伤》，也同样是写流浪艺人的际遇：

> 远离乡村的小曲，又一次清晰地在耳边响起，在地下通道的黑暗处，一个中年男人手中的手提琴，让我们忧伤的存在。我看见一位妇人，匆忙忙地弯下腰去，然后直起身子，满脸感动……

短文和短信的立意是相同的，其故事情节也大致上是相似的。所不同的只不过是：一者是胡琴，一者是手提琴；一者是听到了施舍的硬币掉在生锈的铁桶里"当啷"声，一者却是看到了一位妇人"急匆匆地弯腰"然后又"直起身子"的形影。两者都是反映民间艺术人，或称流浪艺术者的辛酸和忧伤。也许像赵本山等来自民间的艺人都有过相似的经历，就在北漂文艺青年中，也许不乏其人。某年上春晚弹吉他的女孩不也是从地下通道中走出的吗？

人们常说"胜者王侯败者寇"，而对于流浪艺人来说，却是"胜者明星败者丐"。形势在不断变化，现在进一层为"胜者导师败者吼"了，优胜者可以坐太师椅指点江山，其他的歌星还是要辛苦登台飙高音，吼嗓子。我们不要只看到有些明星今朝多么风光，千万富翁，甚至亿万富翁都不在少数，但是有多少人为他们垫背、垫底，有多少人一直在住地下澡堂，也许今朝的明星，昔日也是有过同样的经历。古诗说"一将功成万骨枯"，演艺界虽然没有如此的惨烈，但是演艺界永远是争夺激烈的战场，仅从报考艺术院校的考试场景便可见一斑。所以，通过短信和短文，让我们生动的看到了低下层艺人的艰辛，深刻地看到了民间的忧伤。这也是明星和导师们不能遗忘的一幕。

莲花与樟树

思昔日，莲花孕苦蕊；
看今朝，樟树发新枝。

【链接】本则短信是一位在异地的朋友为一位老师的寿庆所量身定做的。一位中学美术老师七十诞辰时，他的学生从全国各地相约赶来为老师祝寿。该老师的一位也在外地的朋友得知此事后，十分感慨，发出了此则短信表示祝贺。短信像一副对联，上下词性、平仄对仗均较为工整，尤其是其中的"莲花"与"樟树"，具有双关意义，明指两种植物，暗指两个同为江西境内的县市名，以工作过的处所指代那一段特殊的生活经历。短短的一副对联式的短信，画龙点睛地概括了该美术老师人生的两个最主要的画面。原来该老师出身极为不好，中专一毕业，便被分配到江西莲花县一个非常偏远的学校教书，后来由于该老师美术上有点造诣，才调到县电影院画广告。整个在莲花的阶段，该老师生活非常拮据，以致一个小孩严重地发育不良，真可谓昔日莲花孕苦蕊。在莲花，他结识了一位下放干部，该干部很赏识他的才干，在落实政策回樟树后，推荐了该老师到樟树某中学当美术老师，由于教学得法，他的很多学生纷纷考取了全国的重点美术院校，这些学生毕业后都崭露头角，有的人当了大学教授，有的当了有关公司的经理、董事长，真是桃李满天下，人才辈出。对此境况，“今朝樟树发新枝”还只是比较浅显的描述而已。

其实，在中国古代，不少著名的文学家都在诗作中巧妙地使用了地名双关的手法。例如：苏轼在《八月初入赣，过惶恐滩》中写道：“山忆喜欢劳远梦，地名惶恐泣孤臣。”在诗中，“喜欢”“惶恐”是地名，又用其字面上的本意表达了不同的心情。提到惶恐滩，人们更加耳熟能详的是文天祥的《过零丁洋》，诗中写道：“惶恐滩头说惶恐，零丁洋里叹零丁。”又如胡诠在《贬朱崖行临高道中买愁村古未有对马上占》中写道：“北望长思闻喜县，南来怕入买愁村。”黄庭坚在《浣溪沙》中写道：“新妇滩头眉黛愁，女儿浦口眼波秋。”以上诗中的地名都是巧含双关意义。更为有趣的是：清光绪三年(1877)，全国灾害暴虐，有的地方干旱加蝗虫猖獗，有的地方洪水泛滥，哀鸿遍野，民不聊生。有人拟了一副对联讽刺有关当政者，对联写道：“宰相合肥天下瘦，司农常熟世间荒。”对联也是用地名暗指了安徽合肥籍的北洋大臣李鸿章和身为司农(户部尚书)的翁同和，翁是江苏常熟人氏。

4. 戏说人生

人生数学

用加法计算我们的知识，
用减法计算我们的压力，
用乘法计算我们的幸福，
用除法计算我们的烦恼。
掌握好生活中的加减乘除，
我们就能过得快乐又轻松。

【链接】我们生活中的许多处世方法及态度，常常可以从数学中得到启发和借鉴，本则短信便从最大众化的加减乘除四则运算，诠释人们生活中的哲理，对此，很多人都有共识，另有一则短信写道：

立志勤勉用加法，
心有懒惰用减法，
奋力拼搏用乘法，
误入歧途用除法，
方向错误，归零从头再来。

生活中的加减乘除，并不是很直观地显示，而需要用心地领悟。例如，在四川大地震时，面对灾难，乘法和除法显示了特别的意义，那时一方有难，八方支援，于是很多人深切地体会到：一颗微小的爱的水珠，乘以13亿，就会汇成浩大的爱的海洋；再大的灾难，再大的困难，除以13亿，就会变得特别渺小。在生活中，有时除法比乘法更重要，有时减法比加法更有益。比如，对待幸福与灾难，快乐与忧愁，唐代韩愈就很有体会："与其有乐于身，孰若无忧于心。"这就是减法比加法好。

生活在市场经济的社会中，往往加减乘除不是个人所能掌控的。譬如涨工资和涨物价的问题，都是要用加法，但是其中很有奥妙和玄机，过去有人很形象地调侃说：涨工资就像长眉毛，涨物价就是长胡须、长头发。眉毛怎能长得过胡须和头发呢？同样是加法，但加的量不同，自然会失去平衡。再说，涨工资与涨物价，如果涨工资用的是加法，加的钱很少，而涨物价用的乘法，涨N倍，那更令老百姓的幸福指数明显下降。俗话说：人算不如天算，天是什么？天就是市场，天就是政府。政府应该帮助老百姓算计好，让老百姓的加减乘除得以正常运算。有的短信角度很独特，从情感、名利方面去谈人生数学，颇有韵味：

用加法的方式去爱人，
用减法的方式去消恨，
用乘法的方式去感恩，
用除法的方式去对待利和名。

有的短信从数学上谈人生，并不局限在加减乘除上，短信写道：

幸福用加法，烦恼用减法，快乐用乘法，困难用除法，幸运开平方，霉运开根号，坏心情像小数点，好心情循环无极限。

人生如车水

人生如车水：水车既不能全浸于水里，又不能全悬于空中。做人亦然：莫要过于入世，也不要全然出世。

【链接】也许现代年轻人，或许未到过农村、未见过水车的人，很难理解其中的理趣。过去，农村在使用抽水机之前，便是利用水车车水灌溉良田，用水车车水有一个摆放的前提，便是必须将水车的一部分浸入水中，才能正常车水，既不能全部浸于水中，也不能全部脱离水面，这样，才能利于水车中的叶片周而复始地运行，把河塘中的水车到地面，流入灌溉的渠道。从这种很普通的生活现象中，人们深刻地领悟到人生的禅旨。

传说有一位无相禅师行脚时，因口渴四处寻找水源。在一个塘边看到一个青年在脚踩水车车水，于是向他要了一碗水喝。青年十分羡慕地对无相禅师说："禅师，如果有一天我看破了红尘，我也会像您一样到处行脚，最后我会找一个地方隐居下来，好好参禅打坐，不再抛头露面了。"禅师笑问："那你什么时候才能看破红尘呢？"青年答道："我对水车最熟悉，我们村里的人不能离开水车，如果有人能接替我使用和照看水车，我就可以无牵无挂地出家，走自己的路了。"禅师说："我问你，水车全部浸在水里，或完全离开水里，行吗？"青年答道："当然不行。水车是靠下半部分浸于水中，上半部分逆流而转把水带上来，如果全部浸于水中，不但无法转动，甚至还会被水冲走；如果完全离开水面，便不能把水运到地面上来。"禅师便因势利导地说："水车与水流的关系不正好说明了个人与世间的关系吗？如果一个人完全入世，纵身江湖，难免会被五欲红尘的潮流冲走；倘若全然出世，自命清高，不与世间来往，则人生必是漂浮无根。同样，一个修道的人，要出入得宜，既不袖身旁观，也不投身淹没。出家光看破红尘不够，更要发普度众生的宏愿才好。出世与入世两者并立，这才是为人处世和出家修道应该持有的态度。”无相禅师深入浅出的话语，使青年顿悟，同时，也给我们以鞭辟入里的启示。生活就是修行，修行就是修心，修养一颗平常心，更要修炼一颗责任心。正确处理好个人与社会的关系，不能脱离社会，不要以为自己的生活只与一个小生活圈有关，要懂得自己做好每一件事都与众生有关，都对他人对社会有积极的意义，应从中感悟人生的真谛和生活的价值。脱离了众生、脱离了社会的修行，只能是建造毫无现实意义的空中楼阁。在人生中，每人都掌握一部水车，既不要把水车完全浸没于水中，也不要让水车脱离水面，这样，才能周而复始地度过有益的人生。

著名学者朱光潜先生说：“以出世的态度做人，以入世的态度做事。”这简明深刻地阐明了出世与入世、做人与做事的辩证关系。净空法师则将出世入世糅合一体，他提出：以出世的精神，做入世的事业。老庄道学早就主张：以出世之心积极入世。后人根据这种精神，纷纷提出：“人当以出世之心行入世之道。”或曰：“人当以出世之心体味入世之情。”或曰：“人当以出世之心态，享受入世之人生。”

人生十全大补汤药

一颗爱心，二个善果，三升志气，四粒勤劳，五只诚实，六瓣宽容，七片孝顺，八杯感恩，九个考验，十分耐心，再掺几钱胡涂，用温火煎制终成人生十全大补汤药，终身享用，终身受益。

【链接】在中医传统验方中，确实有广为应用的“十全大补汤药”，其成分是：人参、川芎、地黄、茯苓、白术、甘草、当归、白芍、肉桂、黄芪，其中前八味又可独自成为“八珍汤”可以补气补血。如果加上黄芪，则能补中益气；如果加上肉桂，则助温阳活血。此种汤药适用于气血两虚、身体虚弱者服用。此种药方还可用一个简单的数学公式来表示，即：四君子汤＋四物汤＋黄芪＋肉桂＝十全大补汤。本则短信用此方剂只是借用其形式。本则短信仿中药药方，写成了人生的必修的诸多要点——善良、有爱心、有志气、勤劳、诚实、宽容、孝顺、感恩等。这也形成了一个套子，大凡属于做人的美德均可列入，还有节俭、温柔等，都可取而代之。短信中“四粒勤劳”及“九斤考验”谐音“四体勤劳”“久经考验”，但在字面上又保持前后均用数量词的统一。本则短信可以拟写成多种版本，但无论怎样变化，总令人不免联想到我国四大佛山之一普陀山的法西寺前的一帖“无际大师心药方”：“慈悲心一片，好肚肠一条，温柔半两，道理三分，信行要紧，中直一块，孝顺十分，老实一个，阴骘全用，方便不拘多少。”末尾还写到：“以上十味，若能全用，可致上福上寿，成佛作祖，灭罪延年，消灾免患。”药帖还细心周到地交代了“煎药”和“服药”的方法及注意事项：“用宽心锅慢炒，不要焦，不要燥，去火性三分，于平底盆内细细研碎。”“每日进三服，不拘时候，用和气汤送下。果能依此服之，无病不瘥矣。”这些说明，其实是前十味药材的补充，仍然是道德修养的内容，阐述得更加全面、详实，真是苦口婆心，不厌其烦。在当今物欲横流、人心浮躁的年代，人们精神疾病增多，更需要这种治疗心病的药方，尤其是对那些拜金主义严重、追求特质生活奢华、缺少爱心、丧失志气、不懂得宽容、不懂得感恩、不懂得节制，整日昏昏沉沉、忧心忡忡的人，特别是对那些不遵纪守法的人来说，更是一剂必不可少的良药，若能面对现实、勇于接受，加服此药，必然药到病除。短信限于篇幅，不可能如寺庙中的“药方”那样翔实，但短小精悍，主旨明确，恰到好处，其实质内容并不少于寺中药帖。

我国当代著名健康专家洪昭光先生曾大力宣扬“养心八珍汤”：“兹爱心一片，好肚肠二寸，正气三分，宽容四钱，孝顺常在，老实适量，奉献不拘，回报不限……”显然“养心八珍汤”与短信“人生十全大补汤药”都同出一源。

写“人生十全大补汤”的短信不少，例如：

送你一份人生十全大补汤，主料为：平安、健康、福寿、康宁；辅料为：吉祥、如意、幸福、快乐、温馨、甜蜜，愿你人生十全十美。

又如：

送你一份十全大补汤：一钱快乐，两钱希望，三钱美好，四钱如意，五钱顺心，六钱甜蜜，七钱欢笑，八钱健康，九钱平安，十钱幸福。

以上短信在内容和形式上都大同小异，只是有的配有“剂量”，更加煞有介事。

四代人的盲点

第一代人：不识字；
第二代人：不懂外文；
第三代人：不懂电脑；
第四代人：不懂人际关系。

【链接】短信用简洁而又委婉的文字，用四“不”道出四代人中存在的“盲点”现象。这第一代人应该是指解放前后的成年人，而且多指刚翻身的工农，这些人中缺少文化，文盲很多，所以政府花了很多的人力财力进行全面的扫盲，还有专门的扫盲学校便取名“工农××学校”。随着社会的发展，与外国的交流显现重要了。因此，懂外文的吃香了，“外文盲”则相形见绌了。社会再进一步发展，进入信息时代了，因此电脑广泛运用了。这之前，首先是手机的遍地开花，别说人手一只，有的人是占有N只了。有的短信调侃说人都“言而无信”了，有事只打手机不写信了。有人甚至杞人忧天，担心中国独特的书法会消退了。其实，更担心的应该是“人际关系”的疏远和退化，所以，到第四代人身上，“人际关系”问题成了突出的盲点。第三代人不懂电脑，而第四代人则对电脑太懂了，太痴迷了，以至于太“宅”了。有的短信描述那些网民为“早上不起床，起床就上网，上网到天黑，天黑不上床”。这样的人，主要投身在虚拟的网络里，所以，他们几乎脱离了现实生活，所以，他们很难懂得人际关系。有的短信说：“没有互联网，我们两眼一抹黑；有了互联网，我们大脑一抹黑。”这也是对第四代中只痴迷于电脑、不懂得人际关系的一种担心。美国国家艺术基金会研究部主任马克·鲍尔莱因对此更加忧虑，他“痛心青年有最好的机会和资源成为最聪明、最博学的一代，却没有善加利用”，奉劝他们：“适当远离电视机、电脑网络，不要成为数字技术的奴隶，要潜心学习，扩大自己的内存，丰富自己的想象，提升自己的精神境界，以免湮灭在技术进步带来的黑暗无知之中。”（见《最愚蠢的一代》）这“黑暗无知”也许包括了“不懂人际关系”。当然，第四代人不懂得人际关系也不能完全归咎于电脑网络，更重要的，应该归咎于大的社会环境。现在经济繁荣了，物欲横流了，拜金主义盛行了，一切向钱看了，把亲情、爱情、友情搞得都变味了。很多人变得不谙世事、不通人情，有的甚至不懂道德、不懂羞耻。很多人都变得非常宅，不懂得待人接物，无知心朋友，心灵封闭，所以，这样的人不懂人际关系是一个致命的弱点，也可以说是时代的产物，也无须辨清这到底是社会的进步，还是人落伍了。

各种人的修养

高雅的人，瞧背影就知道；
奋进的人，闻脚步声就知道；
和善的人，观笑容就知道；
谦虚的人，听言谈就知道；
优秀的人，看你就知道。

【链接】也许你会以为这样来看人，是不是太表面了，是不是有以貌取人之嫌，但本则短信旨在通过人们日常生活中的一些普通的细节，从而以斑窥豹，看出一个人的修养，看出一个人的特性。不是吗？高雅的人总是举止文明，无须从正面看，瞧他的背影就可以感受到他的气质；奋进的人，总是有做不完的事，总是时间不够用，所以，听他急促快速的脚步声，基本上能判断他是个不甘落后的人；人们常以慈眉善目来形容一个仁厚有爱心的人，所以，从他发自内心的笑容可以看出他是否慈善；谦虚的人从不夸夸其谈、口若悬河，所以，从他的不骄不躁、不事炫耀的言谈中，不难判断他是个虚怀若谷的人。当然，并非绝对如此，但是准确率十有八九。短信的后半句，用了“瞧”“观”“看”“听”“闻”五个各不相同的动词，其实前三个是近义词，都用“看”字也可，后两个字也是近义字，用一个“听”字也可，但短信并没有这样做，尽量避免字面上的重复，写得丰富多彩。“闻脚步声”也许有人会感到很别扭，但联想到“李白乘舟将欲行，忽闻岸上踏歌声”（李白《赠汪伦》）的诗句便疑惑顿时释然。再者短信末句不按原来出牌的游戏规则，奇峰突转“优秀的人，看你就知道”，似乎有“逗你玩”之嫌，然而使短信涂抹了风趣调侃的色彩，活泼滋趣。很多短信总是最后突如其来的把“你”联系上，以示亲昵。

佛家有言：“相由心生，境随心转。”一个人如若心术不正，他是很难从他的生活周遭发现和感觉到有高雅的人、奋进的人、和善的人、谦虚的人、优秀的人。他对于这些人没有羡慕只有“嫉妒恨”。众人对于美好的事物是用心灵笑，而心术不正的人却是用心机笑。所以，有人提出：“以真诚的心，对待每一个人；以美好的心，欣赏周遭的事物，是为人处世的心灵鸡汤。”

时间篇

空耗别人的时间，是谋财害命；
浪费自己的光阴，乃慢性自杀。

【链接】由本则短信，人们很自然地会联想到鲁迅先生和徐特立先生的两段名言。鲁迅先生说过：“时间就是生命，无端地空耗别人的时间，其实无异于谋财害命。”接过这个话题，徐特立先生顺水推舟地说：“鲁迅以妨碍别人的时间为谋财害命，我认为自己浪费时间只是自杀政策。”短信以比较简短、工整的句子，全面地反映了以上两个名人的有关言论。其实，俄国革命导师列宁也对此有较为全面的论述，他说："浪费别人的时间是谋财害命，浪费自己的时间则是慢性自杀。"看来，短信只是对列宁的这段话在个别词语上作了一些调整，在总体上区别不是很大。

短信及以上言论突出一个共同的主题便是"时间就是生命"。而美国本杰明·富兰克林对于时间还强调了另一个方面，他说的是："时间就是生命，时间就是金钱。"他还另外强调的是："时间就是宝贵的财富。"法国著名戏剧家巴尔扎克对此有共识，他说："时间是人的财富，全部财富。正如时间是国家的财富一样，因为任何财富都是时间与行动化合之后的成果。"在这里，不由得要介绍一个本杰明·富兰克林的有关故事。富兰克林曾经办过书店，一天，一青年到该店买书，选中一书，问价钱，店员告知1美元。那青年要求见老板，富兰克林出来，那青年又问书的价钱，富兰克林说：1.25美元。那青年反问："刚才那店员不是说1美元吗?"富兰克林很严肃地告诉他："因为你浪费了我的时间。"那青年又问："最低要多少钱?"富兰克林说："1.5美元。"那青年只好把钱付了拿着书走了，这个故事非常形象生动地告诉了人们："时间就是金钱!"

对于时间，我国古贤有许多精辟的见解，而且都是用诗化的语言予以表达。陶渊明很惜时，他在《杂诗十二首》中写道："盛年不再来，一日难再晨。及时宜自勉，岁月不待人。"唐无名氏《杂诗·金缕衣》则写道："劝君莫惜金缕衣，劝君惜取少年时，有花堪折直须折，莫待无花空折枝。"都道出了时间的宝贵，都教人珍惜光阴。在民间，有许多俗谚也都表现了"时间就是生命，时间就是金钱"的旨意，如有的民谚说："最明亮的是阳光，最宝贵的是时光。""时间抓起来就是金子，抓不住就像流水。"说得都非常生动形象，发人深省。1963年，正当"四海翻腾云水怒，五洲震荡风雷激"之时，毛泽东同志写下了气势磅礴的《满江红》，在这首词中，他大声疾呼："多少事，从来急；天地转，光阴迫，一万年太久，只争朝夕!"改革开放后，我国第一个特区深圳最早最响的口号便是："时间就是金钱，效率就是生命。"在这声浪中，深圳迎来了翻天覆地的变化，改革取得了丰硕的成果。

凡人箴言

最舒适的枕头是疲惫，
最美味的佳肴是饥饿，
最动人的美丽是距离，
最有效的教育是苦难。

【链接】所谓“凡人箴言”，那就是富人、官人无法体验乃至理解，只有穷人、一般老百姓才有感受和领会的生活真谛。本则短信的用语似乎是不按常规出牌，题目是具体的，而答案却是抽象的，问的是物质的，答的却是精神的，似乎有点雷人，但细想，却是极富哲理的底蕴。谈起枕头，人们多会想到竹制的、木质的、布料的乃至绣花枕头，但短信的答案却出人意料的是疲惫。这是富人、官人不可理解的。但是从过去意义上的工人、农民，现在的一般上班族来说，繁重的工作、超负荷的劳动所产生的疲劳往往使他们困不择床，几乎站着都可以睡得着，所以，对于这些人来说，疲劳是最好的枕头。凡人们是不追求山珍海味的，他们饥饿了，任何粗茶淡饭都是可口的，甚至喝水都是甜的，所以，对于凡人来说，饥不择食，饥饿是最美味的佳肴。传说隋文帝曾经发过一个告示，向广大臣民征问“天下什么最好吃”。有个乞丐叫詹鼠，竟然把榜揭了，他领着皇帝满大街转悠，把皇帝搞得又累又饿，这时，他给皇帝一张葱油煎饼，皇帝吃得津津有味，说：“这饼最好吃。”詹鼠说：“不，是饿最好吃。”后来，皇帝还因此封了他一个“詹王”。这也见证了“最美味的佳肴是饥饿”这句话。人们还常说距离产生美，这句话对于凡人来说，更有现实意义，他们根本没有经济能力去为自己的配偶买化妆品，更不可能让她们进美容店，尤其是现在农民工、打工仔，长年在外，这距离是自然而然形成的，是用不着花钱的，他们只有春节相聚才能美在一起。苦难是最好的教育，对于凡人来说，非常重要，因为凡人都没有背景，他们有的只是背影。所以，他们更需要在苦难的磨炼中求得生存和发展。其实，这句话对所有的人都适应。连前德意志帝国宰相俾斯麦都说:“如果人生的旅途上没有什么障碍,人还有什么可做的呢?”著名戏剧家莎士比亚则说:“上帝像精明的生意人,给你一份天才,就搭配几倍于天才的苦难。”何况,我们还是凡人呢?更避免不了遭遇苦难和挫折。有人深有体会地说:“未经失恋的人不懂得爱情,未经失意的人不懂人生。”我们应该深切懂得苦难、挫折乃至艰难在人生中的特殊意义,可以说:人生如果没有千难万险,人生便没有五彩缤纷;人生若没有苦辣酸咸,人生便会变得淡而无味。

有的短信将主体和客体颠倒来写:

疲惫是最好的枕头,
饥饿是最好的厨师,
距离是最美的感觉,
苦难是最佳的教员。

还有的短信对此作了别样的具体的诠释:

在八分困的时候睡觉,
在三分饿的时候进餐,
在十分远的地方寻找美,
在万分苦的境遇中领受教育。

几则短信分别从不同的角度进行调侃,都非常幽默风趣。

酒色财气歌(一)

酒是穿肠的毒药,
色是刮骨的钢刀,
气是下山的猛虎,
财是惹祸的根苗。

【链接】本则短信运用嵌字的方法,将“酒、色、财、气”分别嵌于每句的句首,同时又全用比喻的手法,将酒、色、财、气分别比喻为穿肠的毒药、刮骨的钢刀、惹祸的根苗、下山的猛虎，看似耸人听闻，实是振聋发聩，令人警醒，指出了对酒色财气这四者控制不当或过度会造成的严重危害。电视剧中，济公唱“酒肉穿肠过”，还不是过头的行为，只是一种悠闲而已。古人说：“酒以成礼，过则败德。”（见《三国志》）明代冯梦龙在《警世恒言》中明确地说：“酒是烧身火焰，色是割肉钢刀。”人们常从“色”字结构着眼，发出“色字头上一把刀”的警示。短信把怒气、怨气等比作是下山的猛虎，如果这种“气”控制不住，便会像猛虎下山，伤人食人。人常说小不忍则乱大谋，其后果不堪设想。第四句有的版本直接写作“钱是惹祸的根苗”，有的人贪财，则被“人为财死，鸟为食亡”所不幸言中，现在还流行一句话：“男人有钱就变坏，女人变坏就有钱。”更加道出了当今社会中，金钱对人的腐蚀作用。

用嵌字方法反映“酒色财气”的短信不少，例如：

酒饮不醉为最好，
色不乱怀乃英豪，
财源滚滚勤劳致，
气度非凡看今朝。

还有的短信虽然不是在同一位置上嵌字，但写的也是“酒色才气”四个方面：

好酒贪杯寿年少，
色里藏刀须避逃，
不义之财君莫取，
忍气饶人祸自消。

以上短信都像闪亮的红灯，向人们发出严重的警示。

酒色财气歌（二）

酒色财气四堵墙，
人人喜欢往里闯。
倘若生活在墙外，

不是神仙命也长。

【链接】显然,此则短信是剥改于宋代名僧佛印禅师的诗,原诗为:“酒色财气四堵墙,人人都在里面藏。谁能跳出围墙外,不活万岁寿也长。”短信第二句将“人人都在里面藏”改为“人们喜欢往里闯”,更突出了人们对于“酒色财气”这个墙内领域的主动进攻性,更加强调了酒色财气对于人们的诱惑性和制约性。但“闯”字是仄声,应是平声字更妥。佛印是苏东坡的好友,他们常在一起切磋诗文。苏东坡对于佛印的这首诗有不同的见解,他认为:“饮酒不醉是英豪,恋色不迷最为高。不义之财不可取,有气不生气自消。”这似乎间接地指出佛印的观点太绝对化了,在苏看来,只要把握有度,酒色财气就有它们存在的必要性和合理性。他俩各持己见,谁也说服不了谁。后来,恰好宋神宗和宰相王安石来到相国寺游玩,看到了以上两首诗,兴致很高,宋神宗先命王安石也和上一首,王稍加思索,便写出了一首:“无酒不成礼仪,无色路断人稀。无财民不奋发,无气国无生机。”显然,对酒色财气的肯定态度比苏东坡还显得高调,非怪王安石会被列宁称为十一世纪的改革家。宋神宗作为一个政治家对王诗很自然地引起了共鸣,倍加欣赏,对王认为酒色财气在国计民生中有积极作用连连称好。宋神宗也按捺不住,诗兴大发,也以酒色财气为命题,当场赋诗一首:“酒助礼乐社稷康,色育生灵重纲常,财足粮丰家国盛,气凝太极定阴阳。”真是与王宰相英雄所见略同,宋神宗的诗不仅是肯定酒色财气在国计民生中的作用,而且作为最高统治者把它写入了国策之中,用现在时髦的话来说,重视酒色财气与GDP增长、与国富民强有着密不可分的联系。仔细想来,也确实是这样在理。据说,烟酒行业都是政府的纳税大户,直接极大地影响GDP的若干百分点,这也印证了宋神宗和王安石早有先见之明,他们也称得上是一个合格的经济学家。

生活需要多向思维

竹篮打不上水，就用它捞鱼；
生米煮不成饭，就把它炸爆米花。

【链接】俗话说"竹篮打水一场空"，意思很明确，说"竹篮打水"这种行为是无收益的，是徒劳的。俗话又说"生米已煮成熟饭"，其意为事情有了结果，已成定局，是无法改变了。但是，本则短信一改此种定向思维，变换一个角度来思维，来指导行为，其结果便改变了。竹篮子打不上水，并不善罢甘休，而是改变它的用途，把它变成打捞工具，结局便改观了，那就不是没有收益了，而是有更具价值的收益，能够捞捕到味美价昂的鱼虾了。情同此理，生米煮不成饭，并不将它丢弃，而是变换一种思路，把它去炸成爆米花，这种膨化食品甚至比米饭更加香甜可口，更受青少年的青睐。短信中的两个句子的前面都省略了关联词语"如果"，这个"如果"就意味着考虑问题、处理事情要善于从多个角度去设想，也就是要善于进行多向思维，即发散思维、辐射思维，沿不同途径思考，从而求得新异的答案，获得更加令人满意的结果。另外有一则短信也是基于多向思维而创作的：

钢刀缺了，可当锯子；
荷叶枯了，还有莲藕。

钢刀用久了，如果砍缺了，看来好像成废物了，把它丢弃吗？不，它毕竟是钢材，它多个缺口连在一起，还正好可以做锯子用呢！看到荷叶枯了，就扫兴吗？为什么不看到它的泥下还有粗壮的莲藕给人以丰收的喜悦呢！更有高人李商隐，面对枯叶毫无一点消极情绪，反而借以寄托对远方朋友的思念，他在《宿骆氏亭寄怀崔雍崔衮》一诗中坦然写道："秋阴不散霜飞晚，留得枯荷听雨声。"写得非常含蓄隽永，表现了诗人的独特的审美意象。无怪乎林黛玉小姐说，她本是不喜欢李商隐的诗的，但独独偏爱此一句。

黑格尔说过："创造性思维需要有丰富的想象。"多向思维就是一种创造性思维，它必须凭借着想象的翅膀而自由飞翔。以上两则短信也就是凭借着想象而产生新意。短信由打水想象到捞鱼，由煮饭想象到炸爆米花，这是动作间的联想；由钢刀想象到锯子，由荷叶想象到莲藕，这是物品间的联想。而更为高明的是诗人李商隐，他却能由物体想象到行为及情境，他能由枯荷想象到听雨声中对远方朋友的思念。在生活中，我们应该善于激发多向思维这种创造性思维，展开丰富的想象，变平面思维为立体思维，从而使生活由简单变得丰富，由消极变得积极，由忧伤变得快乐，由平淡变得浪漫。有的短信说："谁说豆腐拍不死人，下次换块冻豆腐试试。"这里虽然也有想象，也有换位思考，但却成为一种脑筋急转弯式的戏说。

凡事有度

喝点小酒，不要出丑；
看上美女，别讨没趣；
受点小气，不要在意；
犯点小错，不要难过；
发点小财，不要胡来；
凡事有度，免出事故。

【链接】本则短信整齐划一地使用四字句，每两句押一韵，像民谣一样，轻松自如；又像小桥流水一样，十分顺畅。短信好像一个知心朋友在与你促膝谈心，所谈毫无一丝半点的轰轰烈烈，全是一些日常小事，却在用词上突出一个"小"字：喝点小酒，受点小气，犯点小错，发点小财，其中"看上美女"有点例外，其实，加个"小"字成"小美女"也是可以的，词句便更加连贯统一了。短信所反映的生活内容显然不属于上流社会，而属于社会底层的小市民的范畴，劝诫的人说话很低调，其宗旨是教人要有平和心态，教人"不要出丑""别讨没趣""不要难过""不要在意"，难能可贵的是，劝诫的人有清醒的头脑，有明确的法制观念：发点小财，不要胡来。改革开放了，经济繁荣了，只要肯动脑子，吃苦耐劳，发点小财并不是很难的事，但是人要知足常乐，不要过于贪婪，更不能违犯乱纪，紧紧守住赚钱和做人的底线——不要胡来。短信卒章显其志——凡事有度，免生事故，反映了社会底层人们的心态——小心翼翼，谨慎从事，千万不能违法乱纪。劝诫并不唱高调、讲大道理，只是轻言细语、娓娓道来，这些轻言细语犹如春夜喜雨："随风潜入夜，润物细无声。"虽然不见其人，但只要闻其声，其人的风貌形象却栩栩如生地出现在你的面前，其人其声，营造出融融的和谐氛围，勾勒出一幅恬淡清新、生动有趣的平民生活图画。

凡事有度，核心就是做人做事要守住底线，易中天先生曾感慨地说："你问中国当下缺什么，我看最缺底线。这很可怕。一个人，没了底线，就什么都敢干。一个社会，没有了底线，就什么都会发生。比方说，腐败变质的食品，也敢卖；还没咽气的病人，也敢埋；自己喝得五迷三道，那车也敢开；明明里面住着人，那房也敢拆。还有'共和国脊梁'这样的桂冠，也敢戴，全不管那奖多么'山寨'。另外，还有的明星，什么样的虚假违法广告都敢拍，什么样的露身衣服都敢穿上台……"短信和易中天先生有一共同心愿，语重心长地告诫人们：做人做事一定要有度，一定要守住底线。

二、爱恋百味篇

1. 爱情颂歌

四季歌

春水润物，是我对你的爱恋；
夏云绕峰，是我对你的缠绵；
秋月扬辉，是我对你的温柔；
冬雪爱梅，是我对你的情缘。

【链接】历代文学作品中都有描写有关春、夏、秋、冬的“四季歌”，例如宋代佛眼禅师的《无门关》便是：“春有百花秋有月，夏有凉风冬有雪。若无闲事挂心头，便是人间好时节。”极含禅理，给人启迪。人们对于四季，往往都是写春的萌动、夏的奋发、秋的成熟、冬的蛰伏，而本则短信则是以“春水润物”“夏云绕峰”“秋月扬辉”“冬梅爱雪”来比喻对你的“爱恋”“缠绵”“温柔”以及“情缘”。短信通过四个判断句组成排比句，多方面塑造“爱恋”的形象，类似的短信或小段子也不少见，例如：

春天的阳光让爱含苞初放，
夏天的雨露让爱茁壮成长，
秋天的白云让爱插翅飞翔，
冬天的冰雪让爱地老天荒。

此则短信则从“阳光”“雨露”“白云”“冰雪”来切入春夏秋冬四季，按顺序表现了爱的“含苞初放”“茁壮成长”“插翅飞翔”乃至“地老天荒”

的必然过程，是爱的轨迹，也是生命的流动。

从“春夏秋冬”写爱的“四季歌”，还有一则值得向大家推荐：

认识你，你是我初春的丝雨；
靠近你，你是我盛夏的绿荫；
凝望你，你是我深秋的繁星；
拥有你，你是我隆冬的骄阳。

此则短信用了隐形的呼告手法，与情人面对面的呼唤和倾诉，你和我同时卷入情境之中，显得格外生动而又亲切。对于爱情，人们都会联想到各个季节的长处，然而思想家卢梭却是非常清醒、辩证地看待这个问题，他告诫人们：“爱情不只是春天的花朵，夏夜的明月，也还有秋天的泥泞，冬天的水雪……”这大概算是爱情四季歌中的另类旋律。

爱情颂

爱情是花，引来群群彩蝶；
爱情是蝶，双双翩翩起舞；
爱情是舞，舞出激情之火；
爱情是火，永远热烈燃烧。

【链接】本则短信通过四个句式为“A 是 B”的排比句，暗喻爱情像花、像蝶、像舞、像火，通过具体、生动的形象来讴歌爱情。本则短信更主要的写作特色是运用了顶真的修辞手法，使得各项生动、形象的比喻环环相扣，第二句顶写了第一句的“蝶”，第三句顶写了第二句的“舞”，第四句顶写了第三句的“火”，使得整则短信的抒情一气呵成，令读者感到声韵流转，情怀荡漾，真挚感人。用顶真手法描写爱情的短信还不少，例如：

我问春天，我的真爱在哪里？
我问真爱，我的情人在哪里？

我问情人，我的梦幻在哪里？

我问梦幻，我的归宿在哪里？

此则短信，不仅用了顶真的手法，还用第一人称和拟问的手法直抒胸臆，感情显得更加强烈充沛，还有的短信也用顶真手法写道：

爱情是风，卷来浓密的云；

爱情是云，化作及时的雨；

爱情是雨，滋润久旱的树；

爱情是树，为你撑起绿阴。

此则短信与第一则短信句式结构相同，但是此则短信所选取的比喻物体，由风→云→雨→树→荫，更加形成一条严密的逻辑链，前后更具有一定的必然的因果关系，更耐人寻味。此则短信还有人用以写“友情”或“爱心”。

著名诗人汪国真也有用顶真手法描写爱情的诗，如《想象》：

那不是纤细的手指/那是流淌的琴声

那不是流淌的琴声/那是空谷的鸟鸣

那不是空谷的鸟鸣/那是苏醒的早晨

那不是苏醒的早晨/那是一个女孩沉思的倩影

这首诗不仅用了顶真的手法，更为有趣的还运用了撇语的手法，通过层层的前面否定、后面肯定的循环，在诗所描写的形象中，由手指—琴声—鸟鸣—早晨，最后定格在“一个女孩沉思的倩影”上，使诗歌显得画面优美、意境隽永。有一则短信则通过一系列的动作，即一系列的细节描写来表达对恋人的爱：

那一夜，我听了一夜梵唱，不为参悟，只为寻找你的一丝气息；

那一月，我转动所有经筒，不为超度，只为触摸你的指纹；

那一年，我磕长头拥抱尘埃，不为朝佛，只为贴着你的温暖。

短信描写“我”听梵唱、转动经筒、磕头拥抱尘埃，像一组特写镜头，生动地记录了“我”对恋人深沉乃至虔诚的爱，并且通过“不为A，只为B”的句子，即否定前者、更好地肯定后者的撇语修辞手段，进一步表达了“我”对于爱情的忠贞和坚定，这样的爱情值得信赖，这样的爱情值得歌颂。此则短信改自于仓央嘉措的诗歌。

爱的计时

让我们的爱情永远甜美快乐，天长地久：

如果只有四天，那就是春天、夏天、秋天、冬天；

如果只有三天，那就是昨天、今天、明天；

如果只有两天，那就是白天、黑天；

如果只有一天，那就是每一天。

【链接】本则短信，用四个假设句从时间的观念来表达对爱情天长地久的美好愿望，此则短信一个明显的手法便是换义，转换了概念，前半句所说的天和后半句所说的天不是一个概念。前半句所说"天"明显就是指24小时，而春天、夏天、秋天、冬天的天，则是"季"的含义了，则是三个月、90来天、216个多小时了。而白天、黑天的天则表示是所有的时间的一半，而"一天"前面加上个"每"字，则代表所有时间的全部了，如此的夸张，还不足以说明爱得"天长地久"吗？

从时间观念方面来表示爱情的短信，也很多，例如：

一年有365天、8760个小时、525600分钟、3153600秒，如果有一秒我没想你，我一定是在想自己是多么爱你。

和上则短信一样，无非是表示任何时间都在"想你""爱你"，本则短信还用数字换算的方法，显得很具体、细致。

有的短信写道：

爱你一万年，夸张；
爱你一千年，梦想；
爱你一百年，太长；
爱你七十年，有望；
只要我身体健康，就一定会爱得疯狂。

本则短信似乎写得很实事求是，排除"夸张""梦想"和"太长"，实事求是地说"爱你七十年，有望"。人到二三十岁恋爱，爱上七十年，不就是百年好合了吗？这里来了点小折绕，还有点风趣。还有的短信写道：

你的昨天，是我的一夜情；

你的今天，是我的一段情；

你的明天，是我的一世情。

这里的“天”，更无 24 小时的概念，而是一夜、一段、一世，非常跳跃，非常浪漫。还有的短信像总结经验，找出规律地说：

一分钟可以认识一个人，一小时可以喜欢一个人，一天可以爱上一个人，但一辈子也忘不掉一个人，我这一生只为等你！

短信也是以时间递增来叙述，逐步揭示事情程度的加深，确实是人生在爱情方面的经典总结，极富哲理，意味深长。

爱的慷慨

我向你要一根针，你却给了我一个仙人球；

我向你要一朵花，你却给了我一个公园；

我向你要一杯水，你却给了我一条江河；

我向你要一个吻，你却给了我一段青春；

我邀你作一次旅行，你却给了我相伴一生的许诺。

2 月 14 日，我却对你说了一句“感恩节快乐！”

【链接】读本则短信，很容易使人联想到著名诗人汪国真的诗《感谢》：“让我怎样感谢你，当我走向你的时候。我原想收获一缕春风，你却给了我整个春天；我原想捧起一簇浪花，你却给了整个海洋；我原想撷一枚枫叶，你却给了我整个枫林；我原想亲吻一朵雪花，你却给我银色世界。”短信很可能是受该诗启发而作。

本则短信也是一种“我对你”面对面的爱情表白，极为夸张地表现了主人公被爱的幸福，对于情人的“慷慨”所表示的感激。要一根针，却给了一仙人球，似乎是种荒诞，但却是种幽默。要一杯水，却给了一条河，这在实际上也是难以做到的，但是这种夸张，足以表达对方的慷慨。以上似乎都是虚写的陪衬，而“给了我一段青春”“给了我相伴一生的许诺”，却是实实在在的追求，是切实可行的生活行程，这样先虚后实，以虚衬实，过渡自然，融合一体，对于情人所给予的爱情慷慨表现得酣畅淋漓、入木三分。尤其有趣的是末句，2 月 14 日本是情人节，而“我”却对慷慨施爱的“你”说了句“感恩节快乐”。怎么会把两个节日混淆起来呢？绝不是一时脑子糊涂，“酒醉心明”，心里亮堂得很；也不是一种口误，而是内心中有真实感情的喷发。短信“别有用心”，以一种调侃来表达对施以慷慨的爱的对方的由衷感激，有的短信则不是这样写“被动”地接受慷慨的爱，而是写自己主动地去向对方施爱：

如果我是蜻蜓，我会用一千只眼睛看你；
如果我是蜈蚣，我会用一千只臂膀抱着你；
如果我是观音，我会用一千只手指引你；
如果我是上帝，我会派一千个天使呵护你。

两则短信有一个共同的特点，都用了一个关联词语“如果”，用“假设”来表达现实中实际无法办到的事，来表达超现实的浪漫，来表达自己的至诚。但这种假设也不完全是空想，它还是有现实生活的依据，短信借助蜻蜓有复眼、蜈蚣多腿的特点进行夸张，借以表达自己“用一千只眼睛看着你”“用一千只臂膀抱着你”的热烈情感。传说观音中有送子观音、千手观音，所以假设“如果”我是“千手观音”也是生活给予了启发。人常说上帝在我心中，上帝无所不在，上帝甭说派一千个天使，即使派一万个天使来呵护你，又何乐而不为呢？因为这就是爱的慷慨的需要，这就是爱的慷慨的浪漫表达。当然，短信的“爱”也可不局限于“爱情”，也可指更宽泛的“爱心”。

爱情的慷慨不止于给予、奉献，其最高境界甚至是牺牲。巢颖编著的短信集《心的方向》中有一则短信写道：

为你，我愿是烟花，飞向遥不可及的天空，升腾、燃烧、绽放，哪怕仅有瞬间的灿烂，也要博你嫣然一笑。

短信所塑造的烟花形象便是具有牺牲精神的爱情天使的光辉而可爱的形象。

爱能感动上帝

这世间本没有沙漠，只因我想你一次，上帝就落下一滴沙子，从此有了撒哈拉；

这世间本没有海洋，只因我想你一次，上帝就流下一滴眼泪，于是有了太平洋；

这世间本没有高山，只因我想你一次，上帝就丢下一块石头，于是有了喜马拉雅；

这世间本没有森林，只因我想你一次，上帝就植下一棵树苗，于是有了兴安岭和西伯利亚。

【链接】本则短信开拓了极为广阔的想象空间，极度夸张地渲染了"我想你"的神奇力量及其产生的美妙情景：只因我想你一次，就感动了上帝，上帝就落下一滴沙子、流下一滴眼泪、丢下一块石头、植下一棵树苗，于是从此有了撒哈拉沙漠，于是有了太平洋，于是有了喜马拉雅山，于是才有了广袤的兴安岭森林及西伯利亚森林。想你的力量真是太神奇了，也就是说爱情的力量太伟大了。这显然是不可能的事情，只是一个传说，一个爱情的传说，但是大家能接受这种传说，并感受到一种幽默和有趣。

在恋爱的过程中，如果只是单方面的昼思夜想，单方面的来电，这种恋爱应该是单调的枯燥的。在恋爱中，往往相互的想念占据很多的时间，掀起更大的情感波澜。著名影星张曼玉说："最让人回味的爱情，就是还没有爱够，就戛然而止了。"也许从接触上停止了，但双方却留下了更多更多的想念的空间，于是才会有最让人回味之处。显然，这应该是双方不受伤害的戛然而止。

本则短信是从宏观上来抒写"想你"，更多的短信则从微观上来表现"想你"，例如："我昨晚想你想得失眠，便扳着指头数数，一直数到你出生的年月日相连的那个数，才幸福地入睡了。"这很像是影视剧里的一个特写镜头，一个别致生动地细节。出生的年月日相连的那个数至少是六位数，或七位数，或八位数，要一直数到十几万乃至一千多万才能幸福地入睡了。其实，很多人越数数越睡不着，先是“想你想得失眠”，然后幸福地睡着了，这也是一个传说，一个爱情的美好传说，但大家也能接受这个爱情传说。

还有的短信写道：“我气极了，我发誓不再理你，我昏睡过去了，当我醒来，发现一个手指没了，我拿起血迹模糊的手机，神使鬼差地向你发了短信息：‘我爱你！’”这里更显夸张，因为“气极”，“发誓不再理你”，甚至有断指的举动，但是我还是禁不住想念对方，竟然用“血迹模糊的手机”，“神使鬼差”地发了条“我爱你”的信息，这更是一个近乎荒诞的爱情传说，也许正因为这荒诞的诚意和爱情，能感动上帝，让上帝造福于人类，上帝便更加用心地使天下有情人终成眷属。

有的短信用近乎哄小孩的语气写着：

> 你渴了，我带你去水星；你冷了，我带你去火星；你没钱花，我带你去金星；你想看森林，我带你去木星；你想接地气，我带你去土星；你累了我陪你留在天上，化作牛郎织女星。宝贝，祝你节日快乐。

短信借着“金木水火土”五个字望文生义，极为夸张浪漫地表达了对于恋人所愿作出的付出，但是，这些许愿是无法实现的，只有真正感动了上帝，在上帝的帮助下，才有可能完成这些天际间的爱情之旅。

爱情老中青

青年人涉世不深，游戏爱情；
壮年人历练生活，品味爱情；
老年人晚霞满天，追忆爱情。

【链接】本则短信从人的青年、壮年、老年三个不同阶段表述人生的三种爱情态度，并揭示其因果关系。有些青年人，因为涉世不深，谈恋爱时，或许是有点逢场作戏，甚至玩世不恭，尤其是当今剩女过剩、剩男走俏之时，更不乏其人，当然这并不是主流。随着年龄的增长，阅历的丰富，人渐渐成熟了，到了中年才懂得品味爱情了。人步入老年阶段，夕阳无限好，自然而然会缅怀走过的人生路程，尤其不可避免地会记忆爱情，会感悟把对方当作手心里的宝和被对方当成手心里的宝的甜美岁月。

英国培根说得好："少年人爱于口上，中年人爱于行动，老年人爱于心中。"有个成语叫"有口无心"，少年的爱，多半出于口头的表达上，信誓旦旦，口若悬河，非怪希腊大哲学家柏拉图会说："当爱神拍你的肩膀时，就连平日不知诗歌为何物的人，也会在突然之间变成诗人。"罗·格林也说"爱情使所有人变成雄辩家"，更何况热血沸腾的青年人呢！壮年人也许懂得了"听其言，观其行"的道理，所以，不再夸夸其谈了，宁可做语言上的矮子，做行动上的巨人。人到了老年，在爱情上无能为力了，难得再有出色的表现，只能将过去美好的回忆留在心田，这是人生的必然过程。

日本秋田雨雀先生对于爱情有过精彩的论述，其中也有这样一段话："青年人无法无天，玩弄感情；壮年人食髓知味，追求爱情；老年人寂寞无聊，回忆爱情。"与本则短信异曲同工，不知各自写作时间，所以很难推断谁先谁后，谁启发谁，应该是英雄所见略同吧。爱情是没有国界的，爱情这本书，在不同国家、地区、民族，应该是相通的。

游戏、品味、追忆，可以是人的共同的爱情三部曲。游戏、品味爱情是浪漫的，追忆爱情也是精彩、隽永的。有人用诗一般的句子写道：

> 记忆像一把筛子，筛落了无数的往事，留下的是情和爱的晶体——全是你和我的泪珠和笑容。
>
> 记忆又像是湾滩，浪淘去无数的泥沙，留下了许多光彩夺目的贝壳——全都是你我的身影留下的彩照。

美国前总统里根晚年得了痴呆症，但他的爱情意识却是难得的清晰。一次他与保镖散步，走过一家篱笆围起的别墅时，他要推门进去，保镖忙制止他，对他说："总统先生，这不是我们的院子，我们不能进去。"里根红着脸，非常吃力地说："我，我……只是想摘一朵玫瑰送给我的爱人。"这样的老年爱情，真乃是晚霞满天，灿烂无比。

本则短信的立意应该是强调爱情是贯穿在一生中的，有则短信写道："爱情就像一盆面，你得揉啊；生活就是一张饼，既好看又要好吃；婚姻就是一锅粥，你得慢慢熬啊；老婆呢，就是一盆咸菜，没有不行，多了你又受不了啊！"短信写人生从揉面→做出一张既好看又好吃的饼→慢慢熬粥→没有不行，多了又受不了的一盆咸菜，非常形象生动地描绘了人生中爱情老中青的特点，幽默风趣，更耐人寻味。

爱情与酒

爱说不出口，只能放在心里发酵，慢慢地酿成醇酒，再一口一口品尝，对它的甘甜，对它的后劲，体味个够。

【链接】古人说："春为花博士，酒是色媒人。"《水浒》中也说："酒乱性，色迷人。"可见人们把酒与色联系起来时，总是涂绘一种贬义的色彩，认为酒是一种祸害，然而本则短信却反其道而行之，本则短信把爱情比作酒，却赞扬它随着时间的推移，"在心里发酵"，"慢慢地酿成醇酒"。把恋爱的过程比成酿酒的过程，把爱情中的享受比喻成对酒的一口一口品尝，且有滋有味，能够品尝出它的甘甜，还能充分地体味它的强遒的后劲，真是美不胜收。还有的知音用拟物的方法，干脆把自己拟作一杯美酒，体会到能够进入情人的口中，又融入到她的血液中，使她产生心潮澎湃的快感：

我愿化做一杯美酒，轻轻地吻着你的热唇，
又融入你的血液，流入你的心、你的全身，
让你因我而心潮澎湃，让你因我而睡得酣甜深沉。

作者极富想象力，描绘着人就是酒、酒就是人的酒人合一的意境，把酒写作了爱情的使者和化身，抒写出在爱情互动中的欢乐。

明代冯梦龙说："劝君休饮无情水，醉后教人心意迷。"唐代郑谷有诗曰："情多最恨花无语，愁破方知酒有权。"都谈的是酒与情的关系，当然这"情"也可能包括"友情"，但并不排斥说有"爱情"，可见古人对于酒与爱情的关系并非皆持贬斥的态度，而有的是肯定、甚至赞扬酒在爱情中微妙的推波助澜作用。

酒与爱情

用嘴喝的是酒，用心感受的是爱情；
使舌颤抖的是酒，让心震撼的是爱情；
谁都能喝的是酒，只能给一人的是爱情；
让人头痛的是酒，教人心疼的是爱情。

【链接】本书已选用了《爱情与酒》，本则短信颠倒了词序，这并非是做文字游戏，而是在立意和表达上有着迥然不同之处，《爱情与酒》主要是将爱情比喻成酒来描写，而本则短信则是将爱情与酒的不同性能加以对比，来阐述其不同的作用和结果。用嘴喝酒，喝高了舌会颤抖；不会喝酒，特别是喝到低档或假劣的酒，会头疼，这是从生理上谈酒对人的作用；而要用心去感受，会使心受到震撼，甚至感到心疼的是爱情，这是从人的心理和情感角度上去谈爱情的。只要有钱，谁都能买到酒，谁都能喝酒，而爱情需要忠贞专一，只能献给一个人，这便是从社会属性来谈酒与爱情的区别。对此，我国著名教育家陶行知有精辟的论述，他曾说："爱情之酒，甜而苦，两个人喝，是甘露；三个人喝，是酸醋；随便喝，是中毒。"也强调爱情应该忠贞专一，爱情的酒只能两个人喝，也就是只能与另外的一个人共享，才能感受到爱情之酒像甘露一样甜美。德国著名诗人、剧作家席勒很明确地说过："爱情的领域非常小，它狭小到只能容下两个人生存。"在生活的现实中，也是无情地不允许第三者插足。至于随便喝，谁都能喝，那便不仅是头痛的问题，而是会中毒，甚至有生命危险。捷克有一句谚语说："在两棵树上筑巢的小鸟得不到快乐。"鸟是没有思想的动物，人是有理智的，在投入恋爱时需要有饱满的激情，但在投入之前和之后就需要有清醒的理智，决不能把恋爱当作儿戏，要守住最起码的道德底线——忠贞专一，不能像那种在两棵树上筑巢的小鸟，否则便不能正常品味到爱情之酒的甘甜，就不能从爱情中得到快乐，得到幸福。

法国思想家、教育家卢梭说："只有用纯洁的品德作桥梁，以崇高的理想为纽带连结起来的爱情，才是真正的爱情。"这应该是我们所要追求的爱情。

有一个爱情故事，听后无不为之感动，它就是：

> 55年前，就读于浙江大学的法国女子丹尼爱上了中国学生袁迪宝，但袁已婚。1956年，丹尼带着伤痛离开了中国。他们最初还通信，但慢慢就断了联系。2010年年初，丧偶的袁试探着给丹尼写信，她竟然回复了。9月，两人重逢三天后在厦门结婚，83岁的丹妮第一次穿上了婚纱。她说："我们历尽波折证明：爱，它确实存在。"

丹妮半个世纪的等待，证明了她的爱情之酒就是专为袁迪宝一人而准备的。

不能没有爱

爱是花果，没有花果，生活怎能烂漫；
爱是美酒，没有美酒，生活怎有陶醉；
爱是赞歌，没有赞歌，生活怎会欢乐；
爱是蜂蜜，没有蜂蜜，生活怎来甜美。

【链接】爱是宝贵的，是生命中必需的，美国的查普曼说："爱是自然界的第二个太阳。"法国著名作家罗曼·罗兰则说："爱是生命的火焰，没有它，一切变成黑夜。""没有一场深刻的恋爱，人生等于虚度。"本则短信运用几个排比句，分别将爱形象地比喻为生活中的"花果""美酒""赞歌""蜂蜜"，没有爱，生活便会没有烂漫，没有陶醉，没有欢乐，没有甜美。

马克思的爱人燕妮·马克思，对于爱有着深切的体会。她满怀激情地说：

> 我的所有心事，所有的想法和念头，一切一切，过去，现在，

将来，只归结为一个声音，一个象征，一个语调，如果它响起来，

那么它只能是：我爱你。

的确，深切地爱上了一个人，就会感受到爱的无所不在，有的短信写道：

聆听一种声音，便以为是你关心的话语；

凝视一幅画作，欣赏的是你微笑的表情；

陶醉一阵微风，感受到是你温馨的气息；

沐浴一场小雨，沉浸的是你那浓浓的爱意。

人们一旦堕入爱河，便会在爱河中不可自拔，日也思爱，夜也梦爱。有人是这样表白的：

因为想你，骑车闯红灯被罚了钞票；

因为想你，晚上失眠白天上班迟到；

因为想你，忘了穿衣戴帽得了感冒；

因为想你，发短信发得我拇指起泡！

也许，这只能算是一种调侃，但从这点点滴滴、细枝末节中，可以感受到爱的真意。无怪乎英国著名作家莎士比亚说："爱愈强大，忧烦愈深，芝麻大的事也会牵肠挂肚，而强大的爱便由此产生。"

有一则短信《关于爱情》写道：

还没有离别，

就幻想着重逢，

还没有相聚，

却恐惧分离。

此则短信通过四句简短朴实话语作了微妙的心理描写，比较活生生地表现了爱情的"牵肠挂肚"，甚至可以说是爱情的"患得患失"，同样，也显示了一个共同的主题——不能没有爱。

2. 爱的倾诉

你是我的所依

失明时，你是我的双眼；
失聪时，你是我的两耳；
失力时，你是我的臂膀；
失意时，你是我的港湾。

【链接】“在天愿作比翼鸟，在地愿为连理枝”，一对夫妻，或一对恋人，总是心心相连，相依为命，携手走过人生路。一个人，如果失去了视力、失去了听力，在生活中会遇到许多难以克服的困难，但只要有真心相爱的人，就能有所依托，心爱的人就会起着别人无法替代的作用，让你的生命依然灿烂。本则短信通过几个排比句，倾诉了一个人把心爱的人看得如此宝贵的心声。记得国际著名女歌唱家席琳·迪翁唱过一首与此有关的歌曲，其中有两句歌词是：“如果我看不见了，你就是我的眼睛；在我无言时，你就是我的声音。”与本则短信所传达的旨意是不谋而合的。短信除了言及失去视力、听力外，还谈到失去体力的情况，更值得一提的是，短信笔锋一转，从精神层面突出：在我“失意”时，你就是我的温馨港湾。这一点，在当前人们处于快节奏、重负荷的生活下，在遇到挫折、困难、失败的失意情况下，心爱的人的温暖、慰藉是最迫切需要的，有这种关怀，人们才不会失去生活的勇气，才能有和谐正常的生活。

有一则短信这样说：

在能看见你的地方，我用眼睛看着你；
在眼睛看不见你的地方，我会用心盯着你。

另有一则短信对此作了进一步的补充、延伸和倾诉：

如果秋天走了，我会在雪中等你！

如果世界走了，我会在天堂等你！

如果你走了，我会在血泪中等你！

如果说第一则短信是一种向对方的诉求，那么后两则短信则可视为是一种向对方作出的心灵的回应，它释放出的是一种对恋人特殊、情深意切的关怀。这种与众不同的关怀还可表现在另一则短信里：

别人关注你飞得高不高，我却担心你累不累；

别人关心你醉不醉，我却担心你的肝和胃。

这些可贵的地方也就在于别人在用眼的时候，斯人用的是心！失明时的双眼、失聪时的双耳、失力时的臂膀、失意时港湾都要依附着这种真挚的爱心。

与　你

意料之外遇上你，
一见钟情迷恋你，
死心塌地追求你，
无怨无悔爱上你，
相濡以沫伴着你。

【链接】本则短信按照恋爱婚姻的行动线，以先后顺序来描写爱的轨迹——遇上你、迷恋你、追求你、爱上你、伴着你，每句都用了一个成语与之进行恰当的搭配，“意料之外”“一见钟情”“死心塌地”“死怨无悔”“相濡以沫”，正好是各个阶段的精神状态的画龙点睛的写照，构成了人生道路上的爱的一道道风景。有一则短信则以一个“意”字作为贯穿，对前则短信作了最好的诠释：

遇见你是无意，
认识你是天意，
想着你是情意，
爱上你是心意，

没有你是失意，
有了你便一心一意。

有趣的是，还有的短信对此作了小结式的概述：

与你相识是一种缘，
与你相恋是一种乐，
与你相伴是一种福，
与你相守是一种美。

缘、乐、福、美是相识、相恋、相伴、相守四个阶段的四种境界，四种享受。有一则短信这样写道：

天空的幸福，是穿一身蓝；
森林的幸福，是着一身绿；
阳光的幸福，是披一身霞；
我的幸福，是认识了你。

此则短信中，“天空的幸福”“森林的幸福”“阳光的幸福”只不过是三片绿叶，而“我”与你的幸福才是艳丽的花朵。短信通过天空、森林、阳光的多种衬托，突出地表现了“我”因为认识了你，才有了无比的幸福。这幸福来自一种缘分，所以，人们常说“百年修得同船渡，千年修得共枕眠”，男女有机会相识的确是一种缘。英国著名作家萧伯纳说：“恋爱便是对异性美所产生出的一种心灵上的燃烧感情。”这首先也要有一种缘分，才有燃烧的机会。而到了结为连理，成为鸳鸯，则在相伴中享受着幸福。最难能可贵的是经过生活的磕磕碰碰，最浪漫的事便是在一起慢慢变老，都把对方当成手心里的宝，百年好合，美不胜收。

不能没有你……

没有风，云儿就不会动；
没有花，蜂儿就不会拥；
没有水，鱼儿就不会游；
没有你，我就不会做美梦。

【链接】此则短信用起兴的手法，以云儿动是由于有风，蜂儿拥是因为有花，鱼儿游是因为有水来引出我做美梦是因为有你。云儿不能没有风，蜂儿不能没有花，鱼儿不能没有水，所以，我不能没有你。原稿末句为“没有你，我就不会疯”，想“你”想得发“疯”，有点夸张过分，当然，目的是表白恋爱中的“我”对“你”的过度的思恋乃至精神上的依赖。

有的短信说：

没有你的天，不蓝；
没有你的花，不艳；
没有你的酒，不香；
没有你的眠，不甜。

还有短信写道：

水不孤独山孤独，所以山要水围住；
树不孤独鸟孤独，所以鸟在树上住；
人不孤独心孤独，所以心被梦牵住；
你不孤独我孤独，所以我想与你朝夕相处。

此则短信也是用起兴的手法，以山、鸟、心的孤独衬托出“我”的孤独，以“山要水围住”“鸟在树上住”“心被梦牵住”衬托“我想与你朝夕相处”。此则短信虽然不像前两则短信出现了“没有你”的字眼，没有明言“没有你”的“后果”，但在内容上、在情感上同样像一首歌中所表白的那样：

不能没有你，是我唯一的语言；
不能没有你，是我不变的情怀……

有则短信写道：“日复一日我已无法抑制对你的思念，这思念引发的无数遐想给过我最真切的快乐，有时候又给我造成一种难以排遣的抑郁，我越来越沉默，越来越感到个人相对世界的渺小，自我理想的渺茫。我需要你，这已是我勇敢活着的全部理由和力量。我知道这种感伤情绪像一种病，谁也没法说告诉你不要感伤你就能不感伤。可是只有你的讯息能让我忘记忧伤。”还有则短信写道：“那么多人，在生命中走进来过，又走远了。唯有你，却随着时间的推移愈发走到我的心里来与我交谈了。我好珍惜，又觉得好孤寂，像空阔的旷野里一只突兀的鸟，想振翅飞翔，却依然觉察着四周安静的荒凉。只有你，折射着我一去不复返的过去；只有你，珍藏着我生命中如传说般的故事。”这两则短信虽非出自一人之手，但情感的抒发却是连贯一致，它们在字面上都未出现“不能没有你”五个字，但却从肺腑间唱出了这五个字的最强音。

疯狂爱你

不是所有的花都代表爱情，玫瑰做到了；
不是所有的树都傲雪斗霜，松柏做到了；
不是所有的人疯狂爱你，只有我做到了。

【链接】本则短信如信天游一样，用起兴的手法，先以只有玫瑰能够代表爱情、松柏能够傲雪斗霜作为铺垫，衬托出只有我能“疯狂”地爱你，而且强调“只有我”，凸显自己。至于如何疯狂地爱，本则短信未作详叙，但有一则短信，极为夸张、极富想象地从以奇特方式写恋人的名字这一举动、这一细节，来表现青年男子想念恋人的异常疯狂，短信有四句，前三句为最后一句作铺垫，短信写道：

我在天上写满你的名字，名字被云带走了；
我在山上写满你的名字，名字被风带走了；
我在沙滩上写满你的名字，名字被浪带走了；
我在大街上写满你的名字，我被城管带走了。

这种疯狂不是打砸胡闹的疯狂，而是一种静态的疯狂，是一种浪漫的富有想象的疯狂，可以把自己恋人的名字，写到河滩上、山上，乃至写到天上，这是何等的夸张，这是难以成为现实的想象，即使能写成，也被云和风和浪带走了，劳而无功，只好回到现实——写在“大街上”。这一回到现实上，却违反了城市管理的条例，所以，他被城管带走了，非常诙谐有趣，读之，令人莞尔一笑。短信有的版本末句写为“我被警察带走了”，两者都可以，无论是城管还是警察，谁愿管事就由谁带走吧。不过,此事可能还是属于城管的职责范围。此事看起来是合情而不合理,也可以说明:有些人爱得疯狂了,便难免会失去理智。无怪乎有位叫布尔津斯基的说:“爱情之火能烧开水,水却无法冷却爱情。”其实,现在的年轻人恋爱时是喜欢疯狂的,是以疯狂为时尚的,你听他们扯开喉咙在唱什么就知道,他们唱:

想要问问你敢不敢,像你说过那样的爱我,
想要问问你敢不敢,像我这样为爱疯狂!

我愿为你

摘一千颗星星,照亮你的前程;
捧一千朵玫瑰,陶醉你的心情;
折一千只纸鹤,送给你祝福;
找一千个理由,逗得你开心!

【链接】过去有句话叫“忠不忠,看行动”,那是指政治上,本则短信用在爱情上表达爱不爱倒还恰到好处。本则短信,便是通过几个排比句,通过“摘一千颗星星”“捧一千朵玫瑰”“折一千只纸鹤”“找一千个理由”的行动,来达到“照亮你的前程”“陶醉你的心情”“送给你祝福”“逗得你开心”的效果和目的。在这里,通过一个个真诚的行动,可以胜过千言万语的表达,唐代著名诗人李白便是以行动描写爱情的大师。如他的《长干行》,一开始便写道:“妾发初复额,折花门前剧。郎骑竹马来,绕床弄青梅。”短短的四句诗中,便用了“折”“剧”“骑”“绕”“弄”五个描写动作的词语,表达了“青梅竹马”“两小无猜”的纯真爱情。汉代恒宽说:“能言而不能行者,君子耻之矣。”(《盐铁论·能言》)大概短信的作者就是此种君子吧。

捧一千朵玫瑰,折一千只纸鹤,是不难做到的,找一千理由却是很难做到的,尤其是摘一千颗星星,那真是登天之难。只能说为了爱情,我们没有做不到的事情。也许这就是爱情的浪漫,也许这就是爱情的魅力。

另有一则短信也是如此面对面的爱情表白：

每天送你 9999 朵玫瑰，我不嫌贵；
每天发给你 9999 条短信，我不嫌累；
每天对你说 9999 句我爱你，我不疲惫；
每天对你许 9999 个心愿，我不怕心碎。

此则短信与前一则短信不同之处，不仅在于数量上的是前者的 9.999 倍，而且通过否定词“不”构成的短语“我不嫌贵”“我不嫌累”“我不疲惫”“我不怕心碎”，把对心上人的爱表达得更加坚定，更加执著，更加激动人心。表达“我愿为你”主题的爱情短信很多，又如：

我愿做一片白云，为你遮挡骄阳；
我愿做一缕春风，为你轻声歌唱；
我愿做一滴晨露，为你滋润脸庞；
我愿做一抹流星，为你许下美好愿望！

本则短信用一连串美好的形象——白云、春风、晨露、流星来形容自己愿意在爱情中扮演的光鲜的角色，这个角色的使命，便是为你——心爱的人“遮挡骄阳”“轻声歌唱”“滋润脸庞”“许下美好愿望”……这就是在爱中的无私奉献的表白。几个“我愿做 A，为你 B”式的排比句，披肝沥胆，向心爱的人倾诉了诗一般的爱情誓言。

爱的世界

对于世界来说，你只是一个渺小的人，
对于我来说，你却是我心中的世界。

【**链接**】本则短信用对比的手法道出了爱在人们心目中无可比拟的地位，不在乎所爱的人在世界上犹如大漠中的一粒沙砾，但他在爱人的心中，却成了庞然的整个世界。人常说情人眼里出西施，照此，可以说，情人的心里可以盛装世界。

有一则短信与此同意、同情、同理：

爱情的世界很大，眼里都是你；

爱情的世界很小，眼里只有你。

为什么爱情的世界可大可小，一个“都”字，一个“只”字，从不同的角度表达了“所爱的人就是我心中的整个世界”的意愿。

还有的短信对此作了进一步的演绎，短信写道：

爱情的世界很大，大得可以装得下无数的海誓山盟和激情浪漫；爱情的世界很小，小到加一个人就窒息。

为什么爱情的世界有时会变得如此狭小呢？因为爱情是神圣的，爱情又是自私的。德国作家席勒就说过：“爱情的领域非常狭小，它狭小到只能容纳下两个人的生存。”所以，在爱情的世界里，容不得第三者插足。台湾著名学者柏杨对此说得更加直截了当，他说：“爱情是自私的玩意，只有在自私获得满足之后，才能显现出爱情的伟大，没有自私，便没有爱情。”英国杰拉尔德·布瑞南也有自己独到的见解：“爱情是微妙的喜悦，是那种串通似的感情。两个情人团结一致与整个世界的抗争。”无怪乎有人会调侃说：爱情的世界就是一个“天”字，由“二人”组成，二人同心，就撑起了爱情的一片天际，就有了爱情的世界。已经说得够多了，请听听流行歌曲的演唱：

如果失去你，即使得到全世界也不开心；

如果得到你，即使失去全世界也不伤心……

这就是爱与世界的特殊关系，这就是情人眼中、心中的世界。

还有的短信深情地写到：

如果秋天走了，我会在雪中等你；

如果世界走了，我会在天堂里等你；

如果你走了，我会在血泪中等你。

此则短信更加强烈地表现了情人就是眼中、心中的世界的情怀。

想　念

最快乐的事，是我想你，

最感动的事，是你想我，

最默契的事，是我想你的同时你也想我。

【链接】本则短信大白话式的表白，却感情十分真挚，而且心态非常阳光，给别人的感染也是乐观向上的。短信从三个角度、分三个层次来写，情爱的深化也是层层递进的。先从"我"的角度来写，我想你，是最快乐的事。但是"我想你"也许只是一相情愿的事，所以，如果是"你"主动想我，那才是最令我感动的事。想念的最佳境界便是你我同时想念，即"心有灵犀一点通"，这便是最默契的事，也就是最幸福的事。有的短信所写内容缺乏这种难能可贵的双方互动，而只有自己单方面的倾诉，如有的短信写道：

想你，是一种孤独的排遣，
想你，是一种痛苦的熬煎，
想你，是一种牵挂的回忆，
想你，是一种遗憾的追悔，
想你，是一种甜蜜的忧伤，
想你，是一种重逢的期待，
想你，更是一种欲罢不能的无奈。

此则短信情调比较阴沉灰暗，满篇堆砌着孤独、痛苦、熬煎、遗憾、追悔、惆怅和无奈，与前一则短信恰好形成鲜明的对比，有很多短信用同义词"思念"来写想念，例如：

如果思念是雨，我已全身湿透；
如果思念是酒，我已醉生梦死；
如果思念是刀，我已千疮百孔；
如果思念是福，我是全世界最幸福的人，
因为有你。

此则短信前几句也无法令人看到爱情的曙光，"醉生梦死""千疮百孔"不叫人毛骨悚然，也叫人一身鸡皮疙瘩。幸好末句陡然一个逆转，黑暗的躯体却带了一条光明的尾巴，总算让人舒了一口气，庆幸他因为"你"而成为全世界最幸福的人。有人却把思念比做蚌壳里的一粒沙：

我愿做一只海蚌，让思念的沙粒不断刺痛我的心，只为给亲爱的你一颗美丽璀璨的珍珠。

熟知蚌壳中珍珠形成的过程的人，就一定会感到这也不是一个轻松的话题，因为这个过程是非常痛苦的过程，甚至会是很悲壮的。但是借此却表现了主人公为了心爱的人不怕痛苦、勇于奉献的纯真和善良。

相　知

星星的寂寞月知道，
彩霞的羞涩云知道，
花儿的芬芳蜂知道，
青草的温柔风知道，
梦里的酸楚心知道，
我的思念你是否知道？

【链接】本则短信用烘云托月的手法，前面五个句子都只是最后一个句子的铺垫，月知道星星的寂寞、云儿知道彩霞的羞涩、蜂儿知道花儿的芬芳、风儿知道青草的温柔、心儿知道梦里的酸楚，用来衬托我对你的思念你是否知道。前五个句子都是肯定的并带有判断意义的叙述句，而最后一句却是个疑问句，并不顺着前面五个句子的语气说“我的思念你知道”，而是说“你是否知道”，这似乎是缺乏信心的宣泄，从“梦里的酸楚”里似乎可以看到此种暗示，为何会酸楚，显然是相知方面还缺乏对方的参与。短信中有星星、有彩霞、有花儿、有青草，色彩斑斓，像一幅美丽的风景画。然而在此大好环境下渗透出的情绪氛围，却是寂寞、羞涩、酸楚，更突出了“我的思念你是否知道”的杂陈五味。短信的题目是“相知”，这只是期望，内容却是并不相知的苦涩和不安！

的确，在爱恋中，很多人处于被动地位，完全是沉浸在对对方的依赖之中。还有的短信写道：

孤独之夜，要有你陪我，才不会寂寞；
下雨的天，要有你陪我，才不会凄凉；

繁华的街上，要有你陪我，才不会疲惫；
人生的路上，要有你陪我，才是完美。

此则短信的关键词便是“要有你陪我”，其实前面还省了“只”字，这些句子实际上是个“只要有 A，才 B”的条件句，也可理解为省略了“如果”二字，是一种假设句。无论是条件句，还是假设句，都无疑表现了对对方的极度依赖。当然，也不完全是这样，或许只是一种故作姿态的示爱而已。

相思（俳句）

郎住江之头，
盈盈秋水眼波流，
平添许多愁。

阿妹脸儿红，
与哥相约桥下逢，
黄昏情正浓。

【链接】本则短信将两首有关爱情的俳句组合在一起，只作了个别文字的改动，原题分别为《相思》和《相约》，所以，在内容、情感乃至人物、事情上都贯通一气，融为一体，像两幅爱情连环画、珠联璧合。以俳句的形式描写爱情的不少，例如：“自从那一夜，弹响了你的琴弦，我才算琴手”，“倾心慕许卿，孰料为伊拼死生，断桥难断情”。句子都短小，铿锵有力，词有尽而意无穷。

俳句本是日本古典短诗，源于日本连歌、俳谐，本系按日本文字标准，17 个字母分为“五、七、五”三句。我国的俳句称为汉俳，由赵朴初先生将其定型为十七个汉字，分五、七、五字三句。1980 年 5 月，日本俳人代表团访华，赵朴初接待代表团，即席口占汉俳一首：“绿荫今雨来，山花枝接海花开，和风起汉俳。”

据研究，日本俳句受中国古典诗词影响很深，很多俳句作家都很熟悉中国古典诗词。如号称俳圣的松尾芭蕉的诗作“长夏草木深，武士留梦痕”，很明显，受了中国诗圣杜甫的诗句“国破山河在，城春草木深”的影响，这是不言而喻的。

日本俳句中有一种要求便是俳句中要有“季语”，即要有表现季节、动植物等方面的词语出现。如俳圣松尾芭蕉有一首名作《古池》就是这样写的：“寂寞古池旁，青蛙跳进水中央，扑通一声响。”当然，也有很多俳句是无季语的，还有自由律俳句，如：“撒把米也是罪过，让鸡斗了起来。”“倦了，躺在草地上，天上的云飘进我的梦里。”无拘无束，更有利于自由地表达思想和感情。

日本俳句有三祖即山崎宗鉴、荒木田守武和松永贞德。他们分别写道：“入夜食毛栗，明月出山巅，十月纸窗破，遂识舍风寒。”“河岸似前额，青柳写双眉，蝴蝶翩翩舞，落花凝返枝。”“斑烂彩霞起，迎得寅年来，凤凰欲出世，酉年何悠长。”继他们之后便是俳圣松尾芭蕉以及与谢芜村、山林一茶等人。

我国有一种文学样式为“三句半”，如“太守出祈雨，万民皆喜悦，昨夜推窗看，见月。”“西院一婆娘，金莲三寸长，为何这样小，横量。”有人认为这就是有中国特色的俳句，但并未引起广泛注意和争议。

你(一七令)

你
美丽　着迷
明月夜　初识时
欢笑相聚　忧伤别离
谈情山水乐　吟苦鬼神悲
天下只应我爱　世间惟有你知
海枯石烂总伴随　白头偕老仍新奇

【链接】本则短信按《一七令》填词,《一七令》的格式很独特,也很明晰,第一句为一个字,即为该诗描写的主体,也可兼作本词的题目。从第二句开始,至第七句,每句增加一字。全词可排列成等腰三角形,像塔一样,故又称宝塔诗。宝塔诗又分单双两形,如《儒林外史》就有一首单塔形的:"呆/秀才/吃长斋/胡须满腮/经书不揭开/纸笔自已安排/明年不请我自来。"显然,本词是双塔形的,本则短信很明显是根据白居易关于"诗"的《一七令》剥改而成,白居易的原作为:

诗
绮美　瑰奇
明月夜　落花时
能助欢笑　亦伤别离
调清金石怨　吟苦鬼神悲
天下只应我爱　世间惟有君知
自从都尉别苏句　便到司空送白辞

白居易的《一七令》虽然是吟咏"诗",但从字里行间可以看出他对"诗"情有独钟,简直把"诗"当做一个知心人,甚至是一个情人来抒写,夸赞她"绮美""瑰奇","诗"对他"能助欢笑""亦伤别离",他们之间的亲密关系是"天下只应我爱,世间惟有君知",这不都像是在向一个恋人作深情的倾诉吗?所以本则短信仿拟白居易的《一七令》,借用其许多词句来抒发对恋人"你"的情怀,真是爱情佳句无觅处,得来全不费工夫,如果不熟知、不对照白居易的《一七令》,单独看本则短信,还看不出什么刀痕斧迹,写得还算得体,颇有情趣。

在短信和微博中,有不少用宝塔体创作的,如署名为"天空微笑"的写有这样一首:

情
如影　随形
亲父母　弟兄明
朋友往来　姐妹相迎
千年难舍弃　万古写心声
爱侣永恒依恋　佳人才子同行
世界因此而多彩　红尘未了伴一生

这一个“情”字内涵极为丰富，写出了父母情、兄弟情、姐妹情、爱侣情，甚至还有“佳人才子”情。

闻一多先生曾要求诗歌要有音乐美、绘画美、建筑美，宝塔诗在体现“建筑美”方面是得天独厚的。好的宝塔诗，不仅是字数上的凑合，还很注意词句的对仗和音韵的平仄，为之不易。宝塔诗后来增到八句末句八字，以至十五句末句十五字均有，视内容而定，多姿多彩。

各“家”的表白

地理学家：我爱你，海枯石烂不变心。

动物学家：我爱你，在天愿为比翼鸟。

植物学家：我爱你，在地愿为连理枝。

航海家：你是指南针，有你在身边，我永远不会偏航。

音乐家：你是歌词，我是曲谱，我按你的内涵谱出美妙的旋律。

化学家：你是氢原子，我是氧原子，我们结合便成纯净水。

【链接】本则短信拟用列锦方法，像展示珠宝一样，从各种职业的专业特点，用独有的专业知识来进行各自的爱情表白。还有版本写有：“数学家：我是正数，你是负数，我们都是有理数，是天生的一对；你是圆心，我是半径，画出的圆就是我们的爱情天地。”但有的版本却是有两条格调不一致的内容：“化验员：我用显微镜来寻找你的缺点，任何蛛丝马迹都逃不过我的眼睛；交通警察：我一直为你亮着绿灯，不允许别的车辆通过。”这两条不像短信中所表达的那样和谐配合，和和美美。若爱情婚姻像化验员那样放大对方的缺点，吹毛求疵，那是很容易破裂分手的。交警为了表达专一，一直为对方开绿灯，而不准别的车辆通过，这样的做法是违背职业道德，是容易下岗的。还有的小段子对短信中化学家的表白调侃：“女方听了表白后说，水的分子式是两个 H 一个 O，还有一个 H 是谁呢？难道还有第三者插足?”说得更加幽默有趣。

江珊有一篇短文《爱情放射性》与本则短信异曲同工,也是具体从众多名人的专业角度调侃爱情的百般趣味:

比尔·盖茨:“爱情比软件还要难开发。”

哥伦布:“在爱情这个领域,我又发现了一片新大陆。”

诺贝尔:“我对爱情不是很在行,所以诺贝尔奖中没有设爱情奖这一项,还请各位情场高手见谅。”

达·芬奇:“一只鸡蛋可以画无数次,一场爱情能吗?”

爱因斯坦:“我只是找到了相对而言的爱情。”

牛顿:“有时候,爱情就像树上的一只苹果,当你无意中散步到树下的时候,它可能就掉下来砸在你的头上。”

安徒生:“童话中有了爱情,它会变成什么样呢?答案是,成人童话。”

贝多芬:“别以为我耳朵不好使,就听不见你们在那里谈情说爱。”

拿破仑:“你别看我一心想征服整个世界,可我自己先被爱情征服了。”

居里夫人:“不知道爱情有没有放射性,我先拿一个到实验室去做做实验。”

爱迪生:“我哪里是失败了几千次,我只是找出了几千种不能成功地获得爱情的方法罢了。”

瓦特:“我久久地盯着茶壶里滚动翻腾的沸水,终于明白了为什么爱情能使人疯狂,它的动力何在。”

莎士比亚:“爱情,可能是喜剧,也可能是悲剧,关键看你怎样去对待它。”

爱在心里

鱼对水说:你看不见我的眼泪,因为它被淹没了;

水对鱼说:我看得见你的眼泪,因为你在我心里。

【链接】日本作家村上春树曾说:"你看不见我的眼泪,因为我在水里;我能感觉到你的眼泪,因为你在我心中。"短信剥改了这段话,将它改为鱼儿与水的一组对话,一段爱情的表白。本则短信用暗喻的手法,将男女双方一方暗喻作水,另一方暗喻作鱼,但并不直接说出来,耐人寻味。短信又像一则美丽短小的童话,鱼担心自己流泪不被发觉,不被理解,白白被水淹没融化了,然而水的回答别出心裁,坦言毋庸置疑,看得见鱼的眼泪,因为鱼就在水的心里,水爱鱼爱在心里。短信一语道出了夫妻、恋人的鱼水关系,极富哲理。相爱的人或物,只要爱得深入人心,一切都能感受,一切都能理解,一切都能心照不宣。当然,并不是任何两个事物都有此种反应,必须是心有灵犀才能一点通。有则短信除了鱼和水外,还增加了"锅"的角色:

鱼说:我时时刻刻张开眼睛,就是为了让你永远在我眼中。

水说:我时时刻刻流淌不息,就是为了能永远把你拥抱。

锅说:都他妈快熟了,还这么贫嘴!

此则短信所表现的鱼水关系是相同的,但它打破常规和定势,结尾加上了锅的调侃,更显得幽默和风趣。通过锅的羡慕嫉妒恨,更凸显鱼和水的爱情的坚贞,有如《白蛇传》通过写法海的干预,更加昭显了白素贞对许仙的爱。表现如鱼水亲密关系的短信还有:

海有多深,只有鱼儿知道;
天有多高,只有鸟儿知道;
花有多香,只有蜂儿知道;
爱有多浓,只有你我的心知道。

短信通过只有鱼儿、鸟儿、蜂儿知道海有多深、天有多高、花有多香,衬托出相恋男女只有双方心儿才知道爱有多浓。还有则短信写道:

如果有1000个人从我的身边走过,
我也可以听出你的脚步声。
因为999个人的脚是踏在地上,
只有你的脚是踏在我的心上。

短信用对比的方法,表现出别人踏在地上的脚步声,和相爱的人踏在心上的脚步声的迥然不同。短信非常夸张,一千个人的脚步声的不同,用高科技的手段也难以分辨,然而,心有这种特异功能,能区分出踏在地上的脚步声与踏在心上的脚步声的不同,别说是千万之一,即使是万分之一,N 万分之一的概率,也是有可能准确地分辨,因为爱恋贵在用心,贵在于用心良苦,爱在心里,所以也爱得非常自信。钱学森晚年耳背,但是他住院时,夫人蒋英从离他病房很远的电梯间出来,他却能听出她的脚步声,没有误判过一次,大概这也是心有灵犀的缘由吧。

有一则短信则是通过云与鸟来表述爱恋关系:

云对鸟说:你不知我在流泪,因为它在风中飘洒。

鸟对云说:不,我感觉到了。你的泪全洒在我的羽毛上,早已浸透了我的心。

云与鸟的对话和鱼对水的对话都很精彩,同样是诉说"爱在心里",真是异曲同工之妙。

爱的倾诉

如果我是狐狸,你是猎人,你会追我吗?
如果我是茶叶,你是开水,你会泡我吗?
如果我是伤口,你是神经,你会痛我吗?
如果我是大米,你是老鼠,你会爱我吗?
如果我是现金,你是存折,你会取我吗?
如果我是汽车,你是司机,你会驾我吗?

【链接】本则短信原来只有四句,后来在传播中增加了两句,这也体现了文学短信所特有的 N 度创作的个性。本则短信完全采用"如果你是 A,我是 B,你会 C"的句式表达,短信由"如果"这种假设句,并非缺乏自信,而是渗透着一种谦卑和温馨。短信的前五句都是站在"我"是女人,"你"是男人的立场来说话的,唯独第六句才是以"我"为男人、"你"为女人的角度来抒写。短信选取生活中主要是物与物的相互对应关系来表达爱情中的主动与被动的关系。短信中说"我是大米，你是老鼠”应该是受歌谣“老鼠爱大米”的启示而写的。短信说“我是伤口，你是神经”有点奇思妙想的色彩。“我是现金，你是存折”有的版本写作“我是钱，你是卡。”这句在逻辑上欠严密，无论是存折还是卡，都不能作出“取钱”的行为，取钱的行为只能由人，即由客户来发生。从总的来说，短信非常幽默风趣，而且在短信中，很多字都有谐音双关的效果，尤其是“驾”谐音双关“嫁”，“取”谐音双关为“娶”，由此“取”字，还容易使人联想到一个典故：清末一次科举考试中，有一个考生考得不好，于是他想以显示自己的家庭背景来拉关系，他本想写“××的亲戚”，但却写了错别字，写成“我是李鸿章大人的亲妻”。考官见后并不买他的账，很睿智地用飞白手法将错就错地批曰“大人亲妻，断不可娶”，幽默风趣地进行了回绝。这个典故应该可以为本则短信增添一些传统文化的韵味。

有的短信却直抒胸臆地进行爱情倾诉：

你是树我是藤，我缠你；
你是灯我是油，我耗你；
你是饼我是锅，我烙你；
你是鱼我是水，我养你；
你是鼠我是猫，我追你；
你是玉帝我是猴，我闹你；
你是女人，我是男人，我爱你。

此则短信有的版本写作“你是树，我是藤，我绕你”，“你是饼，我是锅，我烤你”，“烤”还可以谐音“依靠”的“靠”。其最早版本只有一、二、三句再加一句“你是茶我是水，我泡你”，与上则短信一样，在传播中不断进行再度创作，不断完善，以上两则短信也可称为姐妹篇，以不同的风格进行爱情的倾诉，各有千秋。

3. 爱的灵犀

爱是什么？

爱是一种感受，折磨也觉得幸福；
爱是一种体会，苦涩也觉得香甜；
爱是一种经历，破碎也觉得完美。

【链接】爱情是什么？仁者见仁，智者见智，有各种角度，所以，有各种答案。本则短信从三个层面来阐述自己的理解。本则短信省略了许多关联词语，首先从整体来说，每句的前半句和后半句该是因果关系，把原句扩张一下，应该是“因为爱是一种感受，所以，受到折磨也会觉得幸福。”省略了“因为”“所以”。单从后半句来说，又可视有三种省略：一是可理解为“转折”关系，“虽然是苦涩的，但是也觉得幸福。”省略了“虽然”和“但是”；二是也可视为“让步”句，“即使破碎了，也觉得是完美的。”省略了“即使”。三是也可以视为“无条件”的条件句，省论了“无论”，可扩写为“无论受到什么折磨，饱尝何种苦涩，遭遇多少次破碎，也会觉得幸福、香甜和完美”。这就是爱情的内涵。所以，有人说：

爱是一种罪，虽然会受伤，还是勇敢地去面对；
爱是一种累，虽然会身心疲惫，却总是无怨无悔。

还有人说：

即使人生是一片苦海，我愿陪你把海水饮干；
即使人生是一台悲剧，我愿与你同台把戏演完。

这都是爱的感受、体会和经历，而言其苦与乐的见解还有：

遇见你之前，世界是一片荒原；
遇见你之后，世界是一个乐园。

还有的短信写道：

爱是一本诱人的书，读了就爱不释手；

爱是一道美丽的风景，看了就流连忘返；

爱是一杯香醇的酒，喝了就如痴如醉；

爱是一首动听的歌，听了就心旷神怡。

此则短信将爱比作“一本诱人的书”“一道美丽的风景”“一杯香醇的酒”“一首动听的歌”，它令人“读了就爱不释手”“看了就流连忘返”“喝了就如痴如醉”“听了就心旷神怡”，这就是对于爱具有诗意的感受。有人说“爱就是一种牵挂”“爱是一种难分难舍”，正如短信《总想》所写：

总想把你忘记，却又时常把你想起；

总想不要见到你，却在梦里时常和你相遇……

此则短信表明：真心爱上一个人，即使遭到了拒绝，也是心头总有挥之不去的牵挂；真心爱过一个人，即使分手了，也无法消除对过去美好的怀念。

不一样的关爱

别人关注你飞得高不高，
我却担心你累不累；
别人关注你会不会醉，
我却担心你的肝和胃。

【链接】本则短信用对比的手法，从细微之处入手，写出了情人或爱人与众不同的关爱。人们常说情人眼里出西施，这里却表明情人眼里出温馨。别人关注你飞得高不高，充其量只不过是一种欣赏而已，而“我”与众不同，我的注意不在于你飞得高不高，表演得如何精彩，而我在此时此刻，却担心着你累不累，是否能够承受。别人是用眼在看你，而“我”却是在用心“关注着你”。所以注意的焦点迥然而异。同样的情理，在酒席上，在觥筹交错的场合，别人关注你会不会醉，或许还不乏逢场作戏、隔岸观火者，而我却焦虑地担心着你的身体，怕你的肝和胃会受到伤害会有不好的后果，短信就是这样，从平凡的生活细节反映出有着不同关系的情人或爱人、或亲人与众不同的关心，体现出一种更深层次的温馨。

很多短信就是通过捕捉独具特色的细节描写，表现恋人们心灵深处的真善美。

又如，有一则短信写道——

眼睛在为你下雨，
心却为你撑着伞。

为你流着泪，又要在心中保护你，诗一般的语言深化了不一样的关爱。还有的短信写道：

我用心在追寻你的踪影，
即使我找到你的一个足印，
我也会欣喜万分。
我用心在探听你的声音，
即使一阵风儿响过，
我也能从中听到你的叮咛。

本则短信，也是从细微处着眼，找到一个你的足印便会欣喜万分，听到一阵风响，就能听到你的叮咛，这并非是有特异功能，而是心有灵犀一点通，而是因为“我”在“用心”，我在用心找寻你的踪影，我在用心探听你的声音。所以，有的短信说，情人或爱人能以 1000 个人的脚步声中辨别出属于你的，因为你的脚是踏在“我”的心上。这也是从细节上表现爱的“心有灵犀一点通”、爱所具有的无比神奇的魅力。

有些人对于爱情并不追求轰轰烈烈，惊天动地，正如有的短信写道：

爱没有味道，是纯洁；
爱没有温度，是理智；
爱没有色彩，是简单；
爱没有你，是悲伤。

恐怕很少有人能够接受没有味道、温度、色彩的爱，但是我们却可以接受纯洁、理智、简单的爱，这是很难拿捏的爱，也许该视为一种不一样的关爱。还有的短信写道：

爱一个人就是在拨通电话时，忽然不知道说什么好，原来只是想听听那熟悉的声音，原来真正想拨通的只是自己心底的一根弦。

此则短信写的是很平淡无奇的细节，但却深沉地反映了“心有灵犀”的动人情节，尤其是一句简单朴实的话，却寓意丰富，耐人寻味，也体现了恋人的不一样的关爱。

爱的机遇

在对的时间遇见对的人，是一种幸福；
在对的时间遇见错的人，是一场心伤；
在错的时间遇见错的人，是一段荒唐；
在错的时间遇见对的人，是一阵叹息。

【链接】这本是网络上流传的一则情爱语录，后来被许多人作为经典用手机发短信相互传阅。本则短信用一种近乎绕口令的方式解读分别在对或错时间遇见了对或错的人的四种典型的不同结局。

台湾女诗人席慕蓉说：“如何让你遇见我/在我最美丽的时刻/为这/我已在佛前求了五百年/求他让我们结一段尘缘……”这大概是给“在对的时间遇见对的人”的浪漫而富有诗意的诠释。“在我最美丽的时间”而不是在我徐娘半老的时候，为了他，在佛前求了五百年，这个人，一定是“对”的人，与他一定会得到一生的幸福。至于在“对的时间遇见错的人”，在旧社会，可能是包办婚姻的模式。在现代，“闪婚”可能也属于这种类型，其结局无疑“是一场心伤”。至于“在错的时间遇见错的人”，那必定是一幕逢场作戏的闹剧，这可能是根本就不在乎时间的对错和人的对错，而在乎的可能是金钱、地位等名利，说这是一段荒唐似乎还言轻了，最终的结果多半是一场悲剧。至于“在错的时间，遇见对的人”，应该是指男女“相见恨晚”的遗憾。更令人同情惋惜的是原来在对的时间与对的人有过短暂的遇见，但不久却阴差阳错，各自东西，经过了较长的时间的等待和寻觅，才又有遇见对的人的机会，然而迟到的遇见并不能带来幸福的结局。在张爱玲的《半生缘》里，顾曼桢与曾经的恋人沈世钧相隔十五年后相见，不由得悲愤地叹道："世钧，我们都回不去了。"还有的人苦苦等了几十年，但真正有了相见的机会，却又惟恐见面后留存在脑中几十年的美好形象突然崩溃，反而做出了"相见不如怀念"的选择，这并不是一阵叹息可以了得，这只能留下终生的遗憾了，这也许是命运在捉弄人。

短信应该本自张小娴的《最美的时候你遇见了谁》，原文的每句后半截分别是"一种幸福""一种悲伤""一声叹息""一种无奈"。对此，各种人有不同的见解，有的人认为，"在对的时候遇见对的人"只是一种缘分，也许是有缘无分，不一定有良好的结局，不一定能够牵手成功。因为遇见只是一种机缘的开始，随着时事的变化，或许遇上外来的干扰和阻力，最终并不能得到幸福。有人说"所有的争取和努力，也许抵不过命运开的一个玩笑，上帝只在云端眨了一眨眼，所有的结局，就都已经完全改变"。许多爱情传说中也不乏其例：董永与七仙女、梁山伯与祝英台、贾宝玉与林黛玉都可以说是"对的时候遇见对的人"，但都是情深缘浅而有缘无分，演绎着凄美悲怆的爱情故事。人们都有"在对的时遇见对的人"的良好愿望，但在现实生活中，这种机率是极小的，有的人调侃说"这只是爱情的童话"。在人生的爱情中，常常是彼此不断地错过，正如有的诗文所说："错过杨花飘风的春，又错过了枫叶瑟缩的秋，直到漫漫白雪，年华不再……"所以，对于爱情的追求，不能过于理想化，必须清醒地面对现实，很多事情往往是可遇不可求的，既要善于抓住机遇，不轻易放弃、任性转身，更要善于体贴、宽容，甚至是妥协、等待，"对的时候遇见对的人"只是一个起点，后面的路还很长，不可能一步便步入幸福的天堂。

新“杜十娘”

寒冷吗？请把我悠悠的思念披在身上；
孤独吗？请把我绵绵的情意藏在心间；
失眠吗？请把我美美的微笑带进梦中；
幸福吗？请把我殷殷的期待伴你同行。

【链接】本则短信的一个显著特点，就是每句的前半句都是一个设问，但这是不需要别人作答的，而是为了引起自己接下来的表述。这种先设问后自作倾诉的表达方式，以及所涉及的情爱内容，很容易使人联想起歌曲《杜十娘》中的唱段："……郎君啊，你是不是饿得慌？你要是饿得慌，你对我十娘讲，十娘我为你做面汤。郎君啊，你是不是冻得慌？你要不是冻得慌，对我十娘讲，十娘我为你做衣裳；郎君啊，你是不是闷得慌，你要是闷得慌，对我十娘讲，十娘我为你解忧伤；郎君啊，你是不是想爹娘？你要是想爹娘，对我十娘讲，十娘我跟你回家乡……"歌词与短信一样，都是从多方面表示对情人的关怀、呵护，温柔缠绵，体贴入微，使人如沐春风，使人深感到一种融融的暖意。不同的是歌词多一个呼告"郎君啊"，而短信的字面上予以了省略，从内容上，实际上也是一种面对面地呼告。作为短信，重在一个"短"字，若出现呼告，句子便偏长了。而短信的每句的后半句却用"请把我……"的祈使句式，更显出倾诉者的真诚、恳切，乃至一份慎重，惟恐对方不接受自己的恳请，惟恐对方不能驱逐掉寒冷、孤独、愁苦……短信与歌词还有一个明显不同之处便是，歌词中，杜十娘的行为是"做面汤""做衣裳""回家乡"等，都是一些实写的日常生活细节，而短信所表达的是，让对方"把我悠悠的思念披着身上""把我绵绵的情意藏在心间""把我美美的微笑带进梦中"，"把我殷殷的期待与你同行"……却都用的是写意手法，虽然是虚写，虽然都是精神层面的东西，但写得富有想象，更有诗情画意。杜十娘虽然一番苦心，但最终的结局是怒沉百宝箱，"纵身投入滚滚长江"，而我们的新时代恋人，却是决不会酿成此种悲剧，而只不过是表达出一种浪漫的关爱和期望，其结局却是幸福的同行。陈坤演唱过一首歌《遇见你》，其中歌词写道："天冷了记得穿上我的外套，代替现在无法给你的拥抱，藏在里面的是你给我的心跳，闭上眼也许会感受到……"所表达的情感，与歌曲《杜十娘》、与本则短信，都是一脉相承的。

让谁乱了分寸（短信接龙）

晚上九点半，高云从昌隆大酒店里匆匆忙忙地出来。

外边不知道什么时候下起了小雨。初春时节，气温最不堪考验，稍有反复就清冷难耐。

高云站在路边打车。平日里在这个城市里四处乱窜的出租车好像一下子都消失了。忍不住在心中骂了一句粗话，他不知道自己何以会这么狼狈，当那张在记忆里埋了近十年的面孔突然又出现在面前，他……

【链接】青岛《周末》周刊开创了"短信"版短信小说，本则短信是该刊编者所提供的小说《让谁乱了分寸》的开篇，旨在引起广大的读者的兴趣，吸引他们来以此作为一个故事的开头，展开自己的想象，将故事情节继续拓展开来，让小说不断地延伸丰富。短信写到"当那张在记忆里埋了近十年的面孔突然又出现在面前"时，戛然而止了，给人留下了新奇的悬念，这是一个很有趣味的开头，给人留下了极为广阔的想象空间，开篇刊出后，吸引了数百名的短信写手踊跃参加故事的续写，该短信小说专用短信平台在两天之内便收到了四百多条应征的短信，其中不少精彩之作，例如：

《恐龙的记忆》：他惊恐万分，眼珠将要爆裂出来，嘴巴恐慌地张着。好多雨伞从他身边飘过，他浑然不觉，嘴里喃喃道：是她是她！十年前的一幕在他脑海里风驰：暗恋、强奸、凶杀……他幽幽地走向路中间，嘴里嚼着她的名字，一辆黑色的轿车急驶

而来，他已没了躲闪的意识……135××××3842

又如：

《见与不见?》：他掏出手机，笼着手点燃了一支香烟，回想着小乔喝醉酒的样子：猫咪一样的眼神透过高脚杯里红酒的光晕望着他。十年了，她为什么要在乎呢？有理由吗？一只白猫从街对面某个阴暗角落踱出来，坐下，望着他。隔着马路，隔着淡淡的雨幕。高云伸手去摸手机，又转了念，从一位在烟酒小店橘黄色灯光下恪尽职守的老大妈手中买了张IC卡，朝路边的公用电话走去……131××××8383

再如：

《手机劫》：他忽然乱了分寸，一辆红色捷达靠过来，雨不是很大但很急，高云手中那个华伦天奴的手皮包开始一滴一滴往下滴水了。高云没有迈动脚步，只听到有人问："你还戴着那块表?"……139××××1001

一石激起千重浪，开篇刊出后，写手们纷纷跃跃欲试，真可谓八仙过海，各显神通，续篇佳作不能一一介绍。欧阳文风先生评曰："写手们思维迥异，想象奇妙，风格多样，让原本平淡的小说开头，如一桩暗淡的树墩开出了枝繁叶茂的枝丫，展开了意想不到的发展脉络，拥有了妙趣横生的风情。"（见《短信文学论》）

恋爱有度

恋爱需要激情，但不是调情；
恋爱可以轻松，但不可轻率；
恋爱可以浪漫，但不可浪荡；
恋爱可能风流，但不可下流。

【链接】本则短信运用同异修辞手法，抓住"激情与调情""轻松与轻率""浪漫与浪荡""风流与下流"的一字之差，表达处理恋爱事宜中应有的审慎态度，即恋爱中应把握的底线，即要有分寸要有度。恋爱中，固然可以享受其中的激情、轻松、浪漫乃至风流，但不是轻率、浪荡乃至下流的调情；恋爱中固然可以享受到愉悦欢乐，但更要牢记一份责任的重负。

著名女作家丁玲说过："轻率地玩弄恋爱，正如玩火一样，随时有自焚的危险；如果说恋爱是甜美的酒浆，但随便乱喝，也会变成烈性的毒汁。"对此，著名教育家陶行知也有共识："爱情之酒，甜而苦，两个人喝是甘露；三个人喝是酸醋；随便喝是中毒。"丁玲将轻率地玩弄恋爱比喻作玩火，这火不是一般的火，而是如有人所说，那就"像老房子着火，烧起来没得救"。

恋爱中一见钟情是很普遍的事情，但不要只是一时的过眼烟云，而应追求成为一生终身的伴侣。轻率的恋爱不是爱情，只不过是一种调情而已，调情是轻松的，爱情是沉重的。风流的事不过是言语和躯体的游戏，而不是感情的碰撞，可是当真的爱情来临时，灵魂狂喜而战栗了。爱情是风流而不是下流，因为它是灵魂的事，真正的爱情是灵魂和灵魂的相遇，需要有一份承担责任的勇气。俄国作家冈察洛夫早就说过："生活是一种责任、义务，因此爱情是一种责任，义务。"所以，有的短信特别叮咛恋人们注意：

不要轻易说爱，许下的诺言就是欠下的债；

也不要轻易说不爱，也许爱就被你关在门外。

此则短信另一版本的末句为"别让爱被你关在门外"，也许是译本不同，基本的意思是相差不大的，但细微的差别还是有的。"也许"表示一种假设，一种揣测；而"别让"是一种祈使，甚至是出于爱护关心的呵责。各有各的理解角度和程度，但无论如何，此则短信辩证地说明了对待爱，要有责任和义务，要把握好，进行理性的慎重的选择。有责任、有义务的爱才能如宋代诗人范成大所说的那样："愿我如星君如月，夜夜流光相皎洁。"当然，有责任、有义务的爱，把握有度的爱，也不一定要大声说出来，甚至连喃喃细语的承诺都不需要，正如有则短信所写：

白云从不向天空承诺去留，却朝夕相伴；

星光从不向黑夜许诺光明，却尽力闪烁；

风景从不向眼睛说出永恒，却始终美丽；

我从不向你说出思念，却永远牵挂。

4. 爱的伤痛

爱的距离

世界上最远的距离不是天涯海角，而是我在你的身边，却不知道我最爱你。

更可悲的是，你虽然在我怀里，却不肯进入我的心里。

【链接】本则短信实际上是由两条短信集句而成。它前部分从一个独特的角度昭示爱情中的距离不在环境中，而在于心灵之中；短信后半部分所说爱情中的悲剧，可用一首流行歌曲的歌名来概括，即“得到你的人却得不到你的心”，都反映的是一种亚失恋的心境，都像剃头担子一样是一头热、一头冷的尴尬和无奈。你不肯进入了我的心是一种酸楚，我进不了你的心也是一种痛苦，所以，有的短信说：“世界上最深沉的不是大海，而是你的心灵。我把自己整个抛下，却不见泛起一丝涟漪。”这是一种何等的麻木不仁。无法进入对方的心灵，这也是一种“得到你的人得不到你的心”的另一种表现形式。非怪有的歌中会唱到：“我以为人在一起，心就会在一起，可怜我还一直为你钟情。”“如果得到你的人得不到你的心，就算得到全世界也不开心。”爱得多么执著，把对方看得多么重要，把一个心爱的人与整个世界看得等同重要，并反复表白，“如果，我失去这一切，能换来你的真心，就算失去全世界也不伤心……”爱需要得到所爱的人，但也不能因此把整个世界看得无足轻重。

恋爱不是单方面的行动，而是互动的进取，既要得到你的心，也要能让我进入你的内心王国。有人还把爱与喜欢作比较，把“喜欢”

比作荡秋千，把恋爱比喻成坐跷跷板：

> 爱跟喜欢是不一样的，喜欢是荡秋千，可以自得其乐，不需要别人的回应；爱是跷跷板，要一个人坐在对面与你互动，贴近你内心的感觉。

这个比喻十分形象，十分生动，十分贴切。青年男女应记住：恋爱是坐需要互动的跷跷板，不是自得其乐地荡秋千！

另有一则短信写道：

我对你的爱，
是瞎子也看得出来，
是聋子也听得出来，
是傻子也想得出来，
是哑巴也说得出来
——我爱你

这也是一种“爱的距离”的表现，表现得更加别致，更加强烈。

爱情之痛

你在天边，我心痛；
你在身边，我头痛。

【链接】人们常说：世上之事，十有八九不如意。爱情之事也是如此，不可能一帆风顺、没有一点挫折。剧作家莎士比亚就说过：“爱是一种甜蜜的痛苦，真诚的爱情永不是一条平坦的道路。”诗人拜伦也说：“恋爱是艰苦的，不能期待它像美梦一样出来。”本则短信仅以一副对联的篇幅，十分简明而又深邃地表达了爱情之苦痛。短信实质上反映了一个在爱情中距离产生美的命题，而且是用对比的手法来表现，以远距离“在天边”与零距离“在身边”对比，以产生的效果“心痛”与“头痛”对比。这里同为一个“痛”字，却表达两种不同的意义，“心痛”之痛，有心灵上的疼爱之意，“头痛”之痛则是通常生理上的疼痛之意。爱情之事也的确有距离产生美的特性，两个恋人不在一起，倒是十分想念、十分牵挂、十分疼爱、十分美好；两个恋人形影不离，倒会更易发现对方的缺点，或为一些日常小事产生矛盾。对此必须理性对待。爱情不可能是“想你是窗前那朵小花，念你是窗外那轮明月”那么浪漫，恋爱中难免会为一些小事而苦恼，应该很好理解莎士比亚的一句话：“爱愈强大，忧烦愈深，芝麻之事也令人牵肠挂肚，而强大的爱便由此诞生。”短信谈论此事还显得心情比较平和，而波斯人莪默伽耶却说得非常极端，他说：“情人在身旁，地狱变天堂。”说得太极端了，简直有点耸人听闻。有的人说：“如今虽说人人是自由的，可是因为没有了距离，爱情失去了它特有的美感和诗意，也失去了爱的本质。”此种言论倒是可以讨论的。

有不少短信是从失恋的角度来反映爱情之痛的，例如：

风儿累，无声无息了；
天下雨，是云儿哭了；
失去你，是爱情输了；
手机关，是我已疲惫了。

短信通过写风儿无声无息、云儿哭得天下雨等来渲染自己因失恋关机的疲惫、沮丧的气氛，组成的画面令读者历历在目。还有的短信反映了网恋这一当前特殊的恋爱形式，反映此种爱情之痛：

上网了吧，网恋了吧，幼稚思想受骗了吧？
网恋了吧，投入了吧，感情走上了绝路了吧？
投入了吧，见面了吧，没有以前来电了吧？
见面了吧，后悔了吧，美眉变成恐龙了吧？
后悔了吧，倒霉了吧，感情投资浪费了吧？
倒霉了吧，想死了吧，以后不敢网恋了吧？

短信的每句前半部分连起来，便明显看出使用了顶真修辞手法，一气呵成，语气和语意都比较连贯。但从短信的全为带“吧”字的诘问句式，似乎渗透出一种幸灾乐祸的情绪，这是欠妥的。对于网恋的失败甚至造成悲剧，我们还是应该同情和予以帮教的，对于当事人及其他失恋者，应该记住日本滕本义一先生的教诲：“失恋时，与其颓丧灰心，不如在心中埋下另一颗期待的种子。”

爱你，却……

爱你，却不能得到你的回应，这是一种痛苦；

爱你，却不能与你长相厮守，这是一种遗憾；

爱你，却不能知道结局如何，这是一种无奈。

【链接】伊萨可夫斯基说："爱情这不是一颗心去敲打另一颗心，而是两颗心共同撞击的火花。"本则短信用几个排比句，恰恰与此相反，反映的是仅仅用一颗心去敲打另一颗心、而不是两颗心共同撞击的单恋、单爱的心绪。"爱你"，却不能得到你的回应，却不能与你长相厮守，却不能知道结局如何，一切只有单方面的操作，一切都在未知数中运行，岂不是一种亚失恋的境遇，这怎能不叫人痛苦、遗憾和无奈呢？短信重复使用三个"却不能"，倾诉了积压在心中的极度哀怨，对照别人的花前月下、海誓山盟、携手白头，沉重的郁闷不免油然而生。下一则短信可以说是与此则短信同病相怜的和声：

爱你，却要无欲无求，好难；
爱你，却要唯唯诺诺，好累；
爱你，却要自己心碎，好惨；
爱你，却能忍受一切，好傻。

两则短信都是写"爱你"，但上一则是通过三个"却不能"，倾诉"痛苦""遗憾"和"无奈"；此一则短信则是通过四个"却要"，强调自己的"好难""好累""好惨"和"好傻"。爱情的滋味是别人说不清楚的，只有自己经过了品尝，才能谙知其中的甜酸苦辣。在却要"无欲无求""唯唯诺诺""自己心碎"的境遇中，却还能够"忍受一切"，这并不一定是"好傻"，这也许是爱情的另一种执著。有一首歌叫《相思的债》，其中的歌词恰恰升华了此则短信的情意：

如果我的爱只能在心里深埋，我愿揣你在温暖的心怀。

如果我的爱只能在梦里表白，我愿沉睡万载永不醒来……

表白也未必有用，有一则短信写道：

男青年在地上画个圆说道："我对你的爱，就像这圆一样，永远没有终点。"女青年也在地上画个圆，然后说："我对你的爱，永远没有起点。"

此则短信也是"爱你，却……"的模式：男青年大胆热情地向女青年表示爱意，却遭到了她带嘲弄性的回绝，叫男青年情何以堪！

有则短信说："我允许你走进我的世界，但不允许你在我的世界走进走出。"而画圆的那个女青年却断然不允许那个男青年走进她的世界，叫人难免是一阵沮丧，一阵悲伤。

泪

如果我是你的一滴泪，
我会顺着你的脸流到你的嘴里，
因为我好想感受到你的气息；
如果你是我的一滴泪，
那我一辈子都不会哭泣，
因为我怕因此而失去了你。

【链接】人们都喜欢从欢乐的角度，以鲜花、美酒等来赞颂爱情，然而本则短信却别出心裁，以假设的角度，分别写出"我是你的一滴泪"或"你是我的一滴泪"的不同处理方式，以表达爱的特殊感受。短信富于想象，从一滴泪的流与不流，想象到流到对方的嘴里便可感受到其人的气息；想象到因为害怕失去对方，便一辈子都不会哭泣，非常形象地表达了情感的丰富和深刻。

对于爱情之泪，有不少短信作了充分的抒发，有的短信说：

流出眼眶的是泪，
藏在心底的是痛。
我流泪湿了你的脸，
你流泪痛了我的心。

本则短信更加强调，泪不是孤单的东西，流泪总是牵动了两颗心，泪洒相思地，情牵相爱人。情人有泪也不轻弹，实在是忍不住心底的痛楚，眼泪就避免不了会夺眶而出。情人流泪，往往并不是单方面的事，而总是双方面都有感应，你哭犹如是我在哭，所以我流泪竟然会湿了你的脸，你流泪则痛了我的心，这如唐代诗人李商隐说的那样："身无彩凤双飞翼，心有灵犀一点通。"我国古代诗人的爱情诗篇中不乏有关于泪的抒写，例如宋代欧阳修的词《生查子·元夕词》就写到："去年元夜时，花市灯如昼，月上柳梢头，人约黄昏后。今年元宵时，花与灯依旧，不见去年人，泪湿春衫袖。"该词通过今夕的对比，凸显物是人非、旧情难续的悲伤，而这种悲伤的体现便最终落笔在"泪"上——"泪湿春衫袖"。这也不是一般的泪，这是爱情深处涌出的泪。其实，古代爱情诗中写泪还只是一笔带过，而现时短信中，却是通篇围绕泪作尽情地抒发，更加酣畅淋漓，感人至深。有一则短信写道：

> 你我水晶般的爱情，一不小心，碎成千百片，跌落一地的海誓山盟，溅起满天泪雨。

此则短信显然是写失恋的，写得很浪漫，很凄美。虽然失恋了，但对于过去的一段爱情仍然视为水晶般的珍贵。由此，进一步联想到，从破碎的水晶里跌落出海誓山盟的碎片，他们的过去并非是逢场作戏，他们是认真的。因此，他们因分手感到伤痛，于是海誓山盟的碎片，溅起了满天的泪雨。短信想象非常丰富，最后也是以"泪"作结，令读者无不为他们的"一不小心"的失手而感到同情和惋惜。

耳　饰

失恋了七次，
情感早已麻木。
可心还会痛，
还想拥有爱的知觉。

每受伤一次，
就穿耳一次。
如今耳上镶满了钻饰，
炫花了旁人的眼，
然而残体的痛，
有谁知道！

【链接】唐代诗人李益有一首诗《写情》："水纹珍簟思悠悠，千里佳期一夕休。从此无心爱良夜，任他明月下西楼。"这仅仅写的是与恋人失约后的伤感，而本则短信写的却是"失恋了七次"的心痛。短信选自由云南人民出版社出版的"中国首届全球通短信文学大赛"选粹《扛梯子的人》，标点符号是后加的。短信构思巧妙新颖，为了"纪念"失恋，"每受伤一次，就穿耳一次"，因失恋多次，所以"如今耳上镶满了钻饰"。短信选用"耳饰"这个细节，是别具匠心的，它富有哲理，在别人不知内情的情况下，耳饰被人当做一种炫耀，"炫花了旁人的眼"，然而，有谁知道，这是失恋的痛苦的象征，这"残体的痛"，只有自己知道，只有自己领受。在日常生活中，有许多饱尝失恋痛苦的人，往往不愿意让别人发觉自己的伤痛，往往还要强装笑脸，强打精神。在日常生活中，失恋一次便穿耳一次，恐怕是罕见之事。但是，她们要在精神上戴上自我安慰的耳饰，倒是具有一定的普遍意义，不仅失恋之痛叫他人无法领会，婚姻不和谐之痛也是如此。

正巧，《扛梯子的人》中还有一则短信《鸾凤和鸣》这样写道：

亲密，甚至叫床；
争吵，甚至打斗。
这些声音和鸣，
幻成枝叶从屋里长出，
外人总误认为是，
花开的声音。

此则短信写得很含蓄，富有想象，叫床声、打斗声竟然汇合成和鸣的声音，竟然幻成枝叶从屋里长出。这并不奇怪，失恋了多次，情感早已麻木，心还会痛，且“还想拥有爱的知觉”。夫妻之间的磕磕碰碰总是难免的，家丑不可外扬，所以，尽管除了叫床声外，甚至还有打斗声，但是“外人总误以为是花开的声音”。这就是生活，这就是生活之谜，这就是生活的真谛。短信的这种睿智的揭示，应让千千万万的夫妻们受到深邃的启迪。

选择等待

虽然知道遥远的思念很苦很苦，我还是选择了相思；

虽然知道梦里的相逢很短很短，我还是选择了做梦；

虽然知道日夜的等你心会很痛很痛，我还是选择了等待。

【链接】本则短信既是三个相互独立的句子，分叙了“相思”“做梦”“等待”，但又是三个相互关联的句子，因为相思，所以常常“做梦”，为何“相思”“做梦”，因为在“等待”佳人，所以可以说“相思”和“做梦”是为“等待”作铺垫、过渡，重点表达的是“等待”，虽然“心会很痛很痛”，“我还是选择了等待”，全都是爱的等待。短信省略了三个“但”字，然而“转折”的表达还更加清晰、强烈，尤其是上半句中叠用“很苦很苦”“很短很短”“很痛很痛”，为“相思”“做梦”和“等待”做了更加浓重的渲染，使得表达反差更大，效果更加震撼。

“等待”是大有文章可做的，汪国真有散文诗《等待》，其中写道：“春风，是冰河的等待；收获，是秋天的等待；雨露，是大地的等待；阳光，是大海的等待；你的爱情，是我的等待。”与本则短信突出“日夜的等你”一样，通过众多的铺垫，意在强调“你的爱情，是我的等待”。人生充满着“等待”，汪诗的开头就写道：“小的时候，等待长大；长大以后，等待一份浪漫的爱；有了爱以后，等待一个温馨的家……”这其中，爱的等待成为其中非常重要的内容。

等待是一种修养，等待是一种历练，汪诗说：“短暂的等待，是一种焦灼;漫长的等待,是一种折磨;落空了的等待,是一种哀伤。等待,真可说是一种美好的无奈。”而对于“爱”的“等待”,则更是五味杂陈,短信中的深刻体验则是“心会很痛很痛”。

“等待”,有顺境中的等待,还有逆境中的等待,爱情中的等待也不例外,有一首流行歌曲唱道:“忽然一天美景不在,而我还在这里等待,等待枯萎的花会开;固执的人还会在原地等待,好像远去的爱能重来;远去的身影已被泪水模糊,却还期待枯萎的花会开。”这便是逆境中的等待,这不是一般的等待,这是顽强执著专一的等待,是期待枯萎的花会开的等待,也是一种美丽的等待。汪国真还有一首爱情诗写道:“天还未黑,云怎敢灰;雨还未下,风怎敢吹;瓜还未熟,秧怎敢枯;花还未落,树怎敢死;你还未嫁,我怎敢老。”这首诗中,虽然找不到“等待”二字,但字里行间,却充沛地流露出对于爱情最淡定、最深沉、最真诚、最持久的等待。

如果要对正文短信再进一步续写的话,可以续写下面一则短信:

如果若干年后世间还有“坚持”,那一定属于我;

如果若干年后世间还有“感动”,那一定属于你;

如果若干年后世界还有“幸福”,那一定属于你和我。

酉戌之缘

灯又灭了。十点半,桥南百货大楼上,那闪烁的霓虹灯,准时灭。他还在河堤上站着。他算过卦。卦人说,酉戌相害。他属鸡她属狗。他不信。他只信一个字:缘。

【链接】在日常生活中,大家都非常熟悉成语接龙,这是一种非常简单的文字游戏,连大电视台或一些相声等娱乐节目中都出现过,有一种热闹的逗笑效果。短信文字发展过程中,也出现了短信接龙的形式,但它远比成语接龙更具智慧。2005 年 7 月,由河南移动公司发起了“拇指总动员”首届中原短信文化节——短信接力大赛,本则短信则是著名作家、河南省文联副主席李佩甫先生为大赛特意创作的小说"龙头",以便让参赛者们循此而接龙续写短信小说。题目是另加的。作为"龙头"的本则短信,写得非常得体,连标点符号才70字,时间、地点、人物事件及矛盾冲突交代得清清楚楚。在故事情节中选取了一个民间十分流传的卜卦相亲的风俗。自古以来,尤其是中国的农村,提亲必算生辰八字,以避免双方相克。很多地方的确流传过"鸡若嫁狗,不得到头"的婚谚,即本则短信中卦人所说的"酉戌相害",其实,这根本没有科学根据,只不过是一句押韵的顺口溜而已。类此,牛、猴也与狗同韵,也可套为"×若嫁猴(牛),不得到头。"看来,短信中的男女主人公的婚姻是很难有戏,幸好男主人公"他"不信,"他只信一个字:缘。"似乎又还是有戏,这也要看他如何演,看他是否能冲破双方父母的压力,能否坚持得住,还要看女朋友本人是否信,真是任重道远。短信这样开篇,的确有很多悬念,令广大读者为他们的命运担心,究竟会有什么结局,的确令人拭目以待。这样良好的开端,就当然为续写者展开想象提供了广阔的空间,使续写者大有英雄用武之地。

接力活动开展了一个来月,先后收到了手机用户1822位所续写的短信作品。参与者们不断地续写和改写,"甚至呼朋唤友,集体创作","真是激情洋溢,煞费苦心。他们精心编排故事情节,塑造人物形象,使小说异彩纷呈。"大赛活动中,由作家王怀让和刘学林组成的评委,从众多的参赛作品中精心挑选了优秀续写短信62条,按内容及风格组成"悬疑派"和"言情派"两部小说,每部小说仅2000多字,各由31条续写短信组成。下面略作一点介绍。

"悬疑派"例作:

这时一辆轿的,一辆黑色的轿的悄然无声地停在了他的身边。他的心一阵惊喜,准备迎接她的到来,可车上下来的却是她,令他心惊胆战的她。

"言情派"例作:

她脱下刚穿上的粉红高跟鞋。门被初秋的凉风吹过,错过他,你会后悔吗? 20岁的她,不是没有这样的经历,往事一幕幕浮现在他的眼前。

两则续写短信中塑造了两个不同的“她”，悬疑派中的“她”，面目还比较模糊，不甚清晰，作品只是间接地写了“她”给“他”的感觉：“可车上下来的却是她，令他心惊胆战的她。”为什么是这样的反应，仍在悬念之中。而“言情派”中的她却被作品直接描写了“她”的相对具体、细腻的心理活动：她不能错过他，她这次错过了，很可能会后悔的。她必须谨慎对待，因为她是有前车之鉴，有过这样的经历的，往事历历在目，令她一定会珍惜和妥善处理这次与他的相见。短信笔墨不多，但把“她”的内心感情世界已表现得让人可以看得较为透彻。两则续写的短信各有千秋，各有自己的风格，各有各的精彩。

大智慧和湘姑娘

甲：你拒绝一个意外感情的召唤吗？说真的，除了第一次偶遇，你的任何一点背景情况一无所知。我是一个跟着感觉走的人。

乙：感情是崇高的，但跟着感觉走是危险的。我尊敬你，你的为文，与为人。

甲：我是一个极挑剔的人，但一生又极其感恩。我怎么能因为你的另一种坚守而责怪你，我真的谢谢你，你的出现使我死而复生，千万不要内疚，否则，我会更难过，好吗？

乙：人类有许多美好的情感是共通的，凤凰树下的对答就是一种美好。祝你的新疆之行也收获美好。

……

【链接】本则短信选自被称为中国第一部手机短信日记体长篇爱情小说《中国式燃烧》，作者谢望新。小说男女主人公最初称为甲、乙，后称为大智慧、湘姑娘，女方最后还被称为小妻子。故事的内容是：二〇〇四年八月二十八傍晚，大智慧偶遇湘姑娘，两人一见钟情。三日后采用每日发手机短信的方式，展开追恋。他甚至不知道她任何一点背景的东西，关于人生、身世、家庭、感情、文化教育、经济等。他们各自都有配偶，但婚姻很不幸。男者为40后的知名作家，女方为70后，离开机关后从事商务。他俩都渴望得到真正的爱情，他们相爱，但是未能冲破重重障碍，尤其是女方丈夫设置的阴谋陷阱，他们最终分手了，而且女方付出了巨大的代价，精神沦为失常。小说记录了他们相识509天的生命与爱的亲历。小说为日记体，本则短信系九月三日（星期日）所志。此时他们相识还不到一星期，还处在摸着石头过河的时期，双方还算试探阶段，所以，双方的语言还比较含蓄，还略有点拘谨，更不敢放肆，但是各自给对方的暗示，却并不含糊，已经初见心有灵犀一点通的端倪。经过一段交往后，女主人公便对甲有了相知的喜悦和亲切：

> 乙：你是寂寞的，但寂寞给了你无穷的养分，里尔克不就说"要爱你的寂寞"么？在这个被迫冲刺的时代，你的自律和自觉让我惊喜。
>
> 甲：孤独带来喜悦，创造带来幸福。如果要玩乐可以从早到晚不停，这样生活的人我见的太多，不适合我。
>
> 乙：爱你的寂寞。在现在无主流价值的社会能守住寂寞太难，这是你我共同的精神基础。
>
> ……
>
> 乙：你很情性，也十分智慧。好，以后我就称呼你为大智慧，你叫我湘姑娘也行。

有专家评论曰："《中国式燃烧》在叙述方式上进行了彻底的颠覆，完全以一种手机短信式的思维方式进行构思，发明了一种'手机短信'的叙述方式来讲述故事。"《中国式燃烧》利用"大智慧"和"湘姑娘"的短信对话来叙述，推动情节的发展，它"撕碎了僵死的叙述文体，褒扬创新精神。"（见欧阳文风《短信文学论》）《中国式燃烧》问世后，引起了很大的反响，也勾起了广大读者对作者寄予更高更大更新的期待。

5. 戏说爱情

爱上洋葱

黄瓜失恋痛哭,茄子安慰她:“爱情不单是甜美,不只是沉醉,还有心碎,还有流泪。唉,谁叫你爱上洋葱的?”

【链接】此则短信作者为戴鹏飞,大学中文系毕业,2002年开始创作文学短信,被誉为“中国短信第一写手”,此则短信为他最喜欢的一则短信。本则短信以拟人的手法,像童话一样演绎了爱情故事,并提炼出爱情哲理:“爱情不单是甜美,不只是沉醉,还有心碎,还有流泪。”作者后来在一次烧菜时果真被洋葱辣痛了眼睛,触动了他的灵感,根据他与前女友的故事,写成了一部短信体小说,书名就取原短信的末句为《谁让你爱上洋葱的》,小说进一步让人感受到人生就像洋葱,一片一片地剥开,总有一片会让你流泪。戴鹏飞创作了许多脍炙人口的文学短信,例如:老鼠总算找到了蝙蝠,被人讥笑,老鼠却说:你们懂什么,人家好歹是个空姐。又如蚂蚁欲用脚绊倒大象,再如面条和馍头打架,找花卷帮忙等,都是广为人知、家喻户晓的。尤其是“把大象放进冰箱分几步走”的细节被春晚小品吸收采用。

戴鹏飞的人生信条是:人生的结局无非就是一个笑话,简简单单,哈哈一笑,轻松而过。经常笑笑自己,偶尔笑笑别人,间或笑笑这个可以笑得出来的世界。他还信奉:亲情就是微波不惊,友情就是精益求精,爱情就是一见钟情。他曾仿写过一首《如梦令》:

近来加班过度,接连喝茶无数,呕吐、呕吐、躺在医院深处,

心中虽然孤独,却有护士照顾,舒服,舒服,因为输了青霉素。

从此则短信,我们不难感受到戴鹏飞的幽默、风趣及其乐观的人生态度。有的人以为他写短信很容易,赚钱又多,他说:“我靠卖短信月薪过万这不假,但有人觉得写短信极容易,既赚钱又娱乐,那就想得太简单了。短信不是顺口溜,要有智慧,一条短信顶多70多个字,我只写55个字,要在这有限的篇幅内把人逗笑,太难了。”戴鹏飞根据自己的亲身经历道出了创作文学短信的不为人知的艰辛。短信创作还有一个重要问题,是很难得到著作权法的保护,维权更艰难。他的作

品常被人抄去拿奖，但他也无奈，只好幽默一把：

喜鹊来，妈妈说这只喜鹊是客；燕子来，妈妈说这只益鸟是客；乌鸦来，孩子问你也是客人吗？乌鸦叫：yes，吾乃黑客！

面对侵权，面对无助，戴鹏飞等人只有发出这种带泪的笑。期待着戴鹏飞等人有更多、更好的文学短信以飨读者。

大宝小贝

（一）

大宝：你好，我是大宝。
小贝：你好，我是小贝。
大宝：真是有缘啊……
［邻居］：这下总算/门当户对

（二）

大宝：你好漂亮啊！
小贝：都说我是华籍美人。
大宝：呵呵……
［华籍美人］：那得嫁一个/美籍华人

（三）

小贝：这条裙子怎么样？
大宝：好啊，春光无限！
小贝：讨厌……
［超短裙］：女人的/长处

（四）

大宝：你好伟大！
小贝：说的我胸脯吧？
大宝：嘻嘻……
［东西半球］：女人个个/胸怀世界
……

【链接】短信文学中采用对话的形式进行表达的也很多，但真正称得上为对话体文学短信的却很少，尤其是像《大宝小贝》这样如电视连续剧式的由多个片段连缀而成的（共13000多字），更可说罕见。本则短信作者为王豪鸣，被人称为“魔鬼诗典第一人”，他从2004年8月开始从事长篇短信文学创作。《大宝小贝》是他的国内首部对话体短信小品，欧阳文风先生评曰：它“继续发扬其魔鬼诗中口语、哲理、幽默的语言风格。每条短信均由对话构成，完全独立成篇，但由男女主角通过对话串连全文，又有一定的故事和情节。”这个短信小品的故事情节便是“一对年轻男女从邻居到相识、相恋、相处、观念碰撞、矛盾激化直至最终分手。”欧阳文风先生认为：“它突出人物的语言交流，使短信文学能够扬长避短，收放自如，同时用结句的形式提炼出每条短信的精华，其幽默和哲理令人过目不忘。宛如生活的细流，每一段均有各自的姿态和风景，由人物奏响哗哗的交响曲，汇合起来又是一条贯通的大川，映现着生活的千姿百态。”（见《短信文学论》）

一般来说，对话多为成双的偶句，但《大宝小贝》作了独特的处理：在每个片段中，男女主角的对话都为三句，而第四句则分别由“邻居”“华籍美人”“超短裙”“东西半球”等来承担继续，而且这第四句话并不是第三句话的语意补充，而往往是对前三句话的带讽喻性的评语，话语非常幽默，甚至有些犀利的讽刺和挖苦，这使人想到“三句半”的形式和效果。看此则短信小品也使人联想到另一则，也是有关爱情的对话体短信：

男：你是世界上最漂亮的女人！

女：你是世界上最有魅力的男人！

路人甲：他们是在过情人节吗？

路人乙：不，他们是在过愚人节！

此则短信通过两组对话把一对男女的丑陋揶揄得淋漓尽致，它也像《大宝小贝》一样幽默、犀利，让人们读之回味无穷。

爱情的组合

初中生的爱情是一起走路回家；
高中生的爱情是一起吃饭；
大学生的爱情是一起睡觉；
结婚了的爱情是一起回家、吃饭和睡觉。

【链接】本则短信在词章方面似乎并不华丽，也不高深，但在构思方面却是有些自身的特点，显得有点新奇。它巧妙地运用了分合(先分后合)的手法，把一个简单的事情说得有趣且饶有回味。它先分别说初中生的爱情是放学时一起回家，高中生的爱情是放学后一起上馆子吃饭，到大学阶段了，大学生纷纷地校外租房，可以在一起同居了。然后，再用以上的特点组合起来，便变成了一般成人的结婚特点了——一起回家、吃饭和睡觉。婚后的爱情表面上是婚前爱情的总和，但实质上却平淡无奇了，不乏有点幽默，有点趣味。这句话究竟表达什么旨意呢？仁者见仁，智者见智，可以理解为常人的婚后爱情生活就是这样普通、平凡，知足常乐，无甚奢求，平平淡淡就是福。从另一个角度来说，也可以理解为常人结婚后无理想、无志向了，容易满足于“老婆、孩子、热炕头”的生活了。这两种说法，似乎都言之有理。

提到用分合的手法写爱情方面的短信或段子，人们很自然地会联系到一个美女网上征婚的精彩故事：一美女到网上征婚，先在电脑上打出了“要帅，要有车”的条件，电脑很快对她作了回应：“中国象棋”；她不以为然，又从电脑打出另外一个条件：“要有钱，要有房子。”电脑又很快地回应了：“银行”；她再开出第三个条件：“要有爱心、有正义感、有安全感。”电脑很快给出结果：“奥特曼”；奥特曼是动漫中的超人形象，美女似乎有点生气了，她把前面三个条件一起连发，结果，电脑中出现了一个令她哭笑不得的答案：“奥特曼在银行下棋”，组合得非常巧妙，对物质女征婚的荒唐进行了善意的嘲讽，令人莞尔。这个段子也是用了先分后合的手法，平坦的叙述却组合出非常奇妙，有趣的表达结果。短信中，三个学习阶段的爱情在当时还很可能对当事人是有一定吸引力的，但结婚后，三个有吸引力的因素加在一起却反而平淡无味了。后面这个段子，前面三个分项是孤立的、平淡的，最后的组合倒有点出奇，表现出了令人意外的诙谐和乐趣。

描写学生时代的爱情的短信不少，有一则短信则通过一个细节活动来反映一个女学生关于爱情的微妙心理，短信写道：

> 哥哥几时有，把酒问室友。不知下铺姑娘，可有男朋友？低头看，那某某，正挎男友肘。月有阴晴圆缺，人有悲欢离合，此事古已有。但愿没多久，他俩就分手。

这女生也许是中学生，也许是大学生，都有可能。短信仿苏轼《水调歌头·明月几时有》的上片，非常生动地描写了一个女生在追求爱情时的空虚以及对其他女室友的“羡慕嫉妒恨”。作者很可能是个男生，只是以此调侃逗乐而已，但短信写得非常幽默、风趣，有动作，有心理描述，人物栩栩如生；有镜头，有画面，使人读之身临其境。

古代爱情谱

最凄美的恋爱是梁山伯与祝英台，
最执著的恋爱是牛郎会织女，
最大胆的爱情是七仙女嫁董永，
最浪漫的恋爱是唐伯虎点秋香。

【链接】古代有许多可歌可泣的恋爱佳话，或为民间故事，或为神话传说。本则短信选取了最凄美、最执著、最大胆、最浪漫的四个方面的典型来表述。“梁祝”是家喻户晓的恋爱传奇。在封建社会里，祝英台不能与爱慕的同窗梁山伯相爱成婚，却要被迫嫁给有钱有势的马文才。梁山伯气愤得吐血而死，祝英台撞坟入墓后，双双化为彩蝶飞舞，真是凄美之至。牛郎与织女一年只有农历七月七日才能在鹊桥见面，他们是终身分居，然而矢志不渝，还有谁比这更加执著？七仙女本是天庭宫女，不顾玉帝等反对，却与凡间穷汉董永结为夫妻，也真是大胆。唐伯虎为了追求秋香，不惜放下身段，到秋香的主人家打工，这应该是够风趣、够幽默的、够浪漫的。传说唐伯虎为此还特意写了一首嵌字词《西江月》，将“我为秋香屈居童仆”八字分别嵌入每句的第一字，其词为：“我闻西方大士，为人了却凡心，秋天明月照蓬门，香满禅房幽径。屈指灵山会后，居然紫竹成林，童男童女拜观音，仆仆何嫌荣（疑为劳）顿。”以短信概述古代爱情故事的还有一则《情缘》与此有异曲同工之妙，其文曰：

梁祝有蝶缘，聊斋有狐缘，
白娘子与许仙有伞缘，董永与七仙女有槐树缘，
霍小玉与李益有紫钗缘，红楼中金玉、木玉皆无缘。

此则短信则主要是从情爱的各种中介物来谈情缘。众所周知：许仙与白娘子、小青同游西湖，因为下雨了，许仙借伞给白娘子、小青结下了姻缘。七仙女来到凡间，路遇董永，要嫁给董永，董永开始不从，且执意要有媒妁方可考虑，不料千年古槐开口笑了，愿意出来为媒，于是成全了他俩。《聊斋》中，许多多情美女均是仙狐所变，所以说是一种狐缘。至于梁祝之蝶缘，前面已经详述，他俩最终化成了一双美丽的蝴蝶。剧作家汤显祖的《紫钗记》中，李益与霍小玉的情缘便是因霍小玉头上的紫玉燕钗被树枝挂落在地，恰由才子李益拾得，在寻找紫钗时，与李一见钟情。《红楼梦》，则是本该成就林黛玉与贾宝玉的木玉之缘的，然而由于封建礼教的淫威，强行撮合着薛宝钗与贾宝玉的金石之缘，结果是酿成了悲剧，落得个金、木、玉俱焚。

短信虽然只有六句，但却有丰富的内涵，将古代几个有代表性的爱情故事熔于一炉，融炼出中国优秀传统文化的璀璨精华。有的短信别出心裁地以古代四大名著来调侃爱情：

爱是红楼，你猜我忌，琢磨不透；
爱是三国，总有纷争，力求统一；
爱是西游，历经磨难，方得真经；
爱是水浒，曾经轰烈，终归平静；
爱是小说，情节曲折，或喜或悲。

短信末句用小说来概括爱情，虽很难精准全面，但寓意还是深刻而又生动的，同时，又是对上四句的概括。

成语曲解

每天都想你，早晨想你三次，晚上想你四次，我对你的爱是朝三暮四；我还对你三心二意：真心，热心，全心全意，尽力使你满意。

【链接】众所周知，朝三暮四和三心二意都是带贬义的成语，它们的意思本是指做事反复无常和犹豫不决。如果将它用来形容爱情，该是形容对爱情不忠贞，不坚定。然而短信故意曲解其义，以其相反的意义来进行调侃。短信将意义和结构都非常紧密的成语当作概括语来使用，数学上可以 1＋1＝2，在语言表达中，却不可为朝三次＋晚四次＝朝三暮四。在有关爱情的短信中，类似这样的对成语曲解的情况屡见不鲜，例如：

我爱你像火一样热，
你爱我像水一样深，
我们永远生活在水深火热之中。

道理一样，水深火热本是个贬义的成语，然而短信对其曲解，运用水深＋火热＝水深火热的公式，用贬义词来取代形容对爱情的热烈深沉，反其意而用之。又如：

你眨一下眼睛，我就死去；
你再眨一下眼睛，我又活过来了；
你不停地眨眼睛，我就会死去活来。

“死去活来”本指昏倒过去又苏醒过来，也有人说过爱得死去活来，形容爱情很深，但不能将死去活来曲解死去＋活来，不能肢解为其字面意义的组合。还有则童话式的短信写道：

母臭虫问公臭虫：“你是否永远爱我？”

公臭虫发誓说:“我永远爱你,不管海枯石烂,我愿与你在一起遗臭万年。”

“遗臭万年”更是个明显的贬义词,本指坏名声流传下去,永远为人唾骂,其臭字是取其比喻意义、象征意义,而短信却抓住臭虫散发臭味的自然属性曲解成语,将贬义转为褒义。此种手法在现代广告中广为使用,例如:外国有家搞金属电镀的公司,其广告词便是:

我们是专做表面文章的。

对于此类现象,语言界有所争论,莫衷一是,有待进一步研讨。

爱与天气

雨天,让人思考,
阴天,让人睡觉。
晴天,让人又跑又跳,
多云,也蛮有情调。
有你在一起,什么天气都好!

【链接】一般人,包括恋爱中的人,在阴天、雨天、多云天要有好的心情是不容易的,所以,本则短信所写的应该是个例外。本则短信应该前后倒过来读——有你在一起,什么天气都好,道出了因果关系,所以,不仅晴天特别活跃,又跑又跳,即使阴天、多云、雨天也可以思考,可以睡觉,可以有好的情调。反之,如果没有和心爱的人在一起,便什么天气都不好,便不能思考,无法睡觉,懒得跑跳,没有一点情调。

人的情绪是一个晴雨表,所以,有不少短信,便是从天气的角度来写爱情,如以“天气预报”的形式来写的就有:

今夜到明天上午想你,预计下午转为持续想你,傍晚转为大到暴想,心情降低五度,预计此天气将持续到与你相见为止。

短信中以“想你”替代雨天,想你——持续想——大到暴想。犹如说雨的持续——大到暴雨,降温了,情绪低落了,只有持续到见到心中人才能雨过天晴。比喻较为形象,有声有色。

另有一则短信也是以天气来比喻有爱恋情绪的。

> 心情预报:今晚到明早想你,预计下午转为很想你,受此情绪影响,傍晚更为暴烈,甚至会带有烦躁的雷阵雨,此类天气将持续到见到你为止,不见不好转。

两则短信大同小异,此则短信直接将天气预报写为"心情预报",特别强调"受此情绪影响,傍晚更为暴烈,甚至会带有烦躁的雷阵雨",直言不讳,可能是个暴躁性子的人。

有趣的是,有一首诗诗名便是《小情书——给天气预报》,也是从晴、雨、雷、雪等天气入手,描写不同的爱情感受,其中写道:"倘若明天艳阳高照,那么自是可以感受金色的荣耀,梵高般色彩的曼妙,阿波罗般温暖的微笑/倘若明天雨线万条,那么自可以体会清冷的飘渺,林逋的恬淡的逍遥,维纳斯式静默的舞蹈/倘若明天沉雷咆哮,那么自可以目睹沉浑的九霄,哥特式汹涌的暗潮,马尔斯式驰骋的长啸/倘若明天白雪飘飘,那么自可以体验轻灵的细描,柳永般迁客的风骚,欧罗拉般安详的破晓……"显然,诗歌比短信更有文彩,更有意境,而且,诗歌用典迭出,更显得深邃隽永。

爱情与刺猬

爱情就像冬天里两只刺猬相互取暖,靠得紧了,会刺伤对方;靠得不紧,又会感到寒冷和寂寞。

【链接】本则短信不落俗套,用刺猬取暖这一独特比喻,非常形象生动又辩证地揭示了情爱中必须掌握好度的哲理。短信一方面提示爱情不能过于"靠得紧了"。有的短信说:"要热烈,但不要疯狂;要激情,但不要粗暴;要亲昵,但不要油腻;要风流,但不要下流。"还有的短信说:"爱情如一把沙子,无须刻意去把握,越是握牢握紧,越加流失得多,越加容易失去自我,失去原则,失去彼此间应保持的宽容和理解，使爱情变成毫无血肉的躯壳。”这正是短信的旨意所在。短信旨意也如人们常说的那样，距离产生美。这一方面，宋代词人秦观的《鹊桥仙》写得发人深省：“金风玉露一相逢，便胜却人间无数……两情若是久长时，又岂在朝朝暮暮。”此话也说得比较含蓄，而英国人吉普林说得比较直白，而且几乎可插入到短信之中：“你们相依相偎，但中间最好留些空隙。”这不就是说不要靠得太紧吗？靠得紧并不是一个空间距离的简单的问题，这只是形式上的切入，实质是对待爱情、对待与恋人相处的态度问题，老作家丁玲就告诫年轻人：“轻率地玩弄恋爱正如玩火一样，随时有自焚的危险。如果说恋爱是甜美的酒浆，但随便乱喝，也会变成毒汁。”

短信的另一方面又强调不能“靠得不紧”，从距离论来说，距离虽然产生美，但距离也是有度的，尤其是空间的距离不是问题，问题是心灵不能有着距离，有则短信说得很有哲理：

> 最远的距离不是在天涯海角，而是你在我身边，却不知道我在爱你。

像这样心灵上有距离的“两个刺猬”，在冬天里是无法相互取暖的。

从以上看来，爱情像两个刺猬在冬天里相互取暖，既不能靠得太紧，又不能靠得不紧，这种分寸是很难把握的，所以，有人说爱情不仅仅是个感情问题，爱情是一门艺术。艺术是要讲求技巧的，是大有学问的，这学问光从书本上难以学到的，必须从生活实践中去体验和总结。外国有条谚语说：“爱情不是寻找共同点，而是学会尊重不同点。”这条谚语也许对恋爱中的两个刺猬是大有启发的。

想　念

——数字诗（一）

一天不见想看你，两眼发直如呆痴，三次拿起电话机，四肢冰凉汗直披，五脏六腑在叹息，七上八下没勇气，九九归一有主意：“十点之前我等你。”

【链接】一般来说，用从一到十的数来写事，所写内容都比较广泛，方方面面，十分周全，而本则短信不写一生的漫长过程，只写恋爱中一时片刻的心理活动，按数字顺序列写，事情比较连贯，对人的心态进行详细逼真的描摹，十分形象、生动。仅仅抓住一个想情人、欲打电话的决事过程，尤其是写到“十”时，并不顺竿爬，而是来个跌宕，“十点之前我等你”，这是通话的内容，不按原来的游戏规则出牌，令人意外，显得诙谐有趣，打破了前面沉闷僵持的气势，突然由缠绵不决变得斩钉截铁，一下变得活泼有生气了，十分可爱。有一则短信这样用数字诗描写恋爱的过程和要素：

> 一份执著，两颗热心，拼三分糊涂，四分怜惜，加五钱眼泪、六两柔情，配七杯浪漫，用八分爱火，酒精考验，煲成十全十美的正果。

提到数字诗，尤其是爱情方面的数字诗，人们都会推崇汉代才女卓文君的数字诗，即“怨郎诗”，相传汉代原本穷困潦倒的司马相如在结识了富家女卓文君、经历了一段夫妻当垆卖酒的生活后，只身转到京城求发展。司马相如因一篇《上林赋》而飞黄腾达了，于是沉湎于声色犬马、灯红酒绿，并欲纳茂陵女为妾，一晃五年多，把才女卓文君抛到脑后。为此，卓文君知情后写了首《白头吟》，虽然表示“闻君有两意，故来相决绝”，但更希望换回危机：“愿得一心人，白头不相离。”然而，司马相如无动于衷，给她的回答却是“一二三四五六七八九十百千万”，数字到“万”封顶了，无“亿”，谐音“无意”，于是卓文君强忍悲愤写下了数字诗“怨郎”诗，也以数字贯穿而回应：

> 一别之后，二地相悬，只说是三四月，又谁知五六年。七弦琴无心弹，八行书无可传，九连环从中折断，十里长亭望眼欲穿。百相思，千系念，万般无奈把郎怨。

不想，这首诗却打动了司马相如，他在羞愧之余，派官差用驷马高车将卓文君迎接进京，留传了一段爱情佳话。

别 离

——数字诗(二)

一别之后，两情相牵，三餐无味，四体无力，五官失灵，六神无主，七颠八倒，究(九)竟为何？十分思恋，百般无奈，千种忧虑，万难排遣，词不尽意。

【链接】或许是受汉代卓文君以数字贯穿的“怨郎”诗的影响，在爱情内容的短信中，用数字诗的形式来表达的不止一二，前面介绍了一则七字句的数字诗短信，它数字只用到一至十，而后面的万、千万等没有涉及。内容也简单一些，主要写由于想念想打电话又没有勇气的一个比较短暂的心理过程。

本则短信采用的是四字句，卓文君的数字诗前两句也是四字句：“一别之后，二地相悬”，第一句完全相同，第二句意思相近，字面上稍有不同。卓文君的诗后面便是六字句、七字句乃至八字句，又回到三字句、七字句，而本则短信则是四字句一贯到底，不像卓诗变化多端，倒也工整划一。

前文已说到：司马相如初接妻信后，毫无悔意，还玩弄小聪明，用藏词手法，像“二三四五”以示“缺一”谐音“缺衣”一样，仅写“一二三四五六七八九十百千万”十三个数字，以“无亿”谐音表示“无意”回头。于是卓文君气愤地将满腔怨倾诉如注，写下了怨郎诗。然而，本则短信却不用谐音双关，而是直截了当地作了“有意”的安排，以“词不尽意”作为结局，反倒以“意”谐音“亿”，似乎增加了一点趣味。

前文还谈到：不期卓文君的“怨郎”诗却打动了司马相如，使他幡然改悔，令驷马高车将卓文君接往了京城，显示了卓文君诗才的魅力。也许是由于“怨郎”诗的影响很大，后来竟有人根据卓诗，将十三个数字倒序，从万至一，续写了一段新辞：

万语千言说不完，百无聊赖十依栏，重九登高看孤雁，八月中秋月圆人不圆，七月半烧香秉烛问苍天，六月伏天人人摇扇我独心寒，五月石榴如火，偏遇阵阵冷雨浇花端，四月枇杷未黄，我欲对镜心意乱，急匆匆，三月桃花随水转，飘零零，二月风筝线儿断。唉！郎呀郎，巴不得下一世你为女来我做男。

新辞替卓文君把怨情抒发得更加淋漓尽致，更加增强了感染力。

择男标准

一张文凭，两国语言，三室二厅，四轮出行，五官端正，六亲不认，七千月薪，八面玲珑，九烟不沾，十分老实。

【链接】本则短信按顺序嵌有数字一至十，其中“九”谐音“酒”，全为四字句，较为工整，朗朗上口，便于记忆。另有一版本之四为“四季名牌”谈的是穿，而本则短信之“四轮出行”则说的是行、说的是车，这样与“三室二厅”连起来便是“有房有车”了。还有则短信每项后面附着七个字的注释：一张文凭（最好是外国博士），两国语言（起码会英语日语），三室二厅（不低于 130 平方米），四轮出行（目标是宝马名车），五官端正（好歹要像个明星），六亲不认（尤其是外乡亲戚），七千月薪（赚钱要多多益善），八面玲珑（光能说会道不算），酒烟不沾（零钱须统统上交），十分老实（对老婆死心塌地）。短信中，十项有三项强调是外国的。短信对媚外女、宝马女、拜金女、物欲女、专横女进行了全面的嘲讽。有人认为最狠择男标准为“有车有房，父母双亡”，本则短信若将“两国外语”改为“二老双亡”，便有过之而无不及了。最近，有个段子模拟《非诚勿扰》中的一段对话，非常幽默地对于某些拜金女作了本质上的揭露和嘲讽，段子写道：

孟非：请新上场的女嘉宾谈一下自己的择偶标准。

女嘉宾：好的，我心目中的那个他，应该富有同情心，富有上进心，富有责任心，富有包容心……

孟非：能再简洁一点吗？

女嘉宾：他应该富有……

这个段子构思很巧妙，女嘉宾前面从容谈的几个“富有”，实质上都是精神方面很好的要求，然而为了“简洁”，情急之下，只说到“他应该富有”便中断跳脱了，让人误会为只有物质要求，实在太冤枉了。但醉翁之意不在酒，作者就是要这个效果，歪打正着地嘲讽那些只追求物质富有的拜金女，显得十分幽默有趣。当然，现实生活中狂追物质的女生是不少，但也有很多善良淑女，例如，媒体介绍台湾女明星林志玲的择偶标准为：一、首先要对生命认真，二、要对家人照顾，三、要对生活幽默，四、要对感情真心，五、为人要善良。这五条提得都非常睿智，当然，她是否会一一兑现，大家拭目以待。还有的女生对于择偶强调说：“我是个传统人，有爱国心和羞耻心，你也一定要有才行。”这样的情操确实难能可贵。

嵌用数字一至十或更多，已成为写作的一个套子，或说是一个装新酒的旧瓶，运用得比较广泛。嵌用数字还有每两个相邻的数字用在一组的，例如有一则短信写女生斥骂不良男生，这样写道：“你经济一穷二白，性格朝三暮四，爱好五颜六色，人生信条乱七八糟，以上所写八九不离十。”分别将一二、三四、五六、七八安排在一组，最后重复了一个八，与九和十组合在一起扫尾，显得还有些变化，错落有致，而且短信中用了好几个成语，显得非常风趣幽默。

择男新观——五“员”

长得像演员，身体像运动员，对太太的态度像服务员，知识渊博像研究员，职业收入高于一般公务员。

【链接】本则短信利用“演员”“运动员”“服务员”“研究员”“公务员”各个名词的一个共同后缀“员”字，从五个方面描写当代女青年从长相、身材、对爱人的态度、学问、职业收入五个方面的提出的择偶要求。借用一个数学式子来表示：才＋材＋财＝最新择男标准。诚然，这种要求是较高的，是比较理想的，是很难达到的。但是从经济上来看仅仅要求“职业收入超过一般公务员”，这种要求还不是很高的。现在物欲横流，一切向钱看，不少女青年的眼光是盯着名车、豪房的，不是有的相亲节目里，暴出了“宁可坐在宝马车里哭，不愿坐在自行车上笑”的惊人之语吗？著名电影导演陈凯歌有句名言：“文革时，政治捆绑了我们，今天，金钱捆绑了我们。”我们的恋爱与婚姻也经历了这样一个由“政治捆绑”过渡和发展到“金钱捆绑”的阶段。有的短信写道：

五十年代看重工人老大哥，立志嫁你没得说；
六十年代是最可爱的解放军，见了你们格外亲；
七十年代政治风云多变幻，革命伴侣选党员；
八十年代瞄准当代大学生，决心和你过一生；
九十年代富翁富翁我爱你，年龄差距没问题；
新世纪为条件无须太讲究，反正天亮就分手。

以上很全面生动反映了解放后，各个时期女子择偶的核心标准。解放初期，强调阶段斗争、阶段路线，所以，出身很重要，所以工人、解放军曾经是很吃香的；文化大革命前后，突出政治，所以，党员便成为择偶的一个硬件；后来，在尊重知识、尊重人才的氛围中，大学生也曾成为抢手货；而到了一部分人先富起来以后，富翁占据了婚姻的制高点，年龄相差很大也不是问题，老少配成了一道亮丽的风景；后来，与西方接轨，便时兴闪婚，于是条件无须太讲究了，反正天亮就分手，虽然有点夸张，但是却是问题实质所在。提到当今女生择男情况，不禁使人想起，一个美女白领在电脑里征婚的笑话：“先输入要帅、有车，电脑的回答是象棋；又输入有钱、有房，电脑的回复是银行；再输入要有正义感，要有安全感，电脑的回复是奥特曼；美女气极了，三次输入的条件连起来输入，结果其答案是奥特曼在银行下象棋。”这虽然是个笑话，但却是不少白领美女成为剩女的症结所在，白领美女应从中受到启发，客观一点，理性一点，在择偶中尽力避免遭遇“奥特曼在银行下棋”的尴尬。

还有一则短信写道：

男人有才华的长得丑，长得帅的又挣钱少，
挣钱多的不顾家，顾了家的没出息。
有出息的不浪漫，会浪漫的又靠不住，
靠得住的又窝囊，不窝囊的又被人牵走。

此则短信用近似顶真的写法，十分幽默风趣，它对于以“五员”为择偶标准的女子是一副很好的清醒剂，可以帮助她们正视现实，不失时机地找到自己的如意郎君。

现代男生择偶标准

上得了厅堂，下得了厨房；
写得了代码，查得出异常；
杀得了木马，翻得了围墙；
开得了好车，买得了新房；
斗得了小三，打得了流氓。

【链接】本则短信以十个“A 得了 B”的排比句，调侃了 90 后、80 后梦幻型男生的择偶诉求。这十个“得了”加起来是一个“不得了”，这么高的要求，这么全面的要求，能入围者，真可谓“地上精品”“时代宠儿”。“上得了厅堂，下得了厨房”是老调的承诺，也许这是生活中两项最基本的要求，要求既长得光鲜亮丽，又要持家有道。过去有句俗话是找的老婆要对得起观众、对得起父母，中心意思是一样。对此十个“得了”，有人戏说，这就是既要长得秀色可餐，又要厨艺好使之嗅色可餐。还有人戏说这是要求女方有三“气”：有油烟气、有脂粉气、有书卷气。还有一种粗俗的说法便是：人前是贵妇、厨房是主妇，洞房是淫妇。过去对女方有过高雅的要求，是琴棋书画，样样精通，时代前进了，步入信息社会，对女子的要求便改为要求精通电脑之类了，不但会一般地操作，还要懂得杀病毒，过防火墙，要防一不小心弄出个艳照门，也许这是生活多元化的一个反应吧。至于还要求女方能开车、能买房、能斗得过小三、能斗得过流氓，便无疑是得寸进尺的妄想了。有人反问，而对这样全能型的阳光浪漫型的女生，你有何德能与之匹配？你难道甘受“鲜花插在牛粪上的”诟讽吗？这虽然是一种调侃，但众人都以为这是一些无聊男生为了缓解压力、缓解空虚的一种自我麻醉。有人评曰：这看似在追求高尚完美，其实自己很平庸，最可恶的是将自己应承担的责任和义务都推给了对方，扪心自问:你自己长得如何,你为何不能操持家务,你为什么不能开车,你为什么买不起房,你为什么要在外面另有新欢,你为何不能保护好自己心爱的淑女?莫非真是做女人难,做完美女人更难吗?当然,话又说回来,这毕竟是一种诙谐的轻松剂而已。如果,现实生活中真有这种男人,倒也可以回敬他十个"得了":

> 好男生要读得了书,学得了技,做得了事,吃得了苦,挣得了钱,发得了财,受得了气,顾得了家,不一定要当得了官,但一定要为得了人!

其实,正文短信只是一种调侃而已。在现实生活中,面对物质女,面对未来的父母,择偶男生往往处于劣势地位,怎敢如此强势!有的网友说,这是被"逼"出来的发声,且自夸这样可以激励女生善待自己,坚持独立,不依靠男人,且有一个段子可以佐证:"女人:靠家里,可以做公主;靠老公,可以做王后;靠自己,都可以做女王。"这种说法倒是有正能量的。还有的人说女人斗得过小三,才能保护自己的家园。甚至有的网友以女人的口吻调侃地说:"一旦斗不过小三,人家小三就要登堂入室,花咱的钱,住咱的房,睡咱的老公,还打咱的娃。"还有人总结斗小三的秘诀为:"占据(争取)主动,团结婆婆,以温柔感化老公。"还有许多言论使短信有着非常丰富、幽默的后续。

爱情嵌字诗

思潮翻腾情怀挚,
念伊倩影袅娜姿,
如若有缘神应赐,
静燃高香盼佳期。

【链接】本则短信是一首嵌字诗,也叫藏头诗。每句的第一字连起来便是"思念如静",显然该位男青年的女友名叫"如静",短信不把姓写出来,只呼其名,更显得亲切。这样用藏头诗来表达男女的情书，非常雅致。所以，运用得比较多，又如：

伊人秋水在天边，
宁为鸿雁传佳音。
思绪万千难下笔，
红笺十行寄真情。

本则短信的每句第一字连起来便是“伊宁思红”，情况同上，以上两则都只有四句，六句的也有不少，例如：

王者之风碧玉颜，
雅室幽兰慧语鲜。
娟娟春月如心境，
我为卿故常难眠。
爱而不悔盼携手，
你知寸心紧相连。

此则短信每句第一字连起来，便是“王雅娟我爱你”。还有的爱情短信，不仅每句第一字嵌字，还有其他字的位置也嵌字连成一句话，例如：

武当红叶给谁飘，
煜然烛明我寂寥。
浩荡乾坤一念定，
爱情诗句次第敲，
刘郎此去机缘巧，
聪慧文君会鹊桥。

此则短信不仅每句的第一字连起来是“武煜浩爱刘聪”，而且每句的第五字连起来，是“给我一次机会”，显得更加恳切，更加真诚，构思巧妙又新颖。

用藏头诗表达爱情之心语，古已有之，大家都熟知唐伯虎点秋香的喜剧故事。相传明代才子唐伯虎就曾用藏头诗的形式写了一首《西江月》词：“我闻西方大士，为人了却凡心，秋来明月照蓬门，香满禅房幽径。屈指灵山会后，居然紫竹成林。童男童女拜观音，仆仆何嫌荣顿。”“荣顿”疑为“劳顿”之误。将每句的第一字连起来，便是“我为秋香屈居童仆。”唐伯虎对自己为追求秋香甘愿屈身为人童仆进行了自我调侃。藏头诗在文学作品里出现很多,但往往都是这种简单的。藏头诗写作难度更大,要求更严格的是:它要求全诗的首字要藏于全诗的末字,其他句的首字又要藏于前一句的末字。唐代著名诗人白居易有一首藏头诗《游紫宵宫》:“水洗尘埃道未甞,甘于名利两相忘。心怀六洞丹霞客,口诵三清紫府章。十里采莲歌达旦,一轮明月桂飘香。日高公子还相觅,见到山中好酒浆。”全诗首句第一字“水”字,藏于全诗最末一字“浆”字中,其他句里,“甘”字藏于“甞”(尝的异体字)字中,“心”字藏于“忘”字中,“口”字藏于“客”字中,“十”字藏于“章”字中,“一”字藏于“旦”字中,“日”字藏于“香”字中,“见”字藏于“觅”字中。循此清规戒律,创作藏头诗,确实约束很多,为之不易。据传清代嘉庆年间,有位许才女招亲,她别出心裁地写了四十八字无标点的短文贴于门外墙上,谁能断句为诗,便嫁与为妻。其文写着:“月中秋会佳期下弹琴诵古诗中不闻金鼓便深方知星斗移少神仙归古廟(庙)中宰相运心机时到达桃源洞与仙人下盘棋”。许多年少秀才举人来观,都不得其解,惟有后来著书《镜花缘》的李汝珍看后微微一笑,他说:“此乃一首藏头诗也。”他立马将其断句成诗:“八月中秋会佳期,月中弹琴诵古诗。寺中不闻金鼓便,更深方知星斗移。多少神仙归古廟,朝中宰相运心机,几时到达桃源洞,同与仙人下盘棋。”李汝珍遂与许才女结为伉俪,传为美谈。

三、谈婚论“家”篇

1. 婚姻秘笈

雪水与泥人

我们是天上飘下的雪花，本来素不相识，一旦落到地上，就结成了冰，化成了水，融合在一起，从此永不分离。

我们是地下两个泥人，捣碎后又和上水，再捏成两个新人，从此以后，你中便有了我，我中便有了你！

【链接】本则短信实际上是由两条短信集合而成的，两条短信都构思巧妙，一个指天上飘下来的雪，一个说地下两个泥塑的人，营造了一个广阔的空间，借雪花、泥土来比喻和象征血肉相连的情侣和夫妻，像雪花一样，“化成了水，从此永不分离”；像泥人捣醉后又重新塑造一样，从此便“你中有了我，我中有了你”。也如叶倩文所演唱的歌词那样：“你选择了我，我选择了你，这是我们的选择。”“希望你爱我到地老天荒，希望你陪我到海角到天涯。”，这是“无法改变”的决定。古人喜欢把夫妻比做连理枝、比翼鸟，现在却有人把夫妻比喻成一双筷子，谁也离不开谁，甜酸苦辣一起尝。雪花化成水才能融合在一起，泥土没有水便不能重塑，这水的重要犹如是婚姻中的爱。埃克修柏里说：“爱并不在于两人互相凝视，而在于两人一道朝同一方向望去。”这不禁使我们想起我国著名的花样滑冰伉俪申雪和赵宏博，他俩在冬奥会上的身影和神采，他们对这段论述作了最生动和印象地诠释。在比赛场上，申雪和赵宏博投入了最饱满的热情和最深沉的爱意。在冰面上，无论是徐徐的滑行，还是激烈快速的旋转，他俩炯炯有神的眼睛，每每在短暂的凝视和交流后，更加满怀胜利的信心和喜悦注视着前方。他们的每一组动作都配合得那么默契，那么完美，他们就像雪花融化成水，就像泥土在水的浸润后进行重塑再造，他们的一举一动，都迸发出巨大的生命动力和优美的生命韵律。也就是因为他们有爱心的长期的磨合，他们不仅竞赛合作成功，拿到了金牌，而且终于成为了一对令人羡慕的模范夫妻，人们都向他们送去雪花、泥土和水的祝福，祝福他们从此你中有了我，我中有了你，融合在一起，永远不分离。

姻　缘

前生无缘，今世无望，来世神伤，总是挂肚牵肠。无情又何必，多情又何妨，人生一世，百年沧桑。

【链接】佛说："前生的五百年回眸，换来今生的擦肩而过。"有人醒悟后则说："也许我们太迫不及待，没有再等千年的修炼，所以在错误的时间和地点相遇，所以今生无缘无望在一起。"以上言论对于本则短信是一种别样的解读。短信的前半部有点消极，对无缘、无望十分忧伤，且总是放心不下，总是挂肚牵肠。然而最终还是回归于理性，对于姻缘的态度是"无情又何必""多情又何妨"的理智和通达。有的短信更加显得神伤，短信写道：

> 缘聚缘散，来去匆匆，曾经是一往情深，又谁料却是一阵风，一场梦！梦醒时分，留下一阵阵心疼，留下一场空。

此则短信，不仅是神伤，而且更加严重的是心疼，对于缘聚缘散，感到十分茫然，感到情爱过后，留下的仅是一场空。然而，同样是对待缘聚缘散，有的短信则表现得十分豁达：

花开花落花无悔，
缘聚缘散缘如水。
缘起时萍水相逢，来去自由，
缘灭时相忘江湖，顺其回归。
缘来时坦然接受，高兴不狂喜，
缘去时决不强留，从容不伤悲。

面对感情问题，能如此冷静，实属不易。由此，我们又很自然地联想到浪漫诗人徐志摩的有关表白，他在《致梁启超》中写道：“我将于茫茫人海中访我唯一灵魂之伴侣，得之，我幸；不得，我命，如此而已。”话中也流露出徐志摩对待婚姻爱情一切随缘的最终态度。一切随缘固然很好，但是努力追求也是可嘉的，歌剧《刘三姐》中有句唱词写得好：“哪个九十七岁死，奈何桥上等三年。”这就道出了对待姻缘的来世相约及期待：“今生便相约，来世不错过，生离死别决不神伤，为心爱的人甘于守候百年沧桑。”有的短信不谈前生和来世，只谈时下的一婚二婚三婚：

一婚是结发，
二婚是结伴，
三婚是结怨。

短信中虽然没有缘字，但实际上表现了三种不同的缘分：一婚是结发，正常和普遍的情况下是结下不解之缘；二婚如结伴，只能如同友缘；人常说一之为甚，岂可再乎？对待姻缘，一而再，再而三，以致结怨，那便只是孽缘。我们应该珍惜姻缘，善待姻缘，幸福地生活。

婚姻好比笼子

笼外的鸟儿拼命想进去，
笼内的鸟儿则拼命想出来。

【链接】本则短信如果把标题和正文连起来，便正好完全引用了美国著名文艺评论家门肯的一段精彩话语。看到这段话语，人们又很自然地会联想到我国著名学者钱钟书的一段类似的话:“婚姻就像围城,外面的人想进去,里面的人想出来。”这段话几乎是家喻户晓,特别是通过电视连续剧《围城》的播放,在中国,熟悉钱钟书先生的这段言论的人更多。两段话的旨意乃至句式都差不多,区别仅在于一个将婚姻比作笼子,一个则将婚姻比作围城,都是以其外内来比喻未婚和已婚的状态。未婚时,都像笼子外的鸟,拼命想进笼去,都像围城外的人想进城去。而结婚以后,则会像鸟在笼子里那样不自由,想飞出到大自然中来;会像厌倦了围城内的生活,又向往到城外来返璞归真地生活。我以为对于婚姻明显有这种想进去又想出来的愿望的人并不是很多的,结了婚后,大多数人还是能够随遇而安的,大概多数人都属于凡夫俗子吧。对于那些少数人,结婚了难道就那样不能忍受吗?这是多数人很难理解的。尤其是台湾学者李敖,对于婚姻的感受更是令人有点毛骨悚然。李敖先生说:“婚姻就像黑社会:没有加入者不知道其黑暗,一旦加入又不敢吐露真情……”婚姻会那么黑暗吗?大概是旧社会上海滩里的模式吧。婚姻真的那么可怕,连真情都不敢吐露吗?那也只能是典型的政治婚姻和金钱婚姻才会如此危言耸听。

现在随着西风渐进,文化多元,倒出现了一种奇特的婚姻,它无论是对于笼子来说,还是对于围城来说,它都可以处于一种不进不出、亦进亦出的境地,它就是婚内分居族的生活状态。有一首歌唱道:

我们天天思念,但不要天天相见;

只需要悱恻缠绵,绝不要柴米油盐。

有共同的生活经验,绝不用共同的房间。

这就是婚内分居族人的生活规则,据说他们只在周末相聚两天便感到满足,然后便可以理智地“劳燕分飞”,各自过着自己独立自由的生活,他们连柴米油盐都不要,他们简直可以过不食人间烟火的生活。这种夫妻被称为“周末夫妻”,且美其名曰“软分居时代”。现在有未结婚的人也流行“异性合租”,且美其名曰“后同居时代”。

这种人目前来说应该是极少数,但是他们的队伍能否扩大,却不可低估。对于婚内分居族不敢妄加评议,也不敢妄加鼓励或批评。

但是,如果大家都照此办理。结婚后很难形成一个正常的健全的家庭,家庭作为社会的细胞也将产生不可思议的变异。

对于婚姻,前面谈及了"笼子"论、"围城"论,以及李敖的"黑社会"论,其实更恐怖的是"坟墓"论,很多人把"婚姻是爱情的坟墓"当作一句时髦的话广为传播,对于这句话,已有不少人进行了调侃式的反驳——"如果没有婚姻的坟墓,爱情将死无葬身之地。""与其让爱情暴尸街头,不如让爱情入土为安。"还有人调侃说:"如果说婚姻是坟墓,那么二奶小三便是盗墓人。"……姑妄言之、姑妄听之吧!

婚姻与水果

有的婚姻像橘子,剥开来哪瓣都是甜甜的;

有的婚姻像椰子,剥开巨大的硬壳,里面没有多少果汁。

【链接】本则短信源自唐彩《橘子 VS 椰子》一书中《婚姻物语》的导语,该书本就是以女性独特的视角,对 30－40 岁女性的婚姻状况进行心理学的透视,架构一个纯粹多趣的女性心灵世界。短信所选取的一段话,从人们生活中不可缺少的水果中,以橘子及椰子的特性来对婚姻的品质进行类比,给人以耐人寻味、深邃隽永的启迪。之所以选择橘子与椰子来说,大概主要是针对其外表与内在的反差来进行比较,橘子个小皮薄,肉实多为甘甜,以此象征比较实在而甜美的婚姻。椰子的皮连着一层厚厚的壳,其壳内的果汁不多,如果要从贬义来看,象征着华而不实、外厚内空的婚姻。当然于事于理,也不尽然,也是仁者见仁、智者见智。有的人说,橘子现多变质,酸而不甜者众,且易糜烂,橘子般的婚姻有何值得夸赞?也有的人说,椰子壳厚且硬,保护内心,极具安全感。有的甚至说:"椰汁少一点但味美,我就喜欢椰汁的味道,我心中一直向往着海南,以满足自己天天能品尝椰汁的愿望。"看来,对待婚姻与水果特性的关联,各人从不同的角度有各自不同甚至截然相反的感受。有一个单位搞过一次这样的游戏节目，要求将苹果、樱桃、榴莲、柠檬、青柿子五种水果名，按自己的体验，分别填入"情书"中，其情书的格式为："初次见到她的时候，她像________，我像________。结婚以后，我们像________。慢慢地，她变成了________，我变成了________。"其中，一个中国员工填出的答案是：

> 初次见到她的时候，她像樱桃，我像青柿子。结婚以后，我们像苹果。慢慢地，她变成了榴莲，我变成了柠檬。

这份答案反映了中国的普遍的婚姻状况：结婚后，甜蜜继续，但是慢慢有了摩擦，有了分歧，甚至有厌恶感，但婚姻依然维系着，与此不同的是一位老外的答案，看了令人大跌眼镜，他写道：

> 初次见到她的时候，她像柠檬，我像青柿子。结婚以后，我们像榴莲。慢慢地，她变成了樱桃，我变成了苹果。

这份答案反映了不同的国情，反映了对待爱情的不同态度，这位外国友人能够极为开朗地将快乐因子寓于其中，在婚姻中即使酸酸楚楚，乃至臭味相投，都能相互欣赏、相互尊重，因而倍感甜蜜。大概这其中也反映了中外对待婚姻上的文化差异。

婚姻像穿鞋和洗澡

婚姻如同穿鞋，鞋松鞋紧，自己最知道；
婚姻如同洗澡，水热水冷，靠自己调试。

【链接】对于婚姻，有很多形象的比喻，有人把它比做穿衣："婚姻应该像裁剪合身的衣服，而不应像商店衣架上取下的成衣。"它强调婚姻要量体裁衣，才能舒适，才能幸福。而本则短信则把婚姻比作穿鞋、比作洗澡，都是以日常生活中极为普遍的事情来喻理。

将婚姻比作穿鞋，现代著名女作家毕淑敏多次撰文进行论述，她曾说："婚姻是双鞋，不要在乎鞋的式样，最重要的是合脚。"后来，她又不厌其烦地说："不论什么鞋，最重要的是合脚，不论什么样的姻缘，最美妙的是和谐。”她语重心长地告诫人们：“切莫只会图鞋的华贵，而委屈了自己的脚，别人看到的是鞋，自己感受到的是脚，脚比鞋重要，这是一条真理。……一只脚是男人，一只脚是女人，鞋把他们结为相似而又绝不相同的一双，从此，世人在人生的旅途上，看到的就不再是脚印，而是鞋印了。”此话寓意非常深刻，也就是提醒人们，婚姻状态的好坏，将是在人生道路上的引人注目之处，人们应重视婚姻状态给自己塑造的形象。既然把婚姻比做鞋，鞋要选对、选合适，大小松紧只有自己把握得了分寸，不适合自己的婚姻决不能勉强。毕淑敏把不适合自身条件的婚姻比做“削足适履”，她说：“削足适履是一种愚人的残酷，郑人买履是一种智者的迂腐。”郑人买鞋忘记带事先量好的尺寸绳线，却不知道用自己的脚试鞋是最牢靠的。毕淑敏还风趣地说：“当然，脚比鞋重要，当鞋确实伤害了脚，我们不妨赤脚赶路。”意即双方感情确实破裂，婚姻已成为桎梏，不妨摆脱束缚，各奔东西！

古人提出“糟糠之妻不下堂”，毕淑敏则说“平步青云之时不要将鞋儿抛弃”。

把婚姻比做洗澡的话，则调节好水温最重要，水温太低了，容易感冒；水温太高了，则可能会烫起泡。但水温的冷热，只有自己知道，所以，调节水温的工作是别人不能替代的，夫妻相处也是如此，太冷了，由相敬如宾——相“敬”如冰，甚至发展到家庭暴力——相“敬”如兵，婚姻定然会破裂。夫妻相处，太热了也不好，有人说夫妻间的热度，只能像室内的炉火，温和舒适，不能如郊外的野火，蔓延起来势不可挡，必然酿成灾祸，确实言之有理。

所以，在婚姻生活中，既要善于选择好“鞋子”的尺寸，又要善于调节好水的温度，只有这样，才能有美满幸福的家庭生活。

顺　序

用餐往往是先上凉菜，后上热菜；
婚姻往往是先上热菜，后上凉菜。

用餐上菜只是个顺序问题，
婚姻的冷热却要靠智慧来经营管理。

【链接】本则短信将生活中的用餐上菜的先冷后热，与婚姻中出现的先热后冷现象进行对比，透视出生活中的一种反差，极具哲理和情趣。用餐时上菜先凉后热，这只是个顺序问题，而婚姻中由热变冷，如果是一种渐变，倒还属于正常情况，但如果是温度急剧下降，那可能是婚姻出现了质量问题，有的甚至是婚姻出现了危机的先兆。有的短信说："我们过去是相敬如宾，后来是相'敬'如冰，最后是相'敬'如兵。"这样的变化，便是婚姻有可能破裂的迹象。有的人对女人这样比喻："热恋时，我是加急电报；新婚后我是挂号信；生完孩子后，我是平信；结婚20年时，我是一张便条。"这反映的也是一个婚姻"由热变冷"的过程，这里可能还没有隐藏危机，还属正常的范围。一般来说，婚后是不可能完全保持婚前那样的新奇和热情，有的人说得好："感情这东西就像园艺，恋爱时之所以觉得美好，是因为我们好像是逛花园的游客，对于园中的姹紫嫣红，都是走马观灯似的欣赏。结婚后，我们却变成了园丁，辛勤耕耘，汗流浃背，劳累和烦恼都接踵而至，取代了过去走马观花的喜悦和轻松。生活要继续，就要无休止地劳作，不能停留在过去美好的回忆，而且要记住园丁的身份。"所以，德国人特里希·弗拉德恩伯格说："有的婚姻是在天堂缔结的，而最好的婚姻则是要回到现实中来。"每个人对待婚姻都不能过于理想化，要贴近实际，面对现实。还有的人说："恋爱中的人看对方，就像是在照哈哈镜，把缺点当优点看；而结婚后则是改用平面镜看，把任何东西看得一清二楚，后来用的是放大镜，把缺点放大来看。"这样的婚姻，当然难免会出现不同寻常的由热变冷的剧变。还有，如果，女人总觉得别的男人比自己的丈夫富有，男人总觉得别的女人比自己的妻子貌美的话，就可能会现出女方红杏出墙、男方偷采野花的现象。这样造成的热胀冷缩就可能造成婚姻之器皿的破裂。

婚姻不是打牌，重新洗牌是要付出很大代价。酒席上上菜由冷到热，只是个顺序问题，是可以轻易改变的，但是婚姻中的先热后冷的势态，却要靠智慧去控制，靠感情去调剂，调剂和控制得好，由热变冷的速度可以降到最慢，而冷的最低点，也可控制在不影响家庭和谐美好的底线上。有人说恋爱是门艺术，婚姻是项事业。还有人说恋爱时拼竞争能力，结婚后拼管理能力，综合起来看，就是要用智慧经营管理好婚姻这项人生事业，建立一个美好幸福的家庭。

为啥不结婚

妈，不要再问我为什么不结婚，我很想问你为什么要结婚？亲爱的妈咪，我真的很爱你，我知道你希望我能快点嫁人。但是，你的人生，就是我不敢结婚的原因。

【链接】短信选自中国台湾一次短信比赛的获奖作品，原本是两条，语意、语气均连贯，几乎可呵成一气，故将其集合成一体，短信都归类在家书组，分别获第二名、第三名。短信省略了落款，拟作女儿写作母亲说悄悄话的私信。短信比赛的主办方代表曾说短信评奖“不仅是比赛，更是年轻人反映社会现象和思想趋势的平台”。本则短信则反映了台湾一些青年迟迟不愿结婚的社会现象，从中看出她们对待婚姻的思想趋向。短信题为“为啥不结婚”，其实，也可拟题为“为啥要结婚”。这也正是女儿对母亲的一个反问。短信很明确地表示，妈妈见女儿快成剩女了，总难免会焦急地不厌其烦地追问女儿“为什么不结婚”，女儿也理解母亲的心情，也许出乎母亲的意料，女儿不结婚的原因竟然是因为母亲“你的人生，就是我不敢结婚的原因”。女儿的这个回答也许一定会令母亲不仅失望，而且伤心。“真的很爱你（母亲）”的女儿能这样直率地说出这样的话来，也许是在胸中憋了很久，实在憋不住了，也许需要鼓足很大的勇气才终于说出来了。

这话反映了台湾的一种什么社会现象和年轻人对待婚姻的一种什么思想趋向呢？也许台湾有一些家庭，父母这一辈的婚姻是不尽如人意的，甚至有的是很令人烦恼的，或许因此成了单亲家庭也未可知,因此,上一辈的婚姻给下一辈的婚姻罩下了浓重的阴影,严重地影响了下一代对待婚姻的取向。从大陆来说,很多大龄青年不愿结婚的缘由决不在于此,而往往在于从自身考虑,工作压力大、收入少、买不起房车、教育代价昂贵、抚养下一代负担沉重等,有的剩女则是挑剔过多错失良机。大陆很多青年根本不考虑父母的婚姻状况,而主要考虑父母的经济状况,有不少是啃老族。

从有的短信来看,台湾不少青年考虑婚事在处理与父母的关系时,心境是很阳光的。在这次短信大赛中,就在"家书组"中被评为第一名的短信便是:"我去相亲,你去体验。"简洁明了,幽默隽永。短短的八个字,对象为"我"和"你",任务分别是"相亲"和"体验",说得多么干脆利落。没有阴影,没有代沟,老一辈子能在晚一辈的"相亲"中得到"体验",感受时代的不同,接受新鲜事物,从中感到幸福、自豪和欢乐,何乐而不为呢?

有一首歌叫《妈,听我说》,其歌词写道:"亲爱的妈妈听我说,别再自我折磨,别让自己的青春,像花瓣一样凋落。亲爱的妈妈,别让岁月蹉跎,也许过了许多年后,你会后悔自己的选择。……岁月不停旋转,皱纹已经爬到了你的额头,你的笑容依旧,却为何有点嫉妒我……"这段歌词,从内容上看,可以视为短信《为啥不结婚》的姊妹篇,从写作的格调来说,两者有异曲同工之妙。

2. 家庭经略

我是疯来你是傻

我是疯来你是傻,
疯疯傻傻成了家。
下班之后赶快回,
我赚钞票你来花。

我是疯来你是傻，
你端杯儿我倒茶。
你打盹儿我铺床，
你生孩儿我看娃。

我是疯来你是傻，
我像牙膏你像刷。
荣华富贵都是假，
快快乐乐度生涯。

我是疯来你是傻，
笑笑嘻嘻看晚霞，
你不弃来我不舍，
磕磕碰碰到没牙。

【链接】法国思想家蒙台涅说:“一桩完美的婚姻,存在于瞎眼妻子和耳聋丈夫之间。”而本则短信却说:“一桩完美的婚姻,可以存在于疯丈夫傻妻子之间。”也许这里的疯和傻就不是一般意义上的疯和傻,而是性格开朗和心胸开阔的一种朴实的体现,只有是这样,他们才能相安无事,才能平平实实又红红火火地过好日子。你看,他们虽然是“疯疯傻傻成了家”,但绝不是闪婚。他们很珍惜这个家,“下班之后赶快回”,“我赚钞票你来花”。他们很和谐,“你端杯儿我倒茶”,“你打盹儿我铺床”,“你生孩儿我养娃”,“我像牙膏你像刷”,可说是在生活中形影不离,相互磨合。他们并不羡慕荣华富贵,而满足于能够“快快乐乐度生涯”,他们互相不舍不弃,所以能够百年偕老,“笑笑嘻嘻看晚霞”,虽有“磕磕碰碰”,但相依为命“到没牙”,他们真的可以像个笑话式的小段子所说的那样:

爱你爱到海枯石烂,爱你爱到地老天荒,
爱你爱到两脚走不动,爱你爱到牙齿全掉光,
到那时我依然用力抱你,使劲吻你,

一不小心，让你的假牙掉在了地上。

显然，本则短信是仿拟电视剧《还珠格格》里的歌词而创作的。“我是疯来你是傻”便是根据“我是风儿你是沙”同音，剥改而成的。全文也一个“a”韵到底，句末用了“傻”“家”“刷”“茶”“花”“假”“娃”“霞”“涯”等字眼，还用了“荣华富贵都是假”的原句。但新创的短信，大多数语言都是有自己的特点，活泼风趣，有较深的生活气息，整则短信像一首四段式的歌词，较为工整简洁，而且一气呵成，连贯自如，读起来流畅而又轻松，甚至可以按电视剧中的音乐旋律唱起来。

家

撑起最温情的天空，
撒满最炽热的阳光。
等候着归来的身影，
凝聚着殷切的守望，
无论在天涯和海角，
生命的牵挂总占据心房。

【链接】本则短信对于家的理解，首先注重温馨，接着强调“守望”，强调“牵挂”。短信好像是突出夫妻之间的守望，又像是突出父母对自己子女的牵挂。当然在一个家庭里，守望和牵挂并不局限在这两种关系之中，任何家庭成员都具有这种相同的情怀。但短信不想作面面俱到的表达，也不可能作滴水不漏的叙述。对于家的理解，确实是仁者见仁、智者见智，有一则短信是这样写的：

家是身躯倦了小憩的驿站，
家是心灵真实坦露的天空；
家是远方游子必来的归宿，
家是战士鏖战休整的军港；
家是享受天伦之乐的日夜向往，
家是甜美回忆的梦中故乡。

此则短信用几个判断句，明确有力地指出家是驿站、天空、归宿、军港、向往、故乡、可以让疲倦的身躯小憩，可以让心灵真实的坦露，可以让游子有所归宿，可以让人尽享天伦之乐，是可以在梦中甜美回忆的故乡。还有的短信写道：

家是可以哭的地方，
家是哭累了可以休息的地方，
家是睡了不会做噩梦的地方，
家是醒了有人为自己做早餐的地方。

短信语言极为平实，用近乎顶真的手法，写出该人对家毫无一点奢望，只有极低的愿望。据说，有位小学生写作文谈家，却似乎是用说文解字的方法说："家字有一个宝盖头，家对我们来说，就是希望得到父母的保护、爱护、呵护。"说出了童心的天真和单纯。

有人说："有钱可以买到房子，但买不到家。房子不是家，房子只是一座钢筋混凝土的建筑物。"此话说得很有哲理，家必须要有温暖，要有脉脉含情的爱。这不由得令我们想起一首歌《我想有个家》，歌中指出了一种有关家的现象：有的人"虽然有家，什么都不缺"，可就是看不见这种人"露出笑脸"，这种人"永远都说没有爱，整天不回家"。这种人属于有家不回的人，而另外有人却无家可回，正如歌词所唱那样："我想有个家，一个不需要华丽的地方，在我疲倦的时候，我会想到它。我想有个家，一个不需要多大的地方，在我受惊吓的时候，我才不会害怕。"歌词中对于家的要求也是不高的，这是那些有家不归的人所无法理解的。那些人为何有家不归呢？因为他们家外有家，有了新家，不要旧家。他们不归的是老婆家即旧家，他们要回的是新家，是情人的家、二奶的家、小三的家。为何不回老婆家呢？因为这个家对他们来说，已经好像是套在身上的枷锁，已经好像束缚他们人性自由解放的藩篱。这种人甚至把老婆的家视作制造麻烦和苦恼的地狱，而把情人、二奶、小三的家当作寻求快乐和满足的天堂。但是，他们的结局往往是家破又人亡，他们只能下地狱，他们上不了天堂。

家中的决定因素

夫妻之间的物质生活水平，由收入较高的一方来决定；

夫妻之间的精神生活水平，由素质较低的一方来决定。

【链接】本则短信从物质和精神两个方面来谈在一个家庭里的生活质量的决定因素。在一个家庭里，物质生活水平决定于收入较高的一方是不言而喻的，尤其是在当前市场经济的社会里更加明显。而一个家庭的精神生活的好坏，则决定于素质低的一方，这也许是不引人注目的问题，但这是很有哲理的，这很容易使人联想到木桶理论：一个木桶盛水多少，并不决定于最高的那块木板的长度，而是决定于那块最短的木板的长度。所以，一个家庭能否和谐，精神生活有无水准，并不决定于素质高的那一方，而是决定于素质低的那一方。当然，如果双方素质都很高的话，这个家庭便琴瑟和鸣，必然美满幸福，如果有一方素质只是一般的低，也还影响不大；如果有一方素质特别低的话，真可能把家庭搞得鸡犬不宁。所以塞缪尔说："婚姻的成功取决于两个人，而一个人就可以使它失败。"也就是这个道理。所以，要建立好一个和谐美满的家庭，男女双方都要不断提高自己的素质，有人说：

女人婚前显露身材，婚后要显露智慧，

男人婚前要拼竞争能力，婚后要拼管理能力。

这些话虽然是将女人婚前显露身材与婚后显露智慧作对照，将男人的婚前拼竞争能力和婚后拼管理能力作对照，但是，无论是"显示智慧"也好，"拼管理能力"也好，都有一个共同点，那就是提高素质，提高了素质，这个家庭才有高水平的精神生活，才能家和万事兴。

台湾著名漫画家朱德庸说："婚姻无论好坏，都是一出笑剧……美满的婚姻让自己笑，不美满的婚姻让别人笑。"一个家庭，有一方素质不高，这个家庭的婚姻就可能是"让别人笑"的。如果男女双方素质都很高的，这个家庭的婚姻才是让自己笑的，而双方素质越高，一定会笑得更加开心。我们为什么要因为家庭问题"让人笑"呢？我们应该努力建立一个和谐美满幸福的家庭，让所有的家庭成员都能快乐生活，笑口常开。

善待妻子

把自己的妻子当女王，你就是国王；
把自己的妻子当侍女，你就是仆人。

【**链接**】俗语说："瓦罐不离井上破，巧妇常伴拙夫眠。"说明了很多女性都是贤妻良母型的，她们有的还对自己心爱的丈夫是非常依赖的，"少不了你的手臂当枕头，少不了你的怀抱当暖炉"便是这种女性由衷的心声。所以，本则短信大声疾呼，男人们都要善待自己的妻子。短信分别将妻子比作女王或侍女两种地位截然不同的人物，相应之下，丈夫也会随之处于不同的地位，享受不同的待遇，说白了，你如果想当国王，你就要把自己的妻子当作女王，你若是把自己的妻子当作侍女，你也只能过仆人式的生活。对妻子尊重，自己更加荣耀，对妻子鄙夷，自己的地位也低下，似乎也是一种水涨船高的态势。所以，男人们一定要善待妻子。其实很多男人是赞赏这种贤妻良母型女性的，当然，在生活中，也要客观地面对现实，不能对妻子期望过高，有人这样写道："40％的妻子是茶，总有一番滋味，只是喝久了嫌淡；30％的女人是水，一点味道都没有，可是一天不喝都不行；20％的妻子是果汁，色彩鲜艳，营养丰富，不过，可能含有添加剂；10％的妻子是酒，喝多了醉人，喝少了怡人，不喝放着也惹人。"这段言论，分别将妻子比作茶、水、果汁，同为饮料，但性能不同，效果也不同，语言朴实无华，但道理深入浅出，富有哲理，又很风趣。有人说："理想的产品在广告里，理想的婚姻在小说里。"大多数人的婚姻就是平平淡淡地过日子，结婚后，双方的新鲜感肯定会渐渐减弱，真像喝茶一样，味道慢慢就变淡了，这是自然的，问题是作为一个丈夫，味淡了不能有嫌弃之感，如果有嫌的感觉，就必然会遭遇七年之痒。有的妻子连茶味可能都没有，但她却是你生命中不可缺少的水，你就是离不开她。

言论还把有些妻子比作果汁，虽然“色彩鲜艳，营养丰富”，但“可能含有人工添加剂”，这就提醒男人，不要因为“女为悦已者容”，而造成“士为悦己者穷”的窘境。把女人比作酒的很多，值得推崇的是著名教育家陶行知先生的论述，他说：“爱情之酒甜而苦，两个人喝，是甘露；三个人喝，是酸醋；随便喝，是中毒。”

善待妻子就要与妻子坦诚相处，把妻子当成知已，对事情不要隐瞒，透明度要高。有则短信用讽刺的笔调写道：妻子怒气冲冲地拿出丈夫写给别的女人的情书，上面肉麻地写着：“你是我的心肝，你是我的生命！”丈夫见了面不改色，灵机一动地说：“可是我见了你，连命都不要了！”短信中的男子是个善于狡辩的男子，自以为巧言令色，但是其对妻子的不坦诚是令人鄙夷的。当然，这只是个笑话而已。

善待妻子就要让妻子有安全感，有幸福感，两个人在一起慢慢变老，直到老得哪儿也去不了，你依然把她当作手心里的宝。善待妻子，感恩妻子，请为妻子唱一首祝福的歌：

老婆老婆我爱你，
阿弥陀佛保佑你，
愿你有一个好身体，
健康又美丽……
愿你事事都如意，
我们不分离。

夫妻如筷子

夫妻俩过日子就像一双筷子，谁也离不开谁，什么甜酸苦辣一起尝。

【链接】筷子是日常生活中最常见的东西，也是人们日常生活不可缺少的东西。短信把夫妻比喻成一双筷子，大家很容易理解。首先筷子是成双的形式出现的，一根筷子是无法使用的。筷子夹食时，一定要相互协调，相互配合，谁也离不开谁。外国人不习惯用筷子，就是使用得少，不会协调和配合。婚姻的和谐美满就在于相互协调和配合，所以，塞缪尔说："婚姻的成功取决于两个人，而一个人就可以使它失败。"

筷子夹食物时，分不出谁的作用大，谁的作用小，就像夫妻之间彼此不要计较对方的长短和优劣。有一段外国谚语说："做妻子的总以为别人的丈夫比自己的富有；做丈夫的总以为别人家的妻子比自己家的貌美。"如果不克服这种心态，夫妻间很难相处得好，很难美满和谐，而要克服这种心态，就必须做到相互敬重，只有相互敬重，才不会将自己的对方去与别人比短长。所以，有人说敬重是家庭和谐的基础是很有道理。

短信用拟人的手法，把筷子说成像人一样有味觉功能。用筷子比喻夫妻的另一个特点就是甜酸苦辣一起尝，甜酸苦辣都要尝，是同步进行的，决不会一根筷子尝到是甜的，另一根筷子尝到是苦的，而它俩是同甘共苦的，夫妻间没有这种同甘共苦的精神，是很难牵手到白头偕老的，众所周知：美国前总统克林顿曾经绯闻缠身，作为他的妻子、美国现任国务卿希拉里都告诫大家说："说婚姻百分之百美满，那只是一种假象。真正的婚姻像人生一样，都是苦乐参半，夫妻双方要记恩，莫记仇；要结缘，莫结怨。"从希拉里嘴里说出这样的话，应该是很有说服力和感召力的。

本则短信把夫妻比作筷子，而我国自古以来，喜欢把夫妻比作鸳鸯，比作比翼鸟。不管什么鸟，都要具有健全的双翅才能翱翔天空。如果是单翼就难以离开地面。单翼之鸟是非常懊恼的：

> 你我都是单翼的天使，惟有彼此的相拥才能展翅飞翔，人来到世上就是为了寻找那一半。我千辛万苦总算找到了你，哎，晕倒，咱俩的翅膀竟然是顺一边的。

但愿夫妻不是单翼的天使，也不是单根的筷子。

鱼水之乐

把善心献给社会，是为了助人之乐；
把爱心献给子女，是为了天伦之乐；

把忠心献给事业，是为了苦中作乐；
把开心献给爱人，是为了鱼水之乐。

【链接】短信虽然不长，却颇费用心，也极富意趣。短信由四个“把A献给B，是为了C”的排比句构成，在词语搭配中很讲究错落有致，在A项中，以“心”为中心句，分别以善、爱、忠、开修饰；在B项中，献给的对象分别是社会、子女、事业和爱人；在C项中，中心词是一个乐字，天伦之乐、苦中作乐为成语，助人之乐虽不是成语，但是“助人为乐”已成为固定词组，成为现代人口中的熟语。鱼水之乐虽不是成语，但也与成语“鱼水和谐”靠近。现代人常说“军民鱼水情”，将军民关系比做鱼水一样的关系，其实，古人最早便是以鱼水关系比喻夫妻关系的。《元曲选外编·无名氏〈符金锭〉第二折》写道：“呀，便着你鱼水和谐，你也可稳放宽怀，我如今遣官媒，亲问候，便有个好音来。”成语“鱼水和谐”便是比喻夫妇感情融洽。短信的四个排比句都是带“是”字的判断句，判断前后都符合逻辑，“苦中作乐”本是中性偏贬，此处却略带褒，有点幽默。四个句子可以视作并列的关系，也可视作前三句为第四句的铺垫，很多的情况下，往往是以前面的句子衬托最后一句。本则短信从题目来看，应视作以助人之乐、天伦之乐、苦中作乐衬托夫妻（爱人）之间的鱼水之乐。

以鱼水关系比喻夫妻（爱人）之间关系，比喻其快乐，是最生动最深刻的。鱼儿一旦离开了水便无法生存，所以，鱼水之乐便是生命之乐，是最高尚的快乐，所以，爱人之间能够互相予以快乐，是生活的最大亮点。

我们说快乐，不一定是指高声大笑，尤其是夫妻之间的快乐，更多地表现在发自内心的相互理解之中，相互默契之中，相互尊重之中，相互欣赏之中，相互关爱之中，有一个段子“好夫妻的经典表现”说得很好：

恋爱时，彼此是崇拜者；
交谈时，彼此是知音；
得意时，彼此是吹牛对象；
生气时，彼此是出气筒；
困难时，彼此是咨询师；
痛苦时，彼此是安慰者；
生病时，彼此是护理；
年老时，彼此是拐杖；
……

一对夫妻，如若做到以上这些，一定能够一生快乐，这种快乐就是鱼水之乐。香港著名词作家黄霑在《只有知心一个》的歌词中写道：

为我带快乐/为我带希望/心中永远维护我/你与我的痴痴爱/痴痴爱得多/我要与你此生此世/你爱我多/我爱你多/世界上千百万人/使我开心一个/寻觅我的快乐/寻觅我的美梦/只有你陪伴我。

这首歌词中，黄霑突出的就是两个字："快乐"，实际上，所指的是五个字，是"恋人的快乐"，是"夫妻的快乐"。

当我老了

当我老了，你不能代替我回忆，
那就握紧我干瘦的手。
如果我还能说话：
"我可以飞！"
你要点点头。
如果你是我的妻子，
你还要流泪。
如果你是我的情人，
你最好指着我看那片天空。

亲爱的，告诉我，
这些你都可以做到。

【链接】本则短信选自“中国首届全球通短信文学大赛”选粹《扛梯子的人》（云南人民出版社出版），短信获诗歌类优秀奖，作者吾同树。短信以第一与第二人称连用的写法，面对“你”——如果是妻子，如果是情人，设想“当我老了”，进行深情的倾诉，倾诉自己慢慢变老以后的期望和要求。也许我老了会失智、失忆，你要握紧我干瘦的手，依然把我当作你手心里的宝；如果我说出“我要飞”的妄语，你也要点头附和，让我开心；如果那时你还只是我的情人，你要与我一道看那片天空，我们享受着一起数星星的浪漫。我不得不发出热烈的呼唤：“亲爱的，告诉我，这些你都可以做到。”短信通过一些奇特的设想，抒写了“夕阳恋”的深情和浪漫。在短信中，“失智”“失忆”还仅是一种假想；现实中，倒真有一个朱迪·亨特，在《英国邮报》上刊登了一封写给她被失智症完全偷走了记忆的丈夫戴维的动人情书。情书其中写道：“你不仅失智，还失忆，你最终连我都不记得是谁了。在我来不及准备之际，我已从拥有两个孩子和一个丈夫的快乐主妇，变成了‘三个孩子’的单身妈妈……2011 年 5 月 18 日，你突然对我说：‘我终于想起来你是谁了。’……你是那么自信地告诉我：‘你是我妈妈。’我亲爱的戴维，失望只在我脑海里停留了一瞬间，很快就被欣喜所代替……我已经决定，不管用多长时间，我一定要让你知道，我是你的妻子。”相比之下，朱迪的期望是非常沉重的，而短信中的诉求倒显得有些轻松。短信只是一种浪漫的演练而已，而世间却有着真正忧伤悲痛的演练。虚幻科技的先驱之一兰迪，46 岁时被确诊为胰腺癌晚期，医生预料其存活期最多半年。一天，他请客，在给陌生人介绍他的妻子时，出人意料地说：“这是我的遗孀。”众人无不为之惊呆，妻子盯着他，眼泪夺眶而出，他却微笑地抱着妻子，深情地说：“亲爱的，从现在起，你该习惯这个称呼。”这就是一场豁达而悲壮的演练，这不是一般的人所能承担的角色，从中难以找到一丝半点的浪漫和轻松，却让人感受到无比的深沉和热烈。

3. 戏说婚姻

结婚的代价

爷爷结婚时，只用了半斗米；
爸爸结婚时，只用了半头猪；
我结婚时，却用了爸妈的半条命；
儿子结婚时，将用掉我整个生命。

【**链接**】本则短信将“爷爷”“爸爸”“我”和“儿子”四个时代结婚所需付出的代价进行明显的对比，尖锐地提出了一个重要的民生问题，随着市场经济的推进，随着物价飞涨，随着通货膨胀的加剧，老百姓一个现实问题——结婚，愈来愈像沉重的包袱，乃至像沉重的大山压得人们喘不过气来，甚至会压得人丢掉生命。过去结婚的代价是很低的，过去的经济费用，仅仅用“半斗米”“半头猪”就可以解决问题，主要就是物质上的一些低消耗（当然，猪本身原也是有生命的，但以猪肉的形式出现，则被视为物质的）。而后来，即进入市场经济社会以后，结婚的代价，不仅是物质上的消耗了，而是要搭上半条命了。“生命”，当然也是以物质为基础的，它是“由高分子的核酸蛋白体和其他物质组成的”（《辞海》），或说是“蛋白质存在的形式”（《现代汉语词典》），但《辞海》更强调，生命是那些物质“所具有的特有现象”，《现代汉语词典》则强调生命是“生物所具有的活动能力”。所以说，现在结婚和将来结婚的代价不仅是物质上的消耗，而更是人的生存能力、活动能力的消耗殆尽，用一句简单的话来说，现在结婚和将来结婚真的是要命。

四个时代结婚的代价不同，反映了四个时代的社会风气的不同。“爷爷”和“爸爸”的时代，也许是“行革命礼，结文明婚”的时代，那时结婚如果只是散点糖，还用不了“半斗米”，更用不了“半头猪”。过去物价是何等便宜，曾几何时，一毛钱买几个鸡蛋。“爷爷”“爸爸”时代，结婚的彩礼充其量不过是三大件、四大件，只不过是手表、缝纫机、自行车、电视机而已。如今可不行了，要有房、有车，人说结个婚要消灭个百万富翁。中国人结婚为什么一定要买新房子,为什么不能用旧房子,为什么不能租房,这在外国人看来是不可思议的,据说日本人就非常鄙视结婚一定要为这个“水泥盒子”而被奴役一辈子。

本则短信最初的版本没有最后一句,只有前三句,对于最新的版本许多网友感触很深,纷纷补充意见,有的人就说:“告诉将来的孩子,想结婚悠着点吧,你是要我的老命吗?”还有的网友说:“最最悲情的在后面,等你儿子结婚时,会用了你的整条生命。”所以,短信加对“儿子”将来的展望,手法更夸张,内容更完整,表达的感情更加强烈,更能激起人们的共鸣:“现在和将来结婚真的要命!”针对结婚因女方条件苛刻,男方及父母要付出昂贵的代价,所以,有的网友将成语“女大当嫁”“男大当婚”调侃为带有兼语的短句:女大当嫁祸于人,男大当昏头晕脑,其中昏字由婚字谐音转类而来。

房子与婚姻

住房变得越来越大,
家却变得越来越小;
房子装饰越来越美,
婚姻实质越来越碎。

【链接】用“越来越……”的句式写作的短信很多,本则短信集中谈房子与婚姻的关系。此则短信,每两句为一组,形成鲜明的对比,写出了当代婚姻家庭中的矛盾和无奈。房子从外表形式上看越来越好,越时尚,但有些人的婚姻从实质内容上来看,却是越来越糟,甚至趋于崩溃。究竟是什么原因造成的呢?也许是男人有权有钱就变坏所造成的。有一则短信就非常明确地印证了这个问题,短信写道:“一等男人家外有家,二等男人家外有花,三等男人歌厅酒吧,四等男人下班回家。”还有的短信专门对有外遇的男人作了生动形象的细节描写:

单位天天加班,

家事从来不沾，
手机回家就关，
短信看完就删，
上床呼噜震天，
内裤经常反穿。

这似乎可以成为判断有外遇男人的几条客观检验标准。

有人说，也许是由于闪婚、双方了解不够深入、没有深厚的爱情基础，所以，婚后就不和谐，就“没有共同的语言”，正如有的短信写道：“第一年，丈夫说，妻子听；第二年，妻子说，丈夫听；第三年，他俩说，邻居听。”短信仅以“谁说谁听”为切入点，逐年列出情况进行对比，巧妙地反映出这个家庭的婚姻质量，这种家庭的婚姻便不止是没有共同语言的问题，而甚至有的像是存在着家庭冷暴力的倾向，有的短信就写道：“结婚前，我们相敬如宾；结婚后，我们相‘敬’如冰，现在，我们相‘敬’如兵。”这样的婚姻能走多远，确实令人担忧。

非常有趣的是有一则短信在语言结构乃至立意上和短信《房子与婚姻》极其相似，简直可以说是她的姐妹篇或续篇，短信这样写道：

未婚同居的越来越多，婚后同居的越来越少；
养二奶的越来越多，养喂奶的越来越少。

短信同样用对比的手法揭示了闪婚及婚外情的不正常现象。短信还以“喂奶的”借代为养儿育女的发妻，令人读后有点回味。

关于婚姻与房子的关系，近年来倒出现了具有中国特色的新情况：因国家即将实行买二套房征税，上有政策，下有对策，因此为了对付这一政策，有些人选择了离婚来合法避税，但是，阴差阳错，尽管事前信誓旦旦决不变心，事后却弄假成真，复不了婚。针对此种情况，有段子作了及时反映，题为《你愿意吗》的段子写道：

牧师：“你愿意娶这个女人吗？爱她、忠诚于她，无论她贫困或者富有、健康或者疾病，直至死亡。即使你们因为买卖二手房而暂时离婚、再和别人结婚、再复婚也不离不弃、忠贞不贰，就像从来没有分开过，你愿意吗？”新郎：“我愿意！”

作品可谓与时俱进，将传统的结婚誓词加上新的有关内容，显得十分幽默、风趣，且对婚姻的功利性和亵渎婚姻讽刺得入木三分。

婚　因

因生理而结婚，产生一代后人；
因名利而结婚，凑合一对傀儡；
因爱恋而结婚，造就一种幸福。

【链接】本则短信巧妙地利用同音，又利用一字之差，巧妙地将“婚姻”二字改成婚因。顾名思义，婚因，乃结婚之原因。短信用三个因果关系的排比句，阐明大致上因三种原因结婚而导致的三种不同结果，并将其进行了鲜明的对比。如果是生理上的原因，发育健全了，成熟了，因此而结婚，这样的婚姻仅仅是传宗接代的载体，是一种消极的婚姻，也是一种低级的婚姻。美国著名作家海明威曾说：“没有真正的爱情的婚姻，是一个人堕落的起点。”用这句话来批评这种生理婚姻，是最恰当不过的。为名利的婚姻，即为地位、为金钱、为名誉、为享受的婚姻。法国著名作家巴尔扎克说得好：“婚姻的幸福并不完全建立在显赫的身份和财产上的，却建筑在相互崇敬上，这种幸福的本质是谦逊和朴实的。”英国有一条谚语则说：“为财产而结婚，无疑是出卖自由。”这种为名利的婚姻，人们本来从思想上是鄙视的，是唾弃的，但是在现实生活中却很难冲破其障碍，且成为不少人孜孜以求的目标。解放以后，开初是突出政治，女子择偶看重过工人、解放军、党员；尊重知识的年代，则看好大学生；到后来，物欲横流，铜臭熏天，则看重有经济实力者，要找有名车豪宅的人，有的人调侃说：“我找我有房的新郎，你去找不要房的丈母娘。”连房屋开发商地来凑热闹，打出了幸灾乐祸的广告标语：“你可以不买房，除非你摆平了丈母娘。”这种雷人的语言，入木三分地道出了时代的特点。由于婚姻只注重金钱地位，所以，少女纷纷找老富翁，她们说“年龄已不是问题”。这种无须以感情为基础的结婚，无异于一对机器人结婚，短信将其比喻为“凑合了一对傀儡”是非常恰当形象的。过去总说“有情人终成眷属”，无怪乎现在许多剩男却纷纷感叹：“有钱人终成眷属，有情人终成痛苦。”

恩格斯有句名言:“没有爱情的婚姻是不道德的。”这句话家喻户晓,但其确切的含义,很少有人讲得清楚和完善。但是,此话强调婚姻必须是以相互有真诚爱恋为基础,则是都有共识的。美国奎恩说:“对同床共枕的人,永远应该推心置腹,这是婚姻美满的基础条件。”中国自古流传着“十世修得同船渡,百世修得共枕眠”的说法,所以,能够同床共枕是非常难得的情缘,如果同床共枕的却是同床异梦,那决不会有幸福,决不能白头偕老、地久天长。夫妻双方只有“在天愿为比翼鸟,在地愿为连理枝”,才能造就一种幸福,才能不羡天仙,乐在人间!

城　外

(一)

一走出围城,第一次到城外约会,接头暗号是张爱玲的爱情名句:于千万年之中,遇见你所遇见的人,在时间的无涯荒野中,没有早一步,没有晚一步,刚好赶上了。

(二)

我声音慌乱地对接上暗号,那也没有别的话可说,惟有轻轻地问一声:噢,你等我在这里吗?我们相拥狂吻而泣,对张爱玲充满感激,对城内的世界已经忘记。

(三)

长发披落遮住滚烫的脸,你小声说话,喘着粗气,手机短信所有的文字都奔走相告:爱情来了,我们敢爱城外这个春天的风景了,内心的幸福正风起云涌。

(四)

你告诉我,你不是在拒绝我,想推开我的手,推开我身体里那棵大树,是在与自己抗争,心跳不止,告诫自己不可以,不可分离,要相爱生生世世。

（五）

你说多么想做徐志摩宠坏的小曼，迷恋这个故事，是因为故事里有我的身影，都是懂写诗、懂爱的男人，你爱我写给你甜言蜜语的诗，更爱我给你的那张床。

（六）

日子就这样美好地来了，我们在幸福中陶醉，在陶醉中幸福，从虚幻的网上世界走来，相拥在现实，面对我们自己感动自己，网上千言万语，不如搂在怀里。

【链接】本则短信只是节选了原作的前面的几个片断。2004 年，我国首部短信小说《城外》诞生，由手机小说第一人千夫长创作，由 60 条短信组成，共 4200 字，描述了两个人的不同情感经历，在婚姻的“围城”内外演绎了一段道德和法律都不支持、虽合情但不合理的激情。

《城外》作为一部情感小说，其故事既连续又独立。虽然外形上变成了微型结构，但保留了长篇作品的气质。作者不断地提醒自己，不要过多的情景对话和描写，但要叙述好每一个故事，要节省每一个字，甚至每一个标点符号。他认为短信小说就像鼻烟壶的内画一样，局限性很大，但也要气象很大，很见功力。他认为既要保持其完整性，又要凸现其灵动性。他认为短信作品是一种浓缩的结晶，他用非常生动的比喻说：“这不是一条扒了皮剔了肉的鱼，而是一条鲜活的鱼。”

千夫长系广东文学院签约作家，曾创作长篇小说《红马》。他对《城外》非常满意，他认为写出一部这样的短信连载小说，既是创新，也是一种运气。

婚外恋

在文艺作品中是个故事，
在日常生活中却是个事故。

【链接】婚外恋又称为外遇，有的短信说："老婆告诉男人：青菜多少钱；情人告诉男人：天上有多少颗星星……"大概这也是一种浪漫吧。听说有一个男人在外面有婚外恋，被妻子发现了，他辩称，"我只不过是逢场作戏，何必小题大做。"魔高一尺，道高一丈，妻子毫不示弱，予以反驳："谁小题大做，逢场作戏的话，顶多演个小品，可你却演出了电视连续剧！"说得非常精妙，不管是小品也好，电视连续剧也好，都说明了婚外恋里充满了故事。但是，故事一旦变成了事故，就不好收拾，请听两个女人的对话。

女甲：如果你老公有外遇，你会怎样？

女乙：我会睁一只眼闭一只眼。

女甲：你真大方。

女乙：那是扣动扳机在瞄准。

平坦的话中，却充满了杀机，应该给婚外恋者敲响警钟。戏说有一位婚外恋者后院起火了，老婆一把揪住小三："请你以后不要做第三者！"谁知小三却理直气壮地说："好，我答应你，我不做第三者，我以后要争取做第二者或者第一者。"这就难免不出事故了。孙建平女士把婚外恋形象地比喻成"刀刃上的蜜"，她说："婚外恋者像是馋嘴的孩子舔刀刃上的蜜，最初的一点甜头舔完之后，剩下的就是钻心的疼了。"她还说婚外恋"暗地里像深谷幽兰，孤芳自赏，一旦公开，就成了邪恶的罂粟花"。（见《生活小拼盘》）

短信《婚外恋》非常简洁，更高明之处，在于很轻巧地用倒序的方法，将"故事"倒为"事故"，用轻松的词语幽默地点出了一个严肃沉重的社会热点话题，告诫人们：千万不要迷恋婚外恋的浪漫"故事"，要以其会演变成的人命"事故"作为警钟，清醒地过正常的生活。

有一则短信非常风趣地写了一对夫妻共同有"婚外恋"之嫌，共同玩潜伏。短信写道：

午夜，万籁俱寂，唯有窗外孤灯闪烁，忽明忽暗，我的手机上收到一条短信："我在你的窗外，守候一个世纪，看你在思念中入睡，听你在梦呓中呼唤我的名字。"老婆突然醒来："谁呀？"我说"不知道"，随手把短信删掉。老婆凝视着我，足有十分钟，而后侧身躺下，背对着我，一夜无话。清晨，老婆先我起床，趴在窗口张望。我问:看什么呢?她说不知道,而后转身去洗漱。我打开老婆的手机看时间,无意发现她昨夜收到了相同的短信。

这篇短信小说题为《信骚扰》,写的是夫妻受到同样的"信骚扰",显得很有戏剧性,通过很多细节暗示,夫妻俩都"做贼心虚",都有不可告人的"婚外恋"之嫌,双方都有浪漫的"故事",他们俩若以后拿捏不好,掌握不好度,就一定会有事故发生,甚至会摊上大事。

结婚前后

女人——订婚前像燕子,爱怎么飞就怎么飞;订婚后像鸽子,能飞,却飞不远;结婚后像鸭子,想飞,但已经力不从心。

男人——订婚前像孙子,百依百顺;订婚后像儿子,学会顶嘴;结婚后像老子,发号施令。

【链接】本则短信以三部曲形式,用一些比喻,对照地写出男女在订婚前、订婚后、结婚后三个不同阶段的不同精神状态及其表现。写女子,用三种动物(燕子、鸽子、鸭子)来比喻,而且是以"飞"的状态来比较:由爱怎么飞就怎么飞——能飞,却飞不远——想飞,但已经力不从心了。这里也并非是贬义,如果说一个女子结婚后有了新的约束,行动不像以前自由,甚至改变了性格,这是很正常的。如果说是这个女子是出于对家庭的责任性,因此渐渐地限制了飞,倒是应该赞许的。如果一个女子对家庭没有责任心的话,那就会应了一句俗话——煮熟的鸭子也会飞掉。

短信对于男人的三个阶段的不同状态,则是用男人的三个不同辈份(孙子、儿子、老子)的地位及神态来比喻的,订婚前百依百依,假装孙子;订婚后便按捺不住,学会顶嘴,已由孙子上升一级,成为儿子了;到结婚以后,再升一级,成为老子了,在家庭里便没有民主了,而是凌驾于妻子之上,动辄发号施令了。显然,本则短信对男人的描写,是持批评态度的,但是这种男子应该是不多的,除非是特有权、特有钱的男人才有这种底气。在当今的社会是大多数男人还是妻管严式的。

另有一则短信大概就是描绘患有“气管炎”的男子的三个不同阶段的三种状态，却像是哀鸣三部曲：

结婚前，行动绝对自由，是动物；

结婚后，行动有了一定限制，是植物；

生儿育女了，行动更不自由了，变成了矿物。

这里，却别出心裁地把男人在三个不同阶段的行动线比喻成由动物——植物——矿物，主要是由行动绝对自由——行动有了一定限制——行动更不自由，最后由人变成了矿物，寓意较为深刻。与前面的短信共用一个“子”字的名词后缀一样，这里也是用了相同的手法，突出一个共同的“物”字，三种“物”，其动态、其生气的对比、明显是由强至弱，发人深省。

“扫　墓”

结婚三年了，又要扫墓。

【链接】本则短信看来是一句很简单的话，但却有较为复杂的语言背景。首先，这句话显然是针对“婚姻是爱情的坟墓”这句话而言的。既然可以把婚姻比作喻成“坟墓”，那么结婚三年了，应该对三年的婚姻状况进行梳理，进行小结，以利于以后的婚姻健康、和谐地继续，所以短信将此种打理比喻为“扫墓”，也是顺理成章的。针对“婚姻是爱情的坟墓”这句话，仁者见仁，智者见智，出现了许多“反驳”式的言论，且妙语连珠，如：有人说“没有婚姻这座坟墓，爱情岂非死无葬身之地”，似乎运用的是以子之矛攻子之盾之术。如不结婚，岂不是爱情死无葬身之地？海派清口创始人周立波在“一周立波秀”的表演中，已多次谈到这个话题，并且根据人们的旧风俗“人死后入土为安”，进一步借题发挥说到“爱情：与其暴尸街头，不如入土为安。”更加委婉地说出爱情没有婚姻这个坟墓，便犹如暴尸街头；爱情应该入土为安，便是要进入婚姻这个坟墓。“爱情入土为安才能生出新的种子，才能长出参天大树。”周立波不久举行婚礼，他不顾新年大忌，大声疾呼：“年轻人应该像我一样，大胆走进爱情的坟墓，步入婚姻的殿堂。”从一般的常规来看，谈恋爱一段时间后，均会步入婚姻的殿堂，但是，这也不是绝对的，现在，或许是随着改革开放，随着西风渐进，或者由于生儿育女经济负担、精神负担过多，有些人是持只恋爱不结婚的态度。他们或许充其量只需要过同居的生活，也许他们这样可以不承担其他责任和负担，他们可以活得更加轻松。他们既然没有“坟墓”，当然就用不着惦记着扫墓的事情。也许这是无可厚非的，这也是一种对于生活的选择。毕竟在生活中，“扫墓”的人还是绝大多数。

由“婚姻是爱情的坟墓”演绎出“结婚后要扫墓”，这是一种思维的延伸，然而延伸并未止步，有人更进一步调侃说：“婚姻是爱情的坟墓，可悲的是，还总被二奶和小三盗墓。”此话说得既风趣，又入理。的确如此，既然婚姻是坟墓，入土为安，就要维护坟墓的安定，尤其是美满的婚姻则犹如有宝贵财物陪葬的坟墓，需要防备居心叵测的人进行盗墓，就要在婚姻中禁止有二奶、小三鸠占鹊巢。由此，也让人联想到有的段子非常幽默地说：“为什么情人节定在2月14日，从一至四，唯独没有三呢？这就是因为不允许第三者插足。”换言之，就是不允许小三对婚姻的坟墓进行盗掘，对待婚姻的坟墓，必须定期进行“祭扫”。有关“婚姻与坟墓”的戏谑，最新演绎本为：

> 如果婚姻是爱情的坟墓，那么相亲是为坟墓看风水，表白是自掘坟墓，结婚就是双双殉情，移情别恋是迁坟，第三者是盗墓。

名人婚后表白

鲁迅：她不是我太太，她是我母亲的儿媳。

郁达夫：我对她不能爱，又不能不爱。

胡适：我娶她是吃小亏占大便宜。

徐志摩：得之，我幸；不得，我命啊！

【链接】本则短信也是以一种集句的形式和修辞手法，将三位名人对不同婚姻状态及对自己的太太的不同感受，展现给广大读者，仅取用各人的一句话，却挖掘了人物内心深处的蕴含。鲁迅的发妻朱氏，可说是包办婚姻的结果，鲁迅的母亲很喜欢她，而鲁迅对她并不来电，所以，当友人与鲁迅谈到这位太太时，鲁迅便不由得作出声明式的说明，道出其中的不快和苦衷，从而也巧妙地点出了他和“太太”还有“母亲”三者之间的微妙关系。

郁达夫的婚姻也和鲁迅的差不多，也是媒妁之言、父母之命的产物。郁达夫的原配夫人孙荃出身富裕的书香门第。虽不漂亮，但知书达理，尚能诗文，常与郁达文唱和，郁达夫还调侃她“你的诗情比我高”，“压倒前清老秀才”。孙荃对他非常体贴，炒得一手好菜，吃饭一定要等他下班回来。所以，有人说她给了郁达夫无法消受的痴，是“郁达夫身边的藿香”。郁达夫曾经评价她“其貌不扬，谈吐风流，也有可取之处”。婚后不久他就去了日本。他们聚少离多，尤其是郁达夫后来邂逅了“杭州第一美人”王映霞，便使郁达夫对孙越来越不爱了，有一次，他拍了拍身上穿的衣服对朋友说：“这是我女人从家里寄来的。可怜她对我很好，我却一点也不爱她。”后来，他竟然多次感叹：“啊，我的女人！我的不能爱而又不能不爱的女人！”抒发了他极其矛盾而又痛苦的心情。他们毕竟育有两个儿女，他和王映霞同居后也没有立即停止对孙的经济供给。胡适也是因为母亲包办而娶了发妻江冬秀。江冬秀缠了一双三寸金莲。本来在那个年代妇女缠脚并不稀罕，而稀罕的是胡适后来当了“中华民国”驻美国大使时，也毫无顾忌地把小脚发妻带到了美国，一来让美国人好奇，二来也得到了美国人的好评，都夸赞他具有中华民族的传统道德。所以，他说自己是吃小亏占了大便宜。无怪乎他去世时，蒋介石送给他的挽联是：“新文化中旧道德的楷模，旧伦理中新思想的师表。”

众所周知：徐志摩曾经狂热地追求林徽因女士，但林却爱上了建筑学家粱思成先生。于是有人调侃说，林是“选择了一栋稳固的房子，而没有选择一首颠簸的诗。”其实，房子就是一首凝固的诗。后来，徐志摩在《致粱启超》中写道：“我将于茫茫人海中访我唯一灵魂之伴侣，得之，我幸；不得，我命，如此而已。”

现代著名词作家乔羽则常拿其夫人的姓氏及身世来调侃。乔太太姓佟，系清朝皇族后裔，属镶黄族。乔老爷常对人说：“她这个姓可厉害呀，据说康熙皇帝的母亲，就是一位姓佟的女子。佟姓在家族宫廷中地位显赫，有‘佟半朝’之说。”精彩的是乔老爷常对太太讲：“推翻清王朝的不是我们共产党，是孙中山……”乔老爷的幽默真叫人忍俊不禁。

婚姻说明书

产品名称：婚姻

英文名称：Marriage

汉语拼音：HūnYīn

基本配置：一男一女，及其家人。

保修期限：一生一世

使用说明：男女双方应本着理解、信任、忠诚的原则，共同维护产品质量，产品发生故障时，应及时自检自查，并进行充分沟通及时解决，决不可相互推诿责任，更不可擅自拆离。本品一经购买，绝不退货！

禁忌：对爱情不忠贞、见异思迁者，不宜使用本产品。

【链接】从几个设项来看，本则短信是模仿药品的说明书而拟写的，还列有英语名和汉语拼音，似乎平淡无奇，但却有点郑重其事，且有诙谐幽默的趣味。所设“基本配置”及“保修期限”为“一生一世”，人也看了莞尔一笑。在“基本配置”里，除了“一男一女”，还加上个“及其家人”并非闲笔，是特有所指的。尼娜·欧尼尔说过：“当你结婚时，不只是和你的丈夫或妻子，而且也和一大串亲戚及一大把责任结婚。”这是应该认真记住的。在“禁忌”和“使用说明”中，是个严肃的话题。“使用说明”首先强调男女双方应本着理解、信任、忠诚的原则，共同维护产品的质量，皮特生说：“不要希冀丈夫顶着神圣的光晕，妻子带着天使的翅膀。不应在对方身上寻求完美，而要使人变得宽容、随和、理解和幽默。”还有人说：“在幸福婚姻里，妻子是气候，丈夫是风景。”这都堪称是搞好婚姻的座右铭。短信中说“不可擅自拆离”强调家庭的稳定，是必要的；但说本品一经购买，绝不退货，似乎有点不符合婚姻法，但只能理解为希望夫妻恩爱、家庭幸福的一种殷切期盼和良好祝愿。据说爱尔兰都柏林是严格限制离婚的，他们实行的是期限登记结婚，期限设为1—100年，100年也正象征着“一生一世”。在收费标准上明显地鼓励人们选择百年婚期，百年婚期登记费用仅为50便士(0.5镑)，才合人民币7元多。而申请1年期的却要收费两千镑，合人民币3.1万元，是百年期的四千多倍。另外，100年期的结婚证仅是一张纸，而一年期的结婚证书却像一本辞海样厚，谈及结婚后的权利和义务，共12编，365章，21900款，真够“折腾”的，这也足见爱尔兰都柏林当局是鼓励婚姻稳定、夫妻百年偕老的，也体现了他们限制短期的草率的不严肃负责的婚姻的良苦用心。本则短信仿药品说明书，还特别列了“禁忌”一项，从而再次强调人们在婚姻中要忠贞专一，不要见异思迁，不要喜新厌旧，以极大的责任心维系好一个美满幸福的家庭。

本则短信仿说明书，列项齐全、格式较为符合标准，无论是具体款项上，还是总体设计上，都达到了一种调侃的喜剧效果。

4. 戏说夫妻

说　事

谈恋爱时，你尽对我讲些我们将来的事；
结婚不久，你还能对我讲些我们过去的事；
可现在，你尽对我讲别人家的事。

【链接】本则短信通过“谈恋爱时”“结婚不久”和“现在”三个不同阶段说事内容的改变和对比，表现了婚姻前后夫妻双方相处的态度由热渐冷的一种渐变的倾向。谈恋爱时，充满着热情，充满着理想，共同规划着将来的事；结婚不久，恋爱的余温还在，双方还能回味过去的事；到现在，却对自己的事兴趣变淡了。所以，尽讲些别人家的事。对于夫妻之间的说事，有人从另一个角度来捕捉到特写镜头：

“婚前，他眼睁睁地听着她说话；婚后，她还没说完，他已经打呼了。”更有甚者是：“第一年，他说，她听；第二年，她说，他听；第三年，他们俩说，邻居们听。”后面这段话则抓住谁说谁听的位置变换，也反映了夫妻关系由热渐冷的微妙变化。由“他说，她听”变为“她说，他听”，很可是由于敬酒不吃吃罚酒，或遭遇冷暴力的情况，到“他俩说，邻居们听”那便是家庭矛盾公开化了，各执一端，还要请别人评理了，这就是危险的信号了。当然，这应该是属于极少出现的现象。

巴法利·尼克斯说过：“婚姻是一本书，第一章写的是诗篇，其余的则是平淡的散文。”科尔顿则说，婚姻“像一桌宴席，饭前的祷告有时比吃饭更有味道”。这里都用了非常形象的比喻来趣谈婚姻。桑弗却把恋爱比作小说，把结婚比做历史，他说：“恋爱比结婚更令人着迷，就像小说比历史更有趣一样。”显然，在现实生活中，对于婚姻切不可以太过于理想化了。必须习惯和懂得渐渐从热烈的浪漫中回归到冷静的现实中来。诗歌可能比散文词句更华丽，小说故事生动、情节曲折，比枯燥的历史书更有趣味，但生活要继续，在读完津津有味的小说后，必须有耐心把人生的历史教科书读完。还有的婚姻是饭前并没有什么精彩的祷告，但吃饭也可吃得津津有味，关键是两人共同把婚姻经营好。

有一个段子专门谈丈夫对妻子在婚前婚后说话不同的状态：

婚前，男人对她悄悄说话；婚后，男人对她大声说话。

婚前，男人找女人“讨论”；婚后，男人只告诉女人“结论”。

婚前，男人情话绵绵；婚后，男人谎话连连。

婚前，男人没话找话说；婚后，男人有话也不说。

婚前，男人都很幽默；婚后，男人都很沉默。

……

出纳与会计

婚姻是愉快的——双方都是出纳；

婚姻是一般的——一位是出纳，一位是会计；

婚姻是头痛的——两位都是会计。

【链接】有的短信说:“婚前谈情,一心一意;婚后数钱,一五一十。”还有的短信写道:“结婚前,玩文字;结婚后,玩数字。”这两则短信都是强调婚前婚后的区别是婚前着重在谈情说爱,在语言、文字上下功夫,而婚后要面对实际生活,主要是面对经济问题,要玩数字,要数钱。而《出纳与会计》这则短信,则是婚前婚后笼统谈,而是选择出纳和会计两个财务职业的关系来喻理。但这只是一个借喻,本则短信远不止是谈经济问题,只是借助出纳和会计两个职务来说明夫妻之间相互协调的重要。一个家庭里,夫妻俩都像出纳,都肯花钱,都肯付出,都慷慨大方,也许双方是会愉快的,但是双方大手大脚无节制,不量入而出,恐怕也会是不愉快的。如果双方都像会计,相互斤斤计较、相互抠门,相互毫无退让的确是会很头痛的。这样的家庭缺乏互补,就像一双鸟是单翼的,无法展翅飞翔,家庭也就难得和谐美满。如果夫妻双方,一个像会计,一个像出纳,则能互补,且能相互制约,才能理好财,才能维护好家庭。德国人特里希·弗拉德恩伯格说:“有的婚姻是在天堂缔结的,有的婚姻则是要回到现实中来。”一个家庭里,一个像会计,一个像出纳,应该是属于回到现实的婚姻状态。当然会计和出纳也有较劲的时候,但一般都是为了共同的单位——家庭而配合默契的。

德国有条谚语说:“若要婚姻长久,老婆眼睛要瞎,丈夫要又聋又哑。”妻子对于丈夫的不满意之处要视而不见,丈夫对于妻子的唠唠叨叨则要充耳不闻,而且不进行辩论。一个家庭中不可能没有矛盾,双方应该包容,相互体谅。江西有名俗语说得好:“芝麻越打越出油,夫妻越吵越出情。”这并不是鼓励吵架,这就是现实生活的真切而生动的体验,爱尔兰都柏林发放的结婚证书的箴言写道:

> 尊敬的先生、太太:我不知道我的左手对右手、右腿对左腿、左眼对右眼、右脑对左脑应该享受怎样的权利,究竟应该承担怎样的义务。其实,他们本就是一个整体,因彼此的存在而存在,因彼此的快乐而快乐……

所以,无论是由会计和出纳组织的家庭也好,还是由瞎子和聋哑人组成的家庭也好,都要认真负责地享受好自己在家庭中的权利,更要承担好自己在家庭中的义务,更要相互配合,相互尊重,只有这样,才能经营好一个幸福美满的家庭。

完美丈夫

干家务是大力士；
关心妻子，像护士；
辅导孩子，像博士；
钱包里，永远只有一便士；
老婆唠叨时，把她当传教士。

【链接】本则短信每句共用一个名词的后缀字“士”，这样显得非常醒目，也便于记忆，但是，因此也使用了一些不是日常常用的名词，如便士、传教士都是外国人生活中出现得多的词语。另外，丈夫本是男性，为了牵就“士”字，只好削足就履，把丈夫关心妻子，写成要求像“护士”一样。另有一则短信《择男新规——五员》则是共用一个“员”字作为名词的后缀：“长得像演员；身体像运动员；对太太的态度像服务员，知识渊博像研究员，职业收入高于一般公务员。”两则短信都是写女性的对男性的要求，它们有一些共同之处，都希望自己的丈夫或恋人有过人之处：一个希望像运动员，另一个则希望像大力士；一个希望像研究员，另一个则希望像博士；一个希望对待自己像服务员，另一个则希望对待自己像护士，这些只是名称不同，要求的实质内容是一致的。但“五员”中，以“公务员”作为参照对象，似乎显得城府深一些，似乎间接显示她对丈夫的社会地位有所考虑，但是实质上她只不过是从经济上要求收入高于一般公务员。其实，这两种女人的要求都更多地集中在居家过日子方面，她们都并不奢望丈夫有特别的富裕，并不过多计较丈夫挣多少钱，在这方面，《完美丈夫》中的妻子倒还显得在经济上比较抠门，只允许丈夫钱包里永远只有一便士的私房钱，按 2012 年 2 月底的汇率，按 1 英镑＝10.0226 人民币计算，1 英镑＝100 便士，那 1 便士才合 1 角多人民币，这当然是一种极度的夸张。

《完美丈夫》中这位女士，比较务实，她不要丈夫长得像演员，她只要求丈夫像个大力士，能多做家务。她也很率直，对于自己的缺点有自知之明，所以她要求丈夫对待她的唠叨能像对待传教士布道那样耐心倾听。唠唠叨叨、喋喋不休是很多女子的通病，是她们共同的缺点，所以，有一条外国谚语说："喋喋不休的妻子必有一个沉默寡言的丈夫。"还有的短信写道：

幸福的婚姻，不用多说；
不幸的婚姻，经常诉说。

既然婚姻的幸福与不幸会通过"说"表现出来，既然有很多女人知道了自己有唠唠叨叨的缺点，作为一个丈夫，不妨像听传道士布道一样，能够宽容和忍受她们的喋喋不休。

新"三从四德"

老婆出门要跟从，
老婆命令要服从，
老婆讲错话要盲从；
老婆化妆要等得，
老婆生日要记得，
老婆花钱要舍得，
老婆打骂要忍得。

【链接】"三从四德"本是中国古代歧视和压迫妇女的封建礼教，"三从"是指"未嫁从父，即嫁从夫，夫死从子"(《仪礼·丧服·子夏传》)，"四德"是指"妇德、妇言、妇容、妇功"(《周礼·天官·九嫔》)。本则短信将"德"字谐音为"得"字，更主要的区别是内容变成了现代新生活的调侃，故题目为《新"三从四德"》。本则短信在传播中有许多版本，其中有的版本将"老婆"改为"女友"，即把婚后的定位改为了婚前。有的版片将"三从"改为"从不做饭，从不洗衣，从不拖地"，则是将焦点集中在做家务事上，凸显了这种女子的娇气。在"得"方面，有的版本改成“逛街要等得”，“啰唆要受得”和“心事要懂得”等，不一而足。还有的短信可视为对本则短信的另一种诠释，短信写道：

家规：第一条，坚信太太是对的。第二条，如果太太错了，也要按第一条执行。

此则短信是对“老婆讲话错误要盲从”的更加夸张的调侃。还有的短信调侃“妻管炎”，短信写道：

生命诚可贵，
爱情价更高，
若为老婆做晚饭，
啤酒麻将皆可抛。

显然，此则短信剥改匈牙利诗人裴多菲的名作，而且后两句将五字句改成了七字句。

提到新“三从四德”，不能不提及到胡适先生，他很早就调侃了这方面的内容，他的“新‘三从四德’”便是：“太太出门要跟从，太太命令要服从，太太说错话要盲从；太太化妆要等得，太太生日要记得，太太打骂要忍得，太太花钱要舍得。”显然，胡适先生的这段言论，是本则短信的始祖。胡适先生还很诙谐地说过男子应该怕老婆的理由，他说：“太太年轻时是活菩萨，怎好不怕！太太中年时是九子魔母，怎能不怕！太太老了是母夜叉，怎敢不怕！”也许这是私下场合的玩笑话，但他在任北大校长时，公开对学生说：“一个国家怕老婆的故事多，则容易民主；反之则否。德国文学极少有怕老婆的故事，故不易民主；中国怕老婆的故事特多，故将来必能民主。”可见，胡适先生提出新“三从四德”绝非是未经思考的戏言。据说，著名学者辜鸿铭也十分惧内，他常说：“连老婆都不怕，还有王法么？”中国民间有句俗话：“好汉怕妻。”可见，胡适、辜鸿铭这些大学问家都是好汉。

偷来蟠桃献娘亲

亲爱的：
都说你妈不是人，
王母娘娘下凡尘。
生个女儿会做贼，
偷来蟠桃献娘亲，
祝岳母生日快乐！

【链接】本则短信用呼告的手法，以一个女婿的口吻，向爱人表白对岳母生日的祝贺，很明显，这是仿照古诗而撰写的。所仿古诗有很多说法，有很多版本，一说明代才子唐伯虎被一土财主请去为其老母贺寿作诗。唐伯虎有点想逗弄土财主，故作惊人之语，第一句便说："这个婆娘不是人。"大家都是很惊讶不解，唐伯虎马上说第二句"九天仙女下凡尘"，大家于是转惊为喜。唐伯虎接着念第三句"儿子个个都是贼"，使大家又感到疑惑，甚至有点愤怒，唐伯虎马上念出第四句"偷来蟠桃献娘亲"，使四座无不破涕为笑，满堂顿时鼓掌喝彩。另一版本说唐伯虎的诗是："这个老妇不是人，九天观音下凡尘，生的儿子都是贼，偷来蟠桃献娘亲。"并说这是为一富翁母亲做寿绘画中所题之诗。有资料表明，唐伯虎的确做过一首《贺寿》诗，其诗写道："堂前老妇不是人，好像南海观世音。两个儿子都是贼，偷得蟠桃献母亲。"这些都有待深入地考证。

还有资料表明：明代词学家徐文长为岳母做寿写过一首类似的诗："这个女人不是人，本是神仙下凡尘。养的儿子是个贼，偷来蟠桃献母亲。"一说明代才子解缙是最早作者，其诗为："这个婆娘不是人，九天降下一仙尊，儿子个个都是贼，偷来蟠桃献母亲。"

还有资料显示，清代纪晓岚有诗："这个老娘不是人，九天仙女下凡尘，生个儿子去做贼，偷得蟠桃献母亲。"纪晓岚该诗为谁而作，又有两种说法，一说是乾隆时，有一王翰林母亲做寿，请纪晓岚写祝寿词；一说是和珅母亲过生日时，又逢其天香园同时落成，乾隆与纪晓岚同往,纪晓岚为和珅母亲献诗。都言之凿凿,事情的真相,只有乾隆知道。

看来,这首贺寿诗的版本实在太多了,需要进一步进行考查。这些版本都使用了设误的修辞手法,故意设计误会,故意制造悬念,故意制造“险况”,先抑后扬,“化险为夷”,然后清除误会,消除悬念,最终破涕为笑。在表达意愿上一箭双雕,既“神化”了寿星,又夸赞了后代的孝贤,短信也是如此,借鉴了设误的方法,既颂扬了“岳母”,又夸赞了自己的妻子,最终皆大欢喜,造成极为强烈的喜剧效果。同时,使读者欣然解颐。

值得偷蟠桃为她贺寿的丈母娘,诚然是可敬可爱的丈母娘。但是,在现实生活中,却有一种令人可恼可恶的丈母娘,她们是下一代人婚姻中最大的障碍,她们很现实,很物质,连房产商的广告都幸灾乐祸:“你可以找到有情的姑娘,但你找不到不要房的丈母娘。”“你可以不买房,除非你摆平了丈母娘。”更有趣的是,有人深有感触地剥改一句现代流行语说:“世界上最遥远的距离,不是生与死的距离,而是你未来的丈母娘站在你面前,你却只能喊阿姨。”这是为什么?不言自明。

四、评男品女篇

1. 男女宝鉴

男女喜相逢

女人不和男人接触，就会如花枯萎；
男人不与女人交往，就会如象笨拙。

【链接】俄国著名作家契诃夫说过："不和男人交际的女人渐渐变得憔悴；不和女人交际的男人，渐渐变得迟钝。"本则短信大概是受其启发而创作，并且用"如花枯萎"进一步解读和形容女人的"憔悴"，用"如象笨拙"进一步解读和形容男人的"迟钝"，通过比喻，使论述更加鲜明生动，更加深入浅出，当然大象是否代表着"笨拙"，值得商榷。

近年来，养生理论十分活跃，丰富多彩，也备受人们的欢迎，在养生理论中，除了介绍营养食物之外，更加注重非物质的精神因素，很多养生专家特别强调"交际"在人们延年益寿中的潜移默化的作用。很多养生专家告诫人们，尤其是步入老年阶段的人们要善于交友，尤其是强调要交异性朋友，并找出了许多科学依据。所以，本则短信所表达的内容是有益于人们，尤其是有益于老年人的身心健康的。民间有句俗话"男女搭配，干活不累"，大概也是同样的道理。

除了短信外，网络上也出现了许多有关的健康宝典，例如，有的网络出现了这样的段子：

与漂亮女人游玩，
与财富女人交往，
向权力女人示爱，

与智慧女人谈心，
与成功女人合作，
与普通女人结婚。

这是谈男人如何与各种类型女人交际的“指导意见”，相应地谈女人应该如何与各种不同男人交际的经验之谈也有：

与帅气男人游玩，
与大度男人共事，
与才气男人聊天，
与大款男人调情，
与权力男人逢迎，
与老实男人结婚。

当然，这些言论中含有调侃的成分，但提示男女之间要进行交际、进行互动是可取的。

总之，我们应该重视异性之间的交际，女人才不会在年老时为自己的憔悴而感到遗憾，男人也不至于因自己在晚年时的痴呆而懊恼。这样，老男人、老女人都能永葆青春，愉快地幸福地享受着夕阳红的灿烂和浪漫。

男女互动

因为男人粗心，所以女人贴心；
因为男人诚心，所以女人动心；
因为男人真心，所以女人放心；
因为男人花心，所以女人伤心。

【链接】夫妻是鸳鸯鸟，夫妻是连理枝，夫妻的一方的任何举动乃至心态都会相应地影响着另一方。本则短信以男人为切入点，从好的方面和坏的方面表述其一言一行、一举一动在其妻子方面产生的连锁反应。一个粗心的男人，特别需要一个贴心的女人的呵护；一个男人对妻子诚心、真心，就能使妻子感动和放心。这里，从男人的主观出发，说明了男人具有优秀的品质，他的妻子才能活得开心和踏实。男人的缺点很多，短信突出以“花心”来说事，有的短信说：“女人出门很难不花钱，男人出门很难不花心。”似乎女人天生的缺点就是喜欢花钱，男人天生缺点就是对异性容易见异思迁。虽然这里不是指的全部男人，但总是以此为男人的标志性的弱点，非怪自古以来，陈世美千载留骂名，而没有留下一个女陈世美的艺术形象。平时俗语也是说“孩子是自己的好，老婆是别人的好”。意大利导演费里尼说：“男人根本不适合待在婚姻这种容器里。”这会不会对男人产生一种误导，这就要靠男人的自律来否定这些奇异的舆论。

其实，男人中，对妻子万般呵护，甚至被冠以“妻管严”的比比皆是，有一则短是这样写的：

你饿了，我是面包，
你冷了，我是蒙古包，
你购物，我是钱包，
你生气了，我是沙包！

这里描写的男人却似乎是十分可怜，可怜得令人同情，这种男人在妻子面前低三下四，比胡适提出的“新‘三从四德’”还有过之无不及。其实，夫妻之间最宝贵的是平等相处，相互敬重，不要将自己另一半的短处去和别人的长处相比，正如有的人所说那样：“丈夫不要觉得别的女人比自己妻子完美，妻子不要觉得别的男人比自己的丈夫富有。”

还有的短信说：

忠孝是真正的男人味，
柔顺是真正的女人味；
男人忠孝令女人有安全感；
女人柔顺令男人有幸福感。

此则短信则强调女人的安全感和男人的幸福主要分别来自男人的忠孝和女人的柔顺。

男女有别

男人获得爱的方式是迅速出击，
在燃烧中拥抱爱的烈焰，
女人获得爱的方法是缓慢地渗透，
然后在平静中品尝爱的芬芳。

【链接】本则短信以诗一般的语言描述男女在求爱、获爱的方式方法上的区别，原作者还用破折号说明，言其原因是男人直率、女人内敛，换句话说，应该是男人在恋爱时容易冲动，女人能够沉着冷静，所以，会有这种区别产生。有的人却说："男人恋爱时希望把复杂的过程弄简单，而女人恋爱时希望把简单的事情搞复杂。"还有人说："男人的爱是俯视而生，而女人的爱是仰视而生。如果爱情像座山，那么男人越往上走可以俯视的女人就越多，而女人越往上走可以仰视的男人就越少。"这段话似乎可以从男女有别中看出剩女比剩男多的内在原因。有的短信从对待爱情和婚姻的态度方面来反映男女有别：

女人不能忍受不幸的婚姻，能忍受不幸的爱情；

男人不能忍受不幸的爱情，能忍受不幸的婚姻。

这里是从"不幸"的角度来谈，有的短信则从对幸福与爱的要求上来谈男女之别：

女人的幸福在于：他真的爱我，
男人的幸福在于：她值得我爱。

这里将"爱我"倒序为"我爱"，意味深长地反映了男女爱情观的不同。其实，在爱情中，"爱我"与"我爱"能够互补才是最幸福的。有一条流传较早较广的关于男女对比的短信则是采回文手法的：男人有钱就变坏，女人变坏就有钱。

反映男女有别的短信很多，有的从相互对待的态度不同来反映：

男人把幼稚的女人当作单纯；
女人把单纯的男人当作幼稚。

看来，这是很不公平的。短信的上下句仅将“幼稚”和“单纯”换个位置，便表达了截然不同的意思，饶有趣味。还有的短信从不同心态上反映男女有别：

女人注重脸的问题，男人注重面子问题；

女人的秘密是年龄，男人的秘密是收入。

女人最大的遗憾是在年老时不能保持美丽，

男人最大的遗憾是在年轻时不能拥有权势。

两句话寓意非常深刻，耐人寻味。更多的短信是从生活细节上反映男女之别。

例如：

男人苦闷时无话可说，请一帮男人来喝酒；

女人烦恼时啥话都说，找一群女人去聊天。

此则短信实际上是由两条短信连接起来的，事情和字句都很连贯，又像一幅对仗工整的对联，浑然天成。又如：

男人最大的烦恼是陪女人逛街，

女人最大的快乐是让男人洗碗。

喝酒与聊天、逛街与洗碗，这都是很常见的生活细节，短信信手拈来，显得非常诙谐有趣。在生活中，男女有别的现象比比皆是，法国作家王尔德也说过这方面的话，他说：“男人的脸是他的自传，女人的脸是她的小说。”据评，这句话不仅有文学韵味，甚至在生理上，在男女用脑不同上都可以找到科学依据。

一字之差

男人是用来靠的，要可靠，可靠的男人比熊猫还稀少；

女人是用来爱的，要可爱，可爱的女人比金丝猴还难找。

【链接】本则短信句子较长，它是由两则短信用顶真的方法将其连接起来的，显得一气呵成。熊猫与金丝猴都是珍贵且稀少的被保护动物，短信以这两个动物分别比喻可靠的男人稀少、可爱的女人难找。本则短信更重要的手法是用了同异修辞手法，抓住可靠与可爱的一字之差、借题发挥，大做文章。文学短信中，利用一字之差而编写的很多，尤其是有关男女的更多，又如：

男人用智商掌控女人，女人用情商拴住男人。

男人读博士是因为智商低，女人读博士是因为情商低。

以上两则短信便是抓住智商与情商的一字之差做文章。

男人爱上女人后，他会做诗；女人爱上男人后，她会做梦。

男人吻女人是一种口福，女人吻男人是一种幸福。

男人酒前话少，酒后话多；女人婚前话少，婚后话多。

以上三则短信还是一般的叙述，而以下几则短信则调侃缺点的味道更加浓烈：

男人的看家本领是撒谎，女人的看家本领是撒娇。

男人遭劫，关心的是钱；女人遭劫，关心的是脸。

不花钱的女人是宝物，不花心的男人是废物。

以上八则短信都是写男女双方的对比，而有的短信则是专写男性的某种特性的两个方面：

为女人发誓的男人是可笑的，为女人发财的男人是可爱的。

结婚前想找好女人，结婚后想找坏女人。

用一字之差手法写女人的也不少，例如：

少女用眼神征服男人，少妇用眼泪征服男人。

做情人令男人心痛，做妻子令男人头痛。

坏女人使人心烦，好女人使人心乱。

以上短信中，虽是一字之差，但却是寓意深邃，每每令人回味无穷。还有的短信是一词之差：

男人和女人在行车时吵架生气，如果是女人开车她会猛踩刹车；如果是男人开车他会猛踩油门。

这则短信主要反映男女性格上的差异，但有时也可能会出现恰恰相反的情况。

警示

女人姣好的长相，使男人迅速坠入情网；

男人的甜言蜜语，使女人乐于被拉下爱河。

【链接】本则短信并不是对男女在恋爱中的赞美，而是对男女双方在恋爱中容易造成过失的弱点进行婉转的批评，由此，很容易使人联想到另一种更简洁的精辟言论：男人恋爱用眼，女人恋爱用耳。还有的短信以买车来比喻和衬托男女在选择对象时的注重点：

买车时，女人关心外表，男人关心内在；

择偶时，女人关心内在，男人关心外表。

人们都说男人是视觉动物，很看重女人养颜的功效，有的男人虽然口头上也说"情人眼里出西施，天下乌鸦一般黑"，但实际上非常看重女人的长相，无怪乎过去谈婚论嫁的原则是男才女貌，现在有的演变成男财女貌，都坚守一个貌字。但是，一个男子娶了漂亮的妻子，如果只有外在美丽没有内在美，结婚后并不能幸福地生活。有的人则想得很开，只要女方不是做露脸的事儿，何必计较她是否对得起观众呢？所以，有的男人也较理智，决不因女人有较好的长相而坠入情网。

人们又说女人是听觉动物，常常为一句话感动。有的男人口是心非地说"我心里只能容纳下你一个人""你是我最初也是最后的爱人""即使你不爱我，我也会一生保护你"，便能使某些女人心动，乐于被拉下爱河。女人总是如此感性，所以有人说："男人的甜言蜜语是征服女人的力量，它甚至可以使女人忘却疼痛，失去免疫力。"当然也有的女人对这种男人采取鄙视态度，她们甚至说："宁可相信世上有鬼，也别相信男人那张破嘴。"还有人说："男人的看家本领是撒谎，女人的看家本领是撒娇。"也有人提醒女性："眼见为实，耳听为虚。"但是有些女人却听不进善意的劝告，只听得进某些男人夸夸其谈的甜言蜜语，被巧舌如簧、口若悬河的男人拉下了没有爱的爱河。对于男女在恋爱中因姣好的长相和甜言蜜语而走入误区，有人沉痛地感受到：

女人的美丽是使男人拜倒在花裙下的迷魂汤，

男人的甜言蜜语是使女人误投怀抱的麻醉药。

然而，有人说："每一个男人都是马尔斯，每一个女人都是维纳斯。"换言之，每个男人都是战神，力量之神；每个女人都是爱神，美丽之神。好好相爱吧，无须在外貌上挑剔，以貌"娶"人；也无须花言巧语，工于心计。

魅力与姿色

魅力是女人的力量，力量是男人的魅力；

姿色是女人的事业，事业是男人的姿色。

【链接】本则短信实际上是两条短信集合而成的，原来的两条短信不仅数字相等、句子结构相同，而且内容都是谈论男人女人的各自优势强项，都具有浓厚的哲理色彩。两者连在一起，浑然天成。从女人的角度来说，魅力就是力量，姿色就是事业。而从男人的角度，则恰恰可以反过来说：力量就是魅力，事业就是姿色。道理很简单、很明显，用不着过多地解释，但却让人觉得回味无穷。著名诗人泰戈尔说："女人性情的巨大变化往往由爱情引起，而男子性情的巨大变化，往往由事业引起。"把它变换成本则短信的句式，便应该为"爱情是女人的力量，事业是男子的动能"。

稍微熟悉一点修辞手法的人就不难发现：本则短信首先使用了顶真的手法，即下句的头一个字词，用的是上一句末尾的同一个字词。本则短信还可视为运用了回文的手法，它可以倒过来写为："男人的姿色是事业，女人的事业是姿色；男人的魅力是力量，女人的力量是魅力。"但是，如若从严格意义上来要求，回文应该是上句顺读，下句可完全倒过来读，古人就是严格按照这个要求做的，例如过去有家酒馆店名为"天然居"，有一副对联是"客上天然居，居然天上客"，便是用回文的手法写的，完全可以倒读。"客上天然居"写来平淡无奇，但“居然”来的都是“天上客”却有点新奇，把来店的顾客捧上了天，真是聪慧过人。由此还可以看出古人在数百年前就说出了我们今天的时髦话——顾客是上帝。这副对联每句才五字，才两句，总共才十字，写作起来难度不是很大，不足为奇。

在运用回文手法写作的古今范例中，一直备受推崇的是清初韩书生在远涉重洋谋生时写其思念妻儿的诗：

书雁望遥山隔水，往来曾见几心知？
壶空怕酌浑杯酒，笺下难成和韵诗。
途路阻人离别久，信音无雁寄来迟。
孤灯独守长寥寂，夫忆妻时父忆儿。

韩妻可能也很有学问，一看便知是回文诗，她便将夫诗倒抄过去，成为一封表达儿子想念父亲、妻子想念丈夫的感情深厚的回信：

儿忆父时妻忆夫，寂寥长守独灯孤。
迟来寄雁无音信，久别离人阻路途。
诗韵和成难下笺，酒杯浑酌怕空壶。
知心几见曾来往，水隔山遥望雁书。

真是心有灵犀一点通，情深意切，酣畅淋漓，堪为经典。有的版本将有关词语写作“枯眼望遥”“酌深杯酒”或“酌一杯酒”。

女　人

美丽让男人停下，
智慧使男人留下。

【链接】本则短信极为简练，仅两个七字句，像对联一样，分别从外在美和内在美两个方面来夸赞女人的魅力。短信利用同异手法，利用“停”与“留”的一字之差，反映了美丽与智慧对于男人的魅力的高下。对于一个男人来说，女人的美丽和智慧，哪一个更有魅力呢？答案是不言而喻的，是发人深省的。女人的外表美丽，仅仅是吸引男人的眼球，其魅力是短暂的，只不过是让男人停下片刻来注视一下而已，而女人的智慧，却能让男人的心灵震撼，从而使她的形象永驻于男人的心间，让男人愿意长期地，天长地久地，一辈子地与她相濡以沫，这里一个“让”字和一个“使”字的配用也足以显示出分寸的区别。托尔斯泰曾告诫人们：“人并不是因为美丽而可爱，而是因为可爱而美丽。”拿破仑曾说：“美妇人愉悦人的眼，贤妇人愉悦人的心。”他的话更是本则短信的同步演绎。还有的短信这样来写女人：

短期，姿色最重要；
长期，智慧最重要；
终身，德行最重要。

此则短信更加突出、更加强调了：对于一个女性来说，德行比智慧重要，更比美丽重要。电影《印度之那》中有一句经典台词：“女人与女人最大的区别，不是相貌，而是味道，就像一只苹果。”每个女人都应像苹果一样，以自己的“味道”来显示自己的特色。但有些女人却是重色轻智，甚至认为“姿色是女人的事业”，而短信提醒这种女性：

有些女人像晚礼服，光彩夺目但很少有机会穿；
有些女人像高级时装，只要花得起钱就风姿多变；
有些女人像泳装，极度诱人，但只能在特定场合穿；
有些女人像孕妇装，等孩子生下来就不能穿。

这些话通过把女人比做各种服装，形象地说明了女人的美是短暂的，是要受到各种条件的限制的，虽然是非常完美，但生命力不强。女人只有凭聪明才智，方能在男人心中产生永久的魅力。所以，好女人给男人的感受是这样的：

好女人是水，柔情绵绵；
好女人是山，端庄大方；
好女人是书，充满智慧；
好女人是港，温馨平安。

有的短信却对女人发出这样的忠告：

靠家里，你可能会当上公主；
靠男人，你可能会当上王妃；
靠自己，你才能当上女王。

优秀女人

美丽的女人,可以吸引男人;
温柔的女人,可以抚慰男人;
善良的女人,可以感化男人;
有才的女人,可以激励男人;
勤快的女人,可以装点男人;
多情的女人,可以累死男人;
风流的女人,可以酸死男人。

【链接】本则短信用七个"A的女人,可以B男人"句式组成一组排比句,充分全面地叙述了各种优秀女人对男人的作用。每个句子间的词语搭配都很妥贴,有的还很幽默风趣。和美丽的女人交往,是因受到她的吸引,所以有人说漂亮的女人养眼;和温柔的女人交往可以得到抚慰,所以有人说温柔的女人如港湾;和善良的女人交往可以得到感化,所以有人说,聪明善良的女人养脑;和有才的女人交往,可以受到激励,所以,男人愿意和成功的女人谈心;勤快的女人可以把男人装点得体,所以,有人说看一个男人的外表、穿着,就可以看出他家里有一个怎样的女人;遇上多情的女人会累死,所以有人说,多情到使对方身心疲惫,也是一种伤害;如果自己的所爱是个风流女人,当然就难免是泡在醋罐子里过生活。

本书曾提到过一段言论:"和漂亮的女人握手,和深刻的女人谈心,和成功的女人交往。"该段言论每句还不够完整,只讲了半句话,缺乏后半句。那么这段言论在本则短信中可以得到补充,和漂亮的女人握手,可以得到抚慰;和深刻的女人谈心,可以受到感化;和成功的女人交往,可以得到激励;和普遍女过日子,可以得到装点;但是,和多情、风流的女人相处,一定会累死。这样,那段言论便臻于完美了。

有一段言论写道:

如果女人们全是美丽的,男人们将忘记自己;

如果女人们全是温柔的,男人们将失去自己;
如果女人们全是风骚的,男人们将消灭自己。

这段话用意肯定赞美优秀女人的,有点含蓄。但是难免有点令人费解。而短信《优秀女人》则无论在语言上还是思想内容上都清晰可辨,对优秀女人的赞美的真情洋溢于字里行间,使人感到优秀的女人就像春天的喜雨,润物细无声。很多短信用花来赞美女人,如:

女人如花,艳丽整个世界。母亲是太阳花,带来温暖;妻子是兰花,带来安宁;恋人是玫瑰花,带来激情;女儿是桃花,带来灿烂。

此则短信用先总后分的手法,先笼统赞美整个女人,然后分别赞美母亲、妻子和女儿。又如:

女人二十是桃花,鲜艳;女人三十是玫瑰,迷人;女人四十是牡丹,大气;女人五十是兰花,淡定;女人六十是棉花,温暖;女人一生如花,芬芳世界。

此则短信则是以各种花比喻各个年龄段的女人,这样的比喻,非常贴切,耐人寻味。短信在各种鲜花中出人意料地冒出一个"棉花",别以为不伦不类,其幽默效果不亚于"水果"短信中夹杂个番茄,更加令人在笑中感到实在,体会着隽永。

和优秀的女人交往

和漂亮的女人交往,养眼;
和聪明的女人交往,养脑;
和健康的女人交往,养身;
和快乐的女人交往,养心。

【链接】本则短信分别从"漂亮""聪明""健康"和"快乐"四个方面来说明女人的"优秀",而与这样的女人交往的效果分别是让男人"养眼""养脑""养身"和"养心"。这里运用了同异的手法,四个词语中共用一个动词"养"字,然后搭配不同的名词"眼、脑、身、心",组成不同的动宾结构的词组，表达不同的意思。拿破仑曾说："美妇人愉悦人的眼，贤妇人愉悦人的心。"此话说到了本则短信的重点、本则短信的核心部分，但短信谈得更具体、更全面一些。另有一则短信与本则短信表达得很相似：

和漂亮的女人握手，
和深刻的女人谈心，
和成功的女人交往，
和普通的女人结婚。

此则短信另一个版本的末句是"和普通的女人过日子"，意思差不多。还有一个版本则为五句，多有一句"和正经女人跳舞"，似乎更轻松活泼、更幽默风趣一些。此则短信与第一则短信的不同之处，在于它只是表达了和各种女人做什么，也主要是谈"交往"，而没有谈出如此交往以后的作用和效果是什么，与第一则短信比，缺少了后面的那一小部分。当然，也可以理解为：这一部分留给读者去想象。

以上两则短信都是从接触、从行为方面来赞扬几种优秀的女人，而有的短信赞美优秀女人则直接把她比喻为"金子""钻石"等物，短信写道：

温柔的女人是金子，
漂亮的女人是钻石，
聪明的女人是水晶，
可爱的女人是翡翠，
你却是一座丰富的宝库，
金子、钻石、水晶、翡翠皆有。

这些句子里不用"像"字，而用"是"字，不着眼它的比喻意义，而更加强调它的判断意义，更加强调了对于优秀女人的肯定和认可。另外，此则短信运用了先分后总的手法，先分说各种优秀女人的品质分别是什么，然后将这些优秀的品质都集中于自己所欣赏的女人——"你"身上，对她作了最充分、最热情的赞扬。

2. 戏说男女

“时尚”男女

“时尚”男人：

吃了晚饭才回家的是酒鬼，
半夜才回家的是赌鬼。
天亮了才回家的是色鬼，
几天不回家的是野鬼。

“时尚”女人：

吃了晚饭才回家的是富婆，
半夜才回家的是“麻”婆。
天亮了才回家的是“鸡”婆，
几天不回家的是外婆。

【链接】本则短信主要运用对比手法，说明所谓“时尚”的男人与女人的不同称呼，在社会中扮演的不同角色。短信每句都使用带“是”字的判断句，“是”字前面所描写的是他（她）们的生活、行动状态，从字面上来看是完全相同的，但“是”字后面的称呼都是不相同的。第二句、第三句中的称呼，字面上不同，但实质是一样的。经常打麻将的女人被称为“麻”婆，实际上也就是赌鬼；卖淫的“鸡”婆与喜好嫖娼的色鬼也是同一性质的人员。第一句和第四句表现的略有不同，酒鬼不一定有钱，也许是贪酒好杯而已，富婆也不一定有酒量和嗜好。尤其是第四句，男女其身份相差甚大，同样是几天不回家，其男人可能是游手好闲之徒，而女性则可能是为第三代操劳的“外婆”。短信还运用了同异手法，写男性共用一个“鬼”字，写女性共同一个“婆”字，然而其前面修饰的字则各自不同。

还有的短信调侃男女在家庭内部不同分工、不同角色：

宝贝，爱我吧，
拥有我，你天天都是情人节；
拥有你，我天天都是劳动节；
我俩在一起，天天都是狂欢节。

短信借节日名的象征意义，表现一个男子在家庭里会努力承担一切家务，让自己心爱的人过得轻松愉快。短信中，“你”“我”两字的交叉换位，饶有兴味。过去有一句口头语“三八妇女节，男人做事女人歇”，也是类似的调侃。还有的人将短信续写为：

宝贝，嫁给我吧，
我们从此不过光棍节。
我俩在一起，
没有愚人节，只有感恩节。

后续也是抓住节日名借题发挥，进一步调侃结婚之后的“海誓山盟”。

忽　悠

男人忽悠女人，叫调戏；
女人忽悠男人，叫勾引；
男女相互忽悠，叫爱情，
——男女凡事都要两相情愿才好。

【链接】看到“忽悠”二字，人们很容易想到赵本山的小品，很容易联想到“坑蒙拐骗”。“忽悠”中有个主动与被动关系的存在。女人被男人忽悠了，便是被调戏！男人被女人忽悠了，便是被勾引了。“调戏”和“勾引”都是贬义词，都属于被指责的行为。但若是男女双方忽悠，便不存在主动和被动之分了，便是堂而皇之的令人赞美和向往的“爱情”了。短信构思很巧妙，分说时则贬，合说时却成为褒，似乎有点趣味。还是破折号后类似副标题的文字说得好——男女凡事都要两相情愿才好。这句话处于副标题的位置，却起到了阐明正题的作用，恋爱不正是需要两相情愿吗？单相思令人带来的是烦恼和痛苦，只有两相情愿，才能双赢，才能共同得到欢乐，才能得到幸福。但是这里也有点反话正说，反讽不正当的事只要男女双方两相情愿，也会成为正当的好事情，即"调戏＋勾引＝爱情"。

有的人说谈恋爱不是荡秋千，而是坐跷跷板，需要互动，也是说明爱情不是单方面的"忽悠"，而是双方相互的"忽悠"。

在恋爱中，双方"忽悠"的一个重要表现就是双方互相赞美，希腊哲学家柏拉图说：当爱神拍你的肩膀时就连平日不知诗歌为何物的人也会在突然间变成一位诗人。所以两个恋人相互赞美起来，一定是极富诗情画意的。恋爱中相互赞美是相互"忽悠"中的必修课，英国杰拉尔德·布瑞南就说："爱情多半部分便是一种相互奉承的练习。"

但是，这种"奉承"（即"忽悠"）必须得体，更要注意场合，有一个小段子便讽刺了不分场合、不得体的奉承："一对情人在公园里聊天，男：'你是世界上最美的女人！'女：'你是世界上最帅的男人！'路人甲问乙：'他们是在过情人节吗？'路人乙看了他俩一眼，纠正地说：'不，他俩是在过愚人节！'"像这对情人的"忽悠"，虽然是相互自愿的，是相互需要的，但是他们故意选择公共场合表达，便被人们感知是一种虚伪的炒作，是一种表演，所以，被人们认为是一种弱智，是一种愚蠢。如果他们在家里，相互吹捧得再天花乱坠，也无人批评，但这不是他们的初衷，他们要的就是观众，他们就是要在公共场合表现自己，所以这种"相互忽悠"应该视为例外，它并不能如短信所说，体现"爱情"。

长者与美女

长者与美女共饮，皆醉。

长者凭借酒劲试探曰："醉翁之意不在酒。"

美女微笑答曰："醉酒之意不在翁。"

长者尴尬自嘲："醉酒之翁不在意。"

两人皆笑。

【链接】本则短信运用倒序(又称“换序”)的修辞手法将同一句话不添加一字,仅靠调换词序,表达出不同的意思和心境。开始,长者借着酒劲壮胆用大家熟悉的成语“醉翁之意不在酒”对美女进行试探,表达自己别有用意,然而并未成功。美女并不吃他这一套,很巧妙地只将该话中的“酒”字与“翁”字调换,成“醉酒之意不在翁”,似乎在委婉地告知对方:“我虽然醉了,但并非是对你有意!”长者感到被识破、被拒绝,只好自我解嘲,老奸巨猾地又将美女话中的“意”字和“翁”字驾轻就熟地调换一下,便成了“醉酒之翁不在意”以掩盖自己的狼狈和进行自我安慰,并佯装出大度。一句话调序后变成三句话,真可谓是经典对白,都含蓄地表达了自己酒醉后的内心的真实,直可谓酒醉心明。另外有一个小段子“醉翁之意不在酒”则写了三个人,多了一个男友,男友见长者与女友谈话很投机,提醒她:“酒翁之意不在酒。”女友则叫他放心:“醉酒之意不在翁。”长者察觉到了他们的意思,觉得无辜,不得不表白:“醉酒之翁不在意。”在这个故事里,“醉酒”只是一种比喻意义,而在短信中,却当做一种真实的直接的情境。

运用调换词序手法使语句改变原意有许多有趣的故事。传说国民党元老、著名的书法家于右任先生发现经常有人在办公楼周围随意便溺,觉得很不雅,欲制止,于是大笔一挥,写出“不可随处小便”一条横幅标语,交给办事人员去张贴,然而办事人员觉得于老的手迹弥足珍贵,便把条幅带回家去,他将条幅逐字裁开,然后重新拼合成了“小处不可随便”带有哲理的座右铭,其收藏价值是不言而喻的。又传当代著名学者、史学家顾颉刚先生曾为他的学生写过一幅中堂,其内容为“宁可劳而不获,不可不劳而获”。中堂巧妙地将成语“不劳而获”调换词序,变成“劳而不获”,然后用选择句的关联词语“宁可”及“不可”,表达了老师鲜明坚定的态度,勉励和学生要必须不计报酬勤勤恳恳地工作,决不可以不工作而企冀有丰厚的报酬,一个为人师表的形象跃然纸上,令人钦佩不已。

有人风趣地说:“城市建设由市长说了算,开发商算了说,设计师算说了。”非常巧妙地动用了换序的手法,通过“说了算”变成“算了说”和“算说了”,非常含蓄又幽默地表现了三人在城市建设中的不同地位和作用,短小精悍,非常耐人寻味,堪称经典之作。

舌头与心脏

男人去世时，是心脏停止活动；
女人去世时，是舌头停止活动。

【链接】心脏和舌头虽然都是人体的一个器官，但是心脏是个特殊的器官，它是人的生命的象征，但短信把它看作一个普通的器官；舌头具有味觉功能，然而短信却强调它的说话功能。

其实，男人、女人去世时都是一样，心脏停止活动，舌头等其他一切器官都会停止活动。但本则短信醉翁之意不在酒，意在讽刺女人生前舌头活动得太频繁、用舌过度、喜欢唠叨，故作出这样的对比，否则，两句都是废话。因为并非男人去世时舌头不停止活动、女人去世心脏不停止活动，只不过是一种抑此扬彼的手法而已。当然，这里说的女人并非指全部女人，只是指某些女人。并非出于偏见，确实有一些女人的嘴巴往往引起男人的厌烦。有的短信说："男人的腿长，女人的嘴长。"意谓男人在家呆不住，喜欢往外跑；女人喜欢多管闲事，东家长，西家短。大家认为这是男、女各自的一个特点。其实，有的男人也喜欢说长道短，有的女人也是在家闲不住，喜欢逛商场，这里只不过是为了突出女人的"嘴长"而已。河南有句俚语："话只说一遍的是皇帝，话说两遍的是宰相，话反复说的是老婆。"也是挖苦女人话多。

还有的短信说："告诉男人一件事，左耳进，右耳出；告诉女人一件事，全从嘴巴出。"这更是明显的褒男贬女，说男人听到一件事，却只当耳边风，从左耳进来，很快就从右耳出去了，不在心里留存；而女人听到一件事后，虽然也不在心中留存，却从嘴巴传出去，传播给他人的耳中去了。照此逻辑，如果把事讲给另外一个男人听，可能会到此打住；如果讲给另一个女人听，那可能就会一传十，十传百。这也许是对女人的偏见，不知女性见了会作何感想，她能否认同这只是在指个别人，能够接受得了。无论如何，只能把它当做一种调侃而已。女人喜欢说话，如果仅仅是话多，是个数量问题，还只是件小事，如果是在关键的时刻说话不当，则是件大事。有人说：

女人的嘴影响男人的成败。男人处于尴尬时，女人的一句话，或许是他起死回生的灵丹妙药，或许是压死他的最后一根稻草。

罗夫曼对此事也有同感，他甚至以《女人的嘴巴决定男人的一生》为题发表文章，振聋发聩地阐述这个问题。文章说："男人愈是陷入逆境时，愈需要女人的鼓励，在这种关键时刻，女人的一句话，可以是不可思议的惊人助力，也可以是压死男人的最后一根稻草，就此毁了一个男人。"罗夫曼还以炒股一事作为例证，如果老公炒股大为失利，"聪明的女人，看见老公这么伤心，就会轻松地撒娇：'会跌就会再涨起来，别想太多了。'这话说得多么智慧，多么温暖人心。但是愚蠢的老婆，不但不安慰，反而大加指责'你自不量力，你自找的'，甚至说'你若不赚回来，就离婚'等等。"这无疑是伤口上撒盐，雪上加霜，的确无疑是给老公添加了最后一根压死他的致命稻草。所以罗夫曼说："事业受挫的男人，一旦碰到只会责难的老婆，十有八九再也站不起来。"所以，换言之，可以说：某些女人的舌头，足以让男人的心脏停止活动。

桃子与鸡蛋

男人是桃子，外软里硬，要慢吃慢咬；
女人是鸡蛋，外硬里软，要轻拿轻放。

【链接】本则短信将男子比喻为桃子，将女人比喻为鸡蛋，主要是突出两性中，男人"外软里硬"的特性，与女性中"外硬里软"的特性，并进行对比。说"要慢吃慢咬"不在于介绍吃东西的方法，而是寓意对待男性要懂得品味；说"轻拿轻放"也不是谈取物的方法，旨在寓意对待女性要善于呵护。台湾著名作家三毛曾说："男人潜意识的只有两样东西——自尊心和虚荣心。"这大概说到了男人之所以"外软里硬"的重要根源之一。其实，这只是作为女性对待男性要特别注意的一个方面。作为男人自己，硬更要硬在事业上，有人说"男人不作为，拿不出成绩；女人太冷漠，拿不出热情"，这是很有道理的。再者，男人硬要硬在肯于担当，要善于呵护女性。听说，一个女子千里迢迢地去探望丈夫，很高兴地告诉他自己怀孕了，然而丈夫却冷漠地说："去打掉！"妻子很委屈，很害怕地说："听说打胎会死人的。"丈夫却更加冷酷无情地说："坐火车也会死人的，难道你就不坐火车吗？"这样的男人便是不敢担当的男人，他的硬却是无情甚至无人性的表现。

有一个铁匠对自己的妻子说："我是打铁的男人，你是铁打的女人。"大概这种女人可能就是一种外硬里软的女人吧。

有个女人把女人比做自己的肠子，把儿子比做自己的肚子，她说："我是经常牵肠挂肚的。"她又把丈夫比做自己的阑尾，她说："平时，不觉得，可是发作起来，就会丢了我的命。"这是一个多么可敬的贤妻良母，从她的话语里，又可以看到她是活得很顽强的，这大概是一个性格外硬里软的女人，这种女人的内心深藏着多么丰富的感情和强大的力量。

法国哲学家孔德说："男人是行为的动物，女人是感情的动物。"这应该是对男硬女弱的一种独特的诠释。

包子与汉堡

女人认为好男人应该像包子——把精华包在里面；

男人认为好女人应该像汉堡——把养眼的东西露在面儿上。

【链接】本则短信采用同为食品的包子和汉堡分别比喻男人与女人。包子和汉堡是两种极为普通，并不珍贵的食品，作者主要取其"精华在内"和"好看在外"的象征意义。道理虽然浅显，但是形象鲜明，道理深入浅出，容易理解。多数的男人对于女人比较看重其外表，喜欢看露在表面养眼的东西，所以，有人说"和漂亮的女人交往养眼"，还有的短信写看女人的外表写得很具体："勤劳的女人看手就知道，聪明的女人看眼睛就知道，热情的女人看嘴就知道，动人的女人看身就知道。"所以，男人容易一见钟情，而有的男人婚姻失败，也就失败在以貌定终身、以貌娶人上，克提芬里考克就说："许多男人，只是爱上了酒窝，便和那女孩整个人结婚而铸成大错。"说得虽然有点夸张，却倒点到了某些只沉醉于女人外表的男人的软肋。古人便时兴郎才女貌之说，所以男人喜欢漂亮的女人、女人喜欢有才华男人有内涵，即"把精华包在里面"，是顺理成章的事情。有的人说："男人喜欢女人可爱，女人喜欢男人可靠"，也是情同此理。当然，可爱的内容很多，但美丽是其中一项。男人如果没有才，没有内涵，没有精华包在里面，女人怎会感到踏实，感到可靠呢？还有人说"男人害怕女人的眼泪，女人喜欢男人的肩膀"，这肩膀的比喻意义也就是"靠山"，可以依靠的后盾，所以，很多女人对于男人并不注重他的外表，而是注重他的内才，美女嫁丑男的现象也不是个别的。当然，也有一些丑男是凭着花言巧言或其他手段把美女套上的，也是难免的，他们的婚姻经不起时间的考验，他们很难有长久美满的幸福生活。培根曾说："难的不是爱的手腕，而是爱的魅力。"一个堂堂正正的男人，在爱情婚姻上，不要在手段上下功夫，而要靠魅力吸引对方，而魅力就在于他的内涵，就在于他那"包在里面的精华"，这样，才能让你所爱的人感到踏实，感到可靠，感到幸福。

有一个段子写道："女人说：恋爱讲究的是吸引力，婚姻讲究的是控制力，过日子讲究的是忍耐力。男人说：女人不能没有魅力，男人不能没有财力，心里不能没有动力，爱情需要齐努力，家庭才有凝聚力。"这个段子所表达的旨意，似乎可以作为短信《包子与汉堡》很好的补充。

雌雄苍蝇

雄蝇常睡在酒瓶上，雌蝇爱停在镜子上；
男人多喜欢一醉方休，女人多喜欢化妆美容。

【链接】西方有段子幽默说：苍蝇，在酒瓶上睡着了的是雄的，在镜上陶醉着的是雌的。本则短信用起兴的手法，借用雌雄苍蝇的特点的区别，言表男人与女人相似的特点。其实说苍蝇的雌雄此种区别，在科学上不一定有根据，但作者的这种想象和立意在于衬托男人的贪杯和女人的好打扮。其实，从人来讲，也不是绝对的，只是这种情况概率较高，被视为一种常见现象。反之，若一个女人烟酒有染，便被人视为另类；若一个男人爱照镜子、爱打扮则容易被人视为异常，甚至被视为变态。男人中不少是好酒的，有的瘾君子往往留下很多笑话。有的笑话说：老婆叫他远离酒杯，他就用吸管吸酒；还有的笑话说：老婆叫他不要走进酒吧，他到了酒吧门口便倒立进入。这不一定是真事，非常夸张，但入木三分地表现了好酒贪杯的男人的那种韧劲。至于说女人喜欢打扮，喜欢照镜子，有一段言论这样写道："妻子对丈夫说：'在这世界上，让我又爱又恨的就是你！'丈夫却纠正说：'不，我只是第三名，前两名是镜子和体重秤。'"这位丈夫也很风趣，点出妻子爱镜子和秤胜过于爱丈夫，说明这个女人是多么看重化妆和减肥的。

有人就此甚至列举中外有关文艺作品为证。有人说：我国古代女扮男装、替父从军的花木兰，一解甲归田，第一件大事便是"当户理云鬓""对镜贴花黄"，她迫不及待地要欣赏自己久违的"芙蓉如面柳如眉"的美丽。罗马尼亚还专门有一首《照镜子》民歌，歌中唱道："妈妈她到村里去了，我在家里闷得发慌；墙上镜子请你下来，请你照照我的模样！镜子里的那个姑娘，长得那么活泼漂亮，长长辫子眉毛弯弯，两只眼睛星星一样……"镜子既能照出人的容颜，更能照出人的心境，一般人尤其是男人，很难理解镜子对女人有多么重要，更无法理解，在某种情况下，女人不照镜子简直是一种痛苦的折磨。外国有个小幽默说：有个心理学老师发现一个漂亮女生总不用心听讲，打瞌睡，于是为了惩罚她，将她关在一间找不到镜子的屋里写检查，她越加想照镜子，越加痛苦得难以忍受，于是以后再也不打瞌睡了。男人疯狂酗酒，应该严加制止，女人爱照镜子，应该无可厚非。

男女较劲

男：我是英雄；女：我是美人；结果：英雄难过美人关。

男:我是钢铁;女:我是烈火;结果:烈火熔化了钢铁。

男:我是长城;女:我是孟姜女;结果:孟姜女哭倒了长城。

【链接】本则短信虽然没有画上横竖的线条,但其实是表格式的,从内容来看像一种社会调查的记录。从表面上看,男性自诩为英雄、钢铁、长城,都是坚强的牢不可摧的。女性自称除烈火外,美女、孟姜女都是很阴柔的,但相互较量的结果却是令人大跌眼镜:英雄难过美人关,钢铁被烈火熔化,孟姜女把长城哭倒了。一个共同点,女性战胜了男性,也可以说雌性克服了雄性。英雄难过美人关,这是一句大家常用的俗话,根据第二条内容,本来有个"真金不怕火炼",与短信旨意相反,所以短信弃而不用。孟姜女哭长城也是个大家耳熟能详的民间传说,这里却谁也意想不到地被短信借用来说明女性战胜了男性。从以上三种结果来看,应该是怎样的女性呢?孟姜女是个弱女子,另外两个该是非常强悍的女性或简称"悍妇",或说美丽的"悍妇"也可,短信其实只是一种调侃。其实,这不是真正的悍妇,真正的悍妇有,有的小段子说:

男:你是否有特异功能?女:没有。男:那你为什么那样细小的嗓门里会吐出那样粗的话?

这里对悍妇的抨击也是比较直截了当的,而且挖苦得十分尖酸。还有的短信说得更加委婉:

结婚后有的男人变得像女人一样,

那是因为结婚后有的女人变得像男人一样。

这里大致的意思应该是:为什么阳刚的男人会变得像阴柔的女人,那是因为他的妻子由阴柔的女人变成了阳刚的男人。这样诠释还太温了,其实前后两句中的"男人"其含义是不同的,第一句中的"男人是指普通男人",而第二句中的"男人"的含义变了,应该是指"强悍粗暴型的男人"。这条短信强调的应该是:强悍粗暴的女人使自己的丈夫变得像没有阳刚之气的女人了,这也是对强悍粗暴型女人的一种变相的谴责,也是一种幽默的调侃。

有的段子写道:"有的女人有爱是可怕的,她有时会让人变成动物，有时会让男人变成植物，有时会让男人变成废物。”这段话虽然以“爱”字作遮掩，实质上是表现“悍妇”的“可怕”，写得有点过于夸张，过于尖锐。生活中，会使男人或变成“动物”、或变成“植物”、或变成“废物”的“悍妇”该是极为罕见的。

试　探

女：我漂亮吗？

男：漂亮。

女：我要是疯了，你还会爱我吗？

男：（坚定地说）爱。

女：（沉思忧愁）你果然爱的是我的外表。

【链接】本则短信像是超短微型小说，短短的对话中却表现出人物鲜明的性格。在简短的对话中还可以看出人物的心理活动和情节的推进，从对话中，首先看出这个女人对于自己的漂亮是十分自信，她的逻辑是既然自己已经疯了，内在美没了，男人依然爱她，一定是靠她的外在美起作用。至于会产生怎样的后续，让读者各自去展开想象。这种女人是有点胡搅蛮缠的。难道她期望的答案会是不爱吗？难道男人回答“不爱”她能善罢甘休吗？男人真心爱女人的美丽又有什么错呢？这是个叫人左右为难的事情，这不由得让人联想到清代陈本谟写的一个笑话故事：一个僧人与一妇女同坐一只船过河，僧人看了妇人几眼，妇人非常愤怒，叫人打了僧人。僧人为了不惹是非，只好闭上眼睛，总以为太平无事了。谁知船到岸后，妇人又叫人要打僧人。僧人大为不解，问：“我后来闭上了眼睛，又有什么罪呢？”妇人却说：“你后来虽然闭上了眼睛，但是你心里想我却想得更加美。”你听，这不是欲加之罪，何患无辞吗？看你几眼不是，闭着眼睛又不是，这叫人如何适从？这不跟短信中的那个女人的一样，说不爱她也不是，说爱她也不是，同样的蛮横不讲理。

也许这位女士会辩解：我这样的问话，只是对男人的一个试探而已，但是这种试探却是不睿智的。有一个女人对男人的试探倒是较为睿智有趣的——妻子激动地问丈夫："如果你飞上太空，最想干的是什么？"丈夫回答说："看看外星球的女人是什么样。"妻子听后没说话，拿起桌上的茶杯，手一松，杯子掉在地上，摔了个粉碎。丈夫很惊讶，问："你这是干什么？"妻子不动声色地说："没什么，我只是想看看地球还有没有吸引力……"这话说得多么含蓄，但意思很明确：我就是想看看你飞上太空后，我这个地球上的女人对你还有没有吸引力？这话对丈夫一定有非常震撼的力量，这种女人才是个有智慧有内涵的女人。

女人对男人最弱智的试探，就是："我和你妈掉进河里，你救谁？"这是个拾人牙慧的问题，没有一点创意。男人听了，不仅不感觉到可爱，甚至有的还会以为是诅咒他妈而感到可恶。生活中有些女士喜欢搞无意义的试探，还有的是从行动上来试探，例如约会时故意迟到，对恋人的电话故意不接，以此来考验对方的耐心和真诚，这都是无益有害的。尤其危险的是有的女性甚至以"分手"来试探对方，这种玩火式的游戏有时给了男人一个不应有的暗示，使男人有所提防和应对准备，有的甚至假戏真做了，则酿成了悲剧。这种女人总想试探自己在对方心中的地位，这是一种对男友不信任，同时也是自己非常不自信的表现。

著名作家古龙曾说："没有女人冷冷清清，有了女人鸡犬不宁。"显然，这里不是说普通的女人，而是指不睿智。不贤惠的女人，即类似以上所展示的那些喜欢玩"试探"、无事生非的女人。

3. 戏说男人

男人的等级

一等男人家外有家，

二等男人家外有花，

三等男人歌厅酒吧，

四等男人下班回家。

【链接】本则短信用四个押韵的排比句，从男人对待妻子和家庭的态度及处理方式上将男人分为四等，从而反映了男人们的不同政治地位及其经济地位。“一等男人家外有家”，这肯定指的是贪官和奸商，他们有权和有钱，他们可以包二奶，他们可以金屋藏娇。二等男人比他们条件差一点，他们尚无能力为情人购置房产，或尚无摆脱妻室的能力，他们只能在外面拈花惹草，尚不能与情人同居。另外，有些男人只能在歌厅酒吧寻点快乐、找点刺激，这种男人被评为三等男人，这种男人虽然不能家外有家、家外有花，但还是蛮悠闲的，是不太顾家的。工薪阶层的男人属于四等人，但他们对家庭有责任感，迫于生计，他们一下班便老老实实回家，和妻子儿女乃至长辈一起好好过日子。有的短信说：

早回家的男人讲故事给老婆听，

晚回家的男人编故事给老婆听。

显然，只有四等男人是回家“讲故事给老婆听”，用不着“编”。其他一、二、三等男人都有可能要“编故事给老婆听”，只是编的程度、方式和语气等方面不同而已。这些人甚至回到家里无话可说，手机一关，倒床便睡。

意大利导演费里尼说：“男人根本不适合待在婚姻这种容器里。”容器是什么？容器就是家。这种话乍听起来觉得很耸人听闻，起码对于第四种人的工薪阶层是不符合的，但细想起来对于一、二、三等人都是符合的，是一定会得到他们的认同的。

法国著名作家巴尔扎克则说：“一个男人应该引人注目的地方，不是他的马，也不是其他的饰物，而是他的人品。”那么，如果以人品来评判一个人的等级的话，“下班回家”的男人应该评为一等男人，而在歌厅酒吧混的男人为二等男人。由此类推，那“家外有花”的男人列为三等男人；那“家外有家”的男人只能视为四等男人——末等男人。

短信《男人的等级》另有一个版本，其末句为“四等男人下班回家老婆不在家”，加了一截尾巴，极大地改变了原意，原意本是写男人老实顾家。这样一加，则把意思搞复杂了，一方面可以理解为妻子为了增加收入去兼职或去玩了。另一方面，也可以理解为老婆去做不正经的事去了，按俗话来说，就是“四等男人把绿帽戴”，诚然，这样与“一等男人家外有家”的对比更加强烈了。但是，未免把事情说到了极端。

调侃男人

一个女人爱他，他是男人；
两个女人爱他，他是情人；
三个女人爱他，他是情圣；
四个女人爱他，他是情人加人民币；
一千个女人爱他，他是英雄；
一万个女人爱他，他是偶像；
一亿个女人爱他，他不过是妇女用品。

【链接】本则短信构思巧妙独特，以有多少女人爱他来评论男人。一个男人有一至四个女人爱，还是常见的男女关系，或是夫妻关系，或是情人关系，或是贪官、奸商与二奶、小三的关系，以上是一个层次。而一个男人有成千上万的女人爱，则是广泛的社会性的爱了，这种男人便是雷锋、焦裕禄式的英雄、偶像了，这又是一个层次。以上两个层次都属于人与人之间的关系了。第三个层次，把有一亿个女人爱的男人说成“不过是妇女用品”了，则变成了人与物的关系了。把男人说成了物，很搞笑了，很幽默风趣，此时，短信如题名所写，调侃男人已经推上了极致。这里“爱”的含义也改变了，也与前面所说迥然不同了。

其实，把男人比做“妇女用品”，如果理解为男人是为女人服务的，则大多数男人可以接受的，大多数男人是愿意全心全意为女人服务的。很多人认为好好为女人服务是男人的责任和义务，这是义不容辞的。网上流传的一段情感语录甚至这样说:“好男人要做的不过就是:一、能挣到给女人买裙子的钱;二、陪她去买;三、说她穿上裙子好看。”这样的好男人,比一件妇女用品的作用要强得多。把男人比做妇女用品,也可以理解为男人是女人生活中不可缺少的必需品,或者说,女人的生活对男人有依赖性,这倒是对男人的夸赞。在这里,不禁想起有一个文字游戏,有一句没有标点的话为“女人如果没有了男人就恐慌了”,有的男人站在自身的立场上,将其断句为:“女人如果没有了男人,就恐慌了。”这很符合本则短信的立意。但是有的女性不服气,她将那句话断句为“女人如果没有了,男人就恐慌了。”仔细想想,此话也很有道理,男人如果没有了女人,当然就无法生活了。其实两句话都是对的,要合起来说,在生活中,女人不能没有男人,男人也不能没有女人,这就是生活的真谛。如果回到短信来说,那便是:男人是妇女的日常用品,女人也是男人的日常用品。

“成功”男人的一天

上午围着轮子,
中午围着桌子,
下午围着骰子,
晚上围着裙子。

【链接】此则短信的标题就是有反讽意义的,所以加用了引号,这里的“成功”男人并非真正意义上的成功男人,而只是指有权有钱的男人,是一天到晚仅是围着“轮子”“桌子”“骰子”乃至于“裙子”而转的男人,实质上这是一种有权有钱就变坏的男人。短信并非直接道出他们吃喝玩乐以及沉迷女色之丑态,而是借以他们这些行为所“围绕”的物件“轮子、桌子、骰子、裙子”,来代指他们的不良行为,显得含蓄又幽默。短信的每句都有一个共同的后缀词“子”,像一根线将短信各句紧密地穿串一起,给读者以非常完整深刻的印象,增强了表达效果。短信还似用藏词手法,每句省略了一个“转”字。描绘这类“成功”男人的短信不少，又如：

温馨提醒：

早上喝酒不能多，今天还有好几桌；

中午喝酒不能醉，等到下午还要开会；

晚上喝酒不能倒，免得老婆、爱人到处找！

此则短信即从全天都有“喝酒”安排这个方面，显现了“成功”男人生活完全是沉醉在酒液之中，过着醉生梦死的生活。

有的短信别出心裁，仅从“菜谱”上来表现他们：

天上飞的，他们没有吃过飞机；

地上跑的，他们没有吃过汽车；

海里游的，他们没有吃过轮船；

四条腿的，他们没有吃过桌子。

而另一个版本则更夸张更带有挖苦的意味：

天上飞的，他们没有吃过蚊子；

地上跑的，他们没有吃过狮子；

水中游的，他们没有吃过鲸鱼；

四条腿的，他们没有吃过恐龙。

归纳成一句实质性的概括性的话，便是：“他们没有什么没有吃过。”换句话说，那就是：“他们什么都吃过。”以此可以窥见他们生活的极度奢华，这种人，真可谓“成功”。对于这种擅长吃喝的官员，有人剥改贾岛的“松下问童子”诗曰：“门口问传达，言官开会去，只在此楼中，酒醺不知处。”言简意赅，入木三分。

男人心仪的女子

男人心仪的女子：

做饭时，唱着梁静茹的《我喜欢》；

洗衣时，唱着王菲的《我愿意》……

【链接】其实，梁静茹唱的《我喜欢》中，并没有“我喜欢做饭”的歌词，王菲唱的《我愿意》中，也没有“我愿意洗衣”的歌词，只不过是短信作者利用了两首歌歌名字面上的意义，来搭配自己要表达的意思，调侃那些多少有点大男子主义的懒惰者，他们习惯于“饭来张口、衣来伸手”的生活，他们希望把所有的家务事都推给自己的另一半去，他们的心仪的女子就是高高兴兴愿意做饭洗衣的全职太太。有人说：“结婚成家的男人，应该加倍地承担起在家庭中的责任和义务，而这种男人却打算把责任和义务推得一干二净，纯粹把自己心仪的女子当钟点工看待。”

按照他们这种对心仪女子的要求，短信还应加上两句：

用钱时，请许茹芸唱“我不要”，
遇袭时，请田震唱“我来管”……

其实，许茹芸、田震并没有唱过这样的歌，也没有人创作过这样的歌曲，这种杜撰，只不过是不为了迎合这种男子对心仪女子的心理愿望而已。其实，像这种要求“心仪的女子”十全十美的男性是存在的，有的言论就对此有类似的表达，说有的男子心中好女子的标准是：“上得了厅堂，下得了厨房；杀得了木马，翻得了围墙；开得起好车，买得起新房；斗得过二奶，打得过流氓。”这比“心仪的女子”的标准还要更高、更全面，更具现代化的特色。但是，在现实生活中，往往是与男子们的心愿所违：

女人漂亮的不会下厨房，会下厨房的不温柔，
温柔的没主见，有主见的女人没有女人味，
有女人味的乱花钱，不乱花钱的不时尚，
时尚的女人不放心，放心的女人没法看。

短信用顶真的方法十分委婉地写出了某些男人心中的遗憾，十分幽默风趣。另有一则短信写道：

相爱时，男人把女人比作星辰、飞鸟、天使等等；恩断情绝时，男人把天空据为己有，把爱过的女人放回到地面上去。

此则短信用诗一般的语言进一步揭示了某些男人在对待爱情上的自私、大男子主义乃至带一点虚伪的意味，远比前面所写的“心仪”和“遗憾”更深刻、形象，更切入问题的本质。

有点意思

男：过去做知青时，我就对你有意思。

女：有什么意思？

男：现在再来说就没有意思。

女：那当时为什么不表达你的意思？

男：当时很不好意思。

女：你这个人真有意思。

男：只要你感到有意思我才会有意思。

女：那今天才说是什么意思？

男：就是想知道你是否也有这个意思。

女：现在没一点意思。

【链接】很明显，本则短信似乎是采用绕口令的方式来展开人物对话，围绕“意思”的绕来折去，表现了两人各自不同的心态。男士本来就是马后炮，过去做知青时，对一个女生有意思，当时不表白，现在才来表白，女生追问他，他还躲躲闪闪，说“现在再说就没意思”。当时为何不说是因为不好意思，女生说：“你这个人真有意思”其实是讲他真滑稽，他却误会她有意思，女生最后只好给她泼冷水：“现在没一点意思！”希望让他清醒清醒，其实，女生最后并不是说“我没这个意思”，而说“现在没一点意思”，可以理解为过去也许是有意思，所以她责怪他“当时为什么不表达你的意思”？究竟有无意思她心中有数，所以，开始反问他“有什么意思”是故作不知，后来又追问“那当时为什么不表达你的意思”也显出双方的遗憾。当她知道他今天旧事重提的目的仅仅为“就是想知道你是否也有这个意思”时，感觉到他并不是对过去有所珍惜，而只是一个测试、一个游戏而已时，她似乎有点不高兴了，于是断然回答他：“现在没一点意思！”这段绕口令式的对话特别对双方的心理活动刻画得细致入微。这种绕口令与“十四是十四，四十是四十”“不吃葡萄不吐葡萄皮，不吃葡萄倒吐葡萄皮”等段子比起来，显得更“有点意思”！短信中，每句都有“意思”二字，但其含义及其感情色彩均有不同，所以，不但不让人感到重复的单调枯燥，反而读之深感回味无穷。短信虽然全是对话，但却让人感觉到有小说式的故事情节，尤其是其中表现的心理活动，更让男女两人的性格和形象栩栩如生。短信也非常富有戏剧性，更像是一出短短的独幕剧，非常“有意思”。

4. 戏说女人

女人像水果

20 岁女人像樱桃，好看不好吃；
30 岁女人像苹果，好吃又好看；
40 岁女人像菠萝，好吃不好看；
50 岁女人像番茄，自以为是水果，其实早已变蔬菜了。

【链接】本则短信将 20 岁至 50 岁的女人，分别比喻成樱桃、苹果、菠萝和番茄，主要从是否好看与是否好吃两大方面对它们进行评价和比较，以代表对这四个年龄段的女人作出审美的评估。不难发现，短信可能有些偏见，例如：评苹果好吃又好看，其实比它更好看又好吃的水果多呢，像荔枝、葡萄等都比它强，只不过苹果长相朴实、价值经济而已；又如说菠萝不好看，菠萝那么对称如鳞的表皮，该是非常美观，真正好吃不好看的倒该是猕猴桃之类。短信非常有趣的是拿番茄说事。现在，只有小番茄在水果摊上卖，大番茄早已成为菜市场的大众菜了，如果大番茄还要以水果自居的话，的确贻笑大方，短信以此含沙射影地暗讽 50 岁阶段女人中不识时务、无自知之明者，调侃得非常幽默风趣，且含蓄得令人回味无穷。前三句的比喻都平淡无奇，而番茄之喻是本则短信的出彩之笔。

其实，很多人早已将各种类型女人非常巧妙且又形象地比作不同的水果。譬如有人说：

葡萄女人：紫色代表关心，一点一滴，无微不至，给人以安全感，给人回味深长；

菠萝女人：体态丰腴，带刺，叫人小心翼翼，追求原则，保留空间，但相互尊重；

猕猴桃女人：外柔内刚，平凡的仪表，内心甜美，婚后让人发现是个手心里的宝；

香蕉女人：黏糊，依赖性强，独立性差，怕变异，有紧迫感，危机感；

水蜜桃女人：发嗲撒娇高手，软硬兼施，最有心计；

橘子女人：开朗，广交朋友，引人注目，爱慕虚荣；

芒果女人：样子可爱，肉小核大，要强，刚愎自用；

荔枝女人：天生丽质，最懂享受，红色的法拉利炫人眼目，曲高和寡；

苹果女人：有环肥之美，情感温和，比较保守……

也有人根据其接近水果的特性，将男人定为哈密瓜男人、榴莲男人、蓝莓男人、木瓜男人、火龙果男人，也还有香蕉男人等。男人、女人、婚姻都如水果，值得细细品味。

女人歌

漂亮的叫美女，不漂亮的叫有气质；
有才气的叫才女，没才气的叫淑女；
瘦了叫苗条，胖了叫丰满；
高的叫亭亭玉立，矮的叫小巧玲珑；
脾气好的叫温柔可人，脾气不好的叫心直口快；
爱傻笑的叫青春，绷着脸的叫冷艳；
活泼的叫顾盼生辉，矜持的叫稳重大方；
化妆的叫妩媚动人，不化妆的则叫出水芙蓉；
年青的叫青春靓丽，年长的叫成熟动人；
追的人多叫众星捧月，没人敢追叫傲雪凌霜；
挣钱的叫追求独立，不挣钱的叫牺牲为家；

唠唠叨叨叫循循善诱，贬损欺压叫野蛮女友；

长得像女人那叫有女人味，长得不像女人那叫超女……

【链接】本则短信有 240 多个字，在短信中算篇幅较为长的一则，短信以调侃语气从方方面面来夸赞现代女性，短信如数家珍，不惜“唠唠叨叨”“循循善诱”把现代女性说得天花乱坠，优点说得理直气壮，缺点也可予以文身美化，反正尽把好话说，反话也来个正说，说得现代女性心里乐滋滋的。无独有偶，有一则“夸”女人的短信几乎完全是反话正说：

妖的叫美女，刁的叫才女；
木的叫淑女，蔫的叫温柔；
凶的叫直爽，傻的叫阳光；
狠的叫冷艳，土的叫端庄；
洋的叫气质，怪的叫个性；
匪的叫干练，骚的叫有味道；
嫩的叫青春靓丽，老的叫风韵犹存；
牛的叫傲雪凌风，弱的叫楚楚动人。
做女人真好啊！

此则短信基本上是把缺点当作优点来描写，最后一句“做女人真好”自曝了调侃的写意。宫小萃在《闲侃女人》一文中，倒是平心静气地给现代女人送了一首饶有诗味的“四季”歌：

春天的女人是风，暖暖的，柔柔的；
夏天的女人是水，清清的，爽爽的；
秋天的女人是果，酸酸的，甜甜的；
冬天的女人是雪，软软的，绵绵的。

短信从春夏秋冬四季的角度，将女人分别比喻成风、水、果、雪，并进一步细述了她们分别具有的暖、柔、清、爽、酸、甜、软、绵等个性。作者在这首“四季”歌的后面，还十分自豪地强调了一句：

这就是女人——现代的美丽女人。

调侃女人

没有女人，冷冷清清；
有了女人，不得安宁。

【链接】英国著名诗人拜伦曾经说过："可怕的是，既不能和女人一起生活也不能过没有女人的生活。"（见法国莫罗阿《论婚姻》）此话的旨意是批评那种既不善于与女人相处又离不开女人的男人，而本则短信立意与之相反，重点是强调第二句"有了女人，不得安宁"，前面那句只是一个陪衬和对比。短信所指的女人也并非是品质恶劣、有严重问题的人，只不过是管不住自己的嘴巴，唠唠叨叨，吵得叫人头痛、不得安宁的人。但是，女人应该懂得，令男人头痛的是女人鸡毛蒜皮的事也喋喋不休，这比乱花钱更令男人心烦。这方面的故事很多。例如：两夫妻去钓鱼，妻子不停地在一旁说话，丈夫很讨厌，但又无法制止她。不久，钓到了一条大鱼，妻子又忙于发表言论，她似乎很有同情心地说："这条大鱼真是可怜！"此时，丈夫终于找到了发泄的机会，他含沙射影地接过话题说："有什么可怜？如果它闭上嘴，不就没事了吗？"间接地指责了老婆的"不闭嘴"的恶习。还有一则小笑话与本则短信有异曲同工之妙，说的是：一个女人陪老公去看病，也是嘴巴说个不停，令医生很厌烦，终于在开完处方后，医生对这个女人很严厉地说："你老公需要绝对的安静，这里开了安眠药！"女士接着说："谢谢，我会按时给她吃药的。"医生毫不客气地纠正说："你误解了，这药是给你吃的！你先安静了，你老公才能确保安静！"说得该女人有些不好意思。

这方面的故事，还有的是通过男女针尖对麦芒似的对话来表现，例如：有的女人讽刺地说："男人秃顶是用脑过度造成的。"秃顶男人则回敬说："女人不长胡须，是因为整天唠唠叨叨，下巴运动频繁所致。"过去还有人用对联来反映这方面的舌战，有的女子劝丈夫戒烟，她文绉绉地说："张口闭口吞云吐雾，谁家男人像你这烧火先生？"男子也像对对联地回击说："搬嘴弄舌说风道雨，哪个女人似我那泼水夫人。”丈夫的下联也是针对女子饶舌的毛病来做文章。还是法国思想家蒙台涅说得好:“一桩完美的婚姻存在于瞎眼妻子和耳聋丈夫之间。”无论妻子怎样唠唠叨叨,喋喋不休,只要丈夫像聋子一样充耳不闻,一样可以得到心灵的安宁。

另有一则短信写道:“你在天边,令我心痛;你在身边,令我头痛。”与短信《调侃女人》略有些相通的解读,也带有一些“有了女人,不得安宁”的言外之意。有人调侃说:“上帝创造了世界,然后休息了;上帝创造了男人,然后又休息了;上帝创造了女人,从那时起,上帝便无法休息了。”这里不应指所有的妇女,只是其中的少数人,这种妇女连上帝都会被她搞得“无法休息”,当然就更会令凡人感到:“她在天边,令人心痛;她在身边,令人头痛。”美国著名主持人拉里·金曾风趣地说:“有一次我问霍金,有什么他搞不懂的,他回答:女人。如果这个世界上最聪明的家伙都搞不懂,你期望我能干啥?”显然,以上这些(包括短信),都是对女人的一种善意的调侃。

不要以为

不要以为我白,就肤浅简单,
不要以为我美,就华而不实,
不要以为我能说,就轻薄狂放,
更不要以为我头发长,就见识短。

【链接】看完本则短信,似乎听到一个自感美丽、智慧的女性在作真情表白,短信似乎省略了一个呼告“世人们你们听着”,或者应该是“男士们,你们听着”,女主人似乎感觉有点不被人理解,尤其是有人把她的优点当成了缺点,似乎应该来一个表白,以正视听。短信分别以“白”与“肤浅简单”、“美”与“华而不实”、“能说”与“轻薄狂放”、“头发长”与“见识短”作对比,且是一种反比,以显示对方的逻辑不甚合理乃至产生谬误。短信选用了“不要以为”的句式来表达,借带有否定语气的词语来表述其所需正面表达的内容。短信塑造了一个内秀外美的女子形象，她强烈表现要纠正别人对她的误解和偏见。她要正面诉说的话是："我白，但我并不肤浅简单；我美，但我不是华而不实；我能说，但我并不轻薄狂放；我头发长，但我未必见识短。"其实，未必有旁人对她这样说三道四，这也是一种假设，如果不借助"不要以为"的假想来直接表白，但真会让人感觉到她确实"肤浅简单""华而不实""轻薄狂放"和"见识短"。短信在这里似乎含有用典的因素，民间有句俗语说"女人头发长见识短"，这是对女性的偏见，是带有贬义的。短信中的"她"不露声色地、间接地对这种歧视女性的世俗陈腐观念进行了不点名的批判。尤其是加一个"更"字，将此情绪表达得更加强烈。

著名社会活动家靳羽西女士说过："魅力女人，就是有充分的意志力抵挡男人的进攻，也有足够多的魅力阻挡男人的撤退。"短信中塑造的她；从字里行间，我们不难感受到：她是一个很有意志力的女人，也许还是一个很有魅力的女人。相信她这番表白，若不是为了抵挡男人的进攻，便是为了阻挡男人的撤退。

女孩吃吧吃吧不是罪

女孩吃吧吃吧吃吧不是罪，再胖的人也有权利去增肥。苗条背后其实是憔悴，爱你的人不会在意你的腰围。女孩吃吧吃吧吃吧不是罪，尝尝阔别已久的美食的滋味，就算撑死也是一种美，何不好好把握这个机会？

【链接】刘德华演唱过一首《男人哭吧不是罪》的歌，其后部分的歌词是："男儿哭吧哭吧哭吧不是罪，再强的人也有权利去疲惫，微笑背后只剩心碎，做人何必撑得那么狼狈。男儿哭吧哭吧哭吧不是罪，尝尝阔别已久眼泪的滋味。就算下雨也是一种美，不如好好把握这个机会。"显然，本则短信是仿照这段歌词的格式而创作的。每个句子的句式和整段结构都基本上是一致的。其实女子中不怕增肥的人是极少数。近年来，电视上出现过一些肥姐肥嫂亮相作秀的节目，她们标榜燕瘦不如环肥，她们以杨贵妃之美为荣，认为杨玉环之肥体胜过陈飞燕的瘦身。她们提出“宁可胖得精致，不愿瘦得雷同”。正如短信中所说：“再胖的人也有权利去增肥，苗条背后其实是憔悴。”其实，短信并不是真心实意地替肥胖女孩说话的，而是反话正说，而是调侃讽刺增肥女孩，“就算撑死也是一种美”这一句就暴露了“庐山真面目”。短信说“爱你的人不会在意你的腰围”，这是对肥胖女孩的一种误导，有的人说“男人希望女人整体苗条，局部丰满”倒是一种时尚的取向。前几年一度看好骨感的女性，因此，女人要局部丰满倒是大有裨益的提醒，也正被许多女性奉为金科玉律。于是，社会上出现过“胸为爱已者隆，钱为商家的皮包鼓”的潮流。究竟是肥美，还是瘦美，仁者见仁，智者见智，女性各有各的审美标准和行为选择，但是应该给她们两条善意的提醒：一、以健康为美；二、内在美胜过外在美，两者兼有则更善。

我喜欢“红楼梦”中的女人

我喜欢女孩子要像黛玉一样有才气，
我喜欢女孩子要像宝钗一样懂事，
我喜欢女孩子要像可卿一样漂亮，
我喜欢女孩子要像湘云一样豪爽，
我喜欢女孩子要像李纨一样忠贞，
我喜欢女孩子要像凤姐一样精明，
我喜欢女孩子要像元春一样显贵。

【链接】本则短信完全用古典名著《红楼梦》中的女性人物来说事，很有书卷气。短信说男孩子喜欢女孩子要像林黛玉等人那样，具备她们的优点。短信所说这些人的特点，太多是准确的，但有的欠妥当。短信说林黛玉有才气，是准确的，别的不提，就说她的《葬花词》《桃花行》写得那么催人泪下，激动人心，便可看出她的才气。说薛宝钗懂事、老练也是对的，她给人的印象就是“举止娴雅，品格端方”“通情达理，随分从时”。在《红楼梦》中，秦可卿是否是女性中最漂亮的，很难说，不过，从金陵十二钗正册的末幅图“有一美人悬梁自尽”权且可作佐证，她也可算一个美貌的少妇。说史湘云性格豪爽，也是不失其实的，她的确憨厚活泼，开朗豪爽，有她在场总是气氛活跃，欢声笑语不绝。但说李纨忠贞未必准确，李纨性格的突出特点应该是厚道，人家都叫她“大菩萨”，“第一个善德人”，当然，李纨也有“按例而行”、从不“多事逞才”的一面。王熙凤算个家喻户晓的人物，她的泼辣、精明能干是没有争议的。至于说到“像元春一样显贵”，倒不敢苟同。元春虽然身为贵妃，为贾家带来荣华富贵，但她个人的生活未必是很幸福的。皇帝三宫六院七十二妃，他能得到皇帝多少的宠幸呢？并不乐观。她实际上是被送到了一个“不得见人的去处”，她实际上是个富贵的牺牲者，是个悲剧人物。一定要说她有福气的话，充其量也只不过是“坐在宝马车里哭”的福气而已。拿古代四大文学名著说事的短信不少，其中有一条与此有所关联的是：“贾宝玉做哥们可以，嫁给他肯定要讨饭行乞；林妹妹做情人可以，娶了她，一生有受不完的气；宝姐姐虽然大了点，但与她搞姐弟恋是蛮好的，很体贴，很踏实。”也都是反映青年男女的恋爱观的。

五、交友处世篇

1. 君子之交

忽忆君

相见亦无事，
不来忽忆君。

【链接】这是一个知识分子发给他的好友的短信。短信引用了清代画家厉鹗书写的一副对联，该对联现入选《书法百联》一书。该对联是一副流水对，又叫串联，上下联的内容紧密相连，不可分割，多表现因果、转折、递进等关系的内容。这副对联字句朴实无华，但道出了“君子之交淡如水”的旨意，道出了被牵肠挂肚的思念。85岁的著名画家黄永玉在接受记者采访时，谈到他已经去世的好友苗子（也是著名画家），他深情地说：“我们俩在一起的时候并没有多少话说，但不见面时，又常常想念。”对于短信的诠释，此之谓也。据此，可以将对联改为“相见亦无语，不来常忆君”。厉鹗（1692－1752），字太鸿，号樊谢，浙江钱塘江（今杭州）人，康熙间举人、诗人、书法家，著有《宋诗纪事》《樊谢山房集》。他离开我们已经三百六十多年了，但是他的这幅书联很受后人的欣赏，时至今日，有不少年轻人办的博客屋、驿站、通讯网站纷纷以“不来忽忆君”“不来常（长）思她（他）”“别来常思卿”等命名，可见“相见亦无事，不来忽忆君”道出了众人心中欲说而未说出之语，此联也是对“君子之交淡如水”的最好诠释。

有的短信对此作了更加真切、更加详尽的表述：

天天各自忙，情意放心上；

平时少问候，佳节送吉祥，
虽说不见面，时时挂肚肠。
见信如相晤，情意比天长。

又如有的短信说：

有种惦记，平淡，却很甘甜；
有种问候，平常，却很温暖；
有种信任，无言，却很真切。
有种情感，清醇，却很长远。

还有的短信说：

做朋友不一定要形影不离，但一定要以诚相许；
做朋友不一定要经常相聚，但一定要心中有你；
做朋友不一定要天天联系，但每天都要记得你。

以上短信都是对“相见亦无事，不来忽忆君”的最好译本。

“不来忽忆君”的根源在于“心中常有君”“心中不忘君”，正如有的短信所写：

不因路远而疏远你，
不因忙碌而不想你，
更不因时间流逝而淡忘你，
你是我心灵深处的朋友。

来饮酒

不如来饮酒，
可以赋新诗。

【链接】此则短信是一教授用以回应朋友的短信“相见亦无事，不来忽忆君”的，也是一副对联。此联也见于《书法百联》一书，原由清代书法家杨法书写，此联也并非杨法创作，而是集白居易、杜甫等人的诗句而成。

白居易被贬江州司马三年后，作有《不如来饮酒七首》，其中有诗句"不如来饮酒，相对醉厌厌""不如来饮酒，相伴醉悠悠""不如来饮酒，仰面醉酣酣""不如来饮酒，合眼醉昏昏""不如来饮酒，任性醉腾腾""不如来饮酒，稳臣醉陶陶""不如来饮酒，闲坐醉醺醺"，反复咏叹，七句"不如来饮酒"，将迫切要求挚友来聚的心情抒发得淋漓酣畅。宋代李昭妃也写有"不如来饮酒，听唱小桃红"的诗句（见《乐静集》）。而明代朱有炖则洋洋洒洒写有《拟不如来饮酒八首》，其中有一首写道："莫向忙中去，闲时自养神。功名一场梦，世界半分尘。明月朝还暮，时光秋复春。不如来饮酒，醉里乐天真。"至于与"可以赋新诗"有关的诗句，杜甫在《已上人茅斋》中写有"已公茅屋下，可以赋新诗"句，宋代刘学箕也写有"可以赋新诗，江清钓石矶"等诗句（见《钓矶候舟》）。杨法的书联将白居易、杜甫等人的诗句集合在一起，将饮酒、赋诗及朋友三者之间的微妙关系表达得别有情趣。

交友中，我们鄙视酒肉朋友，但是并不全然反对朋友之间饮酒。欧洲有条谚语说："酒杯中可见天堂，但狂饮只能下地狱。"说明饮酒并不一定是坏事，关键是掌握好度，适度便可见天堂，过度便要下地狱。饮酒总要有伴，独自一人喝酒总是兴味索然，像李白那样"花间一壶酒，独酌无相亲"，也是憾事，也只好"举杯邀明月，对影成三人"（见《月下独酌》）。如果能邀上知心朋友来对饮，"开君一壶酒，细酌对春风"（北周·庾信《答王褒饷酒诗》）岂不是件美事、乐事！

饮酒有很多作用，有的人是为了以酒浇愁，如唐代翁绶在《咏酒》中就明确写道："百年莫惜千回醉，一盏能销万古愁。"有人则说饮酒可以出名，大家最熟知的李白《将进酒》便旗帜鲜明地说："古来圣贤皆寂寞，惟有饮者留其名。"宋人史浩又重弹李白老调："自古圣贤皆寂寞，只教饮者留名。"（《临江仙·劝酒》）而短信"不如来饮酒"的用意是"可以赋新诗"，以饮酒助诗兴，增强朋友之间的友谊。

杨法是乾隆时代的画家，字已军，江苏江宁（今南京）人，生卒年不详。他与厉鹗虽然同为清代人，但未必是相识好友，他的书联"不如来饮酒，可以赋新诗"，显然不是为了回应厉鹗的书联"相见亦无事，不来忽忆君"。但是，作为今人，一个教授以"不如来饮酒，可以赋新诗"发短信，与朋友的短信"相见亦无事，不来忽忆君"相互唱和，倒是在意境上、在情感上显得天衣无缝、珠联璧合。

杜甫在《春日忆李白》中写道:“何时一樽酒,重与细论文。”虽然字面上与“不如来饮酒,可以赋新诗”有异,但是在意境上却是一致不二的,尤其是抒发了古代骚人墨客以酒和诗文会友的共同情怀。

你,就是这种人

有一种美酒,一小滴就令人不禁陶醉;
有一种音乐,一小节就给人无穷回味;
有一种书,一小段就叫人不弃不离;
有一种人,一认识就教人一生相随。
你,就是这种人!

【链接】本则短信旨在写人,为此,却借用了“美酒”“音乐”和“书”来作陪衬,卒章显其志。短信在表达旨意时很注意词语的选择和搭配。从“滴”“节”“段”到“令”“给”“叫”“教”,都注意了其间的细微区别及其表达的准确性。其落实在各句句尾的“不禁陶醉”“无穷回味”“不弃不离”“一生相随”,更是使用得各有特色,整则短信在用词方面,避免了重复,各有新意。短信为了强调写人,最后,补一句“你,就是这种人”,来复指“你,就是一认识就教人一生相随”的人,加强了表达效果。而且,短信通过衬托,也表达了这种“一认识”就“教人一生相随”的人,也就如同前面被赞美的“美酒”“音乐”“书”一样,“令人不禁陶醉”“给人无穷回味”“叫人不弃不离”,所以,短信从总体的表达上又有一种“互文”的作用和效果。短信中并没有出现“朋友”二字,但从内容上看,无疑是歌颂着珍贵的朋友,同时,也可以涵盖一种特殊的“朋友”——恋人。

有一则短信,也是同样的意境:

有一种关心,不请自来,
有一种默契,无可替代;
有一种沉默,不是遗忘;

有一种孤单，饱含等待；

有一种思念，因你存在，

有一种心情，因你而愉快。

此则短信也可以理解为既是写朋友、又是写恋人的。但是，大多数写“朋友”的短信，往往都是大声疾呼“朋友”二字的，例如：

朋友，不一定要锦上添花，但一定要送炭雪里；

朋友，不一定要合情合理，但一定要知心知意；

朋友，不一定是常常联系，但一定要挂记心里；

朋友，不一定要形影不离，但一定要惺惺相惜。

短信通过四个“不一定”的否定，与四个“一定”的肯定的对比，说出了朋友相处之道。又如：

朋友不一定谈笑风生，但要会分担烦恼；

朋友不一定天天见面，但要会常常惦念；

朋友不一定能两肋插刀，但要会让人感到安全！

朋友不一定要学问高深，但要会理解别人。

短信也是通过四个“不一定”与四个“但要会”的对比，道出了做朋友的真谛，都在平平淡淡的叙述中，让人深感到朋友的真诚、热情、可爱和珍贵。

天太热了

老天爷，

是你让夏天和冬天结婚了吧，

怎么生出这么坏的天气。

这天气实在太热了：

买筐鸡蛋，到家就孵成小鸡了，

买床凉席，一睡就变成电热毯了，

路上遇到个陌生人，相视一笑就成熟人了，

桌子太烫，麻将刚码好，居然就糊了。

【链接】熟悉最新短信的人应该看出，此则短信是用集句（应该是集段）的手法，将两条短信连接而成的。但不知情的人不一定看得出，因为原来的两条短信在内容和语言风格上都有相通之处，所以，两条短信连接得几乎可以说是天衣无缝、珠联璧合。短信首先用拟人的手法，调侃上帝、夏天和冬天，是上帝让夏天、冬天结婚，于是带来了恶果，生出了这么坏的天气——实在太热的天气，这种浪漫的想象可让人在酷热中减少一点烦躁，获得一点欢乐。短信用数家珍的手法，具体列出了酷热天气的怪现象：鸡蛋孵成了小鸡，凉席变成了电热毯，陌生人一笑成了熟人，麻将刚码好就糊了。这些大胆的设想，简直像水能点灯一样神奇。而且在这段表述中，还暗用了拈连的修辞手法，将用以表现甲事物特性的词语来表现乙事物，尤其是后两句，转弯抹角，迂回地来表述。陌生人变成熟人本来与天气没有什么关系，但短信的表达是，天气太热了，热得陌生人变熟了，这个熟字谐音转义，由原意生的东西热成了可以吃的熟东西，转义为已经互相了解了的熟人了。天气太热，可以把麻将烤焦了（即烤煳），已是极度的夸张，而谐音转义为打麻将胡了，表达了一种游戏的结果了。既幽默又含蓄，令人回味无穷。其实，短信末句可以直接用“胡”字，调侃效果还会更好。非常有趣的是，另有一则短信也是写天气太热，可以说是上则短信的姊妹篇，更准确地说，应该视作的它的续篇，短信写道：

天热了，
说无谓的话，怕你心堵；
说热情的话，怕你中暑；
说思念的话，怕你受苦；
说祝福的话，怕你嫌土。
那就说句风凉话吧，
愿你清凉一夏，
心静自然凉，
多多保重。

前一则短信是以出现各种不正常的现象来调侃“天太热了”，而此则短信则是写在此太热的天气下，怎么向你（朋友或恋人）说上一句非常得体的话呢？前面所列的四种话，实际上是当作“废话”来处理的，短信突出要讲的倒是一句令人意外的“风凉话”。短信在这里用了“易色”修辞手段，贬义当作褒义用。众所周知，“风凉话”本指幸灾乐祸的不负责任的冷言冷语，而短信则将“风凉”转回本义“有风而凉爽”，这在天太热时正如干旱时的雨露，所以短信最终表达了：说“愿你清凉一夏，心静自然凉，多多保重”这样的“风凉话”比说“无谓的话”“热情的话”“思念的话”“祝福的话”更加珍贵。短信中“说热情的话，怕你中暑”，也是用了拈连修辞手法，热情的话只会使人内心温暖，怎会产生物理作用升高体温而中暑了，非常幽默风趣。所以，从总的看来，两则短信的风格极为相似，如同出自同一人之手，似乎在构思上早有预谋，其客观的效果也是尽如人意的。

天凉了，请君添衣

当凉意与秋雨结伴，当黄叶与霞光相依，当冷月共白霜一色，当大雁也打点南归，我的问候伴随着温馨飘然而至：天凉了，请君添衣！

【链接】唐代苏廷页诗曰：“心绪逢摇落，秋声不可闻。”（《汾上惊秋》）辛弃疾也有词曰：“觉人间，万事到秋天，都摇落。”（《满江红》）当然，辛弃疾主要是由于报国无门深有感叹，但也免不了“行吟坐啸独悲秋”的情调。在萧瑟的秋时，怀念情人，怀念朋友，显得特别的深沉，特别的厚重。本则短信通过四个“当××”的句式，通过“凉意与秋雨”“黄叶与霞光”“冷月与晨霜”以及“大雁南归”将“秋”的气氛渲染得极为凝重，然后画龙点睛地突出自己温馨问候：“天凉了，请君添衣！”

“请君添衣！”这是一句多么平实的叮咛，但是在冷秋之中给人以无比的温暖。这不由得使人想起《杜十娘》中的一句歌词：“郎君啊，你是不是冻得慌？你要是冻得慌，你对我十娘讲，十娘我给你做衣裳。”歌词也是通过问寒问暖的一个细节，来表示对人的极度的关怀，短信就是这样从一个很平常很不起眼的细节，来表达对于朋友适时的关切、深厚的情谊。

无独有偶，另有一则短信也是写叮嘱友人“莫忘添衣裳”的，短信从“一片落叶”写至“已是秋凉，请记得添加衣裳”：

一片落叶在你眼前飘扬，带着山野的梦馨香；
带着盛夏的梦想，带着秋日的微黄；
带着云天的寄托，带着归途的舒畅；
轻轻地捎给你一份安详：已是秋凉，请记得添加衣裳。

有一则短信则用结构相同、整齐划一的句子来表达秋凉时的关怀：

秋已至，天转凉，鸿雁下斜阳；
红花谢，绿叶黄，莫忘添衣裳；
多惆怅，望远方，天籁叙衷肠；
桂树茂，菊飘香，徐风携清凉，祈安康！

此则短信连用四个“三、三、五”的句式，有点仿词牌的意味，最后多加“祈安康”三字，更有一番“春女思，秋士悲”的情调，三则短信在词语选择上有不少相同或相近者，如都选用了雁、凉、添衣、叶黄与黄叶等字词。第一则短信中“凉意与秋雨结伴”“黄叶与霞光相依”“冷月共白霜一色”，很明显，是暗仿王勃《滕王阁序》中的“落霞与孤鹜齐飞，秋水共长天一色”，仿拟得还比较自然，不显斧凿之痕，而且渗透出古诗词的浓郁韵味。

以何为贵

问世间万物，君以何以贵？
山以青为贵，山以秀为贵；
月以明为贵，星以亮为贵；
情以真为贵，友以挚为贵；
物以稀为贵，我以你为贵。

【链接】本则短信首先一个设问："问世间万物，君以何为贵？"然后通过山之贵、水之贵、月之贵、星之贵、情之贵、友之贵、物之贵等多重的衬托，凸显了我以你为贵，凸显了你是我的最珍贵的朋友。无独有偶，有一则短信，也是通过沙漠之贵、夜幕之贵、幸福生活之贵，来突显"茫茫大海，朋友最珍贵"：

走进沙漠，清水最珍贵；
沉沉夜幕，灯火最珍贵；
幸福生活，健康最珍贵；
茫茫人海，朋友最珍贵。

更有趣的是有一则短信，虽然不出现"贵"或"珍贵"的字眼，但与第二则短信的构想有异曲同工之妙：

夜幕里有星星显得迷人；
大海里有涛声显得渊博；
冬季里有雪花倍感浪漫；
朋友里有你深感幸福。

此则短信换言之，便是："夜幕里，星星可贵；大海里，涛声可贵；冬季里，雪花可贵；朋友里，你最可贵。"重点也在最后一句。白福开编著的《实用短信宝典》中也有一则专写"贵"的短信：

人以正为贵，体以健为贵；
富以仁为贵，穷以志为贵；
心以善为贵，品以端为贵；
衣以洁为贵，食以素为贵；
住以雅为贵，行以稳为贵；
喜以度为贵，怒以克为贵；
哀以节为贵，乐以适为贵；
家以和为贵，邻以亲为贵；
友以诚为贵，情以挚为贵；
欲以寡为贵，思以敏为贵；
师以爱为贵，待以尊为贵；
教以严为贵，学以专为贵；
官以廉为贵，民以纯为贵。

本则短信篇较长，不止是谈交朋结友的问题，还谈及了生活起居、为人处世、喜怒哀乐、师生教学乃至官廉民纯等问题，简直是一种全方位的生活指南。

说好四句话

为受窘的人说一句解围的话；
为沮丧的人说一句鼓励的话；
为疑惑的人说一句点醒的话；
为无助的人说一句支持的话。

【链接】中国台湾高僧星云大师曾写过一篇文章《受人欢迎的四句话》，所言“四句话”，便是短信中所说的这四句话，这四句话看似简单，做起来却不容易，它可作为我们交友处世上的座右铭。“受窘”“沮丧”“疑惑”“无助”的人，用现在的话来说就是弱势群体，他们的这四种处境，便是处于无奈的困境之时。对于弱势群体，有时需要金钱等方面的帮助，但有时，一种出自肺腑的语言的帮助，一种精神上的帮助，胜过了金钱的力量。如有人处于尴尬下不了台时，你的一句解围的话对他是如获救兵般重要；有人在丧失信心时，你的鼓励的话，可让他如沐春风，信心倍增，轻松地投入新的生活；有人在疑惑不解甚至轻生时，如果你的话使他如醍醐灌顶，使他头脑清醒，放弃轻生，岂不胜造七级浮屠吗？若有人感到无助时，听到了你的支持的话，重新获得了力量，鼓起勇气，一定会大有作为。短信用四句“为A人说一句B话”格式的排比句言简意赅地剖析了做人的一个细微而又重要的方面，这是和谐社会里不可或缺的一股浓浓的暖流。说话是一门艺术，它有各种技巧，《经济日报》上登过郑丹瑞的一篇《世上的事》，题目是指事，实际上表达的是：面对各种事，该如何去说：

急事，慢慢地说；
大事，清楚地说；
小事，幽默地说；
没把握的事，谨慎地说；
没发生的事，不要胡说；
做不到的事，别乱说；
伤害人的事，不能说；
讨厌的事，对事不对人地说；
别人的事，小心说；
自己的事，做了再说；
未来的事，未来说。

这个段子从各个角度教人说话的方式和情态，很全面，对于人的交友处世很有裨益。如果在此基础上，又有如短信所阐述的说好受人欢迎的四句话，那你在交友处世上便可以锦上添花了。

英国有个著名的芭蕾舞童星埃利，不幸的是她只有12岁时患了骨癌，需要截肢。手术前，很多人都来安慰她，鼓励她要坚强，她都一言不发。她很想见戴安娜王妃，因为王妃曾赞美她的舞姿"像一只洁白的小天鹅"。王妃终于在百忙之中过来了。她不像众人那样说鼓励的话，她把埃利搂进自己的怀里，说："好孩子，你现在一定很伤心，你就痛痛快快地哭吧，哭够了我们再说。"埃利顿时泪如泉涌，她觉得王妃说出了对她最理解最体贴的话。的确，对于非常痛苦的人说任何鼓励的套话都是无动于衷的，只有像戴安娜这样说体贴的话，才能说到对方的心坎里去，才能让人感动，让人欣慰。据此，我们可以按星云大师的风格加上一句：为痛苦的人说一句慰藉的话。

宽　容

对别人的宽容也是对自己的仁慈。宽容能使我们拥有海洋般广阔的胸怀和天使一样美好的心灵。宽容能根除仇恨在心中生长的毒瘤，宽容像花儿一样，给人们带来一片芬芳。

【链接】本则短信对宽容作了热情的赞扬，尤其是把它比作花的芬芳，与仇恨的毒瘤作对比，更显得宽容的高尚。著名作家马克·吐温对宽容的表述更具有独特的诗一般的意境，他说："紫罗兰把它的香气，留在那踩扁了它的脚踝上，这就是宽恕。"有句古诗曰："踏花归来马蹄香。"这里也写到有花的芳香留在践踏过花的马蹄上，但这里却毫不怜惜花香，它只是抒发踏花者的一种得意、欢畅。而马克·吐温独具慧眼，他看到和感觉到的却是花不但不对践踏者没有任何埋怨，反而心甘情愿地把香气留在踏花者的脚踝上。紫罗兰的宽容精神怎不令人肃然起敬？

星云大师在谈到宽恕时，非常欣赏我国春秋时期闵子骞的故事，闵子骞很小失去了母亲，继母是个心胸狭窄的人，不能视他为己出，做事总是偏心。冬天，她亲生的两个儿子有棉衣穿，而闵子骞穿的衣服却是用芦花充填的，不能御寒。一次闵子骞与父亲同驾车出去有事，闵子骞在驾车时，冷得浑身抖瑟，父亲不知情，以为是闵子骞故意做作，以此诋毁继母。他不但不能理解儿子，反而十分生气，很愤怒地用鞭子抽打闵子骞，由于用力过猛，衣服被打破了，里面的芦花都飞扬出来了。这时闵子骞的父亲终于明白了，他错怪了儿子，他看出了后妻的不公平不贤惠，于是扬言回去要休掉她。但闵子骞听后不但不庆幸，反而极力劝阻父亲，他很真诚地说："母在一子寒，母去三子单。"闵子骞的话感动了父亲，从而挽留了继母，闵子骞真是具有紫罗兰的精神。继母那样践踏他，他不但不忌恨，反而为她说话，为她歌功颂德，岂不是还把花香留在了踏花者的脚踝上。

古今中外，有修养的仁人志士多具有宽容的胸襟，胡适在任北大校长时，学潮爆发，有的学生贴出了"打倒糊涂博士"的标语，但胡适对此毫不介意。事后，他根本没有去对写标语的学生进行追查和处理。一次谢冰莹教授在谈及此事时问胡适："你难道一点也不生气吗？"胡适却坦然说道："由它去吧！如果我糊涂的话，就该打倒，若不糊涂，谁也打不倒我。"说得多么的淡定，从胡适与闵子骞的事件上，我们感觉到了"宽容"的魅力，我们不由得想起一句名言："做一个宽厚的人，眼里不露怒神，口中不吐恶语，心底不生仇火。"这就是"宽容"的一种境界。

说到宽容，人们无不钦佩南非前总统曼德拉，他曾在罗本岛监狱服狱多年，在那里受尽百般折磨，可是在他后来当选总统的就职大会上，他竟邀请了罗本岛监狱的三名工作人员参加，并向他们致敬。大家很不理解，他说："过去我的脾气很暴躁，是监狱使我变得冷静，并学会了自制。"他还说："当我走出囚室，迈过通向自由的监狱大门时，我已经清楚，自己若不能把悲痛和怨恨留在身后，那么我其实仍在狱中。"难道还有比这更宽广博大的宽容吗？

理解颂（一）

不是所有的草木都可以理解风，
不是所有的川流都可以理解雨，
不是所有的虫鸣都可以理解夏天，
不是所有的回声都可以理解呼唤，
所以，
我爱，你遥远的凝望未必理解我心灵的天空，
我蓦然的回首未必理解你心中那刹那的疼痛。

【链接】本则短信选自"中国首届全球通短信文学大赛"选粹《杠梯子的人》（云南人民出版社出版），作者杨或。短信的关键词是"理解"，《现代汉语词典》对于"理解"的释义仅三个字："懂；了解"。短信通过几个排比句，以不是所有的草木、川流、虫鸣、回声都可以理解风、雨、夏天、呼唤，衬托"你""我"之间的未必懂，未必了解。特别强调：你虽然在遥远的凝望，但未必懂我心灵的天空；我蓦然回首，却也未必能了解你那心中的疼痛。有一篇散文诗写道："火温暖我们，谁知道火的寒意？水滋润我们，而我们并不知道水的渴意。音乐从琴弦上漫过，琴弦陷入更深的孤寂。岸上的鱼死于对一滴水的思念。"这是对于"理解"对于本则短信是更加深刻更富诗意的解读。

在人类社会中，人与人之间的理解，往往受政治地位和经济地位

的影响。传说晋惠帝司马衷听说天下大乱、百姓纷纷饿死，惊奇地问大臣："何不食肉糜？"这便是典型的一例。当今现实生活中，也有东施效颦者，报载：某模特大赛到山区拍外景，遇一正值学龄的牧羊儿童，一女模特问："你怎么不上学？"答道："上不起。"女模特又问："你为什么不在因特网上学习呢？"女模特与晋惠帝一样的弱智。《扛梯子的人》中还选有一则短信《井》，写"理解"更具新意：

> 夜里我掉进一口井，还好水很浅，但仍使我感到恐慌，慌乱之时发现有一丝光亮，便仰头望天，我惊呆了！那星空是如此的美丽，忽然间很羡慕起那只井底之蛙。世人只知道批判它目光短浅，却不知在这一口洞天之中，可以看到常人难以看到的美丽景象。

此则短信荣获 2004 年由海南移动通讯有限责任公司、《天涯》杂志社等单位联合举办的"中国首届全球通短信文学大赛"散文类三等奖，作者吴毓瑶。其获奖评语为："逆反不是无事生非，而是求真务实见人之所未见，于是井底之蛙的视角，也可展开对思维定势的质疑，破译大千世界的复杂与丰富，这种不附俗流的态度，颇值得鼓励。"这里实质上也是反映了一个"理解"的问题，按照定向思维的"理解"，"井底之蛙"是被贬的，被嘲笑的，但是经过不平常的实践经历，产生不同的感受，才发现：在井底，"在这一口洞天之中，可以看到常人难以看到的美丽景象"，这也是不掉入井底的常人不易理解的。《庄子·秋水》："庄子与惠子游于濠梁之上，庄子曰：'倏鱼出游从容，是鱼之乐也。'惠子曰：'子非鱼，安知鱼之乐？'庄子曰：'子非我，安知我不知鱼之乐？'"掉入井者曰："子非我，安知井中观天之乐？"人们常说"竹篮打水一场空"，是贬义的，但是，有人却有"竹篮打不到水可以捞到鱼"的生活体验，与"井下观天"同出一理。

理解颂(二)

理解别人是一种睿智，
被别人理解是一种幸福。

【链接】前几年，社会上流行一句话："理解万岁！"之所以会产生这样的话，是因为人们在追求金钱、名誉、地位之时，容易被利益蒙住了眼睛，于是社会变得冷漠，相互的关心、尊重少了，而相互的猜忌争斗多了，于是社会的和谐也就受到严重影响了，所以"理解万岁"成为有识之士的共同呼声，因而应运而生了。本则短信用简洁的语言揭示了"理解"和"被理解"的重要特性之一——理解需要睿智，被理解应该感到幸福。

别说在人的社会里，就是在花的王国里，也潜伏着理解和被误解的矛盾，据说月季花对玫瑰花很不服气，一天，她实在憋不住了，她找到玫瑰当面责问："我长得也很美丽，为什么你被奉为爱情的象征，而我却被冷淡？"玫瑰听后一点也不生气，她很淡定地说："我有此殊荣，只不过是人的炒作，我心中明白。请你不要难过。"从中可以看出，月季花是缺少理解别人的睿智，而玫瑰却具有一种谦虚不躁的自知之明及大度，她也是从人对她的理解中感到幸福。无独有偶，康乃馨对于水仙花也不太理解，她气势汹汹地质问水仙花："水为什么赢得了你一生的爱？"水仙花怀着一种几乎是感恩的心态回答说："水让我每时每刻都感受到在她心中的地位，我被爱，就是一种幸福。"然而这却是康乃馨未能理解的。

"被理解"的幸福绝不是物质上的幸福，而是一种心灵上的感受和满足。德谟克里特说："幸福是一种通过对行为和享受的节制，对愿望的制约及避免对世俗占有时的竞争而获得的一种安宁快乐。"玫瑰和水仙花正是不知不觉地体验和享受着这种幸福。

不能理解人的原因很多，但危害最大的是妒忌，有人说，一个叫花子不会妒忌百万富翁，但他会妒忌比他们混得好的叫花子。妒忌通常产生在相同层次之间，平心静气说：月季花和康乃馨也是美丽的花朵，她们并不会比玫瑰、水仙花逊色很多，处于相同层次之间，所以产生了妒忌，妨碍了她们正确理解玫瑰和水仙花。

理解人的一个重要方面就是要能够把别人的快乐、成功、幸福当做自己的快乐、成功和幸福，把别人的痛苦、失败、不幸当做自己的不幸。有人说："把别人的快乐当做自己的快乐，能赢得朋友；把别人的痛苦当做自己的痛苦，能赢得友谊。"月季花和康乃馨正是缺乏这一点，所以，她们就很难把玫瑰和水仙花当成朋友，也很难与她们建立起深厚的友谊。

我们在交友处世时应该学会理解人和懂得被人理解，从而赢得更多的朋友，从而获得更深的友谊，从而增强睿智，从而感受幸福。

2. 朋友之歌

论 友

友不贵多，得一人，可胜百人；
友不论久，得一日，可逾千古；
友不择时，得一缘，可益一世；
有你为友；是缘，是运，是福！

【链接】有一则短信说："一年中总有几件事情不会忘记，一生之中总有几个朋友让我珍惜，春夏秋冬走过四季，虽不能时时相聚，但在节日来临之际，心中总把你惦记。"一般来说，人生难得有几个知心朋友，但如短信《论友》所说，"友不贵多，得一人，可胜百人。"两则短信的主旨是一致的，《论友》进一步论述了"友不论久""友不择时"，"得一日可逾千古""得一缘可益一世"，《论友》由虚转实，更主要的是突出"有你一友"，便"是缘，是运，是福"，突显了"你"与我的友谊是与众不同的，是弥足珍贵的。

有人说："友谊的种子深埋于你我的心中，春天一到就会抽芽，就会开出属于你，也属于我的花朵。"还有人说："如果说友谊是一棵常青树，那么浇灌它的必定是出自心田的清泉；如果说友谊是一朵开不败的鲜花，那么照顾它的必定是心中升起的太阳。"短信《论友》并没有如此华丽的词句，它朴实无华，它仅以几个整齐的"仿古"的句子说得非常深刻、清晰、入理。

写"友谊"的短信不少，多为风格平实，例如：

有种惦记，平淡，却很甘甜；
有种问候，平常，却很温暖；
有种信任，无言，却很真切；
有种情感，清澈，却很长远。

又如：

月走我不走，痴心等挚友；
忽听手机响，短信慰心头。
路远情谊在，事多有先后，
两心苦相印，何必常聚首。
仍怜故乡水，万里送行舟；
春来秋复去，相思几时休。

但最平实的莫过于下面这则：

你是早上的面包，夏天的雪糕；
你是冬天里的棉袄，黑夜里的灯泡。
你是山东人的大蒜，四川人的辣椒。

短信通过日常生活中不可缺少的东西来说明朋友的珍贵，在当今世态炎凉的气氛中，有的歌曲发现了"天上的星星，为何像人群一般拥挤；地上的人们，为何又像星星一样疏远"的质疑和呼唤，说明当今的人们，多么期待亲情，又多么渴望友谊！

心中的朋友

惦记，无声，却很深沉；
问候，无奇，却很温馨；
信任，无形，却很真切；
祝福，无华，却很开心。

【链接】本则短信用四句可以断成三段的句子，表达了对于心中的朋友不露声色的表现和感受，尤其是用"无声""无奇""无形""无华”四个同有“无”字的不同词语，表现出对心中朋友在“惦记”“问候”“信任”“祝福”多方面的细致特点。惦记在心里，只能听到心跳的声音，听不到说话的声音。朋友问候发出的声音并不是豪言壮语，而是平淡无奇的；对朋友的信任，因为是藏在心底的，不是摆在面上的，所以是无形的，是看不见的；对朋友的祝福也是用不着花言巧语，而是出自心间，所以是朴实无华的。虽然都是很低调的，但朋友之间却能感到“深沉”、感到“温馨”、感到“亲切”、感到“开心”，这如果要用一句话来概括的话，别无选择，只有一句大家熟知的话——君子之交淡如水。“无声”“无奇”“无形”“无华”。不正是“淡如水”的具体写照吗？

还有的短信说：

少有问候，但我在默默祝福你；
少有电话，但我在默默牵挂你；
少有短信，但在我默默想念你；
少有喷嚏，但我在默默惦记你；
不管距离多远，心永远不会疏远；
只要心心相印，你我就是零的距离。

这条短信也是从一些细节方面写出了“君子之交淡如水”的朴实深沉的友情，另有一条短信与以上短信有异曲同工之妙：

真情义：贵时不浓，贱时不淡；
真诚信：富时不重，贫时不轻；
真善良：予时不限，取时不忍；
真祝愿：言语不长，意味不短；
真朋友：忙时不扰，闲时不忘。

此则短信突出一个“真”字，在贵与贱和浓与淡，富与贫和重与轻，予与取和限与忍，言语与意味和长与短，忙与闲和扰与忘的交叉对比中，阐述得极富哲理和禅趣。

朋友总记在心头

鲜花，或雅或艳，总栽在盆里；
月亮，或缺或圆，总挂在天上；
情谊，或浓或淡，总藏在胸中；
朋友，或聚或散，总记在心头。

【链接】本则短信另一版本后两句是“情谊或远或近，总还在联系中”“朋友，或远或近，总记在心中”，意思差不多，但不如现今版与前两句的结构更加对应。短信前两句的内容要虚一些，后两句的内容更实一些，也是主要要表达的内容。前两句只是作个铺垫，有古代诗歌常见的起兴作用。先言他事他物，然后引出所要表述的事物。本则短信所表达的旨意，借用唐代诗人王勃的一句诗来概括，那便是“海内存知已，天涯若比邻。”（见《杜少府之任蜀州》）。秦观诗云：“两情若是久长时，又岂在朝朝暮暮。”夫妻情、爱恋情总该是最亲密的吧，只要天长地久，又何必追求朝朝暮暮、耳鬓厮磨、相守不离呢？更何况朋友呢？只要友谊在，或浓或谈，只要挂记在心头就足够了。汉乐府古辞《筮篌谣》又曰：“结交在相知，骨肉何必亲。”可说到了一个极致：朋友贵在相知，可以比骨肉还亲。这都是古人的态度，今人的理解并不逊于古人。有一则短信是这样写“朋友”的：

朋友，不一定合情合理，但一定要知心知意；
朋友，不一定形影不离，但一定要记在心际；
朋友，不一定天天见面，但一定要常有信息；
朋友，不一定锦上添花，但一定要送炭雪里。

对朋友不在于锦上添花，而在于雪中送炭。此话不可谓不经典，对朋友的帮助最有价值的就在于帮在他急需之时，急需之处。还有的说，朋友不在于同欢乐，而在于共患难。此话也很经典。朋友之间在欢乐之时，在一帆风顺之时，是很好相处的，但在遇到患难之时，则考验出真正的朋友。不是真正的知已，早就拍拍屁股，离你远去。别说是患难之时，就是穷困之时，也是对朋友的一个试金石，古人说："穷居闹市无人问，富在深山有远亲。"世态炎凉在金钱至上的社会氛围中总是难以消退的影子，我们更要有平常心态。对待朋友也是如此，朋友或聚或散，可贵的是总记在心头。不需要什么礼物，只需要一个问候，在当今信息发达的时代，能经常发个短信也就不错。有一则写法相似的短信写得好："船在水上，云在风上，朋友记在心上；鸳鸯在湖上，蝴蝶在花上，愿你的快乐在我心上；念在心上，喜在脸上，诚心的祝愿写在短信上。"还有一则短信写得好："这条短信，收到就行。如在岗位，不回也行。我的祝福，知道就行。亲如兄弟，记得就行。看完之后，笑笑就行。如不满意，删掉也行。"四个"就行"，两个"也行"，写出了多么难能可贵的恬淡平常的心境！

朋友赞

朋友是天，朋友是地，有了朋友可以顶天立地；
朋友是风，朋友是雨，有了朋友可以呼风唤雨；
朋友是花，朋友是月，有了朋友可以花好月圆；
朋友是肝，朋友是胆，有了朋友可以肝胆相照；
朋友是金，朋友是银，有了朋友就拥有最大的财富！

【链接】本则短信先是分别将朋友比做天和地、风和雨、花和月、肝和胆，然后总叙有了朋友的好处，又分别用一个成语"顶天立地""呼风唤雨""花好月圆""肝胆相照"来总叙，虽然最末句没有使用成语来概括，但是"最大的财富"也是大大涵盖了"金"和"银"的内涵，短信重点不在前面的比喻，而旨在强调"有了朋友"的优越之处。短信构思有特点，每句都是先分叙，后半句予以综合关联。作者为席锋。

也有人把朋友比做山，比做树，有了朋友就有了坚实的依靠，也就能"顶天立地"；也有人把朋友比做风帆，有了朋友，就能乘风破浪，呼风唤雨。培根说："友谊使欢乐倍增，使痛苦减半。"有了朋友，可以享受一种花好月圆的胜境。革命先行者孙中山曾经集杜甫诗句“安危他日终须仗，甘苦来时要共尝”送给生死之交黄兴，这就是朋友间同甘共苦、肝胆相照的最好范例。

短信中，提到了金，提到了银，提到了“财富”，但这里不是从拜金主义角度来欣赏，不是指它物质上的形态，而是它象征“宝贵”的意义，而是指它作为精神财富的象征，用以表达有了朋友的宝贵，犹如拥有了宝贵的财富。

徐悲鸿任北平大学生艺术学院院长的时候，聘用木匠出身、没有学历的齐白石任中国画教授，遭到众人反对，徐悲鸿愤然离开学院，还为了扩大齐白石的影响，四处为他联系出版画集；李大钊被杀害后，他的夫人求助胡适等人为李重新安葬，有人提醒胡：“不怕有人诬陷你私通共产党啊，这可是死罪啊！”而胡只是淡然一笑：“如果真是有人要放不过我，那就随他的便吧。”有徐悲鸿、胡适这样的诤友，真是胜过拥有无穷的财富。拉罗什富科说：“一个真正的朋友是一份珍贵的财产，而我们却很少为获得这份财产而操心。”我们应该为获得诤友而多加操心。

把朋友比作山、冰、天、地、风、雨等的短信还有：

好朋友是山，一脉相连；
好朋友是水，同出的源；
好朋友是天，精邃深远；
好朋友是地，厚爱绵绵；
有朋友，人生就多了一份充实、快乐、安全！
(见《拇指风暴》)

又如有的短信以“四季歌”的形式来歌颂朋友：

朋友是春天的雨，伤心时为你落泪；
朋友是夏天的风，酷热时为你清凉；
朋友是秋天的菊，孤独时为你开放；
朋友是冬天的火，寒冷时给你温暖。

以上这些短信都通过生动形象的比喻，对朋友进行了热情的赞颂。

朋友像拼图

朋友就像片片拼图，结合后构成一幅美丽的图画，如果不见了一片，就永远不会完整。你就是我不想遗失的那重要的一片。

【链接】人们已经把朋友作了各种各样的比喻，而本则短信别出心裁地把朋友比作拼图，很独特，令人难以忘怀。短信虽然没有华丽的词藻，但却给人以鲜明的形象，且有深刻的含义。有的网友却对短信提出异议，认为“哪一片都重要，哪一片都不能少”。从宏观上来看，从整体上来说，网友的意见是说得过去的。但是，具体分析人的一生中交的朋友，还是有着各种各样的差别，像患难之时结交的朋友与平时邂逅的朋友，在心里铭刻的程度是会不同的。在人生十字路口给你指点方向的朋友与在酒席上碰杯的朋友毕竟对你人生产生的影响是不同的。就说拼图本身，每片拼图的大小、颜色以及所处的位置均有不同，应该可以看出相当重要的那片或那几片。有人说：“一个懂得你的泪水的朋友，胜过一群懂得你的微笑的人。”这也说明了朋友对你的重视程度是有差异的。就说拼图本身，如果是一幅人物或动物的拼图，恐怕处于“眼睛”部位的要显得重要些吧？短信在转发时，有的网友在最后加了一句“因为你是我最好的朋友”，似乎是画蛇添足，短信的旨意就在于此，不必特别地说出来。

朋友是什么？有的人把他比作是：

炎炎烈日下一阵凉爽的风，
冰天雪地里一缕温暖的阳光，
灰心泄气时一句鼓励的话语，
难过伤心时一个倾诉的对象。

有的人则从春夏秋冬四季来谈朋友：

朋友是站在窗前欣赏冬日飘寒的雪花时手中捧着的一杯热茶；

朋友是收获季节里陶醉在秋日私语中的那杯美酒；

朋友是在夏日大雨滂沱时手里撑着的一把大伞；

朋友是春日来临时吹开心中冬日郁闷的那一缕春风。

句子太长了，几乎有点佶屈聱牙，比较简短的有：

陪你一起笑的朋友，请记住；

陪你一起疯的朋友，请重视；

陪你一起哭的朋友，请加倍珍惜！

更为简洁的只有一句话：

朋友分三种：一辈子；一杯子；一被子。

这里运用三个同音字表达了极为丰富的内涵，缊含着不同的生活经历，有的短信不仅表现经历，更注重表现经历中的情感：

朋友是什么？朋友是经常惦记的人，是伤心痛苦时最想见的人，是打扰了不用说对不起的人，是帮助了不用说谢谢的人，是你高升了也用不着改变称呼的人，是无论在天涯海角，都会彼此挂念的人。

其实，这种人也许就是"拼图"中"我不想遗失的那重要的一片"。

珍惜友缘

有缘相聚，为何不倍加珍惜？

为何要到分离后留下遗憾的记忆？

今日的酒杯，不要剩下昨日的伤悲，

今朝有酒，就要与朋友同醉。

【链接】短信连用两个反问句，然后便是格言警句式的抒写，强调"相聚是缘"，要"倍加珍惜"。著名的生物学家达尔文说过："谈到名声、荣誉、快乐、财富这些东西，如果同友情相比，它们都是尘土。"可见友情是多么的珍贵。但是友情不是骤然形成的，首先，就是不要轻易放过哪怕是偶然相逢的一次机会，它也许是要几百年才能修得的缘份。虽然是一次的相逢，虽然是与一个人的缘份，都是千金难买的。有的短信说得好：

红尘坎坷，多一声问候是一种慰藉；
大千世界，多一人牵挂是一种福气；
茫茫人海，多一人相知是一种骄傲；
人生旅途，多一人相伴是一种珍贵。

清代文学家、《镜花缘》的作者李汝珍说得好："今日相逢，岂是无缘；不但有缘，而且有宿缘；因有宿缘，所以来结良缘；因结良缘，不免又续旧缘；因缘旧缘，以致普结众缘；结了众缘，然后才了众缘。"

写"友缘"的短信不少，又如：

相逢是缘分，相知是心境；
陈酒最好喝，老友最知心；
不用尺来量，不用秤来称；
诚挚的友情，用心灵感应。

古人说："百年修得同船渡，千年修得共枕眠。"强调相逢、相爱都是来之不易的缘分。结交朋友虽然比不上结为夫妻，但是一次共同乘船渡河都要修了百年才有的机会。所以，对于相逢的机遇不要轻易失之交臂。苏轼有诗曰："相逢不用忙回去，明日黄花蝶也愁。"也是告诫人们，要珍惜朋友相逢的机会。

本则短信以"相逢是缘份"为切入点，进而强调相逢之后更要求得"相知"的佳境，要相互用心灵去感应，成为知心老友。酒越陈越香，朋友越老越知心，这种诚挚的友情是不能用尺量，不能用秤称的，要倍加珍惜。珍惜友缘，贵在保持一种平等的关系。法国有首诗写"朋友的可贵之处"写得很别致：

不要走在我的前面，
因为我可能不会跟随；
不要走在我的后面，
因为我不会引路；
请走在我的身边，
做我的朋友。

这首诗语言较奇特，这主要来自思想的深邃，道出了朋友贵在并肩而行的哲理。

我们与朋友

得意时，朋友认识我们；
失意时，我们认识朋友。

【链接】丘顿·柯林斯有一段名言："成功时，朋友认识我们；逆境中，我们了解朋友。"有人则说："快乐时，朋友认识我们；患难时，我们了解朋友。"这不知是否来自不同的译本。本则短信大概也是根据丘顿·柯林斯的言论而撰写的，但本则短信精心运用了多种修饰手段，首先，"得意"与"失意"仅一字之差，用了同异的手法，然后，调换词序，将"朋友认识我们"变成"我们认识朋友"，可视为回文手法的运用，这样的表达，显得更加明晰而深邃，意味更加隽永，更富哲理。

古人说："贫居闹市无人问，富在深山有远亲。"这与本则短信所说的道理是一致的。有钱的时候，朋友都认识我们，会主动接近我们，甚至不避山遥水远，与我们有密切的联系。而一旦我们穷了，便门可罗雀，即便住在繁华的闹市区，也很少有人来往，此时能够光顾寒舍的，才是真正的朋友。所以说，贫穷使我们真正了解了谁是真正的朋友。古语和短信都反映了世态炎凉的社会现象。

人们的生活中，顺境好过，逆境难受，在顺境中，尤其是得意时，人们（包括朋友）可能对你像众星捧月一样，使你得意洋洋甚至忘乎所以。而在逆境中，即失意时，却容易使你顿时一落千丈，或许会使你有"树倒猢狲散"的感觉，会使人倍感孤独。

但逆境却能使人冷静，使人更加深刻地认识自己、认识人生。逆境对人是最好的人生教科书，巴尔扎克说过："一个人倒霉时至少有这么一点好处，可以清楚谁是真正的朋友。"所以人们常说"烈火之中炼真金，危难之时识诤友"。黎巴嫩诗人、作家纪伯伦对此说得更加形象、生动：

和你一同笑过的人，你可能把他忘掉；
但是，和你一同哭过的人，你却永远不忘。

苏竣根据自己对生活的深刻观察和思考，把“友”分成了四种人：

道义相砥、过失相规，畏友也；
缓急可共、死生可托，密友也；
甘言如饴、游戏征逐，昵友也；
利则相攘、患则相倾，贼友也。

显然，“畏友”和“密友”是难能可贵的；对于“昵友”，则需头脑清楚、理性处之；对于“贼友”，则应鄙视他、唾弃他、预防他。这是必须区别对待的。诚然，我们需要朋友，我们更加需要真诚的朋友，正如毛阿敏唱的《永远是朋友》那首歌所写：“千里难寻是朋友，朋友多了路好走。以诚相见，心诚则灵，让我们从此是朋友。”让我们永远是朋友。

朋友与品德

只要看他穿什么衣服，就可以知道他的性格；
只要看他交什么朋友，就可以知道他的品德。

【链接】德国伟大诗人歌德说过：“只要告诉我，你交往的是什么样的人，我就能说出你是什么样的人。”本则短信与歌德所表达的旨意是一致的，但比他表达得更加艺术，内容更加丰富。

短信采用了两个“只要……就……”的条件句，对交友和识别人谈得很自信，也确实被其“不幸言中”的概率极高。短信的第一句的内容看似与第二句无必然的联系，但却是很好的铺垫和衬托，也有起兴的作用。

俄国有条谚语说：“一个人没有朋友，就像生活没有阳光。”阳光对于一个人的生存生活，是必不可少的，可见朋友对于一个人是多么重要的。但是交朋友也不能随意交，不能乱交，对于朋友，要有慎重的选择。朋友交得不慎，受其潜移默化的作用，其性格和品德就会与这种朋友渐趋一致，久而久之，使你坠入其中，不能自拔。孔子说：

"与善人居,如入芝兰之室,久而不闻共香,即与之化矣。与不善人居,如入鲍鱼之肆,久而不闻其臭,亦与之化矣。"所以,自古以来,判断一个人,识别一个人,往往从看他交什么样的朋友来考察,所以,古来一贯强调"近朱者赤,近墨者黑"以及"物以类聚,人以群分"。

明代陈继儒在《小窗幽记》中写道:"赏花须结豪友,观妓须结淡友,登山须结逸友,泛舟须结旷友,对月须结冷友,待雪须结艳友,捉酒须结韵友。"陈继儒这种对待朋友的选择和要求是极雅的、是非大众化的。然而有一则短信却言简意赅地写道:"交酒肉朋友伤胃,交势利小人伤心。"在物欲横流、世态炎凉的当今,此则短信却道出了现代社会中交友和交际中的两大要害。有的短信别出心裁地把朋友比作窗子,短信写道:

人就像房子,朋友就是窗子。窗子越多,房子越亮。我愿是你最大的那扇向阳窗:春送花香,秋送气爽,夏送凉风,冬送阳光。

如果说朋友像一扇窗户的话,那么道德高尚的朋友就是那扇最敞亮的向阳窗,它可以使你的房子更加明亮,这样的朋友就可以助你成为品德高尚、事业有成、人缘圆融的达人。

3. 处世之道

半为好

酒饮半酣正好,花开半时偏妍。

【链接】本则短信出自清代李密阉的《半半歌》,全诗共28行,每句中都有一个"半"字,是作者"看破浮尘过半",深感"半之受用无边",将此生活体验浓墨重彩地表述出来。其中富有哲理、脍炙人口的诗句还有"帆张半扇免翻颠,马放半缰稳便""半中岁月尽幽闲,半里乾坤宽展""半少却饶滋味,半多反厌纠缠"等,林语堂先生对此诗也很有兴趣,著文评点,认为该诗充分表达了"生活最高典型应属子思所提倡的中庸生活"。杭州灵隐寺有一副对联写道:"人生哪能多如意，万事只求半称心。”也突出一个“半”字，含有深刻的人生哲理。

以上所言，“半”绝不是数学中等量的“半”，而是生活、生命的一种未完成的恰到好处的状态，正如画家画作里的留白一样，更加留有想象和发展的空间。它强调事情的适度，不可过之，《菜根谭》对此作了最好的阐述：

> 花开半看，酒饮微醺，此中大有佳趣，若至烂漫酕醄，便成恶境矣。

对生活稍加留心，不难发觉，酒饮到微醺，人的精神状态极佳，若饮到酩酊大醉时，很可能失态，令人生厌，甚至把身体搞坏，把事情搞砸。花在含苞欲放时最有生机，最令人爱怜，若“零落成泥碾作尘”，尽管还有“香如故”，也总是沦入恶境，甚至任人践踏而已。所以，古代历来教育读本都抓住“酒饮半酣”“花开半吐”做文章，教育人们把握好生命、生活中未完成的美好状态，见好就收。家喻户晓的《增广贤文》中也写有“美酒饮当微醉候，好花看到半开时”，都不忘教育人们做事情要掌握好“度”，凡事不可过度，即凡事不可用其极，不可使之尽。宋代高僧佛果禅师对此有精辟的阐述：“势不可使尽，福不可享尽，规矩不可行尽，好话不可说尽。”这也是说，凡事以“半”为好。

人们之所以都强调“半”为好，这是因为“人生哪有多如意”，即在现实生活中不可能万事如意，所以，人们不能对生活要求太高、太完美，正如杨锋女士所说：“得到了爱情未必拥有金钱；获得了金钱未必拥有快乐；拥有快乐又未必能享受到爱情；即使拥有健康也未必一切如愿以偿。”所以，我们应该如灵隐寺对联所说：“凡事只求半称心。”

善待自己，善待别人

对自己好一点，因为一辈子并不长；

对别人好一点，因为下一辈子不一定能相见。

【**链接**】有人说：“一个人时，善待自己；两个人时，善待对方。生活就是这样简单！”此话与本则短信有异曲同工之妙。

对自己好一点，也许有人认为这是很容易做到的，其实也不然，有的人在生活中遇到一点困难和挫折，就愁眉苦脸、抑郁寡欢，有的人甚至自残以至自尽。有的人并不是遇到困难和挫折，而是追求颓废荒淫的生活，嗜好赌博、嫖娼、吸毒等，以致走上了偷、抢的犯罪道路，以致断送了自己的青春和生命。人类历史的长河是漫长的，但个人的生活是短暂的，人们应该清醒地认识到这一点，珍惜生命，珍惜自己！

对别人好一点，话也很朴实简单，但也不是容易做到的，要有宽阔的胸怀，温暖的爱心，高尚的品质，才能做得到。著名经济学者茅于轼说："一个国家的老百姓有没有素质，只要看一点，就是懂不懂得照顾别人。"美国前总统罗斯福有一个很感人的故事。一次交谈中，得知贴身男仆的妻子听说鹑鸟很漂亮，但遗憾的是从未见过。后来，罗斯福看到一栋房子的窗前有一只鹑鸟出现了，他马上打电话给男仆，叫他通知妻子去观看鹑鸟。这看来是一个很小的事情，但作为一个总统，日理万机，能帮助一个男仆的妻子满足一个观看美鸟的心愿，这种人文关怀是可敬的。男仆与妻子能与总统相识相处，这是一种缘分。虽说是"十世修得同船渡，百世修来共枕眠"，但人是不可能有下辈子的。人必须要珍惜今生的缘分。要关心自己，更要关心别人，关心周围的人，不求给人锦上添花，但要尽力给人雪中送炭；若不能给人三春暖，也不能给人数九寒；不能给人美佳肴，但求解人腹中饥。人生没有返程票，没有回头车，珍惜这辈子，既善待自己，又善待别人，与同车的旅客一起快快乐乐地走完今生的旅程，用愉悦的心情饱览沿途的美好景色。有一则短信从一个新颖的角度用一个新颖的比喻说："要记住，我们的地板就是别人的天花板。"英雄所见略同，另一则短信则以一个"卡"字来比喻说："你是一个'上'字，我是一个'下'字，我们共同组成一个'卡'字，谁也离不开谁。"这两则短信也是非常形象生动且深刻地告诫人们：要善待自己，要善待别人。善待自己、善待别人，也体现在善于与人相处上。有人说："如果你握紧了拳头，谁也无法和你握手。"还有人说得更加形象："仙人掌永远无法为人鼓掌，它也永远无法拥有友谊和快乐。"我们要善待自己、善待别人，就不要成天紧握着拳头，也不要像仙人掌那样得不到永谊和快乐。

待人当利他

待人应似春风，

利他犹如冬日。

【链接】本则短信引自台湾高僧星云大师的禅诗："待人应似春风，处事须像夏莲，律己宜带秋气，利他犹如冬日。"本来是一首"四季歌"，但短信是选其"春、冬"有关的两句，因为这两句的内涵是有内在联系的，"待人"的最高原则便是有利于他人，正如标题所说，"待人当利他"。《佛经》说："不为自己求安乐，但愿众生得离苦。"星云大师的诗作，是对佛教宗义的最好阐述。

古今中外，舍己为人的可歌可泣的事例不胜枚举，这里我们不得不对近代当代两位可敬的女性倍加赞美，一位是台湾卖菜阿婆陈树菊，13 岁便开始卖菜，20 年来，她从点滴的积累中，共捐出台币上千万(合人民币 200 多万元)抚养孤儿，建图书馆等。她的钱是来之不易的，早晨三点钟就要起床，直干到下午五点收工，她的脚趾都站弯了，住院一周便不听医生嘱咐，偷偷出院。她省吃俭用，每天的中午都是吃最便宜的快餐，吃剩的晚上吃。她计划还要再拼命卖菜，争取再捐一千万给社会慈善事业。所以，她入选了美国《时代》周刊 2010 年度最具影响力的百大人物是当之无愧的。

另一位可敬的女性便是一位罗斯夫人，她的举动是一般人想不到，也难以做到的。她的丈夫因出车祸而不幸去世，她却强忍悲痛，在她爱人出车祸的地方种上一大片的玫瑰花。各种各样的玫瑰争奇斗艳，并发出阵阵馥郁的清香。从此路过这里的车辆由于开车人都被玫瑰的花香和姿彩所吸引，不知不觉地自动减速，以欣赏路边的可爱的玫瑰，从此，这个地方的车祸便遽减。罗斯夫人这种举动让别人减少了伤亡悲痛，让别人挽留了安全和幸福，她就是一个"待人似春风""利他如冬日"的伟大女性。

茨巴尔说过："应该让别人的生活因为有了你的生存而更加美好。"列夫·托尔斯泰也说："幸福在于为别人而生活。"罗斯夫人就是这样做的，陈树菊也是这样做的。陈树菊后来在接受记者采访时说："钱，要给需要的人才有用。"她还说："每次帮助人家，都会觉得很开心，就会睡得很好。"陈树菊文化水平并不高，但她这种舍己利人的精神境界却是很高，很高。

多为他人着想

径步窄处，须让一步与人行；
滋味浓时，须留三分与人食。

【链接】本则短信出自《史典》，在《菜根谭》中也写有："争先的，径路窄，退后一步，自宽平一步。浓艳的，滋味短，清淡一分，自悠长一分。"字面上有所不同，但是中心意思都很明确，做人要处处为别人着想，如果行走在狭小的路上，要能给别人让一步，让人行走方便；如果有佳肴美味用餐时，应与人共享，留三分给别人食用。这应该是一种宽厚的品格，由此，使人不禁会想到西班牙著名画家毕加索的有关事情。毕加索出名后，其画卖价渐渐看涨，于是有不少人模仿他的画冒充真品，以骗人钱财。有的好心人帮他把画买来，劝他去起诉他们。然而毕加索的反应却令人十分意外，他只是把上面的伪作签名涂掉，他很豁达地说："我们为什么要小题大做呢？""作假画的人不是穷画家就是老朋友，我是西班牙人，不能和老朋友为难，而且那些鉴定真迹的专家也要吃饭。那些假画使许多人有饭吃，而我也没有吃亏。"毕加索的思想也就是有路大家走、有饭大家吃的理念。明明假画的出现侵害了他的权益，他却坦然无所谓地说"而我也没有吃亏"，这是多么宽广的胸怀、多么宽容厚道的品格。

无独有偶，西班牙另一个著名画家迭戈·委拉慈开斯也有同样感人的故事，一次他外出到意大利旅游，看见有人在仿制他的名画《提水的妇女》，他很沉得住气，他不但没有制止该人仿制他的画，更没有对作假者作出维权的交涉，不但若无其事地耐心地看造假者作画，并且不可思议地指点作画者修改画，他指出，水很重，妇女身子的倾斜度应更大，室内的水的颜色应更深……

作画者非常感谢他："感谢你的指导，现在一定能够卖个好价钱。"迭戈回答说："这样既不会糟蹋我的声誉，又能给你带来很高的收益！"这时作假者意识到迭戈就是原作者了，他很理性地问："你不打算让法律制裁我吗？"迭戈却说："生活是艺术的土壤，虽然你是在仿造艺术，但我依旧不希望因为艺术而威胁到你的生活！"这话深深地感动了他、教育了他，以后他更加刻苦地进行创作，终于也取得了骄人的成绩，他就是意大利十七世纪的著名画家麦德卢。麦德卢成名后常常深有感触地说："是迭戈的宽容挽救了我，如果他选择让我受到法律制裁，那我在艺术上永远不会有什么成就。"诗人汪国真曾写道："宽容失去的是过去，刻薄失去的是未来。"其本意可能是指刻薄者失去的是自己的未来。这里，可以"篡改"一下，再借用之：如果毕加索、迭戈当初面对作假者不是采取宽容、宽恕的态度，而"刻薄"地将麦德卢等人告上法庭，那可能就会断送麦德卢等人的未来。《菜根谭》写道："为鼠常留饭，怜蛾不点灯！"这表现的仅是一种一般的仁慈和同情、怜悯心而已，与毕加索和迭戈面对自身权益受到侵害时尚能为对方着想，尚能宽容、饶恕对方比起来，显得有些微不足道。

让他三尺又何妨

忍一时风平浪静，
退一步海阔天空，
让三尺新添宽巷，
共受益其乐融融。

【链接】忍一时风平浪静，退一步海阔天空，这已成为人们的为人处世时的一种共识，也几乎成了一种流行语言，互忍、互退、互让，能够很好地处理人际间的一些人民内部矛盾。本则短信第三句还暗用了"六尺巷"这一典故。传说清朝时，安徽桐城人、文华殿大学士兼礼部尚书张英老家邻居修院墙占了张家三尺地，张的家人写信给张，希望张出面把事摆平。张见信后觉得不值得，便写了一封打油诗式的信："千里修书只为墙，让他三尺又何妨？万里长城今犹在，不见当年秦始皇。"家人和邻居见信后都很惭愧，都主动向后退让三尺，于是形成一条过往方便的六尺巷。此事一直在桐城传为美谈，后来此巷也被称为仁义胡同。但对于让墙诗的出处有很多说法，有说是最早为明朝吏部尚书郭朴、翰林院编撰舒芬所写，最近，有人以清代第一位状元傅以斯书写的舒诗图照证实"让墙诗"是首先出自于江西进贤（今属南昌市）人舒芬（见江西《晨报》2013.3.12版），只是舒诗第一句与众不同，写作"千里来书为堵墙"。舒芬（1484—1527）和书写者傅以斯（1609—1665）都早于张英（1637—1708）在世，此事值得推敲考证。张英的诗很可能是剥改了前人的诗而成的。

对于"一堵墙"，吴法天先生有自己的解读：

隔断人心一堵墙，
将它打破又何妨？
五湖四海皆兄弟，
不羡当年秦始皇。
青史留名一堵墙，
疑为妙作又何妨？
张英父子今何在，
如日中天胜玉皇。

由退让之事，也不由得让人民想起了唐末五代布袋和尚的一首极富哲理的诗：

手把青秧插满田，
低头便见水中天。
心地清净方为道，
退步原来是向前。

原来大家都争三尺地，双方退让后却新生了一条六尺巷，有益于大家，这不正是"退步原来是向前"吗？

有人说，人之所以孤单，人之所以寂寞，人之所以忧伤，是因为他们不去修桥，不去铺路，反而筑墙、编笼，将自己围堵起来。他们在围墙内，在笼子里，根本不懂得交际的学问，更不懂得退让，所以，他们会成为一种很痛苦的人。

著名武打明星、慈善家李连杰说过：

如果我们能把眼界放宽一点，
如果我们能把自我放小一点，
如果我们能多关心别人一点，
你就会开心多一点。

的确如此，关心别人，能忍、能退、能让，不仅是“风平浪静”“海阔天空”，更重要的是大家开心，其乐融融。

不管怎样，还是应该

不管怎样，还是应该理解人；
不管怎样，还是应该原谅人；
不管怎样，还是应该帮助人；
不管怎样，还是应该关爱人。
不管怎样，还是应该诚实坦率；
不管怎样，还是应该勤勉向上；
不管怎样，还是应该争取成功；
不管怎样，还是应该献出您的精华。

【链接】本则短信显然是根据美国霍尔姆斯的同名励志美文缩写和改写而成的。短信显然是分两部分来写，前四句写如何对待别人，后四句则写如何对待自己。人生的座右铭很多，短信抓住了做人的基本准则：做人要诚实坦率，对人要大度，要善于理解人，要能宽恕有愧于自己的人；对人要善良友爱，热心帮助人，献出自己的爱心；做人要胸怀大志，勤勉向上，努力争取成功，献出自己的全部精华造福于全人类。

短信及原作主要运用了“不管怎样，还是应该”的句式来抒写自己的意愿。这种句式是一个无条件的条件句。“不管怎样”换言之便是“无论如何”，所表示的态度是非常鲜明而又坚决的。短信强调，无论在什么条件下，都要努力做到每句后半部分所提出的各种要求，都应该努力做一个高尚的人，都要以靓丽的姿态活跃在人生舞台上。

另有一则短信说：“善待自己，这一辈子没有多久；善待别人，下辈子不一定相遇。”说的也是做人的有关对己和对人的两个方面，其旨意与本则短信一致，权可作为本则短信的后续或另一种解读。

霍尔姆斯的《不管怎样，还是应该》原文为：“人们有时会缺乏理智，逻辑混乱，唯我独尊；但是不管怎样，还是应该去爱他的。如果你勤勉向上，有人会指责你别有用心，谋取私利；但是不管怎样，还是应该勤勉向上。如果你已功成名就，难免会招来虚假的朋友和真正的敌人；但是不管怎样，还是应该去力争成功。诚实和坦率会使你易受伤害；但是不管怎样，还是应该诚实坦率。你今朝的善行，世人会在明晨淡忘；但是不管怎样，还是应该多做好事。胸怀大志的伟人往往失势于目光短浅的庸夫；但是不管怎样，还是应该胸怀大志。人们虽然常常怜悯失意的弱者，却总是趋炎于得志的权势；但是不管怎样，还是应该去扶助某些弱者。你多年建树的业绩可能毁于一旦；但是不管怎样，还是应该努力去建树。献出你的全部精华去造福于人类，可能会使你身陷困境；但是不管怎样，还是应该向人类献出你的精华。”短信虽然简约、论点突出，但是与原文比较起来，内容略显单薄，尤其是省略了句子的关联词“但是”前面的一个分句，不仅掩盖了语句的转折关系，而且更为遗憾的是，未能表现出短信所保留的条件句的说话前提，即用“如果”所连接的各种假设情境，很可能使人将“无条件”视为“无原则”，因此难免削弱了对于读者的感染力。

九不可

严肃，不可孤傲；
活泼，不可调皮；
风流，不可下流；

稳重，不可呆板；

尊重，不可迁就；

热情，不可轻狂；

和气，不可懦弱；

沉着，不可冷漠；

玩笑，不可伤人。

【链接】做人有很多原则，不同的人从不同角度有不同的体会，有的是从正面来提醒人们，有的则从反面来告诫大众。本则短信从正面提出做人要把握好“严肃”“活泼”“风流”“稳重”“尊重”“热情”“和气”“沉着”及“玩笑”的尺度，要避免出现“孤傲”“调皮”“下流”“呆板”“迁就”“轻狂”“懦弱”“冷漠”以及“伤人”的不良倾向或尴尬局面。

对此，许多仁人志士都有深刻独到的感受，例如：我国著名画家徐悲鸿先生有一句名言是：“人不可有傲气，但不可无傲骨。”清代陆陇其也说过：“做人不可有傲态，不可无傲骨。”在当前物欲横流、理想溃散的社会氛围中，有不少贪官、奸商生活糜烂，有不少公民沉迷于不健康的生活中，对此，有的短信作了极为委婉的讽刺，说这些人是“白天文明不精神，晚上精神不文明”，用回文式的句子极为巧妙地勾画出这些人的精神状态，令人莞尔一笑。又如，对于领导要尊重，但不能拍马溜须，有的短信写道：“看见领导一摸烟，火机立马上了前。看见领导打饱嗝，赶快掏出消蚀片。”虽然短信几句，却勾画出了马屁精的谄媚的丑恶嘴脸，可谓入木三分。

对于“九不可”，可以旁征博引许多事例，就是一个开玩笑的问题也是值得人们重视的。生活中开玩笑是难免的，但一定要掌握分寸，宋代著名文学家苏东坡在这方面都是有过深刻教训的。苏有个好友佛印禅师，一次在一起交谈，苏问佛印：“你看我像什么？”佛印答：“像佛。”佛印反问苏：“你看我像什么？”苏却说：“像粪。”苏的话好像玩笑话，但既对别人不尊重，也贬低了自己。回家后，苏小妹就指出：“心中有什么，就像什么。”令他惭愧不已。又如铜牙铁齿的纪晓岚也很喜欢开玩笑戏弄人，一次一个太监请纪讲故事，纪讲了一句便不讲了，太监追问他："下面呢？"纪却用双关语说："下面没有了。"看来也是一句玩笑话，但却从生理缺陷上伤害人，这都是不可取的。

有的短信说："你平凡，但不平庸，你大胆，但不大意，你谦让，但不谦就；你勇敢，但不蛮干。"也与"九不可"有异曲同工之妙。

忙里偷闲与苦中作乐

为名忙为利忙忙里偷闲吃杯茶去，
谋衣苦谋食苦苦中作乐拿壶酒来。

【链接】本则短信应是本自湖南一个茶亭的柱联，其上联相同，下联原作为："劳心苦劳力苦苦中作乐斟碗酒来"，短信中有几个字平仄不合，如"壶"与"杯"同为平声，不如原作"碗"字仄声符合。又如"名利"为一平一仄，而"衣食"两字都为平声，也不够吻合。据考，湖南某茶亭柱联最早见于清代罗郭衍的《椒生随笔》，柱联原作上联中的"忙"字和下联中"苦"字都用了叠字和顶真的手法，上句中"为名忙"与"为利忙"自对，下联中"劳心苦"与"劳力苦"又自对；上联以成语"忙里偷闲"衔接，下联则以成语"苦中作乐"承转，对联回复往返一气呵成，显得轻松活泼、富含哲理，劝说世人不要贪恋名利，不要过于辛苦，要善于自我解脱以得闲适，给人启示深刻，且耐人寻味。网上很多网民对此副对联极感兴趣，有些人兴致勃勃地另拟下联，如有的把下联拟作"为公苦为私苦苦中作乐拿壶酒来"，还有的拟作"因爱苦因情苦苦中作乐拿壶酒来。"更有人将上联句末加一字改为"且喝杯酒去"，将下联对为"谋职苦谋钱苦苦中作乐暂对副联来"，既更加贴近现实，又很风趣顿生新意。

还有网民别出新裁地将上联改为"为名忙为利忙忙忙碌碌碌碌无为为谁辛苦为谁忙"以征集下联，也是很有趣的事。且"忙"与"碌"又分别顶真，更增加了对的难度。

生活应该有张有弛，不能用一根弦始终紧绷着，过去就有人说过，不会休息的人就不会工作，在当今高速度快节奏的生活中，更应学会放慢节奏，放慢步伐，细心品味生活，享受生活。据说法国人一年四季的生活安排，是这样的："春天工作，夏天度假，秋天罢工，冬天过圣诞。"当然，我们有我们的国情，我们决不能照搬法国人的生活模式，但是，我们也应该唱出具有中国特色的、轻松浪漫的新"四季歌"。有则短信以轻松活泼的语调写道：

常有约会，表示人长得不差；
常去逛街，表示钱财不差；
常去聚餐，表示关系不差；
常收短信，表示有人惦记不差。

短信风趣幽默，写出了另一种的忙里偷闲，也委婉地劝诫人们要知足常乐，尚且这不是苦中之乐，还是甜中之乐。

要学蜜蜂和春蚕

像蜜蜂一样辛勤酿蜜，给人以甘甜；
像春蚕一样忘我吐丝，给人以温暖。

【链接】列夫·托尔斯泰说："幸福在于为别人而生活。"茨巴尔则说："应该让别人的生活因为有了你的生存而更加美好。"本则短信则通过"像蜜蜂一样酿蜜""像春蚕一样吐丝"，以及"给人甘甜""给人温暖"的生动形象的比喻，表达了这种为了别人幸福而生活的高尚情操。蜜蜂、春蚕之所以受到人们的赞美和歌颂，是因为它们能给人甘甜、给人温暖；有一种牺牲自己、有益于他人的伟大的献身精神。我们的革命先烈、革命前辈就是具有这种献身的精神，才为了全中国劳苦大众的解放，而不怕艰苦，不怕流血牺牲。家喻户晓的现代歌剧《江姐》在表现共产党人江姐英勇就义之前的大无畏精神和献身于革命的情怀时，也借用了"春蚕"和"蜂儿"的精神来予以比喻和烘托，其中歌词就这样写道："春蚕到死丝不断，留赠他人御风寒；蜂儿酿就万花蜜，只愿香甜留人间。一颗红心忠于党，征途上不怕火海和刀山，为劳苦大众求解放，粉身碎骨心也甘。"

果戈理说："我能够为我们的公共利益有所贡献，我就会认为自己是世界上最幸福的人了。"革命先烈为了大众的利益，为了民族的利益，抛头颅、洒鲜血，他们并不认为自己不幸，恰恰相反，他们认为自己是最幸福的人，死而无悔，死后无怨，"正为了东风浩荡人欢笑，面对着艰险不辞难；正为了祖国解放红日照大地，愿将这满腔热血染山川""赴汤蹈火自情愿，早把生死置等闲，一生战斗为革命，不觉辛苦只觉甜"。歌剧里江姐的这段唱词将蜜蜂和春蚕的精神作了最高的升华，给人启迪，给人鼓舞。连《佛经》也强调"不为自己求安乐，但愿众生得离苦"。作为一个现代人，更应该有蜂儿、蚕儿的精神，让自己的生存使别人的生活更加美好！

因为蜜蜂和春蚕有相似的品质，所以，人们常常把它俩联系在一起来赞美，有一篇诗文题目就叫《蜜蜂和春蚕》，其中写道：

你是蜜蜂，我是春蚕，
不同工作，共同信念；
你来采花酿蜜，
我来抽丝做茧；
酿成蜂蜜，滋润母亲的希望，
抽出银丝，编织祖国的明天。
……

还有人赞美焦裕禄同志为"你像蜜峰，你像春蚕，多么伟大，多么平凡"，更多的人是赞美人民教师是："春蚕精神蜜蜂志，蜡炬燃尽照后人。"

4. 戏说交际

把握自己

当多大的官，让组织决定；
做多大的事，由自己斟酌。

【链接】本则短信通过对比，主要突出人活在世上，要善于把握自己，掌握自主权，即掌握好“决定”权。人没有自主权是很可悲的。有的段子讥讽有一种人从幼到老都没有自主权，都是由别人作主：

小时候，父母作主；上学了，老师作主；工作了，上司作主；结婚了，爱人作主；有外遇了，情人作主；年老了，孩子作主。

当然，这只是一种调侃而已。但是，要能自己把握自己，首先要有自知之明，有的段子说：

如果你本质上是草本植物，即使在最好的环境里也长不成大树，这样，还不如在差的环境里把自己培养成名贵花草。

这话讲得很有道理，你如果没有经商的才能，你为何要天天去想当老板呢？你没有做官的条件，你为何要拼命地往仕途上去挤呢？所以，短信说“当多大的官，让组织决定”，至于能不能当官，更要由组织上去决定，自己不要多费脑筋。鲁迅说过：“做人处世的法子，却恐怕要自己斟酌，许多别人开来的良方，往往不过是废纸。”这也是强调自己要了解自己，自己要把握好自己，做人处世要自己作主，也正如塞万提斯所说：“鞋子在哪儿硌脚，只有自己才知道。”

要把握自己，要能自己作主，自信是很重要的。据说三百多年前著名建筑设计师，克里斯托·莱伊恩受命为英国温济市政设计大厅，他应用工程力学的原理，只用一根柱子支撑大厅的天花板。很多人担心不安全。一年后，政府强令他修改建筑方案，无奈之下，他不得不增加了四根柱子，但柱子实际上并未和天花板连接，在柱子的顶端都有 2mm 的空隙。直至前几年，大厅进行重新修缮时，才发现了这个“作假”的秘密。在圆柱的顶端还发现留有一行字：“自信和真理只需一根支柱。”以后，此大厅成为“嘲笑无知者的建筑物”，参观者络驿不绝，成为引导人们相信和崇尚科学、自信、不屈、坚守原则、坚守高贵的课堂。因为他掌握了真理，所以才能胆大艺高。后来从仅有的一些资料中，还发现了他的这样一段话：“我很自信，至少一百年后，当我们面对这根柱子时，只能哑口无言，甚至瞠目结舌。我要说明的是，你们看到的不是什么奇迹，这是我自信的一点坚持。”

自信不是自大，自信不是自傲，自信也不是盲目的，否则，盲目的自信便会成为自欺。有一条外国谚语说得好：“不要看见自己拉长的影子，就以为自己是巨人了。”莱伊恩如果是个不学无术的人，像今天某些人那样，只会吹嘘自己是什么专家、大师，但搞的却是“豆腐渣”工程，甭说经受几百年的考验，就是几年的考验，就要现原形，给国家和人民带来不应用的损失，那样的人，不管做多大的事件或者多小的事情，都不能由他们决定，都不能由他们作主。

本则短信里，出现了“组织”这个词，许多年轻人也许对它并不知道它的真实的历史的含义，上了年纪的人看到这个词才会有勾起许多怀旧的情结。过去，“组织”一词会使人感到非常亲切、非常温暖。过去，“组织”就代表领导，代表单位，是普通员工、百姓在物质上、精神上的寄托。过去“组织”上不仅管员工百姓的柴米油盐，衣食住行、生老病死，连许多人找对象的事，都会得到“组织”的关心、帮助。现在，“组织”上基本上都不管这些事了，现在，可能“组织”上愿意管的事，恐怕主要就要短信所说的哪些人“当多大官”的事了。信手拈来的一个词，用在这里，了解以上背景以后，应该领悟到一种淡淡的幽默风趣。

说与想

聪明人先想后说，
愚蠢人先说后想。

【链接】说话是人们交际的重要手段，有关说话的艺术，人们有很多见解，本则短信话语虽然简单，但却有一个独特的论述角度，抓住说与想的关系来做文章，通过“说”与“想”两个字的顺序调换，说明聪明人与愚蠢人说话的机趣。有的版本则写为：聪明人想了再说，愚蠢人说了再想。“了”字是个时态助词，表示动作行为是已完成式，与一个“再”字联合“说”，与“想”进行对比，主要说明“想”在“说”中的非同小可的重要。

我国古人早就强调说话要多动脑筋，首先，孔子的《论语·述而》就告诫人们要“敏于事而慎于言。”“慎于言”，就是说话要通过自己的头脑，要想周全了再说，不要轻易发表言论。德谟克利特则说得更加直截了当:“莫让你的舌头抢先你的思考。”很明显,也就是强调用脑应抢在动舌之前。说话不通过脑筋,就容易讲错话,也叫失言、失口。《礼记》中写道:“君子不失足于人,不失色于人,不失口于人。”这里似把“失足”“失色”“失口”三者是相提并论的,并没有突出“失口”的严重性、危害性大于另外二者。

然后外国人却把“失口”看得非常严重,表达得十分鲜明。赫伯特说:“与其失口,莫如失足。”富兰克林则说:“宁可滑了脚,不要滑了嘴。”既然用上了“与其 A,莫如 B”和“宁可 B,不要 A”表选择的句式,就应该看到他们强调失口(滑嘴)的问题的严重性。

托·夫勒对此作了更进一步具体的阐述,并非常尖锐地指出了“失言”的严重后果,他说:“失足引起的伤痛可以很快恢复,而失言导致的结果可能遗憾终身。”如果是平时日常生活中失言,问题还不会很严重,充其量不过是“良言一句三冬暖,恶语伤人六月寒”而已,如果是在正式场合,尤其是在国际外交场合中失言,那后果便不堪设想。据说,克林顿当总统时,以色列新总理巴拉克访问美国,有记者问克林顿对巴拉克访美有什么感受,克林顿却很随便地说:“就像一个小孩对一件新玩具的渴望。”此话一出,立即引起了以色列政府的强调抗议。无独有偶,2005 年申办奥运会时,法国时任总统希拉克在咖啡厅就餐,说:“英国人为欧盟所做的唯一贡献就是疯牛,英国菜是世界上除了芬兰之外最糟糕的……”希拉克这样口无遮拦,不仅伤害了英国,而且伤害了芬兰,真是后果不堪设想。由此看来,克林顿和希拉克是两个说了再想的人。

富兰克林说:“舌头虽软,却能伤人。”英国有句谚语则说:“舌头尽管不是铁,却能砸死人。”当然,这种舌头应该不是普通人的舌头,而应该是不受脑袋管束的舌头,长这种舌头的人一定是先说后想的愚蠢人。

说话的艺术

有一句说一百句的是文学家，这叫文采；
有一句说十句的是教授，这叫学问；
有一句说一句的是律师，这叫谨慎；
说一句留一句的是外交家，这叫严谨；
有十句说一句的是政治家，这叫心计；
有一百句说一句的是出家人，这叫玄机。

【链接】本则短信仅从不同身份和职业人的话语的长短、多少来谈各种人的说话艺术。文学创作需要想象，所以文学家能将一句话演绎成一百句，甚至洋洋洒洒至万言，且被人赞为有“文采”，所以有人调侃说：“科学家将复杂的事情简单化，文学家将简单的事情复杂化。”教师要“传道、授业、解惑”，不免要掉书袋，一句话可以旁征博引出十句甚至更多，也足以显示出他的学问。律师办案有的甚至人命关天，必须谨慎，必须实事求是，所以必须有一说一，这应该是一种职业道德。而外交家说话往往要代表国家利益，当然必须严谨，有些话，必须有所分寸，避免国家利益受到损失。政治斗争是非常残酷的，所以政治家必须要有心计，心里有十句话，嘴里才说出一句。而出家人没有心计，却涉及天机、玄机，说的是禅语，一句要顶上一百句或更多。短信中，以律师为界，前面几种人的话是以少变多，而后面几种人的话则与之相反，是以多变少。短信写得幽默风趣，又极具哲理。

但是从人们的一般交往中，从一般对话到写每一篇文章乃至演讲，都提倡简短精练。

莎士比亚就说：“简洁是智慧的灵魂，冗长是肤浅的藻饰。”林语堂先生却非常风趣地说：“演讲如少女的裙子，愈短愈好，愈有青春气息。”

说这些话的人都是知名人士，都是有识之士，可谓英雄所见略同，说明了一个道理：话不在多，简洁就好，恰当就好。尤其是在听你说话的对象已无耐心听下去的时候，更要注意当机立断、快刀斩乱麻，赶紧收场。据说艾森豪威尔当年还是议员的时候，一次参加演讲大会，他前面已有五位议员发表了冗长的演讲，已至半夜，听众都很疲惫了。艾森豪威尔感觉到如果按原来的准备继续讲下去肯定是令人生厌，效果不佳，于是他见机行事，很果断、明智地只说了一句幽默的话："每篇文章都应该有标点符号，就让我来做一个结束的句点吧！"结果赢得了全场的热烈喝彩和经久不息的掌声。这喝彩和掌声便是对一种简洁的说话艺术的最好肯定和赞评。

应该说，在生活中，多数人是喜欢说话简练，讨厌啰唆的，据说著名画家黄永玉画过一幅鹦鹉，他特意在画中题下八字："鸟是好鸟，就是话多。"从字里行间充分表达了他对于学舌鹦鹉话多的揶揄，这也给人们启示：说话太多容易令人厌烦……

说话的时机

该说时会说，水平；
不该说时不说，聪明；
知道何时该说，何时不该说，高明。

【链接】众所周知，说话是一种艺术，说话有一种技巧。本则短信仅就说话人把握说话的时机的情况，来判断说话人是否有水平，是否聪明，是否高明，三句话层层推进，表明说话人的不同境界。宋代朱熹认为："言不妄发，发必当理。"格拉西安说："说得恰当比说得漂亮更好。"本则短信中强调"该说时会说""不该说时不说""知道何时该说，何时不该说"，便是说话要"不妄发"，要说得恰当的一种具体表达。很多短信都在讨论人们在交友处世时该如何说话的问题，有一则短信写得很详细，几乎面面俱到，短信这样写道："急事，慢慢地说；小事，幽默地说；没把握的事，谨慎地说；没发生的事，不要胡说；做不到的事，不要说；伤害人的事，不能说；开心的事，看场合说；伤心的事，不要见人就说。”考虑得多么周到、多么细致，如果你能面对以上各种事情，分别采取以上不同的方式去说，就可充分证明你是一个有水平的人，你是一个聪明的人、高明的人。

台湾高僧星云大师对如何说话也有精辟独到的见解。他特地撰文教人说“受人欢迎的四句话”，即：“一、为受窘的人说一句解围的话。”“二、为沮丧的人说一句鼓励的话。”“三、为疑惑的人说一句点醒的话。”“四、为无助的人说一句支持的话。”如果我们能像星云大师一样说好这“四句话”，那我们不也是一个有水平的人，一个聪明的人、一个高明的人吗？

以上都是从如何说话来判断一个人是否有水平、是否聪明、高明。有的短信则从说之前的思考、知晓来判断一个人的水平及是否聪明、高明，短信这样写道：

知道事情应该是什么样，说明你是聪明的人；

知道事物实际是什么样，说明你是有经验的人；

知道怎样使事物变好，说明你是有才能的人。

上面这样的人才能做到“言不妄发”，说话得体恰当。此则短信与第一则短信实为互补，言与知相辅相成，可以全面考察一个人的优秀程度。据查证，后面这则短信出自法国哲学家狄德罗的一段论述，无怪乎饱含着深邃的哲理。

我们一起……

路，我们一起走，
山，我们一起攀；
歌，我们一起唱，
梦，我们一起做；
痛，我们一起忍，
难，我们一起当；

福，我们一起享，
钱，我们一起花。
借点钱吧，
不，开玩笑的。

【链接】人们常说：活在世上要与自己竞争，而和别人合作。那就是说，不能缺少志同道合、休戚与共、永远在一起的诤友。本则短信就是描写这种不管是霞光满天，还是风云变化，始终在一起的朋友，他们有共同的理想、共同的事业，他们一起做梦，一起讴歌；他们一起攀山，一起赶路。他们有痛同受，有难同当，有喜同乐，有福同享。这样的朋友真是无比珍贵。他们甚至消费在一起，有钱同花，不分你我，这种情况是很正常的，很难得的。汪国真有首诗《如果生活不够慷慨》，诗中写道："如果能够大方，何必显得猥琐；如果能够潇洒，何必选择寂寞。获得是一种满足，给予是一种快乐！"我想：短信中的"朋友"是能深谙汪诗的意境的。短信却带了一条调皮的尾巴——"借点钱吧！不，开玩笑的。"给短信最后抹上了一笔调侃的色彩，寓庄于谐。

英国诗人拜伦曾用奇异的比喻说："友情是不长翅膀的丘比特。"短信中的朋友的"友情"应当属于拜伦所说的这种友情。

另有一则短信也是寓庄于谐，它这样写道：

我穷困潦倒时，在我身旁的是你；
我生病受伤时，在我身旁的是你；
我情场失意时，在我身旁的还是你！
为什么跟你在一起总是倒霉！
不，请不要生气，
你是我最贴心的知己。

有人在自己"穷困潦倒时""生病受伤时""情场失意时"，都及时地出现在自己的身旁，这样的人应该是最好的朋友。对这种朋友真是应该感激不尽，但短信却冒出了一句令人意外的雷人语言——为什么"跟你在一起总是倒霉"。这句话也像上一则短信中的那条调皮的尾巴一样，奇峰突转，获得一个震撼的效果，也是暂时设下一个悬疑，先抑后扬，最后的话"不，请不要生气，你是我最贴心的知已"，教人破涕为笑，很快就能会意过来。那句话就可以倒过来表达和理解：总是在我倒霉的时候，就有你出现在我的身旁，你是我最好的朋友。另有一则短信非常风趣地写着：

如果感到心里挖凉挖凉的，请拨打俺的电话，谈感情请按1，谈工作请按2，谈生活请按3，给俺介绍对象请按4，请俺吃饭直说，找俺借钱请关机。

在日常生活中，许多商务话机故意设置许多繁琐的程序，给人带来极大的不便，对此，曾有相声讽刺过。在普通的话机中，是不会设置这么繁琐的程序，短信利用这个程序是为了取得幽默的效果和达到调侃的目的。短信很风趣，以关心对方为出发点，期望朋友心情不好时来电话沟通，但谈感情、工作、生活要分别走不同的程序，便令人开始发笑，请吃饭则不用走程序，可以直说，这不是好吃，只是一种调侃；至于借钱请关机，也并非是出于小气，而可以理解为：对待那种平时无交往，借钱才联系的人，可以不客气，可以断然拒绝。其实与第一则短信中"借点钱吧"一样，只是开开玩笑而已，让你放松一下。

说真话很难

一个勤务兵喜欢插嘴，在长官与宾客谈话时亦无所忌避，喋喋不休。长官积怨已久，一日对其严斥，并约法三章："今后我与宾客谈话，你再来插嘴，就枪毙你！"过了几天，一宾客来访，偶与长官议论世上何种叶子最大，客人谓当推桑叶，长官认为梧桐叶最大，彼此争论不休，勤务兵按捺良久，忍无可忍，终于拍胸大叫道："枪毙就枪毙吧！芭蕉叶最大！"

【链接】本则短信选自"中国首届全球通短信文学大赛"作品选粹《杠梯子的人》(云南人民出版社出版)，短信编排在小说类，原题为

《枪毙就枪毙》，它通过一个简短的故事，勾勒出勤务兵敢于说真话的可爱鲜明的形象。勤务兵也是有缺点的，“喜欢插嘴”，而且是在他的长官与宾客交谈时，“亦无所忌避”，“喋喋不休”，以致于长官积怨已久，向他提出了最严重的警告：“今后我与宾客谈话，你再为插嘴，就枪毙你！”勤务员应该就此接受教训，改掉旧习，但是江山易改，本性难移。过了几天当长官与宾客争论世上何种叶子最大时，他又控制不住自己，当他听到他们说世上当推桑叶、梧桐叶最大时，他根据自己的生活经验，认为说得不对，终于忍无可忍，拍胸大叫：“枪毙就枪毙吧！芭蕉叶最大。”他为什么敢说真话，因为他坚持了真理，客观事实就是芭蕉叶大于梧桐叶、大于桑叶，这是无可争辩的。勤务兵为了说真话，竟然甘冒“枪毙”的风险，这种大无畏的精神是令人钦佩的。

勤务兵的特别可贵之处，就是敢于在自己的领导，在自己的上级面前讲真话，这是一般人难以做到的。传说宋朝宰相王安石平日不修边幅，身上长了虱子。有位下属去到相府请安，正谈得投机之时，发现王安石胡须上有小物在蠕动，这位下属有点好奇地把它捏住，一看是只虱子，立刻不好意思地将它扔在地上，并自言自语地说：“我说是个虱子，谁知不是。”他不敢说真话，但王安石心里很明白，顺手从地上将虱子拾起，也自言自语地说：“我道不是个虱子，谁知是。”幽默地拆穿了下属不敢说真话的虚伪，王安石尊重事实真相，并不尴尬，而尴尬的是说假话的下属。历史上，下属不敢对上级说真话，而为了阿谀奉承、溜须拍马，最典型的事例莫过于妇孺皆知的“指鹿为马”，《史记·秦始皇本纪》：“赵高欲为乱，恐群臣不听，乃先设验，持鹿献于二世，曰‘马也’。二世笑曰：‘丞相误耶，指鹿为马。’问左右，左右或默，或言马以阿顺赵高。”当然，这些人说假话附和，主要是慑于赵高的淫威。

下级在上级面前敢说真话是要有勇气的，更重要的就是坚持真理。勤务兵就是如此，希腊著名哲学家亚里士多德也是如此。他从17岁始，师从柏拉图，他非常热爱他的老师，他说柏拉图“这样的人啊，如今已无处寻觅”。他又敢于批评柏拉图在哲学思想方面的错误，遭到很多人的指责，纷纷骂他“忘恩负义”，他的回答是：“吾爱吾师，吾更爱真理。”亚里士多德的这句话本身就是一条真理。

六、修身立业篇

1. 立志拼搏

人贵有志

火争焰，人争志。
人贵有志，争志不争财。
人不怕穷，就怕志短。
贫不可羞，羞在无志。

【链接】本则短信由几句俗谚集合而成。短信虽然不是很明显地从字面上使用顶真的手法，但在意思的表达上却是环环相扣，层层递进。首先用起兴的手法，以“火争焰”推出了“人争志”。第二句则紧紧抓住“志”字做文章，强调有志的可贵，人生应鄙弃“争财”，而崇向“争志”。财富的寡多象征人的贫富，所以短信又由第二句句末的“财”字转而涉及“穷”字，但是还是回到谈“志”：“就怕志短”。第四句将“穷”字替换成“贫”字，又进而谈及贫穷并不是可“羞”之事，这下顶着了，可羞之处在于“无志”，所以，本则短信似乎是一气呵成，峰回路转，还是在论证一个“志”字，并以用意可视为有一种隐形的顶真表达。

古今有识之士，都很注重这个“志”字，曹操曾说“夫有其志必成其事”。苏轼则说：“古之立大志者，不惟有超世之才，亦必有坚韧不拔之志。”拿破仑非常有底气地说：“我成功，因为志在要成功，未尝踌躇。”

俗话说“事业要好，先要志高”，父母生身，自己立志，可见立志不可由别人代办，而是要靠自己把握的。承德市宽城县有一家废品回收公司，其仓库保管员是一个农村姑娘刘向阳，一次一位妈妈带着孩子来卖废品，孩子很淘气，其母教训他：“你再顽皮，也让你来干这个！”此话对刘向阳刺激很大，她暗下决心：“一定要活出个样儿给自己看。”于是她拼命地练习唱歌，最终走上了“星光大道”，夺得了年度总决赛的季军，成绩斐然。

这是一个凡人立志的故事，至于伟人，更是都有雄心壮志的，毛泽东就挥笔写过：“为有牺牲多壮志，敢教日月换新天！”多么豪迈，多么气魄。其实，毛泽东从小就有宏大的志向，还是在1909年年仅16岁时就写了一首七绝《改西乡隆盛诗赠父亲》：“男儿立志出乡关，学不成名誓不还。埋骨何须桑梓地，人生无处不青山。”远大的志向跃然字里行间。

有人说：“二十岁的人，意志支配一切；三十岁的人，机智支配一切；四十岁的人，判断支配一切。”可见在人生的青少年阶段，立志是头等的大事。青少年一定不能浑浑噩噩地度日，而应该有清醒的头脑，有明确坚定的志向。一个没有志向的人往往是会被人鄙视和唾弃的，英国有位约翰逊说：“最贫的是无才，最贱的是无志。”把一个胸无大志的人，说成是最卑贱的人，说得很有道理，我们不能做“最贫”的人，更不能做“最贱”的人。

草有根　人有志

草只要有根，就会长出苗来；
人只要有志，就能做出事来。
有志的人，战天斗地；
无志的人，怨天恨地。

【链接】本则短信由一段藏族谚语和一段汉族谚语组成，有趣地显现中华民族都很看好一个“志”字，都重视一个人的志气，志气影响着人一生的命运。藏谚把人的志气比做草木之根，形象的比喻说明了志气的重要，就像有根才能长出苗一样，人有了志，才能做出业绩，才能生活得有意义。汉谚将有志人和无志人作了非常强烈的对比，一者是勇于拼博，战天斗地，必然会有很大的收获，必然会谢天谢地；而无志者，平庸无所作为，不从自身找原因，必然只是怨天怨地，日子一定过得昏天黑地。此一对比极富哲理，该有振聋发聩之功效。我国古代圣贤一贯重视人立志的重要性，“有志者事竟成”是大家自然耳熟能详的。明代著名理学家王阳明说：“志不立，天下无可成之事，虽百工技艺，未有不本于志者。”他还说：“志不立，如无舵之舟，无衔之马，漂荡奔逸，终亦何所底乎？”现代著名诗人汪国真有一首现代诗《旅程》写得好：“意志倒下的时候，生命也就不再屹立，歪歪斜斜的身影，又怎耐得秋叶萧瑟，晚来风急？”其诗的形象十分生动，其诗的意境十分隽永。诗接着写道：“垂下头颅，只是为了让思想扬起，你若有一个不屈的灵魂，脚下，就会有一片坚实的土地。无论走向何方，都会有无数双眼睛跟随着你，从别人那里，我们认识了自己。”汪国真以诗论志，不用大声疾呼，不求振聋发聩的显效，而是体现了一种“随风潜入夜，润物细无声”的格调和韵致。古今中外，对于志向的论述很多，美国著名科学家爱迪生说：“伟大人物最明显的标准，就是他有坚强的意志。”平时说一个人有志，也说成是有志气。《现代汉语词典》解释“志气”为“求上进的决心和勇气”。可见，“志气”的重要因素是勇气。人一旦确立了志向，就要有勇气做保证。对于勇气，西班牙著名作家、戏剧家塞万提斯有一段别出心裁的论述，他说：“失去财富是损失，失去朋友是最大的损失，而失去勇气则是损失一切。”作者用层递的手法，以财富朋友作铺垫，最后令人有点意外地推出勇气的价值地位，强调了勇气比朋友、比财富更重要更有价值的精辟的论断。勇气来自于志向，不言而喻，可见人生之意志是人生有无作为之头等大事，非怪孔子会说：“三军可夺帅也，匹夫不可夺志也。”明代著名文人冯梦龙在《警世通言》中也说：“不可以一时之得意，而自夸其能；亦不以一时之失意，而自堕其志。”说明人处在逆境，更要靠志来支撑，才能拥有新的一片天地。

咬得菜根百事成

攀登者的台阶，是心血的结晶；

成功人的桂冠，是汗水的珍珠。

【链接】尼采说过："每一个不曾起舞的日子，都是对生命的辜负。"可见人生必须不断地奋斗，不断地攀登。本则短信把一级一级的台阶比作是攀登者用心血浸染铺成，而成功者桂冠上的闪闪发光的珍珠，则是由一滴一滴的汗水凝结而成，通过形象的比喻，说明了成功来自艰辛的努力。

有的人说得好：先要累得眉毛上流汗，才能在事业上扬眉吐气。这都非常深刻地道出了吃苦与成功的因果关系，吃苦就是因，成功就是果，没有前因，就没有后果。一棵果树，没有苦根，又哪会甜美的果实。想不劳而获、天上掉馅饼是不现实的，尤其是要想获得巨大的成功，获得丰厚的财富，获得崇高的荣誉，不经过艰苦的磨炼、不懈的努力，那只是一种梦呓而已。战国时杰出思想家孟子有过精辟的论述："天将降大任于斯人也，必先苦其心志，劳其筋骨，饿其体肤，空乏其身，行拂乱其所为，所以动心忍性，增益其所不能。"你看，心志、筋骨、体肤、身等都要受到磨难，甚至连日常的行为都要受到扰乱，才能接受到天之大任，说得多么深刻，简直入木三分。宋美龄在《你即你所为》中写道："如果过去的日子曾经教给我们一些什么的话，那就是有因必有果——每一个行为都有一种结果。"她还说："最终我们就是我们行为的总和"，"我们日复一日地写下自己的命运。"此话比孟子讲得温和委婉，但道理一样耐人寻味。

宋美龄女士把因果关系的认识当做一生中最深刻的体会，她强调行为就是因，那就是说人要有作为才有结果，并且强调人的一生就是由行为累积起来的，并且由此形成自己的命运，这就是说，人生必须干一番轰轰烈烈的事业。而要想成就一番事业，首要的行为就是要学得一身本领，学习本领并不是一件轻松的事情，必须经过刻苦的不懈努力，古人在这方面有许多精辟的论述。清代大学问家王国维云："古今之成大事业、大学问者，必经过三种之境界。""昨夜西风凋碧树，独上高楼，望尽天涯路"，此第一境也；"衣带渐宽终不悔，为伊消得人憔悴"，此第二境也；"众里寻他千百度，蓦然回首，那人却在灯火阑珊处"，此第三境也。"第一境"引自宋代晏殊的《鹊踏枝》词，"第二境"引自宋代柳永的《凤栖梧》词，第三境则引自宋代辛弃疾的《青玉案·元夕》词，所引词句将三种情境描摹得十分形象、鲜明、贴切，加深了读者的理解。过去有人把这三种境界仅仅理解为读书或爱恋方面的写意，其实，王国维说明很明确，主要是为"成大事业"者立下的座右铭，经过了此中三种境界，方能攀登上事业的高峰，才能戴上成功者的桂冠。古人说：咬得菜根，百事可做。我们可以改一个字说：咬得菜根，百事可成！

成功的妙方

成功就是：艰苦的劳动，加上正确的方法，再加上少说空话。

"烹调"成功的妙方是：把"抱负"放到"努力"的锅中，用"坚韧"的"小火炖熟"，再加上"判断"做"调味料"。

【链接】本则短信是由爱因斯坦和卡耐基关于成功的论述集合而成的。爱因斯坦曾用带英文字母的数学公式来谈论成功。他说："如果 A 代表成功，那么，A＝x＋y＋z，x 代表艰苦的劳动，y 代表正确的方法，z 就是紧闭嘴巴，不要多说话。"比短信说得更加具体，更加形象。卡耐基除了用"烹调"来比喻成功外，还多次强调要想成功就要有行动，要能坚持，他说："所有的成就在开始时都不过只是一个想法罢了！你想做什么就立刻行动，并且坚持到底，这是可使你成为一位卓越的成功者的途径。"对照两人关于成功的论述，我们不难发现有相通和相似之处。一者强调"艰苦的劳动"，另一者强调以"努力"作为"烹调"之"锅"；一者强调"正确的方法＋少谈空话"，另一者则强调

“坚持到底”的“行动”,都谈的是成功的要素。

道格拉斯说:“当设计图纸的重量等于飞机时,飞机就能飞行了。”这个简单浅显的对比也同时生动形象地说明了,要想成功,就要有“艰苦的劳动”,就要把“抱负”放到“努力”的“锅”中,用“坚韧”的小火炖熬。

袁隆平先生为世界水稻事业作出巨大贡献,被称为水稻杂交之父。他培养的水稻新品种被西方人称方“东方魔稻”,他的作为被称为“第二次绿色革命”,他荣登2010年中国心灵富翁榜榜首,天上有一颗小行星以他的名字命名。他真可谓取得了巨大的成功。那么,他成功的秘诀是什么呢?袁隆平深有体会地说:“在知识的土壤里,只有汗水才能浇灌出灵感的花朵。”“我培养灵感就四个字,‘知识’加‘汗水’,后者尤其重要。”“汗水”两个字看似很简单,但其包含了多少“艰苦的劳动”,经受过多少次“坚韧”之火的“炖熬”。有首流行歌曲唱得好:“不经历风雨,怎么见彩虹,没有人能随随便便成功。”任何成功都是来之不易的,都要经历过风雨的洗礼,著名雕塑家罗丹在创作《青铜时代》成功之前,受尽了多少次旁人的嘲讽打击,但是他能“把责难当做浇灌花朵的水”。著名画家达·芬奇在35岁之前一直是默默无闻,他整天干着繁琐枯燥的工作,他长期在圣玛丽亚修道院站在脚手架上画饭厅的装饰画,后来,终于费时7年,才画出了名画《最后的晚餐》,这样的成功,“随随便便”能够取得吗?那是经历了多少风雨,流淌了多少血汗才取得了!

有人说,一个人的成就的大小取决于他遇到困难的程度,像盲人、聋哑人、残疾人遇到的困难是常人难以想象的。但是一个人的缺陷就是上苍给你成功的信息,竖在你面前的栏越高,你就跳得越高(这被外科医生阿费列德称之为“跨栏定律”)。众所周知,张海迪高位截瘫后,发奋努力,终于成了一个著名作家。贝多芬后来全聋了,他却能“扼住命运的咽喉”,创作了他九部交响曲中的后七部,其中《英雄》《命运》《田园》等成为他的最高水平的代表之作。他们就是在成功之路上,顽强地跨越了阻挡前进的最高栏杆。

拼搏

地球要做的事——旋转；
江河要做的事——奔流；
鸟儿要做的事——飞翔；
青年要做的事——拼搏！

【链接】本则短信一共四句话组成一组排比句，但主要表达的是第四句，前三句都是为这一句作铺垫的。地球的旋转，江河的奔流，鸟儿的飞翔，都是为了衬托青年人要拼搏。有几首流行歌曲唱得好："三分天注定，七分靠打拼""把我生命中每一分钟，全力以赴我们心中的梦"，人生的历程，就是拼搏的轨迹，青年时期是人生最宝贵的黄金时期，决不能贪图安逸、不思进取，要拼搏，要奋起。作者为席锋。

要拼搏，就要吃得苦，就要付出艰辛的努力。《周易》言："天行健，君子自强不息。"今人说："泪水和汗水的化学成分相似，但前者只能换来同情，后者却可以为你赢得成功。"人们往往只看到名人的成功，而看不到名人成功背后所付的艰辛，人们都羡慕比尔·盖茨所拥有的数以亿万计的资产，而看不到比尔·盖茨在学校就学时曾花费一万多个小时做计算机程序设计实践，他在十年内每周投入20多个小时，人称"一万小时准则"，没有这样的付出，能有日后的辉煌吗？

著名诗人歌德曾对友人爱克曼说："人们通常把我看成是一个最幸运的人，我自己没有什么可抱怨的，对我这一生所经历的路程也并不挑剔。我这一生基本上只是辛苦地工作，可以说，我活了七十五岁，没有哪一个月过的是真正舒服的生活。就好像推一块石头上山，石头不断地滚下来，又推上去。"

至于贝多芬的艰辛和痛苦，大家都很熟识，他曾给他的弟弟写信说："在我身旁的人都能听到远处的笛声，而我却听不到，有时他们听到了牧童的歌声，而我却毫无知觉，这是何等的耻辱啊！这样的情景曾把我推到了绝望的边缘，几乎迫使我结束自己的生命。但是为了艺术，只有我的艺术要我活下去。”贝多芬几乎要怒吼了：“我要扼住命运的咽喉，它不能使我完全屈服！”正因为贝多芬有这种顽强拼搏的精神，所以，在他48岁全聋后，完成了九部交响曲中最精彩的后七部，其中代表作第五（命运）交响曲费时八年多，精益求精，堪称精品，故世代流传。

任何成绩的取得都离不开艰辛的拼搏，前女排资深教练陈忠和虽有时笑容可掬，但他却深有感慨地说：“没有人可以笑着拿到冠军。”青年作家郭敬明虽然涉世不深，但对此也有自己独到的体会，他说：“我发现不是每次努力都会有收获，但每次收获都必须要努力。”《蝴蝶之家，让孩子有尊严的离去》一文中有句非常精辟的话：“风可以吹飞一张纸，却无法吹跑一只弱小的蝴蝶，因为生命的力量是不顺从。”人比蝴蝶的生命力更强，人通过不懈的拼搏，更能战胜生活中的狂风恶浪。

路之歌

善于奋飞的人，天上有路；
敢于攀登的人，山中有路；
勇于远航的人，海里有路；
有志创业的人，海陆空都有路。

【链接】山中可以有路，天上怎会有路？水里怎会有路？本则短信所说的路，并非指自然界人在泥土上踩出的路，而是取路的象征意义，实际上指的就是事业之路、人生之路。鲁迅有句名言，众人都耳熟能详：“其实，地上本没有路，走的人多了，也便成了路。”也是取其象征意义。作者为席锋。

既然地上本没有路，就要有人一步一步走出路，而且要越过荆棘沟壑，才能走出路来。人若敢于攀登，就能走出山上的路来；人若善于奋飞，就能开拓天上的路；人若勇于远航，就能开辟出海里的路。

短信用先分述后总述的方法，先分别叙述了天上有路，山中有路，海里有路三个方面，然后总叙：有志创业的人，海、陆、空全方位都可以开拓出路来，人若有志创业，可以在各个领域干出一番事业。短信在词语的选择和搭配上都很注意工整和吻合。几个排比句组合得铿锵有力，朗朗上口。在内容上、在立意上，给人启迪，催人奋进。

要走出一条路，要开创一番事业，首先要立志，德国人赫尔巴特说："你的意志准备好了，你的脚步也就快了。"曹操也说："夫有其志必成其事。"立下志，就确定了目标，所以诗人汪国真就说："既然选择了远方，便只顾风雨兼程。"

要开拓事业之路、人生之路，往往要注意把握时机，抓住机遇。事业有成、贡献巨大的居里夫人就深有体会地说："弱者等待时机，强者创造时机。"居里夫人在丈夫撞车身亡后，爱上了她的学生，遭到了众人的非议，众人纷纷要求她离开法国，但是她不愿离开她的工作环境，不愿中断她的实验。不久，她终于获得了大奖。如果她放弃了自己继续进行实验的时机，很可能就会前功尽弃。把握时机、创造时机确实很重要，培根说："智者创造的机会比他得到的机会多。"既然要努力创造机会，更不要轻易放弃机会。

要创造机会，也不是轻而易举之事，也是要经过许多艰难曲的，就说一家"谭木匠"公司吧，现在有上千家加盟店，并有跨国连锁，2007 年入选《福布斯》中国潜力 100 强，身价已超过了 4.3 亿港元。但这是公司老板谭传华经过了多么艰辛的创造机会才赢来的。谭传华生于农村，18 岁炸鱼时失掉右手，他卖过红薯、中药材等，后转行木雕，却亏损六万多。但就在他从事木雕之时，他却发现了木梳很畅销，于是他潜心钻研，努力进行革新，使自己制造的木梳不像别人的那样伤皮伤发。他利用猪圈办作坊，还创造了象牙梳的品牌。他又更新经营理念，借钱出宣传画册，于是很快打开了局面。后来他的公司又成为了集梳具、家具、饰品于一体的跨国连锁公司。谭木匠的成功，不难看出这是不断寻找机会、不断创新的结果。他一生走过各种各样的路，真可谓他是从海陆空各个领域探寻和开拓自己的成功之路。不难看出，在谭传华成功的路上，他是饱受了艰辛的，他具有马尔克斯的那种"我会在别人驻足时前进，我会在别人睡着时醒来"的精神。居里夫人说:"我们必须相信,我们面对每一件事情都具有天赋的才能,并且无论付出任何代价,都要把这件事完成。当事件结束的时候,你要能够无愧地说:'我已经尽我所能了。'"谭传华不断地创新品牌和进行公关宣传,的确具有"天赋的才能",他为了事业付出了巨大的代价,他可以"问心无愧地说'已经尽我所能了'"。看来,居里夫人的这段话正好是对谭传华的成功之路的最好写照。

我们可以……

我们不能操纵风向,但可以调整风帆;
我们不能调换手中的牌,但可以讲究出牌的技术。
我们不能左右天气,但可以控制脾气;
我们不能纠正昨日,但可以珍惜今天。
我们不能把山移来,但可以向它走去;
我们不能操纵他人的态度,但可以选择自己的反应。
我们不能重组先天素质,但可以加强后天努力;
我们不能改变现实,但可以把握自己的命运。

【链接】本则短信用的是"不能A,但可以B"的转折关系的句式。"不能A"的部分是客观存在的事实,是既定的、难以改变的现状,而"可以B"部分所表现的却是通过自己的主观努力,能够做得的。短信的立意也是强调不要为"不能A"的情况所羁绊,而要努力达到"可以B"的目的。所以,短信的题目取作"我们可以"。本则短信前两句写"风向"与"风帆","手中牌"与"出牌的技术",虽然大多是实物,但这里属于虚写,只是取用其象征意义,都是为写后面几句作铺垫和衬托。第三句,由"天气"谈到"脾气",只是借用了词语的同异,由一个"气"字联系起来,但却从此句开始,进入了要表达的正题,完成了过渡的任务。以下便转入了修身立业等方面的人生态度的表述,如果用一句话来概括,那便是:如果事情无法改变,我们就改变自己。

韩国总统李明博谈“改变性格”时，有一段对此有启发的话，他说：“性格不适应，就要改变性格，希望并等待改变对方，或想说服对方，是达不到好的预期效果的，将对方看成固定不变的物体，这时活动的就只限于自己了，结果是自己做主人。”此话讲得很有哲理。

有位禅师宣称其有一种“移山大法”，那就是“山不过来，我就过去”。俗话说：“山不转水转。”我们姑且把短信中的几个前半句所说的事物都当做山，当做是岿然不动的大物，甚至当做阻挡前进的障碍，但只要我们有水的特性，有“活动”的能量，任其山不转，水便绕着山转，照样可以滚滚向前！有个段子反话正说：“幸福的事：不用拼爹竟找到好工作……不用行贿竟得到好生意；不用认爹竟遇到好领导。”段子实际上是认为这些都是不可思议的事情，都是不可能的事。但这也不是绝对的，不是官二代、不是富二代的人要想事业上成功，难度大一点这是事实，但是，用加倍的努力，同样可以改变自己的命运。有一个青年叫蔡伟，家里穷，无法进入正规大学学习，只好靠摆地摊和骑三轮车接人获得微薄的收入，但是他“不坠青云之志”，他热爱和潜心钻研古汉语、古典文学，积累了广博的知识。1987 年，他发现知名学者裘锡奎先生的文章《＜神鸟赋＞初探》中，未对“佐子”一词进行解释，蔡伟便写信给裘，根据自己所阅读过的文献，他认为“佐子”指的应该是“嘬子”。裘教授虚怀若谷，不问他的学历、出身，欣然接受了他的意见，并且以后作了多次引用。后来，裘教授还邀请蔡伟参加“马王堆汉墓简帛集成”项目的整理工作。因为蔡确实功底深厚，太有才了，裘锡奎等三个著名教授联合申报，经教育部批准，2009 年，38 岁的大龄青年蔡伟成了博士研究生。由此，我们要仿短信的句式加上一条：我们不能伪造文凭，但可以自学成才。

学习终生

学习时的痛苦是暂时的，
未学到的痛苦是终生的。

【链接】本则短信来自哈佛大学图书馆的训言，可见，这是哈佛大学师生的共同的座右铭。训言的切入点是“痛苦”，它以“学习时”与“未学到”作对比，其痛苦则是“暂时”与终生的区别。通过对比发人深省，迫使人们作出明智的选择。非常有趣的是，将训言的一头一尾组合起来，便联合成了短信的标题——学习终生。这不能视作一个游戏，这是个庄重的命题，高尔基就传达过这种思想，他说：“如果不想在世界上虚度一生，就要学习一辈子。”但是在这一辈子中，学习的黄金时候是青少年时期和壮年时期，刘向在《说苑》中写道：“少而好学，如日出之阳；壮年好学，如日中之光；老年好学，如炳烛之明。”各个阶段的区别，十分鲜明。还有人说：“花开在春天，人学在少年。”“少年学则壮有为，壮年学则老不衰。”都说明人要把握好学习的最佳时期，重视学习对人生各个阶段的作用。罗曼·罗兰说：“成人慢慢地被时代淘汰的最大原因不是年龄的增长，而是学习热情的减退。”这里强调了如果学习热情的不断减退，便有被时代淘汰的危机存在。

学习的方式和手段很多，读书应该是最主要的方式和手段，闻一多先生说：“一个人可以无师自通，却不可无书自通。”可见读书对于一个人获得知识、博学成才是很重要的。读各种书分别对人产生的好处，当推培根论述得较为全面而又精辟。培根说：

> 读史使人明智，读诗使人灵秀，数学使人周密，科学使人深刻，伦理学使人庄重，逻辑学使人善辩，凡有所学，皆成性格。

读书是艰苦的事情，所以必须要有吃苦的精神，所以著名书法家颜真卿说：“三更灯火五更鸡，正是男儿读书时。”韩愈则说：“书山有路勤为径，学海无涯苦作舟。”至于那些“刺股悬梁”“凿壁偷光”的精神，更是值得我们学习的。

读书虽然是苦的，但对于那有远大志向、喜好读书的人说，却不但不觉得苦，反而把它当成乐事。郑成功就说：“养心莫善寡欲，至乐无如读书。”祝允明则说：“每闻善事心先喜，得见奇书手自抄。”他们一点也不觉得苦。尤其是宋代诗人尤袤把读书给自己带来的益处说得真是特别神奇，他说：“饥读之以当肉，寒读之以当裘，孤寂而读之以当友朋，幽忧而读之以当金石琴瑟也。”这是一般人难以达到的境界。

现在年轻人读书，鲜有古人的这种精神和态度，尤其是有些人以上网代替读书，是令人担忧的。《浅薄：网络在怎样改变我们的头脑》作者尼古拉斯·卡尔就说："我们正在经历的是：回到文明演进的早期：我们正从个人知识的耕种者变成数字数据丛林里的打猎者和采集者。"他认为当前的弊病是，我们从网络上得到的是知识的宽度，失去的是深度。这不能不引起我们的深思，否则，我们学习终生的任务，在质的方面要打很大的折扣。

2. 谦诚善良

聪明的人

聪明的美女，不卖弄风情；
聪明的富翁，不显露钱财；
聪明的学者，不炫耀学问；
聪明的成功人，不沉迷荣誉。

【链接】短信选取了美女、富翁、学习、成功人四种类型的人来谈论"聪明"的特性，而谈特性时并不从正面要求这种类型的人应该怎么做，也就是不从"立"的方面切入，而是从"破"的方面去要求这种人不应该做什么，即"不卖弄风情""不显露钱财""不炫耀学问"和"不沉迷荣耀"，除掉共用的"不"字，都是整齐划一的四字词组。

有人说，男人喜欢和漂亮的女人握手，和深刻的女人谈心，和成功的女人多交流。能够称得上"聪明的美女"的，理应受到男士的青睐。列夫·托尔斯泰说："人并不是因为美丽而可爱，而是因为可爱才美丽。"作为一个聪明的人女人，应该懂得，展现出自己的智慧才能真正显示出可爱和美丽。门福说："一个显示智慧的女人比一个显示大腿的女人更受人尊敬。"所以，短信中说"聪明的女人不卖弄风情"已是门槛很低的要求了。

我们古时就告诫富人不要露财，那可能是从他们的安全着想的。现在也告诫富者不要摆阔，也有同样的出发点，但是现在富翁更多的是担心和指责有人有仇富的心理。殊不知，他们中有的人也太过分了，小孩结婚，长辈去世，他们是搞得怎样的惊天动地，难道他们不觉得显示贫富差距大到叫人无法接受了，他们为何要人为地把自己搞得与民众格格不入呢？从另外一个方面来看，随着社会的进步，却有不少富翁纷纷大搞慈善事业，这样也难免露富了。这样的露富倒是深受人们欢迎的。

雨果说："卖弄风情的女人和卖弄学问的男人好比是两个邻居。"所以，我们对于卖弄学问的人像对于卖弄风情的女人一样讨厌和鄙视。胡适先生曾说："做学问要有兔子的捷才和乌龟的静气。"他原指的是做学问的过程中的要求，其实，做完学问后，更要有"乌龟的静气"，更要注意不要卖弄学问，古今中外有许多炫耀学问出洋相的故事，苏轼就有过亲身的教训。一次苏轼去拜见王安石，王安石不在，但桌上纸笺上有两行刚写的诗："西风昨夜过园林，吹落黄花满地金。"苏轼以为菊花即使枯萎了也不会掉到地上，暗自觉得好笑，遂擅自步原韵续上两句："秋花不比春花落，说与诗人仔细吟。"后来，苏轼被贬到黄州，一次赏菊时风雨大作，菊花吹落，满地黄金甲。苏轼终于明白了，自己孤陋寡闻。所以说，聪明的学者，不要卖弄学问。

泰戈尔说："名誉是生命之流中的泡沫。"杨绛先生就是个把荣誉视如泡沫，而且不喜欢吹泡泡的人。一次，有关方面专门为她举办作品研讨会，请她出席讲话，然而她却婉然拒绝，她说："我只是一滴清水，不是肥皂水，不能吹泡泡。"她就是一个不沉迷荣誉的人。又如：居里夫人发现镭后，获得了美国皇家学会颁发的金质奖章，她却把它拿给孩子玩，她说："我是想让孩子们从小就知道荣誉就像玩具一样，只能玩玩而已，绝不能永远守着它，否则就将一事无成。"所以，任何成功者，都不要沉迷于荣誉。

成由谦逊败由奢

无论什么时候，永远不要以为自己已知道了一切。
一个骄傲的人，结果总是在骄傲里毁灭了自己。

【链接】本则短信是由两句名言集合而成的，前句为戏剧大师莎士比亚所言，后句则是生物学家巴甫洛夫所说。前句偏重在谈“知”的方面，后句却谈及“行”了，相为互补。思想家卢梭说过：“人之所以犯错误，不是因为他们不懂，而是因为他们自以为什么都懂。”这种言论真可以说是与莎翁“英雄所见略同”。古今中外，这方面的范例不胜枚举。就是一些名家、大学问家也不乏其例。譬如大名鼎鼎的王安石，就有这方面的深刻教训。

早年王安石奉旨到边远地区巡察，住在驿馆里，见一房内桌上摆有笔墨纸砚，素笺上也写有两句诗：“明月当空叫，黄犬卧花心。”王安石想：“明月怎么会叫呢？狗那么大的身子怎能卧于小小的花心中呢？”他自以为于理不通，于是擅自将“叫”字改作了“照”字，将“心”字改成了“荫”字，自以为改得更合理，更符合实际。他还得意洋洋地与当地的老秀才谈及此事，老秀才向他解释说：“我们这里有一种鸟叫明月鸟，到了晚上会鸣叫，这里还一种长得像狗的黄色小虫，入夜，它就会蜷息在花心中。”王安石一听，顿时面红耳赤，原来自己不知有鸟叫明月，有虫叫黄犬，真是太孤陋寡闻了，深感知识真是浩瀚如大海，自己所知只不过是一瓢一杯乃至一滴而已。

说骄傲会毁灭了自己，也许有人会认为言过其实，耸人听闻吧。其实不然，确实有因狂放而毁了自己大好前程的。明代才子解缙便有痛心疾首的终生悔恨的教训。解缙不可谓不是一个才子，他 19 岁时中了进士，得到了朱元璋的关注和赏识，朱元璋甚至对他说：“朕与尔义则君臣，恩犹父子。”然而解缙却自我膨胀了，而且产生了僭越皇规的行动，竟私自向兵部要宅隶，并且辱骂兵部尚书。对待同僚更是盛气凌人，与众不和。此事使得龙颜大怒，洪武二十四年，解缙被敕令其父接其回老家攻读，因此延宕多年，直至永乐帝朱棣登基，才被重新录用，这不是因为骄傲险些毁灭了自己的一生吗？由此，让人很自然地联想到陈毅写的一首诗：“九牛一毫莫自夸，骄傲自满必翻车。历览古今多少事，成由谦逊败由奢。”

诚实为本

美丽不须涂脂抹粉，诚实不须浮言虚语；

美丽是暂时的名片，诚实是长久的身份证。

【链接】莎士比亚说：“诚实不须假于笔墨，美丽不须借助粉黛。”本则短信取其意，并用更加通俗的文字表述。短信还将美丽比作名片，将诚实比作身份证，进一步将美丽与诚实对照，强调诚实是人的本色。在日常生活中，我们不难发现，越是不漂亮的人越爱打扮，越是天生丽质的人，反倒不在意人工的妆饰。越是诚实的人越朴直寡语，越是不诚实的人越夸夸其谈。在日常生活中，名片满天飞，真假难辨，身份证虽然也有假的，但是绝大多数都是人们真实身份的证明。短信以独特的视角注意了这一现象，并以此来衬托诚实的质朴无华。

荀子说：“君子养心莫善于诚。”孟子则说：“诚者，天之道也；思诚者，人之道也。”可见诚实是人的道德基础、品性的根本。由诚实人们很容易想到诚恳、诚信等词语，诚恳乃诚实恳切，诚信乃诚实可信赖，都离不开“诚实”，都以诚实为基本义。所以，只有诚实的人才能待人诚恳，做事可信赖。反之，一个不诚实的人，能够成为一个诚恳的人、一个可以信赖的人吗？所以，人们就喜欢与诚实、诚恳、诚信的人打交道，诚信的人受到人们的敬重。2012 年 11 月，经营了十多年小理发店的马玉剑在门前突然贴出了通知：“11 月 10 号、11 号两天办理退卡，请相互转告。谢谢。”原来他一星期前被查出为肺癌晚期，本来他治病正需要钱，但他的想法是“一辈子做事没亏待过人，我不想在离开这个世界的时候还欠别人的东西。”他的言行感动了顾客，很多人主动放弃了退卡，并称赞他的善良诚信。

汉代荀悦说:“不受虚言,不听浮术,不采华名,不兴伪事。”明代冯梦龙说得更通俗一些,更接近现代语言,他说:“做事必须踏实地,做人切莫务虚名。”不务虚名的事例也多如牛毛,但像美国老兵韦伯那样震撼人心的事却鲜为人知。二战时,韦伯随部队从诺曼底登陆后升为连长。不久,率部去攻占德军的桥头堡,他一马当先,滚爆了碉堡前的地雷,所幸他只炸掉了一条腿。后来得知美国国防部要颁给他一枚荣誉勋率,并且由罗斯福总统亲自颁发。然而韦伯听后苦思并失眠了三天,最后,他却出人意外地回绝了,他的理由是:“我不是主动去滚雷的,我是不小心摔下去碰到地雷的。”此事牵动面很大,大家一再劝说他,可是他仍然坚持不接受勋章,他说:“不,多少战友仍在浴血奋战,我不能玷污军人的这一最高的荣誉。”后来有人问他有没有遗憾和后悔,他却说:“如果我选择了勋章,每天都在别人崇敬的目光中羞愧地活着,那就不光是遗憾,还有煎熬。”滚爆地雷的事情真相只有天知和己知,也许有人会说韦伯是个傻人,不,他就是一个诚实的人,一个高尚的人!罗马人西塞罗曾说:“没有诚实,何来尊严?”韦伯就是用诚实维护了自己的尊严。后来他一直说道:“我非常庆幸,最终做了正确的决定。”据说他活了一百岁,也许诚实的人会长寿吧,也许就是如此。

一诺千金

不要承诺自己做不到的事,
不要忘记自己承诺过的事。

【链接】短信看似语句简单通俗,但道理却深刻,中心词是一个“承诺”,在第一句里,“承诺”作谓语,是动词;第二句里,则作宾语前的定语,当形容词用了。短信强调承诺的重要及价值。我国有个成语便是“一诺千金”,亦作“千金一诺”。短信的两句话用一句话来表达的话,那就可以说成是“一旦承诺,就一定要做到”。据说,美国第一任总统乔治·华盛顿从小就对自己要求很严格,他在十几岁时,为了约束自己，鞭策自己，他很认真地制定了一份内容含110条的行为准则，其中一条较为重要的便是："不要承诺自己做不到的事，不要忘记自己承诺的事，一旦承诺，就一定要做到。"可见有出息有作为的人在道德修养方面是十分重视诚信，重视一诺千金的。清初大学者思想家王夫之，后来隐居石船山下，筑草堂而居，有朋友来看望他，时至下午，朋友告辞，王因年事已高，体弱多病，起身恭送了几步，他郑重地说："君自保重，我心送三十里。"朋友走了十五里路发现伞遗忘在王家，于是返回取伞，当快到王家时，见王夫之老人还恭恭敬敬地站在那里，朋友十分感动，原来"心送三十里"绝非戏言，真是一诺千金。

古今中外，"一诺千金"之事不胜枚举，有一个跨越了三十二年终于兑现承诺的事也是很有趣的。1949年，学者黄裳托作家靳以写信向张充和索要墨宝，但后来靳以先生去世了，于是他们失去了联系。直到相隔32年后的1981年夏，黄裳却突然收到了由卞之琳寄来的书卷《归去来辞》，并附了张充和的长信，其中写道："奉上拙书一幅，想来你已忘记此事。靳以1949年的信尚在，非了此愿不可。并请你书赐一幅，但不要等三十年就好。……"这封信最有价值的话就是"非了此愿不可"。可见他当时虽然未通信表达承诺，但他从心中已承诺，所以尽管相隔三十二年，他也一定要兑现心中的诺言，"非了此愿不可"。所以，他又辗转找到了卞之琳的关系，终于将字画寄到了黄裳的手中。此事不能不叫人十分感动。

但更为感动的还有古希腊大哲学苏格拉底的一件事，苏格拉底后来被当局判以死刑，令其服毒自尽。当他服毒之后，他别的事情没说，只是向狱卒提出了一个令人意外的要求："克利多，我还欠阿克利披亚斯（医神）一只公鸡，别忘了替我还了这笔债。"可能他借鸡的时候一定承诺了以后会还。但现在没有机会了，他还念念不忘要还债，要讲信誉，无奈只好委托狱卒代办，表现了死前的庄严和诚信。以上事件给我们的启示很简单，就四个字："一诺千金"。

戒　贪

利欲炽然，即是火坑；
贪爱沉溺，便为苦海。

【链接】本则短信源自佛祖释迦牟尼的一段话，其中“然”字是“燃”的本字。全文意思很清楚，他向人们严厉地指出，利欲熏心的话，就像跌进了火坑；贪得无厌，犹如掉入苦海。告诫人们不要有非分的物欲和贪念。冯梦龙在《古今小说》中也昭然写道：“贪痴无底蛇吞象，祸福难明螳捕蝉。”冯梦龙与释迦牟尼有一个共同心愿，就是要人们明白贪婪的危害，要懂得戒贪。

戒贪与知足、无求的意思有关联，但论述的角度有所不同，知足与无求较正面地表达满足已得到的，不去过分地追求更多的。而贪却恰恰相反，是对某种事物的欲望总不满足，得寸进尺，得陇望蜀，有的贪不仅是数量上多的问题，而且触犯刑律，是质的问题，所以短信劝戒人们要戒贪，要禁止做贪婪的事情。

古人说：“贪得者，分金恨不得玉，作相怨不封侯。”现代人说：欲望就像海水，总是越喝越渴。人的贪婪就在于得到了金子之后，还想要仙人能点铁成金的手指。这话似乎是有典故的，传说道家吕纯阳（即八仙之一的吕洞宾）到南京，乔装成可怜老头，天天去吃糍粑却不给钱，卖糍粑的老太婆也很慷慨，任他吃，对他说：“问你要钱你也没有。”吕洞宾为了感谢她，问她要不要成仙？老太婆说：“成什么仙？我卖糍粑很好。”吕洞宾又对她说：“你要不要发财，我有办法教你点铁成金，把铁锅变成金锅。”老太婆还是不停地摇头。吕洞宾不由得夸她：“你这人真好，世上少有。”又问她：“你究竟要什么？”谁知老太婆此时却语出惊人：“把你的指头给我就好了。”一下真把吕洞宾雷倒了：“原来是这样！”鲁迅也介绍过一个类似的故事：一个县令做寿，他属鼠，其部下投其所好，集资为他铸了一个金鼠作为礼物奉送。然而县令收到金鼠以后，却特意告诉大家，他的老婆明年也做寿，属牛，这下可把大家惊呆了。如果她说她的姨太属象呢？当然，生肖中并没有象，只是调侃县令的贪得无厌而已。其实，一个金鼠，一个金牛，即使一个金象又算得了什么，与当今某些贪官奸商比起来，真是小巫见大巫。水涨船高，现在贪污受贿已从过去的几万、几十万到几百万、几千万，乃至过亿了。他们要的已不止是社会主义的金子了，而是要挖掉社会主义的金山了。当然有些人在挖金山时也没有好下场，一个个被金山埋葬了。司马迁说过，“利令智昏”“贪夫徇财”，说明这是必然的结果。所以，一个人必须懂得知足、无求，一定要戒贪，特别是一定要遵纪守法。释迦牟尼把贪婪比作是入火坑、进火海，他接着又指出：“一念清静，即烈焰成池；一念警觉，即船登彼岸。”任何人都应从此话中受到启示，尤其是对于那些见利忘义的贪官来说，更要有清醒的头脑。反腐的号角早已吹响，肃贪的警钟已经常鸣，应该下定决心戒贪，做一个知足常乐的人，做一个勤劳致富的人，做一个遵纪守法的人，做一个品德高尚的人！

善 忍

忍耐忍耐，人情常在，不忍不耐，事情常败。

【链接】在交友处世时，在自我修身中，中华民族自古以来，就讲究一个忍字，人们首先从说文解字的角度，就非常严峻地告诫大家：忍字头上一把刀，忍得住来是英豪。本则短信用非常朴实简短的语言，说明忍耐在人们日常生活中的潜在作用。在与人相处中，总难免有些事情不顺心，有时被对方无端地侮辱、诽谤或激怒，不免让人产生冲动，此时，三思有益，一忍为高。且听两个古人的精彩对话。寒山问：“世间谤我，欺我，辱我，笑我，轻我，贱我，恶我，骗我，如何处治乎？”拾得云：“只是忍他，让他，由他，避他，耐他，敬他，不要理他，再待几年，你且看他。”说得多么睿智。

孔子曰：“小不忍则乱大谋。”古今中外，善忍者流传着许多佳话，首先，在处理家庭问题，尤其是在处理夫妻关系上，古希腊大哲学家苏格拉底是堪称楷模的，苏格拉底的妻子姗蒂柏是一位远近闻名的悍妇，一次苏要出门讲学之前，两个发生争吵，苏格拉底不与她纠缠，径自出门，然而蛮不讲理的姗蒂柏却端一盆水跑到屋顶上浇到苏格拉底的头上，苏并不发怒，反而幽默地说："我早知雷霆之后必有甘霖。"这是多么的大度，如果进屋去与妻子计较影响了讲学又有何益呢？韩信也是个忍辱负重的典型，小时候，常受人欺侮，甚至被人胁迫从别人胯下钻过。正因为他从小能忍受常人难忍的胯下之辱，所以，日后，他能成为指挥千军万马的将才。

最令人敬重的是为了国家利益而忍受侮辱不计较的蔺相如，他是战国时期的赵国人，原为宦官缪贤的家人，他机智有勇，被推荐出使秦国，以和氏璧换秦国十五城，发现秦王有负约之意，他智夺璧玉，完璧归赵。后来，在渑池会上，秦王叫赵王鼓瑟，相如则请秦王击缶，秦王拒绝，相如大怒："五步之内，臣请以颈血溅大王！"维护了赵国的尊严。由于他功劳很大，被拜为上相。然而大将军廉颇很不服，瞧不起他，常常堵他的路，甚至派人打他，但蔺相如从不计较、总是避让，连他的舍人都很不满，然而蔺相如的回应是："若自伤损相残暴，则恐怕倾颓了赵国。"廉颇终于为之感动，负荆请罪，这便是家喻户晓的"将相和"传奇。为了国家利益而忍，这是最高的境界，最博大的胸怀，故能成为千古绝唱。由此，可以体现：忍耐忍耐，人情常在；不忍不耐，国事亦败。奥斯汀说："在我们的心田种植忍耐吧，虽然他的根是苦的，但果实是甜的。"以上古今中外的"忍"的故事，都说明了在忍让中根苦果甜、先苦后甜的哲理。

人贵知耻

你可以无文凭，但不要无知；
你可以无知，但不要无聊；
你可以无聊，但不要无耻。

【链接】本则短信用顶真的手法，由无文凭——无知——无聊——无耻，形成一条逻辑链，道出了做人的最低底线——不要无耻。前面一句都是对后一句的让步，没有文凭不要紧，但要有知识，自学成才也好嘛。没有知识也不要紧，但不要虚度时光，无所事事。

俗语说："树要皮，人要脸。"把人与植物比，强调人要知耻，还有些人谈论"羞耻"之时，则喜欢把人与其他动物作比较，马克·吐温说："人是唯一知道羞耻和有必要知道羞耻的动物。"清代魏僖说："人与禽兽异者，只是知羞耻。"他很气恼地把不知羞耻的人骂作"禽兽"。

孟子说"人不可以无耻"(《孟子·尽心上》)，宋代欧阳修则说："人不知耻，百事可为。"(《魏公卿上尊号表》)真可叹，有不少人竟"不复知人间有羞耻事"，在这种人的"词典"里，竟然没有"羞耻"二字。

什么是羞耻呢？仁人志士从各个方面有各种见解。拿破仑说："人类最高的道德是什么？那就是爱国心。"那么从道德最高点来看，不爱国，乃至卖国，是最大的羞耻。民族英雄吉鸿昌有诗曰："恨不抗日死，留作今日羞。国破尚如此，我何惜此头。"他竟连没有战死在抗日的沙场都感到羞耻，那么，那些汉奸卖国贼能有地可容吗？

古人说："一物不知，深以为耻。"这是对自己要求比较严格的，连没有全面掌握好知识，都认为是羞耻的事，这对年轻人来说，应是一种鞭策。

从经济上来看，卡耐基则认为"死于富有是一种耻辱"。大概是基于这种共识，很多富人都投身到慈善事业，连世界富翁的排头兵比尔·盖茨和巴菲特都明确表示，身后要把自己几乎是全部的财产献给社会，回报社会。这是非常可敬的。而在商界不知羞耻者大有人在，他们做假乃至掺毒，他们为了谋财，不惜害命，他们让多少无辜死于他们的富有。当然他们最终也会死于自己的富有，已有多少不法奸商已被绳之以法，这些人真是禽兽不如。

胡锦涛主席几年前就向全党全民提出了八荣八耻，其中也包含着"以危害祖国为耻，以背叛人民为耻，以愚昧无知为耻，以好逸恶劳为耻，以损人利己为耻，以见利忘义为耻，以违法乱纪为耻，以骄奢淫逸为耻"，谈得很全面，关键是认真执行，使公民，尤其是官商成为知耻的人，成为高尚的人！

果皮箱的提示

丢什么东西都可以，请千万不要丢人。

【链接】本则短信应该是本自某城市一些果皮垃圾箱上的“温馨提示”，此则公益广告的原文是：“当你想丢掉什么东西时，请想想，千万不要丢脸。”显然，短信比公益广告简洁一些，而将“脸”字改为“人”字，也改得很好。作为“丢”这个动词，丢的是一件可独立的东西，脸只是人的一个组成部分，高明的外科手术也很难界定一张独立的脸。而丢一个完整的人是很容易的事儿，将婴儿丢弃在垃圾堆的事是曾经发生过的。短信中的“丢人”有双关的意义，而更主要的是用了拈连的修辞手法。按照陈望道先生的说法，“拈连”是指：“甲乙两项说话连说时，趁便就用甲项说话所可适用的词来表现乙观念。”(《修辞学发凡》)在短信中，“丢东西”是甲项，“丢人”是乙项，“丢”在这里是“扔掉”的东西。按照修辞学对于拈连的要求，甲项应该是具体的，乙项应该是抽象的。本来“脸”与“人”都可视作有血有肉的具体事物，但在这里“丢人”与“丢脸”不可分割来理解，他们要从整体上来理解，它俩可以视为同义词，都表示“丢面子”，即丢尊严、丢公德的意义，还是属精神层面的抽象的东西。所以，本则短信运用了双关及拈连的修辞手法后，将旨意表达得更加生动深刻，更加耐人寻味。

无独有偶，在生活中，在语言表达中，用拈连手法使用“丢”字，另有生动的一例：“某大学食堂里，有学生将整个的馒头丢在洗碗水池里，有人看不惯，贴出‘大字报’批评指出：‘这丢掉的不是馒头，这丢掉的是节俭的优良传统。’”此处的“丢”字与短信中的用法是相同的。在文学作品中，用拈连的修辞手法的不少。例如，在峻青的《雄关赋·牧羊人》中写道：“人们望着火焰，仿佛觉得这红红的霍霍跳动着的火焰，不是柴草在燃烧，而是热西丁的生命之火，是老热西丁的一颗炽热的心在燃烧。”又如，理由的《纯情·本分人》中写道：“母亲把父亲从干活儿的地方背回家里，也背回抚养全家的责任。”

其实，值得一提的是，在我国的古典诗词是中，早已把“拈连”的修辞手法运用得炉火纯青。例如，辛弃疾的《满江红》中写道："敲碎离愁，纱窗外，风摇翠竹。"这里就运用了拈连的手法，而且用的是一种特殊的倒装拈连，它的甲项在后面，是"风摇翠竹"，而它的乙项在前面，是"敲碎离愁"，将此词句的语意按逻辑顺来解读，可以这样来表达："纱窗外，风摇动翠竹，竹子的摇动，敲碎了我的离愁。"意境极为隽永，令人一咏三叹。又如唐代李德裕写的《无题》中，就有"不劳邻舍笛，吹起旧时悲"诗句，也是用于拈连手法，吹笛却"吹"起了"旧时悲"，写得含蓄委婉，耐人寻味。另外，从以上例句中，我们不难发现，古典诗词中用拈连手法，不像现代文体中那样前后明确的用两个相同的动词，它只用一个明确的动词，另一个词意相同的动词潜意识地存在于适用的意境中，叫人细心地去体会和玩味。

崇尚善良

漂亮是人的推荐信，善良是人的信用卡。

【链接】本则短信将漂亮比喻成人的推荐信，将善良比作人的信用卡，前者是谈人的外在美，后者是谈人的内在美。利顿说："如果说美貌是推荐信，那么善良就是信用卡。"这句话比短信多用了"如果"，"那么就"表示假设关系的关联词语，意味着后者应以前者为成立的前提。其实完全用不着，善良是一种独立的人格，用不着其他参照物作陪衬，它都是人们心向神往的高尚品德。

老子早就说过："上善若水，水善利万物而不争。"曾参则说："人而好善，福虽未至，祸其远矣。"很多人都把刘备当作善良的形象大使，所以他不能不说点有关的话，他说的名言是"勿以恶少而为之，勿以善小而不为。惟贤惟德，能服于人。"对于善良，"古人之述备矣"：既谈到了善能"利万物而不争"，促进社会和谐，又谈到善给人的好处，即使不能带来福祉，至少可以远离灾祸，同时，还劝诫人们行善可以小事做起。多数人都乐于做善事，明代祝允明撰写了一副对联："每闻善事心先喜，得见奇书手自抄"，对此作了最好的写照。

行善不但有利于他人，而且有利于自己的身心健康，外国有医学最新研究成果表明："心善的人大脑会释放出多巴胺，血液中的复合胺的含量也会增高，使人更善于应付生活中的各种压力，因此，心善的人不易得心脏病，得了其他的病，也康复得非常快。"既然如此，何乐而不为呢！但是，有些人虽富却不愿行善。2007 年 6 月《读者》有一篇文章，就提到了温家宝的一段讲话，他说："我国每年募集慈善款不足 100 亿元，拥有 80％以上财富的人捐赠不到 15％，而我国是世界最大奢侈品消费国之一。"不说不知道，这一对比，真可以看出"民族的脊梁与行尸走肉泾渭分明"。

当然行善要靠自觉的悟性，不能受外人的强制，但是聪明的一休却有过诱人行善的故事。一次，一休到其弟子足利将军家用茶。将军向他炫耀自己的名贵古董，一休顺势说他也有三件稀世之宝：盘古开天的石头、历朝忠臣吃饭的碗、高僧用的万年拐杖。将军很想要，一休向他索价三千两银子，但是后来拿来的东西就是很普通的抵门石、狗食碗和普通拐杖。后来将军很生气，一休说："我替你将三千两银子拿去赈济了贫民，替你做了功德，其价值远远超过了古董。"说得足利十分惭愧，并佩服一休的仁慈和智慧。一休的动机是很好的，但这样做却不必模仿，即使当今有不少明星大腕沽名钓誉，纷纷搞"诈捐"，我们也不会以其他手段去诈他们。

《朱子家训》云："善欲人见，不是真善；恶恐人知，便是大恶。"古今中外，历来主张做好事不留名，行善事不张扬。当今的中国首善陈光标却有不同的看法，他认为，高调做捐款是为了动员更多的人投入到慈善事业中来，过去是封闭的社会，交流不畅通，现在是信息社会，何不利用现代化手段，使慈善工作更快更广地深入人心，不是更有利于慈善事业的发展吗？说得似乎有理。马克·吐温说："善良，是一种通用的语言，它可以使盲人感到，使聋子闻到。"短信则强调善良是人的信用卡，它可以使人更加信任，更加钦佩。

礼貌说

礼貌是无本投资，能使人获益不浅；
礼貌是一面镜子，能照出内心情感。

【链接】塞万提斯说："礼貌周全不花钱，却比什么都值钱。"歌德说："一个人的礼貌是一面照出它的肖像的镜子。"本则短信体现了这两句话的精神，借用两个比喻，形象地说明了礼貌的社会作用。社会要提倡精神文明，必定要提倡公民讲礼貌，礼貌在人们的交往中是一种最佳的调和剂，礼貌可以使人感到温馨、和谐、友好、可爱。约翰逊对礼貌有一个很别致的比喻——"礼貌像只气垫：里面什么东西也没有，却能奇妙地减轻我们的颠簸。"的确如此，人们在交往中遇到什么摩擦，产生什么矛盾，往往用横蛮的态度去解决，定会使事情愈演愈烈；若采取礼貌行动，则很容易化干戈为玉帛。两人相撞，两车相碰，只要谁先说一声"对不起"，便会带引出对方"没关系"的回应，便会此刻握手言欢。当然，有时，谁先说是一句"对不起"也并非易事。爱默生说过："良好的礼貌由微小的牺牲组成。"其实，这种牺牲被说穿了，主要就是一个面子问题，看谁放得下面子，有时甚至是看谁能退让一步，能退让一步，便海阔天空。讲礼貌，也是一门学问，也要掌握其度，如果不必要的过度的礼貌，也会使人感到虚伪，甚至使人感到厌烦或反感。人们常说"过分的谦虚就是骄傲"。过度的礼貌也然，会适得其反，让人觉得不真实。如何来掌握好礼貌 的"度"呢？培根说："礼貌举止正好比人穿衣——既不可太宽也不可太紧。要讲究有余地，宽裕而不失大体，如此行动才能自如。"这就是对于讲礼貌有度的充满哲理而又形象生动的答案。

如果把礼貌比作花朵的话，那么它的根便是发自内心的对人的尊重，古代"程门立雪"的故事，是家喻户晓的，杨时与朋友游酢去拜见老师程颐，但到门口，发现老师正在小睡。为了不惊动老师，不影响老师的休息，他们一直站在外面等，等老师醒来时，门外下了一尺多深的雪。他们这样对老师有礼貌，就是根源于他们对老师的尊重。

对老师、对长辈、对上司尊重、讲礼貌比较容易做到，难能可贵的是对学生、对周围为自己服务的人员也尊重，也讲礼貌。陈寅恪先生晚年失明了，他在楼下做事时穿着很随便，但当有几个学生来听他讲课时，他便马上摸着上楼去换了整洁的衣衫来上课。钱学森先生也是这样，他下楼吃饭的时候从不穿背心，从不穿拖鞋，而要穿得像上班一样。他们这样有社会影响的人能这样对别人讲礼貌，就是出于对别人的一种尊重。所以梅里美说："礼貌经常可以代替最高贵的感情。"所以，短信说礼貌是一面镜子，它能照出人的内心情感。

3. 顺其自然

顺则淡然　逆则泰然

易事难事，看担当；
临喜临怒，看涵养；
顺境逆境，看襟怀；
或成或败，看坚强。

【链接】清代山阴人金缨曾写有格言："大事难事看担当，逆境顺境看襟度。临喜临怒看涵养，群行群止看识见。"本则短信稍作改动，并使其一、二、四句押韵。本则短信谈了人生面临的几种境遇，但仔细想想，面临易事难事，面临喜怒哀乐，面临成功与失败，都是面临着顺境和逆境可以概括之，它们都是顺境和逆境的不同层面。人们常说"顺之淡然，逆则泰然"，但是，"顺则淡然"可能容易做到，而"逆则泰然"，则是比较难以自持。所以在顺境中取得成功往往不足为人道，而在逆境中取得成功，才倍受人称赞。

美国人贝弗里奇说："人们最出色的工作，往往是在处于逆境的情况下做出来的。"的确如此。中国人常常如数家珍地要谈到："文王拘而演《周易》；仲尼厄而作《春秋》；屈原放逐，乃赋《离骚》；左丘失明，厥有《国语》；孙子膑脚，兵法修列；不韦迁蜀，世传《吕览》；韩非囚秦，《说难》《孤愤》；《诗》三百篇，大抵贤圣发愤之所为作也。”外国也不乏感人的故事，例如：美国著名的发明家托马斯·爱迪生，1914 年 12 月，他已 67 岁了，在做实验时，实验室突然失火，其间的设备烧毁殆尽，损失达二百多万元。爱迪生毫不气馁，还从容淡定地叫儿子找爱迪生的妻子来看火灾后的场面。强大的精神支柱支撑着他又投入了新的实验工作，火灾后仅过三个星期，爱迪生便实验成功推出了第一部留声机，爱迪生堪称是善对逆境的顶天立地的英雄。

任何成功人士，都无不例外地有顽强面对逆境的经历和感受，美国著名小说家约翰·克里西，在成名之前，曾经收到过 743 张退稿单，一般人承受不起，早就该金盆洗手了，然而他却是这样想的：“不错，我正在承受人们不敢相信的大量失败的考验，如果我就此罢休，所有的退稿单就变得毫无意义。但我一旦获得了成功，每一张退稿单的价值将全部重新计算。”由于他不折不挠，他终于成功了，到 1973 年，他享年 75 岁结束人生，共写成 564 本书，其书则不止是等身之作，而不止是超过了他的身高 1.78 米，还要高出二尺多。

1082 年，有一次苏轼在途中遇雨，没有带伞，淋得非常狼狈，他一点也不沮丧，且触景生情，写下了词句：“莫听穿林打叶声，何妨吟啸且徐行。”拄着拐杖继续前行，他乐观地说：“竹杖芒鞋轻胜马，谁怕？”终于雨停了，他又词兴大发：“回首向来萧瑟处，归去，也无雨也无晴。”旅途中遭雨袭，当然算不上很大的逆境，但在人生中，狂风暴雨的逆境是不可避免的，如果在逆境中能有苏轼的这种心境，就一定能泰然处之，一定能表现出有担当，有涵养，有襟怀，有坚强！苏轼的这些词句对后人影响很大，前国务院副总理吴仪就曾引用苏轼的以上词句抒发自己的心境，字字掷地有声。

逆境也微笑

被人误解时能微微一笑，是一种素养；

被人嘲笑时能平静一笑，是一种自信；

受委屈时能坦然一笑，是一种大度；
陷窘境时能自嘲一笑，是一种超脱；
吃亏时能开心一笑，是一种豁达；
无奈时能达观一笑，是一种境界；
危难时能泰然一笑，是一种大气；
失恋时能轻轻一笑，是一种洒脱。

【链接】大仲马说："生活是由无数烦恼组成的一串念珠，但得微笑着数完它。"本则短信列举了一系列逆境时也能笑的不同情怀。在被人误解和嘲笑的时候，在受委屈和陷窘境的时候，在吃亏和无奈的时候，在危难的时候和失恋的时候，不但不愁苦郁闷，反能付之一笑，这绝不是一般常人都能做到的，这的确需要拥有一种素养，一种自信，一种大度，一种超脱，一种豁达，一种境界，一种大气和一种洒脱。所以，这种笑是出自内心的真笑，而不是苦笑，更不是假笑。这里还可以补充梅尔维尔的一句话："面对一切的荒诞，付之一笑是最聪明最简单的办法。"面对荒诞也许说不上是一种逆境，但有时会令你处于尴尬，处于无奈 。

面对逆境能会心一笑，还需具有一种幽默感。休斯说："所谓幽默，是到口的鸭子突然飞了而还能一笑置之。"可见笑与幽默往往是如影随形的。钱钟书先生在《说笑》一文中这样写道："一个真有幽默感的人别有会心，欣然独笑，冷然微笑，替沉默的人生透一口气。也许要有几百年后、几万里外，才有另一个人和他隔着时间空间的河岸，莫逆于心，相视而笑。"钱钟书先生所说的"沉默的人生"应该包括了短信中所说的"逆境"，还涵盖更广泛的内容。按钱先生的看法，逆境中会心一笑并非易事，也并非轻松之事，而是"替沉闷的人生透一口气"。逆境时的微笑并不是马上能被人理解的，有的甚至要经过"几百年后，几万里外"的时空的考验和洗礼，"才有另一个人和他隔着时间，空间的河岸"与之对话，才能找到知音、知心"莫逆于心，相视而笑"。也许有人会以为太玄乎了。也许这就是更高境界的逆境之笑。有一处题弥勒佛像的对联与众不同，其对联写道："大肚能容，了却人间多少事；满腹欢喜，笑开天下古今愁。”此副对联中的笑，大概也可包涵本则对联中所涉及的逆境之笑。汪国真在《我知道》中写道：“欢乐是人生的驿站，痛苦是生命的航程。我知道，当你心绪沉重的时候，最好的礼物是送你一个宁静的天空……走吧，你看，槐花正香月色正明。”在此良辰美景中，我们应当再送你一个微笑。本则短信原来最末还有一句：“看到短信时能会心一笑，是一种轻松。”它与逆境无关，摆在这里作结，也许还能增加一点乐趣。

顺其自然

凡事不必苛求，来了就来了；
凡事不必计较，过了就过了；
遇事不要皱眉，笑了就笑了；
结果不要奢望，做了就做了；
生活力求简单，心静了就平和了。

【链接】本则短信主要表达人在生活中要顺其自然。几个“A了就A了”的句式把意思说得很坦然。来了就来了，既来之则安之；过了就过了，不必追究；笑了就笑了，不必懊悔；做了就做了，事在人为；心静了就平和了，重在心态要好。这里通过一个“就”字作连接，语气更显得轻松，真有举重若轻的飘逸。一个其貌不扬的“就”字，在现代汉语里有多种释义，其中作为副词的一项，与本则短信的用法吻合，用在两个相同的词语或成分之间，表示容忍，即可以接受得了的意思。短信也强调对各种事情的结果，要能容忍得了，即可以接受得了。另外短信中用了很多“了”字，有的一个句子里就有两个“了”字。这个“了”字的使用，看似不起眼，实际上所表达的语气和意思也是极为丰富和巧妙的，也是值得一提的“了”字，一方面表示事情已经完毕，已经成为过去式，另一方面也可借以表示对这些事情要了然于心。这一点很重要，只有明白了各种事理，才能顺其自然。所以，有的段子说，人生在世应该明白“生活是美好的，权力是暂时的，财产是后人的，生命是自己的，友情是珍贵的”，善待自己的每一天是最重要的。顺其自然地生活，才能做到如古人说的那样：“宠辱不惊，闲看庭前花开花落，去留无意，漫随天外云卷云舒。”

说到“顺其自然”，人们能可能会联想到“随遇而安”，无论处在怎样的环境下，都能安然自适。这两个词语虽然算不上同义词语，但表现人的心态、心境是相通的。著名画家韩美林就是个能够顺其自然，随遇而安的人，他的心态便是：“没心没肺，能活百岁；问心无愧，活着不累；心底一汪清水，没有过夜的愁，不生过夜的气，也就没有过夜的病。”这正如古人所说：“万缘脱去心无事，诸相空来性坦然。”这样的人才能做到顺其自然，随遇而安。《菜根谭》中写道：“幽人清事，总在自适，故酒以不劝为欢，棋以不争为胜，笛以无腔为适，琴以无弦为高，会以不期约为真率，客以不迎送为坦夷。若一牵文泥迹，便落尘缘苦海矣。”这是对“顺其自然”的另一种别致的诠释，若以本则短信与之互补，生活定然过得潇洒自如。

放字歌

高瞻远瞩须放眼，
开明管理靠放手。
敞开思维似放飞，
抒怀排遣要放声，
烦事在身宜放下，
无法拥有该放弃，
难办之事先放置，
待人待己常放心。

【链接】本则短信每句重复一个关键动词“放”字，并且前后均与不同的字词搭配，表现在为人处世、修身立业中的几种人生技巧。在

“放”字的八种组合中，放眼、放手、放飞、放声乃至放置、放心都不难做到，常用和难以做到的是“放下”和“放弃”。无德禅师说：“千万种的梦境，醒来就无事。所以，千万种的问题放下不就好了吗？”禅语往往看起来很简单，却含有深刻的道理，但是要达到这种境界却并非易事。倘若遇事都能像无德禅师说的那样像梦醒来就无事那样轻松，固然是大家所期望的，但是往往那个梦不是轻松的，甚至是噩梦，甚至是无法入睡而失眠，那就无法轻松，如有的人不是追求自己幸福，而是追求比别人幸福，那种梦能轻松吗？有人无法拥有的也不放弃，能轻松吗？还有的人一心贪婪，违法乱纪，那只能噩梦连连，乃至后果不堪设想。

能否放下，与一个人的心理素养有关，传说有两个僧人要过一条小河沟，遇一女人要求背她过去，僧人甲毫不犹豫地将女子背过河沟。行二十里路后，僧人乙很郑重地对僧人甲说：“我们是出家人，刚才背女子过河，有违戒律，恐怕不妥吧！”僧人甲坦然地说：“我背那个女子，一过河就放下了，可是你却把那女子背了二十来里路还没有放下。”说得僧人乙无以对答，赧然面红。是啊，世界上总有些人把别人的包袱背在自己身上放不下。

有的爱情表白说：“我放下过天地，却从未放下过你。”更足见要放下一个物质的东西容易，要从心里放弃一个精神的形象是很难的。

放弃也是一种学问，有人从人生的三个阶段谈放弃：“少年放弃幼稚，走向成熟；青年放弃浪漫，开创天地；老年放弃忙碌，享受黄昏。”放弃往往是面对得失的一种选择，有的短信用诗一般的语言写道：“放弃花的香艳，才能拥有果的甜美；放弃一粒种子，才能收获万颗粮粟；放弃在茧蛹里沉睡，才能有展翅飞翔的自由；放弃漂亮的尾巴，才能变成可爱的青蛙。”

从以上不难看出，一个个放字蕴有百般哲理，它都体现着一种智慧，一种才能，一种成熟，一种美丽。

知足就好

人生无需惊天动地，快乐就好；
友谊无需甜言蜜语，想着就好；
金钱无需车载斗量，够用就好；
朋友无需遍及天下，有你就好。

【链接】本则短信，就人生的几个大的方面，道出了“知足常乐”的生活真谛。在当今的社会里，有不少的人一味追逐金钱地位、吃喝玩乐，但也有更多的人，越来越清醒理智地追求知足常乐的清醇旷达。随之而来，知足常乐方面的短信也层出不穷。例如：

不论当官与否，健康就好；
不论发财多少，平安就好；
不论顺逆如何，充实就好；
不论聚散怎样，相知就好；
不论你在哪里，快乐就好。

还有一则为：

钱多钱少，常有就好；
人俊人丑，顺眼就好；
人老人少，健康就好；
家穷家富，和气就好；
谁对谁错，理解就好；
人的一生，平安就好！

也许是一种巧合，这三则短信，都共同地谈到了人们对金钱，友谊、健康的人生态度，而且也不约而同地使用了“就好”这个词，“就好”表示什么意思？不就是“感到满足”的意思吗？不就是“知足常乐”吗？知足就是不贪，就是没有奢望烈欲。《重定增广》云：“养心莫善于寡欲。”“良田万顷，日食一升；广厦千间，夜眠八尺。”明代洪应明的《菜根谭》有着更详尽精辟的论述：“贪得者，分金恨不得玉，作相怨不封侯，权豪自甘为乞丐。知足者，藜羹旨于膏粱，布袍暖于狐貉，编民不让王公。”明清之际，有一本闲书《解人颐》，其中也有一篇描写人类欲望无止的白话诗：

终日奔波只为饥，方才一饱便思衣。
衣食两般皆具足，又想娇容美貌妻。
娶得美妻生下子，恨无田地少根基。
买到田园多广阔，出入无船少马骑。
槽头扣了骡和马，叹无官职有人欺。
县丞主簿还嫌小，又要朝中挂紫衣。
若要世人心里足，除是南柯一梦西。

白话诗明显是揶揄不知足的人，但最后一句话说得太过了。只要保持一种平和心态，知足常乐，随事能淡然说一声“就好”，就能健康长寿。

知足便为好

屋不在华堂，安住便为好；
妻不在容貌，贤德便为好；
衣不在时尚，温暖便为好；
食不在珍馐，腹饱便为好。

【链接】古人说，“美酒饮当微醺候，好花看到半开时”“无病休嫌瘦，身安莫怨贫”。这样对于生活的要求，标准也是不高的，也是很低调的，正如本则短信所表达的那样，生活的起点不高，但可以感到满足。本则短信中没有出现“知足”二字，但却通过重复使用而强调的四个“便为好”，传递了感到满足、知足的信息。短信通过对待居住、对待妻子、对待衣食方面反映了人们日常生活中的几个重要内容，住房不必高大宽敞，能够安居就可以感到满足。白居易《题新居》中写道：“冷似雀罗虽少客，宽于蜗居足安身。”也就是这个意思。妻子不必漂亮如影视明星，贤良聪慧就让人感到满足。穿衣不必讲究新潮，能够御寒就感到满足。食不必吃山珍海味，能够填满肚子就知足了。当然，社会进步了，经济发达了，人们生活水平提高了，不必提倡人们去过苦行僧的生活，但是，无论条件如何改变，尤其是在物欲横流的商品社会中，提醒人们具有一种知足的精神是有益的。反之，如果人们不知足，物质欲望无止境地膨胀，定会产生恶劣的后果。李白诗曰："物若不知足，得陇又望蜀。"老子早就说过："祸莫大于不知足，咎莫大于欲得。"随着反腐的深入，多少不知足的贪官，都大祸临头，纷纷落马。如果他们当初能够像《论语》所说的那样，"不义而富且贵，于我如浮云"，便能如老子说的那样，"知足不辱，知止不殆"。有人说："让人失去理智的是外界的诱惑，让人耗尽精力的是自己的欲望。"此话精辟地、入木三分地道出了"不知足"的社会环境的因素和个人自身的思想根源。

古今中外，有识之士，都倡导知足的精神，唐代著名诗人白居易说过："心足即为富，身闲乃为贵。"老子说过："乐莫大于无忧，福莫大于知足。"美国人富兰克林对"不知足"作了非常形容生动的比喻，他说："对于不知足的人，没有一把椅子是舒服的。"语言虽然简单，但道理极为深刻。知足并不是他人的评判，知足是一种心灵深处的自我感觉，是自己个人的一种由衷的满足。所以，宋代林逋会说："知足者，贫贱亦乐；不知足者，富贵亦忧。"这也说明，知足不仅体现在对待物质的感受上，更重要的是还体现在精神追求的层面上。众所周知，著有《时间简史》、获英国剑桥大学终身教授资格的学者霍金，20多岁时便患上了卢伽雷氏症，逐步失去了运动能力，他已瘫痪在轮椅上，无法说话，只有大脑和三个手指能活动，全靠操纵电脑上的鼠标器，用电脑屏幕来表达思想。通常的人几年内便会死亡，而他却顽强地继续活了三十多年，他一点也不颓废悲观，他对自己的现状竟然还会感到满足，他说："我的手指还能活动，我的大脑还能思维，我有终生追求的理想，有我爱和爱我的亲人和朋友……这些让我感到满足。"这是怎样一种知足，这是怎样一种高超的境界，无不令人肃然起敬。古人说："君子坦荡荡，小人常戚戚。""君子心常泰，小人心常劳。"霍金就是这样的君子！

知足无求

事到知足心常泰，
人到无求品自高。

【链接】“知足”与“无求”，应该是有关联的，按照《现代汉语词典》的解释，“知足”的含义是：满足于已经得到的（指生活、愿望等）；而对于“求”的解释是：“①请求；②要求；③追求、探求；④需求。”那么，“无求”，就应该是“没有以上四种诉求”。按照以上的解释，其意思应该是很接近的，知足和“无求”，是可以互为前提的。作者在表达时，为避免字面的重复，特意替换意义相近的词语，以达到良好的修辞效果。但是“知足”和“无求”的表达侧重点还是同中有异的。“知足”是指对既成事实的认可、满足；而“无求”则是对未成事实的不作刻意的寻求，不设更高的奢望，不作主动的出击。

本则短信源自清人陈伯崖拟写的对联，这副对联很受后人推崇，著名作家冰心，94 岁生日时，只稍许将上联改动了一个字，写作“事因知足心常乐，人到无求品自高”，以表述自己长寿的缘由和体会。

当然，“无求”并不是绝对一点要求都没有，只是相对而言，要求能够切合实际，不是攀高，更不是强求。正如《世说新语》所说那样，“人所应有，其不必有；人所应无，其不必无”，这应该是说得恰到好处的。有的现代职场青年也说得好：“如果你本质上是草木植物，即使在再好的企业（环境）中也长不成大树，这样还不如在一般企业（环境）中把自己培养成名贵花草。”此话也是对于“无求”的一种清醒理智的解读。

对于“无求”的好处，许多贤人达士都是有共识的。有的人说：“少而寡欲颜常好，老不思官梦亦闲。”这里突出地强调到老不想做官，生活会变得闲适惬意。英雄所见略同，宋代薛山所写的《冬日杂言》，其表述的重点也在于此，其诗写道：“茅檐日出胜重裘，饱饭看山倦即休，识得个中真趣味，自然无梦到封侯。”诗也写到梦，也写到当官之事——封侯，但作者是不想做官，对做官无所求的，所以，做梦就不会梦到封侯的事。然而，我们现代社会中，却有不少“官念”非常强烈的人，他们做梦都想做官，所以，他们是求官的，有的人热衷于跑官、骗官——贿选，还有的恶劣者，直接买官，当然有买官的，必有卖官的，到头来，纷纷都落入可悲的下场——同归于尽。随着反腐风暴的不断猛烈，这样的事例真是不胜枚举，这些人真是“人心不古”——他们还不如古人想得明白，不如古人那样淡泊名利，不如古人那样懂得“无求”对于一个人的命运的重要。

过则易失

大喜易失言，大怒易失礼；
大惊易失态，大哀易失颜；
大乐易失察，大惧易失节；
大思易失爱，大醉易失德；
大话易失信，大欲易失命。

【链接】本则短信中的“大”字，实际上就是“过度”“过分”的意思。短信通过十个“大 A 易失 B”的句式，阐述了做人修身养性方面应注意掌握分寸，切勿过之，过则易失。过度的喜、怒、惊、哀、乐、惧、思、醉、话，则容易失言、礼、态、颜、察、节、爱、德、信，尤其是最后一句，过度的欲望甚至会失去生命。事实已经雄辩证明，过度拥有权欲、名欲、利欲以及色欲、情欲的人，不少为之丧失了自己宝贵的生命。所以，短信对人们有极大的警示作用，告诉人们要重视“过”所引起的严重后果。

德川家康在“遗训”中就告诫他的后人：“不及尚能补，过之无以救。”我国古贤对于“戒过”也有很多告诫。《朱子家训》中说：“勿贪意外之财，勿饮过量之酒。”明代陈继儒说：“事遇快意处当转，言遇快意处当住。”这也是一种道德修养，也是告诫人们不要“过”。《菜根谭》也在处理与人的关系上告诫不要“过”之：“攻人之恶勿太严，要思其堪受；教人以善毋过高，当使其可从。”此话则强调要多为对方、多为他人着想。重订本《增广贤文》中则说：“受恩深处宜先退，得意浓时便可休。”虽然句中没有“过”字，但深而不知退，浓而不能休，便会“过”，便会酿成咎责乃至祸害。这句话则是从“受恩”和“得意”的角度来谈，若能将以上论述互补，则修身大有进取。

“戒过”，换句话说，便是凡事不可用其极，不可使其尽。宋代高僧法演禅师就告诫他的弟子说，对于自己应有四戒，即：势不可使尽，福不可受尽，规矩不可行尽，好话不可说尽。后来，冯梦龙在自己的“三言”小说中，改换了后两句：“便宜不可占尽，聪明不可用尽。”他们都强调了凡事不可极其尽。“法演四戒”还强调了“过”的后果：“势使其尽，祸必至；福受其尽，缘必孤；话说其尽，人必易；规矩行其尽，事必繁。”“戒过”，再换句话说，便是要淡然处世、淡然做事做人，有一则短信说得好：

淡淡的友情很真，
淡淡的依恋很纯，
淡淡的思念很久，
淡淡的祝福很美。

在生活中，不要过于追求浓、深、烈，不要“过”，就是为人处世要把握好分寸，如有的短信所说：

严谨而不拘谨，
自信而不自傲，
平常而不平庸，
随和而不随便，
放松而不放纵，
认真而不较真。

何须酒与花

茶亦醉人不必酒
书自香我何须花

【链接】本则短信来自古人一副对联，但最终的出处，应该是清代一个没有诗名的“醉月山人”的诗：“茶亦醉人何须酒，书自香我何须花。酒不醉人人自醉，花不迷人人自迷……”对联和短信取其前两句，并避开了两个“何须”的重复，更显精致，短信凸显了作者对茶的陶醉和钟爱，有茶何必还有酒，更不是灯红酒绿的那种奢华及喧嚣。短信更道出了对书的热爱及读书的快乐，人常说，书中自有黄金屋，而作者看来，书中自有百花园，这种百花园更是一种多彩的精神境界。无论是茶，还是书，它们体现的是淡泊以明志、宁静以致远的一种优雅隽永的韵味，一种高尚清醇的品格，一种淡定从容的生活态度。在滚滚红尘中，有多少人沉迷在“一醉方休”之中，有多少人为名利而来来往往、熙熙攘攘。又有多少人能心静如水，品一品佳茗，读一读好书，那确是难能可贵之事。本则短信可以视为对“茶”与“书”相提并论，也可以理解为谈饮茶是作为言读书的起兴和铺垫。在生活中品茶毕竟是一种休闲或怡情，而读书则是一种修身益智。品茶是绿叶，读书是红花。古今中外有识之士，对于读书的重要和意义都有不少睿智的见解和论述，仅从我国古贤来说，便不胜枚举。宋代大诗人、大学问家苏轼曾说：“发愤识遍天下字，立志读尽人间书”，从中可见他的学问得益于努力不懈地读书。明代家喻户晓的大清官海瑞说“干国家事，读圣贤书”，非常朴实地道出了行和知的关系。一个人若要想为国家做出很大的贡献，必须努力学习文化，掌握知识。明代抗倭英雄郑成功也有深邃的见解：“善心莫善寡欲，至乐无如读书。”一个盔甲在身、驰骋疆场的将领，也体会到读书是最快乐的事。古代还有一副与本则短信意境极为吻合的对联：“天下奇观看尽，不如书卷好；世间滋味尝来，无过菜根香。”你即使尝遍了山珍海味，哪有嚼食菜根的味道隽永？你即使看够千山万水，又哪能比得上读书所领略的风景美好。

然而，要坚持读书也并不是轻而易举的事，有的人读书既要择时又要择地，要在很好的时机和条件下才能读点书。过去，有首打油诗对此作了带有讽刺意义的描述：“春天不是读书天，夏日炎炎正好眠。秋有蚊虫冬有雪，收拾书包好过年。”曾国藩的四弟嫌在家乡读书条件不好，想到北京的贵族学校去上学，曾国藩特写家信《致诸弟》严厉地指出:“苟能发奋自立,则家塾可读书,即旷野之地、热闹之场,亦可读书,负薪牧豕,皆可读书。苟不能发奋自立,则家塾不宜读书,即清净之乡、神仙之境,皆不能读书。”曾国藩并且非常明确地指出,读书“何必择地,何必择时”?所以,只有不择时、不择地读书的人,才能感悟到“书自香我何须花”。

4. 戏说修身

要八戒,更须悟空

鸟在笼中,恨关羽不能张飞;
人在世上,要八戒更须悟空。

【链接】本则短诗来自当前媒体广为流传的一副对联,这副对联虽然在词性、平仄的对仗上不完全工整,但其上联中嵌入《三国演义》中两著名人物关羽和张飞,下联嵌入《西游记》中的两个著名人物孙悟空和猪八戒,并巧妙地利用名字的双关意义解读人生的重要命题。上联虽然也有人生追求自由的含义,但此副对联更着重突出下联所阐发的更加宽泛丰富的内容,八戒和悟空这两个名字本就是他们被唐僧收为徒弟后由师傅取的名字,八戒即指八种戒行,按宗教戒条,信徒不准食用八种物品,即“五荤三厌”:蒜葱等五种辛辣植物和雁、狗、龟三种动物,这是儒道二教共同遵守的。而佛教另有八戒全称八斋戒,内容更深层更广泛一些,它要求信徒不能杀生、偷盗、淫欲、妄语、饮酒、打扮而观听歌舞、眠坐高广华丽之床、斋后进食。所谓悟空,佛教是指要了然于一切事物由各种条件和合而生,世界是虚幻不实、变灭不常的,人们必须窥破红尘,彻悟“空”谛,意识到我法皆空;把一切看得平淡一些,不必汲汲于功名利禄。说到底,就是戒对于金钱、物质、权力及至女色等方面的不必要的欲求。德高望重的著名女作家冰心老人在她 94 岁时书写了一副养生联,道出她的高寿之秘诀:“事因知足心常乐,人到无求品自高。”清末洋务首领、两江总督张之洞也曾题词："无求便是安心法，不饱真为却病方。"可见人们非常重视"无求"在人生历程中的修身价值。八戒也好、悟空也好，对于我们现代人，尤其是政府官员，也都有一定的现实意义。几年前，我们的总书记胡锦涛向全党提出了"八荣八耻"的号召，其八耻，就是提醒广大党改干部要以危害祖国、背叛人民、愚昧无知、好逸恶劳、损人利己、见利忘义、违法乱纪、骄奢淫逸为耻，其意义远比"八戒"、"悟空"更加深远。更加关系到党和国家的前途和命运。

"八戒"与"悟空"，从一般意义上来说，也可以理解为"看得破""拿得起""放得下""想得开"等内容，有则短信对以上几个论点从正反两方面作了比较：

看不破的人，处处都是困境；
看得破的人，处处都是生机。
拿不起的人，处处都是畏难；
拿得起的人，处处都是担当。
放不下的人，处处都是迷途；
放得下的人，处处都是大道。
想不开的人，处处都是凋枯；
想得开的人，处处都是春天。

像稻子和苹果那样

稻子丰收了，谦虚地低下了头；
苹果成熟了，羞涩地红着脸。

【链接】本则短信用拟人手法，将丰收了的稻子和成熟了的苹果比作谦虚的人，他们面对骄人的成绩并不张扬，而会羞涩地低下头，红着脸。由此，不禁让人想到，许多名家有许多类似的精辟的论述。日本早稻田大学校长奥岛孝康义曾说："越成熟的稻子，头就会越低。"法国思想家蒙田说得更具体："真正的学者就像田野上的麦穗。麦穗空瘪的时候，它总是长得很挺，高傲地昂着头；麦穗饱满而成熟的时候，它总是表现得温顺的样子，低垂着脑袋。”印度诗人泰戈尔则从果实、花朵与叶片的关系上来谈谦虚，他说：“果实的事业是尊贵的，花的事业是甜美的，但是让我做叶的事业吧，叶是谦逊地专心地垂着绿荫的。”

人们喜欢把母鸡当成一个不谦虚的形象，批评它下蛋后便咯咯地大叫一番，太张扬了。人们常说“沉默是金”，除了“不争辩”的含义外，应该是默默地工作，不夸夸其谈，做着不声不响、踏踏实实的贡献，有一则短信则是通过太阳、高山、蓝天、森林的“无语”来表现谦虚：

太阳无语，永放着温暖的光辉；
高山无语，挺立起巍峨的身躯；
蓝天无语，包容着浩瀚的宇宙；
森林无语，投下了广阔的绿荫。

谦虚是高尚的品格，谦虚是做人的必需。高尔基说：“智慧是宝石，如果用谦虚镶边，就会更加灿烂夺目。”曾经有人天真地询问古希腊哲学家苏格拉底“天有多高”，苏格拉底的回答非常令人意外：“天与地之间的距离是三尺。”问者非常不解：“怎么只三尺？我们人都有五六尺。”苏格拉底很睿智地说：“所以，每个人都要学会低头。”人就要有这种“低头”的姿态，人就要有这种“低头”的精神。换言之，人就是要不骄不躁，人就是要谦虚。世界上，往往越是有学问的人越谦虚，越是有成绩的人越谦虚，古今中外，不乏其例。就说钱钟书先生吧，他学术渊博，著作等身，但是他从不宣扬自己，而且总是拒绝别人宣扬他。有记者想采访他，他却说：“假如你吃一个鸡蛋觉得不错，何必要认识那只下蛋的母鸡呢?”可见，钱钟书先生也是个具有“稻子低头”“苹果红脸”精神的谦虚之人。

甜言与软地

马在软地上容易失前蹄；
人在甜言中容易栽跟斗。

【链接】本则短信是根据蒙古谚语改写的,根据游牧民族生活的特点,以游牧人密不可分的伙伴马的生活体验,衬托出人的生活教训。其主题很鲜明,如标题所示,告诫人们要拒绝奉承。短信以"软地"暗喻"甜言",以马之"失前蹄"暗喻人之"栽跟斗",十分形象生动,喻理深刻。

奉承有时只是一般的恭维讨好,无其他的目的,有时只是满足被奉承人的虚荣心而已,有的甚至只是逢场作戏而已。所以,拉罗什富科说:"奉承是一枚依靠我们的虚荣才得以流通的伪币"这里讲得很清楚,接受奉承的内因或说弱点就是被奉承者喜欢虚荣,一个没有虚荣心的人便不会接受别人的奉承,别人也无法奉承。一个人有了虚荣心的话,奉承这枚"伪币"才能遮人耳目,在你这里流通。有句俗话说:"苍蝇不叮无缝的蛋。"如果把奉承比作苍蝇的话,那么有虚荣心的人便是有缝之蛋,她们愿意接受奉承;而没有虚荣心的人则是无缝之蛋,奉承这只苍蝇则无缝可叮。无虚荣心的人也是谦虚的人、有自知之明的人。如法国著名作家莫泊桑,他有很多优秀的作品,人们称他为最优秀的批判现实主义作家,他却不接受,他说:"比起托尔斯泰的书,我那十卷书完全算不上什么!"他甚至说,与托尔斯泰比,"我发现我的一切活动都毫无意义"。他是多么的谦虚、多么的有自知之明,这样的人连较高的评价尚且拒绝接受,那对于甜言蜜语的奉承更是会不予理睬。

然而喜欢奉承却似乎是人性的弱点,很多人都喜欢听奉承的话,即使有了缺点或错误也不愿意听别人的批评和劝诫。所以比尔说:"我们太多数人宁愿被奉承伤害,也不愿意被批评拯救。"有个成语叫阿谀奉承,奉承一旦和"阿谀"勾搭起来,或被它吞噬了,干脆就变成了"阿谀",那就不是逢场作戏了,那这时,奉承便变成了一种带有目的的腐蚀行为了。如为了得到某种好处,甚至为了升官等目的而去对自己上司阿谀奉承和有失自尊地拍马屁,则为人不齿了。本来拍马屁在草原上牧民之间是很正常的活动,两人牵马或骑马相遇了,总要拍拍对方的马屁股,以示问候和尊重。蒙古人向人夸耀自己的骏马或驯服烈马也是要拍马的屁股。然而在政治生活中,拍马屁则要付出很大的代价,那就不仅是言语上的奉承,而是在经济上等方面挖空心思了，有的是不仅从经济上行贿，有的甚至牵线搭桥为被拍者安排色情活动，乃至安排情人、二奶等，更有甚者，帮助上司杀妻灭口等。他们拍马屁拍到马蹄子上了，以致于拍得被拍者人仰马翻，自己也不免受到惩处。托·富勒说："恭维不值一分，然而许多人却为此付出了代价。"恭维尚且如此，那变质的阿谀和拍马屁，更是有过之无不及。

母牛与母鸡

母牛挤一桶奶，一声未响；
母鸡下一个蛋，叫嚷不停。

【链接】牛大概是动物中最受人们器重者。鲁迅的名句"横眉冷对千夫指，俯首甘为孺子牛"，表达了甘愿以牛为榜样的心境。鲁迅对牛情有独钟，不仅赞扬，而且还很谦恭地把自己直接比作牛：吃进去的是草，挤出来的是奶。可见牛的挤奶精神是值得人们称道的。其实，母鸡也是很可爱的，它下蛋后咯咯地叫也许是出于一种快乐，并非是出于一种张扬。但是人们在议事论理时，却不顾母鸡的本意，硬说人家是为了宣扬自己，实在是有点冤枉。这已形成了舆论，短信也予认同。连马克·吐温也说："光靠大声叫嚷，并不能证明什么事件。一只母鸡不过下了一个蛋，却每每要咯咯地叫一阵，好像它生了一颗小行星似的。"看来，马克·吐温对"叫嚷"的"母鸡"非常反感。醉翁之意不在酒，马克·吐温的旨意是讽刺那些仅仅做了一点小事便夸夸其谈、大肆张扬、拼命炒作的人，是对这种人十分反感。在当今现实生活中，这种人确实愈来愈多，演艺界人物擅长炒作，甚至连绯闻也炒作，以提高自己的知名度，抬高自己的身价。政界不少官员热衷于搞形象工程，以捞取自己提升的资本。很多官员也爱把自己比做牛，然而恰恰相反，他们具有的倒是这种下蛋便狂叫的母鸡的习性，并不具备"俯首甘为孺子牛"的品德，也没有"吃进去是草，挤出来是奶"的奉献精神和具体的作为。青年作家韩寒评某些公务员时说得好，“他们不热爱自己的工作，只喜欢自己的待遇，而不承担公务员的责任”，一针见血地指出了这些口口声声以“人民的公仆”自诩的人，缺乏的正是牛的风格，缺乏的是“为人民服务”的精神。更为恶劣的是某些人恰恰扭曲了“为人民服务”的精神，他们用行动加上一个字，将其篡改为“为人民币服务”。不是吗？他们往往利用手中的权力，进行权钱交易，他们大肆敛财，不惜损害国家和人民的利益，不惜损害党的形象，因此受到人民的唾弃！他们一点也没有牛的品质，他们倒是有“母鸡”的特性，他们偶尔做了点事，就动用一切宣传工具，夸大其辞，倒真像母鸡下蛋一样，咯咯地大叫不已。他们还一人得道，鸡犬升天。有的人占据重要位置后，便利用手中的权力，将自己的配偶、子女乃至七大姑八大姨等三亲六眷都调入非常吃香的单位和部门，难怪有的短信写道：这种官员做生日的时候，他的亲属为他点的歌，便是“好大一棵树”。这些官员掌权后，对于他们的家族，的确像一棵好大的树，荫及家属子女，荫及三亲六眷。这些人应该以实际行动学习焦裕禄、孔繁森等真正的革命老黄牛，为党为人民踏踏实实地做出应有的贡献。

今天·明天·昨天

勤劳者说：一周有七个今天。
懒惰者说：一周有七个明天。
无所作为的说：一周有七个昨天。

【链接】本则短信以“一周”为假设的考察期限，从各人如何度过这一周的区别来判断谁是勤劳者、谁是懒惰者、谁是无所作为者。短信中的“今天”“明天”“昨天”，并不是日常意义中的普通三天，而实际上是“现在”“未来”和“过去”的象征意义。

勤劳者正视每一天，珍惜每一天，因此他们不仅是一周内，而是在一辈子的每一天都在辛勤耕耘。陈景润说：“时间是一个恒量，每过去一天，就减少二十四小时。"明朝文徵明说："人生百年几今日，今日不为真可惜。"勤劳者是很懂得这些道理的，所以，他们是认真地用好每一天。正如有人所说，勤劳者每天早上要问自己："我今天想做什么，我今天该做什么？"而到了晚上又要问自己："我今天做了什么？我今天收获了什么？"勤劳者活得很明白，决不浑浑噩噩地虚度光阴。懒惰者则与其相反，他们抓不住"今天"这匹烈马，一失手便让它溜掉了，他们是流行歌手，他们唱的是"明日歌"，他们无所事事，"朝看水东流，暮看日西坠"，他们总是"明日复明日，明日何其多"，他们一事无成，"万事成蹉跎"。所以说，实际上懒惰者一定是无所作为者，无所作为者除了懒惰者外，便是无能者，所以无所作为者与懒惰者的结局是相差无几的，无所作为者也是一味地虚度光阴，只见他们的日历很快地一页一页一页地翻过去，他们的每页日历都只有两个相同的字：昨天。他们不是"现实主义者"，他们是"历史学家"，他们的宝贵岁月一闪而过，很快就成为过眼烟云，成为"历史"，成为"昨日"的记忆。

有人说："勤劳的人手脚勤快，懒惰的人舌头勤快。"此话很道理，懒惰的人无所事事，因此他有的是时间去说长道短，甚至搬弄是非。而勤劳者连休息的时候都不够，没有时间卷入口水战的是非中。忙人把时间抓得很紧，懒人却对时间十分慷慨，所以有人说忙人是时间的掠夺者，而闲人是时间的旁观者。人们还常常把懒惰者和嘴馋者联系在一起，所以有个俗语便是"好吃懒做"，可见"好吃"与"懒做"是密不可分的。所以懒惰者的舌头的第二功能应该突出其"好吃"，所以懒惰者的舌头比勤劳者的舌头的使用率要高得多。

懒惰者因为无所作为，最终，他们的生命是没有质量、没有价值的。他们即使是长寿者，也对社会无益，也是无意义的。雷达表的一位全球总裁说过："不要试图给你的生命增加时间，而要向你的时间赋予生命。"我们应像勤劳者那样，每天都是今天，不要像懒惰者那样，只会唱同一首歌——《明日歌》，也不要像无所作为者那样，"今天"一不小心就变成了"昨天"，《增广贤文》说："枯木逢春犹再发，人无两度再少年。""莺花犹怕春光老，岂可教人枉度春。"我们应该扎扎实实地度过每一天。

钱可圆可扁

奢华者，钱是圆的，一个个很快滚掉；
节俭者，钱是扁的，一块块不断堆积。

【链接】节俭是人的美德，古今中外都很崇尚。有谚语说："勤是摇钱树，俭是聚宝盆。"明代朱柏庐的《治家格言》就强调："一粥一饭，当思来之不易；半丝半缕，恒念物力维艰。"《红楼梦》第37回就写有"卖油的娘子水梳头"，那是多么节俭的生活。人们往往把节俭与浪费、奢华作对比，司马光就说过："由俭入奢易，由奢入俭难。"由此演绎成现代汉谚，便是"由俭入奢，易于落水；由奢入俭，难于登天""节约好比燕衔泥，浪费却似河决堤"。一经对比，道理更加鲜明、深刻。本则短信是根据著名戏剧家莎士比亚的名言改写的，原话应是："对于浪费的人，金钱是圆的，很快就滚掉；对于节俭的人，金钱是扁的，一块块累积起来。"短信更简练、工整一些，任何事物都具两面性，钱也不例外。对于浪费金钱的人来说，则凸显钱是圆的，会滚动、留不住；而对于节俭的人来说，钱的特征则是"扁"在起作用，它不会轻易滚掉，可以不断地堆积起来，甚至堆积成山，便可成为衣食无忧的富裕者。

古今中外，生活节俭的典型很多，宋代著名文学家、政治家王安石就是提倡"衣不求华，食不厌蔬"(见《长安县太君墓表》)的。股神巴菲特也说："不要追求名牌，穿你觉得舒服的衣服，过尽可能简单的生活。"有一位名叫迈克尔·布隆博格的纽约市长，到68岁时，他的身价也达到180亿美元，但他日常只有两双已经穿了十年的工作鞋，他认为这两双鞋舒适实用，便无需去购买新的。

有人说："过度的物质消耗，只能带来心灵的疲惫。"著名物理学家爱因斯坦也有类似的感受。他刚到美国普林斯顿大学任教时，校方给他定年薪1.6万美元，而他却令人意外地只要了三千美元。他说："每件多余的财产都是人生的绊脚石，唯有简单的生活，才能给我创造的原动力。”“安逸和享乐与我无缘，照亮我前进，并不断给我勇气的，是善、美、真……除此之外，在我看来都是空虚的。”看来，爱因斯坦不仅在科学研究上是令人钦佩的，而且在生活上、做人上也是叫人倍加尊敬的。

注　意

注意你的思想，它会变成你的言语；
注意你的言语，它会变成你的行动；
注意你的行动，它会变成你的习惯；
注意你的习惯，它会变成你的性格；
注意你的性格，它会变成你的命运。

【链接】本则短信完全引用了哈尼·鲁宾的言论，它运用顶真的手法，凝结成一条由思想→言语→行动→习惯→性格→命运的逻辑关系链。短信认为前者影响、决定乃至会变成后者，所以，从某个意义上来看，前者与后者之间潜藏着一种似乎必然的因果关系。

山缪尔·约翰逊说：“言语乃思想之衣裳。”汉弥顿说：“言语者，思想之城郭也。”拜默尔却说：“我们的语言，每时每刻都是我们传达和洗练思想的工具。”无论是衣裳也好、城郭也好、工具也好，都说明言语和思想想着密切的关系，而这种关系可以说是流与源的关系，木与本的关系。所以说思想决定言语，影响言语，产生言语，变成言语。所以，思想和言语还有一种先后的关系，正常的情况下，应该是先有思想，后有言语的交流。如果颠倒了这种先后关系，则为不正常的，所以有条俗谚说：“聪明的人想了再说，愚蠢的人说了再想。”所以德谟克利特告诫人们：“莫让你的舌头抢先你的思考。”

德谟克利特还说：“言语是行为的影子。”这又揭示了言语和行为的关系。说明言语往往是行为的前导，出现某种言语，就会变成某种行动。人们非常提倡言而有行，汉代桓宽说：“能言而不能行者，君子耻之矣。”

有关的词典里，“习惯”的释义是“长时期里逐渐养成的，一时不容改变的行为、倾向或社会风尚。”所以短信说“行动”会变成“习惯”，是有根据、有道理的。大学者、百岁老人周有光至今仍然孜孜不倦地学习、写作，大家都劝他不要把自己搞得太辛苦了，他却说：“辛苦吗？我没觉得，一辈子习惯了，想改也难。”性格是在对人、对事的态度和行为方式上所表现出现的特点，如英勇、刚强、懦弱、粗暴等。在影响人生事业的成功方面，顽强的性格往往起着主导的作用。许多成功者的事例无不证明了这一点，古今中外典型事例数不胜数。且说前不久，在上海东方电视频道举办的“达人秀”上，有一位无臂青年刘伟，他用双脚弹奏钢琴，弹得那么出色，令世人大为惊叹，大为感动。刘伟年纪轻轻因受高压电击失去双臂后，曾痛不欲生，但他的顽强性格使他不忍服输，他立即从悲痛中清醒过来了，面临绝境，他却想：“我的人生只有两条路：要么赶紧死，要么精彩地活着。没有人规定弹钢琴一定要用手。”于是，他用双脚进行了艰苦地练琴，终于取得了骄人的成绩，终于弹出了美妙的音乐，弹出了传奇般的人生。这不能不说，是刚强的性格改变了他的命运，决定了他的命运。

本则短信是以“思想”为切入点，但是“思想”又是从何而来的呢？对于“思想”有关词典的释义是：“客观存在反映在人的意识中经过思维活动的结果。”所以，本则短信的前面还应该加一句话：“注意你的客观存在，它会变成你的思想。”

七、思亲感恩篇

1. 父爱如山

父　亲

掌心留存着你的温暖；
血管流淌着你的激情；
脸庞再现着你的青春；
眼神继承着你的刚毅。
唉——活该我是你的儿子，
老爸，父亲节快乐！

【链接】树有根，水有源。儿子从父亲的外形上得到遗传是常有的事情，父亲老了，但从儿子的脸上可以再现其青春的回忆。然而，这只是个符号、标记而已，更重要的是从父辈身上继承了优良的品质，在血管里流淌着父辈的激情，在眼神里继承着父辈的刚毅。这一些精神层面的财富才是最宝贵的，这才是对儿子最重要的。这些才是对儿子成长做人最有裨益的，这些才是最能让儿子感激一生、自豪一生的源泉。类似这样描写儿子对父亲品性的继承的短信还有：

我的血管里淌着你的热血，
我的性格中烙着你的印记，
我的思想中继承着你的智慧，
我的钱包里，可不可以多几张您的人民币，
老爸，父亲节快乐！

此则短信与上一则短信的立意和结构大体上相同。一则从掌心、脸庞、眼神来写，另一则从性格思想来写，写了青春、激情、刚毅和智慧。两则短信都写到了血管，一个写流淌着热血，一个写流淌着激情。上一则短信以“唉——活该我是你的儿子”表示幽默。此则短信则以“我的钱包里，可不可以多几张您的人民币”来调侃，有异曲同工之妙。

有的短信借用歌词来表达对于父亲的感情：“难忘您粗茶淡饭，将我养大；难忘您一声长叹，半壶老酒。都说养儿防老，可儿山高水远奔波他乡，而你再苦再累不张口，祝您父亲节快乐！”儿女们对于父亲不止是说得好听，唱得好听，更有许多感人的行动传为佳话：河北省河间市郭村乡冯村有一个13岁的少年冯海涛，用车子拉着父亲到北京、石家庄等地求医，4年来跑了40多家医院，总行程达5万多公里。某省有韩峰、韩磊、韩瑜三兄妹，得知46岁的父亲患尿毒症，争相要为父亲捐肾，最后达成协议，体检谁最符合要求，就由谁捐肾，结果是一个肾偏小，一个带乙肝病毒，只有18岁当小学老师的妹妹韩瑜可以捐肾。父亲流泪说：“割掉女儿的肾，比割掉我的心还难受。”韩瑜马上下跪：“我的生命是你给的，我还给你一个肾又算什么！”她还“威胁”父亲：“若不答应，我就辞职，天天跪在你的床前不起。”她的行动感动了大家，医院做出减费决定，厂家也表示免费提供药品。像这样的事件不少，天下的儿女，大都懂得不忘报答父母的深恩。

一切都承继着父亲

我的脉搏里流淌着你的血液，
我的筋骨中饱含着你的坚毅，
我的性格内深烙着你的印记，
我的思想中继承着你的智慧，
我的这一切的一切我都不会忘记，
祝父亲节日里快乐，万事如意。

【链接】现代京剧《红灯记》中，李铁梅有一段对父亲李玉和的真情表白，她唱道："爹爹的品德传给我，儿脚跟站稳如磐石坚；爹爹的智慧传给我，儿心明眼亮永不受欺骗；爹爹的胆量传给我，儿敢与豺狼虎豹来周旋……爹爹呀！你的财宝车儿载，船儿装，千车也载不尽，万船也装不完……"这段唱词与本则短信的旨意一样，表达了父亲优良品德和聪明智慧对儿女的影响以及儿女对父亲的由衷感激。本则短信也是以一个儿女的口吻，表达自己的一切优秀都是来自于对父亲的全面继承。本则短信通过几个排比句，既从物质躯体上，又从精神智慧上，表达了对于父亲所赐的裨益，从内心生发着深深的感激。这是一个正常的普通的儿女应有的心态。本则短信的叙述还略嫌委婉含蓄，有的短信则是直抒胸襟地表白："亲爱的父亲，是你抚养了我，给了我坚韧的筋骨、强健的体魄；是你培育了我，给了我纯洁的心灵、美好的理想。"所说的内容大致相同，但表达的方式略有差异。在正常的情况下，儿女们父亲都有一种感恩的情怀，首先，他们须有一种因父母而自豪的感悟，有的短信对此作了表达，短信说："老爸，你知道吗？人家都夸我聪明、优雅、帅气，我告诉他们：这一切都是对你的继承，我就是你的优质产品。"虽然是一种调侃的口吻，但却说到了事情的本质。

人们常说，母亲是慈爱的，父亲是严厉的，不少人在小时候都或多或少地挨过父亲的打和骂："在幼小的心灵里，不曾忘记你那训斥的容颜，不曾忘记你手中的竹鞭。"但长大了，谁也没有留下埋怨，谁也没有留下仇恨，都懂得：这一切都是为了自己的成长，都还心存感激，都能理解父亲的良苦用心。所以有的短信这样写道："你目光冷峻严厉，看起来像是秋天；你的内心却是柔软温暖，胜似春天。我希望你能开怀一笑，并希望你笑口常开，永远快乐无比。"这是一个儿女对父亲的理解，这就是一个儿女对父亲的真情。所以在父亲节之际，儿女都给父亲送上了真挚的祝福。有的短信深情地写道："叠只漂亮的纸鹤，载着我无尽的祝福，让纸鹤乘着清风飞到你的心间，为你洗去往日的疲惫，迎来欢乐的今天。"还有的短信写道："给记忆永不褪色的色彩，给思念自由飞翔的翅膀，给幸福永恒不朽的生命，给生活轻松灿烂的微笑，给你所有美好的心愿，祝父亲节快乐！"这并不是诗的语言，这是儿女的真实的心声。还有的短信用调侃的口吻说：“亲爱的父亲；在父亲节的时候，我没有贵重的礼物送给你，我只能送给你一角钱。老爸，你知道吗，这一角就是十分，就是一分思念、一分牵挂，一分依恋，一分关心，一分温馨，一分祝福，一分知己，一分开心，一分感激，一分珍惜。祝父亲节快乐。”这里面其实还有儿女的一分调皮、一分天真。

父亲是儿子的靠山，是儿子的依赖。一位煤矿工人的儿子、一个中学生这样写道：“我每天都在心中暗自祈祷，希望父亲能平安回家，每当听到那熟悉的用钥匙开门的声音，我满心欢喜，觉得那是世界上最美妙的音乐。”是啊，每个父亲都有一把钥匙，为儿女开启生命，开拓生活！

父亲颂

你像一盏明灯，为我照亮了前程；
你像一把大伞，为我遮雨挡风；
你像一棵大树，春天靠着你幻想，夏天靠着你纳凉；
秋天靠着你成熟，冬天靠着你眺望。

【链接】有人说，虽然男子是铁石心肠，但是只要做了父亲，就有一颗温柔的心。为什么会产生这样的变化呢？因为做了父亲，就有了一份责任，就有一份担当。本则短信便是以诗一般的语言，颂扬了父亲的责任、父亲的担当。本则短信实际上是由两则短信集成，他们分别把父亲比作明灯、比做大伞、比做大树，鲜明的形象使后来的两条短信浑然一体。短信没有详写生活中的细节，也是通过虚写父亲“为我照亮了前程”“为我遮雨挡风”，来描绘父亲的责任和担当。尤其是通过一首“四季歌”，全方位地抒写父亲是儿女的依靠。对于父亲的这种联想，有许多许多。有的短信也有类似的抒写：“多少座崔嵬的山峰，也不能勾勒出您的伟岸；多少个超凡的岁月，也无法刻画出面容的风霜。”“也许在别人的眼里，你是一个平凡的人；但是在我的心里，你是一个伟大的父亲。”

儿女们深深懂得：没有天哪有地，没有地哪有你，没有你哪有我？父亲在身边时，浑然不知何为爱；父亲失去了，才会有撕心裂肺的伤痛。儿女对父亲的爱也往往不是挂在嘴上，而是深埋在心底。有的短信说：“白云从不向天空承诺停留，却朝夕相伴；星星从不向夜幕许诺光明，却努力闪烁；我们从不向父亲说起思念，却永远把父亲牵挂在心间。”

父亲节到了，再沉默寡语的儿女，也会说出自己的心声；再迟钝不敏的后辈也会珍惜这有爱就表达出来的机会。听：“让风吹走你的忧郁，让雨洗掉你的烦恼，让阳光带给你温暖，让小鸟给你送去快乐，让儿女表达对你的孝心。”有的儿女在节日里送给父亲的礼物是一件“外套”：“口袋装温暖，领子系关怀，袖子藏体贴，扣子是思念，紧伴着你每分每秒，伴随你到永远永远。”还有的人竟然“荒唐”地要送给父亲三个“情人”：一个陪你在左右，一个陪你永留在心中，一个陪你度过终生。原来这三个“情人”是“健康、平安、快乐”。原来是一场风趣幽默，儿女的孝心也可谓用心良苦、别出心裁。

报答父母

您额上的每一道皱纹，都记载着坎坷；
您头上的每一根白发，都蕴含着艰辛。
我们要用爱去抚平您额上的道道皱纹，
我们要用情去染黑您头上的根根白发，
用我们的一切，去报答您的养育之恩！

【链接】古人说：“绿水本无忧，因风皱面；青山原不老，为雪白头。”每个人都深刻地懂得：父母因抚育子女，才脸上布满了皱纹；前辈因培养后代，才使满头的乌发变成了霜鬓。是父母给了儿女们坚韧的筋骨、强健的体魄；是父母培养了儿女们的美好理想和纯净的心灵。对此，儿女们都有共识，有一则短信是这样写的：

我的成长是刻在你额上的横杠，
我的放纵是刻在你眉心的竖纹，
我的欢乐是刻在你眼角的鱼尾，
我的成功是刻在你唇边的酒窝。

此则短信同样写出了“绿水因风皱面，青山为雪白头”的哲理。此则短信没有写白发，但更加细致地分写了刻在额头上的横杠和眉心上的竖纹，以及眼角的鱼尾和唇边的酒窝，给父母描绘了一幅完整的人生肖像。父亲为了子女的成长付出了艰辛；父亲因子女的成长才有自己的欢乐。

唐代孟郊说：“谁言寸草心，报得三春晖。”父母所给予我们的，我们永远无法完全偿还。人们往往期待着来世，不，没有来世，只有在当今把它做得更好，做得更多，做得更有孝心。贵州有位王海久就是这样想的，也是这样做的。王海久出生在乡村，父亲靠四处拾荒卖钱好不容易供他念完了大学。他也很努力，很争气，参加工作后，渐渐当上了贵阳市某文化公司策划总监。可是天有不测风云，2009 年 6 月，他不幸被发现患有急性淋巴细胞白血病。面对厄运，王海久想到的便是要在生命有限的时间里报答含辛茹苦养育了他的双亲。于是他瞒着父母，写好遗书，向公司辞了职。他以父母能够相信的理由带着从未远行的父母去看外面的精彩世界。他们到了北京、上海等地，最后回到贵阳时，他在高级宾馆里订下 17 楼的豪华房间，以便父母居高望远，尽情观赏美丽的夜景。他为母亲梳头，给父亲洗澡，而自己等父母入睡后去到便宜旅店住宿。最后，他留下了五万元钱给父母养老，他已尽力了，他更尽心了。绝症儿子王海久如此报答父母的生动事情使人想到另一则短信：

昨天遇到天使在淋雨，我便把伞借给了她，她问我是要荣华还是要富贵，我说什么都不要，只要爸妈身体健康，只要他们晚年生活幸福快乐！

试想：如果是王海久遇到天使，他也一定会这样回答的。

2. 母爱如海

报答母亲

过去，你用爱巢温暖我，让我茁壮成长，
如今，我要用羽毛丰满的翅膀，为你把风雨遮挡；
过去，你为我脸上刻满皱纹，两鬓斑白，
如今，我要用孝心为你抚平沟痕，抹去雪霜。

【链接】有一则犹太谚语说："上帝无法分散在每个人的身边，因而创造了母亲。"柯罗里则说："母亲的心是儿女的天堂。"对于母亲，人们由衷地赞美；对于母亲，人们常怀着感恩的心，眼睛里常看见"烛光里的妈妈"，脸颊上常留着"妈妈的吻"，耳边常想起"世上只有妈妈好"的歌声，本则短信也是一首献给妈妈的歌。短信用对比的手法，一方面描述了妈妈过去给自己的母爱，如爱巢的温暖，不忘妈妈为了儿女而皱了脸白了头；一方面描写儿子成长了，要为妈妈抚平脸上的皱纹抹去头上的雪霜。短信用了许多比喻，显得形象、生动，具有感染力。有一则短信向母亲倾注了同样的感情：

我的成长是刻在您额头上横杠，
我的放纵是刻在您眉心的川字纹，
我的欢乐是刻在您眼角的鱼尾，
我的成功是刻在脸颊的酒窝。
妈妈您辛苦了！

但丁说："世界上有一种最美丽的声音，那便是母亲的呼唤。"纪伯伦说："人的嘴唇能发出的最甜美的字眼，就是'母亲'，最美的呼喊，就是'妈妈'。"也许，这就是人的天性，这就是人的本性。所以，人们对于母亲，总是有一种特殊的情结，一种特殊的爱，有时甚至超过了对于父亲。人们常常会思考："我来自何处，我情归何处"，"感谢有你"，"给我生命"，"用我们感恩的心去完美生命"。

从媒体上，我们看见过许多“捐肾救母”的令人感动的故事，这种举动，这种精神是非常令人敬佩的，但是这不是报答母亲的唯一途径，很多人便是从小事做起，同样映照着一颗纯朴的感恩之心。据媒体登载消息，有许多小学生便是用搞小发明减轻母亲的劳务程度来报答妈妈的恩泽。宜宾市兴文县一个小学六年级的学生方震文，见母亲下班后回家不能及时喝到热茶，于是他就动脑筋设计一种节能水壶，快速将水烧开，连春节也不休息，在学校的帮助下，终于成功了，还获得了四川省第23届少年科技创新大赛一等奖。更令人感动的是读小学五年级的李瀚铮，得知母亲患乳腺癌，他便郑重其事地对母亲说：“妈妈，你好好地活着，好好地等着，我将来一定要发明一种药，治好你的病，治好天下所有妈妈的病。”也许你以为这只是童言，不足信。但是，这却成为了他人生的目标和动力。他发奋读书，高考后，北京外国语学院、香港浸会大学向他发出了“免试录取”的信函，他都不去。他一定要读与药物有关的生物科学专业。他终于进了中山生物科学院，又到外国读博士，到美国哈佛医学院实习。虽然，目前还未发明出特效药，但他离此目标越来越近。更为难能可贵的是，他母亲原来被判只能存活二年，可是由于他的鼓励，由于他的孝心，母亲继续愉快地活了十二年，这就是感恩的奇迹，感恩从幼小的心灵中便发了芽，生了根，日渐开出灿烂的花，结出丰硕的果。

母爱颂

山，没有母亲的爱高；
海，没有母亲的爱深；
天，没有母亲的爱广阔；
太阳，没有母亲的爱温馨；
星星，没有母亲的爱专注；
月亮，没有母亲的爱柔情。

【链接】人们常赞颂父爱"伟岸如青山,圣洁如冰雪,温暖如骄阳,宽阔如江海。"母爱和父爱一样伟大,一样神圣。本则短信热情地歌颂了母爱,强调母爱不仅是像青山、冰雪、骄阳、江海,而且是超过了它们:山、海、天、太阳、星星、月亮,还没有母爱那样高,那样深,那样广阔,那样温馨,那样专注,那样柔情。由于母亲兼具这么多的优秀特质,所以,母爱所产生的力量是无可比拟的。有几个事件证明了这一切:

在汶川地震中,有一位母亲从废墟中挖出时已经停止了呼吸,她虽然被巨石压住,但她却是弓着身躯,保护了在怀里的女儿,使之得以生存,这就是母爱的力量顶住了巨石,母爱的力量保护了幼女。某电视台也录播过一段母爱创造奇迹的全过程——一个怀孕的女植物人平时与人没有交流,当医生和家庭议论、决定要人工取出腹中胎儿时,她却顿时有了反应,流下了异常难过的热泪。这不是寻常的眼泪,这是母爱凝聚的热泪,大家无不为之感动,于是改变了主意,取消了原定的手术,奇迹便发生了,接近足月时,一个健壮的胎儿顺利诞生了。这就是母爱的力量,这就是母爱的奇迹。更耐人寻味的是母爱的力量几乎是无所不能,甚至在政治上都会产生无穷的魅力。美国第 67 任国务卿希拉里·克林顿,当年竞选便是在关键时刻借助了母爱获得了选民的大力支持。2008 年,希拉里在竞选时,非常智慧地策划了一套问卷调查:凯特非常爱妮雅,但是妮雅不幸遇上车祸,颈项以下俱失去了知觉。问凯特以后还会不会数十年一如既往地对妮雅不离不弃,大家根据定向思维把他俩确定为情侣关系或夫妻关系,大多数人都认为不会。此时希拉里,或说是她的智囊团出了一奇招,别出心裁地在网上补充提示:假如凯特是妮雅的父亲或母亲,你会坚持你原来的选择吗?于是形势大转,因此,希拉里得到了更多的选民的鼎力支持。因为问卷激发了人们的亲情意识,激起了强劲的亲情风暴。在亲情相对淡薄的美国终于感动了,母爱、父爱、亲情深入了人心,希拉里因此积累了丰厚的竞选资本。希拉里说:"最好的广告是感动,而父母那种无私无求的爱,不论何时,都足以温暖和打动人的心灵。"她还深有感触地说:"在这场选举中,我是成功的。因为不论何时,我首先想到我是一位母亲,也是个女儿,其次我才想到我是一名政客。”这就是母爱的力量，这就是母爱的魅力。所以有一首短诗说：“世界上没有一种爱能超越您的魅力，世界上没有一种花能超越您的美丽，世界上没有一个名字能比您动听——母亲！”

你就是我妈

我若是明星，你就是星妈；
我若是大款，你就是款妈；
我若是总统，你就是总统他妈；
我什么都不是，你就是我的亲妈！
不管我的人生道路如何，
你都是我最大的牵挂。

【链接】有人说：“人生是条河，发源于母亲的怀里。”所以，人无论地位如何，都要感恩自己的母亲。本则短信前三句，用假设的句式进行调侃，追求一种幽默的效果，但后面话锋一转，转入严肃的话题，直抒胸襟，大声疾呼：“你就是我的亲妈！”接着誓言：“不管人生的道路如何，你都是我最大的牵挂。”短信运用欲擒故纵、先抑后扬的手法，表达了对于母亲的强烈而又深沉的爱。汪国真有首诗写道：“我们也爱母亲/却和母亲爱我们不一样/我们的爱是溪流/母亲的爱是海洋……我们的欢乐/是母亲脸上的微笑/我们的痛苦/是母亲眼泪的忧伤/我们可以走得很远很远，却总也走不出母亲心灵的广场。”的确如此，母亲是伟大的，母亲是无私的，在母亲的眼里，无论儿子的地位如何，都是一样看重。美国原总统杜鲁门的母亲，在别人夸赞杜鲁门时，她却向别人不忘强调：“我还有一个儿子同样使我感到自豪，他现在正在地里挖土豆。”近年来，中华大地一直传颂着一个伟大的母亲的名字——陈玉蓉，她是一个农村妇女，已经55岁了，为了割肝救儿子，她必须先治好自己的脂肪肝。为此，她每天坚持暴走10公里，以求减肥，消除肝中的多余脂肪，她连续走了7个多月，瘦去16斤，终于可以上手术台救助她的儿子，一颗坚韧的爱子之心，闪烁着人性的光辉，产生了战胜病魔的巨大内心力量，谱写了一首质朴感人的母爱之歌。所以，世上的儿子们都是大声呼喊“世上只有妈妈好”。所以，儿女们都希望自己是一个永远长不大的孩子，因为那样便可以永远在母亲的怀中撒娇。所以，有一短信说：“我们是母亲怀中飞出的小鸟，每一根羽毛都凝聚着母亲深情的爱护和滋养。”世界闻名的农学家、杂交水稻之父袁隆平，不管自己获得怎样的成就和荣誉，始终对母亲怀着一颗感恩的心，他深情地向母亲倾诉：“无法想象，没有您的英语启蒙，我怎能去寻访遗传学大师孟德和摩尔根?”“无法想象，在那个颠沛流离的岁月中，没有您的执著和鼓励，我怎么能够获得现代教育，获得在大江大河中尽情遨游的胆识?”“无法想象，没有您跟我讲述尼采，我怎能够在千百次的失败中坚信，必然有一粒种子可以使万千民众告别饥饿！他们说，我用一粒种子改变了世界。我知道，这粒种子，是妈妈您在我幼年时种下的！”所以，袁隆平常对母亲怀有深深的感恩之心，他常深情地呼喊：“妈妈，我在梦里总是想着您；妈妈，稻子熟了，我想您了……”袁隆平不仅是个杰出的科学家，还是一个优秀道德楷模。

致母亲

惦记你是一种寄托，
思念你是一种陶醉，
看望你是一种欣慰，
敬重你是一种本性，
快乐你是一种心情，
幸福你是一种感受，
亲情是一生修来的缘分，
母爱是一世难求的康乃馨，

愿孩儿的孝顺使你健康长寿，
愿孩儿的祝福使你天天开心，
母亲节快乐。

【链接】柯罗里说："母亲的心是儿女的天堂。"索菲亚·罗兰说："当你成为母亲以后，你的思想再也不会孤单了。母亲总是不得不把一个问题想两遍，一次为她自己，一次为她的孩子。"所以，世界各地都发出同一样的声音："天大地大不如母亲伟大，千好万好不如妈妈美好。"世上有许多人、许多事可以忘记，但是母亲和奶汁不能忘记，她一生都铭刻在我们的心灵深处。有人说，世界上没有永恒的东西，儿女们说：不对，母爱是永恒的，她像一颗永不殒落的星辰。本则短信便是怀着这种情感对母亲表示惦记、思念、看望、敬重、孝顺、祝福和感恩。

人一来到世上，便沉浸在伟大的母爱中："生我，那是撕心裂肺的阵痛；养我，那是殚精竭虑的付出；育我，是废寝忘食的熬煎。"母亲哪怕经受再大的苦痛，见到儿女的身影，顿时便会无比欣喜，所以，有的短信说："落地那瞬间，你笑了，我哭了；成功那瞬间，我笑了，你哭了。"儿女成功了，母亲会为自己的付出没有白费，流下幸福的眼泪。母亲是伟大的，又是平凡的。她就像五月的康乃馨，她没有牡丹的雍容，但她却散发着沁人心脾的清香，所以，有人说山没有母爱高，海没有母爱深，天没有母爱广阔，地没有母爱包容，太阳没有母爱温暖。还有的短信说："没有太阳，花儿就不能开放；没有爱情，就没有幸福；没有女性，就没有爱心；没有母亲，就没有英雄和诗人。"通过层递关系的比喻和衬托，归根结底一句话：母亲最伟大。

母亲节来了，儿女们自然会怀着给敬爱母亲送上最厚重的礼物，献上最美好的祝福。其中有一条短信却是有点怪招，短信是这样写的：

从未做过贼，偷个幸福送给你；
从未坑过人，骗个快乐送给你；
从未害过谁，拐个健康献给你；
从未赖过谁，抢个平安送给你。

真可谓为了孝敬母亲,“不择手段”了。这则短信不禁使人联想到古代写老母亲做寿的打油诗中的最后两句:“儿孙个个都是贼,偷来蟠桃献娘亲。”与那则短信一样,醉翁之意不在酒,写的不是“贼”心,写的却是一片赤诚的孝心。

3. 师爱如林

教师颂

加减乘除,算不尽您作的贡献;
诗词歌赋,颂不尽对您的崇敬;
您用知识甘露,浇开我们理想的花朵;
你用心灵清泉,润育我们情操的美果。

【链接】老师像园丁,引万道清泉浇灌祖国的花朵,培育栋梁之材;老师如蜡炬,燃烧了自己的生命,照亮了青少年的成长之路。有诗赞曰:“鹤发银丝映日月,丹心热血沃新花。”“园丁辛勤一堂秀,桃李成荫四海春。”这是对老师的生动写照和赞美。对老师的赞美有许多许多,真是不胜枚举,但本则短信在写法上有自身的特点,在措词和选择切入点上都有精心的构思。短信并没有一般地具体地描写老师如何认真上课、如何漏夜备课和批改作业,也没有具体描写老师如何与学生促膝谈心、进行思想帮助等,避免了琐碎和雷同,而是以“加减乘除”“诗词歌赋”这些教与学的基本内容为切入点,既借代了智育的内容,又用以颂扬老师的贡献表达对老师的崇敬;同时,短信又借雨露、清泉浇开和润育了学生理想、情操的花朵和美果,同样指代了老师对学生进行德育的收获。从而,较全面地对老师进行了热情的赞扬,在这基础上,最后送上了莘莘学子的衷心祝福。

学生对老师的感情是很纯真的,有的不亚于对父母的感情。有的学生说得好:"我虽然不是你最好的学生,但是你是我最好的老师。"在学生的眼里,老师就是最优秀的。所以,学生对老师都是感恩于心的,有的短信写道:

> 不管我成为参天大树,还是低矮的灌木,我都会以生命的翠绿向您祝福。

这并不是诗,而是莘莘学子的由衷的心声。

老师的爱

花儿最懂得春雨的无私,
月儿最理解太阳的慷慨,
学生最感恩老师的厚爱。
教师的爱是严厉的爱,
是慈祥的爱,
是体贴入微的爱,
是充满希望的爱!

【链接】有句歌词写道:"雨露滋润禾苗壮。"花儿也不例外,靠春雨的无私滋润才得以绽放。月儿是地球的卫星,它本身是不会发光的,它是由于反射太阳的光才能被人们看到面貌。所以,花儿最感恩春雨的无私,月亮最感恩太阳的慷慨,本则短信以此作为起兴,以此衬托出"学生最感恩老师的厚爱"。人们常把学生比做花草树木,把老师比做园丁,而有的短信却别出心裁地把老师比做蚌壳,把学生比做蚌壳里的沙粒:"亲爱的老师,如果把您比成蚌壳,那么学生便是蚌壳的沙粒。是您用爱液不断地舐它、磨它、浸它、洗它、润它、养它……经年累月,沙粒终于成了一珍珠,光彩熠熠,而蚌壳却总是默默无闻地躺在一边,等待着另一颗沙粒的到来……"这段话,这个比喻,印证了短信所说的话,老师的爱是最严厉的爱,是最慈祥的爱,是最无私的爱，是最慷慨的爱，是最体贴入微的爱，是充满希望的爱。

钱钟书先生是个旷世之才，他与老师吴宓先生之间的恩怨，很多人夸大其早期在西南联大时“少不解事”的一面，而不知钱先生至老“愿永远列名于吴先生弟子之列”的由衷感慨。钱先生是西南联大时，在同学的“怂恿”下喜欢搞点调侃取乐，但他从内心是维护老师的尊严的。想当年吴宓先生弃发妻疯狂追求毛利文女士闹得满城风雨时，钱钟书却善意地对老师进行了诗劝：“有尽浮生犹自苦，无穷酸泪倩谁偿。”同样，吴宓也是对钱爱护有加的。当年，钱年轻气盛，要离开西南联大，就是吴宓会同陈寅恪大力挽留。后来，钱到清华大学时，吴已离开，但钱经常写信向吴请教问题，可见钱在骨子里是尊重吴宓先生的。所以1993年吴宓的女儿吴学昭整理了吴宓的日记及遗著，钱钟书看了吴先生人生历程中饱蘸深情、椎心泣血的记述，产生了极大的震撼，他写信给吴学昭：见“先师日记中道及不才诸节”“愧生颜变，无地自容”。吾“少不解事，又好谐戏，同学复怂恿之，逞才行小慧。以先师肃穆，故尊而不亲。且先生为人诚悫，胸无城府，常以其言情篇什中本事，为同学笺释之……不竟使先生伤心至此，罪不可追”，今“内疚于心，补过无从，惟有愧悔”。从钱的自责中，也看出了吴先生的优秀品质。钱钟书百感交集，最后迸出一句由衷的话：“我愿永远列名吴先生弟子之列。”此时，钱先生也已是白头之翁，他在国内外学术界享有崇高的地位，他却愿意永远以做吴先生的弟子为荣，这便是一个学生对自己老师的最诚挚的感恩。著名教育家陶行知说：“学高为师，身正为范。”此之谓也。

永远不忘您的爱心

亲爱的老师：

在我忧伤的日子里，是您拨开了我心头的乌云，给我送来了明媚的春光；在我失去信心、灵魂疲惫的时候，是您让我重新获得了勇气和希望，我永远不会忘记您的这份爱心。

【链接】《周书·儒林传·卢诞》曰："经师易求，人师难得。"这是很精辟的见解。能够给学生传授知识的老师是很容易找到的，但能够给学生作为做人的榜样的老师却是很难得到的。无怪乎我国现代著名教育家陶行知特别强调"学高为师，身正为范"。本则短信歌颂老师一改众习、另辟蹊径，写过去"忧伤的日子里"，"失去信心，灵魂疲惫的时候"，是老师"拨开了我心头的乌云"，"给我送来了明媚的春光"，"让我重新获得了勇气和希望"。从而感受到老师的一份爱心。短信若加上个落款，便像是一封书信，师生之间格外亲切，格外情深。

过去，往往把一部分学生视为后进生、有问题学生，以至后来有的被称为"失足"的学生。对于这些学生，教师更要接近他们，关心他们，给他们以温暖，给他们以爱。做好了这些学生的感化工作，更是功德无量，更是令他们终生难忘。请听听他们的声音：

"亲爱的老师，您最令我不能忘怀的是——在我犯错误时，您那焦急忧虑的目光；在我有一点进步时，您那欣慰灿烂的笑容。"还有的短信写道："老师，感谢您复苏了我的自尊，哺育了我的自信，点燃了我的理想之光，催发我踏上新的征程……"老师的这种功绩只是一种阴德，它很难量化，更难亮化，它是潜移默化，常不被人看重，甚至不被人察觉。人们往往注意的是哪个老师的班上有多少学生考取了大学，更耀眼的是有多少学生考取了重点大学，没有谁会去考量感化差生的工作。

人们一般都会说学校是培养人才的好场所，法国著名作家雨果则别出心裁地说："多建一所学校，就少建一座监狱。"这句话应该是以上几则短信的最高精神境界，更应该是一个老师、一个校长，乃至一个教育部门办学不可或缺的宗旨。可以说，帮助、关心、感化了一个后进生、问题学生乃至失足青年，比培养了十个学习成绩优秀的学生更加有益于社会。有的短信说："家长是农夫，关心的是土壤、根；教师是园丁，关注的是修剪、塑型。"这修剪、塑型的工作便是如何使学子成才、成人的德育工作，它像浇水、施肥、修枝一样重要。

献给老师

送一份开心，让您快乐；
送一份尊重，让您骄傲；
送一份美丽，让您不老；
送一份梦想，让您自豪；
送一份祝福，不算回报；
送一份平安，让您无忧；
送一份健康，让您长寿！

【链接】人们常说老师是最富有、最充实、最满足、最幸福的人，因为他们有千千万万让他牵挂的学生，也有千千万万的学生在牵挂着他们。本则短信所写便是一个学生对老师的牵挂，对老师的感恩。短信通过几个句式工整的排比句，写向老师赠送感激的礼物，但这些礼物不是物质的，而是精神的，送的是"开心""尊重""美丽""梦想""祝福"和"平安"，其心愿是让老师快乐、骄傲、自豪和健康长寿。鲁迅先生说过世上绝没有无缘无故的爱，学生对自己的老师是最了解的，有的短信这样写道："老师：你是蓝天，我是天空中飞翔的小鸟；你是碧海，我是海里快活的小鱼；你是绿树，我是树上的繁茂枝叶；你是大地，我是土壤上生长的小苗。"是老师用辛苦的汗水浇灌了学生的理想之花，是老师用炽热的爱点燃了学生的生命之光。有则短信写道："您的汗水，给了我滋润；你的博爱，给了我灵魂；你的才识，给了我智慧；您的关注，给了我信心；是您让我放飞，是您让我成人！"所以，学生无不对自己的老师折服和敬佩。

中国有着优良尊师传统，元代戏剧家关汉卿就说过："一日之师，终身为父。"近代谭嗣同先生说："为学莫重于尊师。"中华人民共和国的缔造者毛泽东便是一个尊师的模范，毛泽东和他的老师徐特立的故事是很多人都熟悉的，以前还选入了学生课本之中。鲜为人知的是毛泽东还有一位令他难以忘怀的小时私塾老师毛禹珠。1959 年 6

月 25 日，毛泽东回到阔别 32 年的韶山。要见的人很多，但他点名要与毛禹珠一起吃饭。席间毛泽东频频为老师敬酒，毛禹珠不胜荣幸，但也有点过意不去，他说："主席敬酒，岂敢岂敢。"毛泽东却立即回应："敬老尊贤，应该应该！"简单的一句话，八个字，却是毛泽东尊师的由衷的自然流露。

据传，古代圣贤皇帝中有不少尊师的表现。《贞观之治》中收有唐太宗李世民的《定天子见三师礼诏》，唐太宗常叮嘱太子："见到老师应该像见到我一样，应该尊敬，不得有半点放松。"唐太宗认为近朱者赤，近墨者黑，所以很注重选择老师，也强调要尊重老师。记载比较详实的有汉明帝刘庄的尊师故事：刘庄小时曾受教于桓荣，遂在经学方面颇有造诣。称帝后，就免除了老师对他的朝拜礼节。刘庄还常常带官儒们上门听桓荣讲经学，一到街口，便下车步行前往。见桓荣讲课累了，亲自扶他休息，献上从宫廷带来的点心，递上热茶。讲课结束，率众行礼告辞。后来，桓荣病了，汉明帝亲临问候。桓荣去世，他竟不顾朝众劝谏，身穿孝服，前去送葬，真是难能可贵。据说，康熙等帝也有尊师言行，不胜枚举。中国的尊师传统，在当今更应发扬光大之。

4. 亲情恩泽

生日快乐

摘一千颗星星，照亮你的前程；
捧一千朵玫瑰，陶醉你的心情；
折一千只纸鹤，祝福你的平安；
讲一千个笑话，逗得你开心！
祝你生日快乐。

【链接】如果在你过生日的时候，有亲人和朋友为你摘下一千颗星星、捧来一千朵玫瑰、折了一千只纸鹤、讲了一千个笑话，那真是令人陶醉、令人开心的大好事。也许，捧一千朵玫瑰、折一千只纸鹤是不难做到的事，但要讲一千个笑话，即使才思敏捷，也是体力难于支撑的事情。至于要摘下一千颗星星，那真是登天之难，更是不可企及的。但是，也许情之所至，手不能摘到的星星，一颗诚挚的心可以使一千颗星照亮你所祝福的人。本则短信便是营造了这样一种心境，以四个浪漫的排比句，表达了对亲人或友人生日的祝福。有的短信这样写道：

玫瑰是天使给你作的画，
风声是精灵给你谱的曲，
落叶是上帝给你写的诗，
短信是我给你献上的祝福。

"玫瑰""风声""落叶"以及短信，也作为浪漫生日的礼物，变作了画、曲、诗，也传递着美好的祝福。在你的生日里，也许有人"送你五个好运环"：

一环套住开心果，
二环套住金和银，
三环套住福禄寿，
四环套住家温馨，
五环套住永年轻，
环环相扣更开心！

清明抒怀

清明时节雨纷纷，化作热泪祭双亲。
追念父母养育苦，人到鬓白更动情。
鸦雀尚有反哺意，羊羔且知跪报恩。
草长莺飞又一载，子孝孙贤表寸心。

【链接】清明时节，人们自然会联想到唐代诗人杜牧的《清明》：“清明时节雨纷纷，路上行人欲断魂。借问酒家何处有，牧童遥指杏花村。”从诗的内容和轻松的笔调来看，似乎杜牧并非是在清明时祭祀亲人，而只是一次春游而已。只是作旁观者的描绘，似乎自己没有情感的触动和投入。而短信却表现出在此特殊时节，对已故亲人的思念和感恩。短信第一句借用了杜牧的“清明时节雨纷纷”，触景生情，短信的主人公立即泪如雨下，沉浸在思念和祭祀亲人之中。养儿方知父母恩，随着年龄的增长，这份感恩的情更加浓烈。短信借用乌鸦反哺、羔羊跪乳两个事典更加深入地表达了自己的这份情意，而且誓以世代子孝孙贤来告慰亡亲在天之灵。

本则短信联想雨水是后人的热泪，而有的短信却与此感受不同，谓雨水是已亡亲人的眼泪，短信写道：

> 清明时节雨纷纷，那是亡人流下的泪。逝去的人尚且对世间恋恋不舍，存活的人对健在须倍加珍惜。

此则短信立意也别出心裁。亡人会不会流泪，谁也无法证明，也无须追究。重在劝勉人们要珍惜人生的美好时机，生命是很脆弱的东西，也许瞬间便会发生令人意想不到的变化。例如天灾人祸的不期而至，往往会夺取很多人的宝贵生命。譬如当年汶川地震，便令人悲痛欲绝。所以，次年清明时，就有短信深情的写到：

> 去年今时生地震，泪如泉涌度清明。撕心裂肺忆灾难，刻骨铭心悼亲人。

此种感情那是“人面不知何处去，桃花依旧笑东风”所不可同日而语的。

清明节，更多的是晚辈为长辈祭扫。但是也不乏是同辈之间，或兄弟姐妹之间，或夫妻之间对缺失的一方的悼念。如有则短信则是以一个妻子的身份拟写的。短信写道：

> 夫君离去近十年，丧偶之痛绕心间。
> 举案齐眉多少事，幕幕历历呈眼前。
> 卿在天堂可安好？为妻惦念梦相连。
> 但愿来世犹相伴，养儿孝慈乐无边。

这是一个贤妻良母的形象，不仅追忆了昔日的恩爱，更有对来世的美好憧憬，真可谓化悲痛为力量，化泪花为彩虹。有的歌唱道："没有我的日子里，你要珍惜你自己；没有我的岁月里，你要保重你自己。"还有的短信说："对逝去的人无法挽留，对健在的人要倍加珍惜。厚葬不如薄养，让我们在长辈生前多尽一份孝心，多加一份关爱。"清明，清明，短信中所表达的意愿，我们每个人的观念中、情感中都要一清二明。

有钱没钱，回家过年

忙忙碌碌又一年，
只为等到这一天。
虽没赚来多少钱，
就为全家得团圆。

【链接】本则短信虽然四句很简单平实的大白话，但所表现的内容却极为丰富而深刻。短信描写农民工以及其它打工仔春节回家过年的心境。首先，"忙忙碌碌又一年"说明过去的一年是不易的，起码是辛苦的，但他们不言辛苦二字。在过去的一年，是日夜想念着家里，想念着父母，想念着老婆，想念着孩子，所以，平时是急切盼望早日回家的。前几年，很多农民工、打工仔忙碌了一年，辛苦了一年，但是到年终却拿不到报酬，是政府和有关部门干预，才拿到为数不多的工资，所以说没有赚到多少钱。虽然如此，但是也不考虑回家的尴尬，仍然不能改变回家的初衷，不能削减回家的急切和热情，如此强大的吸引力是什么呢？最后点题："就为全家得团圆。"于是，大家便想方设法买票，不怕排队，不怕挤车，实在买不到票或为了省点钱，便自己骑车出发。还有的步行上路，于是千军万马、浩浩荡荡的回家人流真是蔚蔚壮观。为的是什么？"就为全家得团圆"。回家团圆，成为了大家的强烈的动机、强大的动力，形成了强势的动向。也许外国很少有这种现象，这就是中华民族独有的崇尚亲情的民族特性。

短信虽然语言平实，但却每句都用了一个虚词，有的是副词，有的是连词，倒还是用了点心思。这些虚词并不起眼，但在表情达意上却起了很关键的作用。如第一句中的“又”字，可以说明主人是常年在外打工，好不容易“又”过了一年，在外的艰辛不言而喻。第二句中的“只”字，强调等待和期盼是唯一的动机，别无他想。第三句中的“虽”字，一个转折和跌宕，赚钱多少无所谓，回家是最重要的。第四句的“就”与第二句的“只”表达的意思差不多，但是更强烈，更执着。不由得想到有人说的：钱可以买得房子，但是买不到家；钱可以买到酒宴，但是买不到团圆。在中国人心里，团圆、亲情是无价之宝。

过年团圆往往是来之不易：“堆积着365天的想念，拼凑着春夏秋冬的痴恋；凝聚着千丝万缕的柔情，经营着细细密密的织编。”有的人深有感触地说：“当年是暖巢中的雏鸟，如今凭借强劲的双翅，遨游天空，去寻找那未知的云彩。无论飞得多高，无论飞得多远，总不会忘记可爱的家，总不会忘记父母大人的养育之恩。”但是不能回家团圆的心情是如何呢？有则短信写道：

> 爆竹声声思更稠，异地未归热泪流。颤手斟上屠苏酒，遥望家乡心怅惘。捎去祝福与问候，全家安康乐无忧。期待明载定聚首，新年如意万事牛。

不一样的感受，却是同一样的情结：“就为全家得团圆。”民间有句俗语：“有钱没钱，回家过年”。其实，这句话省略了关联词语，补全了便是“不管有钱没钱，都要回家过年”。这是一定的，是无条件的祈使和期盼。

打 工 仔

将家掮于脊背，在人群的缝隙间喘息，维持生存状态。

陌生的目光如冻河，你是一尾无助的游鱼，索寻暖流的方向。

蛰居霓虹灯的背面，看不见家乡的星星和月亮，乡愁是我沉重的唯一行李。

注定明天又要风雨飘摇，你必须用信心作砖，慢慢地敲打，无门的墙。

【链接】改革开放以来，社会发生了巨大的变化，出现了许多新生事物，打工仔便是应运而生的一支城市建设大军。他们为了生计，纷纷背井离乡，他们"将家捎于脊背，在人群的缝隙间喘息"，艰难地"维持生存状态"。他们为城市作出了巨大的贡献，但他们遭遇的却是"如冻河"般"陌生的目光"；他们像"一尾无助的游鱼，索寻暖流的方向"。初进城市，他们难免流落街头，"蛰居霓虹灯的背面"，他们居无定所，"注定明天又要风雨飘摇"。在外面他们感受不到亲情的温暖，疲惫的工作之余，他们不由得思念着家乡的星星和月亮。"乡愁是我沉重的唯一行李"，在通往"心灵家园"的路上，竟然横亘着一道"无门的墙"。欧阳文风先生说："'无门的墙'是一个颇富有象征意义的意象！使人不由自主地想起那道长约155公里、高约3至4米的柏林墙。当年，那道布满了电网、堡垒、岗哨的围墙，阻隔了两德人民的正常交往，很多人的家就在墙的那头，咫尺之遥，却只能相见于梦中。"当然，那道墙有二战的政治背景，"可是，我们这道阻隔人们通往'心灵家园'的'无门的墙'呢？漂泊的人们依然还只能在'风雨飘摇'中，'用信心作砖'，'慢慢地敲打'。也许，返回心灵家园的过程，注定是一个受尽煎熬的朝圣之旅。"（见《短信文学论》）

本则短信用三段式的诗句，以饱含同情和怜悯的情怀来描写处于社会底层的打工者，既有冷静细致的外部素描，又有心灵内部悲怆的呐喊，从弱势人群身上喊出了时代的振聋发聩的强音。如果说这首诗是对打工者的宏观反映，那么，短信诗歌《打工者的月亮》则可以说是从微观上来描写打工者的脆弱内心。短信写道：

自流水线上
缓缓升起
你是一枚公用的船票

夜夜度我回家

该短信荣获第二届“全球通”短信文学大赛的三等奖。短短四句，情节和立意很简单，主要反映打工者思乡的内心感受，写作任务很单纯，所以，也不用铺陈，不用雕琢，也不用浓墨重彩，只是一幅淡淡的速写，但渗透出的情感却是深沉的。短信只是将月亮比作一只船，进而拓展想象：深夜下班所仰望的月亮就是一只船，一头连着自己，一头连系着自己的家，它就是打工者内心的虚幻的寄托。短信表达打工者对家乡的思念，以及迫切远离城市的喧嚣和疲惫的愿望。打工者是个弱势群体，他们不能奢望在城市有多大的进取，不能奢望别人对自己有多大的改观，他们唯有眷恋家乡的安静和温馨，所以，他们只能“举头望明月，低头思故乡”。

思　念

寄给你的信
退了回来
说是
超
重
了

【链接】本则短信荣获第三届 e 拇指手机文学争霸赛的大拇指奖。作者为李斌，原作无标点符号。专家的评语为：“没有使用华丽的词藻和热烈的句子，把千言万语装入一个信封，含蓄而别致，可谓四两拨千斤，结语三个字各占一行，具有音律和格式的形式美，意沉不浮，字字千钧。”作为一首诗，本则短信并不在意用语言去抒发激情，而是捕捉了一个生活中并不起眼的细节——信因为超重被退回来了。由于这个细节必然使人联想到另一个细节——写信人伏案灯下，挥笔不止，总是感到言犹未尽，信笺甚至像雪片一样，一张接一张地继续，此时，写信人完全忽略了另一个后果——超重的信是不能送达目的地，不能送到你所需接信人的手中。也许你会以为这是恋爱的信，未必，也许是给父母、兄弟、姐妹、朋友、师长的，都有可能。但有一个共同的条件那就是值得“思念”的人。欧阳文风先生说：“这首诗是对思念的完美解说，因为它极富创造性。那么重的思念之情，连邮车都承载不起。作者却每天载着它，还在日益膨胀。这份沉重该怎么说，而‘超重了’通过形式与空间的奢侈占用，它充分表达所有情结。”的确如此，我们甚至有理由进一步联想，信也许不止一次地被退回过，也许这种写信人改正了一次又会重犯，又会情不自禁，这种错误不一定接二连三地发生，但可能会有间歇性的重蹈覆辙——信一次次被退回来。选择这样的表达远比直接披露信的内容更有感染力。欧阳文风先生进一步指出：“这新奇和创意点不是刻意所为，或许就是生活的某一刹那，不堪重负，叹息一声，沉郁的心绪散开来，自然而然，却于世俗尘埃中开出审美的花来。”

按常规思维，按人的正常举动揣测，信超重就是信纸多用了几页，其实不然，还有其他原因，读了《心念的日记》之一《思念的心被退回，说是超重了》也许你会大跌眼镜：

现在这儿的花开得正好，
但是你在哪儿呢？
每天给你写封信，想一起寄给你，
可是因为超重退回。
如果某天我遇到你，
这笔账你是还定了，
等着瞧吧！

短信的第二句可改为“但是你那儿呢”，询问对方那儿有无花可赏，若无便寄去，似乎与下文更连贯。在生活中，将自己新拍照片寄给意中人出现超重也是有的，但是在信里夹花倒是突发奇想，因此而超重，有些浪漫，但也有些荒唐。但是无论是寄照片，还是寄花，都是为了与心爱的人对美好及时得到共赏。所以说，与其说是照片或花使之超重了，不如说是思念和一些共享的心情分量太重了。

感恩的心

我铭记生命中的喜悦和感动，
我珍惜生活中遇见的善良和真诚，
我感恩人生中接受的关爱和帮助，
我祝天底下的好人平安幸福。

【链接】本则短信虽然只有第三句明确写了“感恩”，但其它三句从内容上都如标题所示，跳动着一颗“感恩的心”。正因为有一颗感恩的心，所以才会铭记生命中的喜悦和感动；正因为有一颗感恩的心，所以才会珍惜生活中遇见的善良和真诚；正因为一颗感恩的心，所以才会祝天底下的好人平安幸福。另有一则短信与本则短信大同小异：

我在乎生命中经历过的甜酸苦辣，
我在乎人生中随处可见的真诚和感动，
我珍惜生命中每一位帮助过的朋友，
我不忘困难中每一只热情的手臂。

此则短信中的“在乎”“珍惜”和“不忘”的字里行间同样跳动着一颗感恩的心。据说，著名画家黄永玉拟想的墓志铭中的关键词便是“爱、怜悯、感恩”，他认为这些才是人的根本。的确如此，卢梭也说：“没有感恩就没有真正的美德。”所以说，一个有道德的人，必须懂得感恩，首先要感恩于父母：

孤独时，想想父母的眼神；
颓废时，想想父母的白发；
快乐时，想想父母的温暖；
成功时，想想父母的恩泽。

人生中对于其它亲人和朋友的感恩也是不可忽视的：

感恩，化为对你的一丝牵挂；

感恩，包裹着对你的一份关怀；

感恩，浸透着对你的一腔热情；

感恩，送去对你的一声问候。

很多短信、段子谈论着人生的方方面面，但最后都落笔在“感恩”上：

用宽容的心，对待世界，对待生活；

用快乐的心，创造世界，改变生活；

用感恩的心，感悟世界，感受生活。

又如：

用真诚经营爱情，
用执著追求事业，
用善良对待朋友，
用平淡对待磨难，
用虔诚祈盼幸福，
用感恩回报人间。

有人说：“没有一块泥巴对着鲜花自惭形秽，没有一朵鲜花对着泥巴趾高气扬。”张泽萍写了一篇童话般的散文，用拟人的手法，写木头在寒冷的黑夜突然不见了，原来它去看望它的恩人——四十年前的植树人。木头发现他孤寡一人，再得不到帮助，就会死去。木头说：“没有他，我就不可能有满山的子孙，就不可能有成片成片的森林。”木头对火说：“你过来，抱我！”火拥抱了木头，散发出的热量救了老人。“要温暖别人，首先得燃烧自己。”木头微笑着化成了灰烬，火哭了，泪水熄灭了自己……花、泥、木、火尚且如此懂得感恩，我们人类岂能自愧不如。

感谢诸君

感谢养育你的人，他给了你生活；
感谢教育你的人，他丰富了你的心灵；
感谢关爱你的人，他教会你奉献；
感谢启迪你的人，他提升了你的智慧；
感谢资助你的人，他帮你渡过难关；
感谢放弃你的人，他成就了你的自立；
感谢批评你的人，他拓宽了你的心胸；
感谢伤害你的人，他磨练了你的意志；
感谢折磨你的人，他锻炼了你的毅力；
感谢打击你的人，他强化了你的能力！

【链接】人从出生到成长、到成家、到成业，要经历许多艰难曲折，要饱受多少甜酸苦辣，要得到各种各样人的关爱和帮助，要感谢各种各样的人。本则短信列举了十种人，并列出了感谢的理由。所以，短信每句前后分句的关系是因果关系，但省略了关联词“因为”。短信构思与众不同之处，在于短信所列的十种人中，只有养育、教育、关爱、启迪、资助你的五种人是正面恩人；而伤害、折磨、打击你的人应该算作“反面教员”；中间“批评”和“放弃”你的人可以视为“中性”的，因为“放弃”和“批评”你，也许是对的，也许是错的，反正从客观上都是对于你有益的。所以，短信把它放在中间位置，也可作为从“正面”到“反面”的过渡。一般来说，从正面感恩的短信居多，而且多是前五种人之列。例如有的短信写道：“感谢父母，给了生命；感谢老师，给了灵魂；感谢朋友，给了热心；感谢爱人，相守一生。”此则短信直呼所感谢之人的身份。对待“反面教员”——伤害、折磨、打击过你的人，也有发自内心的感谢，那是不容易做到的，那没有宽广的胸怀，是很难感悟到他们“磨练了你的意志”“锻炼了你的毅力”和“强化了你的能力”，这需要一种平和的心态，所以短信的标题一视同仁地称这十种人为“诸君”，都值得感谢。

短信列出了十种人，洋洋洒洒，似乎很全面，其实不然。在生活中，往往还有一些出自偶然、意想不到的值得感谢的恩人。例如，外国就有一个“感谢未关厕所门的人”的故事，你根本想不到，这个人却是一个关系到改变一个人的命运的人。说的是：纽约有一个卖面包的老板，经营到55岁时，把店卖得十万美元，与妻外出旅游。一天，飞机出故障暂停赌城拉斯维加斯四小时。该老板开始也提醒自己：那玩意儿铁定会吃人的，去赌的人都是脑子坏了的人。可是一进赌场，却被吸引住了，也想试试运气，结果全部钱都输光了，后来连上厕所所需投币的二毛五硬币都是问同机旅客借的，并记下了该人的地址和电话。然而当他如厕时正巧遇到有一人未关厕所门，所以不需投币。便毕，看见老虎机，又将那二毛五硬币投入，却最终赢回了十五万美元。回家后，又开了面包店，很快就成了百万富翁。一天，他与员工说，他要感谢一个恩人，但是无法找到那个人。员工说：你不是记了地址和电话号码吗？老板说：还有一个未关厕所门的。也许这是一个笑话，但生活中却有许多无形中帮了我们却又未出现在你眼前的或无法找到的恩人。获得过欧洲马拉松冠军的菲力却常说：“我最感谢当年偷了我自行车的人。”原来菲力上小学时，全靠一辆非常破旧的自行车往返于相隔五公里的家与学校之间。一天，车被小偷偷走了，家穷又无法买新的，于是他被迫跑步上学，一天来回10公里，接连跑了三年，他却因此成了全校的长跑冠军，后来又在全市获得亚军，直至获得欧洲马拉松冠军。对于小偷犹能感谢，可见菲力是个胸怀开阔、睿智达理的人。

涌泉相报

如果一滴水可以代表一个祝福,我送你一个东海;
如果一颗星可以代表一份幸福,我送你一条银河;
如果一棵树可以代表一种思念,我送你一片森林;
如果一块砖可以代表一片忠诚,我送你一道长城。

【链接】本则短信以“一滴水”“一颗星”“一棵树”“一块砖”代表本应所要表示的一份感恩,而以“一个东海”“一条银河”“一道长城”来代表欲向恩人所报答的大恩。通过前后大小的对比真正体现了我国传统美德:滴水之恩,会当涌泉相报。短信通篇不见“报恩”二字,却通过四个平实的“送你”,表达了感恩的含蓄、平和、不张扬。汪国真有首诗《感谢》写道:“我原想收获一缕春风,你却给了我整个春天”;“我原想捧起一簇浪花,你却给了我整个海洋”;“我原想撷一枚枫叶,你却给了我整个枫林”;“我原想亲吻一朵雪花,你却给了我银色世界”。诗的原意是我原只有一个很小的愿望,你却给了我极大的满足。而短信却是从另一角度表达,如果以很小的东西就可以表达我的情感,我愿意送出它的无穷大的礼物,以表示我的诚挚的感恩。本则短信很可能是受汪国真的诗《感谢》的启发而创作的。

尼采说:“感恩即是灵魂的健康。”卢梭说:“没有感恩就没有真正的美德。”很多短信都反映了人的这种健康的灵魂和真正的美德。有的短信写道:

感谢上天赐予空气,让我生存;
感谢上天给予阳光,让我健康;
感谢上天给予营养,让我成长;
感谢上天将你赐予了我,让我快乐、幸福。

短信抒发了“我”因上天赐予了空气、阳光、营养而得以生存、健康、成长,所以由衷地感谢上天。还有人用拟人手法,通过美人蕉与向日葵的有个性的对话,表现了向日葵对太阳的真诚的感恩:“美人蕉:‘你整天围着太阳转，难道不累吗？你太奴性了，你真是花中的不幸。’向日葵：‘我很荣幸，我是代表大家对太阳表达一种感恩。太阳是我们的母亲，作为她的子女，哪能不对她始终怀着感恩的心呢？真诚的感恩是不累的，是非常轻松的，非常愉快的！’”向日葵真像一个懂得感恩的人，她具有健康的灵魂、她具有高尚的美德。

不因恩小而不报

不因步小而不行，
不因苗小而不浇，
不因善小而不为，
不因恩小而不报。

【链接】本则短信使用四个“不因A小而不B”的句式组成排比句，但前三句都是为了衬托第四句而作铺垫的。四句话虽然简单无甚深奥，但每句话都有其来源；荀子《劝学》云：“不积跬步，无以至千里。”《老子》六十四章曰：“合抱之木，生于毫末。”刘备说过：“勿以恶小而为之，勿以善小而不为。惟贤惟德，能服于人。”《菜根谭》里写道：“千金难结一时之欢，一饭竟致终身之感。”当然并不是说这些话的原意完全可翻译成本则短信的四句白话。但是从那些古文古语中可以找到共同的命题及规律，即是有些事物不要因其小而放弃，而短信最要想说的话则是不要因为恩德小而不思报。作者为席锋。

古今中外，许多有道德、有修养的人，即使受过别人很小很小的恩惠，即使过了很多年，也牢记心中，也千方百计寻找机会报答恩人。例如：1936年，钱钟书的夫人杨绛在《大公报》的文艺副刊上发表了一篇文章，副刊主编萧乾发寄稿费时，发现钱杨二人已去英国，一般是将钱存留，待他们回国后再取。可是萧乾考虑他们在国外需要钱用，想方设法总换外汇寄往了英国。1983年，萧乾去拜访钱钟书夫妇。一进门，钱便喜形于色地叫："恩人来了。"萧不知所云，钱说："你还记得 47 年前给杨绛寄稿费吗？那是我俩在英国最困难的日子，你可帮了我们的大忙啊。"感激之情，溢于言表。一篇文章的稿费能有多少？但是过了近半个世纪钱老还将此恩牢记心中，感恩之心，可昭日月。

也许你会以为文化高常怀感恩是理所当然的，但是感恩并不是跟文化程度成正比的。1951 年，金华公营被服厂工人朱金英背上生痈，回义乌老家养病。临行前，厂里 32 名工友共捐助她旧币 13.9 万元(合新币 13.9 元)，朱当时从厂里黑板上记下了各个捐款人的名单和捐款数目。不久王去世，临终前她不忘把账单交给了儿子王森樟。王森樟参加工作后，准备找恩人奉还。但是因楼下邻居失火，王的住房化为灰烬，幸好衣服里的账单还在，但是在搬家时又遗失了。到 2003 年，王退休了，有时间处理报恩之事了，但却找不到账单。直至 2010 年，王的妻子好不容易又从旧衣中找到了账单。但时隔 59 年了，找不到厂址和恩人了。王报恩心决，灵机一动，只好求助金华电视台登征寻启事，并决定以千倍归还。那些恩人的儿女们看到电视后都非常感动，想不到当年父母尽了一点微薄之力，竟让王森樟牵挂了一生。在大酒家聚会时，王森樟非常感动地说："几十年前，我母亲是带着工友们的温暖走的，她不孤单，她也忘不了你们。今天，我只能继承我母亲的一颗感恩的真心。"大家都婉拒他的还款，最后大家决定由电视台捐给慈善机构，让 60 年前的温暖继续传递。汪国真有诗说："在无法报答的日子里，只有默默地记着。"也许是一种巧合，以上两个故事都有一个共同点，即事件涉及金额都不大，但涉及的时间跨度却很大，有半个多世纪，是一个花甲之年，但他们都在无法报答的日子里默默地记着，他们不因恩小而不报，不因时久而忘恩！

说一声谢谢

月亮对太阳说，谢谢您让我明亮；
风筝对风儿说，谢谢您让我飞翔；
树木对雨水说，谢谢您让我丰润；
病人对医生说，谢谢您让我健康；
学生对老师说，谢谢您让我智慧；
儿女对父母说，谢谢您让我生长。

【链接】本则短信可分成两大部分，前三句写月亮、风筝、树木向太阳、风儿、雨水致谢。这写的是自然界事物之间的关系，类似的写法很多，例如："白云感谢蓝天的广阔，禾苗感谢太阳的光热，航船感谢大海的托举，风筝感谢东风的鼓荡。"立意很相似，而且都会不约而同提到太阳、月亮、风筝、风儿等事物。但是，这些事物是无语言、无思维的，醉翁之意不在酒，写这些无非是写人之间的感恩。所以，短信的后三句在前三句的铺垫的基础上转入了写人之间的施恩与受恩的关系，病人、学生、儿女都应该感谢医生为我们带来了健康，感谢老师让我们丰富了智慧，感谢父母让我们不断成长。短信的意旨是，感恩并不在于赠送钱财和贵重物品，只要如短信标题所示，由衷地从内心轻轻地"说一声谢谢"就足矣。因为："谢谢，送去了对你的一声问候；谢谢，浸透着对你的一股温情；谢谢，连系着对你的一丝牵挂；谢谢，包裹着对你的一份关怀。"

人们常说："施恩于人，手留余香；受恩于人，心存感念。"这应该是一种道德的感悟。著名科学家牛顿取得科研的成功，他都不以为己能，而归功于前辈导师的功劳，他很谦虚地说："如果说我比别人看得远一点，那是因为我站在巨人的肩上。"著名学者胡适曾送四百美元给陈之蕃，帮助他赴美留学。陈之蕃不忘此恩，后来条件好了，便寄钱还给胡适，并写了封感谢信。胡适收后便给这样回信："谢谢你的来信和支票，其实你不应该急于还此四百元。我借去的钱，从来不盼望收回，因为我知道我借出钱总是'一本万利'，永远有利息在人间。"很显然，胡先生施恩是不图报的。再者帮助别人的目的是为了被帮助的人成为对社会有益的人，让他们能更多地回报社会。难怪陈之蕃接回信后更加不安："我每读这封信时，并不落泪，而是自己想洗个澡。我感觉自己污浊，因为我从来没有过这么澄明的见解与这样宽广的心胸。"我们应该好好学习胡先生这样澄明的见解和这样宽广的心胸，并对胡先生"说一声谢谢"。"说一声谢谢"甚至可以改变一个人的命运，传说七里禅师一天晚上正在念经，小偷来了，用尖刀对着他，禅师说："钱在抽屉里，给我留下一点。"继续念经，小偷拿钱后正欲出门，禅师说："拿了钱，怎不说一声谢谢。"小偷应声说了一声"谢谢"。小偷出门后被抓，被带来查问，不料禅师却说："钱是我给他的，已经谢过我了。"小偷一听，感动得泪流满面，立即跪地叩拜："求禅师收我为徒。"从此，该人便在禅师身边努力修行。因为说一声谢谢，救了他一命；因为说一声谢谢，改变了他的命运。

感恩扬善

让善举不再尴尬，
叫好人莫受冤屈。

【链接】2010 年春节晚会上，冯巩等人表演了小品《不能让他走》："冯巩"救了被车撞致不清醒的老人，老人只知不停地叫喊"不能让他走"，然而又不断地昏迷过去，于是"冯巩"被老人家属误以为是肇事者，真是有口难辩。幸好老人终于完全清醒，说明"冯巩"不但不是肇事者，相反，"他是恩人，要感谢他"。短信用对联式的简短的话语反映了当今社会中，有时做善举会受到误会，会遭遇尴尬，会受到冤枉、受到委屈。所以，小品中，当老人说要感谢"冯巩"时，"冯巩"反倒如释重负，忙不迭下跪，对老人说："是我要感谢你。"感谢老人为他还了清白，洗了冤屈。所以，短信是对社会大众的一种急切的呼吁：

“让善举不再尴尬，叫好人莫受冤屈。”

过去，提倡学雷锋，大家相互关心、相互帮助，大家争做好事。但是近些年来，由于金钱的腐蚀，由于道德良心的扭曲，往往做好事的人、搀扶倒地老人的人，不但不受到感谢和表扬，反而受到诬赖、指责，乃至经济上的敲诈，使做好事的人十分尴尬、十分无奈、十分冤屈。这样，致使很多人不敢做好事，对一些突发事件只能袖手旁观，乃至见死不救。最近，在外国也发生过一件非常典型的类似事件：雪夜，一位叫鲁尼兹的先生驾车回家，途中见一位60多岁的老人孤独蹒跚而行，他便好心叫这位老人上车，搭他回家。然而由于路不好走，一不小心，汽车撞倒了路边的树，老人不幸撞断了两根肋骨，而且还做了开颅手术。老人的家属不但不感谢鲁尼兹，反而要他赔偿90％的医药费。幸好20天后老人完全清醒过来了，老人深明大义地对自己的家属说：“他是善良的，我们不能要他赔偿，我们要对他感恩，我们不要伤了好人的心啊！”老人的话说得多么入理，老人是多么善解人意，更宝贵的是老人有一颗感恩的心。事情发生后，众人纷纷捐款，并设立了“爱人救助基金”，其宗旨便是：“让善举不再尴尬，叫好人莫受冤屈。”只有这样，助人为乐的热浪才会在感恩的春风吹拂下滚滚而来，千万个雷锋才会又在不同的时间、不同的场合显现其光彩。在当今物欲横流的社会环境中，人要摆脱自私，摆脱金钱的奴役，才不会冤枉甚至敲诈好人甚至恩将仇报。有人说，感恩才能让人走出狭隘、摆脱卑下，才能成就自我、回归善良，才能体验和开拓爱的无私与博大，才能使人格得到升华，让关爱渗透得更远更广更深。

八、康乐福寿篇

1. 健康无价

微笑才健康

微笑的人才能健康，
自信的人才能微笑，
坦荡的人才能自信，
无私的人才能坦荡。

【链接】短信写无私、坦荡、自信，是为了写微笑，但写微笑，最终实际上为了写健康。笑有很多种，选微笑，不选其他笑，说明笑要适度、恰如其分，才有益于健康。本则短信看似平坦，但其写法却有些诡异。短信四句话，实际上写了五种人：微笑的人、健康的人、自信的人、无私的人和坦荡的人。从关联词语“才能”来看，他们之间的关系应该是互为“条件”关系。其诡异写法之一是：下一句末尾的词语却都是上一句的开头的词语，换句话说，上一句的开头的词语变作了下一句的末尾的词语。这是一种什么写法呢？这种写法与修辞中的顶真写法背道而驰。众所周知，顶真手法是下一句的开头词语是上一句末尾的词尾，这能否叫间隔性的顶真，或称倒顶真呢？不知修辞学家对此有无界定。本则短信写法诡异之二是：短信顺读起来，有些结赘，有点像绕口令式的。倒是如果把短信由后往前读，则是标准的“顶真”写法，却更为顺畅，更为顺理成章。如果从末句往前倒读便成为：

无私的人才能坦荡，
坦荡的人才能自信，
自信的人才能微笑，
微笑的人才能健康。

短信更加可以倒过来卷帘，读为“坦荡的人才无私，自信的人才坦荡，微笑的人才自信，健康的人才微笑。”似乎又是用了回文的修辞手法。而且，倒过来以后，又和原作一样，也是下一句的末尾词语，恰恰是上一句开头的词语了，这不知是作者的有意安排，还是歪打正着，反正是有一点趣味性的效果。

短信从内容上看，是揭示微笑与健康、与自信、与坦荡、与无私之间的关系。而且是连环的。这样的写法的短信还不多见，多见的都是写一组一组相对独立的关系。例如，有的短信写道：

宽阔的心，健康一辈子；
包容的心，快乐一辈子；
善良的心，无悔一辈子；
孩童的心，年轻一辈子；
平常的心，美丽一辈子。

短信写了很多内容，写了健康、快乐、无悔、年轻、美丽，还写了宽阔的心、包容的心、善良的心、孩童的心和平常的心。但只注重一组一组的各自对应，但不强求将全部内容从形式上贯穿起来，这是常用的处理方法，各自配对，相对独立，不作整体的勾连，其写作难度远不如短信《微笑才健康》。

健康属于自己

荣誉是可变的，
权力是一时的，
财产是后人的，
健康是自己的。

【链接】本则短信从第二句来看，是针对官员，尤其是快要退休的官员。因为普通老百姓是无权力可言的。短信四句话，用更简短的话来说，分别谈的是名、权、利、身，而身强调的是健康问题。短信所谈四项并不是并列的关系，而是将最后一项与前面三项作对比，前三项的共同特点是都为身外之物，是可变的、一时的、后人的，都是随时可以与自己脱离干系的，而唯有健康是和自己共存亡的。所以，短信以此要害意义奉劝一些官员不要把名、权、利看得太重，要把健康放在重要的位置上。有的版本，或加“学习是重要的”“朋友是珍贵的”等等，是没有必要的，因为像这些要加的好多，但是它们不像名、权、利那样可以强调其“可变”“一时”等不确定因素的。人是可以活到老学到老，知心朋友也是一生相交的，不是一时的，也不希望是可变的，所以，它们不宜参与与健康的对比。短信的意图就是抑名、权、利三者，而扬“健康是自己的”。言外之意，就是要善待自己的健康。有一则短信与本则短信的立意相似：

财富是一种寄存，你不能将其带走；
荣誉是一道亮光，你无法将其抓住；
成功是一颗硕果，你无法将其品尝无余；
生命是一种过程，你不能让其停留。

此则短信没有谈及权力问题，但强调的是荣誉和成功。突出写健康的短信很多，有一则短信写道：

运动——生命的马达；
欢乐——长寿的妙药；
卫生——健康的护士；
懒惰——延年的路障；
悲愁——衰老的快车；
纵欲——杀身的凶手。

此则短信运用许多生动的比喻描写与健康有关的几个方面，前三条从正面谈及生命在于运动、长寿来自快乐等。后三条则从反面谈危害健康的几个方面。“懒惰”可指以车代步等现象；纵欲可以包括烟、酒、色等，再加上悲愁为“气”，酒色财气都沾上了。还有的短信仿照“基本路线”的格式写道：

以健康为中心；糊涂一点，潇洒一点；忘掉年龄，忘掉名利，忘掉怨恨；坚持锻炼、坚持节俭，坚持吃素，坚持动脑；有个好老伴，有个好窝，有点小钱，有些好友，有点消闲。

最初的版本只有一个"中心"、二个"点"和四个"坚持"，后来，有人加了三个"不要忘记"和五"有"，而五"有"另有提法："有个老伴，有个老窝，有点老本，有些老友，有点老酒。"都贯穿一个"老"字。此则短信也对名、利、权、健康等作了很好的定位，还带有点幽默风趣，也便于记忆和流传。还有的短信说："人生如赛场。上半场：拼学历，拼干劲，拼权力，拼收入，比的是气势；下半场：量血压，验血糖，查心脏，比的是健康。"如果真是这样，下半场更要有耐力，更要有后劲，人们更要关注自己的健康。

健康最值钱

健康是最宝贵的财富，
如果您健康，那您就是百万富翁；
如果您很健康，那您就是千万富翁；
如果您非常健康，那您就是亿万富翁。

【链接】有一个段子中写道："满桌佳肴，你得有好牙；腰缠万贯，你得有命花；赏一路风光，你得走得动；捡一座金山，你得能够拿；垄沟里刨食的是条好汉，病床上数钱的是个傻瓜……"这生动地说明了健康是幸福的基本保障。爱默生早就说过："健康是人生第一财富。"因此，短信演绎出"健康最值钱"这样的命题，然后以此为前提，对健康不同程度的价值进行量化，进行逻辑推理。短信用层递的方法，由"健康"优化推进至"很健康""非常健康"，那么相应的财富价值便为"百万""千万""亿万"，价值也在逐步升级。实际上，健康并不能以金钱具体量化，但短信旨在在假设的前提下，以价格作为说明健康程度不同的比喻体，重在说明彼此之间的逻辑关系。对于健康的价值，人们都深有体会，有的短信就写道：

风风雨雨几十年，成败荣辱只等闲。

是非恩怨莫在意，健康快乐最值钱。

众所周知，股神巴菲特是最精于钱道的，但是，他却更加懂得健康的价值。巴菲特的儿子豪伊·巴菲特，得肥胖症，体重越过200磅。他平时替父亲经营农场，约定每年将农场总收入的26%上交给父亲。巴菲特很担忧儿子的健康，为了刺激和鼓励儿子减肥，他许诺：若儿子的体重降至182.5磅，可以每年少交4%的收入。兑现后，朋友都说做了亏本买卖，然而巴菲特却毫不犹豫地说："不亏，我现在拥有一个健康的儿子，这是我一生中最成功的一笔交易。"从中不难看出巴菲特心目中的健康是何等有价值。有趣的是，他也进行了量化。

有关钱与健康的短信很多，有的短信这样写道：

健康创造财富，而财富无法创造健康。

钱能买到药品，但买不到寿命。

莱辛说过："我们浪费自己的健康去赢得个人的财富，然后又浪费自己的财富去重建自己的健康。"现在则流传这样一句话，"年轻时用健康赚钱，老了用钱买健康。"但事实上这并非能像化学上的可逆反应那样顺畅，并非健康换了钱，钱就一定可以换到健康。据报载，有一富翁的亲属患病，花费了几百万医治，还是未能挽救患者的生命，还产生了医患纠纷，对簿公堂。

对于财富（金钱）与健康的相互关系，当今不少人对此也有明智的共识："财富是留给他人的，健康才是属于自己的。"叔本华说："健康的乞丐比有病的国王更幸福。"我们能对健康不重视吗？我们能不追求幸福吗？有的人则说："有钱没健康，你依旧是个穷人；修身不修心，你仍旧是个病人。"此话说得非常睿智，非常富有哲理，它不仅强调了健康才值钱，有了健康才能算富人，而且强调，人不仅要有躯体的健康，更要有心灵的健康，有了心灵的健康，才不为病人。

生命的威胁

对生命最大威胁的不是交通事故，而是以车代步；
对生命最大威胁的不是毒药砒霜，而是酒肉穿肠；
对生命最大威胁的不是炮弹枪刀，而是黄金手铐；
对生命最大威胁的不是豺狼虎犬，而是二奶小三。

【链接】本则短信用撇语手法，以四个“不是A，而是B”的判断句组成排比句组，每句各自押韵，一韵一事，条理分明。前两句是直接谈生命健康的安全问题，第三、四句则是从财和色方面间接谈其对生命安全的危害。

现在生活富裕了，不少人变得养尊处优了。其中一个表现形式便是如刘三姐唱的那样“有脚不走路”，出门便坐车。直到查出脂肪肝等毛病了，又不得不在家里爬楼梯、骑自行车了，何苦呢？有人说，现在的现实是：革命就是请客吃饭，没有酒席办不了事。办事的人都像济公，酒肉穿肠过。因此，被希腊谚语不幸言中了：“酒神比战神杀死的人多。”因此，也被福莱不幸言中了：“溺死在酒杯中的人多于溺死在大海中的人。”短信第三条所说的则被“人为财死、鸟为食亡”所不幸言中。现在贪污受贿的官员级别越来越低，数额越来越大，江西省波阳县财政局一个股级干部竟然能够贪污受贿数千万，携款潜逃国外。不断地有人在为自己用黄金铸造手铐。现在，有一些公仆，退休了还不改贪婪，过了花甲之年，东窗事发，尽管捞到了不少钱财，但是最终的下场是：“钱在银行里，人在牢里。”问题严重的则是“钱在大地上，人在天堂里”，实在是可恶又可悲。

孔子说：“吾未见好德如色者也。”我们也真未见过有些官员如此好色。现在，查出来的腐败官员，十有八九是好色者，这是不争的事实。远的如原广西壮族自治区主席成克杰姑且不说，且说最近案发的后起之秀、杭州市副市长许迈永，号称“许三多”，其中一多便是情人多。据不完全统计便有十八九人之多。他年富力强，经常以加班为名义，留宿美女下属，伺机作案。由于贪污受贿数额过亿，直至二审仍维持原判死刑。俗话说，色字头上一把刀。据说，很多官员就是因为后院起火，是二奶、小三告发才锒铛入狱的。人们常把淫秽的男人叫做色狼，其实，二奶、小三中便不乏许多贪得无厌、城府很深的女人，她们以色为资本，使多少贪官坠入情网不能自拔，迫使官员为不断满足她们的欲望而更大地犯罪。她们倒是如狼似虎，咬死了不少好色的贪官。所以，从某种意义上来说，对于一些贪官，其生命的最大危险莫过于二奶、小三。

古人说："酒色财气四堵墙，人人都往墙里藏；谁能跳出墙垛外，不活百岁寿也长。"这也正是"生命的威胁"这则短信所要表达的旨意。短信后三条非常明确地是谈酒、财、色，第一条谈的是"养尊处优"，也应该算作一种"气"吧，所以，这段话与短信的主题是非常吻合的，都是谈"酒色财气"对生命的威胁。

我的枕头我作主

失恋很酸楚，
失眠更痛苦。
一觉熟睡百病消，
我的枕头我作主。

【链接】俗话说：能吃能睡，长命百岁。说明能吃能睡是健康长寿的两个重要因素。而这两者之间，睡眠比饮食更重要。人常说鱼最辛苦，就是因为它无法像人一样闭着眼睛躺着睡觉。有些缺乏人道主义的人折磨嫌犯，其手段之一便是用强光照射使他无法入睡。可见睡眠不好对人的摧残和伤害极大。有的段子写道："一日不睡，精神疲惫；二日不睡，恍惚如醉；三日不睡，几近崩溃；四日不睡，形秽如鬼。"本则短信则巧妙地由同个"失"字顺手牵羊，由"失恋"牵连出"失眠”，说“失眠”的痛苦甚于失恋的痛苦。看来有点夸张，但也不是没有关联的，失恋导致失眠是常有之事，短信既指出失眠的严重性，同时又指出睡眠好的优越性：“一觉熟睡百病消。”这也的确有点夸张，但也是人们的共识，俗语便说：“吃药十贴，不如独睡一夜。”“与其吃洋参，不如睡五更。”这是很有道理的，睡眠对于人来说，是非常重要的，人活在世上，有超过三分之一的时间是用于睡眠休息，这是人的生活节律和维持生命的必需。睡眠不好，身心疲劳，影响精力，工作受扰，皮肤枯燥，容易衰老……还有的人说：“如果没有时间睡眠，就有时间住院。”所以睡眠问题不能小瞧。所以，2001 年，国际精神卫生和神经科学基金会主办的全球睡眠和健康计划发起了全球性活动，将每年初春的第一天，即 3 月 2 日定为世界睡眠日。2003 年，中国睡眠研究会将其引入。很多人提出了科学管理睡眠，大概短信中说“我的枕头我作主”就是这个意思，因为要科学管理睡眠，人的因素是很重要的，要自己把握好心态，遵循生活的节律，科学安排生活。短信本来可以说：“我的睡眠我作主。”但短信为了避免词句的重复，不再出现“睡”字和“眠”字，而借睡眠的辅助工具“枕头”来替代行为本身“睡眠”，短信只有四句，但在修辞手法上却有着推敲。对于“睡眠”，有不少短信涉猎到。如有的短信写道：

找个朋友喝点小酒，
像猫那样睡个好觉，
做个好梦笑上几回，
忘却转辗尘世之累。

写得多么甜美。还有的短信说：“用皇帝的御膳养胃，用婴儿的感觉睡觉。”一个人，如果真能“像猫那样睡觉”“用婴儿的感觉睡觉”，那无疑是一种幸福，难怪有人会提出“不觅偏方觅睡方”。

管好嘴巴

饮食如不适可而止，厨师就是下毒之人；

吃喝若不挡住诱惑，牙齿便为掘墓的工具。

【链接】人们常说：“祸从口出，病从口入。”可见注意控制饮食、管好自己的嘴巴是健康长寿的一个重要关口，一定要严加把守。伏尔泰说：“饮食如不适可而止，厨师就是下毒之人。”托·富勒则说：“放纵食欲的人，从某种意义上来说，等于用自己的牙齿挖掘自己的坟墓。”本则短信很明显是基于以上两种观点的思想，用更简洁、近于工整的两个句子组合到一起，用近乎危言耸听的语言警示人们：要想健康长寿，就应该管好自己的嘴巴。

本则短信虽然简短，但在措词方面还是有点用心，“饮食如不适可而止”与“吃喝若不挡住诱惑”避免了字面上的重复，“厨师”与“牙齿”，“就是”与“便为”，“下毒之人”与“掘墓的工具”虽然不像对联那样严格地对仗，但大致上注意了上下句的对应，使语句较为工整、简练，清晰而有韵味。

短信的措词源于原作，可能有点过激，伊索寓言中则说：“平平静静地吃粗茶淡饭，胜于提心吊胆地吃大鱼大肉。”这样的表达就更温和更委婉，更容易让人接受。前苏联领导人赫鲁晓夫说：“感受生活的好坏，有的人用胃囊，有的人用脑袋。”这里却不止是谈健康问题了，而是涉及生活的品位了，有点耐人寻味。

对于饮食与健康的关系，人们有许多精细入微的见解，比如说，首先饭量上需控制，谚语说：“饮食八分饱，医生不需找。”短短十个字，却极富哲理。清末大臣张之洞写过一副对联：“无求便是安心法，不饱真为却病方。”也强调了饮食不能过饱的至关重要。所以，有的俗语便说：“每餐省一口，活到九十九。”饮食不仅要注意量，而且用餐时间也很重要。有的短信就说：“如果不按时吃饭，以后就按时服药。”说得也蛮严重。还有的说：“白天吃长脑子，晚上吃长肚子。”这也是生活的总结，是很有道理的，就说吃苹果吧，民间俗语说：“早上吃是金苹果，中午吃是银苹果，晚上吃是烂苹果。”说明吃的时候不同，其食物的营养价值是不同的。有的短信说：“夜宵吃得多，年夜饭就吃得少。”强调晚上不要加餐，否则就会少过除夕，缩短寿命，虽然说得很严重，但也是有道理的。营养学家不是向人们宣传“早上要吃好，中午要吃饱，晚上要吃少”吗？有的短信说：“潇洒快乐的人，什么都敢吃，健康长寿的人，什么都不吃。”则从饮食范围上道出了人们的两个极端。拉罗什高什说：“贪吃而死的人比打仗而死的人多。”他不一定作了具体的调查统计，但用意很明确，让人惊醒：一定要管好自己的嘴巴，才能获得健康幸福的人生。

2. 乐在其中

快乐是一种心境

人生是一道风景，
快乐是一种心境；
春看桃，夏看柳，
秋观菊，冬赏梅，
月圆是诗，月缺是画，
日升灿烂，日落浪漫，
处处都有好风景，
天天都是快乐人。

【链接】卞之琳的《断章》是大家耳熟能详的：“你站在桥上看风景，看风景的人在楼上看你。明月装饰了你的窗子，你装饰了别人的梦。”我以为这首诗再好不过地印证了本则短信开头所揭示的：“人生是一道风景，快乐是一种心境。”有的人说快乐是一种生活态度，快乐不是富人的专利，快乐也不是穷人的奢华，富不知足富也忧，穷不嫌贫穷亦乐。还有的短信则以测试题作比喻，短信说：

快乐是道简单的选择题，你要选择开心：

开心是道容易的填空题，你要填进欢笑；

欢笑是道睿智的判断题，你要对号好心情。

人生如试卷，愿你快乐 100 分。

其实说到底——快乐是一种心境。

短信中写道："月圆是诗、月缺是画。"其实，本则短信就是一首诗，先总后分，摹绘的就是一幅画，春、夏、秋、冬，桃、柳、菊、梅，以及日升月落，全都入诗，皆都进画，诗情画意融于字里行间，令人赏心悦目，真可谓处处都有好风景，天天都是快乐人。

快乐是一种心境，快乐也是一种感受，所以，有的短信写道："高知不如高官，高官不如高薪，高薪不如高寿，高寿不如高兴。只有高兴，才算活得有质量。"经过一番调侃，最终九九归一，人生要高兴，人生要快乐，快乐者往往长寿。著名学者郑逸梅先生享年 97 岁，他生前总结自己的人生感悟时说："不与富交，我不贫；不与贵交，我不贱；不与人比富贵，就能常处乐境，于身心有益。"道理说得很清楚，不与人比富贵，因此就不卑不贱，因此就能常处快乐的心境，因此身心健康，因此就能长寿。

快乐也不是随心所欲就可以获得，快乐并非就是笑和唱歌、跳舞等。有的人认为没有烦恼和忧愁就是快乐，有的短信就写道：

让风吹走你的忧愁，

让雨洗掉你的烦恼，

让阳光给你温暖，

让月影给你温馨，

让爱情给你浪漫，

让友情给你充实，

让快乐给你幸福。

有则短信写道："人的一辈子结束时，在上帝面前，会被问两个问题，如果两个问题你的答案都是'是'，那么你就可以上天堂。第一个问题是：你快乐吗？第二个问题是你让别人快乐了吗？"短信非常风趣地告诫人们：人的一生不仅自己要有快乐的心境，还要让别人也有快乐的心境，否则生命结束时就上不了人们向往的天堂。

都是快乐的一天

早晨是快乐的开始，晚上是烦恼的结束。
晴天照着你灿烂的心情，雨天冲去你所有的忧愁。
无论是早是晚，不管是晴是雨，都是快乐的一天。

【链接】喜剧大师卓别林说："一天没有笑，一天就是浪费了。"尚福尔也有同感："在所有的日子里，没有笑的那一天必定是无谓的浪费。"意思很明确，提示人们要快快乐乐地过好每一天。短信先分后总，强调："无论是早是晚，不管是晴是雨，都是快乐的一天。"有人说：无过就是功，无忧便为乐。本则短信便是从这独特的角度来写"快乐的一天"。短信不仅写到早晨的快乐、晴天的灿烂心情，还写到结束烦恼的晚上及冲去忧愁的雨天的愉悦。短信就是这样以无忧与有乐既作对比，又相辅相成，辩证地写出了真实生活的丰富内涵。生活不能离开快乐，但不可能一天全在笑声中度过。俗话说："笑多没神气，哭多没眼泪。"所以，短信强调结束烦恼、冲去忧伤也是一种无形的潜在的快乐，这是耐人寻味的。

有的短信则是完全从正面来描写"快乐的一天"的，短信写道：

清晨曙光再现，幸福在你身边；
中午艳阳高照，快乐热烈充满；
晚上月光如水，温馨在你心间。
从早到晚都有好心情，幸福快乐温馨陪伴每一天。

此则短信虽然描写得多姿多彩、绚丽斑斓，但总是大众化的思路，不像前一则短信那样另辟蹊径，具有自己的风格。还有则短信写"快乐的一天"也写得有自己的特色，短信写道：

清晨起床伸个懒腰，但也别忘记做两件事：

把自尊、自信、责任放进微波炉加热，
把自卑、自负、散漫丢进冰箱冷冻住；
忍受寂寞，挡住诱惑，大步出门，
又是轻松的一天，充实的一天、快乐的一天！

短信把自尊、自信、责任，以及自卑、自负、散漫这些精神表现，当作可以放进微波炉加热、丢进冰箱冷冻的物质，说法非常新颖，表达得生动风趣，不乏幽默。

不如偷着乐

人这一辈子，寿命有几何？
与其皱眉头，不如偷着乐；
冬天别嫌冷，夏天莫嫌热；
有钱不装穷，没钱别摆阔；
忙时伸伸腰，闲时找点乐；
苦辣酸甜都尝过，才算真生活。

【链接】人们常说："生活是一面镜子，你对它笑，它也对你笑；你对它哭，它也对你哭。"所以，短信一开头便强调："人这一辈子，寿命有几何？与其皱眉头，不如偷着乐。"本则短信在内容和语言风格上，与本书另一则短信"不要活得太累"极为相似，也是不追求格言、警句式的铺陈。本则短信更加口语化，简直像顺口溜似的。短信捕捉日常生活中的一些琐碎细节，甚至不忌婆婆妈妈式的叙述："冬天别嫌冷，夏天莫嫌热；有钱不装穷，没钱别摆阔；忙时伸伸腰，闲时找点乐。"也像是亲人之间、朋友之间的出自肺腑的语重心长的叮咛，不唱高调，只是耳边的细语。齐拉格说："使我们不快乐的，都是一些芝麻小事，我们能够躲闪一头大象，却躲不了一只苍蝇。"无怪乎短信最后的感叹是："苦辣酸甜都尝过，才算真生活。"

人的一生是短暂的，但忧伤地度过，就太长了。因为在忧伤中生活的感觉必定是度日如年。所以，我们应该快乐地生活，与其皱眉头，不如偷着乐。即使物质生活匮乏，精神上也要快乐。当年，孔子吃糙米饭、喝白开水，曲臂当枕，但乐在其中；颜回一箪食，一瓢饮，在陋巷，人不堪其忧，回也不改其乐。人们还说卓文君与司马相如在一起当垆卖酒的时期是最快乐的、最踏实的，尽管那时遭到父母反对及经济上的封锁，但与心爱的人在一起打拼，其乐无穷。无怪乎布雷默会说："真正的快乐是内在的，它只有在人的心灵里才能发现。"

俗语说：笑一笑，十年少。培根则说："要保持心胸坦然，精神愉快，这是延年益寿的秘诀之一。"报载：卫生部一位健康教育专家在进行科普教育时特别说道："人要心存正气，要做好人，不要做坏人，不能贪污，不能腐败。"他甚至说："越是腐败，死得越快。"其理由是："腐败的人多数白天食不知味，夜里睡不安寝，导致身体免疫机能全面下降。"无怪乎司各特说："没有喜悦的人生，是没有油的灯。"搞腐败总不可能心安理得，随着打击的力度加大，他们难免是诚惶诚恐的，他们的生活是没有真正的喜悦的，所以他们的生命之灯必定是很快就会油尽灯灭。

人生六乐

在事业上，进取有乐：
在生活上，知足常乐；
在道义上，助人为乐；
在人际上，与众同乐；
在哲理上，先苦后乐；
在修养上，自得其乐。

【链接】短信原有一个很简单的版本，是四字句，只有现版的后半部分："进取有乐，知足常乐，助人为乐，与众同乐；先苦后乐。"显得很单调、很突兀。现版改成八字句，加上了状语性质的"在事业上""在生活上""在道义上""在人际上""在哲理上""在修养上"，便使内容丰满充实了，而且勾勒起了它的内在逻辑关系，还连系起一个完整的"快乐人生"。

梁启超先生说过："人生最快乐的事，莫过于把应尽的责任尽完。"这句话看似简单，其内涵却极为丰富、深刻。首先梁公此话的前提和逻辑是：人生的快乐，取决于尽完责任。那么人生该有多少责任呢？对事业尽完责任，才能进取有乐；对朋友、对别人、对家人尽完责任，才有助人为乐、与众同乐；对自己尽完责任，才有知足常乐、先苦后乐、自得其乐。何其难也。揣测梁公本意，可能重在对国家、对事业所应尽的责任的进取有乐。

有人说："人生最大的痛苦是需要的不多，但想得太多。"所以，在生活上知足常乐也不是容易的，因为人们总有一种攀比的心理。人们不是仅仅想变得富有，而是想变得比别人更富有。一个"比"字，再加一个"更"字，这就使"知足常乐"难上加难了。宋代林逋说："知足者贫贱亦乐，不知足者富贵亦忧。"这是至理名言。马克・吐温说："让自己高兴最好办法是先让别人高兴。"这里不仅有助人为乐，还包含着与众同乐和自得其乐。著名学者茅于轼晚年总结人生的意义也是："享受人生，并且帮助别人享受人生。"与马克・吐温的言论异曲同工。传说有一个高僧，临终前叮嘱众徒，他死后不要为他净身，更不要为他换衣服，大家都疑惑不解。谁知到火化时，火堆里发出了噼哩啪啦的响声，搞得大家忍俊不禁，原来他衣服里藏着许多鞭炮。他生前是个很乐观的人，他要笑到最后，他死也要让人高兴。这个故事里，也是既有与众同乐，又有自得其乐。以上说明短信中所说的六乐，往往可以兼而得之。

有的短信则只写了四乐：

把善心献给社会，是助人之乐；

把爱心献给子女，是天伦之乐；

把忠心献给事业，是苦中作乐；

把开心献给你，是鱼水同乐。

这里的四乐，选择的角度有所不同，而且风格上充满了调侃，充满了风趣幽默。

笑是个宝

笑是治病的良方，笑是健康的天使；
笑是桂冠的明珠，笑是美容的灵丹；
笑是谦虚的名片，笑是友善的窗户；
真诚开心地笑，在笑声中度过每一天。

【链接】英国人斯提德说："微笑无需成本，却创造出许多价值。"本则短信通过一连串的比喻、一连串的排比句，对笑进行了歌颂、赞美。笑对健康确实至关重要，有一句英国谚言说得好，一个小丑进城，胜过十个良医。传说有一个人得了忧郁症，久治不愈，结果一个高明的医生，给他开了一些妇科药，令他发笑不止，结果病却奇迹般地好了。也许这是个笑话，但是却很有道理。有短信说："笑是治病的良方，健康的天使。"爱尔兰的布莱盛顿说："世界上没有比快乐更能使人美丽的化妆品。"列夫·托尔斯泰则说："面部是灵魂的镜子，我觉得人的美貌就在于一笑。"笑是人在快乐时的一种最主要的含义深远的身体语言。笑能使皱纹舒展，笑更能展现人内心的美丽，笑是驱赶了烦恼忧伤之后的战利品。笑是任何美容术都无法企及的巅峰，所以短信说笑犹如桂冠上的明珠，是美容的灵丹。英国谚语说："一副好面孔就是一封介绍信。"还有的人说："假如你要探寻一个人的灵魂，了解一个人，观察他的笑，如果他的笑是美好的，他就是个好人。"所以，短信说：笑是谦虚的名片、友善的窗户。的确，一个谦虚的人、友善的人的真诚笑容，是美丽的、动人的。人们往往通过微笑扫除沟通上的障碍，架构起友谊的桥梁，所以，有人说："笑是两个人之间的最短距离。"诗人白朗宁笔下的笑，其作用更是神奇。他写道：

“他望了她一眼，她对他回眸一笑，生活突然苏醒。”由此看来，笑似乎有起死回生的魔力。

专写笑的短信不少，有一则短信是这样写的：“一笑烦恼跑，二笑怨恨消，三笑憾事少，四笑病魔逃，五笑永不老，六笑乐逍遥，时常开口笑，寿比南山高。”短信也是赞美笑对于人的美容、健康长寿，对于消除烦恼怨恨，对于人际交往方面所产生的种种裨益。尽管有科学家研究发现，有个别动物也会笑，但是人们总认为笑是人类特有的脸谱，拉伯雷则说：“欢笑是人的专利。”尼采的理由是：“因为只有人类在这个世界上受苦，所以人类才不得不发明了笑。”爱默生对笑的评价是：“靠着笑的才能，人类才比动物优秀。”以上这些都体现了人类的优越感。有的人退一万步地说：“如果动物也会笑，也一定比哭难看，一定会把人类吓昏。”既然公认笑是人类特有的功能，人类就应该在生活中充分地笑，开怀地笑，把笑当作个宝。

乐观与悲观

乐观者在灾难中看到希望，
悲观者在希望中看到灾难。

【链接】短信运用“在A中看到B”“在B中看到A”的句式，又像顶真、又像回文的手法虽不十分典型，但对于悲观与乐观的对比却是显而易见，一览无余。其他短信中，内容与句式与此相似者还有：

乐观者在忧患中看到机会，
悲观者在机会中看到忧患。

两则短信中谈乐观者在灾难中看到希望，在忧患中看到机会，意思很明确，无有疑议，但是对于悲观者的表述，可能有人会以“居安思危”为例类推，认为在希望中看到灾难、在机会中看到忧患无可非议。但短信的本意是省略了一个“只”字，指出悲观者只看到灾难看不到希望，只看到忧患看不到机会。悲观者的缺失在于一叶障目。哈伯德曾说："乐观主义期待着美梦成真，悲观主义则等待着噩梦成真。"这大概说到以上两则短信的精神实质。

塔西有一段话说得很精彩，很有诗意，他说："悲观与乐观，就是两个人从同一城堡的同一窗口向外望去，一个望见的是泥土，一个望见的星星。"显然，望见泥土的是悲观主义者，望见星星的是乐观主义者。悲观主义者总是鼠目寸光的，而乐观主义者总是高瞻远瞩的，说得极富哲理，这是一般的规律。威尔逊曾形象地、诙谐地说："乐观者看到的是油炸圈饼，悲观者看到的却是一个窟窿。"真是有趣，对于同一个圆形物，乐观者和悲观者产生的幻觉都风马牛不相及。还有的短信说：

乐观主义者看到杯子还有一半是满的，
悲观主义者看到杯子已经一半是空的。

对待同一个事物、同一情境，乐观主义者和悲观主义者的感受和态度是截然不同的，这就是因为他们的视角不同造成的。很可能乐观者因看到一半是满的而知足，而悲观者看到一半是空的而失望，心境大相径庭。所以，有的短信注意到了悲观者和乐观者在过年，在辞旧迎新上都有不同的姿态。短信说："悲观者钟声响前辞旧岁，乐观者钟声响后迎接新年。"这种观察和描摹是极为细致入微的。

对待失败，乐观者和悲观者的不同是什么呢？有的短信说："乐观者在失败时会尽力而为，悲观者在失败时会放弃努力。"这里，我们不由得想起爱迪生的一段经历。1914 年 12 月，爱迪生已经 67 岁了，他的实验室突然失火，难以扑救，烧毁殆尽，经济损失达二百多万元。当时，他心态极为平和，他还有心情叫儿子去找妈妈来看火灾现场。他毫不气馁，更加振作精神，刚过三个星期，便推出了第一部留声机，爱迪生不仅是个伟大的发明家，而且是一个心胸宽广、不怕挫折和失败的乐观主义者。

快乐像茶壶

生活就该乐观一些，就应该像茶壶一样，
即使屁股烧得通红，还有心情大声吹着欢快的口哨。

【链接】本则短信首先用了拟人的手法，把茶壶说成会吹口哨。短信还明显用了一个比喻手法，但这种比喻却找不到一点形似的地方，完全是取其神似的韵味。短信说乐观像茶壶一样，并不是说像茶壶的外形，而是说像茶壶的品质和精神。茶壶的屁股烧得通红，它还有心情吹口哨，这就是一种在煎熬和磨难之中保持乐观的精神和情态。据此，也有人说乐观的人在滚烫的铁板上还有兴趣跳舞。俗话说苦楝树下弹琴，这种能够苦中作乐的人当然也是属于乐观主义者。这都是从精神上来表现的，求的是一种神似。有人说，乐观主义者是一手夹着墓碑，一手挟着萨克斯管的人。美国作家海勒也有同感，他说："乐观主义者就是上了绞架后还认为绳子会断掉的人。"这种乐观主义者就不止是苦中作乐的人，而是一种面临死亡尚能寻找希望和快乐、保持乐观情绪的人，姑且简称为"死前犹乐"之人吧。著名剧作家、表演艺术家黄宗江就是这样的一位老人。他年轻时就性格活泼开朗，在学校里演戏还反串过女角色。老了又被人称作老顽童。耄耋之年患了癌症，一点也不在乎，他对人说："不就是个癌症吗！"手术前一晚，女儿担心他紧张睡不好觉，准备要他吃安眠药，谁知他却睡得很沉，鼾声不断。当他知道自己快不行的时候，他写条交代好友、著名导演翟俊杰，要翟用单口相声为他写悼词，他说："要让大家笑，不要哭，我要高高兴兴地走。"他叮嘱"小翟"为他把骨灰带回家，他说："回家默哀三分钟以后，便倒进马桶里，用水冲掉。"还有多少比这更乐观的人？他 89 岁去世，尊重他的遗愿，在他的追悼会会场，挂着他的侧身笑像，播放着他编剧的电影《柳堡的故事》的主题曲《九九艳阳天》。黄宗江的确是个无比乐观的人。

汪国真有诗曰："假如你不够快乐/也不要把眉头紧缩/人生本来短暂/为什么要栽培苦涩。"我们也要像快乐的茶壶，即使屁股烧得通红，还有心情大声吹着口哨，唱着欢乐的歌。有的段子写道："锅常说：'没有痛苦的煎熬，哪有奔腾的生活？'"难怪锅和茶壶都是同一个快乐的家族，具有一样令人钦佩的性格。

3. 幸福常在

幸福是一种领悟

少年时，幸福是一件实物；
长大后，幸福是一种状态；
今发现，幸福既不是实物，也不是状态，
幸福是一种领悟。

【链接】本则短信从人生的三个不同阶段（少年时、长大后、现今）谈对幸福的感受和理解，重在凸显现在的认识：幸福是一种领悟。短信通过对比，通过层层递进的铺垫，来完成这个理念的表达。

小时候，很幼稚天真，也许得到一个玩具就会感觉到幸福；也许节日穿一件新衣服就会感到幸福；甚至从父母手里得到一个棒棒糖都会感到幸福。这是思想幼稚的阶段，即以实物的获得作为判断幸福的标准。长大后，思想发展了，生活内容变化了，则不再是"实物"论了，那就可能以上好学校、进好单位、找好对象为幸福了，这就是与儿时大不同的生活状态了。如今，生活内容更丰富又复杂了，视野更广阔了，思想更成熟了，于是感受到幸福是一种领悟。也许，渐渐领悟到幸福不仅是与自己有关，而且是与他人、与社会息息相关的事了。也许领悟到了幸福不仅是物质的，更重要的是精神的了。

罗曼·罗兰在他的《约翰·克利斯朵夫》一书中就写道："一个人生活是否幸福，不是看他有多少钱，而是看他对生活的态度。"他还用诗一般的语言说:“幸福是一种灵魂的香味。”亚里士多德则说:“幸福来源于我们自己,懂得珍惜现在才是幸福,老是想着拥有什么,永远不会幸福。”很清楚,在生活中能知足常乐就是一种获得幸福的生活态度。有一则短信写得非常通俗明白:

吃饭只要嘛嘛香,不必四菜又一汤;
穿衣只要暖洋洋,不必名牌来扮妆;
睡觉只要六尺床,不必金屋与华堂……

当然,这并不是必持的生活模式,主要是其精神可取。还有的短信写道:

多一些快乐,少一点烦恼;
不论钞票多少,只要开心就好;
累了就睡觉,醒了就微笑;
生活啥味道,自己放调料;
健康最宝贵,知足更美好。

此则短信也写出了一种幸福的态度。有人说:“活着一天,就是福气,就该珍惜。当我哭泣我没鞋子穿的时候,我发现有人没有脚。”这种人是从与比自己差的人进行对比中而知足,而感到幸福。所以,有人说,幸福的障碍就是不知足,就是期待更大的幸福。幸福的障碍便是喜欢攀比,总希望比别人更幸福。对此,孟德斯鸠有段针对性的论述:“假如一个人只是想幸福,那很容易做到,但我们都希望比其他人更幸福,这永远是困难的,因为我们都相信别人比我们幸福。”道理讲得非常透彻,应该让人们头脑清醒,不要一味求好,不要卷入不断互相攀比的恶性循环之中。而且,人们应该清醒懂得,所有靠物质支撑的幸福,都不会持久,都会随着物质的变化而变化。只有心灵的淡定宁静,继而产生的身心愉悦,才是幸福的真正源泉。列夫·托尔斯泰说:“幸福在于为别人而生活。”果戈理则说:“能够对我们的公共利益有所贡献,我就会以为自己是世界上最幸福的人。”这便是对于幸福的更高层次的领悟了。

幸福很简单

幸福很简单：幸福是一种感觉，幸福是一种心态，
幸福是一种满足，幸福是一种灵魂的香味。

【链接】著名艺术家罗丹曾说："美是到处都有的，对于我们的眼睛，不是缺少美，而是缺少发现。"幸福也是一种美，幸福与美有许多相通之处，所以，很多人常借用或改用这段话来论述幸福：幸福是时时处处都有的，问题是我们有没有一双发现它的眼睛。所以，短信可以很明确地说，其实幸福很简单，幸福只不过是一种感觉、心态、满足和灵魂的香味。

内森黑尔·霍尔把幸福比作蝴蝶，他说："幸福像是蝴蝶，你追它赶它总是够不着，但如果静静地坐下来，它却落在你的身上。"说得很形象，也很简单。伊壁鸠鲁说得更简单："幸福就是肉体无痛苦，灵魂无纷忧。"

幸福确实很简单，有人说幸福就是下班回家有人开门，不要掏冷冰冰的钥匙。英国有一条谚语说："和疾病一比，健康就显得幸福。"日本作家渡边淳一语出惊人，他说："能正常小便就是幸福。"他专门出了一本砺志随笔集《幸福达人》，就强调"幸福就在每个人身边眼巴巴地等着你去拾取"。幸福就是一种感觉，一种心态。奥地利人格列鲁巴慈则说："我认为，在孩子们的围绕下，迎接人生最后一刻的人，就是幸福的人。"幸福更是一种满足。我国著名文学家梁实秋就深有体会地说："如愿便是满足，满足即是幸福。"研制成世界上第一支三极管的美国杰出科学家德福列斯特，年轻时穷得只有一条旧裤子，但他很满足，很乐观，竟然写下了一条这样的备忘录："尽可能站着，这样裤子就能耐穿到明年的春天。"他一心扑在科研上，他如此贫穷还觉得自己是个幸福的人。他以搞发明造福他人的幸福。

美国著名心理学家赛列格曼曾经提出过一个关于幸福的公式：总幸福指数＝先天的遗传素质＋后天的环境＋你能主动控制的力量，即 H＝S＋C＋V。应该说，V 对 H 的影响作用最大，即你能主动

控制的力量极大地影响着你的总幸福指数。难怪英国人弥尔顿说:“我学到了寻求幸福的方法:限制自己的欲望,而不是设法满足它们。”德谟克里特也有同感:“幸福是一种通过对行为和享乐的节制,对愿望的制约及避免对世俗占有物的竞争而获得的一种安宁和快乐。”所以,短信最后借用罗曼·罗兰在长篇小说《约翰·克利斯朵夫》中的话说:“幸福是一种灵魂的香味。”幸福确实很简单,有的人甚至把它比做人的影子:“幸福就像影子,从来没有离开你,但你从来没有很好地看它。”幸福的确随时随地都在,只是我们没有很好地发现它,感觉它,体味它。有的人说:“幸福就是不去想自己失去了什么?而是多想自己得到了什么。”富豪李嘉诚则说:“最幸福的事,是老两口开个小店,打烊后灯下数钱。”他把幸福说得更加简单。

幸福杂想

出生时,最大的幸福莫过于遇上好的家庭;
上学时,最大的幸福莫过于遇上好的老师;
工作时,最大的幸福莫过于遇上好的领导;
成家时,最大的幸福莫过于遇上好的爱人;
老来时,最大的幸福莫过于遇上好的福利院。

【链接】短信运用五个排比句,从人生的各个阶段,从出生、上学、工作、成家、老来时来谈:其时最大的幸福分别是莫过于遇上好的家庭、好的老师、好的领导、好的爱人、好的福利院。前四项很一般,唯独最后一句有点出语新奇。按照前四句的写法,按平常的思路,应该写“老来时,最大的幸福莫过于遇上好的儿女。”但短信却不这样写,并不是没有好儿女了,而是社会已经老龄化了。一对年轻夫妻要承担培养一个独生子女和照料四个年迈老人的责任和义务,这就形成了现代家庭一、二、四结构的新特点。现在,并不是可怜的人才上福利院，现在很多离退休老人，见儿女工作很忙，都自愿邀伴进福利院。尤其是现在时兴出国热，儿女们远涉重洋，留守老人进福利院便是理智的选择，现在不少福利院也越办越好，也成为适应当代社会的一种新生事物。

有的短信与本则短信前四项内容基本相同："所谓幸福，就是有一颗感恩的心，有一个健康的工作，有一份称心的工作，有一位深爱你的人，有一帮可信赖的朋友。"短信谈到了事业、爱情、友谊、健康，更强调了感恩。还有一则短信，内容相近，但写得更简洁、更诗化，短信写道："幸福就是要有奉献的喜悦，要有助人的快乐，要有配偶的恩爱，要有家庭的温馨。"此则短信却强调了"奉献"，保尔就说："幸福就在创造新的生活。"茨巴尔则说："应该让别人因为你的生存而更加美好。"都是认为幸福在于奉献。

对于幸福，有各种解读，洛根·史密斯说："幸福是一种最珍贵的葡萄酒，对不会品尝的人来说，它是淡而无味的。"有的人认为：快乐有人共享、忧伤有人分担就是幸福；有的人则以有人牵挂和有牵挂人为幸福。甚至，有人认为下班回家不用掏冷冰冰的钥匙，有人闻声开门就是幸福。有一个中学生、一个矿工的儿子，则因为经常惦记着父亲的安全，于是每当听到父亲开门的钥匙声时最快乐、最幸福。这种幸福的滋味是一般人无法品尝得到的。有的人认为口袋里有钱、心里没钱的人幸福；有的人认为抑制欲望所带来的轻松、快乐就是幸福；还有人甚至调侃地说：摔跤了，有大地的托护便是幸福……真是仁者见仁，智者见智，复杂纷呈，不一而足，但是，归根结底，最重要的一点便是如歌德所说："人之幸福，全在于心之幸福。"

幸福新概念

幸福的最新定义：床上没病人，牢里没亲人，手里没有股票，家中无学生。

【**链接**】有人写文章说，我们很多人不知道幸福就在身边，其论据是："如果你有存款、钱包里有现金，你已是世上最富有的8%了。如果你早上起床，没病没灾，你已经比活不过这周的100万人幸福多了。如果你从没经历战乱、牢狱、酷刑、饥荒，你比正身处其中的5亿人幸福多。"这种观点也许很多人不一定能接受，一定对此不以为然，一定会说这算什么幸福？但是仔细想想，还是有道理的。任何事物都不是绝对存在的，往往都是相对而存在的，幸福也是如此。古人常说"无怨便是德，无忧便是乐"，我们为何不可以说无不幸就是幸福呢？

本则短信便是这种思路，闭口不谈如何拥有物质享受，闭口不谈如何拥有名、权、利，而是另外避开定向思维，从旁人意外的角度，提出幸福的新概念。短信的逻辑是：床上有病人、牢里有亲人、手里有股票、有孩子在学校里读书，就难得有幸福，甚至是不幸的。那么，家里没有病人、牢里没有亲人、手里没有股票、没有孩子在上学，当然是幸福的。这说明，在当今社会里，以上四方面的问题是热点问题。首先，医疗是个大问题，这是众所周知的。医疗费、医药费的昂贵以及医生的责任心、水平均不谈，只谈现在大家工作很忙，有老人住院，确实没有精力对付，现在又是一对青年夫妻要孝敬四个老人，到医院值班都是个难办的事情。所以说，家里没有病人的确是件幸福的事。再说，家里有人犯法了，那种滋味是很难受的。而最不幸的就是怕碰到被错审、错关、错判、错服刑，乃至错殒命。所以，家中没有亲人在牢里，能说不幸福吗？至于炒股之事，姑且奉送一段海派清口演说人周立波常说的一个小段"股民变难民"："老板进去，瘪三出来；博士进去，白痴出来；姚明进去，潘长江出来；杨百万进去，杨白劳出来；想发财进去，想发疯出来；握着双枪进去，举着双手出来；学着巴菲特进去，却被扒了皮出来；唱着国际歌进去，哼着'血泪仇'出来；小康家庭进去，五保特困户出来。"当然，也有少数人炒股发了财。但是，对于大多数股民来说，应该是不炒才是幸福的。教育的问题很多，就说如果家中有一个考生，或有一个毕业生的话，那精神和财务上的负担真是重如泰山。有顺口溜说："六月考学生，七月考家长，八月考银行。"可见一斑。至于有一个毕业生，要找到合适的工作，不说难于上青天，起码可以说难于登山。所以说，家中没有考生和毕业生，是幸福的。

有一个小段子写“幸福的事”，谈得更为全面：“1. 不用拼爹竟找到好工作；2. 不用献身竟遇到好导演；3. 不用买房竟取到好媳妇；4. 不用送礼竟碰到好大夫；5. 不用鉴定竟有了新儿子；6. 不用行贿竟得到好生意；7. 不用认爹竟遇到好领导。”此段言论反话正说，更是一种“幸福”新概念，与本则短信可谓相辅相成，异曲同工。

林语堂先生说：“幸福，一是睡在自家床上；二是吃父母做的饭菜；三是听爱人给你说情话；四是跟孩子做游戏。”多么简单，这也是一种幸福。有一个段子以“‘幸福’的指南”为题，它认为“幸福”是：“家里没病人，牢里没亲人，外头没仇人，圈里没小人，身边没坏人，看似没情人，升官有贵人，办事有熟人，谈笑有哲人，聚会有高人，喝茶有贤人，家务有佣人，摄影有寮人，闲聊有达人。”这个段子与短信“幸福新概念”立意相同，但所谈内容更加宽泛，宽泛就在于它扩展地谈及了为人处世周边所需要的各种人。但相对而言，又不如短信重点突出，反而冲淡了本意。

4. 长寿放歌

长寿十字歌

一贯知足，二目远眺，三餐有节，四体健壮，五谷皆食，六欲不强，七分忍让，八方交往，酒薄烟戒，十分坦荡。

【链接】有人说：“走进沙漠，清水最珍贵；沉沉夜幕，灯火最珍贵；茫茫人海，朋友最珍贵；幸福生活，健康最珍贵。”说明健康长寿是人们非常看重的。本则短信从十个方面谈长寿的秘诀，逐一排查，发现只有“三餐有节”“四体健壮”“五谷皆食”“酒薄烟戒”四项是跟物质有关，而“一贯知足”“二目远眺”“六欲不强”“七分忍让”“八方交往”“十分坦荡”六个方面都是精神层面的要求。可见，长寿养生应该注重精神方面的修性养心。郑板桥在自己六十寿辰时，撰写了副长幅寿联，其联如下：

常如作客，何问康宁，但使囊有余钱，瓮有余酿，釜有余粮，取数页赏心旧纸，放浪吟哦，兴要阔，皮要顽，五官灵动胜千官，过到六旬犹少。

定欲成仙，空生烦恼，只令耳无俗声，眼无俗物，胸无俗事，将几枝随意新花，纵横穿插，睡得迟，起得早，一日清闲似两日，算来百岁已多。

在这副长联中，郑板桥既表达了欲长寿的愿望，也阐述了自己认为能达到长寿的目的的秘诀所在，其重点也是突出在精神层面的各种修养。

从众多的百岁老人的情况来看，之所以健康长寿，精神方面确实是重要的因素，很多百岁老人都是心胸宽广、忠厚待人、知足常乐的。尤其是生活处于逆境中的人能够这样豁达、自信、乐观，更是不易的。像张学良将军，1936 年西安事变后便一直被幽禁，当时只 36 岁，但没有忧郁而死，而能活到 101 岁，创造了奇迹。这是什么原因呢？首先他有坚定的信念，他坚信自己爱国抗日是光明磊落的。其次，便是爱的力量支撑着他，尤其是赵四小姐与他不离不弃，相濡以沫，给了他生活的勇气。他的心态相当好，他说：“如果我明天被枪毙，今天晚上我仍能睡得又香又甜。”这是常人难以做到的。他总结他的经验是：“我能长寿，有三个最要紧，一是乐观，二是饮食适当，三是睡得舒服。”他还说：“我有三爱：爱打麻将，爱说笑话，爱唱老歌。”他甚至调侃自己“好色”。张学良将军就这样为自己描绘了一位长寿老人画像，音容笑貌栩栩如生，给世人以深刻生动的启发。

意大利女细胞学家、诺贝尔奖获得者丽塔·莱维·蒙塔尔奇尼在百岁生日时，总结自己长寿的经验却说：“长寿的秘诀在于保持思考的状态，但不要只是考虑自己。”此话简短，但内涵深邃，耐人寻味，体现出一个学者不追求名利，但为他人着想的令人敬佩的崇高精神境界。

心之歌

宽阔的心，健康一辈子；
包容的心，快乐一辈子；
善良的心，无悔一辈子；
童贞的心，年轻一辈子；
平常的心，美丽一辈子。

【链接】这里的心肯定不是指人的内脏，而是指人的思想境界、精神面貌，也可以指人们常说的心态，也可以指心灵。本则短信从宽阔、包容、善良、童贞、平常五个方面来描写心态，如果具有以上心态，便能健康地、快乐地、无悔地、年轻地、美丽地生活一辈子。

有人说："没有太阳的光，人们还可以活动；没有心灵的光，人们便无所作为。"罗曼·罗兰也说："要有光，太阳的光是不够的，还要有心灵的光。"可见心灵是人们的生命之源，所以，有人会得出"哀莫大于心死"的论断。在当今金钱至上的时代，有人认为学习哲学、文学、历史没有出路，没有经济效益。对此，南开大学教授叶嘉莹却振聋发聩地呼喊："学习古典诗词最大的好处，就是让我们的心灵不死。"可见，人活在世上，不仅要注意维护身体的发育，更要重视对心灵的培育，求得心灵的生存和发展。脚不能到达的地方眼睛可以到达，眼睛不能到达的地方，心可以到达。可见人的"心"的潜力是无穷的，我们要拥有它、扩展它。

也许有人认为，人要具有宽阔的心、包容的心、善良的心、童贞的心，要求要高些，难度要大些，具有一种平常的心容易做到。其实不然。要具有一种平常的心态也并不是容易做到的。人们在日常生活中，经常遇到一种情况，就是与人作比较时能否保持平常心态。培根说："人可以允许一个陌生人发迹，却不能原谅一个身边人上升。"一针见血地指出人的不平常心态。所以，有的人说："叫花子不会妒忌百万富翁,但他们会妒忌比他们混得好的叫花子。”还有的人调侃说:“排队的快慰不是前面的人越来越少,而是后面的人越来越多。”章诒和对此也有自己独到的见解:“人生的痛苦,有时候不一定是自己遭遇的失败,而是他人的无端的成功。”

从以上看来,人要具有和保持一种平常心态绝不是一件容易的事。泰戈尔说:“我的心是旷野的鸟,在你的眼睛里找到了天空。”青年作家吴再却像对对联似地续写着:“你的心是斑斓的蝶,在我的眼睛里找到了花丛。”我看,我们不妨把它理解是“平常心”的诗意的描绘。

安 然

行也安然,坐也安然,布衣得体胜丝绢;
早也香甜,晚也香甜,粗茶淡饭保平安;
名也不贪,利也不贪,恬淡寡欲真清闲;
顺也乐观,逆也乐观,有容乃大益晚年;
赚也不烦,蚀也不烦,知足常乐似神仙。

【链接】本则短信虽然只有头句写了“行也安然,坐也安然”,实际上后面所谈及穿、吃、名利、处境乃至经商,都在写其“安然”。各种行为的安然,来自于心的安然。古人说心安即是归处,安然只是一种状态,要安然,首先要坦然、淡然。如短信中所提到的不贪不烦、恬淡寡欲、有容乃大、知足常乐等。白居易说过:“心足即为富,身闲乃为贵。”还有人说:“少而寡欲颜常好,老不思官梦亦闲。”这些都是知足常乐、恬淡寡欲的写照,也就是坦然、淡然、安然的写照。相声演员郭德纲说:“懒问兴衰事,饭后测血糖。”这似乎是一种戏说,但却是安然心境真实、生动、幽默的表述。

由此则短信,人们很可能会联想到赵朴初先生的《宽心谣》。短信与《宽心谣》，在句尾乃至分句间都全押“言前”韵。在句式上，《宽心谣》每句里，先一个七字句，后两个四字句，本则短信与之恰恰相反，先两个四字句，后一个七字句。在内容上和立意上大致相同。已有人选取《宽心谣》中的大部分词句，对个别字稍作修改，构成了一则短信：

日出东海落西山，愁也一天，喜也一天；
遇事不钻牛角尖，人也舒坦，心也舒坦；
少荤多素日三餐，细也香甜，粗也香甜；
常与知己聊聊天，今也谈谈，古也谈谈；
早晚操劳勤锻炼，忙也乐观，闲也乐观。

这里选的是《宽心谣》的一、二、四、六、九句，剩下的三、五、七、八、十句分别是：“每月领取养老钱，多也喜欢，少也喜欢”“新旧衣服不挑拣，好也御寒，赖也御寒”“内孙外孙同样看，儿也心欢，女也心欢”“全家老少互慰勉，贫也相安，富也相安”“心宽体健养天年，不是神仙，胜似神仙。”赵朴老全面地总结了人生的体验和感悟，饱含哲理。

《增广贤文》曰：“良田万顷，日食一升；大厦千间，夜眠八尺。”《菜根谭》云：“茶不求精而壶亦不燥，酒不求冽而樽亦不空；素琴无弦而常调，短笛无腔而自适；纵难希遇羲皇之世，亦可匹俦嵇阮之伦。”此中旨意与《宽心谣》以及短信是息息相通的。古人说：“凡事总求过得去，此心先要放平来。”赵朴老就是一个有平常心的智者。股神沃伦·巴菲特也有平常心，他虽然富可敌国，但生活却极为简朴，他说：“过尽可能简单的生活，不要追求名牌，穿你觉得舒服的衣服。”这正如短信《安然》中所说的那样：“布衣得体胜丝绢，粗茶淡饭保平安，恬淡寡欲真清闲，知足常乐似神仙。”

此中有真意

田园有真乐，不潇洒终为忙人；
诵读有真趣，不玩味终为鄙夫；
山水有真美，不领会终为漫游；
吟咏有真得，不解晓终为套语。

【链接】本则短信完全引用明人陈继儒的一段言论，而标题则是陶渊明《饮酒》中的诗句。对于陈继儒的话，九思在《三平斋夜语》中演绎为："淡中之味是真释，量弘识高是真人。澡身浴德是真修，物我两念是真性。允执其中是真谛，凡事随缘是真情。交友带侠气，做人存真心。"真乐、真趣、真美、真德，都是一种真境，都蕴含着隽永的真意，这种真意靠言语难以表达，只有亲身处在"结庐在人境，而无车马喧"，才能有"心远地自偏"的感悟，才能从"悠然见南山""飞鸟相与还"中体味到"此中有真意""欲辩已忘言"，才能陶醉于"清水出芙蓉，天然去雕饰"的佳境。

总之，人生活在世界上，要活得潇洒，懂得玩味，善于领会，精于解晓，就要有一种"求真"的态度。《菜根谭》写道："花居盆内终乏生机，鸟落笼中便灭天趣，不若山间花鸟，错集成文，翱翔自若，自是悠悠会心。"要求真，就要摆脱形体上的桎梏，更重要的是要摆脱精神上的束缚。做人不要为名利所累，如《菜根谭》所说："处世不必邀功，无过便是功；与人不求感德，无怨便是德。"这便是一种淡然的态度。普劳图斯说："没有香气的女人却最好闻。"这句话可能有不少人很难理解，他们不理解"没有香气的女人"是最真实的女人，犹如是不戴面具的女人。当然，在人生的大舞台上，除香水之外，有着更多的面目需要识别。爱默生说；"社会是一个化妆舞会，人人都掩饰着自己的真面目，但又在掩饰中暴露了自己的真面目。"戴着面具生活，肯定就无法潇洒，就会活得很累。就说人在交际中的语言，说假话的人犹如戴面具生活的人，说假话的人时时要注意"自圆其说"，不要前后矛盾，一不小心便是窘态毕露。那样是活得很累的，而讲真话的人才活得轻松自如。马克·吐温说："讲真的话不需要记住自己说过的话。"说真话可任其自然流露，正如元好问所说："一语天然万古新，豪华落尽见真淳。"也许这还仅是个浅表层面的真，更重要的是，如《菜根谭》所说："人心有个真境，非丝非竹而自恬愉，不烟不茗而自清芬。须念净境空、虑忘形释，才得以游衍其中。"从以上看来，人生须求真，求真方能长寿。

九、节庆祝贺篇

1. 节日快乐

节日寄语

节日是愉快的插曲，
一曲终了，精彩慢慢回味。
访问师友，不忘感恩，
家人团聚，更加亲密。
看看风景，心旷神怡，
睡个好觉，精力充沛。
健康是革命的本钱，
事业是不变的主题。
带着好心情回到工作岗位，
换个新姿态，创造新的业绩。

【链接】本则短信以新格言“节日是愉快的插曲”“事业是不变的主题”为纲，纲举目张，抒写节日断想。节日间要慢慢回味昔日的精彩：在亲人团聚中，更加亲密和谐。访问师友，怀着一颗感恩的心。看看风景，睡个好觉，也是节日休闲的必需。调整好了身体，带着好心情，回到工作岗位，以新的姿态投入，创造新业绩。全则短信一气呵成，娓娓道来，既谈辞旧，又谈迎新，又像是妈妈的话语，又像是妻子的慰勉，又像是老师的语重心长，又像上司、老板的嘱咐叮咛。短信给人一种无比温馨的感觉，短信写得既有情趣，又富于哲理。类似这种立意和风格的短信不少，又如：

前程路漫漫，歇歇；
心事也重重，放放；
事务多又繁，缓缓；
传统佳节到，聚聚；
亲戚朋友多，走走；
山河更壮美，转转。

本则短信与上一则短信在内容上有很多共同点，但在形式上、在语言表达上有较大的不同。本则短信每句七字，然而分成两节呈五二结构，而且后面两字，都是叠字，使语意表达得更加舒缓沉稳，更加语重心长、情真意切。有一则短信也运用了此种手法，只是叠字不用在句末，而用在句中，例如：

活计多了，歇歇，忙里偷点闲；
钱财多了，捐捐，积德又积善；
福气多了，分分，有福要共享；
喜讯多了，发发，与大家同乐。

本则短信，叠字的前后似乎在达意上有诠释和补充的关系。还有的短信全以“×××一点”的句式表达对人的新年寄语：

祝你在新的一年里，微笑多一点，脑筋活一点，嘴巴甜一点，说话轻一点，胆量大一点，脾气小一点，行动快一点，做事多一点，效率高一点，成果显一点。

句子虽然简短，但同样显得语重心长、循循善诱，同时还显得幽默风趣、活泼可爱。

祝福献给你

让快乐与你轻轻拥抱，
让困难见你乖乖让道。
让烦恼遇你偷偷走掉，
让吉祥对你格外关照，

让智慧充满你的头脑，
让幸福永远对你微笑。
节日快乐！

【链接】大多数节日短信是像写诗歌一样铺陈一些祝福的语言，而有的短信除此之外，还要突出祝福的对象是“你”，显示与对方在情感和友谊上的零距离，显得格外亲密无间，有巨大的亲和力，本则短信便是如此。本则短信不谈钱财方面的东西，而谈的是精神层面的快乐、吉祥、智慧、幸福等，像“困难见你乖乖让道”“烦恼遇你偷偷走掉”也是属于“吉祥”“快乐”之列的。短信每句句首都有一个“让”字，加强了一种祈使的语气的表达，更表现出祝福者的一种强烈的执著，更增强了祝福的感染力。本则短信明显地使用了拟人手法，而且是通篇每句地使用。短信把本无生命的“快乐”“困难”“烦恼”“吉祥”“智慧”“幸福”当作一个活生生的人来描写，分别赋予它们以行动的能力，把它们写成能够拥抱、让道、走掉、关照，并会“充满你的头脑”和“对你微笑”，使整则短信显得非常形象和生动，从而增强了短信的感染力和娱乐气氛。

有的祝福短信不仅每句都突出一个“你”字，而且“你”在每个句子中都放在一个相同的位置，不像本则短信这样，“你”字的位置错乱不齐，无规律可循。有的短信每句有两个分句，“你”字都固定放在第一个分句的最末字，例如：

画个句号祝福你，新年团聚聚喜气，
顿个叹号感动你，新年团聚聚爱气，
圈个括号锁定你，新年团聚聚财气；
一行省略号提示你，明年更要创造新业绩！

本则短信的“你”字放在第一个分句的句末，正是一个停顿较大的位置，无形中起了一个呼告的作用，使得人们更加注意后半句话的内容，有利提升后半句的表达作用。

有的短信每句就是一个单句，“你”字全放在句末，位置更显著，短信句式更显得整齐划一，一气呵成，更突出被祝福的对象，例如：

用阳光温暖你，
用星辰装点你，
用花朵簇拥你，
用焰火灿烂你，
用美酒陶醉你，
用幸福满足你。

祝福你

祝你拥有一份好的工作，高薪；
祝你得到一个好的前程，高升；
祝你交到一群好的朋友，高雅；
祝你练就一副好的身板，高寿；
祝你享受一种好的心情，高兴。

【链接】本则短信原题为“五一祝福你”，只是从形式上安排了五个排比句，有五个“一”的祝愿，在内容上与五一劳动节并没有实质性的联系，所以，本则短信适合于任何的节日里送给亲人、朋友致以真挚的祝福。本则短信每个句子的逗号后面，都有一个补充性说明，所以，这个逗号“，”实际上可以改成为破折号“——”，甚至可以改成等号“＝”，此则短信甚至可以倒序过来写为：

祝你高薪——拥有一份好的工作；
祝你高升——得到一个好的前程；
祝你高雅——交到一群好的朋友；
祝你高寿——练就一副好的身板；
祝你高兴——享受一种好的心情。

由此看来，本则短信在不经意间含有回文的修辞效果。另外，稍微细心看读本则短信，不难发现它是由两条短信糅合而成的，而且都是与

"幸福"有关的短信，在本则短信中，很明显地以逗号"，"为界线，前后各为一条。其中前面的那部分第二句有所不同，原始短信是：

幸福就是：
拥有一份好的工作，
拥有一个好的妻子，
拥有一群好的朋友，
拥有一个好的身体，
拥有一种好的心情。

第二句有的版本也写作"拥有一个好的家庭"。逗号后面那条短信则是由几个"不如"使之串联起来：

高知不如高薪，
高薪不如高官，
高官不如高寿，
高寿不如高兴。

有"不如"两个字，就凸显了这条短信旨在对某些事物的互较，判断优劣，决定取舍，从中看出作者对于句子的前后安排是有所用心的。从表面意愿来看，是强调前者不如后者，从中我们可以归纳为：物质的不如精神的，从中我们领会到了在当今无主流价值观的世态中难能可贵的价值取向。当然，第一句中，高知应该属于精神的，高薪是物质的，但此句只是社会现实的反映，不是作者的主观认同，并非前后矛盾。另外，短信《祝福你》还取巧于后半句都重复一个"高"字，这样很醒目，引起注意和记忆，但此法也往往会产生以字碍意或以字害意，或者有的则无法配对，如"拥有一个好的妻子"，便不好搭配"高×"。

祝福表心意

一生相识，来自天意；
一段友情，来自诚意；
一份挚爱，来自真意；

一句祝福，来自心意；

节日快乐，万事如意！

【链接】本则短信虽然只有寥寥数句，但却勾勒出一个人生的大轮廓，从相识到有友情、有挚爱，到衷心祝福，显示了一条人生的重要轨迹。这样的人生，得益于天意、诚意、真意、心意，才赢得如意。本则短信押"衣期"韵，尤其是突出一个"意"字。细心的人也许不难发现，在节日祝福的短信中，不少是押"衣期"韵，主用一个"意"字，偶用其它的同音字。只要稍加留意，不难发现，这类短信多以"万事如意"为末句作结，又如：

白云蓝天，斗转星移；
花开花落，全在无意；
和风细雨，尽如人意，
运气福气，一切随意；
祝新年快乐，万事如意。

还有则短信是这样写的：

岁月无法抹去记忆，
新年开始新的创意。
我的祝福带着无尽的爱意，
传递友情，甘美如饴。
祝新春快乐，岁岁安怡，
祝健康幸福，万事如意。

这则短信的每句末字，有"忆""饴""怡"和三个"意"字，都是"衣期"韵的同音字。还有一则以"意"字押韵的短信倒真写得很"随意"。短信写道：

俺的短信很随意，没啥创意，就是朋友情意，再加十分诚意，若能引起你的注意，感到一些暖意，能有丁点满意，增进些许友谊，彼此以后更加在意。请明白我的用意，祝你万事如意。

短信写得非常口语化，似一段俏皮话，但颇具幽默风趣。大概出于在意，人们甚至用"意"字来总结一生："相逢是无意，相知是诚意，相爱是情意，相伴是随意。"这里的"随意"绝不是随随便便，而是相濡以沫，随遇而安，只有这样，才能心心相印，白头到老。这些意思也贯穿在许多祝贺节日短信之中。

淡淡的诗

悠悠的云里有淡淡的诗，
淡淡的诗里有绵绵的喜悦，
绵绵的喜悦里有轻轻的问候，
轻轻的问候里有浓浓的情意。
节日快乐！

【链接】很多祝福短信并不卖弄华丽的词藻，并不追求哗众取宠的效果，朴实的话语，却像淡淡的诗。本则短信就是这样，它通过顶真的手法，使悠悠的云——淡淡的诗——绵绵的喜悦——轻轻的问候——浓浓的情意的感情链接得更结实、更厚重。短信中的叠词"悠悠""淡淡""轻轻""浓浓"更使短信不仅像一首淡淡的诗，更像一幅淡淡的山水画，短信中像这样淡淡的诗、淡淡的画的有很多，例如：

无论上班是苦是累，让快乐与你为伴；
无论生活是咸是淡，让满足永远不变；
无论距离是远是近，让友情永不遗忘；
无论联系是少是多，让祝福充满心间。

此则短信所用的形容词只是"苦""咸""淡""远""近""少""多"这些再平凡不过的词语，但每句一个关联词语，却表明这些"快乐""满足""友情""祝福"是不以任何条件为转移的，还有则短信写道：

在关爱中让友情更深，
在牵挂中让亲情更暖，
在诚实中让心底更静，
在简单中让生活更美，
在祝福中让节日更愉快。

此则短信中的形容词也是一些平淡无奇的“深”“暖”“静”“美”之类的字。短信所崇尚的是“关爱”“牵挂”“诚实”“简单”的生活情调，在这样的祝福中让人们节日更加愉快。

有的短信直白了这种短信产生原因：

思索了很多心语，
酝酿了诸多祝愿，
推敲了许多祈福，
斟酌了众多问候，
还是代替不了那句最朴实的话；
平安、吉祥、健康、快乐！

此则短信也道出了人们朴实无华的审美观！

令人一惊

八戒正在月球上搂着嫦娥献媚，忽见一人藏在铁罐里从眼前飞过。嫦娥惊呼："有人偷看我们的隐私！”八戒忙问："是高老庄派来的吗？”嫦娥答："还好，是杨利伟。”

【链接】本则短信源自“祝福网”。短信借助“嫦娥奔月”的传说以及猪八戒好色的形象，巧妙地构思了一个十分搞笑的故事，这些都是铺垫渲染而已，最后一句“还好，是杨利伟”这句看似简单、普通的话，却是短信的画龙点睛之处。短信主要借助古代传说来衬托现代生活中的惊人之举——我国航天载人成功，中国第一个飞天人杨利伟已于 2003 年 4 月 27 日乘我国自己研制生产的神舟五号，实现了中国人进入太空的美好理想。短信以极为幽默、智慧的笔调，在调侃猪八戒与嫦娥的嬉笑中对这件庄严伟大的事情进行了热情的歌颂，真正轻取了寓庄于谐的喜剧效果。

杨利伟乘神舟五号上天的确是件了不起的大事，为此，不仅引起了中国人民的由衷的欢欣鼓舞，而且引起了国际上的广泛注意和重视。2005 年 3 月 16 日，国际小行星中心和国际小行星命名委员会决定，将一颗遨游在太空的小行星命名为“杨利伟号”。这颗小行星是西班牙天文学家艾斯特于 1991 年 6 月 6 日在欧洲南方天文台发现的。这颗小行星的国际永久编号为 21064，它离地球的最远距离为 6.86 亿公里，最近距离为 2.69 亿公里。同时，“中心”和“委员会”还将另一颗小行星命名为“神舟星”，这都是中国人民引以为自豪的特大荣耀。

在短信文学中，对于我国科技方面的新进步、新成果都会有及时的、热情的反映。例如 2013 年第八届原创新春祝福短信微博贴文大赛中，就出现了这样一件作品：

你说你飞得高，神九笑了；
你说你潜得深，“蛟龙”笑了；
你说你善跳舞，鸟叔笑了；
你说你实在忙，杜甫笑了；
你说你很聪明，元芳笑了；
你说你最用心，甄妃笑了；
你说你懂得爱，许仙笑了；
你说你在思念，我笑了；
祝你蛇年更出蛇(色)，幸福不褪蛇(色)！

此则短信主要是谈 2012 年前后的一些突出的新闻事件，而多为娱乐搞笑事件。但是，摆在首位的事件，倒是“神九”和“蛟龙”两大喜事。从 2003 年以来，中国从神五至神六直至神九，至中国第一位女航天员刘洋飞上太空，真是成绩斐然。而 2012 年 6 月，中国自行设计自主集成了“蛟龙”号载人潜水器、下潜深度达到 7020.68 米，2009 年只能下潜 1109 米，2010 年为 3000 米，到 2012 年已是 7000 多米了，真是突飞猛进，这已让外国许多国家望尘莫及了，实现了中国的深海运载梦，的确值得全国人民惊喜，值得中国人民要过重大节日一样欢庆。

奥运欢歌

金猪抱冬去，银鼠送春来。
五娃献祝福，嫦娥来喝彩。
圣火已点燃，红旗迎风摆。
凤飞栖鸟巢，龙舞立方台。
国泰民又安，志高梦想在。
频频奏国歌，中华多豪迈。

【**链接**】2008年北京奥运会的召开，实现了中华民族百年的梦想，所以，中国人民无不欢欣鼓舞，意气风发。正如标题所写，本则短信突出了一个“欢”字，而为了突出这个欢字，短信不在于搜寻华丽的语言，而在于捕捉了许多美好吉祥的形象。福娃、嫦娥、龙、凤，纷纷来喝彩祝福，就连过去形象不佳的猪和老鼠也沾了光，也让它们加入了欢庆的行列。这得益于2008年是鼠年，在送去猪年迎接鼠年的辞旧迎新时，喜迎奥运的热潮便已掀起，便在中国大地形成了喜气洋洋的澎湃海洋。短信不仅写出了中国人民热情准备的欢乐，更写出神州大地“频频奏国歌”的豪迈。本则短信是一首五言诗，而另有两首七言诗却是这样写道：

（一）

祥云环绕迎鼠年，笑脸复制在人间；
条条短信在问候，祝咱梦想得实现；
今年喜气连成片，奥运圣火要点燃；
红运相传又相伴，红红火火中国年。

（二）

奥运带动国运昌，鸟巢屹立映红光。
但见嫦娥奔月去，晶莹剔透水立方。
轨道交通谱新曲，出行迎来新篇章。
贝晶欢迎妮齐聚，北京欢迎您观光。

此则七言短信同样提及到喜庆的美好形象嫦娥、贝晶等，也提到了奥运会的标志性建筑——鸟巢和水立方。本则短信不仅从宏观上歌颂了梦想的实现，还从微观上谈到奥运会给首都北京带来的改观——轨道交通谱新曲，出行迎来新篇章。2008年，短信文学创作中，迎奥运、颂奥运无疑是主旋律，而在这些短信中，除了诗歌以外，还出现了不少对联佳作，例如：

（一）

十三朝古都快马加鞭追东京赶纽约露世界一流都市风貌；
廿九届奥运红红火火超悉尼胜雅典圆人类所有美好梦想。

（二）

盘古开天女娲补后羿弯弓太阳走夸父追日马拉松；
项羽力大高山拔北京奥运全国欢共襄盛会牛冲天。

（三）

奥运场馆水立方碧波荡漾闪吉祥世界人民乐陶陶；
体育健儿聚鸟巢百鸟和鸣呈美妙中华儿女喜洋洋。

……

2. 四季祝福

新年四季歌

一年一春，春春你顺心，
一年一夏，夏夏你发达，
一年一秋，秋秋你丰收，
一年一冬，冬冬你成功。
祝您四季快乐！

【链接】四季歌有很多，像二十世纪三十年代金嗓子周璇的一首成名作便是《四季歌》，通过逐季的描写，浓缩人生的全貌。本则短信通过逐季的祝贺,表达对友人、亲人全方位的心愿。短信尤其是通过“春春”“夏夏”“秋秋”“冬冬”的叠字,强烈地表达祝福人们时时顺心、日日发达、月月丰收、年年成功,即一辈子心想事成、一辈子幸福安康。短信每句自身前后押韵,较为顺畅。

一年四季,各季都有自身的特点,仁者见仁,智者见智。有的人描写四季的特点是:“春的萌动,夏的奋发,秋的成熟,冬的蛰伏。”更多的人从风、花、雪、月的角度来谈四季,宋代佛眼禅师就有诗曰:“春有百花秋有月,夏有凉风冬有雪。若无闲事挂心头,便是人间好时节。”今人也有诗曰:“灿烂如春日百花,热情如夏日烈阳,喜悦如金秋硕果,纯洁似寒冬白雪。”英雄所见略同。有一则拜年短信在立意和措词上与该诗非常接近,短信写道:

在新的一年里,
愿你像春色一样迷人,
愿你像夏露一样清凉,
愿你像秋风一样潇洒,
愿你像冬雪一样皎洁。
愿你四季舒畅,幸福安康,
祝你节日快乐。

据说法国人一年的生活和工作的安排,就有非常鲜明的季节色彩,他们的“四季歌”是:“春天工作,夏天度假,秋天罢工,冬天过圣诞。”的确是蛮浪漫的。据说我国在“十年动乱”时期,有一位管农业的高层人物向上诉苦便是写了一首“四季歌”,其内容很简单,只有二十个字:“春天是红人,夏天是忙人,秋天是穷人,冬天是罪人。”非常含蓄地抒写了他的窘境。这首“四季歌”蛮起作用,反映到上面以后,引起了重视,很快就改变他的工作和生活现状。这也许是个笑话。我们还是回到短信的祝福中去,一年四季都顺心、发达、丰收、成功。

愚人节之乐

有句话不知当讲不当讲，因为它牵涉到难言的隐私；有件事不知该不该联系，但是你太重要了。我经过激烈的思想斗争，终于鼓足勇气对你说：你的节日愚人节快乐。

【链接】愚人节（四月一日）本是外国人的节日，现在已引进到中国来了。短信产生以后，以短信搞笑成为愚人节的一个主要活动。有的短信号称“整蛊”短信，有点恶作剧式的，或写人为猪等，均不可取。本则短信尚属文明之类，搞笑也比较委婉，只是说愚人节是你的节日，间接地说你是愚人而已。委婉的还有：

曾有一份真挚的爱，我没有珍惜，失去后才后悔不及。若能再来，我会说：我爱你。若要选择表态的时间，我希望是愚人节。

人们说：愚人节说的话可以不作数，可以视为一种玩笑而已。据说人们都不敢选择愚人节订婚和结婚。短信中的主人公要选择愚人节表白“我爱你”，靠谱不靠谱呢？值得怀疑，当然只是一种搞笑而已。有一则愚人节搞笑极猛的短信写道：

恭喜你中大奖了，请于今天晚上十时整，蒙着面，带着马刀、鸟枪、土炮，到中国银行去领取。愚人节快乐。

这哪里是恭喜，这是叫人去犯罪。当然是开玩笑，且想搞一点小幽默。愚人节搞笑短信中，以“通告”告知的形式出现的不少，例如：

通知：明天上午有领导视察工作，请各位同事按要求统一着装。男士：西装、领带、短裤、拖鞋；女士：泳装、领带、西裤、皮鞋。愚人节快乐。

在“通告”式的短信中，以移动公司名义拟写的不少。例如：

（一）

移动公司最新科研成果：将客户名字＋已故亲人名字，发送到12345，便可收到已故亲人来自天堂的祝福。愚人节快乐！

（二）

移动公司研究成果：将手机用粽叶包好，放在水里浸一小时，再煮一个小时，手机便可增强十倍的电量，而且打电话时还有粽子的香味，愚人节快乐。

（三）

接移动公司通知，将手机砸扁，可以以旧换新换两部新手机，还有一千元话费。愚人节快乐！

这三则短信全是名副其实的愚人短信，尽教人做蠢事，当然谁也不会照着去做。在愚人节的短信中，还有一些将愚字谐音“愉”“雨”“余”“娱”等字，有如：

大智若愚，愚是一种态度，更是一种情怀；愚是一种消遣，更是一种自在。祝你天天愚愚快快，总是愚过天晴，永远愚味无穷。

此则短信中以愚字谐音、代替了“愉”“雨”“余”三字，而有则短信则以愚代“娱”狠狠地调侃了娱乐圈一把，短信写道：

“愚”乐圈潜规则：人不愚我，我要愚人，让部分人先愚起来，先愚带动后愚，大家愚才是真的愚，与其自愚自乐，不如授人以“愚”，你愚我乐！愚人节快乐！

社会上早有舆论，痛批当今娱乐已成为了一种愚乐，不期愚人节有人借“愚”字写成一篇檄文式的搞笑短信。

清明（剧本片断）

（清明时节，雨纷纷，路上。

行人（欲断魂）：“借问酒家何处有？”

牧童（遥指）：“杏花村。”

……

【链接】短信匠心独运，别出心裁地将唐代杜牧的七言诗《清明》改成了一个剧本的片段，十分有趣，十分诙谐。杜牧的该诗家喻户晓，原来的断句、标点、排列是：“清明时节雨纷纷，路上行人欲断魂。

借问酒家何处有，牧童遥指杏花村。”难能可贵的是，短信一字未加，一字未减，更是一字未改，而仅是增加了几个标点符号，将原诗重新断句，重新排列组合，就将一首七言诗改造成了一个像模像样的微型剧本，真是不可多得。熟悉戏剧的人都知道，作为一个剧本，具有很多要素，首先要有人物，要通过人物的对话、行动以及心理活动来揭示人物性格和展开戏剧冲突。同时，剧本还要对事件发生的时间、地点、情境予以提示，以便为灯光、舞台美术、舞台装置乃至化妆、服装、道具等工作人员提供要求和依据，这一切，短信都完美地体现了。短信突出了人物“行人”和“牧童”，并从一般叙述中提炼出来他们的对话。尤其是牧童，原来他是只有动作没有语言的，而短信却十分巧妙地将“遥指杏花村”这一动宾结构中的宾语“杏花村”“断章取义”地作为了牧童回答行人“借问酒家何处有”的话语，真是踏破铁鞋无觅处，得来全不费功夫。短信从七言诗中提炼了剧本的其它多种要素：时间为“清明时节”，地点为“路上”，情境为“雨纷纷”，动作为“遥指”，心理提示为“欲断魂”，真是麻雀虽小，肝胆俱全，一首二十八字的七言诗却提炼出如此齐全的戏剧要素，真是煞费苦心。另外，短信增加了一些标点符号，重新断句也是功不可没的。譬如：“路上行人欲断魂”本是个完整的句子，然而短信用一个句号将它断开，且留在舞台提示中以表明地点，而剩下的“行人欲断魂”却和下句“借问酒家何处有”连接得天衣无缝，真叫人叹为观止。无独有偶，竟有人也将杜牧的这首诗剥改成了“情人节”的“剧本”：

(情人节时，雨纷纷，路上。

光棍(欲断魂)：“借问美眉何处有?”

行人(遥指)：“杏花村。”

这个剧本显然比短信之作大为逊色，它对原诗作了较大的剥改，只是在情人节对欲断魂的光棍作了一个善意的调侃，令人莞尔一笑而已。这个剧本最末一句原为“行人(遥指)：夜总会。”意指“夜总会”里美女多。但是尽量少改更利于保留原来的本色，而且权当夜总会的店名即为“杏花村”，也是可能之事。有一则短信也是将古代名诗在断句上做文章：

2010年度最佳小说：床，(钱)，明月，光；衣撕地上，爽！

此则短信见短信王子主编的《新短信2010》，显然，此则短信是将李白的名诗“床前明月光，疑是地上霜”剥改后再另行断句而成的。短信虽然是一种戏谑，但对于月光族的无聊、空虚、变态，通过“光”字的双关，通过撕衣的动作，非常简练地予以了表现，且形象鲜明，跃然纸上。当然也有人对如此剥改古人经典名句的做法持不敢苟同的态度。

送礼就送五个“一”

劳动节到不送礼，
送礼就送五个“一”：
一杯清酒解解愁，
一曲清歌消消困，
一壶清茶暖暖胃，
一缕清风洗洗肺，
一段清言叙叙情，
节日快乐舒舒心。

【链接】本则短信首先从标题上是仿广告词“今年过年不送礼，送礼就送脑白金”而拟写的，可以沾一点广告的人气和氛围。短信正文内容则以五个“一”作为一个套子，装上同一范畴里的五个分支的内容。短信在“礼物”的大范畴里装了五个小分支的礼物，分别是“一杯清酒”“一曲清歌”“一壶清茶”“一缕清风”“一段清言”。短信中修饰中心词“酒”“歌”“茶”“风”“言”前面的量词各异，分别为“杯”“曲”“壶”“缕”“段”，搭配得妥帖，而中心词前面的带定语性质的修饰词则同为一个形容词“清”，可以看出所追求的是一种淡然的朴素的情调。而每个句子作为谓语的动词“解”“消”“暖（形容词作动词用）”“洗”“叙”“舒”都作了重复而叠用，给人一种愉悦、温馨的感觉，几句简单的话语，在语法修辞上还是有一番用心的。

仅劳动节的祝福短信中，以“五个一”作为套子的很多。例如有一则短信套的内容是：

发一条短信，让你感受到我的思念和问候；
求一寸幸运，让你每一天都有新的收获；
织一尺快乐，让你永远与烦恼无缘；
聚一丈财富，让你一生生活无忧；
送一生祝福，让你一辈子健康、平安、幸福。

此则短信中，所用的量词，除“条”“生”习以为常外，用“寸”“尺”“丈”，有点别出心裁，标新立异。有的“五个一”却是这样写的：“生活中一帆风顺，爱情上心有灵犀一点通，事业上一鸣惊人，生意上一本万利，一不小心中了大奖。”写得比较随意，尤其是末句，显得有点调皮，有点插科打诨。很多短信写“五个一”写得比较简洁，例如：

五一劳动节到了，衷心祝福你有“五个一”：有一个健康的身体，有一份称心的工作，有一个深爱你的人，有一帮可信赖的朋友，有一颗感恩的心。

短信说得很质朴、很现实，在当前的社会里，这“五个一”，应该是能够生存于社会的基本保证。有的短信写得更加简短，短信写道：“五一劳动节，送你五件小礼物：一份惦记、一份问候、一份温馨、一份祝福、一份关心。”言简意赅，即使用洗衣机也甩不出一点水分，就是求一个表述得情真意切。

“六一”抒怀

情人节不属于我，我是单身；
妇女节不属于我，我是男人；
愚人节不属于我，我为人诚恳；
劳动节不属于我，我很懒。

哈哈！儿童节我不能错过了，
我有一颗童心！

【链接】"六一"本是儿童的节日，很难寻觅到儿童自己创作的节日短信，多是成年人的附庸之作，本则短信也不例外。但本则短信写得比较幽默风趣，说的都是一些俏皮话，而且巧妙地用撇语的手法，通过对各个节日的排除和陪衬，烘托出自己过儿童节的必要，结尾一句"我有一颗童心"似乎想表现出一点天真，但总有一点难以掩饰的做作，让人难免感到差强人心。但是，作为一个成人，满腔热情地参与到儿童的节日里来，精神是可嘉的。有的短信倾注了对童年的赞美：

童年是一首没有忧伤的歌曲，唱出你我纯真的记忆；
童年是一片没有乌云的蓝天，映出你我干净的笑容。
六一儿童节到了，愿您笑容纯真依旧，节日快乐！

大多数儿童节的成人短信，都强调旨在找回童年的回忆，找回童趣，例如：

保留几分纯真的童心，让生活更有趣味；
保留几个美丽的童话，让日子更有期盼；
童年有限，童真无价。国际六一儿童节到了，
愿你回归童趣，快乐无边！

又如：

哼一段童谣，把童年叫醒；
看一个童话，把童趣叫醒；
发几条儿童节短信，把童心叫醒。
儿童节将到，愿你脸上挂满孩子般的纯真笑容，
生活像孩子般无忧无虑。

有的短信则选择儿童、青年、中年、老年四个年龄段的人过儿童节的不同，进行对比：

儿童过六一，欢欢喜喜有朝气；
青年过六一，只把儿时来回忆，
中年过六一，放松身心忘压力；

老年过六一，带着孩子笑眯眯。

在儿童节短信中，难能可贵有一些具体反映儿童生活情景的，例如：

想当年，你聪明可比海尔兄弟，梦幻可比机器猫，勇敢可比奥特曼，幼稚可比蜡笔小新。虽然现在年纪大了，可你还是那么有魅力。六一了，祝你节日快乐！

又如：

洋娃娃笑眯眯，小狗熊憨乎乎，黑猫警长来站岗，葫芦金刚来报到，吹起心爱的小螺号，我们一起跳舞，我们一起唱着英文字母歌，儿童的世界多热闹，儿童的生活多快活。儿童节快乐！

以上两则短信通过了一连串的生活细节，放映出一幅幅生动的生活画面，反映了儿童具有时代特点的孩提生活，有血有肉，有声有色，这样的描写，才更能勾起人们对儿时的回忆，找回到有滋有味的童趣。

吃粽子的时候

吃粽子的时候不想到屈原，那叫没有爱国心；
想到屈原的时候不想到你，那叫没有爱情。
我想到了屈原更想到了你，
我最爱国，我更懂爱情。

【链接】过中秋的时候，人们都会想到嫦娥和吴刚和捣药小兔，还有月中的桂花树，但是过端午节的时候，人们集中想到的是爱国的楚人屈原。当然，正如短信所说，在热恋中的男女青年，更会想到心仪的对方——你。

本则短信虽然寥寥几语，但内涵极为丰富。首先，吃粽子的时候，我们首先想到的是屈原，端午节吃粽子，是不是源于屈原之事呢？尽管有人提出，50万年以前，当人类用火熟食时，为了适口，就有“包烹”方法，即用叶子先包好，待煮熟了再剥开来食用。但人民出于对爱国者的崇敬和热爱，确信粽子的产生，是因为怕水中鱼类咬噬屈原的身躯，而将米喂给鱼吃的，但是屈原没有吃到。有一天晚上有人遇着屈原现身说："你们投下的米都被龙吃掉了，以后用竹叶包好再投下来。"这些都是传说，但体现着人们对爱国者屈原的一种呵护，一种关怀。说明大家对爱国是最为推崇、最热爱的。醉翁之意不在酒，短信的宗旨既谈到爱国，更强调爱情，既强调吃粽子的时候，要想到屈原，更强调吃粽子的时候要想到自己的心中人——你。有的短信便作了更为直白的表述：

万水千山粽有情，豆馅肉包啥都行。
糯米粘着香红枣，棕叶包着你我情。
鸡蛋伴着大蒜煮，圆圆满满乐一生。
粽子飘香美味长，天长地久永连心。

这里表白得很明白，"糯米粘着香红枣，棕叶包着你我情。"粽子贵在有情，粽子不在乎什么内馅，而在乎通过粽子传递的感情。吃粽子的时候，透过其悠长的美味感受到"你"和"我""圆圆满满过一生""天长地久永连心"。此则短信中，"万水千山粽有情"句显然是剥改歌词"万水千山总是情"的，由"总"字剥改成"粽"字，显然是借用了谐音的修辞手法。

又值棕叶飘香时

五月莺歌燕舞过，又值棕叶飘香时；
片片苇叶片片意，紧紧包扎朋友谊；
包颗红枣甜蜜蜜，天天心旷又神怡；
粒粒米儿粘一起，如胶似漆不弃离。
端午节快乐。

【链接】如同中秋节离不开月饼一样，端午节必然要扎粽子、吃粽子。而本则短信是通过描写扎粽子的原料、制作过程来表述端午节的祝福。“粒粒米儿粘一起，如胶似漆不弃离”，这是本则立意的独到之处。也许一般不会留意糯米的这种不起眼的粘性，但短信特别看重这一点，要建立和谐社会，人之间就要有亲和力，要有凝聚力，才能同甘共苦，齐享幸福。

说起糯米的粘性，不说不知道，一说可能会惊一跳。据说明清时期，有很多地方筑城墙，便是以糯米饭或糯米汁为粘合材料，有的是和桐油、石灰浆配合，有的掺松子、栗子等坚果，有的则与明矾结合，不一而足。据说，南京、桐乡、厦门等地的古城墙的城砖上存有遗迹。又传徽州的古建筑群里，很多外墙便是以糯米浆等物粘合麻石或者鹅卵石、青砖等物砌成。端午节的短信言及粽子的很多，又如；

颗颗平安豆，粒粒健康米，
点点祝福情，滴滴如意水，
放进幸福锅，点燃热心火，
煮锅又香又甜的粽子送给你，
祝端午节快乐。

此则短信则突出“放进幸福锅，点燃热心火”，的确说到重点，生活就要有热心、有热情、有热力，才能为别人带来幸福，也使自己生活得幸福。

有的短信写粽子主要是为了表达爱情。例如：

我是棕叶你是米，一层一层包着你。
你是牙齿我是米，香香甜甜粘着你。
粽子里有多少米，代表我有多想你。
发个短信祝福你，祝你端午乐无比。

有的写粽子的短信初看起来像黄色段子，会让你吓一跳：“脱光你的外衣，你是那样的白嫩，发着淡淡的幽香，舔一舔再咬一口，我的心已飞上九霄云外。呵，粽子，我的至爱。”这里要了点噱头，玩了点小聪明，像设谜一样，谜面似为黄色的，然后用正常的谜底挽转过来。本则短信就是这样，开始像色情描写，然后自己揭示“粽子”这一谜底，企图达到逗乐的目的和效果，叫人一笑了之。也许有人会说这是打黄色擦边球。

七夕抒怀

踏着云儿飞，抱着月亮睡，
星儿调皮露暧昧，为爱心陶醉；
走错星座位，涨满银河水，
喜鹊搭桥搞派对，为爱来相会，
你我欢乐度七夕，爱情甜又美。

【**链接**】七夕，即农历七月初七，由此，人们不由得想到喜鹊搭桥、想到牛郎织女的神话故事。这一浪漫故事流传久远，早在“古诗十九首”里就有描写：“迢迢牵牛星，皎皎河汉女……盈盈一水间，脉脉不得语。”而在古典诗词中，最脍炙人口的，莫过于宋代秦观的《鹊桥仙》：“纤云弄巧，飞星传恨，银汉迢迢暗渡。金风玉露一相逢，便胜却人间无数。柔情似水，佳期如梦，忍顾鹊桥归路。两情若是久长时，又岂在朝朝暮暮。”本则短信是今人的白话之作，但也有古诗词的意境。短信的长短句错落有致，且运用拟人等手法，凭借丰富的想象和调皮的语言，写得非常生动有趣，而且营造了一种欢乐甜蜜的氛围。写七夕的短信很多，例如：

（一）

一年一见面，等待倍熬煎。
织女绣云锦，牛郎河西盼。
鹊桥其间架，相聚分外欢。
七夕终短暂，恩爱留心间。

（二）

你我鹊桥边，相对两无言。
温情融天际，爱意永缠绵。

（三）

年年花相似，岁岁人不同。

鹊桥一聚会，爱恋留心中。

有的短信似乎写出了对牛郎织女的同情和怜悯：

七夕抬头望碧霄，喜鹊双双搭鹊桥。

家家乞巧看秋月，牛郎织女心更焦。

有的短信却别出心裁地暗自比为牛郎，把嫦娥当作自己心仪的爱妻来写，充满着浪漫。如：

七夕七夕，我的佳期；

织女织女，我的爱妻。

鹊桥鹊桥，如期相会，

天上地下，恩爱传奇。

有的短信，在七夕触景生情，字里行间流露出一种离愁哀怨：

千山万水飞难渡，何处离情诉？

天涯海角几多愁，与你牵手恨方休。

更有趣的是，有些短信用"反叛"的精神来写七夕：

（一）

七月七日鹊桥望，金风玉露也心凉。

欲求朝暮常相伴，不羡郎女羡鸳鸯。

（二）

莫羡鹊桥仙，人间花更艳。

今沐七夕雨，爱你心愈坚。

有的短信甚至怒不可遏，大声疾呼：

我们不做牛郎织女，怎能接受一年一会！我们要做我们自己，我们要朝朝夕夕，永远在一起！

有的短信甚至十分调侃地说："谁说不能过河拆桥？我就要在七夕的晚上，与心爱的人到桥头牵手后把桥拆掉，让她永远无法往回走。"短信出语不凡，更加强烈地表达了对恋人的深爱。有的短信以"息""熄"谐音"夕"写道：

七夕七息：情意不息，恩爱不息，欢乐不息，浪漫不息，甜蜜不息、美好不息、幸福不息。愿您的爱情之火永远不熄！

短信虽然简单一些，但所表达的爱情倒是深厚的。

秋的祝福

秋风鼓荡的，是丰收的喜悦，
秋雨缠绵的，是温馨的问候，
秋云欢舞的，是美好的心愿，
秋月映照的，是圆满的幸福。
中秋节快乐！

【链接】“月到中秋分外明，融融喜气怡心情。全家团圆精神爽，财运亨通万事兴。”中秋是一个收获的季节，中秋是一个团圆的节日。本则短信借助秋风、秋雨、秋云、秋月的祝福，祝福人们在中秋佳节感悟丰收的喜悦，感悟团圆的幸福。

中秋之月分外明，也分外圆，中秋的一个突出特点便是圆，团圆，圆满，所以，在中秋佳节，人们喜欢吃圆圆的月饼、圆圆的柚子和西瓜等果品，以寄托人们的美好心愿和祝福。有的中秋祝福短信，就围绕一个圆字做文章，短信写道：

以幸福为半径，用友爱作圆心，送你一个圆圆的中秋祝福。愿爱你的人更爱你，你爱的人更懂你，和和美美，圆圆融融，花好月圆，事圆人圆，幸福永远。

有的中秋短信则根据谐音，将“圆”字延伸到元、源、缘、愿、怨等有关同音字展开联想，短信写道：

天上月圆，地下人圆，家圆事圆，美梦也圆；
美元欧元，左右逢源，财源不断，勤为本源；
人缘、情缘、官缘、福缘，处处有缘，时时有源；
心愿志愿，事事如愿，真诚许愿，无悔无怨。

但是，必须强调，在圆满之中，人们应以知足常乐为心灵的平衡点，这样方能顺其自然、淡定自如，方能获得真正的幸福。

中秋节快乐

明月几时有，把饼问青天，不知饼中何馅，竟然比蜜甜。我欲飞去看你，又恐技术不够，高处不安全。只好发短信，将我思念传：中秋节快乐！

【链接】本则短信仿照了宋代著名文学家苏轼的词《水调歌头·明月几时有》的上片："明月几时有，把酒问青天。不知天上宫阙，今夕是何年。我欲乘风归去，又恐琼楼玉宇，高处不胜寒。起舞弄清影，何似在人间！"苏轼的这首词被公认为写中秋的绝唱，前无古人后无来者，词家无人超越，故今人写中秋模仿之，是很自然的事。苏词并非一般地抒写中秋，而是自然与情怀高度的契合，揭示了睿智的人生理念，所以，有人评其写法为"自是天仙化人之笔"（清程洪先著《词洁》）。显然本则短信与苏词相比，不可同日而语。但本则短信作为一种文化快餐，不可要求过高。苏轼自述该词是酒醒后的抒情，故有"把酒问青天"之句。短信将"酒"改为"饼"，并抓住"饼"字略做了点文章："不知饼中何馅，竟然比蜜甜。"从写实方面，凸显了过中秋的一种浓郁氛围。短信又将"我欲乘风归去，又恐琼楼玉宇，高处不胜寒"改为"我欲飞去看你，又恐技术不够，高处不安全"，似乎是为了表明现代气息，一个"看你"，令对方感到特别亲切。短信似乎有点拿航空航天技术调侃，有点诡异，又有点幽默。最后转为"只好发短信，将我思念传"，一个"只好"，从无奈中看出调皮和不经意的轻松。本则短信的另一个版本其中两句不同的是"高处有危险"和"传达我思念"，虽然意思差不多，但似乎在平仄上不如本则短信更贴切、吻合。还有的把"我欲飞去看你，又恐技术不够"改作"我欲乘舟观月，又恐飞船太慢"，便是表现一种游玩心态，而放弃了人物关系及情感的表现。还有的将"竟然比蜜甜"，改为"或许是蓉莲"，有一种月饼便名为"莲蓉"，这样有一个好处，问答了上句"不知饼中何馅"的设问，也把月饼写得更具体真实。正如端午节离不开粽子一样，中秋总是离不开月饼，有的短信写中秋就是专门在月饼上做文章，例如：

中秋将至，送上一个月饼。配料：五克快乐枣，一把关心米，三钱友情水。用幽默扎捆，用手机送达。保存期：年年中秋；保存方法：开心，永远保鲜。

通过写饼的原料成分、制作过程以及保存期、保存方法等，实际上是表达一种友情和亲情或爱情。还有的短信，用极为夸张和想象的手法，调侃自己所送的月饼来之不易：

好累啊……和太阳打了几天的架，想夺个月亮送给你，没想到那个家伙一点面子都不给！我一气之下把月亮捏成了月饼，不介意就收下吧！祝中秋节快乐！

收到这样的月饼，真该送到科技展览馆，让大家一起欣赏。

月饼吟

仿杜甫："细草微风岸，今年送礼多。何物能摆阔？月饼最出色！"　　仿柳宗元："无权鸟飞绝，没钱人踪灭。品饼蓑笠翁，独过中秋节！"　　仿苏轼："明月几时有，举饼问青天，不知天上宫阙，月饼多少钱？"　　仿徐志摩："悄悄的我收了，正如你悄悄的送来，我抹一抹嘴巴，来年你送何品牌？"　　仿琼瑶："我有一块月饼，不知与谁能共？多少秘密在其中，送饼之人能懂。饼外情深义重，饼内目的重重。迎来送往俱无踪，徒留一帘幽梦！"

【链接】本则短信原题为"月饼名家吟"，实际上是改名家诗词、歌词吟月饼。短信剥改了古今六位名家的诗、词乃至歌词，用以描写中秋节有关月饼的事宜，而比较突出地揭露和讽刺中秋节时，卖豪华月饼、送名贵月饼的不正之风。

杜甫有诗《旅夜抒怀》原诗共有八句，其第一句为"细草微风岸"，短信只忠实地保留了这一句，其它三句与杜诗很难找到相似之处。

但短信的用意在于批评通过“最出色”的月饼“送礼”和“摆阔”。柳宗元有诗《江雪》:“千山鸟飞绝,万径人踪灭。孤舟蓑笠翁,独钓寒江雪。”短信对此诗的剥改程度近五成。大概用意是以一个“无权”“没钱”的蓑笠翁“独过中秋节”与官商做一对比和衬托吧。苏轼的名词《水调歌头·明月几时有》是家喻户晓、耳熟能详的,全词共分上下两片,共有长短句十九句,而短信只剥改了前四句,主要突出“月饼多少钱”,也是关心月饼的昂贵价格。徐志摩有名诗《再别康桥》,全诗分七小段,共二十几句,与短诗有关的是最后四句:“悄悄的我走了,正如我悄悄的来;我挥一挥衣袖,不带走一片云彩。”短信剥改后,勾勒了一个受贿者的丑恶嘴脸,大言不惭“悄悄的我收了”,还倒打行贿者一把:“正如你悄悄的送来。”吃了“抹一抹嘴巴”,还关心“来年送何品牌”,刻画得入木三分。这里虽然说的是收月饼、吃月饼的事,但绝不止于此,而是对官商中受贿者的“无耻”“无厌”一针见血的揭露。台湾著名作家琼瑶有一首歌词《一帘幽梦》,共十六句,短信只有八句,只与其前六句和第十一、十二句有关:“我有一帘幽梦,不知与谁能共。多少秘密在其中,欲诉无人能懂!窗外更深露重,窗内闲愁难送”,“春来春去俱无踪,徒留一帘幽梦。”短信这部分着重对“送饼人”即行贿者的阴暗心理进行描摹,这些人行贿有“多少秘密在其中”,他们“目的重重”,也许会竹篮打水一场空:“迎来送往俱无踪,徒留一帘幽梦!”这种人也许得不到人们的同情,也许人们给他的两个字是“活该”!

国庆祝福

五千岁中华,炎黄同胞十三亿人,五湖四海扬眉吐气世人敬。六十载社会主义,三十年改革奋进:一个中心两个基本点,三个代表四个坚持,两个务必、八荣八耻,科学发展求稳定,九州引吭高歌度国庆。

【**链接**】国庆祝福的短信很多，本则短信的突出特点便是几乎每句运用数字，但它不是按照顺序使用，而是变化多端、错落有致地使用，配合反映了中华民族复兴的光辉历程。开头简述中华民族有五千年的悠久历史，至今有十三亿多龙的传人。本则短信应该是写在2009年建国六十年之际，突出了改革开放的突飞猛进的三十年。此句后面的"一个中心两个基本点，三个代表四个坚持，两个务必八荣八耻，科学发展求稳定"则是详细列出了在改革中几代领导人相继提出的指导方针和科学理论，指引着中华儿女建设有中国特色的社会主义，于是五湖四海的人民扬眉吐气受到世人的敬重，九州同胞引吭高歌欢度国庆。尽管短信中数字占了很大的成分，但是却表现了极为丰富的内涵和逻辑关系。

另有一则运用数字来表达国庆祝福的短信是这样写的：

不管中秋，还是十一，身体健康，摆在第一。

把十一当做六一，永远年轻，快乐无比。

把七十当做十七，童心不泯，天天笑嘻嘻。

国庆和中秋之间往往只相隔几天，所以本则短信开头便提及中秋和十一，短信也是以数字穿插和连接，但其中的数字不像上一则中所指单一，基本上都是系数，而本则短信中的数字却包括年月和年龄。另外上一则短信写的是重大事件，而本则短信写的却是"健康""年轻""童心"等个人问题，如果把上则短信比作是交响乐的话，那么此则短信便算作田园小曲吧。还有一则运用数字的短信是这样写的：

十一佳节到，送你"十个一"：一表人才，一鸣惊人，一呼百应，一举两得，一马平川，一鼓作气，一锤定音，一本万利，一帆风顺，一飞冲天。

此则短信无论是内容上还是形式上都比较简单。其中"十个一"的表达可以随意变动，没有固定的内容和排列顺序。这种写法犹如找到一个套子，可以灵活地装进有关材料。如五一、六一、七一、八一等都可以采用此法酌情增减，不少人还喜欢这种不需太多动脑筋的写法。

九九抒怀

六十年来一起走，七老八十手牵手，共渡八千里路云和月，甜酸苦辣样样有。九月九日重阳日，十指紧扣笑聚首。

【链接】重阳节现在又称老人节，首先，老人们自己要喜爱珍惜这个节日，要轻松愉快地度过自己的节日。本则短信便是从老人的角度，描绘老人回眸往事，回眸自己人生走过的路程的无比欣喜。短信运用了数字，但不是按惯例从一开始，而是以“六十”为起步。这六十还不是指“花甲”之年，而是指超过了金婚的婚龄，该是钻石婚。步入婚姻的殿堂已经六十载了，这的确是老资格了。这里“七老八十”应是地方俗语，既不是指七十，也不是指八十，而也是泛指上了年纪的老人，当然年纪不会低于七十。已经成家尚且六十年，共同经历过了八千里路云和月，已是并肩牵手生活超过了半个世纪。值此重阳佳节，他们更加珍惜幸福的晚年，十指扣得更紧，聚首更加开心了，真正进入了“执子之手，白头偕老”的佳境。

重阳节时兴登山，所以，有的短信写道：“老爸、老妈，今天是重阳节，我们去登山吧，祝您二老寿比南山；我们还可以观海，祝您二老福如东海。重阳节快乐。”这里通过登山、观光，巧妙地道出人们对老人习以为常的祝福：福如东海、寿比南山。

重阳节的内容是很丰富的，但我们往往只注重“老人节”一个方面。其实，思亲的色彩也是极为浓厚的。王维的“每逢佳节倍思亲”名句便是写于重阳节，这是众所周知的。不知你的耳边有没有“响过这样粗犷而带点苍凉”的歌声：“又是九月九，重阳夜，难聚首，思乡的人儿漂泊在外头；又是九月九，愁更愁，情更忧，回乡的打算始终在心头。”重阳节对于大多数人，尤其是现在，是一个温馨的轻松愉快的节日。但在过去，对于一些漂泊在外的人来说，却是“思乡”而不得“聚首”，“回家的打算”只能深藏在心头，所以，在重阳节，他们找不到丝毫的快乐，而是“愁更愁，情更忧”。这大概是现代青年很难理解的。

重阳节处于金秋时节，所以，它又是劳动的节日、秋收的节日，同样有歌为证，有一首陕北民歌就是这样唱的："九月里九重阳呀，哎呀收呀收秋忙，谷子呀那个糜子呀，上呀么上了场。"高亢的歌声给人描写了热烈的劳动场面、丰收的氛围。这就是发生在重阳节的生活写照。所以说，重阳节又是个劳动丰收的节日。

既然重阳节有如此丰富的内容和深邃的意义，那么如何来过好这个节日，不同的人可以各取所需，因人而异。老人们理所当然地把它当老人节享受；其它的人，尤其是年轻的人，就应该把它当做一个敬老的、思亲的，又是劳动和丰收的节日来度过。

重阳的"重"是个多音字，这里读 chóng，可有的人把它转类成重要的重，读 zhòng，于是以"九九重阳节，送你九个重"来拟写短信："以孝顺父母为重，以尊敬师长为重，以关怀老人为重，以家庭和睦为重，以夫妻恩爱为重，以待人诚恳为重，以事业有为为重，以健康为重，以乐观风趣为重"，明显是在搭重阳节的车，但是，它有一半多内容还是与老人有关，那就让它搭车吧。

今又重阳

您生命的秋天，是枫叶一般的色彩，不似春光，胜似春光。岁岁重阳，今又重阳，在此霜天季节，你却神采奕奕，格外豪爽。祝您重阳节快乐，长寿健康！

【链接】本则短信不按顺序地引用了毛泽东的词《采桑子·重阳》，毛词原文是："人生易老天难老，岁岁重阳，今又重阳，战地黄花分外香。一年一度秋风劲，不似春光，胜似春光，寥廓江天万里霜。"短信借用毛词中的部分词句画龙点睛地赞颂青春不老的人们的精神风貌。

提到抒写重阳的诗词，人们必然会想到唐代诗人王维的《九月九日忆山东兄弟》："独在异乡为异客，每逢佳节倍思亲。遥知兄弟登高处，遍插茱萸少一人。"其中"每逢佳节倍思亲"一句虽然极为简朴，但却成为人们表达思亲情怀使用率最高的佳句。据传,王维写此诗时才十七岁,却能写出人间的沧桑及历练,是令人称赞不已的。

其实,重阳节渐渐变成了敬老的节日。到了此时,人们纷纷怀念老人,或安排些使老人愉快的活动。重阳节,对老人来说,也是一次心理考验的日子。老人们不应因此悲秋伤老,不要感到日暮无望。虽然是寥廓江天万里霜,但要有不似春光、胜似春光的心态,依然是神采奕奕,格外豪爽。

唐代诗人刘禹锡诗曰:“莫道桑榆晚,微霞尚满天。”(《酬乐天咏老见示》)清代顾炎武诗曰:“苍龙日暮还行雨,老树春深更著花。”(见《又酬傅处士次韵》)老人们应有这种精神和气魄,苍龙即使在日暮之时,还有“行雨”的作为,虽然是老树一棵,还要有“春深更著花”的期盼和决心。

古人尚且有如此深广的情怀,我们今人更应该无愧于先贤。我们老一辈无产阶级革命家做到了,而且更高一筹。开国元勋叶剑英元帅在他的《八十抒怀》中就写道:“老夫喜作黄昏颂,满目青山夕照明。”不仅不悲秋,不仅不叹老,还要欣喜晚年能够继续发光,继续照耀着革命的征程。

本则短信使用第二人称写法,首句便是“您生命的秋天”,首句突出一个“您”字,末句也离不开“您”字,在“祝您重阳节快乐”中终篇。短信好像与人面对面地进行交流,进行赞美,进行祝福,显得格外亲切真挚,格外感人。短信写重阳,着眼一个“秋”字,另有一则短信写秋显得更加突出,短信写道:

> 九九重阳望秋空,金菊红叶染秋风。秋思秋情缘秋起,举杯邀月秋正浓。登高处,笑长空,抬望眼,好前程。茱萸一支寄深情,人共佳节醉秋风。

此则短信前四句每句都有秋字,尤其是第三句竟有三个秋字,并不让人感到重复累赘,而且最末一句还不忘一秋字呼应,更渲染出重阳秋意浓浓。短信还暗用了王维的“遍插茱萸少一人”典故,更丰富了重阳的内涵,更抹浓了重阳的诗意。本则短信是七字句,而有则短信则是用仿词牌的长短句写成:

> 菊花台,香满怀,思念排成排;雁南归,茱萸飞,友情堆成堆;

重阳节，遥望月，祝福令人悦；好运不绝，成功不缺，幸福快乐永不歇。

此则短信虽未出现“秋”字，但从“月”可以联想，尤其是“雁南归”，更显秋意浓浓。短信也暗用了“茱萸”的典故，而且由“菊花”很容易使人联想到孟浩然的诗句：“待到重阳日，还来就菊花。”此则短信内涵非常丰富，意味隽永。

光棍节(水调歌头)

女友几时有，把酒问青天。不知告别单身，要等多少年？我欲出家而去，又恐思念美女，空门不胜寒。起舞影为伴，寂寞在人间，追女孩，妄相思，夜难眠。不应有恨，何时才能把梦圆。男有高矮胖瘦，女有黑白美丑，此事古难全。但愿人长久，光棍娶婵娟。

【链接】本则短信很显然是模仿苏轼的《水调歌头·明月几时有》而作的，保留了苏词的许多字句及“言前”韵。短信开门见山，直抒胸臆：“女友几时有”，就坦率地亮出自己的“光棍”身份。光棍很想改变自己的状态，“把酒问青天”——“不知告别单身，要等多少年？”可能有点失望，“我欲出家而去”，但又尘根未断，难免患得患失——“又恐思念美女，空门不胜寒”。只好安于现状——“起舞影为伴，寂寞在人间。”短信的上半部分，惟妙惟肖地刻画了“光棍”的复杂心理活动，描写了光棍的急躁和无奈，光棍的“形象”已跃然纸上。短信的下半部分继续以心理描写为主，“光棍”按捺不住了，“追女孩，妄相思，夜难眠。”但他还是能冷静劝慰自己“不应有恨”“何时才能把梦圆”，只有耐心等待。光棍对形势也有客观的分析——“男有高矮胖瘦，女有黑白美丑，此事古难全。”还是听天由命吧：“但愿人长久，光棍娶婵娟。”短信似乎有一种对“光棍”的一种由衷的理解和同情，但更多的是表现出一种幽默风趣和调侃。

短信原作的最末一句是“光棍不再有”。很奇怪，短信一直是踏实地保留了苏词原有的“言前”韵，不知怎地，却一不小心，滑到了“由求”韵的“有”字作结了，真是不可思议，大概是受前一句末字“久”的影响吧，于是稀里糊涂地跟着用了“有”字作结。倒另有一则也是仿苏词的《水调歌头·光棍》的短信，其前半部分用的是“由求”韵，后半部分又回到了“言前”韵，短信这样写道：

> 女友几时有，把酒问Q友，不知Q里姑娘，是否有男友？我欲离Q而去，又恐难再进Q，被拒在门口。起舞无佳伴，寂寞泪双流。追女孩，妄相思，夜难眠。不应有醉，何时才能把梦圆？男有高矮胖瘦，女有黑白美丑。但愿人长久，光棍不孤单。

两则短信的后半部分基本上相同。但是后一则的短信将“不应有恨”改作“不应有醉”，虽然是一字之改，但却另有新意，似乎有一种“虽然是光棍，但绝不能自暴自弃”的劝勉，精神可嘉。

其实，有的光棍是缺乏理性思考、过于自傲或患得患失造成的，有的光棍，“多少年来一个人闯，从来觉得自己挺酷，如今一看，寂寞无助。”“没想到老大不小，没人光顾。”他们曾经“遇到的女人其实不少”，可是，在他的眼里“大多都是歪瓜劣枣”，“偶尔有朵鲜花，还插在牛粪上”。这样的人不打光棍谁打光棍，所以最后自然会落得个“我的心为谁等候，为谁等候，想要停泊已没有港口”“破碎的心怎堪回首”“只有梦还留在前头”。

光棍应该有良好的心态，首先要有平和、淡定的心态。有的短信写得好：

> 夏天也好，冬天也好，会关心自己就好；
>
> 光棍节也好，情人节也好，节日过得愉快就好。

还有的短信写道：

> 大葱：我是清白的光棍。竹签：我是宁折不弯的光棍。面条：我是遇水就软的光棍。油条：我是备受煎熬的光棍。11路：我是最受欢迎的光棍。

此则短信用拟人的手法，通过大葱等各有自身个性的表白，表现了光棍的良好心态，表现了光棍的豁达和幽默。

圣诞祝福

送你一棵圣诞树，遮风挡雨多幸福；
送你一把圣诞锤，烦恼苦闷全敲碎；
送你一双圣诞袜，财运狂来发、发、发；
送你一顶圣诞帽，天天开心乐陶陶；
送你一套圣诞衣，平安健康伴随你；
送你一条圣诞短信，友谊、爱情、事业都顺心！

【链接】中国人，尤其是中国的年轻人，越来越习惯和喜欢过圣诞节了。圣诞节到了，各大商场、娱乐场所前都要扎摆高大的圣诞树，还有人扮成圣诞老人，一般的人员也都纷纷戴上圣诞帽、穿上圣诞衣，其欢乐的气氛已不亚于春节的气氛。本则短信通过六个排比句，通过给人送树、送锤、送袜、送帽、送衣、送短信等来表示圣诞节的祝福，祝福人们消除烦恼、天天开心、财源广进、平安健康、友谊爱情事业都万事如意、幸福美满。短信每句各自押韵。

有的短信，将“圣”字谐音，替代“胜”“顺”等字，营造浓浓的圣诞气氛。短信写道：

圣诞节到了：
愿您财富多多，“圣”过李嘉诚；
愿你健康长寿多多，“圣”过张果老；
愿你机智幽默多多，“圣”过纪晓岚；
愿你快乐逍遥多多，“圣”过活济公；
愿你一帆风“圣”，“圣”利在望，圣诞快乐！

无独有偶，有的短信，以圣诞的“诞”与“蛋”字谐音，抓住“蛋”字大做文章；“考试零分叫鸡蛋，做坏事叫坏蛋，脑袋空空叫傻蛋，被炒鱿鱼叫滚蛋，骂人叫混蛋，呜呼哀哉叫完蛋，吃不完的叫剩蛋——圣诞快乐！”其实，前面的内容与圣诞并非有联系，只是最后“剩蛋”与“圣诞”

谐音，带上一条光明的尾巴——圣诞快乐，给大家逗逗乐而已。还是听听正经的吧：

我擦亮阿拉丁的神灯，灯神说："我会满足你一个愿望。"于是我说：就请祝福正在看短信的人圣诞快乐吧！

看来，短信中的"我"是个很有爱心的人，他一点也不自私，他的愿望是祝福别人快乐，祝福大家快乐，他也应该从中得到应有的快乐。

3. 新年寄语

辞旧迎新

一年的辛苦，今天结束；
一年的忙碌，变成幸福；
一年的奔波，今天止步；
一年的期盼，化作满足。

【链接】本则短信似乎有点像年终小结似的，从内容看来，不像是官商那样过得潇洒轻松，似乎是工薪阶层、农民工等阶层人员的感受，对于过去的一年，留下的记忆，是辛苦、忙碌、奔波，似乎有句潜台词是"过得并不容易"。尽管如此，他们的心态是平和的，总算在年终有"止步""结束"的暂时休整，他们还捕捉到了幸福的感觉，并且知足常乐，把一年的期盼，化作了满足，这是难能可贵的。

有不少辞旧迎新的短信也带有一点小结的意味，但比前则短信要轻松一点，淡定一点，短信写道：

人依旧，物依旧，又是一年，
忙也好，累也罢，本来平凡，
情也真，意也切，常留心间，
今日好，明更好，幸福永远。

还有一则短信与此类似：

真正的生命，春不艳，秋不凋；
真正的情义，贵不重，贫不轻；
真正的快乐，节日不浓，平时不淡；
真正的祝福，意也真，情也深。

两则短信在总结过去时，都蕴含着禅理机趣，能够辩证地从容地看待每一个事物的两个不同的侧面。有一则直言“岁末最后一天的寄语”的短信写得更加透彻：

工作不要太累，生活要慢慢体会；
健康真的宝贵，无病时要倍加珍惜；
是非恩怨有错有对，只有真情价高无比；
成功虽然很美，失败并非负罪；
知足常乐，永远年轻帅气。

本则短信与第一则短信有一个共同点，便是最后都以“知足常乐”作结，这是很珍贵的，对于过去的一年的小结，说一千，道一万，最好的小结便应该是“知足常乐”。只有“知足常乐”，才能忘怀过去的“奔波”“忙碌”和“辛苦”，才能有好的心情辞旧迎新。在蛇年的辞旧迎新短信中，有一则写得比较新潮：

2012 年就要过去了，我做了个很艰难的决定，从凤姐身上揪下一缕自信，从小月月身上寻出一点智慧，从 3Q 大战中抢得一丝宽厚，从章鱼哥哥预言中偷来一份幸运，从犀利哥眼中找到一片超然，组合成对你的宇宙超强无敌的祝福，愿你在新的一年收获快乐，享受幸福。

短信搜寻了一些 2012 年的新闻人物和事件，组成了对往事回忆和总结，主要从调侃的角度提炼出用以新年祝福的喜剧因素，增加了短信的趣味性和新年的热闹氛围。

抢个第一

我预定了第一缕阳光送给你，祝你快乐开心；
我预定了第一阵晨风送给你，祝你一帆风顺；
我预定了第一声鸟鸣送给你，祝你一鸣惊人；
我预定了第一个彩铃送给你，祝你心想事成；
我预定了第一条短信送给你，祝你前程似锦。

【链接】也许大家都有这样的体验，每当除夕午夜钟声即将敲响之时，您会忙着抢先给您不在身边的最亲密的人抢先送去第一个问候，第一声祝福。或者就在此时，有谁给您打来第一个问候的电话，或发来第一条祝福的短信，这个人一定会是你在一年中最值得记忆的人。所以，尽管此时鞭炮喧天，但是你的心境却是恬静的、快乐的、幸福的。所以，在除夕夜，"抢个第一"是人们亲情、友情和爱情的一种最好的互动。短信每一句都重复地使用了"我预定了第一""送给你""祝你"，短信用复迭的手法，用五个"我预定了第一 A 送给你，祝你 B"的排比句，更加强烈地抒发了彼此之间的深厚无比的友情、亲情、恋情。还有的短信用一小段散文表达了同样的心情：

到明天，铺天盖地的祝福会塞满你的手机，所以我决定提前行动：率先祝老朋友新年快乐，万事如意。哎，这年头弄到个第一真不容易！

在前一则短信中，预定的是"第一缕阳光""第一阵晨风""第一声鸟鸣""第一个彩铃""第一条短信"来作为祝福的礼物，而有的短信则选择了"钟声""歌声""雪花"及"快乐"来作为自己的信使。短信写道：

钟声是我的问候，
歌声是我的祝福，
雪花是我的贺卡，
快乐是我的礼物……
愿快乐飞进你的梦乡，

愿好运落到你的身旁，
愿如意流淌在你的心房，
愿我的祝愿带给你永远的吉祥！

还有的短信仿《论语·学而》特别盛誉“短信拜年”为君子之交：

短信拜年，不亦乐乎？不送红包，不亦君子乎？情谊时习之，问候常达之，不亦挚友乎？手机一响，送来祝福，不亦吉祥乎？

这条短信写得非常风趣、幽默。

早拜年

春节到，拜年早：一拜全家好，二拜夫妻笑，三拜儿女孝，四拜不变老，五拜疾病少，六拜忧愁消，七拜收入高，八拜平安罩，九拜乐逍遥，十拜幸福绕。

【链接】本则短信先用两个三字句，然后用十个五字句，表达对新年的祝福，十个五字句中用数字一至十领衔，除去“拜”字和序数，实际上也是三字句在表达内容的实质。句子短小工整，铿锵有力。此则短信另有一个版本，内容表达的顺序有所不同：

喜庆春节到，拜年拜个早：
一拜身体好，二拜收入高；
三拜困难少，四拜烦恼消；
五拜双亲健，六拜儿女孝；
七拜夫妻和，八拜幸福绕；
九拜平安罩，十拜乐逍遥。

两则短信，大部分词语相同，有个别的不同。此则先谈身体和经济，然后再谈到家庭成员，再谈到精神感觉，而上一则短信则是先对全家、夫妻、儿子等方方面面照应以后，再谈身体、收入、精神感觉。在表达方面，似乎其侧重点有些不同，各见其仁智。有的短信并不出现“一拜”至“十拜”，但表达内容也差不多：

新年到，鸿运照，
烦恼事儿一边抛。
出门遇贵人，在家听喜报。
年年有此时，岁岁有今朝。
幸福又健康，全家乐逍遥。

此则短信，则不如用了数字的更加醒目，更加便于记忆。过去，在运用数字时，往往注意用有关的成语等俗语，例如：

春节到，祝您一帆风顺，二龙腾飞，三羊开泰，四季平安，五福临门，六六大顺，七星高照，八方来财，九九同心，十全十美，万事如意！

其中出现的都是四字句，更显得短小精悍，更能唤起人们对传统祝福的回忆。虽然不全是成语，但都是大家耳熟能详的习惯用语，却有点传统节日的凝重气氛。

新的一年

祝你在新的一年里：好运接二连三，心情四季如春，生活五颜六色、七彩缤纷，偶尔八（发）点小财，烦恼抛到九霄云外，请接受我十心十意的祝福，新年快乐。

【链接】用数字撰写拜年短信的不少，但多是中规中矩，一是一，二是二，从一至十或更多，一个不落，一个不少。而本则短信用数却不那么“规矩”，有点“调皮”。“好运接二连三”就把“二”与“三”两个数说了，尤其是“生活五颜六色、七彩缤纷”，竟然把“五”“六”“七”三个数像机枪扫射一样，扫去了一排数字。一个“八”又利用谐音代替了“发”字，而“十心十意”也用同样的手法，谐音表达了“实心实意”。短信一开始还搞“忽悠”，在一句“祝你在新的一年”的很不起眼的开场白中，竟然就在人们的不经意间启用了数字“一”的指标，真是太“抠门”了。从整体看来，本则短信在运用数字时，是灵活多变、自由不拘的。有一则短信与此风格相近：

新春送礼，一份心意两样好，三星高照四聚宝，五福临门六大顺，七星高悬八方照，九种烦恼十样跑，万事亨通千祥到。

此则短信的一个明显特点则是“一”与“两”、“三”与“四”、“五”与“六”、“七”与“八”、“九”与“十”，每两个相邻的数字以及“万”与“千”各组成一组来表述。变化中又有规律，也算一点小特色吧。

拜年短信中，运用数字多半都是按照由少到多的顺序排列的，但也有一些是倒序排列的，反其道，由多至少，即从十至一来表达，例如：

春节送礼，十全十美；
久(九)久高升，八面走运；
七仙送宝，六六顺好；
五福临门，四季太平；
三星高照，二龙腾跃；
一路顺风，大显神通。

此则短信中，其中一个“久”字谐音数字“九”，整则短信共十二句，每两句押一韵，成一小单元，读起来，也还顺畅。

新年礼物

聚喜马拉雅之阳光，
拢内蒙草原之清风，
携茫茫东海之祝福，
吸比尔盖茨之财气，
作为礼物送给你，
新年快乐！

【链接】新年送礼是人之常情，如果觉得送烟酒等财物俗气，那就送贺卡、送短信、送话语、送歌声、送虚拟、送精神。本则短信中所送的礼物，很特殊，送喜马拉雅山的阳光，送内蒙草原的清风，送茫茫东海的祝福，送比尔盖茨的财气，非常大气。这大概应该视作为送虚拟、送精神吧。喜马拉雅的阳光、天涯海角的清风，这都是很虚的，茫茫东海的祝福虽然虚，但总能让人很快联想到"福如东海、寿比南山"的美好祝愿。比尔盖茨的财气也是虚的，倒不如送比尔盖茨的生财之道，倒不如送比尔盖茨的"一万小时准则"，即比尔盖茨还在学校读书时曾花了一万多个小时做计算机程序设计实践，具体地说，他在十年之内，每周用 20 小时从事这种艰苦细致、枯燥无味的工作，如果真能得到这份礼物，那一定受益匪浅。短信原作为"携冈底斯山之福"四件礼物中有两山，改之避免重复。

其实，送虚拟礼物、送精神礼物，比本则短信更玄乎的还另有高手，有则短信是这样写的：

新年大礼：

如来送福，观音送子；

孔明送智慧，西施送美丽；

李时珍送健康，赵公元帅送元宝、送钱币。

这里所送的礼物真是全面又高档，钱、财、智、美、子、康、福，应有尽有。短信做到了句句有典，事事有情。如来是佛祖，他的宗旨便是宁可自己受苦，也要造福人间；观音大慈大悲，最大的功德之一便是帮助人们顺利繁衍子孙；孔明足智多谋，空城计等故事传为美谈；李时珍是神医，《本草纲目》成为医学宝典；西施美丽无比，令多少丑妇效颦；赵公元帅是财神，谁都期盼他的光临。短信寥寥几句，都有着深厚的中国古代优秀文化的积淀。短信原作中无视西施，写的是"雅典娜送美丽"。雅典娜是一个希腊神话中的智慧女神。外国的月亮未必比中国的圆，她不一定有咱西施美丽。再说咱们不能崇洋媚外、数典忘祖，中国的神仙圣贤中用不着夹杂着一个外国人。所以用西施换下雅典娜，咱们就可以名正言顺地使之成为中国"团体冠军"，何乐而不为呢？

新年心想事成

新的一年，心的希望；
新的开始，心的动员；
新的目标，心的搏动；
新的祝福，心的意愿；
新的气象，心的快乐；
新的收获，心想事成！

【链接】本则短信虽然未讲究押韵，但字句工整，读起来依旧铿锵有力，朗朗上口。尤其是全文反复使用和突出一个新年的“新”字，然后又凭借混异的修辞手法，与之相配合默契，演绎一个与之音同而形义不同的“心”字，两个字互相一唱一和，谱写出新年祝福的美妙篇章。短信描写新年的“开始”“目标”“祝福”“气象”“收获”，缘自于“心”的“希望”“动员”“搏动”“意愿”“快乐”，以至“心想事成”。“心”与“新”之间似乎有一种潜在的因果逻辑关系，这就提示人们，在新的一年里，处处要用心，然后加之用力、用智等，就能心想事成，就能快乐、平安、健康、幸福。

新年祝福短信，自然免不了要提及和突出“新年”二字，这样的短信占了大多数。如有的短信写道：

> 零点的钟声响彻天涯，新的列车又要出发，载去一年难忘的岁月，迎来再度火红的年华。

与第一则短信的立意和切入点相似，也是点明新的一年，新的起点，新的动力，新的期盼。

新年快乐(藏头诗)

新春吉祥百花艳，
年年惬意鸟雀欢。
快活幸福身康健，
乐庆丰年似蜜甜。

【链接】本则短信虽然字数不多，但却用了点心思，首先，短信用了嵌字的方法，将“新年快乐”四个字分别镶嵌在每句的句首，所以短信每句第一字竖着读，便是“新年快乐”的祝福语。它是一种简单的藏头诗。另外，短信用词方面，选择了“桃李”“鸟雀”“蜜”这些有色、有声、有味的物象，与短信之中要表达的“吉祥”“惬意”“幸福”“康健”“丰年”等意配合得很融洽，再加上“艳”“欢”“健”“甜”的美好感受，形成热烈的节日欢庆氛围。整个一则短信浑然一体，形成一种和谐、清丽的祝福。短信虽然没有完全按绝句要求来用平仄字，但末句注意了押韵。

在新年祝福的短信中，用嵌字的方法，将“新年快乐”四字嵌在短信中，而且是嵌在句首的藏头诗，绝无仅有，而且有不少。例如：“新歌一曲送祝福，年年有余丰五谷，快马加鞭奔小康，乐乐呵呵享寿禄。”前一则短信押的是“言前”韵，而这则短信却押的是“姑苏”韵，此则短信则是通过“新歌”“五谷”“快马”“寿禄”等来描写祝福。按十三辙分类，押“江洋”韵的“新年快乐”嵌字短信也有：“新酿春蜜甜味长，年夜杯中酒飘香。快递送福情无量，乐趣盎然诗百行。”此则短信，借用“蜜”“酒”及“快递”来传达新年的“甜”“香”“情”和乐。另外，还有一则短信按十三辙分类是押“人辰”韵的：“新春来临气象新，年轻年老皆开心，快速奔上小康路，乐见中华锦绣程。”本则短信不像前几则，写花、鸟、歌、酒等物象，而是写人，写人的心情和理想，以及对于前程的展望。

有一则短信，虽然也是句首嵌字“新年快乐”，但却是用带调侃味道的俏皮话写作的,其短信为:“新官上任三把火,年薪突飙百万多。快办公司急上市,乐不思‘输’忙建窝。”此则短信押的是“梭波”韵,但其内容,不了解事情的背景不能完全领会其意旨,这是某交通运输(高速公路)系统内的一员工写的。本系统调来了一位新领导,该人很有“魄力”,原来是公务员,正常月收入尚不盈万。他来后不久,搞了年薪制,二三年内,年薪由几十万猛加到上百万,很快地还搞了上市公司,这方面政绩还是蛮突出的,而且还把很大的精力放在房地产上,但是对于交通运输兴趣就不是很大。所以,短信巧妙地将成语“乐不思蜀”借助谐音剥改成了“乐不思输”。“输”字代指“交通运输”。也许,在了解了以上背景资料后,便能理解和欣赏此则藏头诗拜年短信。当然,“输”字容易想到“输赢”的“输”,不易想到“运输”,更不易想到高速公路,若是图书的“书”反映与“书”有关的单位和内容则不易产生歧义。

4. 戏说节庆

新年祝福

让平安坐上《开往春天的地铁》,
让快乐与你《不见不散》,
让健康和吉祥《一个都不能少》,
让温馨和幸福《没完没了》,
让我的爱和祝福伴你《一生一世》。

【链接】本则短信完全借用一些影片名,望文生义,凑合着表达节日祝福的意愿,故本则短信有点借花献佛、顺手牵羊的意味。此种做法一个明显的优点便是具有一定的趣味性,或许有人会心的莞尔一笑。如能达到这样的效果,也不枉成为节日的一种助兴活动。无独有偶，像这样借用影片名来嵌入祝福短信的还有：

愿你在牛牛的陪伴下，以《七剑下天山》之势，《千里走单骑》之勇气，成为爱情上的《情癫大圣》，创造事业上的传奇《神话》，钱途大好，一望《无极》。

此则短信中提到"牛牛"，很可能这些影片大都是牛年前不久放映的。有个成语"一望无际"，短信中为了牵就内容，只好谐音写作"一望无极"，显得差强人意。

在新年祝福短信中，除了嵌入影片名外，还有嵌入饮料名、酒名、烟名，乃至网站名、科技产品名的。例如：

愿君出行"七喜"，交友"芬达"，爱恋"鲜橙多"，炒股"红牛"，心情似"雪碧"，"百事可乐"，天天"娃哈哈"，月月"乐百氏"，年年"高乐高"。

短信中的"七喜""芬达""鲜橙多""红牛""雪碧""百事可乐""娃哈哈""乐百氏""高乐高"，都是饮料品牌名。又如：

愿你在新的一年里，致富路上"万宝路"，事业登上"红塔山"，女友赛过"阿诗玛"，财源遍布"大中华"。

其中"万宝路""红塔山""阿诗玛""中华"，都是品牌烟的烟名。还有一则短信是这样写的：

祝身体"康佳"赛"蒙牛"，美发"飘柔"多"联想"；
生活"富康""乐百氏"，事业"捷达""步步高"；
财源"强生"腾"新浪"，股票"长虹"生"紫光"。

此则短信中则混合地嵌入了饮料名、电脑网络名、彩电名以及高新科技产品名等，不一而足，目的就是一个：逗你乐。

新年祝愿

祝你快乐像人口一样越来越多，
祝您烦恼像能源一样越来越少，
祝您收入像房价一样越来越高，

祝您爱情像股票一样越套越牢，

祝您毛病像拉登一样一找到就被消灭掉。

【链接】本则短信用五个排比句，从快乐、烦恼、收入、爱情、健康五个方面来表达对于新年的祝愿。快乐和烦恼应同属心情问题，也可以算是幸福问题，所以短信实际上是谈了四大方面的问题。短信别出心裁，全用“A像B一样”的明喻。比喻的客体不是花儿、草儿、鸟儿，而是“人口”“能源”“房价”“股票”“拉登”等社会现象。短信强调的是：快乐越来越多，烦恼越来越少，收入越来越高，爱情越来越牢，身体越来越健康，即毛病一找到就被消灭掉。但是，人口并不是越多越好，能源并不是越少越好，房价不是越来越高越好，股票更不是把广大股民套牢越好。这些正是当今社会的几大突出的焦点问题，可见短信是采取反话正说的手法，显得非常幽默风趣，尤其是谈健康问题，却拿反恐严肃的重大话题说事，更令人忍俊不禁。短信原版本是“毛病像拉登一样哪儿都找不到”，的确，美国找拉登找了十年才找到，一找到就击毙，所以，短信与时俱进，改成了“毛病像拉登一样一找到就被消灭掉”。两句都很达意，都很贴切，“毛病哪儿都找不到”，与“毛病一找到就被消灭掉”，都是健康的福音，可喜可贺。短信后四句句末都押“遥条”韵，读起来朗朗上口，韵味盎然。

像本则短信一样，新年祝福都强调快乐、健康、幸福、好运，又如：

天给你温暖，
地给你丰盛，
星给你灿烂，
我给你祝福：
祝你好运像雨点一样密集，
祝你烦恼像流云一样飞去，
祝你忧郁像恐龙一样灭绝，
祝你幸福像蜂蜜一样甜美！

本则短信中也运用了许多形象、生动的比喻，“像雨点”“像流云”“像蜂蜜”都很平常，但“忧郁像恐龙一样灭绝”却出语不凡，可与“毛病像拉登一样，一找到就被消灭掉”并肩媲美。有趣的是，一个是“恐龙”，一个是“恐怖分子”，都是“恐”字当头，偶然的巧合却渗透出一点令人莞尔一笑的乐趣。

新年话生肖

新年到，送你十二生肖歌：

祝你聪明如鼠，强壮如牛；胆大如虎，可爱如兔；自信如龙，魅力如蛇；浪漫如马，温顺如羊；顽皮如猴，美丽如鸡；忠诚如狗，长得不像猪。

【链接】此则短信完全是按照十二地支的顺序来写的，即按子鼠、丑牛、寅虎、卯兔、辰龙、巳蛇、午马、未羊、申猴、酉鸡、戌狗、亥猪的顺序来写的，所以顾不上押韵。短信基本上按照人们对于十二种动物公认的特性来写的，如人们常对于牛、虎、兔、羊、马、猴等予以夸赞，特别是我们中国人常说自己是龙的传人，短信说自信如龙是蛮有内涵和趣味的。但短信对有些动物的评价不一定准确，还可以商榷。如对于鼠，言其聪明，不一定妥当，人们常说胆小如鼠，从赞美的角度来说，说谨慎如鼠还挨得到边。再说蛇，说它有魅力，也未必。人们常说打草惊蛇，而且蛇行走起来速度很快，据此，不如说敏捷如蛇，或灵活如蛇更好。鸡还算美丽，但它与孔雀等鸟类比起来，还相差甚远。鸡的主要优点是：一大早就准时起来为人们报晓，有人诉说自己“干得比牛累，吃得比猪差，睡得比狗晚，起得比鸡早”。所以，不如说勤快如鸡。至于猪，短信原文是“长得像猪”，言下之意，是说猪蠢或长得难看，这也未必，有些小猪也是很漂亮、很可爱的。再说其他十一属相，都是从褒的角度赞扬，唯独对猪予以贬损，未必公平。人们常说猪一身都是宝，是否可以说富贵如猪。再者，猪的生活比较安稳，就说是休闲如猪，有何不可。当然，作者现在的写法是故意从褒中突然一转为贬，以求得到幽默风趣的效果。当然，最好还是讲点礼貌，防止低俗。

在新年祝福中，还有些短信虽然没有这样全面地涉及整个十二生肖，但还是有选择地写到几种生肖。例如：

祝您新年里，事业正当午。
身体如虎，金钱不胜数。
干活不辛苦，悠闲像老鼠。
浪漫似龙舞，快乐像小兔。

此则短信由于押姑苏韵，主选了虎、鼠、兔三种生肖，另外在不需押韵的位置上写到了龙。还有一则新年祝福短信写道：

财源滚滚来，发得像肥猪。
身体倍儿棒，壮得像骏马。
爱情甜蜜蜜，美得像蜜蜂。
好运天天来，多得像牛毛。

本则短信又写到猪、马、牛三种生肖，另外还有一种不属生肖的蜜蜂，但它同属动物世界，还是有一种合理的游戏规则可循。

新年天气预报

今年你将经常遇到金钱雨、幸运风、爱情雾、友情露、幸福霞、健康霜、美满雷、安全雹，任何天气，都对你有利，祝您万事如意。

【链接】本则短信用天气中的各种自然现象雨、风、雾、露、霞、霜、雷、雹等全都冠以吉祥如意的修饰语，全面地祝福人们在命运、爱情、友情、健康、幸福等方面都心想事成。本来，在日常生活中，雷和雹常给人们带来灾难，但在短信中，它们却能一改自己的本性，成为“美满雷”“安全雹”，这只能是人们的良好愿望，正如短信所说：在新的一年里，任何天气，即任何事情都会对你有利。

有一则短信也是以“天气预报”的形式出现，但不是这样全方位地写，而是集中在一个“财”字上来写祝福，短信是这样写的：

> 春节天气预报：初一开始，猛刮金钱风，骤落股票雨，狠下金雹银雹，结钻石冰，飘翡翠雪，挂珍珠霜，生玛瑙露！春节快乐，小心头被砸破！

在这则短信里，却将风、雨、雹、冰、雪、霜、露等与金钱、股票、金银、钻石、翡翠、珍珠、玛瑙等联系起来，祝福人们财星高照、财运亨通、财源滚滚、财大气粗。人们常说钱不是万能的，但没有钱是万万不能的，所以，人们难免或多或少地会有点发财观念，所以，人们在祝福中，发财是个不可避免的内容。

在短信中，运用“天气预报”这个形式的，除了上面两种类型以外，还有的短信用以表现“爱情”的内容。短信写道：

> 心情预报：今夜到明早想你，预计到下午转为很想你，受此情绪影响，傍晚转为暴想，此类心情将持续到见到你为止。请你做好各种准备。

短信写的是心情预报，实际是完全仿天气预报的形式写的。此则短信更抓住天气预报中时间的进展和气候的变化，尤其是程度的变化来写爱情。此则短信相当于天气预报中的这种套路：“今晚到明天早上有小雨，预见明天下午转中雨，受台风影响，晚上转为大到暴雨……”此则短信将天气预报作为节日给对方的一种爱的表达，是饶有趣味的。

瓜果贺年（仿信天游）

一斤花生二斤枣，好运经常跟你跑；
三斤苹果四斤米，吉祥与你不分离；
五斤橘子六斤蕉，财源滚进你腰包；
七斤葡萄八斤橙，愿你心想事就成；
九斤芒果十斤瓜，愿你天天乐开花。

【链接】本则短信语言看似平淡无奇，但却十分朴实，从“一斤花生”至“十斤瓜”，都不是很稀罕的贵重物品，但却是货真价实的礼轻情义重。醉翁之意不在酒，送给你的不在于实物，而在于价值千金的良好的祝愿，祝愿你有好运、吉祥如意、财源滚滚、心想事成、天天乐开花。一、三、五、七、九列锦各种果瓜，并不是为了取其比喻象征意义，而只取句末之字的韵，勾起下句的同韵。单句似有起兴作用，使人感觉有种大西北信天游的韵味。难道你不觉得它有“清水水玻璃隔着窗户照，满口白牙对着哥哥笑”的浓淳风格吗？短信并非全部押一个韵，而只是每句的前后分句自身押韵，显得十分灵活便捷，而且每句的前半句都是谈及果瓜，与后面的分句的内容并无内在的必然联系，主要是借前半句的韵脚与后半句勾连起来，更显得前半句只是发挥起兴作用，主要表达的内容完全由后半句承担。但是如果没有前半句陪衬，便缺乏音韵的美便索然无味。

借用果瓜来写的祝福短信还有不少，例如：

> 送你一篮水果：愿你苹安富贵，橘祥如意；蕉上好运，梨想成真；杏福美满，万柿顺利；莓有烦恼，核家快乐！

本则短信主要是利用谐音方法，借“苹”“橘”“蕉”“梨”“杏”“柿”“莓”“核”八字谐音替代“平”“吉”“交”“理”“幸”“事”“没”“阖”八字，以求达到一种风趣取乐的效果。但是，“梨”字是平声，“理”字是仄声，平仄不合。另外“核”只是果的一个部分，不能算水果，且多数果都有核，它不能具体指代某一种水果，有失妥当。本则短信写的是“一篮水果”，而有则短信则写的是“一树花果”：

> 新年赠你一棵愿望树，结满吉祥花、开心果、幸运梅、富贵枣、温馨李、幸福桃、兴旺柿、美满橘、快乐葡萄。

本则短信写了各种果，它没有借助谐音，而是不管有无内在联系，拉郎配，给它们配上祝福的词语，作为修饰的定语，表示新年的祝福。在现实生活中，同一棵树上要结出这么多不同品种的果子，这是不可能的，即使是米丘林、袁隆平也是无法办到的。所以，这只是“一颗愿望树”，这是一棵用以祝福的理想之树。

百鼠贺岁

金猪辞旧去，百鼠来贺岁：
飞天鼠祝您志存高远，万里放晴；
翻江鼠祝您乘风破浪，一帆风顺；
穿山鼠祝您排除万难，前程似锦；
彻地鼠祝您丰衣足食，财源滚滚；
锦毛鼠祝您平安健康，事业有成；
米老鼠祝您全家幸福，天天开心。

【链接】猪年过去，鼠年来到。本则短信设想了各种老鼠，纷纷来给人们贺岁，根据它们各自的技能专长来向人们迎春送福。短信设想有一种飞天鼠，它具有空中优势，于是它能助人们“志存高远，万里放晴”；短信设想翻江鼠该具有水中优势，于是它能助人们“乘风破浪，一帆风顺”；短信也许是由穿山甲想到有一种穿山鼠，它具有穿山甲的本领，就能帮助人们“排除万难，前程似锦”。短信设想有一种彻地鼠，它大概擅长“深挖洞，广积粮”，所以它能帮助人们“丰衣足食，财源滚滚”；短信还设想有外表华丽的锦毛鼠，它能助人们平安健康。事业有成；米老鼠应该是动画中的形象，它尤其受到儿童们的青睐和喜爱，所以，虽然它不是真实的动物，但它能给人们带来欢乐，让人们感到幸福，让人们天天开心。真是百鼠贺岁，各显神通。

本则短信旨在表现各种各样的老鼠的不同形象，而有的短信则是从一只老鼠的穿戴来表现玉鼠给人们带来的新年新气象。这种来给人们贺年的玉鼠是“头戴吉祥如意冠，颈挂事业有成链，身披财运亨通衣，脚踏四季平安鞋”。也塑造了一个非常可爱的老鼠形象。

“鼠”本来不是人们喜欢的动物，鼠字总和贬义词联系在一起，往年鼠字总不能如龙、虎、马、牛、羊等字那么扬眉如气，有点灰溜溜的。后来，人们脑子开窍了，知道运用谐音手段，以鼠字代替同音的其它字，例如：

金鼠闹春，鼠风流人物，鼠来鼠去鼠到你，愿你在鼠年里爱情有所归鼠，事业鼠一鼠二，彩票头奖非你莫鼠，鼠钱鼠到手抽筋，健康、快乐、幸福、平安全都鼠于你，新的一年，鼠光在前。

这样，鼠年的贺岁短信也就旧貌换新颜了，绝不逊色于“龙腾虎跃”“牛气冲天”了。

当然，鼠字还完全摆脱不了自身阴暗的一面，有副反腐倡廉的对联就这样写道：“挺身勇斗官仓鼠，俯首甘为孺子牛。”人们对孺子牛是敬佩的，对于侵吞国脂民膏的官仓鼠还是深恶痛绝的。有的人谐音调侃说：“鼠年力挺审计‘鼠’（署），贪污受贿尽惩除。”

鼠年（卜算子）

风雨送春归，玉鼠迎福到，金猪辞旧匆匆去，我且乐逍遥。乐也不争春，只把春来报，待到五福临门时，我在偷着笑。

【链接】看到此则短信，人们很自然地会联想到毛泽东的词《卜算子·咏梅》“风雨送春归，飞雪迎春到。已是悬崖百丈冰，犹有花枝俏。俏也不争春，只把春来报。待到山花烂漫时，她在丛中笑。”短信不仅保留了毛泽东的词的韵字，而且保留了原词的许多词句，所以，短信谈不上是仿拟而作，只能视为是剥改了毛泽东的《卜算子·咏梅》而成。虽然是剥改，但是读之并未明显感到咏梅的痕迹，倒是塑造了一只活泼可爱的玉鼠向人们拜年的友善的形象。尤其是后面几句：“乐也不争春，只把春来报，待到五福临门时，我在偷着笑。”不仅表现了玉鼠的活泼可爱，而且勾勒出玉鼠的不争功、泰然自若的形象，其调皮而不爱表现、不事张扬的性格跃然纸上。《卜算子·鼠年》另有一个版本，其中不同的几句是：“已是短信千万条，还有我未到……她在偷着笑。”写的是人与短信，不注重塑造玉鼠形象。

2008年也是鼠年，这一年在北京举办了第二十九届奥运会，因此，很自然这一年的拜年的短信不可避免地会提到奥运会的吉祥物——福娃。有的短信这样写道：

鼠年送财送吉祥，
奥运福娃来帮忙，
贝贝送你谷满仓，
晶晶送你亲满堂，
欢欢送你事如意，
迎迎送你身安康，
妮妮送你福寿长，
新年新运谱新章。

奥运福娃共有五个，分别命名为“贝贝”“晶晶”“欢欢”“迎迎”和“妮妮”，她们都有各自的任务，在新的一年里，他们分别给人民送来了“谷满仓”“亲满堂”“事如意”“身安康”“福寿长”。她们是来给玉鼠帮忙，所以，她们实际上为玉鼠脸上贴了金，为玉鼠立了功劳，必然改善了玉鼠的形象。过去人们总说：“老鼠过街，人人喊打。”现在应该改说为：“玉鼠送福，人人赞夸。”

送你五千万

过年了，想想没什么送给你，又不打算给你太多，只想给你五千万：千万要快乐，千万要健康，千万要平安，千万要知足，千万不要忘记我。

【链接】本则短信中“千万”两个字前后两次的词性和意义截然不同，开始，“只给你五千万”中，“千万”是个数词，表示钱币的数量，后来，在“千万要快乐”等五个短句中，“千万”则不是数词了，立即摇身一变，改变了词性，转类为程度副词，立即由原来作宾语的身份，转变为作状语了。这一变，使得短信显得非常幽默有趣。

本则短信有多个版本，差异小的是最后一句“千万不要忘记我”变为“千万要记住我”，另外，后面五个“千万”排列顺序有所不同。差异比较大的版本是，五个“千万”之前另加半句，强调其原因，短信写道：

新年来了，送你五千万：
世无平坦路，千万要快乐；
身体是本钱，千万要健康；
家庭应圆满，千万要平安；
金钱非万能，千万要知足；
面对金融风暴，千万不可懈怠。

该短信最后一句变化较大，由原来的“千万不要忘记我”或“千万要记住我”言个人小我之事，转为“面对金融风暴，千万不可懈怠”，关心着世界经济风云的变幻，加大了调侃的力度，使诙谐更显得深刻。短信将原来的单句予以扩充延伸，便成为了因果复句，短信应视为省略了关联词语“因为”和“所以”：因为世无平坦路，所以千万要快乐；因为身体是本钱，所以千万要健康……这样，就更显得苦口婆心，更加娓娓动听，更加具有亲和力和感染力，更显得情谊深厚。

在坊间私人转发中，有人为了别样的调侃，甚至改用了“千万别拈花惹草，千万不要惹老婆生气”等调皮的语句。更有趣的是，还有人根据此条短信的创作思路，展开了丰富的想象，作了对应的回敬：

发友，您好。寄来的钱已收到，进行投资后，获得五个亿，为答谢您，现反馈您三个亿：常忆亲人，常忆友人，常忆恩人。

这里也用了转类的手法，不过，“千万”二字保持了字形不变，而此处，由“亿”变“忆”则只保持了音同而已，转为形义都不同的“混异”了。

另外，要提及的是：过去有一个也是用转类手法来写的段子《三千万》：某寡妇告诉友人：“我老公临死前给我留下了三千万。”女友颇羡慕：“那你的日子很好过啊！”寡妇：“好过，难过啊，你知道哪三千万吗？”女友：“哪三千万？”寡妇叹气说：“是千万要照顾好孩子，千万要孝顺公婆，千万不能改嫁。”写作手法与短信一样，但这个段子辛辣地讽刺了该男子顽固腐朽的封建思想。短信很可能是受这个段子的启发而创作的。

十、校园育人篇

1. 园丁之颂

教师颂

您不是演员，却在三尺讲台旁吸引着我们饥渴求知的目光；
您不是歌唱家，却让智慧的清泉叮咚作响，唱出了天籁之音；
您不是雕塑家，却塑造着一批批年轻人的灵魂；
您不是画家，却画出了莘莘学子的绚丽多彩的美好前程……

【链接】很显然，短信使用了先排除后厘清、先否定后肯定的撇语修辞格来表达题旨。从表面上看来，短信不是用明确的肯定的形容词来赞美老师，但实质上则是先用一个表否定判断的“不是”，紧接着用一个表转折的副词“却”与之连用，短信更加肯定地表达了老师就是演员、老师就是歌唱家、老师就是雕塑家、老师就是画家的更加强烈的夸赞。有人说教学就是艺术，教师就是艺术家。短信就是形象地把老师比喻成演员、歌唱家、雕塑家、画家等各种艺术家，赞颂了他们在教书育人中的优秀表现。他们的精彩讲课，像演员一样吸收着众多莘莘学子如饥似渴的求知目光；他们的艺术教学，如歌唱家把叮咚作响的智慧清泉，唱出迷人的旋律；他们不光是教书，更着重育人，像雕塑家，塑造着青年学生纯真的心灵；他们又像画家，为学生描绘着向往憧憬的灿烂前程。教师真无愧是伟大的艺术家。

威廉·亚瑟·瓦尔德曾说：“平庸的老师只是叙述，良好的老师讲解，优异的老师示范，伟大的老师启迪激励。”如果一个老师，能够像一个演员、像一个歌唱家、像一个雕塑家、像一个画家，无疑，他就能非常出色地对学生进行启迪和激励，他便可以当之无愧地被称为伟大的老师。有的短信则把老师比作“种子”“信使”和“旗帜”：“敬爱的老师，您在我们的心目中，是真的种子，是善的信使，是美的旗帜，您的名字就是真、善、美！”种子、信使、旗帜是名词、是实体，而真、善、美是形容词，是虚的概念。在这里，短信用虚实结合的比喻，给了老师最高的赞美。还有的短信写道：

您的才识，给了我智慧；
您的汗水，给了我滋润；
您的关注，给了我信心；
您的情爱，给了我灵魂。

以上两则短信异曲同工，同样歌颂了老师的真善美，同样歌颂了教师是伟大的艺术家。

颂师长联

一支粉笔，两袖清风，三尺讲台，四季晴雨，加上五脏六腑七嘴八舌九思十霜教必有方，滴滴汗水诚滋桃李芳天下；

十卷诗赋，九章勾股，八索文史，七纬地理，连同六艺五经四书三字两雅一心诲而不倦，点点心血勤育英才泽神州。

【链接】有一个歌颂教师的段子写道：“一支粉笔，行云流水；两鬓斑白，无怨无悔；三尺讲台，尽显才气；四季如春，孜孜不惫；五谷粗布，淡泊名利；六神合聚，其乐无比；七星拱月，夜以继日；八方桃李，芬芳争奇。”段子也是用数，其构思立意与本则短信一致，但内容没有对联丰富。有的版本上联写作“十分用心”，下联写作“一心栽树”，可参考。

歌颂教师的对联很多，用数字一至十来描写的也不少。但短信采用的此副对联算比较长而完整者，而且上联用数是一至十顺序而用，下联则是从十至一逆序而写，对仗较为工整。上联中，用词比较大胆，“七嘴八舌”平时是当贬义词使用的，而在此联中，却表达为老师在传道、授业、解惑以及对学生进行德育时的苦口婆心，转贬为褒，褒贬易色。“九思十霜”也有新意，由于老师为了教育学生绞尽脑汁、费尽心思，所以，不免霜染双鬓，仅以此指代了教师的千辛万苦，十分形象生动。在下联中，却如数家珍似的，排列了各个学科中有代表性的有关著作的名词，以代表各个学科。很明显，“诗赋”用以代指语文科，“勾股”用以代指数学，甚至整个理科，“文史”“地理”则说得很明确，而且此处“地理”又与上联中的“晴雨”内容有联系。以下的“六艺”“五经”“四书”“三字(经)”、“两雅”都是文科中的经典之作。而上下联中的“滴滴汗水”与“点点心血”则勾勒出了老师的辛勤和慈爱。歌颂教师的对联还有：

斜日落，绿纱窗下写教案，日落志不落；

春水深，青石桥边送学童，水深情更深。

我们如果说前一副对联是从宏观上歌颂老师的话，那么，此副对联则可视为从微观上歌颂教师。如果说前副对联是对教师的全景展现，那么，此副对联则仅是对于教师的一组特写镜头，仅仅表现的是“绿纱窗下写教案”和“青石桥边送学童”两个细节。从下联所反映的生活特色来看，此副对联主要是根据乡村教师的生活来拟写的。此副对联虽然简短，但“日落志不落”与“水深情更深”，却信手拈来，使用了拈连的修辞手法，饶有回味。而谈到乡村教师，不能不提到这支队伍中，有不少是民办教师，他们无正式编制，待遇非常低，但他们却能兢兢业业地工作。有的民办教师说：在领取工资时，我们感到是一种羞辱，但当我们站到讲台上时，我们又感到无比的自豪！这样的教师，真是我们最钦佩的人，我们应该为他们由衷地献上美丽的鲜花，献上热情的颂歌。

不言苦累　不求名利

一根教鞭作篙撑，苦也不说，累也不提，引领学生遨游知识海洋；

三尺讲台当田种，名也不求，利也不取，甘为园丁收获桃李芬芳。

【链接】歌颂教师的短信很多，其中对联也不少，但本则短信所拟对联很有特点，从内容上不面面俱到，只突出老师"苦也不说，累也不提""名也不求，利也不取"的高尚精神。在表达上，短信需要借助于想象，将一根教鞭很自然地比喻成一根竹篙，将三尺讲台则比喻成一顷良田，老师引领学生遨游知识的海洋，老师收获桃李芬芳，意思非常连贯，顺理成章。"苦也不说，累也不说""名也不求，利也不取"的句式很容易使人联想到赵朴初《宽心谣》中的词句："忙也乐观，闲也乐观""贫也相安，富也相安"……所表示出的情怀都是坦然、淡定、知足、无求的高风亮节。这就是无愧于"灵魂工程师"称号的人民教师的优秀品质、模范人格。大家都熟悉陶行知"学高为师，身正为范"这句话，但是，陶行知还有一句很通俗的对老师出神入化写照的话："捧着一颗心来，不带半根草去。"此话极为精妙地反映了老师对于教育事业的赤诚和无私。

有则短信借用词牌《江城子》(单调)来表达以上内容：

桃园锦色伴牛耕，重担迎，一肩撑。功在千秋，默默不知鸣。满室芝兰清香溢，君勿忘，护花情。

这首词原有副标题"感师恩"，卒章显其志，最后一句"君勿忘，护花情"便是对词作进行点题。短信所选的对联原有横联为"师恩难忘"，但是无论是上联，还是下联，都没有出现这四个字，但从内容上，描写了老师的艰辛和深情。短信的写作意图也如《江城子·感师恩》末句所写那样："君勿忘，护花情。"

对于教师，人们总是怀着十分敬佩、十分感恩的心情，早在1994

年春晚上，就由宋祖英演唱了献给教师的歌《长大后我就成了你》，其中的歌词热情洋溢地写道："长大后我就成了你……才知道那间教室，放飞的是希望，守巢的总是你""才知道那块黑板，写下的是真理，擦去的是功利""才知道那支粉笔画出的是彩虹，洒下的是泪滴""才知道那个讲台，举起的是别人，奉献的是自己。"歌词写得比较全面，与本则短信及《江城子》一样，都热情地歌颂了人民教师辛勤工作、无私奉献的崇高精神，三者可谓异曲同工。

那是你给了我……

假如我能翱翔蓝天，那是您给了我腾飞的翅膀；
假如我是击浪的勇士，那是您给了我弄潮的力量；
假如我是不灭的火炬，那是您给了我青春的光亮；
假如我成了参天的大树，那是您给了我丰富的滋养。

【链接】北周庾信《徵词曲》中写道："落其实者思其树，饮其流者怀其源。"很多人为了表达对老师的感恩，仿其句写作"学其成时念吾师"。本则短信便是用四个排比句表达此种情怀。短信用的是将来式的写法，四个"假如"的假设和展望，是学生期待的结果，如果这种结果能够得以实现，那都是老师培育的功劳。短信既用了第一人称"我"，又连用了第二人称"你"，就好像在毕业典礼上，学生一气呵成地对老师进行真情表白：假如我以后能翱翔天空、能成为击浪勇士、能成为不灭的火炬、能长成参天大树，都是因为老师您给了我腾飞的翅膀、给了我弄潮的力量、给了我青春的光亮、给了我丰富的滋养。一句话，学生我将来的一切，都是老师您给予的。

尼采说："感恩即是灵魂的健康。"卢梭则说："没有感恩就没有真正的美德。"短信中的学生便是灵魂健康、具有真正美德的纯朴形象。由于感恩，有的人愿意下辈子再做父母的儿女；由于感恩，有的人希望下一辈子仍是老师的学生，有一则短信就是这样表达的，短信写道：

亲爱的老师，几十年过去了。您那熟悉的板书，您那亲切的声音，您那和蔼的笑容，都像记忆的小船，飘荡在我们日夜思念的脑海里。如果时光能够倒流，我们真想重新围绕在您的身边，再也不会顽皮，一定会更加认真地聆听您的每一句教诲，吸取您的每一滴智慧甘泉。

短信说得多么真诚，说得多么恳切，这就是师生血浓于水的情感。赵朴初先生曾经这样赞颂过教师：

幼苗茁壮园丁喜，几人知，平时辛苦，晚眠早起，燥湿寒温荣与悴，都在心头眼底。费尽了千方百计。他日良材承大厦，赖今朝血汗番番滴。光和热，无穷际。

真是不谋而合，“他日”也写的是将来式，也是一种展望。而画龙点睛的一个“赖”字，却道出了根源，也是在遐想中道出了成才与园丁培育之间的毋庸置疑的因果关系。如果将赵文的末两句用第一则短信的语气来写，便是：假如我他日能成为大厦的栋梁之材，那是因为您今朝给了我番番雨滴，给了我无穷无际的光和热。

祝老教师新春快乐(嵌字诗)

祝福频频心欢畅，
老有所归福寿长。
教坛前辈把业创，
师道相传美名扬。
新年更有新气象，
春风得意又护秧。
快哉老来益当壮，
乐趣更胜少年郎。

【**链接**】本则短信用镶嵌修辞格写成，把每句的头一字抽出来，便是“祝老教师新春快乐”，这便是藏在诗中的主题词。这首诗的祝福对象突出是老教师，诗中用了很多的相关词语，如“老有所为”“教坛前辈”“老当益壮”等，更突出了他们的精神状态：“春风得意又护秧”，也许他退休后参加了什么公益活动，继续关爱下一代；也许他还有其他丰富多彩的业余活动，所以，他们的晚年却是“乐趣更胜少年郎”，他们一定能够健康快乐“福寿长”。

用嵌字诗向老师表示祝福的很多，例如：

老骥伏枥心犹雄，师恩永存铭心中，
节亮风高作表率，日月见证脚步匆，
快意人生思奉献，乐此不疲笑春风。

此则短信为六句，每句头一字连起来便是“老师节日快乐”。内容也偏重在老教师上。另有一则短信则是笼统地写一般的老师，也是六句，但每句五字，短信每句头一字嵌的是“祝教师节快乐”：

祝福千千万，教诲记心间。
师德山河颂，节操日月传。
快意苗成树，乐在桃李园。

这种在每句首字嵌字的诗也叫藏头诗，它是简单的，其实复杂的藏头诗很难写，有特别严格的要求，它的藏法是藏得很深很巧妙的。第一，要全诗的第一字藏在最末一个字里，而其它句的头一字，要藏在前一句的末字中。例如：白居易《游紫霄宫》：“水洗尘埃道未甞（尝的异体字），甘于名利两相忘，心怀六洞丹霞客，口诵三经紫府章。十里采莲歌达旦，一轮明月桂飘香。日高公子还相觅，见得山中好酒浆。”难得有人模仿此诗剥改成一首献给教师的诗：

水润树苗道未尝，甘于名利两相忘。
心怀天下非过客，口诵经典皆华章。
十分操劳宵达旦，一片慈爱桂飘香。
日后桃李四处现，见得芬芳溢酒浆。

全诗的第一字“木”，藏于全诗最后一字“浆”中，其他各句中，“甘”藏于“尝”，“心”藏于“忘”，“口”藏于“客”，“十”藏于“章”，“一”藏于

“旦”,“日”藏于“香”,“见”藏于“现”中,都符合要求,从内容上,也改写成了老师的颂歌,表现了老师用辛勤耕耘、无私奉献换来丹桂飘香、桃李芬芳的无穷乐趣和幸福自豪。

你是我最尊敬的老师

虽然我不是你最好的学生,
但你却是我最尊敬的老师。
你也许记不起我的名字,
但我却永远不会把你忘记。
是您让我懂得了做人的道理,
是您让我获得了做事的智慧。
我永远记住了您的音容笑貌,
我永远忘不了您的亲切教诲。

【链接】有人说:“饮其流者怀其源,学有成时感吾师。”对老师感恩是中华民族的优秀传统。都说老师是园丁,桃李满天下。老师的学生不计其数,不可能记得住每一个学生。也许对于一些优秀的学生,接触多些,印象深刻一些;也许一些特别顽皮的学生,也会在老师的脑海中留下难以磨灭的痕迹。短信中的“我”可能是很一般的学生,甚至是平庸的学生。短信选用这样的学生来表达对老师的感情,很有代表性,很有普遍意义。短信开门见山,虽然“我不是你最好的学生”,“你也许记不起我的名字”,尽管这样,也冲淡不了学生对老师的崇敬和怀念,在众多的普通的学生眼里,你依然是我们最崇敬的老师,我们永远不会把您忘记。老师值得歌颂的事情很多,短信只概括为两条:教我们懂得了做人的道理,让我们获得了做事的智慧,这就是学生对老师永远崇敬、永不忘怀的根源。有的短信则用诗一般的语言写道:“我是一叶小舟,是您鼓励我扬起奋进的风帆,我唱着您教诲的歌，勇敢地驶向大海……”

《史记·仲尼弟子列传》云：“一日为师，终身为父。”古诗又曰：“谁言寸草心，报得三春晖。”学生对待老师，都有儿女对待父母一样的深情，都念念不忘感恩。有的短信写道：

当人们赞美彩虹的时候，首先想到的是太阳；

当我们获得荣誉的时候，首先归功于我们的老师。

还有的短信热情洋溢地写道：

亲爱的老师，在不远的将来，无论我们成为挺拔的乔木，还是低矮的小草，我们都将以生命的翠绿向您致敬，向您祝福。

无论是不是最好的学生，无论是不是被记住了名字，纯朴的学生都会对辛勤的老师深切、真挚地感恩，这就是绿叶对根的情怀。

有一次，齐白石到一大官家应酬，尽是阔人，他穿着平常，且当时名气还不很大，遂倍受冷落，无人与之周旋。幸有跟他学过画的梅兰芳先生来到，梅与他恭敬寒暄，才令众人惊讶，才纷纷与他敷衍。齐白石回到家里，感触很多，特意画了一幅《雪中送炭图》送给梅，并题有一诗：“曾见先朝享大平，布衣蔬食动公卿。而今沦落长安市，幸有梅郎识姓名。”梅兰芳见后有点不安，他说尊敬老师乃是天经地义的事情，他回敬了齐白石一首诗：“师传画艺情谊深，学生怎能忘师恩。世态炎凉虽如此，吾敬吾师是本分。”梅兰芳名气那么大，但他却非常尊敬他的业余画师，梅兰芳先生真不愧是个德艺双馨的大师，而且是我们尊师的好榜样。

老师的名字

刻在木板上的名字，未必不朽；
刻在石头上的名字，未必千古；
刻在心灵上的名字，永远长存；
老师的名字，永远镌刻在我的心灵深处。

【**链接**】本则短信并不具体描述老师的具体感人言行，而是别出心裁，以"名字"的存在形式做文章。本则短信通过几个排比句的渲染，以"刻在木板上的名字""刻在石头上的名字"作为衬托、铺垫，凸显老师的名字，是刻在学生心灵深处的名字，却是可以不朽、可以流芳千古、可以永远长存。名字仅是一个符号，老师的名字刻在学生的心灵深处，只是学生对老师的一种深切的感恩。有不少的短信都突出地表达了学生对老师的由衷的深切的感恩情怀。如有的短信写道：

> 您用言语播种，您用彩笔耕耘，您用汗水浇灌，您用心血滋润，您让我们绽放鲜花，您让我们结出硕果，您让我们长成大树，您让我们翠绿成荫。祝老师节日快乐！

此则短信用第二人称，面对面对老师进行表白，显得十分亲切、分外真诚。还有的短信从书、同学、老师的对比来写：

与书籍同行，我学到了知识；
与学友同行，我学到了珍惜；
与老师同行，我学到了感恩；
亲爱的老师，感谢您对我的辛勤教育！

此则短信着重写感恩。有的短信则是从回报来表达感恩的意愿：

亲爱的老师：您是辛勤的园丁，
我们是您培植的小树，我们已经长大，
我们愿在冬天为你抵挡寒冷，
我们愿在春天为您增添绿意，
我们愿在夏天为您带来凉爽，
我们愿在秋天向您献出果实！

短信的潜台词是：过去，我们是幼小的树苗，是老师为我们抵挡了寒冷，增添了绿意、带来了凉爽……如今，我们也要这样来报答老师，并献上累累的硕果。短信以"四季歌"的形式来表达，增添了语言和情感的诗情画意。

蚌与珠

亲爱的老师，如果说您是蚌，我们就是您腹内的小小颗粒。经年累月，您用爱液，对我们不断地呵护、浸润，让我们变成了晶莹的珍珠。我们光彩熠熠，您却默默地躺在一边。亲爱的老师，我们永远感激你！

【链接】人们总把老师比做蜡烛，照亮了别人，毁灭了自己，具有一种高尚的无私奉献、自我牺牲的精神。本则短信则别出心裁地将老师比做蚌壳，熟悉珍珠形成过程的人，才能领会和理解蚌壳具有蜡烛一样的不凡品质。

蚌壳体内有小颗粒异物，乃至沙粒时，蚌壳是很不舒服的，因此，它的珍珠囊便不断地分泌出珍珠质将异物包裹住，经年累月，一层层的分泌质便将小异物打扮成闪闪发光的珍珠。在人工取出珍珠时，蚌壳也是有着极大的风险的，如果取法不当，有可能使蚌壳如一些剖腹产孕妇，取出了珍珠，而自己失去了宝贵的生命。所以说，蚌壳的伟大，不亚于“成灰泪始干”的蜡烛。台湾著名作家席慕蓉曾特地为蚌写了一首赞美的诗《蚌与珠》：

> 无法消除那创痕的存在/于是/用温热的泪液/你将昔日层层包起来/那记忆却在你怀中日渐/晶莹光耀/每一转侧/都来触到痛处/使回首的你怆然老去/在深深的静默的/海底

本是一首赞美的诗，却让人读起来非常沉重忧伤，一点也不轻松快乐。您看，诗中的词句，满是“创伤”“泪痕”“触到痛处”“怆然老去”“在深深的静默的海底”，席慕蓉对蚌太懂了，太理解了，尤其是对蚌使小异物成为珍珠所付出的代价，她有独特的、甚至可以说是撕心裂肺的感受。她只字未提老师，但她写的就是老师的生命过程、老师的献身精神。有的人说，对蚌来说，孕育珍珠只是她的一种痛苦。还有的人说，蚌的痛苦带来了珍珠的光耀，带来了人间的快乐。更有人说，痛苦也好，荣耀也好，心甘情愿就好，这一切，都不正好是老师的写照吗？

在童话里，珍珠却是神女的眼泪，是鲛鱼的眼泪。如果真是这样的话，那么，在校园的童话里，学生是珍珠，老师便是鲛鱼，老师便是神女……

人　梯

梯子，让攀登者站上高处，但梯子自己却无缘到高处领略奇异的风光；老师，甘愿做人梯，让学生攀登上事业的顶峰，而自己却在平凡的地方默默无闻。

【链接】有的人把老师比做严冬里的炭火、酷暑里的浓荫，有的人把老师比做湍流中的砥石、雾海中的航标灯，本则短信却把老师比做让学生攀登高峰的人梯。著名科学家牛顿曾经说过："如果说我比别人看得远一点，那是因为我站在巨人的肩上。"这巨人包括前辈科学家，也应该包括辛勤培育了他的老师。牛顿说，站在巨人的肩上，可以看得远一点。正如短信说，攀登者凭借梯子站上高峰，领略到无限奇异的风光。同样的道理，学生们凭老师作人梯，登上科学技术的高峰，获得令人瞩目的荣耀。短信不仅说到这里为止，而是强调老师作为人梯，自己却无缘领略到顶峰的奇异风光。从简短明显的对比中，更突出老师的无私奉献、甘于自我牺牲的精神。而这精神却似乎是老师天生具有的。偶尔翻阅一本教师的心得文集，却令人惊奇地发现，"甘作人梯"的精神贯穿在众多的文章中。例如，有一篇文章中，其主题词是："既为人师原无悔，甘作人梯也坦然。"另一篇文章也画龙点睛地写道："春华秋月为人师，无私奉献作人梯。"还有一篇文章则以下面两句作结："修师德，乐为人师注神情；立杏坛，甘做人梯育英才。"这就是他们从教最深切的体会，这就是他们从教的人生总结。这一切绝非偶然，抽丝剥茧，我们不难发现，他们的共同关键词便是"人师""人梯""天性""坦然""乐为""甘做"……而且还有一个亮点是，无形中，他们把“人师”和“人梯”画上了等号，可见“人梯精神”不仅是别人对老师的赞美之词，更是老师对于自身价值的自我认同和自豪。

本则短信赞美老师为人梯，而有的短信却把老师的行为比喻成是为学生打开了窗户：

> 亲爱的老师，感谢您，是您给我打开了心灵和智慧的窗子，让我看到了广阔的世界，看到了远在银河系以外的星体；看到了昨天、今天和明天的一切。

如果说老师是梯子，那么他的作用，是让学生的人生增加了高度。而把老师的教育比做是打开窗户的话，则意在说明老师使学生的心灵和智慧扩展了宽度，使学生的视野更宽阔，让学生“看到了广阔的世界，看到了远在银河系以外的星体；看到了昨天、今天和明天的一切。”由此看来，老师的人梯作用和为学生打开窗户的作用是互补的，是相辅相成的，都是对学生获得全面发展非常有益的。

清泉·甘露·春雨

亲爱的老师，在我的心中珍藏着你深邃的目光，它像两股清泉，奔流在我的心田。于是浇灌出蔷薇一样的美德，金凤花似的智慧，凤尾般的热情，蒂房式的勇气；滋润出天人菊一样的团结，风信子似的清纯，石竹般的谦虚，向日葵式的感恩……

【链接】短信像 3D 动漫一样，将老师的两道深邃的目光，幻化成两股汩汩有声的清泉，这清泉在学生的心田不断地奔流，不断地浇灌，不断地滋润，于是百花齐放，有蔷薇、金凤花、凤尾、蒂房，有天人菊、风信子、石竹、向日葵等，形成了一幅幅色彩斑斓、春色满园的画面，这些花象征着老师的辛勤培育，使学生铸就了美德、智慧、热情、勇气、团结、清纯、谦虚、感恩等品格，这就是老师给学生留下的记忆，这就是老师给学生留下的感受，这就是老师给学生留下的功德。短信写得有动有静，有声有色，给人耳目一新。

本则短信歌颂老师，选取了清泉为象征物，而有的短信则以“甘露”“养料”“乳汁”作为象征物来对老师进行赞美：“亲爱的老师，您用粉笔写下的字母、词句、线条，符号……在我看来，都是浇花的甘露、育树的养料、哺儿的乳汁……”本则短信也像3D动漫一样，老师在黑板上用粉笔写下的字母、词句、线条、符号等，在学生的眼中，顿然幻化成了浇花的甘露、育树的养料、哺儿的乳汁……在老师的精心浇灌和哺育下，学生犹如花朵含苞欲放，好像树木由小苗长成大树，好比婴儿渐渐长大成人、德智体得到全面发展，成为社会主义建设的栋梁之才。

杜甫的《春夜喜雨》是妇孺皆知、家喻户晓的：“好雨知时节，当春乃发生，随风潜入夜，润物细无声。野径云俱黑，江船火独明。晓看红湿处，花重锦官城。”有的人便是以春雨作为老师的象征物，有的短信干脆将杜甫的《春夜喜雨》这八句诗全盘抄下，然后在下面用一破折号附上一句话：“谨以此诗献给我最敬爱的老师，祝老师节日快乐。”也许有人认为这是一种不动脑筋、偷懒的做法，其实不然。这首诗用的是拟人写法，写春雨是“知时节”的“好雨”，“随风潜入夜，润物细无声。”正是老师用心教书、潜心育人的生动形象的写照，没有再好的语言能胜过此种表达。一般，人们只是引用前面四句就够了。短信连后四句一起引用该是有所考虑的。“野径云俱黑，江船火独明”看来跟春雨没有直接的联系，但是与教师的精神还是有关联的，人们不是常把老师比作蜡烛，比作夜幕中的明灯，这“火独明”是可以有象征意义的。特别是最后两句“晓看红湿处，花重锦官城”是不可忽视的，雨后，花儿适时绽放，红艳欲滴，无数的花沉甸甸的，汇成了波澜壮阔的鲜花海洋，这正好是老师辛勤培育而显现成果的写照。看来，《春雨喜雨》不仅前四句可作老师的写照，加上后四句，表达对老师的赞颂便更臻于完美。

老师的自白

春蚕蜡烛是我们的知音，
河蚌人梯是我们的精神。
乐做园丁是我们的福分，
教书育人是我们的责任。
传道授业是我们的任务，
绿树成荫是我们的美景。
默默无闻是我们的心境，
孜孜不倦是我们的个性。
桃李芬芳是我们的骄傲，
春色满园让我们开心！

【链接】本则短信以第一人称复数“我们”直抒胸臆地进行自我表白，以九个“A 是 B”和一个“A 让 B”的排比句，一气呵成地传递了老师们自豪的声音。通过一些多姿多彩的比喻塑造了人类灵魂工程师的生动感人形象。老师们乐于像春蚕、蜡烛、河蚌、人梯那样无私奉献，自我牺牲；他们把做老师当作一种幸福，把教书育人当作崇高的责任；他们孜孜不倦、默默无闻，从桃李芬芳中感到骄傲，从春色满园中获得开心，这是其他人无法得到的享受，这是老师们的专利。

有一则短信，虽然没有出现“我们”的字眼，但却是从一些细节方面，来对老师的精神面貌和工作姿态进行自我表白：

一颦一笑爱无限，一点一滴润心田；
一字一句吐智慧，一言一语传真理；
一举一动作表率，一笔一画写光彩；
一生一世名利轻，一蚕一烛乐献身。

本则短信通过八个“一 A 一 B……”的排比句，严谨工整地描绘了老师的精神风貌和光辉形象。短信首先强调了老师要通过一颦一笑、一点一滴给学生润物细无声的感化，给学生无穷无尽的爱，让学生感到老师的爱“像太阳一样温暖,像春风一样和煦,像清泉一样甘甜,像父母一样慈祥”,这是育人的根本。短信也不忘老师的传道授业,一字一句、一言一语,向学生吐露智慧,传递真理。短信也表达了“学高为师,身正为范”的思想:“一举一动作表率,一笔一画写光彩。”短信最后落笔在“一生一世名利轻,一蚕一烛乐献身”上,彰显了老师的不计名利、无私奉献的精神,此则短信既可看作老师的自我表白,同时也可视作别人对老师的由衷赞美。

为老师贺婚

恩爱比天长,加减乘除难算尽;

情谊如地久,点线面体岂包全。

【链接】本则短信是为祝贺两位数字老师喜结连理而写的贺联,贺联不仅对仗工整,而且巧妙地运用了数学术语“加减乘除”和“点线面体”,饶有兴味地表达了夫妻间的恩爱无法计算,夫妻间的情谊难以包括。类似如此为数学老师贺婚的对联还有:

爱情如几何曲线,

幸福似小数循环。

该对联也是以数学术语作对,以“几何曲线”比喻谈恋爱并非一帆风顺之事,其中必有曲折坎坷,然而恋爱经过挫折成功后,爱情的幸福则会像循环小数一样,无穷无尽,绵绵不断。还有的短信贺联写道:

动物植物生物大天地,

诗歌小说文学美乐园。

显然,这是为生物老师与语文老师的婚礼而撰写的贺联。此联看似简单,且动物、植物似乎与生物重复,诗歌小说与文学重复,但却奇妙地隐含着百年好合的“合”字的意义,因此应该这样来理解:动物、植物合为生物,诗歌、小说同为文学。婚姻的最大特点不就是相爱男女的美满结合吗?无怪乎过去把结婚就叫做“合卺”,贵就贵在一个合字，合则家庭幸福，白头偕老，天长地久。还有一副送给美术老师与体育老师婚礼的贺联却是这样写的：

速写素描水彩油画，画出幸福景，
跳高跳远慢跑快跑，跑进伊甸园。

本则对联虽然平仄上不完全符合要求，但在对联末尾，上仄下平还是注意顾及到了。在字面上还是尽量做到了对仗工整。上联的“速写”“素描”“水彩”“油画”都与美术有关，下联的“跳高”“跳远”“慢跑”“快跑”都与体育有关。而且上联中两个“跑”字连在一起，下联中两个“画”字连在一起，运用了顶真以及拈连的修辞手法，让人回味无穷。

2. 教育之忧

教育的软肋

招，招，招，学校的财道；
考，考，考，老师的法宝；
分，分，分，学生的命根；
抄，抄，抄，学生的技巧；
打，打，打，家长的王法；
逃，逃，逃，学生的绝招。

【链接】教育领域存在着许多不正常的现象，存在着许多严重的问题，这是不争的事实。本则短信，从学校、老师、家长、学生四个方面，戳到教育方面的几根软肋。短信运用叠字修辞格，每句都将核心字词重复三次，以示严重，并以此引起人们的注意。

教育提出产业化的口号后，作为学校，尤其是大学的一个重要措施，便是扩招，不管师资、校舍如何，拼命扩招，目的很明确，就是扩大收入。有了收入，有关人员便可大大获利了。仅以“革命就是请客吃饭"的名义的挥霍浪费也是惊人的。据著名数学家丘成桐透露,中国所有高校校长一年请客吃饭的钱跟培养1000个教授的费用差不多,这是很令人痛心的数字。扩招后,学校应该是很富裕的,但是,据有关部门2011年统计,全国有1164所大学共欠国家贷款2634.98亿元,平均每校欠款2亿多元。如此看来,大学又是个"穷庙",但俗话说"庙穷和尚富",哪些和尚富了,大家该是很明白的。短信接下谈的几个方面都是有因果关系的连锁反应。

由于老师把考试当作法宝,所以学生把分数当作命根;由于校风差、学风差,加上社会风气的影响,学生中不认真读书的大有人在,所以他们对考试的对策便必是作弊抄袭,其手段繁多高明,甚至用上了现代化高科技了。所以,有人调侃说:"考试作弊有高招,个个都像韦小宝。"还有的短信仿唐代刘禹锡的《陋室铭》写道:

> 分不在高,及格就行。学不在深,能抄就灵。斯是教室,唯我开心。学习跟不上,体育可补分。渴了有雪碧,饿了有鸡丁。烦了可上网,倦了去迪厅……

对于考试成绩不好的学生,有的家长以打为王法,于是有的学生离家出走,甚至走上了绝路,真成了名副其实的绝招。以上也像一部连续剧似的反映了各个环节的逻辑联系。海派清口创始人周立波曾说:"教育与金钱挂钩下的老师变成了老板,学生变成了学徒,家长变成了ATM取款机。"著名童话大话郑渊洁则重点批评了那些对孩子期望过高、不切实际的家长:"家长不成功,却要求孩子成功,等于种了土豆非要收获原子弹。"他还说:"家长自己做出成就,是给自己的孩子施加压力的最好办法。"还有的人一针见血地指出:"他们只知道恨铁不成钢,不知道钢不是恨出来的,而是炼出来的。"这对于一些家长,该是有益的提示。

现在,学生的负担确实太重了,不仅是中考生、高考生压力大,从小学到大学,学生的负担都很沉重,据媒体报道,一次在公共汽车上有一个中学生没有向老人让座,受到了众人的指责,然而这位学生非常委屈地说:"你们知道我们的书包有多重吗?你知道我们一天有多困吗?我们站着都可以睡得着觉……"无怪处有人剥改流行歌曲的唱词写道:

书包最重的人是我，作业最多的人是我，起得最早、睡得最晚的人是我，是我，还是我。

这段以学生口吻的调侃，叫人会笑，但也许会笑出眼泪来。我们应该理解和同情这些孩子，我们应该想方设法让他们学得更轻松一些，学得快乐一些。

教育之鉴

教给了知识，却没有见识；
教给了文字，却没有文化；
教给了新课，却没有创意；
教给了思想，却没有思考。

【链接】本则短信，通过几个排比句，每句自身前后对比，反映了当前教育的弊端，有人甚至称之为教育的悲剧。其实，这只是冰山一角，甚至更严重的现象和后果还有很多。有的人就说："这一代大学生在没有学会生存之前，先学会了生活。校园里，多数人对以后想做什么工作一脸茫然，却清楚地知道未来自己想要的生活状态。"现在很多学生，很快地就在衣食住行方面过度消费，追求物质享受，而不懂得要创造自己的价值，以利于以后为社会作出贡献。有的人甚至在校期间没有条件也要拼命想挣钱。所以，中科院院士、电脑专家王选向学生们提出了语重心长的忠告："大学期间，要尽量争取脑袋满，不要急于口袋满。"对于当前的教育现状，很多有识之士表示了担忧。哈尔滨工业大学校长王建国说："我是研究机器人的，我担心把人培养得越来越像机器。"广东省教育厅副厅长魏中林在人才培养交流会上语出惊人："我们培养出来的学生像工厂制造的乒乓球，每个都一样。"这该是与我们的现今教育体制、教育模式有关。教育成为一种产业，学校、老师更多地关心的是钱，哪有心思考虑培养人的问题，甚至出现学生不上课、一心谈恋爱等情况，学校和教师都熟视无睹。有人与外国情况对比调侃道:“牛津剑桥把学生当成生物,让生物生长;我国大学把学生当成矿物,任矿物定型。”非怪会如短信所说:教给了知识、技能、新课、思想,却没有见识、文化、创意和思考。非怪会有人说这是悲剧。另外,由于毕业后就业难,还酝酿着一个另有特色的悲剧,有的本科毕业生找不到工作,就去考硕士研究生,硕士生又找不到合适的工作,就又去考博士研究生。难怪网络上流传这样的调侃:

> 学士上面是硕士,硕士上面是博士,博士上面是博士后,博士后上面呢?如果你够勇敢再读两年是勇士,再读5年是壮士,再读7年是烈士,烈士以后呢?还会推出圣斗士,读满两年是青铜的,5年是银的,7年是黄金的……这士那士,现在看来,培养出来的许多都是蠢士。

难怪钱学森先生临终前会发出这样的慨叹:为什么我们的学校培养不出一流的人才?值得我们三思。高僧星云大师撰文写道:“教育不是知识的瓦砾,而是学问的堡垒;教育不是教条的枯藤,而是生命的花园;教育不是装饰的花蔓,而是深邃的内涵;教育不是溺爱的礼物,而是佛心的泉源。”与本则短信旨意相同,但客观地说,比本则短信表达得更有诗意,更富禅理。全国人大前副委员长成思危对教育有高屋建瓴的看法,他说:“经济只能保证我们的今天,科技可以保证我们的明天,只有教育才能保证我们的后天。”我们必须从长远的战略上来重视教育。

答非所问

教育局长问学生:地球仪为何是倾斜的?学生:我没动它。教育局长转问校长,校长脸红:“不好意思,经费紧张,买的是地摊货。”

【链接】为了更好地说明地球自转、公转、四季形成与昼夜长短等现象,地球仪均按约23.5°的倾角装置。这种倾斜并非是人工损坏所致。但是学生和校长都不明白这个道理,都答非所问。学生怕追究自己的责任,怕赔偿,忙声明“没动它”。校长的解释也令人啼笑皆非,他所说“经费紧张”,也可能是事实,说明基层教育单位尤其是县以下,确实存在经费问题。曾几何时,许多底层学校老师兢兢业业地教学,但工资却常年被拖欠,这是应该令人关注的问题,到地摊上买便宜教具也是出于同样的原因。但作为一个校长,并不了解地球仪倾斜的真实原因,也反映了底层教育领导的业务水平,从中可见一斑。本则短信虽然短短的几句对话,但信息量极大,且以少胜多、画龙点睛地刻画了学生和校长当时的微妙心理状态。

当然,短信也许是一种创作,是一种调侃,但反映了教学的一个侧面。学生答非所问的笑话很多。例如:

教师问:诗歌和散文的区别是什么?

学生答:诗歌按行数得稿费,散文按字数得稿费。

教师问:为什么先看到闪电,后听到打雷?

学生答:因为人的眼睛长在前面,耳朵长在后面。

教师问:为什么说三个和尚没有水吃?

学生答:其中有一个和尚当过老师,三人行必有我师。

教师问:试卷已送印刷厂印刷了。同学们还有什么问题?

学生答:请问送到哪个印刷厂去了。

以上的问答令人哭笑不得,从形式上看,应属于脑筋急转弯,从内容上看,属知识性错误,但还有很多是反映学生厌学,对老师的教学不感兴趣的。例如:

教师问:如果你是老师,你最想对学生说的一句话是什么?

学生(不假思索地)答:同学们,下课。

教师问:什么时候最长?什么时候最短?

学生答:上课最后几分钟时间最长,考试时最后几分钟时间最短。

教师问:你在生命的最后时刻,愿意在哪里度过?

学生答:在教室里,在教室里度日如年。

这样的问答已经夸张到了极点,如果不是学生自身有问题,那么,作为一个教师,就应该很好地对自己的教学进行深刻的反省。当然,短信只是一种调侃,但也并非空穴来风。

张冠李戴

鲁迅的原名：周迅；

东风不与周郎便之周郎：周杰伦；

初唐四杰：张学友、刘德华、郭富城、黎明。

四大家族：蒋大为、宋祖英、孔祥东、陈思思。

【链接】短信通过四组张冠李戴的答案，揭示了当今一些中小学生不努力学好基础知识，因而出现了牛头不对马嘴的答案，令人啼笑皆非。众所周知，鲁迅原名周树人，一些学生只留有一个周字的印象，便舛为周迅了。"东风不与周郎便"是杜牧《赤壁》中的诗句，周郎指的是周瑜，而学生却因为周杰伦有歌"东风破"，而将周郎移花移木错指为他。初唐四杰应为王勃、杨炯、卢照邻、骆宾王四位杰出诗人，而中小学生竟然把它写成香港歌坛的四大天王张学友、刘德华、郭富城、黎明。尤其荒谬的是，竟然将民国时期的蒋介石、宋子文、孔祥熙、陈立夫四大家族写成了四个当代艺人：蒋大为、宋祖英、孔祥东、陈思思，这四个人仅是姓氏相同而已。以上也有一个规律可循，不管什么冠，不管政治上的冠，还是文学上的冠，都由当代艺人来戴。又比如："青出于蓝而胜于蓝"出自哪篇作品？正确答案应是荀子的《劝学》，可有的学生却答为周杰伦演唱有关的"青花瓷"。又如：南北朝最伟大的诗人是谁？正确答案是陶渊明，可答案以"南北朝"为"两朝"谐音为"梁朝"再加一个伟字便顺理成章为"梁朝伟"。"张冠"除了由艺人戴外，就是由当今流传的武侠小说及其人物来戴。例如"一代天骄，成吉思汗，只识弯弓射大雕"明明是毛泽东《沁园春·雪》中的词句，可有的学生却说是出自《射雕英雄传》。又如：历史上有两位著名文学家并称"苏黄"，正确答案是苏东坡、黄庭坚，而有的学生却答为武侠小说中的人物苏乞儿和黄飞鸿。以上例句有些可能是作者经过了一些艺术加工的，但是，很说明问题，说明现在有不少学生，不是扎扎实实地去学习基础知识，不是很好地去读一些经典作品，而是被一些“潮流”的东西所冲击，所淹没。现在，大人们受赵本山等人的“忽悠”，学生们却被流行音乐以及选秀节目所俘虏。其中，甚至产生悲剧。报载，江西某县有一女学生，原来成绩优秀，自从迷上了选秀节目后，成绩显著下降，而且精神恍惚，不能自拔。父母离异，父亲是个辛劳的老师，女生竟然骗父亲说是去探母，然而却是去异地看电视选秀。父亲知后，气愤难控，失手将女儿掐死了，酿成了不应有的悲剧。鲁迅曾发出过救救孩子的呼喊，现在要不要也发出救救孩子的呼声呢？这是学校、家长、社会应该十分关心的问题。

家长对话

家长甲：我儿子一来信，我就得查字典。

家长乙：我儿子一来信，我就得跑银行。

【链接】这两个家长显然是指大学生的家长。本则短信仅通过两句简短的对话，通过接信后一个是“查字典”、一个是“跑银行”的细节对比，反映出两种大学生的不同思想风貌和生活表现。随着社会的发展，现在极少有人写信了，一般都用手机通话或手机短信联系了。接儿子的信后要查字典，似乎有点夸张，旨在说明该学生学习有进步，在书信的交流中也有所反映了。在短信中，主要是用以对比那种只知一味伸手向家长要钱的那种大学生。这也是当前大学中不应有的 种现象，有的学生不顾虑家庭的经济条件，在生活上与人攀比，在生活中极度浪费，讲究吃喝，追求时尚，不断地给家里加重经济负担。短信中一个“跑”字，看来很随意，却反映了儿子要钱的急切，也反映了家长对儿子不能怠慢的情态。有的儿子跟家长平时没有什么交流，与家里写信或发短信的唯一内容就是要钱。有的段子很经典地讽刺这种人给家里的短信只有三个字：“爸：钱。儿。”除掉抬头和落款，实质内容只有一个“钱”字，这也反映了某些学生进入大学后，亲情殆尽，惟独把家长当作取款机而已。这一现象也给骗子钻了空子，他们从中得到启发，不少骗子往往以儿子的名义向一些家长行骗，他们“张口叫爹妈，祸事把人吓。要钱好几千，到手随意花”。有的段子直接披露了学生只知向家长要钱的心态和嘴脸：

学生甲：你准备以什么为生？

学生乙：写作。

学生甲：写什么？往哪儿投？

学生乙：写信——向家里要钱。

有的家长对只知要钱的儿子也会有反感，有的段子写道：

儿子：我有约会，寄钱来。

父亲：我有钱，寄约会来。

这个段子也许有别的含义，仁者见仁，智者见智。有一个段子设想了两个妈妈的谈话，内容也是儿女对待钱的不同反映：

妈妈甲：我真担心，我那大学生儿子每次来信都要钱，真不知要这么多钱干吗！

妈妈乙：我更担心，我那大学生女儿从不跟家里要钱，真不知她哪来那么多钱！

两个妈妈的对话也是一种对比。儿子要钱的事，前面已经剖析了。至于女儿从不向家里要钱，可以从两个不同的方面来理解。从好的方面来想，这个女儿很优秀，或许获得了奖学金，或许参加了勤工俭学，所以，不需向家里要钱，这是令人欣慰的。但如果从坏的方面来想，那就可能这个女儿由于各种原因，或有灰色收入，甚至或许有黄色收入。这也不是耸人听闻，这也是当前社会上已经成为了事实的且并非个别现象。“女人（今含女学生）变坏就有钱”就是这种现象的一针见血的反映。这个段子说得比较含蓄，但应该足以引起社会的关注。

考　谁

六月考小子，七月考老子，九月考票子。

【链接】与本则短信相似的另一种版本是：六月考学生，七月考家长，八月考银行。其内容实质是一样，只不过本则短信巧用三个相同词尾为“子”的名词，叙述显然更加风趣生动，而且在读音的效果上令人印象更加深刻，更加连贯。短信文字不多，却极为简洁地反映了面临一次高考三个月份，即三个阶段所接受考验对象的不同分工，第一步当然是考学生，必须考出好的成绩来。第二步便是考家长，一则即使考出好的成绩，但家长不会指导填志愿，也不一定录取得到理想的学校；二则如果考得并不好，但家长公关能力强，又有经济实力，也许能进入一个不错的学校。第三步，开学了，各种各样的费用那是一笔不小的数目，往往有的农村、山区的贫穷的高材生交不起费用痛苦地遗憾地不得不选择了放弃。当然，其中也有幸运者，或者得到了媒体的帮助，因而得到了社会的救助，因而获得了求学的机会。这一关的确是票子在考验人。其实，第二阶段的第二种情况，更需票子起作用。实际上，第二阶段、第三阶段都是在考老子、考家长。有的短信调侃说：“一套房子消灭一个百万富翁，一个大学生拖垮了一个家庭。”还有的段子说，“扛着一麻袋钱去上大学，毕业了得到一麻袋书，把这一麻袋书卖的钱还买不到一个麻袋。”这是黑色幽默，这是令人心酸心痛的调侃。

短信《考谁》寥寥数字写得极为轻松，但这三个阶段给各种人的考验却是极为沉重的，甚至是残酷的。这应该是当前应试教育和教育产业化带来的难以逾越的坎坷。教育改革一直在提，大家期望不能太多太高，但是如果能把这三“子”问题解决好，恐怕便是功不可没的。

3. 学子之苦

“励　　志”

流血流汗，不能流泪；
掉皮掉肉，不能掉队；
害怕吃苦，莫进此门；
两眼一睁，开始竞争。

【链接】也许你会以为这是“富士康”之类的工厂里的标语，也许你甚至会以为这是夏衍《包身工》里的一种反映。其实都不是，它们是两个中学的励志标语。短信将它们巧妙地集合在一起，难得的都是四字句，更主要的是内容上是一样的精髓，都是一副应试教育的催命符。学生看到这样的标语，是受到激励、鼓舞斗志吗？恐怕应该是毛骨悚然、不寒而栗。非怪有的中学生调侃现在的学校教育是“成绩为主，生命为辅”。这不是调侃，这简直是血和泪的控诉。有的短信说：

上小学后，把童年丢了；
上初中后，把快乐丢了；
上高中后，把思想丢了；
上大学后，把追求丢了；
毕业后，把专业丢了……

这就是对于应试教育的最好写照，说严重点，便是对应试教育的一种委婉的控诉。熟悉学校情况的人都知道，学生好不容易考上重点中学，可重点中学里又要分重点班，重点班里又为上中下三等，层层递进。有人质疑：这不是人为地制造差生吗？制造差生倒不要紧，恐怕令人担心的是会制造出精神病者。不是有的学生读到博士还跳楼吗？

读书要刻苦，关键时刻要拼搏，这是无可厚非的，海鸥在生命的最后关头，还迎着巨浪完成最后一次飞行。但是不能让学生在桎梏枷锁中学习、生活，不能把学生变成只会应对考试的机器人。群言出版社出版的《单独的洞见》一书写得好：“记忆、计算和逻辑是属于头脑的品质，洞察力、敏感度和对艺术的审美能力则是属于心灵的能力。我们的整个教育都是在强化我们的头脑，而削弱我们的心灵。所以，现代教育造就出来的人越来越像一个生活机器，只有一个发达的头脑，却没有灵魂。”以上所说，的确是“洞见”，的确是真知灼见，一针见血地指出了现代教育的弊病。我们什么时候才能真正把“阅读”变成“悦读”，把应试教育变成素质教育呢？有一则笑话说：新学期开始，班主任在班上挂了一条横幅：“学海无涯”；第二天，却发现有同学在下面加了一条批语：“回头是岸”。这“岸”是什么含义呢？也许贴标语的学生并非十分清楚，但是，我们有理由理解为这“岸”便是生动、活泼、丰富多彩的素质教育。

但不管怎么说，道理是道理，现实是现实。2013 出现的励志标语仍然威猛，“只要学不死，就往死里学。”另外温和一些的标语则是：“没有高考，你拼得过富二代吗？”“考过高富帅，战胜官二代”“提高一分，干掉千人”，这些标语且又反映了弱势群体的心声，叫人难以评说。

奢望

自己不是龙，却盼望子女成龙的传人。

自己不炼钢，却日夜恨铁不成钢。

【链接】本则短信抓住“龙的传人”和“恨铁不成钢”两个妇孺皆知、使用频率极高的熟语，反映当前社会上家长“望子成龙”是一种倾向。随着社会上竞争日益激烈，尤其是青年学生就业难，给家长带来了沉重的压力，然而，极不公平、极不理智的是，家长们却将这种压力N 倍地扩张转加给自己的孩子头上去了。动辄不切实际地要求自己的子女是班上，进而是全年级的乃至全市、全省前几名。希望能考清华、北大，乃至牛津、哈佛。再加上媒体热衷于对“状元”炒作得沸沸扬扬，简直让学生喘不过气来。家长的心愿是好的，他们甚至罄其所有让孩子去择校，去上钢琴、美术培训班，但是，往往对孩子的期望过大。长江后浪推前浪，希望一代胜过一代，固然是人心所向，但是要冷静地掂量孩子的条件，否则一味施压，是会产生逆反心理的。“你自己不是龙，怎要求我是龙的传人？”“你恨铁不成钢吗？我还恨爹不成‘刚’，恨娘不成‘玉’呢！”这是最近网络上的流行语。前半句说的是众所周知的“我爸是李刚”事件，后半句说的是宁夏吴忠市某官员××玉之子马晶晶被王鹏多次举报之事。是啊，你怪孩子没有出息，我还怨没有做官的父母做靠山呢！这句流行语是从孩子角度，为孩子鸣不平，模拟出反唇相讥的语言。由于施压而迫使孩子反唇相讥倒还无碍大事，问题严重的是，家长施压过重，孩子出走，乃至酿成自杀悲剧倒是值得家长们警醒。古贤倡导责人宽,责己严,而我们很多家长却是责己宽,责子严。对孩子要求严格没有错,但严厉得有个格,有科学的量度,不能“出格”,不能超过量度。有的人说得好:家长都喜欢恨铁不成钢,可是钢是炼出来的,不是恨出来的。著名儿童文学家郑渊洁说:“家长不成功,却要求孩子成功,等于种了土豆非要收获原子弹。”“家长自己做出成就,是给自己的孩子施加压力的最好方法。”我们对孩子要有期望,但不是不切实际的奢望。人们都说中国的孩子比外国孩子压力要大,有一个段子说得很生动:“甭管什么超人、奥特曼、蜘蛛侠,还是什么范海辛、绿巨人和恶灵骑士,外国的英雄都是成年之后才出来打怪兽的,只有我们国家的葫芦娃一出生就开始打妖怪。”作为一个家长,不要给自己的孩子人为地施加压力。对此现象,身为大学教师的易中天先生作了深刻的剖析,他针对教育现状,十分尖锐地指出:“我们的目标是‘望子成龙’,标准是‘成王败寇’,方法是‘死记硬背’,手段是‘不断施压’,还美其名曰‘压力即动力’。至于孩子是否真实,是否善良,是否健康,是否快乐,没人去想。教育本是最需要‘以人为本’的领域,却最不拿人当人。”易先生的话讲得很重,但值得老师、值得教育工作者们和政府深思!

逆反心理

你又不是唐僧,
我又不是孙猴子,
P(屁)大的一点事,
干吗一天到晚唠叨?
我是你的小孩,
不是你的下级,
别总是居高临下,
我们是平等的!

【链接】读到此则短信似乎看到一个中学生，由于心中压抑了很多、压抑了很久，面对他的家长的教育方法的不得体，产生了强烈的逆反心理，作出了火山爆发式的倾诉。这里运用了两种关系作比喻，来阐明事理：其一，我们不是孙猴子与唐僧的关系，你为什么总对我念紧箍咒呢？其二，我们不是上下级关系，你为什么不能平等对我呢？短信实际上是省略了“爸妈”字，实际上是一种对父母亲的呼告，也许是由于过于激愤，连对家长的称呼也难以叫出。

很多家长由于望子成龙心切，往往不注意教育方法，使得孩子产生对立情绪，产生逆反心理，有的家长对孩子总是不放心，因此管得过于细心，有的甚至不顾侵犯了孩子的隐私权，有则短信写道：

> 又偷偷上我的空间看我的日记，这么 WS(猥琐)的事，我都不愿提。小孩也有隐私，若好奇，就去打听明星的八卦。NIKE(耐克球鞋)，火星文，你懂吗？

这里的逆反心理，还带有一点鄙视和嘲讽。有的家长对孩子指责过多，也容易遭到孩子的反唇相讥，如，父亲说：“林肯像你这个年龄，已是班里的好学生。”儿子：“林肯像你这个年龄，早已是美国总统。”孩子的回答可谓针锋相对，令父亲十分尴尬，真乃是“寡人自取病焉”！这很容易使人想到一句话：自己不是龙，却要求自己的孩子是龙的传人。从伦理上、辈分上，孩子应该尊重长辈，但在人格上，长辈应对下辈予以尊重保护，千万要注意教育方法，一言一行都不要让孩子幼小的心灵受到有意或无意的伤害。

4. 校园新语

大学历程

大一：不知道自己不知道——《呐喊》；
大二：知道自己不知道——《伤逝》；
大三：不知道自己知道——《彷徨》；
大四：知道自己知道——《朝花夕拾》。

【链接】本则短信由两部分组成，以破折号为界，前面是绕口令式的“知道”与“不知道”的不同变化组合，后一部分则是以鲁迅先生的书名的字面意义（并非内容实质）对“绕口令”部分进行诠释。这两部分分别单独在网上出现过，很可能是短信作者把它们集合而成的。此则短信也可视为校园歇后语。短信标题为“大学历程”，写的是对一些大学生四年学习状态的评估及自我感觉。刚进入大学，也许还有些自我陶醉，甚至忘乎所以，“不知道自己不知道”，可能还有点咋咋呼呼；学习一年后，才“知道自己不知道”，可能对虚度时光有所痛惜；大三了，反而不觉得自己很有知识，在茫茫的大海中，难以辨别方向；快毕业了，才渐渐懂得自己掌握了哪些知识，才懂得将有用的知识不断积累起来。其实，这样的大学生还是不错的，还不是那种“上课梦游化、逃课经常化、Kiss 公开化、恋爱闪电化、考试作弊化、补考专业化、消费白领化、素质流氓化”的学生，这些学生没有放弃学业，这是难能可贵的。

本则短信以鲁迅书名来对大学四年的学习状态进行点评，有的人则以影视作品名和歌曲名来调侃大学的四年历程：“大一时：《望乡》；大二时：《为爱停留》；大三时：《无所谓》；大四时：《其实不想走》。”很明显，这种学生比前一种学生的学习态度要差很多，学习无所谓，恋爱很积极，快毕业了，不知是已察觉到了没有学到东西，还是对于找工作难产生畏惧，不得而知。但“不想走”也得走了。

对于大学生，大家都十分关注，不少短信、段子对大学生的四年的学习生活状况有着生动形象的描绘。比较全面的有短信《判断大学生年级的三大定律》。其中一条是关于学习的《上课定律》：

“你怎么迟到了？”这是大一的；
“你今天怎么没上课？”这是大二的；
“你上课去吗？”这是三大的；
“你怎么上课去了？”这是大四的。

刚进入大学，学习热情还是蛮高的，对于上课迟到还会有所责怪。大二时，逃课还是很偶然的。到大三，逃课便经常化了。大四时，不去上课是正常的，去上课倒是令人惊讶的不正常了。另外两条定律都是谈课余生活的，其中一条是《睡觉定律》：

晚上熄灯后准时睡觉的是大一的；

晚上熄灯后还没有去睡觉的是大二的；

上课时，在老师眼皮底下睡觉的是大三的；

上课时，依然在宿舍睡觉的是大四的。

这里抓住“熄灯”后的状态，及“上课睡觉”不同场所的细节反映从大一到大四的“进化”。还有一条定律便是《饭堂定律》：

在饭堂吃饭时，发现碗中有条虫，大呼小叫的是大一的；

在饭堂吃饭时发现有条虫，拿起饭碗去找饭堂负责人的是大二的；

在饭堂吃饭时发现有条虫，把虫夹出来，继续吃饭的是大三的；

在饭堂吃饭时发现碗中有条虫，把虫一起吃下去的，是大四的。

这条定律的细节描写更集中，仅仅抓住对待“在饭堂吃饭时发现碗中有条虫”的不同反应，表现出从大一到大四的不同历练程度，耐人寻味。进入大学后，恋爱成为一个很主要和重要的内容，所以，也有短信对此有所表述：

大一：太小，不知惜香怜芳草；

大二：正好，满园春色觅芳草；

大三：太老，夕阳难以照芳草；

大四：长叹，天涯何处无芳草。

四句都围绕“芳草”来写，反映了大学四年对于爱情的不同心路历程。以上言论都是来自生活，体现了作者的细致观察，显得非常生动风趣、出神入化。

我爱你——塞北的雪

一美眉令众男同学倾慕，阿牛斗胆在她桌上刻下“我爱你”三个字。美眉见了大怒，无奈擦之不去，众皆幸灾乐祸，心想这下看你美女怎么办？谁料次日美眉在桌上加刻了四个字“塞北的雪”，众男不禁对美女肃然起敬。

【链接】此则短信，篇幅虽短，但却将人物的行动和心理刻画得生动有趣，开始，男生占上风，刻上去的字擦不掉，令美女无奈，似乎令美女被动，令大家看笑话。但是，美女面对擦不去的尴尬，灵机一动，加刻四个字，顿时消除了尴尬，变被动为主动，令男生肃然起敬。笔墨不多，却表现了非常生动有趣的情节，表现了美眉的机智应变的可爱、单纯。短信有人物、有故事情节，好像是一篇微型小说。

“我爱你”与“塞北的雪”连起来，正是当年青少年中非常流行的一首歌曲的歌名，很准确地反映了当今青少年生活的时代特点，对作者来说，也是踏破铁鞋无觅处，得来全不费功夫！当然，在公物上刻字是不可取的。

短信的立意很明确，称赞女学生能随机应变，称赞女学生的智商比男学生高，无独有偶，类似这样的段子不少。例如，有一个段子写道：一男生鼓起勇气向一女生表白爱意，女生说：“明天下课后，你从校门口往外走，到第四个路口右转，我告诉你答案。”男生误以为是和他约会，第二天，男生精心打扮了一番，兴冲冲地去了。回来后，哥儿们七嘴八舌地问结果，男生失望地说：“那是一个死胡同。”有的段子则写得十分简洁，仅仅四句对话。男生：“我向你问路，可以吗？”女生：“可以。”男生：“请问通向你的芳心之路怎么走？”女生：“此路不通。”这段对话与前一个段子异曲同工。学生的课业负担很重，课余有轻松活泼的调侃，对他们的精神生活也是一种很好的调剂。

非常有趣的是：2013 春晚中，小品《今天的幸福》也运用了“我爱你——塞北的雪”这个“典故”（或称“细节”）。男主角因为其女老板要和前夫“演戏”，要刺激前夫，故意迫使男主角对她亲昵，男主角无奈地对女老板喊了一声“我爱你”，但是，他的爱人就在楼下，而且叫他的手机一直开着，要听他和老板娘对话，于是他为了消除爱人的误会，情急之下，急中生智，马上对着手机突然接唱起“塞北的雪”。由于运用了这种跳脱突接的手法，产生了非常好的戏剧效果。戏剧家曹禺的话剧《雷雨》中也运用了这种手法，当鲁侍萍见周萍打鲁大海时，她对周萍大叫“你是萍……”后恐失口，她突然中断原话，以“凭……凭什么打我的儿子”突接，岔开了原话，避免了尴尬和难堪，戏剧效果极佳。当然，有人把《雷雨》这个例子说是“谐音转类”，但不局限从字面上看，而着重从语境上来体会，应当是“跳脱”的修辞手法。其情境类似“我爱你——塞北的雪”。

十一、咸言辣语篇

1. 职场掠影

地方官场形式主义

管理就是收费，涨价就是接轨；
狠抓就是开会，落实就是动嘴；
重视就是标语，研究就是扯皮；
汇报就是掺水，政绩就是神吹；
检查就是喝醉，验收就是宴会。

【链接】本则短信通过十个排比句具体写到了基层官员尽玩虚把式、不干实事的各种表现，一针见血，入木三分。本则短信的标题是说“形式主义”，实际上讲的是官僚主义，讲不作为也是可以的。本则短信谈的内容很广泛，具有普遍性。有一个小段子叫“新‘官’念”，堪称本则短信的姐妹篇，段子写道：

安排工作：对着稿子念念；
检查工作：隔着玻璃看看；
群众上访：糊弄糊弄劝劝；
接待上级：酒桌殷勤献献；
项目动工：镜头前面站站；
出了事故：藏藏掖掖按按；
下乡扶贫：月末下去转转；
主要精力：麻将桌上练练。

这个段子与短信一样,对于一些官员的“形式主义”的工作作风以及不作为的表现和只顾吃喝玩乐的腐败等做了具体细致的描绘,也将这种官员的形象勾勒得出神入化。有的短信则通过一个官员的“日志”对一些只会吃喝玩乐的干部作了自我描绘:

清晨起来:打拳;
上午开会:打盹;
中午吃饭:打嗝;
下午上班:打哈;
傍晚加班:打牌;
晚上娱乐:打×;
深夜回家:打架。

短信像一组漫画,通过一个干部自早到晚的行动表现,并每句重复一个“打”字,以同异修辞手法勾画了某些只会吃喝玩乐、懒散不作为的丑恶现象,这种官员是令人深恶痛绝的。短信中的“打×”,很显然是指“打飞机”或“打炮”,但不明写,让读者去想象。

画　　像

吹吹牛皮,像驴叫一样;
反映民情,像蚊子一样;
巴结上司,像哈巴狗一样;
教训下属,像老虎一样;
干起活来,像猴子一样;
碰到困难,像泥鳅一样。

【链接】此则短信用五个比喻句构成一组排比句,像画漫画一样,勾画出生活中某种心术不正的人的丑恶嘴脸。短信对于人的某种精神状态对应找到了某种动物的独特属性来进行类比。此则短信每两句又是一组对比:这种人像哈巴狗那样温顺地对待上级,而对下级却像老虎一样凶狠；这种人做起事来像猴子捡苞米一样不踏实，遇到困难却像泥鳅一样溜掉，把困难留给别人，描绘得非常形象、生动。另有一条短信仅从这种人对不同的人“见人说人话，见鬼打乱哇”作了比较集中深入的描写，短信是这样写的：

和上司说美话，
和下属说丑话，
和老婆说谎话，
和情人说白话，
对熟人说笑话，
对生人说鬼话。

两条短信有异曲同工之妙，而后一条短信则更像一个特写镜头，仅就“说话”一个方面，将局部的面貌表现得更加淋漓尽致！

还有则短信，把某种人对不同的事和人的不同态度比喻成穿各种不同的鞋：

办起事来穿拖鞋，
遇到问题穿球鞋，
汇报工作穿牛皮鞋，
因公出差穿旅游鞋，
见了美女穿暖鞋，
同志相处穿高跟鞋，
就是不穿平底鞋！

本短信扣住一个“鞋”字，实际上并不是某种鞋就跟某种活动有必然的联系，只是取其谐音效果或比喻意义而已：说某人办事穿拖鞋，只是借“拖”字的读音，言其拖拖拉拉；说某人遇到问题穿球鞋，也只是借“球”字而言其不肯承担责任，把“球”踢给别人；汇报工作浮夸不切实际，好吹牛皮，故说其穿牛皮鞋；因公出差，不是为了工作，而是游山玩水，故言其穿的是旅游鞋；有好色者，对男性冷淡、对美女格外热情，故言其此时穿暖鞋；有的人有一点地位后便与同志相处不能平等待人，总是高人一等，真好像穿了高跟鞋一样。以上描述了生活中的一些思想行为不健康的众生相，虽是一种俏皮话，但却调侃得入木三分，且生动形象。

永远的小孙

在小孙退休欢送会上，
局长高度评价了小孙的工作，
然后说：
“小孙，退休后有什么要求，尽管提出来。”
小孙犹豫良久，说：
“我……有个请求。”
局长笑道：“你说吧。”
小孙鼓足勇气，说：
“请领导能否……叫我老孙！”
局长呵呵笑道：
“你这个要求并不过分嘛，小孙。”

【链接】本则短信不由得让人联想起这样一个故事：一个私生子长期叫其养父为“叔叔”，一天，真相大白了，该养父就是他的生父，养父（即生父）对他提出了一个要求：“我对你没有别的要求，唯一的要求就是从此以后叫我做父亲。”儿子很爽快地答应了：“好，我以后一定做到，亲爱的叔叔。”情节与短信十分相似。本则短信荣获2004年由海南移动通讯有限责任公司等单位联合举办的“中国首届全球通短信文学大赛”小说类二等奖，作者杨静龙。其获奖评语为：“一个欢送会，一个有关称呼的小小要求，让读者对小人物平凡的人生引发种种联想，对世态和积俗有会心的揣摩。此文绵里藏针，在宽容、诙谐、放松之下具有温和的批判性，对官场文化生态是一个善意的修补。”本则短信所表达的旨意应该是习惯成自然，一旦成了习惯，要改也难。对于一个人，长期称其为“小孙”，突然要改口称为“老孙”，很可能一时难以改变过来，而本则短信的切入点是在一个局长、一个官员身上，却另有一层深刻的含义。作为一个官员，传统封建理念之一是视民如子，在官员的眼里、心目中，百姓总是“小”的，他们对待老百姓，往往是居高临下的，这是根深蒂固的，所以，要局长改称“小孙”为“老孙”，应该是比别人困难得多。短信不把它简单地仅仅看成是一个改变称呼的问题，而是要改变老百姓在官员心目中的地位的问题。所以其获奖评语特别强调本则短信是“对官场文化生态”的“一个善意的修补”，短信“绵里藏针，在宽容、诙谐、放松下具有温和的批判性”。

过去有一个小段子在这方面反映得更典型，更具代表性。该小段子说：

某单位一个领导平时喜欢书法，一次单位上举行书法比赛，该官员交出的书法作品便是“同意”二字。

真叫人大跌眼镜，这也是习惯成自然。这是一种夸张，也许会使人觉得太可笑了，但在官场文化中有其真实的生活基础，显得格外幽默、解颐。

第二届短信文学大赛中获铜拇指奖的短信小说《王小狗的一生》（作者陈兴后），则完全是围绕他的一生的称呼来写的：

> 7岁上学被老师称为“王小狗同学”，后来被称为“小王”“王副”“王科”以至“王局”，退休后大家叫“老王”，寿终正寝后，其墓碑上书“王小狗之墓”。

此篇短信小说通过一生称呼的变化，反映其一生的历练和辛酸，也展现着世态的沉浮与炎凉，也揭示人生的历程由简单到复杂，再回归到简单的禅理，让人们懂得对人生要看得透，放得下，再轰轰烈烈的人都免不了遵循生于平淡、死于平淡的始终。这也是人的称呼给我们的启示。

2.“医”食住行

看病四“花”歌

处处排队，头昏眼花；
医生开单，天女散花；
医药收费，雾里看花；
久治不愈，金钱白花。

【链接】本则短信用诙谐的语言，反映了看病难、看病贵的一个方面。看病从挂号到收费，再到拿药，要排很多次的队，如果要作化验、检查，又要另外多排几次队。的确很繁琐，的确会令病人搞得头昏眼花。所以有人说没病都会看出病来。过去，药品批价还要单独排一次队，现合并到收费一道进行，说明在程序上是有改进的余地的。至于看病中，医生开出的处方，加上不是很必要的检查单，其纸单之多，夸张一点，的确如天女散花，一单接一单。至于医药费的名目繁多，以及昂贵，的确令患者雾里看花，有的患者讽刺地说：“我本来患的是感冒，可是昂贵的医药费却使我差点心肌梗塞。”倘若是花了昂贵的医药费，但很久都没有治好，那患者当然会感叹“金钱白花”。有的人反话正说：“看病其实并不难，难，是因为你人际关系不活跃；看病其实并不贵，贵，是因为你包里的钱太少。”此话从另一个角度诉说了看病难、看病贵。医疗正在进行大步伐的改革，相信短信中所说的看病四“花”现象必将很快成为历史。本则短信特意在每句句末都重复使用一个“花”字，令人印象深刻。但在四个“花”字，虽然在字形上相同，但在词性及词义上却有点不同。这四个“花”字中，只有第二、第三两个“花”字是普通的名词，取花朵的意思。而第一个“花”字，是眼睛“发花”的意思，既可以算作形容词，也可以当作动词。第四个“花”字，是“花钱”的意思，则明显是当作动词使用了。前面三个带“花”字的都是熟语，而第四个“花”字在词义、词性上作明显的转类，更具幽默、调侃的效果。

同样反映医疗方面的弊病，另有一则短信为《看病四“最”歌》：

排队的时间最长，看病的时间最短；

收费的项目最多，热心的医生最少。

本则短信与上一则是姊妹篇，在内容和表达上大致相似，但本则短信是突出重复四个“最”字，而且每两句形成一组对比，以“排队时间最长”与“看病时间最短”作对比；以“收费项目最多”与“热心的医生最少”作对比，通过这种相互的衬托，使问题表达得更加尖锐鲜明。其实，医院和医生也是有苦衷的。有不少医院曾经作过明文规定和承诺：给每个患者的看病时间不得少于十五分钟，但是由于我国的国情，我国医生和患者的比率远远不如外国。在一些大医院，一个医生一个上午要看几十个病人，医生也很辛苦，在快节奏、重负荷的工作状态下苛求他们对不熟悉的病人表现出极大的热情，也确实勉为其难。看病难、看病贵，药费多是个焦点问题，有一则短信题目便为《药价虚高》：

药价高烧不退/医院虚火上升/医生病了/嗜药如命/真正需要药的人/却离药越来越远了/居高不下的药价/高成了另一种疑难杂症/真正要了很多人的/命

短信写得非常尖刻，大概是因为它写的是药，所以要显得良药苦口，这样才能有效地治病救人。还有一则短信写道：

医生：“那位叫吴前的病人要出院了，你赶快给他注射一针镇静剂。”护士不解：“都可以出院了，还打针干吗？”医生直冒汗珠：“他要结账，我怕他受不了！”

此则短信很巧妙地通过医生的口说出了医药费太贵，贵得吓人，贵得非要让病人打镇静剂才能预防产生意外，其讽刺揶揄，真可谓一针见血，入木三分。

饭　　局

一周一饭局，是正常人；
一天一饭局，是大红人；
一天三饭局，是交际花；
一天N饭局，是端盘子的。

【链接】此则短信中所说的饭局，通俗一点说，就是上馆子，一般人因为各种事情，一周上一次馆子，该属正常的。每天都能上馆子的，只能是因为应酬，只有官员或商人才有这种需要。而一天三饭局的是交际花，这交际花不一定是指女的，而应该是上一些大红人中的佼佼者，用老话来说，那就是“吃了县里赶府里”的那种人。而一天到晚都在餐厅里的人，则应该是餐厅的服务员和厨师等人了。而短信以“端盘子的”来指代他们。此则短信如同一段老笑话：“挂一支钢笔的是小学生，挂两支钢笔的是中学生，挂三支钢笔的是大学生，挂四支钢笔的则是修理钢笔的。”短信通过各种参加饭局的时间频率来表现各种人的身份和地位，非常风趣幽默。

有的短信则通过请人赴饭局的时间不同反映主人对待客人的态度，短信写道：“提前一天预约是真请你，提前半天是叫你作陪，上菜了才请你是凑数的。”作者观察生活很细致，通过主人预约客人的时间的提前量一天、半天、临时的区别，反映出主人的人情冷暖。还有的短信与之相辅相成，从另一个角度，从客人赴约上饭局的时间速度，即来的快慢，判断出客人对待这个饭局的态度。短信写道：“一请就来叫爽快，三请才来叫摆谱，怎么请都不来叫原则，不请自来叫蹭饭。”短短的几句话，却勾勒出各种人参加饭局的不同神态及原因。有的短信，别出心裁地对“中国式饭局”作了细致的剖析，短信写道：

饭局三大主力：主人、宾客、陪客；
饭局三大要素：酒、菜、烟；
饭局三大功能：求人、密谋、庆功；
饭局三大纪律：让座、敬酒、抢埋单；
饭局三大特色：吹捧、忽悠、讲段子；
饭局三大境界：豪言壮语、疯言疯语、不言不语。

短信对于饭局的主力、要素、功能、纪律的特色、境界都从“三个”方面进行归纳，说得诙谐有趣，而且非常生动形象。

“饭局”一词的“局”，本是下棋的术语，后引申为“情势”“处境”，再引申为赌博、聚会，乃至于“圈套”之意。自古以来，有很多“饭局”不但无友好之情，倒有“圈套”之意，甚至暗藏着杀机，廿四史中不乏其例——从春秋时齐相晏子“二桃杀三士”起，后有赵国蔺相如在渑池宴上屈秦王，此外，还有楚汉相争时刘邦险赴“鸿门宴”、三国时曹操约刘备“青梅煮酒论英雄”，还有宋太祖赵匡胤的“杯酒释兵权”等不胜枚举。这样的饭局，宾主双方的心态都极为复杂，甚至命悬一线，这是与短信中所描写的心态、情态乃至事件的性质是迥然而异的。

饮食的忧虑

吃动物怕有激素，
吃植物怕有毒素，
喝饮料怕有色素，
能吃什么？心中无数。

【链接】由于众所周知的原因，我们生活中，愈来愈严重地存在着食品极不安全的问题，本则短信不是一一具体列举，而是采用了归类的方法来概括说明。不必具体指出牛还是羊，是狗还是猪，反正整个动物类，人们惧怕这些动物的肉含有激素；也不具体指青菜，还是萝卜，是苦瓜还是茄子，人们就担心植物中吃到尿素或农药等毒素；也不必具体指是雪的，还是雪碧，是可乐，还是橙汁，人们害怕吃到饮料中的色素。本则短信巧妙地抓三个名副其实的词素“×素”来指代含毒和有害物质，而且又从“素”的谐音，更概括地道出了“能吃什么，心中无数”，这个无数既可能理解为心中没有底，也可以取其双关意义，说有含毒有害的三“素”物资，不是一样两样，而是太多太多，不计其数。说“能吃什么？心中无数”，还是比较客气的，有的人将成语“患得患失”改为“患得患食”，正好说明我们由于食品不安全，已经到了怕吃东西的地步，这决不是耸人听闻。

短信每句末尾从三个“素”字，突然谐音转义变成了“数”字，不仅从形式上避免了过多的重复所造成的单调。而且凸显了对于食品隐患过多的忧虑和无奈。

有人对当今食品中含有有毒金属太多，非常尖锐地指出：“据说一个中国人死了，倒在地上，拍扁了就是一张元素周期表。”也许你以为说得太尖刻了，但问题就是这么严重。更令人担心的是，在食品安全上，旧的问题没有解决，更多的新的问题又接踵而来。最近，除了前面提到的事件外，又出现了染色馒头，又出现了致癌亚硝酸盐渗入血燕窝的事件。如果说以上是单枪匹马地来袭击，那么添加剂便是大兵团作战，添加剂名目繁多，它真像一个大家族，它既有甜味剂，又有酸味剂；它既有消泡剂，又有防腐剂；它既有凝固剂，又有乳化剂；它既有增稠剂，又有抗结剂；还有增味剂等，不一而足，真够人提心吊胆的，除了期望商家有道德良心外，就是期望政府采取有力措施，让老百姓吃得安全，吃得放心，吃得心中有数。

住房（水调歌头）

住房几时有？含泪问青天，不知要等多久，乔迁是何年？我欲申请“经适”，又恐暗箱操作，宝马停楼边。常说房价跌，奈何总缠绵。

黑灯屋，到处是，叫人馋。不应有诈，何故总是梦难圆。家有妻儿老小，几代蜗居难熬，此事古亦怜。但愿居有屋，广厦千万间。

【链接】显然，此则短信是仿苏轼《水调歌头·明月几时有》而作的，仿苏轼这首词的短信很多，此则短信在立意及文采等方面略显成熟。仿作一般开头都仿苏作的问句“明月几时有，把酒问青天”，很快就让读者联想到苏轼的有关作品。本则短信一开头“住房几时有？含泪问青天”的设问句，开门见山，一下就把本文的主旨——住房问题提出，引起读者的关注。接着，写住房困难户的期盼，以及想申请经济适用房却对暗箱操作的忧虑心境。继而通过空房黑灯的普通现象，揭露房地产商垄断房地产市场、唯利是图的卑劣行径，写得十分形象生动，并发出了“不应有诈”的愤慨及“总是梦难圆”的慨叹。最后，短信发出“蜗居难熬，此事古亦怜”的议论及“但愿居有屋，广厦千万间”的由衷祈求和迫切愿望。整个作品一气呵成，如行云流水，连贯而酣畅。尤其是本短信在构思方面是颇费心思的，在表达中很自然地揉进了现今和古代的“典故”，一是“宝马停楼边”，揭露了在分配经济适用房中的不正之风，经济适用房，本是雪中送炭，解决住房困难户燃眉之急的；然而据媒体揭露，却有些富而不仁的人也伸手掳掠到了经济适用房，他们开着宝马车去入住经济适用房，这是很令人痛心疾首的。另外短信的末尾“但愿居有屋，广厦千万间”，是用了两个典故的，其一是孟子的“居者有其屋”（孟子·梁惠王章句上），其二是大家耳熟能详的杜甫《茅屋为秋风所破歌》中的“安得广厦千万间，大庇天下寒士俱欢颜”。而且“但愿居有屋，广厦千万间”与前句“此事古亦怜”是前呼后应的，且寓意较为深邃。既然，对于百姓居无屋的事，古人都是同情关心的，那么在现代社会里，有公民还在“蜗居难熬”，难道不应该更加施以爱心，使之很快地获得乔迁之喜吗？确实令人深省。

本则短信是仿古典诗词来写住房情况的，有一则短信则是仿现代歌曲《月亮之上》来写同一题材的，全文如下：

> 我在遥望，大盘之上，有多少房价在自由地上涨。昨天已忘，风干了好房，我要和你重逢在没房的路上。房价已被牵引，质落价涨，有房的日子，远在天堂。哦也，哦也，哦也，谁在呼唤，行情多长，挣钱的渴望像白云在飘荡。东边割肉，西边喂狼，一摞摞的钞票，就送到了银行。在房价沧桑中，房子在何方，跟谁去打商量：让房价降降。

这个段子特别在心理上反映了无房者的辛酸，尤其是最后一句“跟谁去打商量，让房价降降”，似乎有点天真，有点不切实际的幻想，甚至有点可笑，难道还可以与房地产商去商量降低房价吗？这无异于“与虎谋皮”，这是绝对不可能的。当然对无房者嘲笑也是不应该的，应该对他们理解和同情。

一个大学生和一套房

一个大学生拖垮一个家庭；
一套新房子消灭一个百万富翁。

【链接】教育与住房问题是当前社会十分关注的两大热点问题。社会上最近流传有一句话：“一个大学生拖垮一个家庭。”这谈的是教育问题。另外，网络上流传一句仿照《游击队之歌》歌词“我们都是神枪手，每一颗子弹，消灭一个敌人”改写的话：“我们都是神枪手，每一套房子消灭一个百万富翁。”本则短信大概是根据以上材料创作而成，使两个长短不一的句子更加均衡匀称了，而且读起来更加顺畅，又便于记忆。中国人都有望子成龙的思想，另外就业以及当官都强调学历，因此，迫使大家都想自己的孩子能考上大学，更希望考上名牌大学和出国留学。从幼儿园开始，各种正常的费用已是不少，如果要加上择校费、兴趣班补课费等，确实负荷很重，到了考大学，那就是“大出血”的时候了，所以有的人调侃曰：六月考儿子，七月考老子，八月考票子。换一种说法是：六月考学生，七月考家长，八月考银行。

考上大学，对于一个家庭来说，确实是喜，但对于城市下岗、山乡贫穷的家庭，却喜不起来，却是极度的忧虑，有的学生有幸靠社会的救助才踏进了校门，但进校后几年的费用却是可以拖垮一个家庭。现在城市里，一百平米的房子还不算豪宅，每平米万元还不算高价，但是仅这种价位、这种面积的一套房子，的确可以消灭一个百万富翁。外国人不理解为什么中国人为了买一个水泥箱子要拖累一辈子。过去城市里吃大锅饭，有福利分房，现在基本上退出历史舞台了。现在出现了经济适用房，但有的却被开宝马车的富翁"鸠占鹊巢"了。有的经济学家用心良苦，主张经适房用公共厕所，但未被采用，现在似乎重视廉租房，希望它有一个好的前景，这里还不能遗忘一个是拆迁还建房，其过程中，有人付出了生命的代价，现在处理得有点注重人情了。不再"拆房像拆鸡窝"一样了，有的许诺在指定的若干天内搬迁，又可增加20%～40%的搬迁费，拆迁顺利了。

目前，一万元买一平方米，只能在中小城市买二手房，在京沪地区免开尊口，就2011年的行情来看，北京六环以内均价已达三万一平米，四环、三环区域内在四五万一平米，东北四环有的楼盘卖到了八万至十万一平米。上海均价与北京差不多，有些地王则出现天价，汤臣一品已是15万一平米，报价21万一平米。引人注目的是松江佘山月湖山庄已是24万一平米，每套别墅总价过亿，足以令人望楼兴叹。近年来，也不停地喊着限价、降价，这只是与虎谋皮。古人说"苛政猛于虎"，现在可以说：学费、楼价猛于虎，政府应出重拳，击垮这两只虎。

八"人"游

景色生态迷人，山高水湍惊人；
文化底蕴醉人，历史故事诱人；
门票贵得吓人，导游忽悠骗人；
旅店货摊宰人，游客陋习丢人。

【**链接**】此则短信题为八人游，但并非指八个人一同游玩，而是通过句末共用一个“人”字，调侃了在旅游中的八种感受。短信结构紧凑，内容令人牢记不忘，领略一种趣味。短信共八句，四褒四贬，各得要领。巧妙的是，四褒指的都是客观存在的人文景观的优势：景色迷人、山水惊人、文化醉人、故事诱人。而四贬所指的都是人为因素造成的劣势：由于追求经济效益，门票贵得吓人；由于职业道德沦丧，导游忽悠骗人；由于一切向钱看，旅店货摊宰人；由于国民素质不高，游客陋习丢人。由于人为的劣势，使得人们在旅游中往往扫兴而归，甚至留下各种遗憾，更加印证了“不去遗憾终生，去了终生遗憾”的那句话。有的短信则用十句句末为“头”字的谣体抒写了旅游的乏味，题为“旅游的十大‘看头’”，写得非常幽默风趣：

到北京看“城头”，到西安看“坟头”，到上海看“人头”，到苏州看“桥头”，到天津看“码头”，到桂林看“山头”，到南京看“石头”，到河南看“光头”，到海南看“浪头”，到杭州看“丫头”。

还有的短信对于一些人为的旅游景点表示了不屑一顾的鄙视：

卖点不明不白的文化，
花点不清不楚的银两，
留下不汉不唐的建筑，
成就不高不低的功名。

为了成就不高不低的功名，为了搞活当地的经济，出现了一个非常有趣的现象——故里之争，许多地方纷纷争为名人的故里，有的段子对此作了极为详尽的描写：

河南鹿邑和安徽涡阳：争老子，
山东滕州和安徽鲁山：夺墨子，
四川江岫和湖北安陆、甘肃天水：争李白，
河北临城和本省正定：抢赵云，
辽宁辽阳和本省铁岭：争曹雪芹，
山东临清和本省阳谷：竟然抢西门庆……

为了争为故里，竟然不分是非和青红皂白，这是利令智昏的表现，发人深省。据说故里之争的范围还在不断扩大，现在有很多地方还在争为明星的故里，也无非是为了“成就不高不低的功名。”

3. 足坛悲歌

国足欢迎你

我家球门常打开，开怀容纳天地。
一个两个不算稀奇，再多也输得起。
天大地大都是朋友，请不用客气。
场上梦游是惯例，场下才牛×。
国足欢迎你，用红牌感动你。
你们捞足积分，我们来出局。
国足欢迎你，遇上了你就随便赢，
有我们就会有奇迹。

【链接】大家都非常熟悉2008年北京奥运会的主题歌《北京欢迎你》，本则短信便是根据该歌歌词仿拟而成的，原歌歌词很长，由许多著名歌星联袂演唱。短信只是仿拟了歌词的最后部分，其原歌词为："我家大门常打开，开怀容纳天地，岁月绽放青春笑容，迎接这个时期，天大地大都是朋友，请不用客气；画意诗情带笑容，只为等着你；北京欢迎你，像音乐感动你，让我们都加油去超越自己。北京欢迎你，有梦想谁都了不起，有勇气就会有奇迹。"短信改动不算大，只是根据足球比赛的特点，尤其是输球现象作了一些点化："一个两个不算稀奇，再多也输得起""你们捞足积分，我们来出局"，讽刺得十分风趣又入木三分，尤其是最后两句"遇上了你就随便赢，有我们就会有奇迹"，话语虽平常却十分尖刻，让人无地自容。当时，足球黑幕尚未揭开，所以，短信的火药味并不是很强烈，当时，在球迷网民中流传的类似短信段子很多，有一则结构与此大致相似：

我家球门常打开，要进几个随你，交锋过后就有了底，你会爱上这里；不管远近都是客人，请不用客气，进的少了别在意，下次补给你……

当时对于输球输得不合情理，大家总感觉到其中定有不正常的奥妙。而当时中国足坛最高级别的管理者——原中国足协专职副主席、国家体育总局管理中心主任谢正龙心中有鬼，对此作出了“技不如人”的解释，引起了广大球迷的强烈不满，于是，针对“谢正龙”的短信段子也随之产生了，也是仿拟《北京欢迎你》这一段落而创作的：

> 我家住着谢正龙，书写每段传奇，不懂足球也不要紧，仕途才是第一；陌生熟悉都是客人，请不要拘礼；谢主席他很热情，场场陪着你……

随着足坛扫黑打假的深入，查证到谢正龙也参与了赌球，也被双规下课。提到谢正龙，人家都会联想到“叉腰肌”，联想到谢正龙认为中国女足战况不佳是因队员叉腰肌不够发达的谬论。对于他的政绩，有球迷调侃说：谢主席使中国男足“四大皆空”，带中国女足“走向末路”，他的确在“书写每段传奇”。球迷们毫不客气地指出：“不懂足球也不要紧，仕途才是第一”，对谢正龙进行了一针见血的讽刺。这样的人霸在显赫的官位上，只能是贻害一方。所以，谢正龙下课后真是大快人心，有的球迷发出内心地喊出了“谢天谢地谢天龙”的呼声。还有的球迷高喊：“谢正龙，你妈妈叫你回家吃饭！”可见其极不得人心！

你总是脚太软

你总是脚太软，脚太软，
把所有的好球都射不进网，
头脑总是简单，配合太难，
不能出线就别再勉强。

【链接】显然，本则短信是针对中国足球的现状，根据流行歌曲《心太软》(由任贤齐演唱)歌词的部分段落仿拟而成，短信抓住了

"脚—射网—出线"足球运动的三个重要元素,表现得很得体。原歌词的相应部分是:"你总是心太软,心太软,把所有问题都自己扛,相爱总是简单,相处太难,不是你的就别再勉强。"短信依旧押原词的韵。原歌曲是写爱情的,前面还有"你无怨无悔地爱着那个人"等唱词,球迷与足球的关系虽不是爱情的关系,但是中国球迷对于中国足球的疼爱比爱情更热烈,更疯狂。尽管屡次失望,但短信表现出的是:球迷们并没有呵斥和埋怨,而表现出的是一种温情的理解和惋惜——你总是脚太软,脚太软;另外表现出的是一种深切的爱护、关心和安慰——不能出线就别再勉强。还怕他们累坏了呢!这真是体贴入微。虽不能说是父母对子女般的语重心长,但却像是姐妹兄弟之间的一种温柔,是一种心平气和的沟通。有的网友认为"把所有的好球都射不进网"的"不"字应删掉。把好球射出网,的确可以说明脚很臭,水平太差。但射"进"网却太有玄机,因为这是指射进自己的网,意思是:"哥,你是不是为了别的目的在踢假球?别以为弟没有看出来。"可见足坛打假扫黑之前,就有球迷们能从不正常的现象中看出问题的端倪,只是一时拿不到证据,一时揭不开黑幕而已。现在的事实已雄辩地证明:足坛由于黑幕交易,把好球射进自己的网是踢假球的表现形式之一。足坛打假扫黑风暴正在迅猛向前,相信经过这次风暴之后,雨过天晴,足坛再也不会出现把好球射进自己网的怪异现象,"哥,以后别再踢假球了,好吗?"

根据歌曲《心太软》部分歌词仿写的短信《你总是脚太软》有好几个版本,有一则短信是这样写的:

> 你总是脚太软,脚太软,独自一人带球到被抢,你无缘无故地推倒那个人,我知道你根本没有好下场。

还有的短信写道:

> 你总是脚太软,脚太软,逼着一帮人流泪到散场,你无脸无嘴地骗着那些人,我知道你根本没那么坚强。你总是脚太软,脚太软,把所有程序都出洋相。要赖总是简单,进球太难,不是你的就别放羊。

与此则短信结构相同的还有:

> 你总是脚太软,脚太软,常常让球迷流泪到天亮。你循环往

复地输给那些人，我知道你根本没那么坚强。你总是脚太软，脚太软，把所有的无能都自己扛。输球总是简单，赢球太难，不会踢球就别再勉强。

此类短信可能还有许多，未能一一列举。其实，说国足“脚太软”，还是留下情面的，有的球迷气愤得就是大骂“脚太臭，脚太臭！”骂出球迷恨铁不成钢的遗憾，骂出球迷屡屡失望的心酸。

不能重复黑色的故事

月落吾啼，总是千年的忧伤，韬略依旧，不见亚洲的门槛；今天的你我，不能重复黑色的故事，这一张旧门票，能否看到你的出线。

【链接】明眼人一看就知道，本则短信是针对当时中国足坛现状，仿照流行歌曲《涛声依旧》（由毛宁演唱）部分歌词而创作的，所押韵脚也是一致的。歌词与短信相关的词句为“月落乌啼，总是千年的风霜，涛声依旧，不见当初的夜晚。今天的你我，怎样重复昨天的故事，这一张旧船票，能否登上你的客船。”歌词本是写爱情的——“留下一段真情，让它停留在枫桥边；无助的爱，已经疏远了那份情感。”短信虽然写的不是男女之爱，但却深沉地写出了中国广大球迷过去受到中国足坛的严重创伤，球迷们拼死拼活地支持足坛，然而总是一次次地失望，看不到中国足球冲出亚洲，更看不到他们走向世界。善良的球迷尽管受到伤害，但还是对他们寄予新的期望，寄予耐心的等待，还是期待看到他们有朝一日能够出线。有人说“这一张旧门票”，改为“这一张新门票”更好，认为“只凭旧门票”看出线，那可能只是在电视屏幕去上看，太伤心了，不忍到现场去了，这是在情理之中的，可能消极了一点。如果改成了“新门票”，更能体现球迷的宽容，尽管伤心了，还是不舍不弃，非要到现场去看到出线，似乎写得更积极一些。这都是仁者见仁、智者见智的事儿，然而令我十分惊讶的倒是短信创作于中国足坛打假扫黑之前，但短信却能“含沙射影”地指出足坛有“韬略”问题，有“黑色的故事”。也许当时很多球迷和关心足球的人，确实早就敏感地从反常的情境中看出了端倪，只是没直说而已。希望通过打黑扫假后，中国足坛能振奋起来，不再重复“黑色的故事”。也许是巧合，就在打黑扫假风暴兴起不久，中国男足在亚洲四强赛上，以 3∶0 的优异成绩结束了三十二年败北韩国的历史，愿中国足球而今迈步从头开始，冲出亚洲，走向世界。另外要提及一点，短信所仿的歌曲《涛声依旧》，也是依照唐朝诗人张继的《枫桥夜泊》的意境而创作的。可见，不论是短信，还是歌词的创作，从中国优秀传统文化中吸取养分是大有裨益的。

短信的另一个版本将“涛声依旧”改作“逃声依旧”，寓意也较为丰富而沉沉。一则写出国足“打得赢就打，打不赢就逃”的消极姿态，二是写出了国足屡战屡败的狼狈经历和下场。短信将“月落乌啼”改成“月落吾啼”，虽然是漫不经心地改了一个“吾”字，却通过第一人称的告白，表示了广大球迷对待中国足球的主人翁态度；由鸟的鸣叫改为人的啼哭，从而表达了广大球迷对于中国足球的殷切关注和深厚的感情及如泣如诉的伤痛。此种表达还是比较委婉温和的。有的则说得尖刻一些：“珍爱生命，远离国足。”“看英超要钱，看国足要命。”“国足不是命，踢起来真要命！”还有人给中国男足拟写了一封对联，其上联为：“试问中国男足有多愁”，下联为：“恰似一群太监逛青楼”，横批：“没人能射”。对联虽然不甚工整，但寓意幽默风趣，以性无能影射足无能。其实，恰恰相反，他们并非性无能，中国男足中，有些爷儿们大赛期间竟然“开房”，这是众所周知的丑闻。

我是一只臭臭脚

我是一只臭臭臭臭脚，
想要踢却怎样也踢不好。
也许有一天我冲击了亚洲，
却成为戏弄的目标。
我见过了世面，
才发现自己是个脓包。
我寻寻觅觅寻寻觅觅一种除臭的良药，
这样的要求算不算太高。

【链接】在“哀其不幸，怒其不争”的情绪中，人们只有对国足骂一声“臭脚”，以解心中之憾。本则短信以第一人称，以国足自我调侃“我是一只臭臭臭臭脚”开始，对国足的心态进行了逐一的解剖。无能——想要踢却怎样也踢不好；患得患失——想冲出亚洲，又怕成为戏弄的目标；略有自知——见过世面后，发现自己是个脓包；自欺欺人——企图寻觅一种除臭良药，觉得这样的要求不算太高。短信给国足描绘了一幅幅猥琐的画像，非常生动形象。短信是根据台湾音乐人李宗盛作词作曲的《我是一只小小鸟》的部分歌词改写的。原歌词相关的部分是：“有时候我觉得自己像一只小小鸟，想要飞却怎么也飞不高。也许有一天我攀上了枝头，却成为猎人的目标。我飞上了青天才发现自己无依无靠。”“我寻寻觅觅寻寻觅觅一个温暖的怀抱，这样的要求算不算太高？”小鸟是单纯的、可爱的、值得同情的，但国足却是复杂的、可恶的、不值得同情的，只能是“怒其不争”。

短信中提到一个要求：寻觅一种除臭的良药。为此，善良的球迷们还是尽可能满足了他们的要求，有人便根据刘德华演唱的《忘情水》改编，给了他们一杯“除臭水”：

给我一杯除臭水，换我一次不倒霉，所有铁杆球迷，任它雨打风吹，付出的爱收不回。给我一杯除臭水，换我一生不伤悲。

就算我会喝醉，就算再多美眉，不会闯进世界杯。

非常遗憾，对此，却不会看见国足流泪。对此，球迷们有一千个伤心的理由，于是，有人仿张学友演唱的《一千个伤心的理由》进一步对国足进行了嘲讽：

一千个脚臭的理由，一千个脚臭的理由，我的技术在逼抢中慢慢生锈；一千个脚臭的理由，一千个脚臭的理由，最后在别人的胜利里我被遗忘……

这里尽管是反复咏叹了，但在球迷的心中，有个声音总在呼喊：

你快回来，我已经承受不了；你快回来，足球因你而无彩；你快回来，把你的臭脚带回来，别让球迷的心再受伤害。

别让球迷心再受伤害，球迷借助孙楠演唱的《你快回来》，抒发出心中的最强音。以上的短信都突出一个"臭"字，其实，怎一个臭字了得！据说，杭州近年来出现了一种新菜谱，菜名便为"中国足球"，主料：猪脚；配料：臭豆腐。其寓意不言而喻，欢迎中国国足的爷儿们光临品尝，尝尝臭脚的味道。

上帝哭了

球迷与上帝进行对话：
球迷问：韩国何时夺冠？
上帝答：五十年。
球迷又问：日本呢？
上帝答：八十年。
球迷再问：中国呢？
上帝哭了：我看不到那天呢！

【链接】本则短信，以一个球迷和上帝对话的形式，表达出对中国足坛的失望。说韩国、日本夺冠，等它个五十年、八十年总还能等得到，而中国队什么时候能夺冠呢？连上帝也悲观地哭了："我看不到那天呢！"这显然是极大的夸张，又通过以韩国日本作对比垫托，更强烈地表达了球迷的痛心疾首。众所周知，香港的官场上是高薪养廉的。众所周知：中国的球爷也是高薪养着，为什么不能把他们养得有业绩呢？最近，事实的真相总算明白了，原来是"黑"和"赌"两个恶魔在作祟。现在有关方面正在加大扫赌打黑的力度，相信，通过这场斗争，以后谈到中国足球何时夺冠时，上帝一定会笑容满面，一定会说："我很快就会看到这一天！"诚然，那时，中国的球迷则更是欣喜若狂了！

表达对于中国国足失望而嘲讽的短信不少，例如：有一则短信写道：

上帝想听歌，带走了 M.J；
上帝想看 AV，带走了饭岛爱；
上帝喜欢漫画，带走了小新的爸爸；
啊，上帝啊，你为什么不看中国足球呢？

非常巧合的是，此则短信也是以上帝对待中国足球的态度来嘲讽中国国足。从与上帝喜欢听歌、看 AV、看漫画，因而带走了 M.J、饭岛爱、蜡笔小新的爸爸的对比中，衬托出上帝对于中国国足的不感兴趣，同样表达了对于中国国足的失望和揶揄。

前年春晚节目中有个小品叫《不能让他走》中有这样一个细节：有一个老人被撞后神智昏迷、头脑不清醒，但当有人对他说中国足球队打赢了韩国时，他却突然兴奋起来了，也生动形象地表达了人们对中国足球的殷切期盼。

海派清口创始人周立波常在节目中拿中国足球说事，有一次他说："国足的伟大之处在于虚心好学，他们学会了染发，学会了泡吧，他们开始讲话好像欧洲人，踢球却像原始人。"这显然是一种反嘲，真希望有朝一日，中国国足的表现能得到周立波的由衷的热情的赞扬。

4. 股民辛酸

股票之上

我在遥望，大盘之上，有多少股票在自由地滑翔。昨日已忘，风干了悲伤，我和你相逢在套牢的路上。资金已被牵引，股落股涨，解套的日子，远在天堂，呕也，呕也，呕也。谁在呼唤，行情多长，挣钱的渴望像白云在飘荡。东边割肉，西边喂狼，一摞摞的股票，就跌到了天亮。在股海沧桑中，牛股在何方？跟机构商量，让股票涨涨……呕也，呕也，呕也！

【链接】此则短信转自博友的短文，很明显，它完全是仿照歌曲《月亮之上》改写的，原相关歌词为："我在遥望，月亮之上，有多少梦想在自由地飞翔；昨天遗忘，风干了忧伤，我要和你重逢在那苍茫的路上；生命已被牵引，潮落潮涨，在你的远方，就是天堂。我等待我想象，我的灵魂早已脱缰；马蹄声落，马蹄声起，看得见的看不见的，瞬间的永恒的青草长啊，大雪飘扬，……东边牧马，西边放羊，野辣辣的情歌就唱到了天亮……"短信步歌词原韵，基本上忠实于原歌的句子结构，短信通过一些股市行话，通过一些细节，通过对股民的细微心理描写，浓烈地反映了股民的艰苦辛酸。

有的短信仿歌词《保卫黄河》来与股市：

> 熊在吼，牛在逃！高管在咆哮，股民在哀嚎！回首昨日万丈高，前瞻明天又要跌了。万绿丛中，套牢散户真不少；一点红里，黑庄掩口窃自笑。割肉逃离又涨，回头买入再套，套牢散户，套牢券商，套牢基金，套牢全中国！

还有的微博仿鲁迅先生的《纪念刘和珍君》一文最后的重要段落来写"纪念新股民"，渗透着一种深沉的悲痛，微博写道：

> 我已经说过：我向来是不惮以最坏的恶意来推测中国股市的。但这回却很有几点出乎我的意料。一是庄家竟会这样的无

情，一是经济学家们竟至如此之无为，一是中国的股民割肉竟能如是之无怨。

我目睹中国新股民的炒股，是始于去年的，虽然是少数，但看那追涨杀跌、百套不回的气概，曾经屡次为之感叹。

……

套牢者在深绿色的大盘中，会依稀看见微红的光芒；真的散户，将更奋然而买入。

呜呼，我说不出话，但以此纪念新股民兄弟姐妹！

如果鲁迅先生在世，面对股市，一定会这样悲愤陈词的。

股民的辛酸

股市如此多礁，引大中小户尽折票。惜秦皇汉武，资金太少，唐宗宋祖，不会出招！一代天骄，成吉思汗，只知建仓不拉高。俱输矣，数账上余款，不够夜宵。

【链接】显然，此则短信是仿毛泽东的词《沁园春·雪》的下片而作的。用了毛词的原韵“摇条”韵，明显地保留了毛词中提及的古人——秦皇汉武、唐宗宋祖及一代天骄成吉思汗，但更加注意恰当地使用了几个与股民有关的术语——股市、折票、建仓、拉高。短信从调侃中反映股民的辛酸，尤其是最后一句“俱输矣，数账上余款，不够夜宵”，说得非常夸张又风趣幽默，似乎让人看到了股民含泪的苦笑，但短信在平仄方面，有几处不妥贴。

有的短信则是仿苏轼的《水调歌头·明月几时有》来描写股市，短信写道：

牛市几时有？把酒问证监，不知今夕是何年/晨忙起，看绿盘，一时泪满面/我欲抛盘去，又恐皆失算，低处不胜寒/股市扩容快如剑，想赚钱，难难难/牛低头，熊连年，监管不管，圈钱圈钱俱欢颜/转朱阁，看散户，夜无眠，股市常亏，何时赚/人有悲欢离合，月有阴晴圆缺，股市更难全/但愿人长久，股票不能沾。

当然，此则短信严格按词牌的要求来评，是有欠缺的，平仄、句式多有不妥之处。还有的短信剥改苏轼的《江城子》写道：

十年股市两茫茫，不思量，自难忘。熊牛皆亏，无处话凄凉。纵使相逢应不识，泪满面，鬓如霜，夜来股友忽还乡。谈股票，总算账。相顾无言，惟有泪千行。料得日日断肠处，交易厅，电脑旁。

短信保留了苏词的不少原句，借以表达股民的哀伤和凄凉。有的短信极为夸张地说股民连找老婆都容易被人拒绝：

股民谈恋爱——女："你有房子、汽车吗？"男："有。"女："很好。你是干什么工作的？"男："职业股民。"女："那我们只好拜拜了。"男："为什么？"女："我的前任男友也是有房车的，但做股民后就全都没有了。"

短信实质上写女人已对男股民有恐惧感了，但却写得很幽默轻松，而且有一定的戏剧性。

有的短信则以非常轻松的笔调，甚至带有点诗情画意的描述来调侃股票的窘境："春天到了，小树都发芽了，连股市也变绿了，误导小鸟都碰电视屏了。"如果股民有这种心态，不能不令人佩服其坦然淡定。还有人用谐音的手法非常幽默地调侃一些股民的心理暗示：股民们纷纷抢购南丁格尔画像，因为她是世界第一护士长——"沪市涨"。还有的段子写道："一个人在书店买书，他对店员说：'我想买本书，里面没有凶杀，却暗藏杀机；没有爱情，却爱恨难舍；没有侦探，却得时时警惕。'"店员毫不犹豫地给他推荐了一本书——《中国股市行情》。这种冷幽默，很可能令人破涕为笑。当然，这种笑一定是非常酸楚的。

股民的失常

一股民上班迟到了。
老板不悦:"几点了?"
股民:"5600 点。"
老板:"问你时间呢!"
股民:"收盘的时候。"
老板(气愤):"出去!"
股民:"已跌停了,出不去了。"

【链接】本则短信运用设误和换境手法,通过一个股民迟到后与老板的一段对话,描写了一个炒股入迷到了不可自拔的超级股民。他迟到了,老板问他现在是几点了,可他还沉醉在股市中,不能清醒过来,以为老板是问他股市行情,于是牛头不对马嘴地回答为"5600点"。老板提醒他,问的是时间,他还不能从股市中跳脱出来,以股市行话回答是"收盘的时候"。直至老板对他大声呵斥"出去",他依然麻木不仁地误会老板是对他作炒股提示,始终是不能从炒股的氛围中解脱出来,还是饱含苦衷地回答:"已跌停了,出不去了。"替老板想想,真会被这种痴迷的股民把肺气炸。但是短信通过这种极度的误会和夸张,却产生一种强烈的喜剧效果,让读者无不会心一笑。股民的辛酸是很沉重的话题,但本则短信却通过一段误会的对话,写得非常轻松自然,又带一点风趣幽默。还有短信也是从生活细节、从对话上来反映股民辛酸:

阿呆:股市暴跌,我的睡眠质量严重下降!
阿瓜:我还行,睡眠像婴儿一样。
阿呆:真羡慕你!
阿瓜:我是睡一小时就醒,然后哭一小时,然后再睡一小时。
阿呆:啊,原来是这样!

此则短信先扬后抑,调侃大多数股民炒股被股市行情深深地牵住,思想压力极大，致使食不甘味、睡不安寝。阿瓜其实受股市影响，睡眠极差，然而他一句“我还行，睡眠像婴儿一样”似乎有点模糊的话，引导得阿呆作出错误的理解，还对阿瓜产生了极大的羡慕，待事情讲清楚，令阿呆恍然大悟：原来如此。短信的这种写作技法，被人归纳为一种新的修辞手法——导误，或称设误。说话的前后反差极大，具有戏剧效果。以对话表现股民的精神苦恼的短信还有：

儿子放学回家，推门叫了一声：“爹！”

父亲因股市大跌正烦恼，大怒：“不要叫爹(跌)！”

儿子：“不叫爹，叫什么？”

父亲：“叫家长(加涨)。”

短信完全靠谐音的手法，写父亲听到叫“爹”，便很敏感地联系到股市的“跌”，受到很大的刺激，因而勃然大怒。而要儿子叫“家长”，谐音了“加涨”，以满足他心理安慰的需要，这也应该算是一种精神胜利法。短信就是这样通过对话、通过生活小细节，惟妙惟肖地表现了股民的脆弱心理，表现了股民的极度辛酸。

5. 戏说世态

不如自挂东南枝

艺像巫术搞忽悠，不如自挂东南枝；
医像妖魔损康寿，不如自挂东南枝；
球像骰子赌黑金，不如自挂东南枝；
商像蛇蝎吸人髓，不如自挂东南枝；
师像市侩误子弟，不如自挂东南枝；
儒像蟊贼抄人文，不如自挂东南枝；
官像硕鼠吞民脂，不如自挂东南枝；
人像禽兽不知耻，不如自挂东南枝。

【链接】“自挂东南枝”即上吊自缢，出自经典《汉乐府》的“孔雀东南飞”：美丽勤劳的刘兰芝由于焦母的横暴、官吏的威逼以及刘兄的强压，不得不“揽裙脱丝履，举身赴清池”。她的丈夫、小吏焦仲卿对她还是有情义的：“府吏闻此事，心知长别离。徘徊庭树下，自挂东南枝。”也就上吊殉情了。

前不久，网络上串出新神曲《自挂东南枝》，非常红火，它是用集句的方法，将 72 首古诗词中的词句与“自挂东南枝”混搭而成，如：“少壮不努力，自挂东南枝”，“人生不如意，自挂东南枝”……问世后，深受广大网民欢迎，许多影评人大力推荐，有人感叹“汉语的韵律感真的无可替代，老祖宗真的伟大”。此曲在视频上疯传以后，便有各种版本的“自挂东南枝”迅速涌出在微博页面上，如“三月不减肥，自挂东南枝”，“一直要考试，自挂东南枝”……

短信加了“不如”两字，用较物手法反复使用八个“不如自挂东南枝”，更加强烈地表达了对于当前社会的那些腐败和丑恶的愤慨。短信从艺人的忽悠到医务的坑人，从足球黑幕到奸商投毒，从教师失范到大儒抄袭，从贪官如鼠到人不知耻，全都网罗其中，是一篇义正词严的檄文。短信通过重复使用“不如”关联词，通过前后句的鲜明强烈的比较，更加明晰地表现了作者的是非和爱憎，表现了作者对于社会上的腐败和罪恶的极端鄙视乃至仇恨，可以引起社会上有正义感人士的共鸣和赞赏。但是，在网络中出现像那样仅仅因为减肥、考试之类的小事不称心如意，便叫人“去死吧”，未免调侃得有点过火了。而短信中所指都是一些大是大非问题，叫那些腐败丑恶的人“去死吧”倒还是在情理之中。再说焦仲卿“自挂东南枝”，殉情而死还是值得同情的，短信加一个“不如”，则保留了对这个小府吏的一点肯定。

最完美的在哪里

最完美的产品在广告里，
最完美的爱情在小说里，
最完美的婚姻在梦境里，
最完美的达人在悼词里。

【链接】人世上最完美的东西在哪里？本则短信用四个排比句，仅从产品、爱情、婚姻、达人为例，风趣地给出了四个相应的答案：分别是在广告里、小说里、梦境里和悼词里。这显然不是标准答案，不是个恰切准确的答案，这只是个调侃的答案，但它非常具有哲理。这些答案只是说明，在现实生活中，是很难找到十全十美的人和事物。例如一些产品，它在广告中总是说得天花乱坠的，与实际并不符合。所以，很多产品总是夸大其词，作虚假的宣传，乃至请名人代言。有短信就一针见血地指出：某些产品是"一流的广告，二流的服务，三流的质量"。很多厂商不惜重金做广告，以骗得顾客的信任，以推销他们质量并不好的产品。现实生活中，爱情也不可能是完美的，总会有一些酸甜苦辣，尤其是物欲横流的当今，无房无车，恋爱很难成功，有的短信讽刺某些女生说："我不愿嫁无车无房郎，你去找不要车房的丈母娘。"有的电视相亲节目中，某女嘉宾公然肆无忌惮地说："我宁愿坐在宝马车里哭，不愿意坐在自行车上笑。"所以说，最完美的爱情只有在小说里才找得到。婚姻是爱情的结晶，情况如出一辙，现实生活中，夫妻间难免碰碰磕磕，难免遇到艰难挫折，也难找到最完美的婚姻。所以有句歇后语说：梦中娶媳妇——尽想好事。有的梦中娶媳妇，笑都笑不醒，乐不可支，但醒来却是一场空。回到现实中，难以找到最完美的婚姻。古语说：金无足赤，人无完人。人总是有缺点的。但是人死了，大家便不计较他的这些，而是要化悲痛的力量，继承他的遗志，发扬他的优点。有成语说："鸟之将死，其鸣也哀；人之将死，其言也善。"我们可以将这个成语延伸一下——人之将死，其悼词也美。所以说，最完美的达人在悼词里。所以，有人说：不要追求找到一个完美的人，而要学会用完美的眼光去看待一个不完美的人。这是很有道理的。同样，我们可以说，不要追求找到一个完美的事物，而要学会用完美的眼光去看待每一个不完美的事物。人们固然要有理想，但是对现实生活中的任何事物不能过于理想化，要客观地评估自己所具备的条件，去善待各种事物。人们期望过高，便会失望更大。我们应该有平常的心态，知足常乐，不好高骛远，不白日做梦，生活才能过得踏实，日子才能过得惬意。

有一个微博段子这样写道：

> 外星人降临某城，问：有道德法律吗？答：有，在书本里。问：有榜样吗？答：有，在电视里。问：有时装吗？答：有，在批发市场里。问：有爱情吗？答：有，在房子里。问：有美丽的动物吗？答：有，在锅里。问：有幸福感吗？答：有，在梦里。问：有艺人吗？答：有，在微博里。

显然，这个段子与本则短信有异曲同工之妙。

“多”字歌

翻开杂志美女多，
扭开电视广告多，
拿起报纸套话多，
学术文章抄袭多，
明星代言忽悠多，
电话短信诈骗多，
日常食品隐患多，
看病、上学收费多，
酒店吃喝公款多，
贪官大款情人多……

【链接】本则短信每句句末都重复使用一个"多"字，比较集中地披露了当前社会上不应出现的过"多"的现象。短信虽然洋洋洒洒地列举了十大项，但只是反映了社会生活的冰山一角，而且其中很多现象是交叉存在的。例如：杂志里不仅美女多，广告也多；报纸上不仅套话多，而且明星绯闻等垃圾信息也多。而且这些现象不仅存在于报刊中，在影视乃至小品等文艺作品中也有不同的出现。社会上过"多"的现象实在太多了，但短信不可能面面俱到。例如：乱收费的事，岂止是医院和学校存在，几乎各个行业都不同程度存在，因此有人调侃说："收费就是管理，涨价就是接轨。"所以，短信的另一版本写作"出门办事收费多"。又如官场腐败问题，岂止是公款吃喝、玩情人包二奶，更严重的是侵吞国家资产，贪污受贿毫无节制、级别越来越低，数额越来越大，十万百万已不足为奇，目前千万已屡见不鲜，甚至已经突破亿元。"多"字歌也另有一个姊妹篇写道：

买本新书错字多，
买张影碟盗版多；
交往见面名片多，
楼盘飙升空房多；
年头年尾宴请多，
总结汇报泡沫多；
领导视察小车多，
一正八副官位多。

以上两则短信为互补，或从大事着眼，或自小处入手，全方位地表现了当今社会生活中的各种过"多"现象，有不少是属于腐败现象，应当尽力消除，让社会正常有序地发展。

尽看表面

学者看文凭，
作家看数字；
美女看三围，
演员看嘴皮；
导演看胡须，
画家看辫子；
大款看车子，
领导看肚子，
球迷看知道多少外国球星的名字。

【链接】正如短信的标题听说，现在社会上由于浮躁成风，看问题、看事物都不管内涵，不看实质，只看表面，只看浮在浅层的表象。只看表面，必然会把本是繁复的事物看得过于简单。短信列举了学者、作家、导演、画家、大款、领导，乃至美女等各个方面看表面的具体表现，这些表现一看便令人嗤之以鼻，尤其是短信最后点出球迷引以为傲的便是“知道多少外国球星的名字”，更令人觉得肤浅可笑，但增强了短信的喜剧效果。短信中所列举的表现也不是完全有针对性的，其实在多项之间有交叉互补的关系。比如导演和画家，或许是导演扎辫子，或许是画家留着大胡子，也不尽然。又如靠嘴皮子吃饭的不光是演员，其他很多行业都需要。再如，大款也许是挺着肚子，领导更要看名车的品牌显示其级别。领导更重视文凭，现在的许多领导，尤其是新领导，在初亮相的时候，特别强调其学历是在职硕士生、在职研究生，这“在职”二字便大有文章，只能说明是泡沫学历，或许是秘书代考来的，或许是通过其他不当途径搞来的，也未可知。再者，不仅作家要看发表作品的字数，教授、学者也都要看发表多少文章，闭门造车造不出，只好大开抄袭之门，不光是教授，甚至连校长、院士也陷入进了抄袭门。本则短信是从各种职业、社会地位横向来反映凡事看表面的众生相，而有的短信则从一个人由小学时至大学时、工作后、恋爱时、老年时的生长经历来纵向反映人在各个阶段追求表面所造成的扭曲的形象，短信写道：

小学时写作业，学会了撒谎；
大学时写论文，学会了抄袭；
工作后写报告，学会了装腔；
恋爱时写情书，学会了矫情；
老年时写自传，学会了包装。

短信中突出和贯穿一个“写”字，这写的不是一般的东西，这书写的就是自己的人生。在书写人生中，学会了“撒谎”“抄袭”“装腔”“矫情”“包装”，这一切都是为了适应社会的浮躁应运而生的，都与“看表面”是息息相关的。茅盾先生晚年写了一首诗：

忽然已八十，如愿所未及。
俯仰愧平生，虚名不副实。

总结自己的一生，该有多少话要说，而茅盾先生八十来年的最深刻的感受便是“虚名不副实”，也就是平生有泡沫的、表面的经历乃至荣誉，甚至令他晚年感到有愧。我们应该像茅盾先生这样，不热衷于虚名，不追求表面的泡沫的东西，而要求实、务实，生活得踏实安心。

被污染

参加一个会议，被废话污染；
走进一个小区，被犬吠污染；
观看一场电影，被暴力污染；
聆听一场演唱会，被噪音污染；
翻开一叠报纸，被绯闻污染；
看完一集电视，被广告污染。

【链接】本则短信用格式为“A，被 B 污染”的排比句，揭示了人们当代生活中所受的常见的几种精神污染的状况，反映了人们精神生活的枯燥和无奈。人们对于物质上的污染、环境上的污染，都比较熟悉，比较在意，而且在一定程度上会引起政府有关部门的重视，并有相应的举措出台。然而，对于精神上的污染，大家却熟视无睹，习以为常，更难看到有关部门会有相应的作为。据揭发，演唱会中，假唱的现象很普遍。对于假唱，不是内行也不易察觉，人们也并不很在意。假唱一旦被揭发，有良心的演唱者能表示道歉就已经不错了，从来也没有对此进行过任何的处罚。中国现在很多的演唱会比旧社会的庙会热闹得多，人山人海，摇旗呐喊，很难得有欣赏浅唱低吟的场合，对于噪音的污染，人们已经习以为常了。开会、听报告，对于套话、废话，大家也麻木不仁了，也许这已成为我国的国情，不足为奇了。现在，养狗已成为时髦，已成为一种身份的象征，但是遛狗者并非素质都很高，狗粪遍地，却能熟视无睹。至于犬吠，吵得人不得安宁，更加增加了小区里“鸡犬之声相闻，老死不相往来”的氛围。现在，看一场电影或电视剧，枪杀、恐怖成为一种必有甚至成为主体的格调了，有的犯罪分子从中借鉴了反侦察和作案的手段，贻害不浅。现在，打开报纸或电视机，看到的便是连篇累牍的广告。尤其是一些影视明星，为了敛财，竟然不惜损坏自己的艺术形象，甚至昧着良心为假医假药及伪劣产品卖力宣传，误导广大消费者，害人不浅。报刊上，从不探讨演员的表演艺术，而是不遗余力地晒明星的绯闻，有的媒体乐此不疲，为了炒作，竟然是今日造谣、明日辟谣，甚至连明星的亲属的日常动态也作为新闻跟踪报道，令人心烦意乱。对于一些女星怀孕、剖腹产改顺产，媒体都不惜作倒计时的报道，消耗新闻资源，太没有品位，太无聊了。过去是电视剧里插广告，现在却是广告里插电视，广告反复播，时间越来越长。也许是心虚，为了稳住观众，竟然纷纷打出了“广告不长，广告之后更精彩”的骗人鬼话。以上林林总总，确实造成了对人们严重的精神污染和骚扰。也许现在还不能给以上行为定上什么罪，但是立法应与时俱进，应该对精神污染进行法治，让人们的精神生活更加纯净、更加轻松，更加和谐，更加美好。

生活的反差

娱乐越来越多，愉快越来越少；
食品越来越多，食欲越来越小；
同居越来越多，真爱越来越少。
关系越来越多，关怀越来越少。

【链接】本则短信以“A越来越多，B越来越少（小）”的排比句，以多与少（小）的鲜明对比，道出了生活中出现的几种不应有的反差现象。看起来影视节目、小品相声等节目越来越多，但真正能提高人们审美情趣的越来越少，有的节目一个劲地忽悠观众，将娱乐变成愚乐。有的电影做成了明星走马灯式的闹剧。著名作家韩寒就直言不讳地批评著名导演张艺谋的《三枪拍案惊奇》：“小品有的时候是小品，当你做到了电影的长度，它充其量是个大品，依然不是电影。”很多观众都对该部电影提出了尖锐的批评，因为观众明显的有一种遭受愚弄的感觉。大概，现在中国有庸俗文化滋生的土壤和气候，新加坡《联合早报》有人批评中国“哥姐”文化时就非常明确地指出：这些低俗文化“一旦出格了，雷人了，反而易被民众追捧”，这是很可悲的。文章进一步指出：“中国必须寻找能够激化思考、培养辨别能力的娱乐方式。否则，现在娱乐方式也许会把一代人变成愚民。”然而，我们的艺人乃至艺术家却说：“我只要观众快乐，我不要承担任何命题。”这就更加可悲。在日常生活中，食品安全成了令人关注的焦点问题，类似三鹿奶粉的情况不胜枚举，有则短信说得好，现在人们“喝饮料怕色素，吃植物怕毒素，吃动物怕激素，能吃什么，心中无数”。

随着改革开放、思想解放的进一步向前发展，现在闪婚、隐婚的现象也越来越五花八门、千奇百怪。婚姻不是以爱情为基础，而是以其它目的为寄托，所以同居者越来越多，他（她）可以根本不承担任何法律和道德责任，有的只是偶然凑合，有的甚至只是逢场作戏而已，哪有什么真正纯洁的爱情可言？现实生活中，更令人不能忽视的是：“关系越来越多，关怀越来越少。”短信实际上是由四个转折句组成，但“A”句与“B”句中省略了表转折关系的关联词语“虽然”“尽管”“但是”“却”等。

另有一则短信也是用“越来越×”的句式进行对比：

身体越来越大，心胸越来越小；
年龄越来越大，理想越来越小；
规则越来越多，空间越来越小；
胆量越来越大，正气越来越小；
电脑越来越多，人脑越来越少；
事务越来越多，事业越来越少。

此则短信的标题是“进步的代价”。无论是内容上还是形式上，两则短信都堪称是姊妹篇。还有不少短信，直接以多与少进行对比，例如：

浮躁多了，清静心少了；
特权多了，平等心少了；
忽悠多了，真诚少了；
交易多了，交情少了；
公务多了，公德少了；
财产多了，财富少了……

娱评娱乐

有调侃，没幽默；
有疯度，没风度；
有喧闹，没灵魂；
有愚乐，没愉悦。

【链接】本则短信通过四个排比句，通过四"有"四"没"的对比，调侃了当前演艺界、娱乐圈里存在着的一些低俗的现象。社会的浮躁在演艺界、娱乐圈的反映更加表面化了。有的演员在舞台上的调侃非常低俗，有的以"占便宜"作为手段，甚至有的借喷口音将唾沫飞溅到对方的脸上，实在太小儿科了。有的小品节目靠忽悠取胜，去拿残疾人的生理缺陷来取悦，这在外国是违法的。一些演唱会只听见一片狂喊，一片喧嚣，根本没有欣赏浅吟低唱的氛围。有的节目是成人做小孩子的游戏。还有的节目做成自娱自乐的派对，有的节目主持人甚至乐得前仰后合，不能自制，真是有疯度，没风度。"疯"字和"风"字的区别就在于病字头，说明这种现象是一种病态的表现。不仅舞台上的娱乐节目疯了，连电影也发疯了，有的电影做成了一群名角耍噱头的荒诞闹剧，他们还辩称只为观众高兴，不承担任何命题，真可谓"有喧闹，没灵魂"。他们不是娱人，而是愚人，是先愚一把，逗你玩，并没有给人们带来真正的愉悦。此外，芙蓉姐姐、凤姐、蝴蝶姐姐的亮相，和超女快男的登场，以及众多相亲节目中，伶牙俐齿的女嘉宾的诡异表演，真叫人乐不思"属"，使人们在欢笑中，不知这种乐是属于艺术营养，还是属于文化垃圾。有的人一针见血地指出，"一些垃圾节目和作品，在潜移默化地腐蚀着整个社会的健康的文化精神，冲击着我们时代的核心价值体系的构建。"此话讲得入木三分，不能不引起我们，尤其是政府部门的深思。

对此，全国政协委员会吴江也有精辟深刻的见解："这些年发展快了，多元文化撞击出现价值观迷惘，如同打开了欲望的'潘多拉盒子'，找不到精神家园。忽视了主流价值观的建设，导致价值观混乱、缺少社会良知。缺少社会良知后，就会出现心霾。"有人认为现在的娱乐就是"只追求眼耳的震撼，不追求心灵的滋润；只追求喧嚣和刺激，不追求欣赏和陶醉"。对于娱乐圈、演艺界的批评，有的短信写得更加尖锐，毫不留情面，短信这样写道：

开心开到恶心，
搞笑搞得可笑，
娱乐娱到愚乐，
名流名到下流。

说得真是一针见血,入木三分,可能娱乐圈、演艺界有些人士却难以接受,恐怕还会斥之“过分”。不过,言者无罪,闻者足戒,一定要戒!海派清口创始人周立波深有体会地说:“没有智慧的滑稽,只能与庸俗为伍。我想靠日复一日的修炼,把表演做得更好。”著名作家冰心说:“娱乐不是‘消遣’,‘消遣’两字背后站着‘无聊’…… 我们绝不以这等娱乐为娱乐!”有一则短信用寓言的形式写道:

> 龙虾想成名,机会来了,电视台拍广告,台词是:白白嫩嫩,水晶一样透明。龙虾问:这不是虾仁吗?导演说:不就脱一次吗?不脱咋能成名呢?

此则短信用拟人的手法,将人间的闹事移入到虾类的身上,指桑骂槐地点出了演艺界一脱成名的丑陋以及不脱怎能成名的“潜规则”,说得非常尖刻,它充分体现了作者对此的深恶痛绝,也体现了人们对娱乐朝着高尚健康发展的期盼。

著名学者冯骥才说:“20 世纪 60 年代和 70 年代,我们愤怒地毁掉自己的文化;从 80 年代到现在,我们快乐地毁掉自己的文化。”冯先生睿智且酸痛地与“文革”时期对比,从历史的高度,极为含蓄地指出了当前的“愚乐”有摧残民族文化的严重性。这是不能不引起人们高度重视的告诫。

知多少

知道爱情的越来越多,
知道艾青的越来越少;
知道关之琳的越来越多,
知道卞之琳的越来越少;
知道比尔的越来越多,
知道保尔的越来越少;
知道周迅的越来越多,
知道鲁迅的越来越少。

【链接】短信借助“爱情”与“艾青”读音相近，借用名字中共同的“尔”和“之琳”，又选取“周迅”和鲁迅有一个相同的“迅”字，然后将其知者的多少进行对比，反映当前在世风浮躁的情况下，在人们文化生活层面出现的知名度倒挂现象和该知而不知的一种非正常局面。在浮躁的社会里，不止是经济活动浮躁，精神活动更加浮躁，文化尤其浮躁，纷纷追求浅表层的刺激。青少年被引导到追星族的洪流之中去了，粉丝、钢丝、玉米层出不穷，所以对于以前的优秀文化人物都陌生甚至茫然不知则不足为奇了。艾青、鲁迅应该是我们现代文学史上很有地位很有影响的人，然而遗憾的是很少有人知道他们了，甚至有的人不知什么原因企图否定他们。卞之琳也是我国著名的诗人和翻译家。保尔·柯察金是前苏联著名小说《钢铁是怎样炼成的》中的男主人公(是作者奥斯特洛夫斯基按照自己经历塑造的)，他的一段名言应该是大家耳熟能详的：“人最宝贵的是生命，生命属于人们只有一次，人的一生应该是这样度过：当他回首往事时，不会因虚度年华而悔恨，也不会因碌碌无为而羞耻；这样，在临死的时候，他就能够说：我已把自己的整个生命和全部精力，都献给了世界上最壮丽的事业——为全人类的解放而斗争。”照理，对于卞之琳和保尔，人们是应该知道的，但遗憾的是，不少人，尤其是青年人却偏偏不知道，而只知道演艺界的明星们……

文化的浮躁，除此还有许多表现，许知远先生撰文详细指出其弊病：“作为一本书，它不需要精致的写作和富有逻辑的结论；作为一位歌手，他不需要富有创造力，只要善于模仿；作为一个导演，他不需要引人思考，只需要画面惊人；作为一家电视台和一份报纸，它可将所有的节目和版面都变成娱乐……所有的界限都模糊了。”许文谈得很深刻，也很全面。许先生谈的这些不应有的怪诞现象，也许是造成人们知多与知少的异常的根源之一。对于电视娱乐，最近有一个段子写得很好：“我发现现在的电视娱乐节目就这几种了：青年男女搞对象，演员歌手做游戏；少男少女比唱歌，老头老太拼杂技；大奶二奶比心计，心理专家笑嘻嘻；小叔小姑分家产，全国观众来评理。”电视是观众最多的媒体，一定要拒绝低俗，给人们更多健康的有品位的精神佳品。写过《娱乐至死》的波兹曼曾经针对资本主义的文化忧心忡忡地宣称:“如果文化生活被重新定义为娱乐的周而复始,如果严肃的公众对话变成了幼稚的婴儿语言,总之人们蜕化为被动的受众,而一切公共事务形同杂耍,那么这个民族就会发现自己危在旦夕,文化灭亡的命运就在劫难逃。”作为社会主义的文化,更应从中得到警醒。最近韩剧《星星》在中国大陆火热,对此,全国政协委员冯骥才指出,这是因为国人太空虚了。他认为,流行什么并不可怕,可怕的是只流行一种东西。比如韩国的鸟叔,风靡全球,可这阵风很快地过去了。中国的电视剧、电影都缺乏原创力,导致国内市场空虚,如果中国有足够多的好作品,能够反映年轻人的情感、中国的文化,外来文化只会起到丰富眼界的作用,绝不会造成喧宾夺主的局面。

环保警钟

不要让我们的方便筷来自地球上的最后一棵树;
不要让人类的眼泪成为世界上的最后一滴水。

【链接】社会发展了,经济繁荣了,人们也变得浮躁了,急功近利了,一心只顾 GDP 的增长,却无视对环保问题的关切和重视。由于乱砍滥伐,恶意开采等短期行为,环境污染越来越严重,生态越来越失去了平衡,不仅使人们的生活质量日益下降,而且还潜伏着威胁人们生命安全的隐患和危机。短信列用了“筷”“树”“泪”“水”等具体的事物,十分形象地描绘出令人不可忘怀的生动画面,短信用一双“方便筷”和“最后一棵树”作对比,用“最后一滴水”和“人类的眼泪”作比,短信连用两个“最后”,十分夸张地显现了人类若不重视环保,将可能面临的可悲结局,其效应是令人触目惊心、振聋发聩的。有的短信十分形象地写道:

一个人在森林里抡着大斧,
劈开一条通向沙漠的路。

岂止是一条通向沙漠的路,简直是一条通向死亡的路。这绝不是耸人听闻的狠话。如果人类对环保问题仍然麻木不仁，仍然不引起重视，真是后果不堪设想，有的短信说："坐宝马车，喝污染水，是对现代化的讽刺。"人们能甘于承受这种讽刺吗？河南有首民谣对各个年代的水质作了形象的对比："50 年代，淘米洗菜；60 年代，洗衣灌溉；70 年代，水质变坏；80 年代，鱼虾绝代；90 年代，身心受害。"环保问题越来越严重，能不引起我们的高度重视吗？

我国自古重视环保，重视生态平衡。《韩非子·难一》曰："焚林而田(通'畋')，偷取多兽，后必无兽；以诈遇民，偷取一时，后必无复。"《吕氏春秋·义赏》则云："竭泽而渔，岂不获得，而明年无鱼。"我们应该不忘中国的古训，"不涸泽而渔，不焚林而猎"，保护好人类赖以生存的地球村。另有一则短信也是关注环保的，短信写道：

在天愿为比翼鸟，无奈空气太糟糕；
在地愿作连理枝，伐木毁林命难逃。
世界人民盼幸福，环境保护要搞好，
有情之人成眷属，回归自然筑爱巢。

短信通过美好的传说表达了人们对搞好环保的企求以及对幸福的渴望。还有则短信也对环境被污染进行了委婉的谴责：

别怨鱼儿不鲜，水中污染太重；
别怨知了聒噪，地球气温太高；
别怨蓝天灰蒙，废气直冲云霄；
别怨万物无情，急功近利可恨。

环保问题是一个很普遍的问题，而且还是一个十分尖锐的问题。尤其是在一些小城镇，由于当地的小型企业较多，业主只顾自己赚昧心的钱，根本不采取任何防污的措施，置当地老百姓的生死于不顾，用心十分险恶，短信《马三》作了触目惊心的反映：

马三办一化工厂，生意兴隆，日进斗金，遂于百里之外置一豪宅。每日奔波，不辞其累，众人不解，问之：为何舍近而求远？马三不答，言其他。若干年后，工厂附近村民癌症频生，众人乃悟。

此则短信获 e 拇指短信文学的铜奖，作者为杜晓光。短信揭露出，厂主马三是深知其化工厂产生的污染、毒害的后果是严重的，然而他只顾自己“舍近求远”地避之，而置众多村民的生命不顾，他绝不是无知，而是有意为之。所以，有的专家说，环保问题不单是个技术问题，更重要的是一个社会道德问题。短信仅用三言两语便刻画了马三这个见利忘义、损人利己的奸商的阴险丑恶的嘴脸。欧阳文风先生说：“我们周围还有许许多多个像‘马三’这样的害群之‘马’，这些人道德沦丧，良心泯灭。有他们在，人们就莫想能够怀着健康的身心‘诗意地栖居’。”我们要时刻为环保敲响警钟。

墙上的马

一匹马，被水墨钉在墙上，
它的思念飘零，
它的肉体和啸声，
薄成一纸宣纸。

我了解它的饥渴和焦虑，
所以，这么多年来，
我一直代替它，
在城市的水泥地上奔跑，
苦苦寻找，
一棵鲜嫩的草。

【链接】本则短信选自“中国首届全球通短信文学大赛”作品选粹《扛梯子的人》（云南人民出版社出版），短信荣获诗歌类一等奖，作者布衣。短信由一幅“钉在墙上”的水墨画“马”而触发感慨，它虽然是一幅静止的画，但在作者的想象中，却有着对马，乃至对城市、对人的深刻而又丰富的理解。从一张薄薄的宣纸，作者仍然能够感受到“马”的“肉体和啸声”以及它的“飘零”的“思念”，还能“了解它的饥渴和焦虑”，作者与马有深厚的感情，“所以，这么多年来，我一直代替它在城市的水泥地上奔跑”，为的就是“苦苦寻找一棵鲜嫩的草”。画上的马本是无生命的，但作者却把它依然当作有生命的友伴，苦苦地为它“寻找一棵鲜嫩的草”。短信写得非常含蓄，耐人寻味，寻找嫩草，而“在城市的水泥地上奔跑”，这能如愿以偿吗？显然是很难的，醉翁之意不在酒，短信巧妙地批评了城市大搞形象工程而漠视绿化和无视生态平衡的错误倾向。短信写“我”多少年来一直在代替马奔跑，实际上，作者是热切地为人在呼喊，在为人寻求良好的生存环境。作者不仅了解马的饥渴和焦虑，而且了解和亲身感受到人的饥渴和焦虑，试想，一旦地球成了一个外壳全方位封闭的水泥体，没有了山水，没有了草木，尽管GDP再高；人们的幸福指数能高吗？所以，大赛评审组给此则短信的获奖评语是：“人对大自然和生命的渴望，透过宣纸上一匹马及其意象组合，得到美丽的表现。虚实空间的微妙转换，物我位置的轻巧转移，使形象和情绪鲜明饱满并且纯净动人。”

留一颗心给尊严

高楼，留一片天空给大地；
人心，留一份真诚给朋友；
脚步，留一些从容给自然；
我们，留一颗心给尊严。

【链接】熟悉汪国真诗的人一看就知道，本则短信是选取了他的诗《留一颗心给尊严》的最后四句。全诗前面部分还有八句为：“都市愈来愈繁华，我却不希望高楼盖住天；人心愈来愈难测，我却不希望冰霜盖住脸；脚步愈来愈匆匆，我却不希望都是为了钱；海风愈来愈强劲，我却不希望改变你我的容颜。”原诗没有一个标点符号，这大概也是一种“留”的意图。了解了原诗的前八句，才能更好地理解短信所选后四句的丰富的内涵。纵观全诗,我们看到作者对于当前一味追求繁华、一味脚步匆匆的社会潮流,非常冷静负责任地表白:我却不希望高楼盖住天,我却不希望冰霜盖住脸,我却不希望都是为了钱,我却不希望改变你我的容颜。于是在短信所选的四句中,作者大声疾呼:在当今浮躁的社会中,要留下一片天空,要留下一份真诚,要留下一些从容,更重要的是留下一颗能给人尊严的心。短信部分每句都突出一个关键词"留"。"留"是需要胆识和智慧的。由"留"字,我们不由得想起成语"留得青山在,不愁没柴烧"和"留有余地",只要能够保住自身或有生力量,以后就有希望,就有办法。做事不能做到极端,要留有回旋的余地。在中国画里讲究留白,黄永玉说"画上的白,不用白画"。王船山说"无字处皆其意也",则是另一种诠释。这都说明留是一种艺术,留是一种学问。在生活中,"留"更是一种睿智,一种胸怀。我们要在平时,尤其是逆境中,留一点微笑,留一点自信,留一点梦想,留一点快乐和空间给自己,更要善于把一份关爱留给别人。据说在以色列的一些农村,在收割粮食时,他们总要在田的四角留下一部分不收割,好让给更加贫穷的人去受用。无独有偶,韩国有的地方柿子成熟时,果农不把柿子全部摘掉,要特意留一些在树上,这是特意为喜鹊留下的食品。有趣的是,喜鹊不是吃了柿子以后就飞走,它们要等次年春天抓了虫子以后才怀着一颗感恩心而欢乐地离去。

李商隐有句诗曰"留得枯荷听雨声",人们总以为留一支枯荷有什么用,谁料知,在诗人感受中,却能有一种凭借它欣赏夜雨的情韵。在做人方面,更要懂得"留"的技巧。有的短信说:"留点东西别看透。留一分神秘,留一点朦胧,留一丝悬念,留一点回味,更有意思。"还有的短信说:"人各有图,既不要看透,更不可说透,一切看透,活得既累,又没情趣。"更有的人在表达对待爱情的态度时说:"爱也值得,错也值得。是执着是潇洒,留给别人去说。"对于"留",名人洪晃有自己的深刻的人生体验。她说:"人生就好比攀登,在攀登最后一座适合你的山头前,必须慎重。所以年轻时,我并不想做得太完美,把自己拘束在一个点上,我会给每一段成功都留点空白,这样才能激起我无穷的斗志,激起我朝下一个新的目标努力奋进,一直到我找到自己的生活定位。”以上都是人生中有关“留”的感悟，但与短信中所说的“留”比较起来，似乎都远远比不上它的视野、它的气度、它的人文关怀、它的社会责任感。从短信中，我们更能感受到时代的脉搏、时代的心声；我们要为子孙后代多留青山，多留空间，我们要在匆匆的忙碌中留下从容，我们更要留下真诚，留下尊严。

一麻袋钱

拿着一麻袋钱去上大学，换来一麻袋的书。毕业了，用这一麻袋的书去换钱，却买不起一个麻袋。

【链接】本则短信像一段以麻袋为中心词的绕口令，又像是以麻袋为道具的一个小品，出场人物是大学生，幕后未出场人物是家长。大学生的在社会舞台上的行动钱很清楚，大学生出场前，先要买好一个麻袋，然后用麻袋装满了钱去上大学，读完几年大学，可见的成果是拥有了一麻袋书。买到了书不一定学到了知识，这书留着没啥用，只好把它当废品卖掉，可是卖书的钱还不够买一个麻袋。这无疑是一个极大的讽刺。大学生这一连串的活动，最应该引人注意的是什么呢？应该是那一麻袋钱是怎样来的？这一麻袋钱对于学生的家庭，该是怎样的负担呢？所以，醉翁之意不在酒，本则短信的中心词并不是麻袋而是钱。

有人说，一个中学生拖累全家，一个大学生则拖垮全家。由一个“累”字变成一个“垮”字，这是很有分寸的。这是一个量变到质变的过程。所以，即将高考时，就有人作了精辟的点评：“六月份考学生，七月份考家长，八月份考银行。”对于不少家庭来说，那一麻袋钱不一定是从银行直接取出来的，因为这个家庭不一定在银行有存款，起码可以说没有大额的存款。这钱也许是从亲戚朋友家东拼西凑借来的；也许是刚刚卖了猪、羊，卖了鸡鸭，卖了其他土特产而得了的钱。也许都是些小票、角票，所以得整整装满一麻袋。

海派清口周立波一针见血地说:“当教育与金钱挂钩的时候,老师变成了老板,学生变成了学徒,而家长就变成了 ATM 取款机。”这里,通过几个形象的比喻,把老师、学生、家长的关系比喻成老板、学徒及 ATM 取款机的关系,惟妙惟肖,入木三分。提出教育产业化的口号后,学校便千方百计地挣钱,甚至不择手段。有一位孙兴全先生撰文对此提出了更加尖锐的批评:“校门朝南开,有学无钱莫进来。”学校的高收费、高消费,“花掉老百姓最基本的生存基础”,有的教育部门简直是“以学生的未来为质押向百姓公开勒索”。这些问题是百姓迫切期待解决的问题,应引起政府的高度重视。还有人十分关切地说:“用难以承受的教育费用,培养出一个难以找到工作的大学生,家长也太难了。”这里,大学生前面的定语“难以找到工作的”,又提出了另外一个难题。前面说本则短信像一个小品,只是就事论事,其实,大学毕业生要演的是连续剧,卖书只是个序幕,以后,找工作的戏还更难后续呢!

巴黎的墓地

初识巴黎最令我震撼的是星星点点散落在巴黎市区的墓地。它们或在写字楼下或在住宅区中或在林荫道旁,占地或大或小,墓碑样式各异,但同样都整齐肃穆。想来墓地的主人们会睡得很安详,因为他们不必担心由于城市建设的缘故而搬迁;想来墓地的主人们会睡得很坦然,因为巴黎市民不会由于与墓地为邻而感到恐惧。他们是那块土地的真正主人,在我这个东方人的眼里,最能代表法兰西精神的正是这些散落在巴黎市区的普通老百姓的墓地。

【链接】本则短信荣获 2004 年由海南移动通讯有限责任公司等单位联合举办的“中国首届全球通短信文学大赛”散文类二等奖,其获奖评语是:“西方教堂多在闹市,中国寺庙多在山林。西方墓地与人近,中国墓地与人远,并不奇怪。一个健康的人,能时时以一种开放的态度,理解和欣赏异质文化的可贵内核,能在生死共处之地体会到生命的安详和庄严,则显现出一种超文化的精神底蕴。”中西文化的差异,从墓地的文化可见一斑。苏轼《江城子》写道:“十年生死两茫茫,不思量,自难忘。千里孤坟,无处话凄凉……”对照巴黎或在写字楼下,或在住宅区中让主人“睡得安详”“睡得坦然”的墓地,真是反差极大。在欧洲,岂止巴黎如此,德国亦然,游人们都不禁为当地墓地的美丽与安静所吸引。《装饰》杂志 2006 年第 4 期对欧洲墓地的艺术进行了一次巡视,那些各式各样的墓地被视为人类文明的写照,体现着文化的积淀和对死者的尊重。

文化总难免受到经济的影响,墓地文化也不能例外。中国当下,随着各种物价的上涨,墓地、丧葬也涨得叫人难以承受,因此社会流传着许多歌谣。有的说:“病了死不起,墓地丧葬叫你塌层皮。”还有的唱道:“清明时节雨纷纷,丧葬之人欲断魂。”还有的人说,“病人也要好好活下去,因为墓地还在飞快地涨。”有的人调侃地说:“建议政府多建经济适用墓。”死人在墓地中能否睡得安详、坦然,不得而知,但是活人却为之十分操心、忧虑。鲁迅先生说:“死者倘不埋在活人的心中,那就真正死掉了。”照此说法,把死者埋在活人的心中吧,不要为墓地丧葬担忧,又可以让亲人不会“真正死掉”,真是两全其美。短信《巴黎的墓地》还一笔带过,写羡慕巴黎墓地不必担心拆迁,间接地含蓄地批评了我国城市乱拆迁、野蛮拆迁的现象,显得幽默又含蓄。

十二、调侃逗趣篇

1. 酒色财气

喝酒谣

半斤酒，漱漱口；一斤酒，照样走；斤半酒，扶墙走；两斤酒，墙走我不走。

【链接】短信用夸张的手法，描写醉酒者随着饮酒量增加而出现的狼狈相。很巧的是，还有短信写喝酒酒量跟官场的畸形关系——能喝白酒喝啤酒，这样的干部要调走；能喝半斤喝八两，这样的干部要培养；能喝八两喝一斤，这样的干部可放心；能喝一斤喝两斤，这样的干部要提升。这与百姓间的“感情深一口闷”都有着质的差异，这种现象的指导思想是：

酒场就是战场，酒风就是作风，酒量就是胆量，酒品就是人品。

我国是个饮酒的大国，因此，反映饮酒的短信也丰富多彩，如有一则短信用几个成语反映从斟酒—劝酒—喝酒—醉酒的不同阶段的不同状态——

斟酒时斜风细雨；
劝酒时甜言蜜语；
喝酒时豪言壮语；
喝多了胡言乱语；
喝完了倾盆大雨。

有人说这就是酒文化，有人则说这算什么酒文化？李白、郑板桥、王羲之、张旭等古代名人酒后挥毫泼墨，留下泣鬼神感天地的诗篇、字画，那才是真正的酒文化，那才豪爽、气派。是啊，杜甫曾赋诗赞李白的酒后潇洒——“李白斗酒诗百篇，长安市上酒家眠。天子呼来不上船，自称臣是酒中仙。”（见《饮中八仙歌》）书圣王羲之酒醉挥毫作《兰亭序》，“遒媚劲健，绝代更无”，至酒醒“更书数十本，终不能及之”。草圣张旭“每大醉，呼叫狂走，乃下笔”，遂作有“挥毫落纸如云烟”的《古诗四帖》。李白是诗圣酒仙，他的好友名僧怀素也是个著名的书法家，也是个酒仙，也是大醉后留下神鬼皆惊的《自叙帖》，为此，李白也特赋诗记之：“吾师醉后依胡床，须臾扫尽数千张，飘飞骤雨惊飒飒，落花飞雪何茫茫。”提到这些文化名人的饮酒，也许会联想到现代京剧《红灯记》中的李玉和和《智取威虎山》中的杨子荣的有关唱段——李玉和赴宴斗鸠山之前，快要离家时，接过李奶奶斟的一碗热酒，他唱道：“临行喝妈一碗酒，浑身是胆雄赳赳，鸠山设宴和我交‘朋友’，千杯万盏会应酬。”杨子荣打虎上山进入威虎厅后，智斗座山雕，端起酒，他也激情澎湃地唱起了“今日痛饮庆功酒，壮志未酬誓未休，来日方长显身手，甘洒热血写春秋。”真是荡气回肠，感人肺腑。

辛弃疾有首《西江月》写道：“昨夜松边醉倒，问松我醉如何。只疑松动要来扶，以手推松曰去！”它和短信一样，主要是写醉酒，但短信只写出了状态，而辛弃疾的词且写出了神态和心态，而且写出了诗的意境。

酒鬼的幽默

某司机酒后开车，被警察拦下。

司机：我只喝了点啤酒，算不上违章。

警察：难道啤酒不是酒吗？

司机：难道酱油也是油吗？蜗牛也是牛吗？

警察：已经测出你酒精严重超标，你酒后开车，要重罚。

司机：罚就罚，罚三杯，还是罚五杯？

【链接】本则短信也是用集句的手法将两个相关的段子组合而成的，主要通过司机与警察的对话，来表示出一种冷幽默。司机善于诡辩，酒后话更多，并大肆展现他的巧言令色。但言多必失，最后一句“罚就罚，罚三杯，还是罚五杯”是此地无银三百两，表明他确实是醉了，确实是酒后驾车，本该是罚款，这是常理，可是他“三句不离本行”，很干脆地表示乐于罚酒。短信对于酒鬼的调侃却是力透纸背、入木三分。有一则短信仅用两句话便非常幽默地写出了醉汉的“酒醉心明”：

醉汉甲：我真该死，我把曾经结过婚的事告诉了老婆。

醉汉乙：我更该死，我把打算再婚的想法都告诉了老婆。

在短信中，还有许多关于酒鬼的幽默故事，例如：

老王嗜酒如命，医生建议他用瑜珈的方法去戒酒，他欣然同意了。一天，医生遇到老王的妻子，问老王戒酒戒得如何？王妻叹气地说：“别提啦，他现在都可以倒立喝酒了。”

短信写酒鬼写得十分夸张，从酒鬼的荒唐之中显示了幽默风趣。还有一则短信，也是写酒鬼与医生的接触：

一天，老王到诊所去拔牙。

老王（对医生）：我有点怕痛，请给我打点麻药。

牙医：不用。来，喝一杯白酒壮壮胆。

老王接过酒喝，一饮而尽。

牙医：你现在的感觉怎么样？

老王（把眼一瞪，把腰一叉）：现在我看谁还敢拔我的牙？

（医生愕然，后悔不及。）

此则短信是剧本式的，有人物、有对话、有动作，还有舞台提示。其故事则比上一则更加荒唐，便愈加从强烈的喜剧效果中显出其浓郁的幽默。有的短信写“酒鬼”的语言非常隽永，甚至有点哲理，也不乏幽默，例如：

酒鬼甲：我喝酒是想把痛苦淹死，谁知痛苦这家伙学会了游泳；

酒鬼乙：我喝酒是想把烦恼烧死，谁知烦恼这家伙满身都是耐火材料。

短信像对联、对口词一样，想象丰富又奇特，又用拟人的手法，不仅幽默、隽永，而且形象生动。

其实，除短信外，古今中外，有很多文艺作品以幽默的笔调写酒鬼的故事。像著名相声大师侯宝林就有一个段子写两个酒鬼精彩对话：酒鬼甲打开手电筒，向上亮出一根光柱，问酒鬼乙："你敢爬上去吗？"酒鬼乙语出惊人："我才不上你的当，你等下把电门一关，我不就要从上面掉下来。"说得听众个个笑得前仰后合。前些时有个时髦的名词叫"酒文化"，仔细看来，酒文化中倒是不乏形形色色的酒鬼的幽默故事。但有的短信都写得非常凝重，有一则短信仿杨慎的《临江仙·廿一史弹词》中说秦汉开场词写道：

> 滚滚长江都是酒，乙醇淘尽英雄。坛坛罐罐转头空，杯盘依旧在，几张老脸红。残羹剩茶酒桌上，惯看醉汉威风。一群酒鬼喜相逢，古今多少事，都废酒坛中。

此则短信像一组素描，又像一组镜头，生动而形象地描绘并且有力地讽刺了一些"酒鬼"酗酒成风、逢酒必喝且必醉的恶习和丑态，诙谐幽默，令人发笑。短信的首尾深刻指出大肆吃喝的严重性和历史教训，颇为让人警醒。此则短信有的版本将"惯看醉汉威风"写作"惯看醉汉耍疯"，感情色彩不同，说"威风"似乎有点赞赏，如果是反话，则与"耍疯"同，有点鄙视的情绪，从整体看，应当是这种情绪。

金钱的下贱

富了就来；
穷了就走。

【链接】本则短信选自"中国首届全球通短信文学大赛"选粹《杠梯子的人》（云南人民出版社出版），作者为王豪鸣。短信用拟人的手法将钱比作一种"嫌贫爱富"的极为势利的市侩，尤其是标题感情色彩十分强烈，疾恶如仇地斥骂金钱"下贱"。"驴作乱是料作乱，人作乱是钱作乱。”古人便把钱视为“作乱”的罪魁祸首。有一首民谣也说：“人有钱了筋爽起，马有膘了鬃爽起。人有钱了生事，马有料争食。”也是指责“有钱了”，就生事。还有顺口溜说：“有了圆里方，万事好商量。”也是说明“有钱能使鬼推磨”“钱是万恶之源”。

其实，钱是无思想的物质，这样责怪它，似乎有点冤枉。作乱也好，生事也罢，都不是钱本身的问题，而是拥有钱使用钱的人的问题。短信的词句应改为：“富了，人就来了；穷了，人就走了。”《增广贤文》不是说得很清楚吗？“穷居闹市无人问，富在深山有远亲。”钱是被动的，应该指责的是人。马克·吐温说，有一种人“如果有钱在向我招手，那么无论是《圣经》、地狱，还是我母亲，都不可能让我转回身去。”非常形象生动地说明了钱对某种人的魔力。

钱对人际关系、对人的生活影响极大，尤其是对于爱情的作用是非常微妙的。克利盖说：“在金钱声中，爱的声音就沉寂了。”有的人说：“在爱的天平上，加上金钱的砝码，天平就失去平衡。”英雄所见略同，还有的人则说：“贫穷从门口进来，爱情就爬出窗口了。”其实，这些都是通过嘲笑钱来鞭挞人。不要责骂金钱“下贱”，应该诅咒某种人的卑鄙无耻。

本则短信有一个显著的特别便是短小精悍，标题五个字，正文每句也是五个字，二句十个字，连标题才十五个字，按照不成文的规定，短信篇幅应控制在一百四十字内，本则短信也只有十分之一左右。当然比这更短小的精品还不少。例如有件作品标题是四个字：“西方乐土”，正文才三个字：“白/居/易”，其意可别解为“白色人种才生活得容易”，转换一个角度，要表达的真正意思是——有色人种生活很艰难。又如标题为三个字“弥勒佛”的，正文只有两个字：“笑/容”，正好是弥勒佛殿前对联“大肚能容容天下难容之事，开口便笑笑天下可笑之人”中的两个关键字，更为经典的是标题为两个字“生活”，正文是一个字“网”，恐怕至此已是叹为观止了。

不能自带饮料

某餐厅里，一少妇怀中的婴儿哭啼不止，少妇赶紧掀衣喂奶，此时一服务生立即赶来制止。少妇大怒："难道这也不行吗？"服务生说"露胸可以，但是……"指着墙上的一张告示说："店里有规定，顾客不可自带饮料和酒水。"

【链接】本则短信又像漫画，又像杂文，又像小品，非常尖锐地讽刺了在某些餐饮部门唯利是图、利令智昏地制定霸王条款的恶劣行径。它不仅是指向餐饮单位，还包括一切以盈利为目的的经营单位。短信选取了一个很独特的细节，见钱眼开的人竟然把少妇的人体奶水视作一般的饮料，这不是一般的知识问题，此奶水非彼奶水，即非饮料，正常的人是自然可以区分的，但是金钱迷了心窍的人却可以混淆两个不同的概念，以实施他们不择手段谋利的霸王条款。这一事情的设计很夸张，很有讽刺力度，也很具代表性。社会上，有各种各样、形形色色的霸王条款，有些电影院等娱乐场所也不可自带饮料，要买他们的饮料，或者买两张票加一袋爆米花的可以自带一瓶；又如去美发厅烫发必须加收修剪费；又如电信卡余额过期视为自动放弃以及售房不退定金等不胜枚举。霸王条款的强行实施主要依靠他们垄断了解释权，他们有权作随心所欲的解释，而前提都是维护他们自己的私利，不惜损害对方的利益。关于解释权的问题，短信《鲍鱼炒饭》有具体形象的表现：

> 一顾客进入餐厅进餐，看见菜单上写有"鲍鱼炒饭"，于是他点了一份。不一会，饭端上来了，他只看到有点鸡蛋在里面，根本找不到一点鲍鱼，于是他把老板叫来："老板，我点的是鲍鱼炒饭，鲍鱼呢？"老板于是把厨师叫了出来，对顾客说："他就是鲍鱼，是他炒的饭。"顾客火了："你太搞笑了。鲍鱼炒饭应该是用鲍鱼炒饭，怎么变成了叫鲍鱼名字的人炒的饭呢？太忽悠人了。"老板却理直气壮地说："这怎么是忽悠人呢？难道夫妻肺片

就要杀一对夫妻取肺出来吗？难道虎皮青椒就要为你谋一张虎皮吗？鱼香茄子里面有鱼吗？买老婆饼送你一个老婆吗？童子鸡里有童子吗?”顾客反而无以言对。

此则短信也很有特点，老板巧舌如簧、口若悬河，最擅长地使用了他的解释权，竟然使人无以言对。万变不离其宗，其辩词就是利用偷换概念的手法来强词夺理，来掩饰其欺骗、忽悠的本质。此则短信有的版本特别具体地写出菜单上标明鲍鱼炒饭为拾元一份，有点画蛇添足，因为鲍鱼是非常贵重的食品，拾元钱就能吃到一份名副其实的鲍鱼炒饭，那是不可能的，这说明顾客也有点贪小便宜，不利于揭发老板的丑恶本质。此则短信也是由两条合成的，最后让老板一口气历数夫妻肺片、虎皮青椒、鱼香茄子、老婆饼、童子鸡等，真好像具有相声演员的说唱功底，使作品更风趣，更有生活气息。通过一段说白，老板这个“奸诈”的形象跃然纸上，栩栩如生。

最近，有关部门明确宣布了：餐饮店不准顾客自带酒水的规定，属于霸王条款，侵占了消费者的利益，应取消。但是，餐饮部门会不会认真落实，那是需要一个很长的过程的。

他逗你玩

你和他讲道理，他和你耍流氓；
你和他耍流氓，他和你讲法制；
你和他讲法制，他和你讲政治；
你和他讲政治，他和你讲国情；
你和他讲国情，他和你讲接轨；
你和他讲接轨，他和你讲文化；
你和他讲文化，他和你讲孔子；
人和他讲孔子，他和你讲老子；
你和他讲老子，他和你装孙子。

【**链接**】本则短信用非常风趣幽默的语言，采用了间隔的顶真方法，从第二句开始，前一句下半句的关键词，为下一句重复使用，整则短信像链条一样，环环相扣，十分流畅又紧凑。对于官员的腐败，多从贪财、贪色方面鞭挞，而本则短信，“避重就轻”，仅就其工作作风、对待民众的态度方面，具体、集中地描绘这种执法人员的形象。一开始点出了“城管”等方面的公仆的野蛮嘴脸。他们不文明执法，素质较差，让人感到“秀才碰到兵，有理讲不清”。有的言论描绘得很生动、形象：“拆民宅如拆鸡窝，捆良民像捆包裹。”当然，这仅是少数败类所为。有言论嘲讽：“这种人应该派到索马里去抓海盗！”发泄了民众对野蛮执法的不满。短信的以下绝大部分是表现这种素质低下公务员的一种只会让人感到十分无奈的油滑。这种油滑具体而言主要是油腔滑调，从不断地转换概念的折绕中展示其诡辩的伎俩。作者对这种人十分鄙视，最后以“你和他谈老子，他和你装孙子”作结，似乎以此可以“解恨”，一吐为快，其实，这种人并不会轻易“装孙子”的，尤其是在民众的面前。除非他们激起了民愤，如过街老鼠人人喊打之时。或者是他们的违法乱纪之事发于东窗，而对有关部门的审讯，也许可能会从称“老子”变成装孙子。这里，短信非常巧妙地将名人“老子”类转为表辈分的“父亲”，也顺手牵出了“孙子”，十分幽默风趣。

短信中所指某些官员的丑陋表现，正好从最近某些官员的雷人语录中可以得到画龙点睛的印证。继某官员的“你是替党说话还是替老百姓说话”之后，江西某县委书记火爆惊人之语：“没有我们县委书记的拆迁，你们知识分子吃什么？”无独有偶，江西的另一位县政府官员对此作了进一步的阐述：“地方政府实施地方发展战略，强拆更在所难免，否则，一切发展免谈。没有强拆，就没有新中国。”一句话，强拆有理，新中国还是强拆出来的，够把人雷倒吧！一位官员说：“为什么不公布老百姓的财产？”一位官员为另一官员辩解说：“戴套不算强奸。”还有一位村支书公然说：“我不贪污，当官干啥？”最近，动车组出事故，铁道部发言人说：“你们爱信不信，反正我信了。”形形色色的奇谈怪论，不一而足。最后还得提一下河南某县委书记的获刑感言：“当冰冷的手铐铐住我双手时，我才认识到给我送钱的人所谓‘啥时候也不会说’是靠不住的。”这也应该算是“装孙子”了吧？

2. 茶余饭后

神奇的遥控器

送你一个遥控器：
快乐时按暂停，
悲伤时按快进，
后悔时按倒退，
浪漫时按重播，
失意时就跳过，
不堪回首时就换碟。

【链接】实际上，这种遥控器是不可能存在的，这只是作者的一种奇特想象，作者借助日常生活中家用电器的遥控器的“暂停”“快进”“快退”等功能，比喻人们对待“快乐”“悲伤”“后悔”“浪漫”“失意”“不堪回首”的心境时的态度及自控能力、自控方法。

有的人说得好：“走运时要会控制自己，失意时要会激励自己。”一个人对待自己得失顺逆以及喜怒哀乐，心中要有无形的遥控器进行理智的控制，这样才能使自己的心态不致失去平衡。如果真的有一个这样的遥控器，别的功能不需多，只需把心态调控在平平常常的状态——

或淡或雅，花总在绽放；
或盈或缺，月总在天上；
或喜或忧，日子总在度过；
或聚或散，朋友总在心上；
或进或退，希望总在前面。

如果能够有这样的心态，才能对人生持积极和乐观的态度，才能健康、快乐、幸福地度过这一辈子。

本书有一则短信则强调：一个家庭里要有一台超强纠错的影碟机，无论碟片上有何斑痕，它都能顺利地跳过；无论是正版的还是盗版的，它都能纠错，读放出清晰美好的字画和悦耳的声音，其手法和立意与本则短信异曲同工。

混口饭吃

伦敦某大街，一个杂技团在表演节目：一个男子关在笼子里绝食数天。后来，有记者采访这个男子："你为什么要用绝食来表演节目？"男子答曰："混口饭吃！"记者愕然。

【链接】过去有首民谣曰："卖柴的，没柴烧；卖盐的，喝淡汤；卖香油的娘子水搽头，做奶妈的孩子饿得慌。"这首民谣用反衬的手法反映了古代、旧社会劳动人民生活的艰苦和无奈。民谣与本则短信所表现的主题和手法是相同的。本则短信选自2005年出版的、中国首届全球通短信文学大赛作品选粹《扛梯子的人》，文字略有改动。

有人说："生容易，活容易，生活不容易。"而短信中的故事则反映的生活不止是不容易而已，而是非常的残酷、残忍。短信反映英国这个资本主义国家里底层人民的悲惨生活。他们为了生存，几乎到了"不择手段"的地步。一个杂技团员，为了混口饭吃，竟然想出了表演关在笼子里绝食数天的这个节目。绝食和吃饭是意义相反的两个词，绝食过度是会有生命危险的，但是为了混口饭吃，不惜冒着生命危险去绝食，而根本不考虑绝食而亡便混不到这口饭吃的严重后果。短信通过绝食与混饭吃的对比和反衬，更加凸显了资本主义社会中底层人民的生活的辛酸，这种辛酸比卖柴的没柴烧、卖盐的喝淡汤、卖香油的娘子用水搽头、奶妈的孩子没有奶吃还要凄惨得多，这是令人扼腕，值得同情的。

生活中，也有的人为了混口饭吃，不择手段，却不能令人同情。据报载，绍兴有个青年小董，一天他持小刀闯入民宅，不偷不抢，他自己拨通公安的电话报警："我在抢劫，赶紧来抓我吧！"后来在审讯中他交代，他花光了父亲给的几千元钱，饿了几天忍受不了，于是出此下策，心想抓进监狱去就不愁没饭吃。说到底，他也是为了“混口饭吃”。湖南祁东有个67岁的农民付达信，他也是为了“混口饭”去故意抢劫，在监狱三个月竟然胖了十斤。这些事情看来很离奇，但并不是他们的首创。美国作家欧·亨利写有短篇小说《警察与赞美诗》，其主要故事情节便是：有一个流浪汉苏比眼看寒冬即到，为了免受冬日的饥寒，于是他想进到他比较满意的布莱克威尔岛监狱，那里既有饭吃，又不会被风吹雨淋，于是他也以身试法，他故意去餐馆吃霸王餐，他故意用石头砸玻璃窗，他还故意调戏少妇和抢人伞，这一切都是为了让警察抓走，以实现他进监狱的目的。不知绍兴的小董和祁东老付是否看过这篇小说，不管他们是否受小说影响而作案，他这样为了“混口饭吃”的不择手段，不仅不值得同情，而且应该绳之以法。

民谣和短信都反映了穷苦人为了混口饭吃，作出无奈的选择，然而在现实生活中，却出现了“富人”的另类的无奈选择。有的段子写道：“过去穷的时候，在街上骑自行车；现在富了，在客厅里骑自行车；过去，穷的时候，在家里吃泡饭；现在富了，在餐馆里吃泡饭……”很显然，这个段子反映了有些富人养尊处优，“三高”了，为了健康，为了保命，不得不无奈地在家里骑自行车，在餐馆里再也不敢吃山珍海味，而只能“混口泡饭吃”了。有人甚至剥改裴多菲的诗嘲笑道：“鱼翅诚宝贵，燕窝价更高；若有水泡饭，二者皆可抛。”对这种另类“混口饭吃”的人，进行了非常深刻而又幽默的调侃。

“办证”

我有一个请求：请我吃饭，希望你能满足我。否则我将把你的手机号码写在墙上，前边再加上两个字：办证。

【链接】短信标题本应该是“请我吃饭”，主人公为了达到这个目的“不择手段”，以将你手机号码写在墙上并在前面加上“办证”二字作为杀手锏，进行要挟，以使对方“就范”，不得不请他吃饭。为什么“办证”二字有如此大的杀伤力呢？因为这里的“办证”不是正常的办证，而是办假证，这是一种违法的行为。照理，城管或公安部门应该查惩这些违法人员的。所以，对于一般遵纪守法的人员来说，这是一件不敢沾惹的事情，是心有余悸的事情。短信选用这样一个细节来表现，显得非常幽默风趣，叫人读后无不忍俊不禁。这个细节也是来源于生活。近些年来，垃圾广告到处张贴，不仅墙上、连电线杆上、地上也是星罗棋布。人们称之为牛皮癣。这些垃圾广告中假医假药的不少，其中就有关于牛皮癣的，原本写着“祖传老中医，专治牛皮癣”，有的痛恨者非常巧妙地将它涂改为：“祖传牛皮癣，专治老中医。”以解心头之恨，众人看了都会心一笑。垃圾广告中更多的是有关非法办证的，毕业证、结婚证，甚至房产证等，应有尽有，配合了各种造假活动的进行。本来，其手机号码是真实的，完全可追查得到作案人，但有关部门就是不作为，所以，这些人肆无忌惮，猖獗一时。有关“办证”的短信还不少，如另有一则写到：

> 一万年后，面对废墟墙上反复出现的一行行的各种数字，考古学家会不会想到那是办证的电话呢？

此则短信以“替未来人担忧”的情怀来调侃“办证”这种违法行为，有的短信以极为夸张的手法设想中国的“办证”垃圾广告都搞到外星球去了，段子写道：

> 美国宇宙员登上火星之后，发现一块石头上竟然有两幅画和一行阿拉伯数字，他们认为这是火星上曾经到过地球人的历史记录。美国因此召集了许多科学家进行分析研究，始终破译不出图画和数字的意思。有位科学家怀疑那两幅图画是汉字，翻了翻字典，肯定地说：“这绝对是汉字，就是‘办证’二字。”那阿拉伯数字就是手机号码。

这则短信发挥了大胆而丰富的想象，通过写火星上的发现，极有讽刺意义地表达，中国的垃圾广告竟然泛滥到了火星上去了，其实，短信最后还可以进一步调侃——美国科学家都非常惊讶：中国人怎么还比我们早上了！

其实，正文短信“办证”的事件核心不是“办证”，而是“请吃饭”，有一则短信倒是实写“请吃饭”：

甲：很久没收到你的信息，俺心很疼，想到了死，曾用薯片割过脉，用豆腐撞过头，用降落伞跳过楼，用面条上过吊，可都没死成，干脆你就请俺吃顿饭，撑死俺算了。

乙：俺知道，请你吃饭也撑不死你，干脆说出来把你吓死，你刚才吃的饭里——有颗老鼠药。

此则短信也该算对话体短信，对话仅有一口回合，甲方用了传统的逗笑语言，十分风趣幽默，乙方在仅有的一句话里，却半途来个峰回路转，请完饭后，不知出于何处心态，却要把对方“吓死”，原作为饭里有颗老鼠屎，既然想要吓死人，当然是“老鼠药”后果更严重，姑妄改之。

小偷趣事

一小偷光顾一家，一无所获，正欲离去，躺在床上的主人说：“请随手关好门。”小偷一听，不屑地说：“你家根本就不用关门。”

【链接】此则短信把主人设想成一个懒汉，其潜台词为：“请关好门，我懒得起来。”但无论主人是勤是懒，问题的焦点和看点是主人家很穷，家徒四壁，主人还要叫小偷关门，令小偷不屑地反讥：“你家根本就不用关门。”其言下之意是：“你家根本没有贵重物品。你家根本就不值得人家光顾！”几乎使小偷有点恼羞成怒了。短信仅仅通过两句简短的对话，将两人的身份、性格乃至情绪表现得活灵活现，主人家穷是肯定的，说主人懒也是可以的，或者说主人从容淡定也是可以的。至于小偷，还算是一个“文明”的小偷，一无所获后不搞破坏性的活动，对于主人吩咐“随手关门”，只是以言语进行回应和讥讽，读之，让人欣然一笑，短信显示了小偷的“幽默”和脑子反应的“机敏”。类似这种反映小偷的“机敏”的段子很多。例如，有的段子说：一失主手机被偷，借别人手机打电话给自己的手机，小偷未接电话，后来回了个短信：“不是我不敢接电话，是手机快没费了。”真令人啼笑皆非。

还有一个段子说:“一社区某单元十户人家有九户装了防盗门,只有一户未装。一次,有九户人家被盗,幸运的是没装防盗门的那家未被盗,只见他家门上还贴有小偷的小条:你放心我,我也放心你。”

小偷无论如何“机敏”“风趣”,毕竟没有正气,只有主人才有正气。传说扬州八怪之一郑板桥面对小偷光临,竟然吟诗作现场解说,倒是被传为佳话。一个寒冷的雨夜,郑板桥正在睡觉,忽听到声响和看见人影,他便吟道:“细雨蒙蒙夜沉沉,梁上君子进我门。”他看到小偷四处搜寻翻找,便将自己的身份告诉小偷:“腹内诗书存千卷,床头金银无半分。”看到小偷转到院子里去,他便好心地提醒小偷:“出门休惊黄尾犬,越墙莫损兰花盆。”他确定小偷要离开他家了,便很客气地再赠言两句:“天寒不及披衣送,趁着月亮赶豪门。”这个故事很可能是编撰的,但郑板桥确实写有一首七律《送贼人》,其正文便是以上故事中郑板桥所吟咏的八句。但有的版本几处有异,分别写着“存万卷”“无半分”“趁着月色赴豪门”……诗句显示了郑板桥的幽默和淡定。

更有趣的是,古代有位七里禅师,一天晚上在禅房里念经,突然有人闯入,他十分镇静地对来人说:“不要打扰我念经,你要钱,钱在抽屉里放着。”后来,他又说:“你多少给我留一些,我有用。”当那人要走时,禅师说:“拿了我的钱,至少应该说声谢谢呀!”那人果然开玩笑似地说了声“谢谢”就离开了。过不久,那人被官府巡查的抓住带来见禅师,问:“这人是否偷抢了你的财物?”禅师却出人意料地说:“钱是我给他的,他已经谢过我了。”那人感激涕零,拜倒在禅师的脚下:“求禅师收我为徒。”七里禅师的宽容及善待小偷和感化小偷的行为和效用是值得人们深思的。

乞丐趣事

一妇女见一乞丐裤子上掉了一个扣子,好心地说:“你那个掉的扣子还在吗?我替你钉上。”乞丐拿出扣子说:“你如果真的可怜我，请把这个扣子钉在一条新裤子上。”

【链接】这个乞丐看来似乎有点“幽默”感，但短信却从中揭示了某种人的不切实际和得寸进尺。这个乞丐的语气还是和缓的、商量式的，而另有强词夺理者真叫人大跌眼镜。有一条短信是这样写的：

乞丐：你过去每次都是给我10元，现在怎么只给5元？

施者：过去我是单身，现在我结婚了，我必须养老婆，以后还要养孩子。

乞丐：你怎能这样，你怎能拿我的钱去养你的老婆和孩子！

这个乞丐真是蛮不讲理。本来不是每人都会对你施舍的，能给你一元两元已是不错的。过去因为单身给你10元，现在因结婚生子仍给你5元，还算是“大手笔”呢！可乞丐却以为克扣了他的5元，是用他的钱养家糊口，这是什么逻辑？从这种有悖常理的逻辑推理中，更凸显其荒唐无理。

有很多段子都反映了不少乞丐总是完全站在自己的立场上为自己辩护，还往往是理直气壮、振振有词。有的段子写道：

路人：你身体这么强壮，还来要钱？

乞丐非常气愤：难道为了向你要点臭钱，还要把自己弄成残废吗？

其实，在乞丐的队伍中，假装成残废的还真的大有人在。有的段子正是反映了这种情况：

老太太见乞丐绑过了一条腿，问：“昨天你不是用右脚站的吗？”

乞丐反而质问老太太：“每天都用同一脚站，不辛苦吗？”

据报载，外国有许多非常儒雅的乞丐，如《读者》有《尊严》一文介绍：某剧团到莫斯科演出《云门》，剧场门口，有一俄罗斯男士，身穿浅棕色西装，还打着蓝领带，戴着细边眼镜，双手抻开一张报纸，上面用俄文写着：“请给我钱，让我看《云门》。”原来这男士还是一位有教养的知识分子，虽然经济上比较拮据，但是在精神上还有渴望欣赏高雅艺术的诉求。这可能还是较为个别的现象，虽然文雅，但这是消极等待的状态。但在法国巴黎，却有许多“雅丐”，他(她)们是完全靠自己的带表演性质的行为艺术来获得人们的捐钱。如在卢浮宫前，佛罗伦萨希诺利亚广场上，常有许多“活雕塑”，以及各种乐器的演奏者，他们不是消极地等待别人的施舍，而是以精心设计的形象，以具有一定水准的艺术演奏进行文明乞讨，用自己的劳动和辛苦来换取报酬，其实，他们不应视为普通的乞丐，而应视为一种有所付出的“工作者”。有一个中国著名高等美院的毕业生，到法国留学时，就专门在那里从事为乞丐化妆的工作，业务开展得很好，经济效应也不错，这也是一种新奇的文化现象。这些人凭自己诚实而有技术的劳动获利，与那些不劳而获的乞丐不同，他们活得很充实，而且很有尊严，他们的劳动不仅不会受到歧视，而且会融入到整个社会中，成为一个新的不可或缺的组成部分。

上班的痛苦

上班这一天其实可短暂了，电脑一开一关，一天过去了。电脑一开一关，又一天过去了。上班最痛苦的事是什么，你知道吗？就是下班了，活还没干完！上班最痛苦的事是什么？你知道吗？就是还没下班，活干完了！上班最最痛苦的事是什么？你知道吗？就是上班时没有活，快下班了，来活了！

【链接】很明显，这条短信是仿照 2009 春晚小品《不差钱》拟写的。原作中小沈阳的台词是：“人这一生可短暂了，有时跟睡觉是一样的，眼睛一睁一闭，一天过去了；眼睛一睁一闭，这辈子就过去了。……人不能把钱看得太重了，钱乃身外之物，人生最痛苦的事情你知道是什么吗？人死了，钱没花掉。”小品谈的是人生与金钱的关系，“人死了，钱没花掉”是最痛苦的事，而短信表述的是上班与有无活干的关系，谓上班“最痛苦的”事是“下班了，活还没干完！”“还未下班，活干完了”，最不能忍受的是“上班时没有活，快下班了，来活了！”意思层层推进。因为这三种情况而痛苦，这是怎样的“上班族”呢？很难讲清，但如果这种痛苦含有一份责任心的话就更费猜思。但短信中轻轻一笔带过的上班时“电脑一开一关”倒是有点意思。随着科技发展，很多部门、很多人上班都使用电脑，这是社会一大进步，使得信息沟通极为便捷。但是事情有利有弊，有的人在上班时利用电脑却不是干“公”事，而是干“私”事，甚至有的人上班时利用单位上的电脑炒股，至于“玩游戏”那只是小菜一碟而已。前不久报载：某医院一位医生上班时玩电脑，耽误了救治生命垂危的儿童患者，致使儿童患者丧命，酿成了大祸，还要吃上官司。如果是以上的人上班时感到痛苦，倒是苦由自种，自己痛苦是小事，而造成了别人的巨大痛苦还要承担严重的法律责任！如果不是属于上述情况，那可能还是吃大锅饭，或者是管理不到位、责任不到位，没有调动这些人的工作积极性，因此，他们连做一天和尚撞一天钟都做不到，而是消极的等待事情来牵制他，似乎度日如年。

短信充满着调侃幽默的趣味，入木三分地反映了上班不自觉、无责任感的不良现象。

非分之想

我有老醋，谁能给点饺子？
我有草绳，谁能给条水牛？
我有汽油，谁能给部汽车？
我有地皮，谁能换套房子……

【链接】看本则短信，很容易让人联想起一个乞丐的有关笑话：有一个极富同情心的善良妇女，看见一个乞丐的裤子的扣子掉光了，问乞丐有没有留着扣子，表示愿意为他将扣子钉上，然而乞丐却突发奇想，从口袋里掏出一个扣子，对妇女说：“最好请你给我钉在另外一条新裤上。”本则短信反映的也是这种乞丐式的逻辑，乞丐式的非分之想。自己只具备很微小的条件，却希望从别人处得到硕大的结果，这是很难实现的，只能给人以笑柄。因为两者之间的价值差距太大了。反之，如果你有饺子，问人要点醋；你有牛，问人要条牛绳；你有汽车，问人要些汽油，倒还不悖常理，倒还说得过去。有趣的是本则短信的第四句“我有地皮，谁能换套房子”却有点奇峰突转，它却不是前三句的套路出牌，因为前三句的“醋”“草绳”“汽油”都不是很值钱的，而后者“饺子”乃至“水牛”“汽车”却是较之前者的价值是贵若干倍的。但是，在当今的社会，却不能说“地皮”不比房子值钱，地皮在房子面前不是小巫见大巫了，而恰恰相反，地皮已是大巫，而房子是小巫。房子之所以贵的关键因素就是因为地皮贵。无论谁提出以地换房子(相同面积)，恐怕不仅是开发商会乐意，只要稍微有点房地产意识的人都会满口答应。有地者绝不会有向别人要饺子、要水牛、要汽车那样的尴尬和荒唐可笑。所以，短信的第四句是不按前面的套路出牌，不再在前面的树上往上爬，而是奇峰突转，突然爬上了另一棵大树。此时，短信的意思在突兀中令人深思，起到了更加强烈的调侃作用，让读者忽然回过神来，倍觉忍俊不禁，短信收到了一个冷笑话的幽默效果。

竞技比赛

中国和日本、美国三国武士进行比赛，日本武士一刀把飞着的苍蝇拦腰斩断；美国武士两刀把飞蝇的双翅砍下；中国武士也挥了两刀，但拿了冠军，因为他给飞蝇割了双眼皮。

【链接】本则短信以极为夸张的手法描绘了中国和日本、美国三国武士比赛的精彩情况。一只小小的苍蝇，能一刀将其拦腰斩断，已见日本武士功夫不凡。然而，美国武士两刀把飞蝇的双翅砍下，其刀技更加令人称奇。但是更神奇的却是中国武士的出人意料的功夫：两刀给飞蝇割了双眼皮，这是一种与时俱进的时尚的表演，因此，中国武士理所当然地拿下了冠军，这是受之无愧的。短信用层层递进的方法，以绿叶衬托红花，从对比中显现了中国武士功夫的高人一筹。短信设计对一只小小的苍蝇进行斩腰、砍翅和割双眼皮的生活细节，独出匠心，也极富幽默感，令人捧腹大笑。短信中三个动词“斩”“砍”和“割”字用得非常精准，有画龙点睛之作用。有一则短信写两个外国人互相挖苦、调侃，也很有娱乐性：

M 国人：我们国内吃口香糖不乱吐，回收后制成避孕套销往你们 R 国。

R 国人：这算什么，我们国内用完的避孕套不乱扔，回收后制成口香糖销往你们 M 国。

这样两个外国人真是针尖对麦芒，互不相让。该事由 M 国人挑起，他并未占得上风，而是更加受辱，更加狼狈，真可谓“寡人自取病焉”，咎由自取。

最光辉的时刻

苹果最光辉的时刻，就是砸在牛顿的头上；
蒸气最光辉的时刻，就是喷在瓦特的茶壶盖边；
数字最光辉的时刻，就是堆在陈景润的麻袋里；
剧本最光辉的时刻，就是出现在汤显祖的梦境中……

【链接】发现、发明和创造本是十分艰辛的事情，是冰冻三尺非一日之寒的历练，然而短信却把它们调侃得十分轻松，以说苹果、蒸气、数字、剧本最光辉的时刻，举重若轻地说出它们与牛顿、瓦特、陈景润、汤显祖等人的发现和创造发明从表面看起来似乎是很偶然的关系，但实质上，其中蕴含着十分凝重的必然性。他们的发现、发明和创造起主导作用的还是他们的天才加上勤奋，这是任何人不能轻易替代的。为什么大家看到苹果从树上掉下来都熟视无睹，而唯有牛顿发现了万有引力呢？如果牛顿没有常年研究力学的深厚功底那是万万不可能的。人们在日常生活中都离不开烧开水，为什么瓦特能从司空见惯的冒蒸气中得到启发，发明了蒸汽机呢？这也是与他的学术钻研分不开的。陈景润为了攻克哥德巴赫猜想，计算数学题时，草稿纸都用了十几麻袋，才摘到数学的皇冠。我们古代著名戏剧家汤显祖写出经典戏剧《临川四梦》等，那并不是一般人的白日做梦，而是戏剧作家用“死去活来”的心灵写作而成的。这些发现、发明和创造是来之不易的，但短信却说得非常轻巧，方显出其非一般的调侃本色。短信在构思和遣词造句方面还是蛮讲究的。四句选用的动词“砸”“喷”“堆”“出现”都是用心选择的，而且它们分别在与“头上”“嘴边”“麻袋里”“梦境中”的搭配，包括名词以及方位词都作了细心的推敲，力避重复雷同，因此错落有致。尤其是最后一句，“梦”字与汤显祖的代表作《临川四梦》巧妙地联系起来，更是信手拈来，巧夺天工，饶有兴味。

另有一则短信与本则短信有所牵连：

当牛顿被苹果砸到时，他发现了万有引力；
当哥伦布环球航海时，他发现了新大陆；
当你照镜子时，你发现了一个原始人。

此则短信却带了一条调皮的尾巴，以玩笑式的谑语转移了话题。此则短信也提到了牛顿与苹果，另有一则短信则专门拿苹果说事，短信写道：

上帝有三个苹果，一个被亚当、夏娃偷吃了，一个砸到了牛顿的头上，还有一个被乔布斯咬了一口。

此则短信除了谈到一个科学发现，还谈到一个神话传说，更谈到了一个家喻户晓的现代科技电脑品牌，而且这个品牌的标志符号正是一个缺了一口的苹果的图形。短信浮想联翩，耐人寻味。

算　命

一人去算命，算命先生摸骨相面掐算八字后说：“你 20 岁恋爱，25 岁结婚，30 岁生子，一生富贵平安，家庭幸福，晚年无忧。”此人先惊后怒，道：“我今年 35 岁，博士，光棍，没有谈过恋爱。”先生闻言，略微深思后说：“年轻人，知识改变命运啊。”

【链接】本则短信转发自段子《知识改变命运》，极为风趣地描绘了算命先生的巧舌如簧、善于诡辩、偷换概念、见风使舵的市侩本色。形象鲜明，栩栩如生。“知识改变命运”本来是一句很正面的话，本意是指：有很多的知识以后，便有很好的本领，便能有很好的工作岗位，便能有很好的收入，便能找到很好的对象，便能建立幸福的家庭。同时，在工作上事业上也取得很大的成绩。甚至因此在社会上获得了很好的地位。这一切该是让人非常满意的结果，往往还与以前知识不多的境况形成鲜明的对比，说明是知识改变了命运。但是，青年人获得了博士仍是光棍，甚至尚未谈恋爱，算命者为了辩解，故意曲解“知识改变命运”这句话，按照自己的意图来对青年人的命运改变作出辩解，其言外之意是：你读了博士，知识太多了，所以找不到老婆。这种解释真是滑稽可笑。短信正是通过这种别解的手法收到风趣幽默的喜剧效果。一般来说，算命先生还有一个惯用的伎俩，就是使用模糊语言，如大家耳熟能详的“娘在父先死”，既可解释为“娘健在，父已死”，又可辩称为“娘在父亲之前死了”。还有的算命先生以模糊的动作替代模糊的语言。如从前有三人上京赶考，找一半仙算命，问大家此行功名如何？算命先生闭目不语，伸出一个指头不停地晃动。三人问先生此为何意，算命先生说：“此乃天机，不可泄漏。”后来他告诉徒弟：这可以表示“只有一个人考中”，也可以表示“有一个没有考中”，还可以表示“三个人没有一个考中”或“三个人没有一个落榜”。真是滴水不漏，三个人赶考的结局无非是这四种情况，都一一可以随机应变地作出相应的解释。

看来，算命先生总是忽悠别人，但有时一不小心，算命先生也难免被更有心机的人忽悠，例如：“某人算完命后准备离开，算命先生：你还没给钱。某人：你算命不是很灵吗？难道你没有算到我身上没带钱吗？”真是道高一尺，魔高一丈。还有人算完命后，打个电话便来了几个城管，他对算命先生揶揄地说：“难道你今天没有算到会遇上城管吗？”对此，算命先生也只能瞠目结舌，从内心认输。当然，这只是些笑话，但对算命先生是极好的讥讽，也可让世人警醒，不要听信算命先生的胡言乱语，不要上他们的当，更不应该发生因听信算命先生的“相克”说而害死亲人的凄惨悲剧。

两种罚款单

奔驰在路上，收到交警的白色罚款单；

端坐于家中，送来友亲的红色花钱帖。

【链接】本则短信巧妙地用一副词义、词性乃至平仄都对仗较为工整的对联，写出了人们在日常生活中两大无奈，而立意的侧重点是反映后者，前者只有以车代步的人才遇得上，对于无车者来说并无此虑。而后者则具普遍性，不论何种职业、年龄，都难幸免。在口头语中，人们调侃说收到了“红色罚款单”。红与白成鲜明的对照，白色的来自官方，红色的来自民间。红色罚款单，主要是指结婚的请帖，而结婚的对象如果仅是同辈的好说，问题是涉及面很大，而且不断扩大，扩大到下一代。这还不算，还有朋友的下一代、同事的下一代，更有领导的下一代……光是结婚的请帖也罢，问题是还有过生日的，其中又分做满月的、做周岁的、做十周岁的、做花甲的、做古稀的，不一而足。如果仅此能打住也罢，殊不知还有各种关系人的乔迁之喜、升学升迁等等的邀约不期而至，真叫人头痛眼花手脚冰凉。另外前面说不开车的人就没有白色罚款单是不全面的，只是没有交警的而已，至于各种关系人的病、死不是一样会来发白色罚款单吗？未必见红才出血的，白刀子进红刀子出也是要出“血”的，少则一百，多则不封顶，这一般的工薪阶层怎能禁得出这样的大出血！这都是旧风陋习充当的杀手，古人云“苛政猛于虎。”我说：“红帖、白帖猛于虎。”这旧风陋习不变革，低收入者的确很难活命！

短信如果“上联”写作“走在路上”，下联写作“坐于家中”也可；或“上联”写作“车在路上”，下联写作“人于家中”也可，但“上联”中巧用一个“奔驰”，既可以作动词用，指开车的行为，又可以双关作名词用，有一种名贵的车便冠名为“奔驰”，这里，也可以视作以一种名车的车名指代宝马等其他各种名贵车辆，很不起眼的两个字，倒还花了一点心思，虽然是信手拈来，却也有点意味。

不要被它废了

请君自重：
不要一手好字被电脑废了，
不要一手好拳被骰子废了，
不要一个好胃被酒废了，
不要一个好男人被小姐废了，
不要一个好官被钱废了。

【链接】短信一开始用一个类似呼告的“请君自重”来引起下文，似乎是在喊着一个老友作谆谆告诫，告诫朋友不要被赌博、酗酒、好色、贪财所废了。但短信没有直接说出这些内容，只是巧妙地借用其“工具”“对象”来委婉表达。第一句可能有争议，现在普遍用电脑写字，已成一种趋势，不能给电脑定“废”人的罪名，但是若指书法达到了一定水平，写得一手好字，而被荒废了，实在可惜。菲尔·达斯特对此还从一个独特的角度上论说：“一旦我们失去了用纸和笔的能力，我们无法解读前人的情书只是一个时间问题。如果只有专业学者可以领会前人的信件，世界将会变得多么可怜。”这里，菲尔·达斯特对我们将要遗弃的书写艺术有多么深厚的感情。其实，被电脑废了一手好字，并不十分可惜，有一则短信写道：“我们把联系交给了手机，我们把思考交给了电脑。”如果我们完全依赖电脑，被电脑废掉了思考，那才是问题严重。外国出了本新书《浅薄》，该书指出，“互联网正在把人类的专注和思考能力撕成碎片，让人变得浅薄，变‘傻’，让人类逐渐失掉感知、理性和审辨能力。”这也就是有人说的患了思想意识的幼稚病，这不能不引起人们的重视。回到短信原文，如果仅仅是废了一手好字，问题不是很严重。这第一句甚至可以视为只起一个起兴作用，主要是引出后面更严重的问题。短信每句都套用“不要一手(个)好 A，被 B 废了”的格式，意思逐句层递加深，劝戒的分量也随之逐步加重。短信从一手好字、一手好拳、一个好胃，逐渐过渡到谈及到一个好男人、一个好官，由小事谈到大事，由个人的事谈到社会的事、国家的事。重要的还是后面两项所谈的“人”和“官”的事。一个好男人，倘若被色字头上的刀给阉割了，闹得身败名裂，甚至家破人亡，那是多么不值得的事。尤其是一个好官，倘若在钱和物的横流中把握不住自己，贪污受贿，被金钱废了，那不仅是废了个人的前途乃至生命，而且会给国家、给人民造成巨大的损失。醉翁之意不在酒，短信的前面几条都只是铺垫和衬托，短信最要表达的旨意应该就是最后两条，也应该算是卒章显其志吧。

孙志毅有篇短文《自从……》，其写作意图与短信是英雄所见略同，短文写道：“自从有了遥控器，我们变得更加浮躁不堪，无法完整地、从头到尾地看完一个电视节目；自从有了 E－mail，我们不会写信了，提笔才想：昵称？网名？真名？还是啥来着？自从有了饭馆，我们不会在家请客了，将大把的钞票和情感留在老板的手中；自从有了飞机、高铁，我们不再思乡，不再‘马上相逢无纸笔，凭君传语报平安’了；自从有了高楼，我们的物理距离拉近了，头上有人，脚下有人，就是心中无人了；自从有了购买现成衣衫的条件，我们找不到‘临行密密缝，意恐迟迟归’的母子情了；自从有了 QQ 和 MSN，我们开始用手说话了，傻话、废话、智慧的话、推心置腹的话、不着边际的话都能说了，看不到羞赧，听不见口吃，辨不清真假；自从有了 GDP，我们的生活变成了官员的数字，不要天地了，不要精神了，不要春风秋月了，不要江河湖海了，最后我们都变成‘植物人’了……”短文比短信内容更丰富，描写更生动、更具体、更有文采。

七仙女要求离婚

董郎：

最近看了几个台的相亲征婚节目，我心潮难平，人家都是要豪华别墅、宝马轿车，虽说我们当时也有房有车，但我们有的却是破草房、纺线车，跟人家比起来，真是一个天上，一个地下。我本自天上来，所以，我决意还是回仙间去，我们还是分手吧。请原谅我的不辞而别，祝你幸福！

七仙女于情人节

【链接】本则短信采用书信体的形式，借用具有极深影响的民间传说“天仙配”的故事，将故事延伸到现代，构思出七仙女要与原本恩爱的丈夫董永离婚，起因是七仙女最近看了许多电视台的相亲征婚节目，节目中不少女嘉宾，谈婚论嫁强调的是有豪华别墅、高级轿车，渗透出一种物欲横流、拜金至上的氛围，因而对七仙女触动很大，使她联想到自己的房、车却是破草房、纺线车，一种强烈的失落感油然而生，因此，提出了要与董永分道扬镳。短信借着比喻差距很大的“一个在天上，一个在地下”顺藤摸瓜，勾连起“我本自天上来”“决意回到仙间去”，勾连起今昔房车的对比，都显得十分自然有趣。本则短信表面上看来主要是要写七仙女离婚之事，电视节目之事只是个切入点，但醉翁之意不在酒，短信着意讽刺的应该是对电视节目中相亲征婚所体现的社会上的物欲膨胀予以嘲讽，这种物欲的肆虐，使古代传说中的贤妻七仙女都想到了离婚，对当代青年女性的影响更不言而喻。很多人怀疑不少女嘉宾是来炒作自己的，其言辞的犀利露骨大有为了流芳百世、不怕遗臭万年的无所畏惧的精神，但愿事实真相并非如此。本则短信作为一个书信体，七仙女在称呼“董郎”后，连个“你好”的问候都没有，作为多年的夫妻，也确实太绝情了，这与信中的言词“我决意还是回仙间去”以及她的“不辞而别”是相呼应的。书信落款“情人节”，情人节提出离婚，也是很讽刺意味和幽默色彩的。本书另有条目“董永的回复”,可对照欣赏。

董永的回复

七仙女吾爱妻:

看了你的信,我很难过,你忘了你当时的表白——“神仙岁月我不爱”“人间景色胜瑶台”“寒窑虽破能避风雨,夫妻恩爱苦也甜”。自政府出台“三农”政策后,你也不是很高兴吗?我们生活状况只会越来越好,再说,现在都提倡低碳生活,城市有钱人越来越多地往咱山村跑了。另外,电视节目中的事你别全信,我听说很多美女上电视是为了搞炒作,你该清楚现在有些娱乐节目只讲疯度,不讲风度,把娱乐变成愚乐,你也别被他们搞愚了,望你要有自己的头脑,望你三思而行,切勿把婚姻大事当作儿戏。盼望你早日回来!

董永于复活节

【链接】本书选有书信体条目《七仙女要求离婚》,本则短信是与之呼应的姊妹篇。内容是董永对七仙女的回复。短信展开丰富的想象翅膀,一是借用了《天仙配》里的唱词“神仙岁月我不爱”“人间景色胜瑶台”“寒窑虽破能避风雨,夫妻恩爱苦也甜”,作为董永过去二人感情经历的回放,寄希望于七仙女珍惜过去的恩爱,牢记过去的海誓山盟,对七仙女动之以情。另一方面,董永又借三农政策、过低碳生活,与时俱进,展望未来,对七仙女晓之以理,显得风趣隽永。短信中董永的言词恳切,虽然七仙女在信中连个“你好”都没有,但董永却依然是情深意笃地将她称之为“吾爱妻”,形成一种对比,更见董永的憨厚可爱。七仙女于情人节提出离婚,表现绝情,而董永在复活节给她回信,盼望她“早日回来”,盼望爱情的复活,这应该是一种精心的设计,两则短信遥相呼应,相得益彰。另外,两则短信都是醉翁之意不酒，借离婚事件，特别是直接借董永之口，批评当时一些电视的娱乐节目，不重视其对观众的导向作用，有的甚至媚俗，“只讲疯度，不讲风度，把娱乐变成愚乐”，这是应该引起警示的。我们的娱乐应该追求真善美，应该宣扬社会主义的核心价值观，净化人们的心灵，才有利于构成和谐社会。

发短信

在干吗？我跟人打架了。早上想买个茶蛋，他说六毛一个，我说五毛，他不卖，我就一砖头上去了！咳！为了省一毛钱给发你短信，我现在关派出所呢！没事，只要你快乐！

【链接】这是一则调侃“发短信”的短信。短信表面上看来，只是一个人不停地诉说，但第一句“在干吗?”表明，实际上省略了对方的问话：“你在干吗?”正因为有了对方的问话，才引起了他的滔滔不绝。短信虽然只有几句话，但话中设置了包袱，开始不说出为什么跟人打架的真实原因，还需要层层剥茧。首先，告诉你，为了省一毛钱，买茶蛋，与人讨价还价，六毛只愿出五毛，为了一毛钱竟然用砖头砸人，这也太夸张了。但这样夸张是为了凸显出他给你发短信付出了多么大的代价。到此，事情的真正原因才点明，在前面抖的包袱才真正打开了。就此，还未结束，还要进一步表达“只要你快乐，我现在关派出所了，也觉得没事”，从此烘托出了该人与对方的爱情，或是友情，或是亲情是多么的深厚，这种表达无不让人感到一种深深的诙谐和幽默。有一条短信，却是这样来调侃“发短信”的：

将短信转发了 3 次，你会走财运；
将短信转发了 6 次，你会走官运；
将短信转发了 10 次，你会走桃花运；
将短信转发了 20 次，你会花掉 2 元钱。

短信前面三句，都是写发短信的不同次数会有怎样的收益，带来怎样好的运气，然而第四句却不按此逻辑行文，不顺着竹竿爬，突然跳到另一竹竿上去，奇峰突转，突然转写到转发多少次要花多少钱了，这是很现实的，这是大实话。以此对比，显示了前三句说的是玩笑话而已，从而取得幽默出奇的效果。另有短信也是用说大实话的方式表达：

买辆奔驰送你，太贵；
请你出国旅游，浪费；
约你海吃一顿，伤胃；
送你一支玫瑰，误会；
送你一个热吻，不对；
只好送你一条短信，实惠。

还有一则短信仿词牌《如梦令》写道：

平日无计可消忧，发发短信驱闷愁，偶尔美眉来挑逗，乐透，乐透；信息来往已无休，聊到最后，原是远方老嫂，作呕，作呕。

看到此则短信，也许你很可能会联想到宋代著名女词人李清照的词《如梦令》："常记溪亭日暮，沉醉不知归路。兴尽晚回舟，误入藕花深处。争渡，争渡，惊起一滩鸥鹭。"但是，一经对照，你就不难发现，短信与《如梦令》词牌的要求相距甚远，短信只是倒用了李清照词中"争渡，争渡，惊起一滩鸥鹭"的句式。而且，短信中写有"美眉来挑逗，乐透，乐透""原是远方老嫂，作呕，作呕"，如果不是调侃别人而是短信作者的心态写照，则是不可取的。有的版本"老嫂"写作"老叟"，无甚高下之别。

3. 文字游戏

成语别解

言而无信——只打电话，不愿写信；
节衣缩食——裸肩露脐，拒绝餐饮；
自投罗网——痴迷上网，网恋失身；
足痛医头——足坛打黑，头头被"请"。

【链接】本则短信将几个熟悉的成语，抛开其原本的涵义，别解成另外一种与原文不相关的临时性新义，从而调侃当前社会中出现的一些新的甚至是异常的现象。言而无信是个结构紧密的词语，本指某人说话不讲信用，而短信把它别解成指说话和写信两件事，从而演绎成“只打电话，不愿写信”。“节衣缩食”本是个歌颂勤俭美德的褒义词，而短信把它别解成当前社会上一些女青年为了臭美、为了瘦身减肥的行为。自投罗网，短信只抓住一个网字转义，由一种捕捞工具转指为一种现代通讯工具，短信突出了上网不慎的后果。成语中只有“头痛医头，脚痛医脚”，而短信将它拆改，将它离合成“足痛医头”。其实从中医的角度来看，“足痛医头”更符合其辨证论治的精神。而短信借以调侃足坛打黑扫赌，一些有关涉案的头头被双规、被清查的现象，其中“请”是一种新生事物，对一些未明确定性的问题人员，先不由公安人员拘捕，而是由纪律检查委员会等部门先行约请去谈清问题。短信标题为“别解”，实质上可以说是曲解，故意在释义上制造极大的反差，以达到幽默风趣、令人莞尔一笑的效果。短信在不经意间，每句句末还注意了押韵。而且前前后后都是四字句，节奏明快，读念起来朗朗上口。

很多现代广告如短信这样，利用别解和曲解的手法来撰写广告词，以增强其宣传效果。例如，有一种洗衣粉的广告词为“百里挑一”，既直接夸赞其产品优秀，又利用析字的方法，取意“百”字里挑去“一”横，剩下一个“白”字，凸显其洗衣粉的白净作用。又如某种饮料的广告词为“口服心服”，成语“口服心服”（也作“心服口服”）中的“服”字本来都是“信服”的意思，而广告词将第一个“服”字别解、曲解成“服用”“饮用”的意思。还如某打字机的广告词为“不打不相识”，也是别解、曲解成语“不打不成相识”，成语中“打”字的意思是“交手”，而广告词将其别解、曲解成“打字”的意思。以上广告词的手法、效果都与本则短信相似。对于广告中的用字现象，尚有争议。

流行词汇

现在：
粉丝不是食品，
钢丝不是建筑材料；
炒作不需要厨房；
寒(韩)流与冷空气无关；
不偷鸡鸭专偷“菜”；
语言已进入超级选秀阶段。

【链接】随着社会的发展，随着新的事物和社会现象的产生，必然在语言中出现许多新的词语，有的被称为流行词汇。有了超女快男海选活动，就出现了不少喜爱和支持某选手的大众，因此就有了“粉丝”，它是英文“fans”的中文谐音译名，fan本指歌迷、影迷等，加上“s”便表示复数，便成为追星族了。后来，明星郭德纲等名字中有同音“钢”字的，其追星族便引申为“钢丝”了。后来，更进一步，抓住明星名字中某个与常见物品名字音同或音近的字找词组来表示某明星专用粉丝的名称，如李宇春的粉丝就不叫什么丝了，而择其“宇”字的近音字“玉”，衍变为“玉米”。炒作本是厨房里的一种劳动，现在用以表示抬高身价的人为活动了。人们以前只说与冷空气有关的寒流，而随着韩国影视作品的引进，人们幽默地将之称为“韩流”了。目前，有的人或许由于现实生活中压力过大，或遭受挫折，或因其他原因感到空虚无聊，纷纷都奔虚拟的网络中去寻求精神上的满足，于是时兴了一种网络“偷菜”游戏，参与者企图从中获取“大量财富”或相应地位。这些人乐此不疲，对“偷鸡”、“偷鸭”不屑一顾。

短信对以上活动所产生的影响从“否定”的角度道出其新义，这是与正规词典风马牛不相及的，饶有兴味。这些词语将随着其所表现事物的生命而决定其是流传或消亡。

有的流行语还是蛮有文化内涵的，如说“我是打酱油的”，表达

“其他无关的事我是不管的”，甚至是油瓶倒地都不会扶的，很有意味。有的方言中说某种人做事很机械，很呆板，不会灵活机动，便说这个人“买油就不买盐”，看来，这两种表达是有一定的联系的。可能后者对前者有一定的启发作用。在物价飞涨阶段，人们利用物品名的谐音与俗语结合，滋生了“蒜你狠、油你涨、姜你军”等新的流行词汇，替代“算你恨，由你涨，将你军”，表达对物价飞涨的愤愤不平。这些流行语都很明白易懂，但有些“流行语”却显得有些无厘头，如“稀饭”（表示喜欢）、“内牛满面”（表示泪流满面）等，叫人费猜详。有的人对此持批评态度。有人说：“现实中无法咆哮，这就能代表新潮吗？几千年的汉文字被糟蹋了，无聊。再咆哮，生活还是那样，压力又不会因此而消失。”说得可能有点偏激，但用意是好的。语言是人们交际的工具，既然是流行语，就更要明白易懂，不能晦涩无厘头，不要让大多数人像丈二和尚摸不到头脑，不要只是少数人才懂，以至像过去的行话帮语。《杂文选刊》2011 年 9 月中旬版“新闻发布会”专栏对此有很精到的见解；“这些新名词其实早在文革结束不久就出现了，如大款、面的、小姐……既比较科学，又比较形象，好记忆，所以，不仅很快就流传开了，而且丰富了我们的语言，但后来就混乱无序，而且开始糟蹋语言了，如‘帅呆’‘酷毙’等就开了一个坏头儿，以致最近把‘有没有’说在‘有木有’，把‘什么东西’说成‘神马东西’就有些糟践语言的了。”汉字是音形义结合的独特文字，现在，所谓的流行语汇完全摒弃了它的形和义的元素，只在字音上极尽歪曲之能事，真是一种不能容忍的践踏，应该止步了。此话值得人们深思。南昌方言在文革前有个流行词语叫“屌毛灰”，后来由于不雅，逐渐消失了，然而至今，全国却疯行一个词语“屌丝”，真不知是社会的进步，还是语言的倒退——沉渣泛起。

象形符号

骑 M 马，挥 L 鞭，跨 V 谷，放开 O 口唱春色；
过 H 桥，走 S 路，攀 A 峰，登上 T 台观曙光。

【链接】本则短信很像一副对联，除其中的字母外，其它汉字在词性、平仄方面对仗都较为工整，但本则短信更主要的特色却是选择了有象形效果的八个字母镶嵌其中，有人称之为“拟字”。本则短信中的八个字母其形状酷像某种实物，如 M 极像马鞍，L 极像皮鞭，V 极像峡谷，O 像张开的圆口，H 极像拉索桥的切面，S 极像弯曲的小路，A 极像高耸的山巅，T 型台已成为各种娱乐场所必有的设置。用这些字母来代表各种实物，既简洁明了，又形象生动。还有的短信将字母的小写与大写进行对比，或加上一点别的附加符号，来从象形的角度进行调侃，如：

$ 对 S 说：在俺美国，是否有钱，要看领带。

¥ 对 Y 说：在俺中国，是否有钱，要看裤带。

b 对 B 说：姐，在哪儿做的隆胸手术？

a 对 A 说：啥时改建成别墅了？还是哥特式的呢！

e 对 E 说：哥，准备开眼科诊所，还是开眼镜店？

m 对 M 说：哥，你的俯卧撑练得非常标准了。

象形本指汉字的六种造字方法，即“六书”之一，即指描摹实物的造字方法，其要点注重形似。所以，有些短信抓住汉字的象形特点进行调侃，真是层出不穷。如有的短信写道：

比对北说，夫妻一场，何必要闹离婚呢？

巾对币说：儿呀，戴上博士帽就身价百倍了。

尺对尽说：姐姐，恭喜你，怀上双胞胎了。

巨对臣说：你的面积和我一样，你却改成了三室二厅。

点对占说：买辆车，多四个轮子方便得多，留着钱干啥？

土对丑说，别以为披肩发时尚，骨子里还是土的。

还有的短信风趣地写道：

"忙对忘说：大家的心都长在左胸，你的心却为何长在下腹部。

木对森说：你们怎邀伙玩起杂技来了？

句对包说：你胆子太大了，还玩雪橇！

平对苹说：你用了什么劣质洗发水？头发都成枯草了。

卓对桌说：碰上赵本山大忽悠了？都架上了双拐。

力对办说：牛什么？办事就行贿，还拎两个包呢！"

更为有趣的是，有的短信从相对的阿拉伯数字上找到象形的效果，从而进行调侃：

0 对 8 说：胖就胖呗，还系什么腰带？

8 对 3 说：减肥不要太过分了，你看，都已经瘦掉一半了。

3 对 8 说：你还不减肥，足足有我身子两个一样大。

6 对 9 说：好好走路，还搞什么倒立？

7 对 2 说：行了，别跪了，再跪我也不会嫁给你。

无论是汉字还是字母，乃至于数字，都是一个符号，都可以用象形的眼光从不同的角度进行解读和描绘，惟妙惟肖，且生动活泼、幽默风趣。

节日两防

防餐桌饮患

防患于未燃

【链接】每逢节假日，大吃大喝容易闹病，另外，放鞭炮，玩焰火，点香燃烛，一不小心便喜极而悲，小则炸伤烧伤人，大则酿成火灾，一家失火，四邻遭殃。以上的确是节假日的两大隐患，短信对这两大注意事项，借了谐音将固定词语"隐患"改成写"饮"患，又将成语"防患未然"改写成"防患于未燃"，都是一字之差，却画龙点睛地指出了事情的关键。的确，节日的隐患之一是吃出来的，也即"饮"出来的，注意餐桌上的饮患，便可避免上医院乃至打120的尴尬。节日期间，的确要重视防火，要防患于火还没有燃烧起来之前，一旦火燃烧起来了，那水火是无情的，后悔也来不及，亡羊补牢都无济于事了。那年春晚，央视大楼竟然发生特大火灾，幸好没有影响演出的转播，但至今令人后怕。“防患未然”按《辞海》解释是：“防止祸患于发生以前”“患”是泛指对各种祸害，而短信将“然”改为“燃”后，则特指并强调是防止火灾，即“防火患于未燃”。更有趣的是——其实，“然”字就是“燃”的本字，这还算不上改，而是还其本来的身份了。总的来说，短信将“隐”改成“饮”，将“然”改成“燃”，其作者也堪称“一字之师”，只不过他没有唐代贾岛的“推敲”与宋代王安石的“江南又绿江南岸”之“绿”字更有名气，更有影响。

众所周知，唐代诗人贾岛的名诗“鸟宿池边树，僧敲月下门”（见《题李凝幽居》）中的“敲”字原为“推”字，宋代王安石的名句“春风又绿江同岸，明月何时照我还”（见《泊船瓜州》）中的“绿”字，曾经先后用过“到”“过”“入”“满”等字，都不满意，最后定为“绿”字。当然，短信虽然也很注意炼字、注意推敲，但不能与贾苏相提并论，这只是一种联想而已。还有一则关于住房的短信写道：“我们要随遇而安，首先要随寓而安。”其中，将“遇”字变为“寓”字，不仅借用了“谐音”，而且借用了变换字形的偏旁部首的方法，与短信“节日两防”有异曲同工之妙。

“屁”字的故事

一实习生做事粗枝大叶，写病历等文案常写错字、白字。一次，在病例报告上竟将“肛门发炎”写作“肛门发言”。指导老师见后哭笑不得，顺手在文旁批上二字：“放屁”。

【链接】此则短信较为幽默，“放屁”二字，运用了双关手法，叫人忍俊不禁。“放屁”二字，一者可以视为老师对实习生的气愤的骂语。同时，也可以视作对于“肛门发言”的曲解。肛门怎能发言呢？如果一定要说肛门会发言,可它“发言”的唯一形式便是“放屁”,别无他解。无独有偶,有一个段子也是写一个医学实习生与“屁”字的故事,段子写道:

> 一实习生上班注意力不集中,给病人开化验单竟然将“尿常规”写成了“屁常规”。病人见后疑惑不解,问:“请问医生,这屁的标本怎么采集?”令实习生十分尴尬。

这个故事则表现了病人的幽默,以上两个故事都有关联,都是对不成熟的实习医生的善意调侃,都是在“屁”字上小做文章。也许有人会以为“屁”字上做文章,不雅,很俗,其实不然。文革前,有关“屁”字的故事就堂而皇之地登上了大学的讲堂。过去,大学中文系上文艺理论课在讲“文学的阶级性”时,必讲一个与“屁”字有关的典故:

> 很久以前,有一年长安下着空前未有的大雪,有一个酸秀才诗兴大发,吟曰:“大雪纷纷落地。”另有一个刚升迁县吏接着怀着感恩的心情念道:“这是皇家瑞气。”旁边一个经营棉布、服装的商人想到天气寒冷对他的生意有利,于是喜形于色地嚷着:“再下三年何妨?”此时,在屋檐下冷得瑟瑟发抖的穷人听后十分愤怒,不禁对他破口大骂:“放你娘的狗屁!”

过去,文学理论的老师就是拿这个典故来论证文学的“阶级性”——不同阶级的人对待同一场大雪的到来,站在不同的阶级立场上,有着不同的感受,作出不同的吟咏。这个典故最后落足在一个“屁”字上,无人以为它俗而不雅。传说大文学家苏轼与佛印禅师过从甚密。一次,苏轼自以为修持到家,写一诗偈:“稽首天中天,毫光照大千。八风吹不动,端坐紫金莲。”写完很得意地派人送给隔江的佛印。原以为会得到他的赞赏,谁知佛印却在上面批了“放屁”二字。苏轼看后十分气愤,马上过江去找佛印质问。佛印听后只是微笑,又提笔送了他二句:“八风吹不动,一屁过江来。”令苏轼赧然。这也是有关“屁”字的故事,非但不俗,倒还有几分禅理蕴含其中,令人深思彻悟。

认知的盲区

甲:你知道《围城》吗?

乙:不就是《兵临城下》吗?

甲:你看过《钦差大臣》吗?

乙:不就是林则徐禁烟的故事?

【链接】本则短信通过两人对话,生动地表现了“乙”某不懂装懂、“张冠李戴”的神态,特别是通过重复两个“不就是”,表现了他的入木三分的自信和自负。他错把小说或电视剧《围城》与电影《兵临城下》混为一谈,又错把俄国果戈理的戏剧《钦差大臣》和我国近代史上的“林则徐禁烟”之事乱点鸳鸯谱。看了有点滑稽可笑,但他虽然不熟知《围城》和《钦差大臣》,但在他的阅历中,毕竟还有电影《兵临城下》和林则徐禁烟的印象,而且总还有点逻辑联系,既然城被围了,不就是“兵临城下”吗,林则徐禁烟时也确实受命为道光皇帝的钦差大臣,似乎还不是完全的空穴来风。其实令人更加担忧的是:“知道爱情的越来越多,知道艾青的越来越少;知道比尔的越来越多,知道保尔的越来越少;知道关之琳的越来越多,知道卞之琳的越来越少;知道周迅的越来越多,知道鲁迅的越来越少。”以上这个小段子抓住名字中有相同字的人物的知名度的对照,反映了社会呈现物欲横流的浮躁状况下不应该出现的现象。按照小段子的写法还可以列出很多,如:“知道梅艳芳的越来越多,知道梅兰芳的越来越少;知道赵本山的越来越多,知道孙中山的越来越少……”这些现象确实发人深省:一切向钱看,拜金主义盛行,爱情变味、同居闪婚成风、疯狂追星、娱乐低俗化等,让人们审美疲劳的作品占领于市场是令人担忧的。当然,这个段子要求还是蛮高的,要当代的年轻人能熟读艾青、卞之琳的诗是不容易做到的,至于鲁迅,不被彻底否认便是万幸;现在“国学大师”帽子满天飞,而真正的国粹精英梅兰芳却没有这些人的地位崇高。对于孙中山在革命历史中的地位和作用,更是少有人问津。以上认知要求得大多数人尤其是青年人的认同，可能还需要有一个漫长的过程。

高兴的事

若要一辈子高兴——做事；
若要一阵子高兴——做官；
若要一个人高兴——做梦；
若要一家人高兴——做饭；
若要一圈人高兴——做东！

【链接】本则短信每句都用上一个破折号，一般破折号后面的内容都是对破折号前面提及的内容进行诠释。但本短信的破折号后面的内容却是表达为了达到括号前所说的目的，应采用的相应手段，也可以说要得到括号前的“果”，必须有破折号后面所说的“因”。本则短信的旨意就是说，要达到怎样的高兴情况，必须做括号后面所说的事情。

短信每句都是以“若要一××高兴——做×”的格式出现，尤其是破折号后，都只要两个字，而且都重复一个“做”字，一个“做”字后都带一个名词，组成动宾词组，在名字的选择方面要受到“做”的限制，要搭配得自然，否则会以词害义。如若要一双人高兴的事很多，跳舞，对唱等都可以，但它们不能以“做”+名词的词组来表现。短信的很多句子都能给人新奇的感觉，感觉到作者的表达角度还是独特的，如说若要一个人高兴，那只有自己偷着乐，梦中娶媳妇也不妨碍别人；又如说一个人不可能一辈子做官，只能是一阵子的，似乎蛮有哲理。尤其是开头第一句似乎是高屋建瓴，人要奋斗不止，似乎境界很高，令人不可小觑。而后两句却说得十分轻松，令人解颐。

其实，后两句的意思也有交叉的含义。若要一家人高兴，可以在家里做一顿美食，也可以说是做酒，在家里可以随便一点。若要对待一圈（有的写作“帮”）朋友，按情之常理，会里外有别，会郑重一些，上专业酒店去请客，你要他们高兴，那你就要做好东。当然做东，不局限是请人吃饭，也许还包括请人上歌吧舞厅，甚至请人去游山玩水，这就要看东家与这圈人关系的亲密程度如何。短信字面上很简单，但内容却比较细腻而丰富，大事也谈到，小事也谈到，正经事也有，戏谑事也有，多角度多方位地进行调侃。有的版本写“一辈子高兴——做佛。”还有的人说：“若要一双人高兴——做爱。”这一条原始版中没有，是在转发中增加的。有人认为有点俗，似乎是黄色的；有的人认为又不是具体的性描写，无有大碍；有的人说，过去有些山区里计划生育做不好，就是因为没有电，晚上没有什么娱乐活动，吃了晚饭就上床，所以一家生三四个甚至五六个。当然这仅仅是一个笑谈。

本则短信突出一个“做”字，若改用一个“打”字来表达也是可以的：如：若要一个人高兴——打瞌睡；若要两个人高兴——打羽毛球；若要三个人高兴——打扑克；若要四个高兴——打麻将；若要一圈人高兴——打牙祭……

与小布什对话

小布什去山东莱芜考察，在马路边整理行李，一扫街老太太过来问：“鼓捣么你？”小布什惊叹英语在中国的普通程度，便送了老太太一个梨。老太太说：“俺莱芜有！”小布什听了之后飞逃。

【链接】本则短信引自欧阳文风《短信文学论》，短信非常巧妙地利用山东莱芜的方言发音与英语某些单词谐音而产生了误会，因而也产生了戏剧效果，令人莞尔一笑，短信非常幽默风趣。扫街老妇见小布什在马路边整理行李，很自然地问：“你在这里鼓捣什么？”而莱芜方言为“鼓捣么你”，这发音正巧与英语中的“Good morning”谐音，意为“早上好”，因此小布什误以为是在向他问好。莱芜也是个产梨的地方，所以，当小布什拿个梨向老太太示好时，老太太很自然会说“我们莱芜有梨”，其方言发音为“俺莱芜有”，正巧又与英语“I love you”谐音，却错位为“我爱你”的意思，所以，小布什吓得赶快飞逃。这完全是一则虚构的故事，但无人质疑小布什是否到过莱芜遇见过扫街老太太，这大概就是艺术的真实。短信主要是利用谐音提供一个笑料。谐音短信不少，例如：

还记得那年在树下军训吗？教练对同学说：“第一排报数。”你惊讶地看着教练，教练又大声地说了一遍：“报数!”于是你极不情愿地转过身去抱住了树。

显然，此则短信便是利用“报数”与“抱树”谐音产生误会，产生戏剧效果。又如，也是跟“军训”有关的故事：

新生军训，连长说：“一班杀鸡，二班偷蛋，我来做稀饭，明白了吗?”原来是在说：“一班射击，二班投弹，我来做示范。”

2013春晚小品《今天的幸福2》也用了谐音的修辞手段，拿“鞋”字做文章：

前夫：哎哟，我真是彻底被你的天真给打败了。

郝剑：打败你的不是天真，是无鞋。

很明显，这里以“无鞋”谐音“无邪”。剧情是郝剑因为仓皇躲避而掉了鞋，所以，他说这句话时得意地扬起了无鞋的脚，当时博得了一些笑声，有一定的戏剧效果。但是，演出后受到不少网友的质疑和批评。有人认为这样会有负面效应，会引导学生学错别字。但是，在文艺作品中，这种现象很普遍，例如赵本山与宋丹丹演的小品“白云和黑土”中也有类似的细节：白云吹嘘自己是大腕，沾沾自喜地说养鸡场都请她去剪彩，而黑土却揭她的老底，说她剪彩后鸡场的鸡全死了，人家给取了个外号叫“一剪梅(没)”，“一剪就都没了。”“一剪梅”是古代词牌名，能否说小品这样用，会对学生学习古典文学产生误解呢？这个问题很难作出定论，可以充分讨论。不过，像前面的莱芜方言及“报数”却不会出现这个问题，但是一旦触及到成语等熟语便令人担心，许多广告更是有“泛滥”之嫌。这个问题目前只能寄希望于老师和媒体，常做一些“消毒”的工作，以免贻误后一代。

劝舅舅戒酒

99：8179，1.91817。7954，76209，8406，9405，811790528034。99,8179,1.9117。99,8137。

3:02

【链接】这是以外甥的身份写给舅舅的短信，舅舅嗜酒如命，脾气暴跌，酒后常失态，与人打斗，惹是生非。短信用这组数字，仿拟类似的声音，译出的汉字便是：

舅舅：不要吃酒，一点酒也不要吃，吃酒误事，吃了二两酒，不是动怒，就是动武，不要因吃酒动武而被人杀死。舅舅，不要吃酒，一点酒也不要吃。舅舅，不要生气。

甥：冬儿

一连串平常枯燥的数字，巧妙地谐音组合，显得非常幽默有趣。这里，数字中的“0”读“dòng”，前面代替“动”字，后面代表“冬”字。“1.91817”中的小数点，读“diǎn”，代替“点”字。本则短信，为了强调其语意，特意将“99,8179,1.91817”重复了一次，而且两次呼告“99”（“舅舅”），更加显得情真意切，令人感动。而且，作为一封信，前有称呼，后有署名落款，注意了格式上的完整，很有趣味。用数字拟音毕竟不可能完全准确，不是每个字都可以用相应的数字来拟音，如，本则短信中，“杀死”可写成“打死”，但“打”字找不到合适的数字来拟音。本则短信中，根据全文内容应出现一个“醉”字，但也无法找到合适的数字来拟音，所以会留下因音害字、因字害意的遗憾。

以数字拟音，还有这样一个小段子：

两车相撞，双方司机都很冲动，甲指着乙凶狠地说：“你睁大眼睛瞧瞧我的车牌号！”其车牌号为“300544”，暗示对方：“想动动武试试？”乙方一看，明白其意，也不示弱，回敬甲：“你也瞧瞧我的车牌号！”巧得好，其车号为‘144944’”，正好谐音：“要试试就试试!”谁也不怕谁,正好针尖对麦芒。

其实,在现实生活中,车牌号在圆点之后只有五位数,短信拟为六位数,分别加了“3”和“1”,谐音表示“想”和“要”,更加加重了语气,也可避免车主对号入座。这只是个笑话,双方都不冷静,都不文明,不利于事情的妥善解决。

用数字拟音表达爱情的短信很多,其零星单句更多,在此介绍一则“七言绝句”的爱情短信:

2 0	爱 你
8 3 8 4 5 8 2	不三不四我不爱,
1 3 9 2 0 1 0	一生就爱你一人;
8 8 0 6 7 7 0	抱抱你来亲亲你,
1 9 1 0 4 3 7	依旧与你是深情。

短信借数字拟音,风趣地表达了对于恋人的热烈真诚的爱意。

4. 动物世界

动物对唱

老鼠遇见猫。
老鼠:“我是不是该安静地走开?”
猫:“你知道我在等你吗?”
老鼠:(感叹)“为什么受伤的总是我!”
猫:(笑)“牵挂你的人是我!”

【链接】本则短信运用拟人的手法,把猫和老鼠都当作人来描写,而且它们对话的台词,都别出心裁地选用了恰当的歌词或歌名来表达。“我是不是该安静地走开”,是郭富城出道时演唱的成名作;“你知道我在等你吗?”是张洪量当年最畅销的歌曲;而“为什么受伤的总是我？”是林志颖演唱的深受广大歌迷欢迎的歌曲；而“牵挂你的人是我”，则是高林生演唱的歌曲中的核心唱词。这些歌名、歌词微妙地表达了猫鼠之间对立的关系，妙趣横生。本则短信中塑造的老鼠形象是一个有自知之明的无辜者的形象，它一遇见猫，便很理智，知道自己“应该安静地走开”，对猫采取避让的态度。然而猫是不会放过它的：“你知道我在等你吗？”老鼠感知凶多吉少，只有感叹“为什么受伤的总是我”，猫非常得意，却非常虚伪，还假惺惺地说：“牵挂你的人是我！”本则短信塑造的老鼠形象是善良的、无辜的、理智的形象。而有的短信，塑造的老鼠却是轻佻的惹祸的形象：

> 猫在午睡，鼠唱着《2002 年的第一场雪》来到猫的身边。少顷，鼠又唱《你是我的情人》。猫醒，猛抓起老鼠，也唱《这就是冲动的惩罚》，将鼠摔至远处。

猫鼠本是死对头，这只鼠却大胆地一再挑逗猫，真是太不自量，非怪没有好的下场，必然遭受因“冲动”而受到的“惩罚”。有一句现代歇后语说：“老鼠为猫作三陪——要钱不要命。”此则短信中的老鼠形象与“作三陪”的老鼠该是同一类型的角色。

还有的短信借用歌词表达老虎与猴与鸡之间的对话：

> 虎对鸡：“不能没有你。”
>
> 鸡：“你的柔情我永远不懂。”
>
> 虎(杀鸡吓猴，对鸡)：“不是我不小心。”
>
> 虎对猴：“明明白白我的心。”
>
> 鸡：“为什么受伤的总是我。”

这里，演绎了老虎杀鸡吓猴的故事，这里的“鸡”与第一则短信中的老鼠一样，是悲剧性的角色，所以它们有着共同的心声：“为什么受伤总是我？”短信中“明明白白我的心”应由猴说，潜台词是：“我知道你杀鸡是为了吓我。”

其实，很多爱情歌曲的歌词或歌名，可以借鉴引用为表达动物之间的内心表白，如陈百强演唱的“偏偏喜欢你”，伍思凯演唱的“特别的爱给特别你”，黎明演唱的“今夜你会不会来”，以及郭富城演唱的“爱情到底有多危险”，都可以替代以上几则短信的相关台词，或另行安排新的寓言式的故事情节，创作出新的富有情趣的幽默短信。

动物相亲

一天，蜘蛛问他妈："为什么要让我娶蜜蜂？"蜘蛛妈说："人家是空姐，经过严格筛选的。"蜜蜂也问她妈："我一个堂堂空姐，为什么要嫁给蜘蛛呢？"她妈说："你别小瞧了他，人家是搞网络的，是当今非常时尚的职业。"

【链接】本则短信实际上是将两条短信集合改写而成。短信用拟人的手法，把蜘蛛、蜜蜂以及其妈当作人物来写，她（他）们会说话，会思考，会相亲，懂得职业的时尚与否及其价值取向。短信又像一篇超短微型小说，有"人物"、有对话、有简单的故事情节。短信中所反映的生活细节正是人们现实生活的折射。在当代人们的现实生活中，空姐和网络等职业确实是非常吃香的时尚职业，从事这些职业的人收入高，待遇好。现在不少青年相亲中往往会侧重考虑经济条件，如相亲节目中的女嘉宾"宁可在宝马车里哭，不愿坐在自行车上笑"便是一句家喻户晓的典型的雷人名言。短信从动物的嘴中反映人们现实生活的热点话题，也显示了动物的一种幽默。当然，实质上是表现了人的幽默。在相亲中，房子是个老大难问题。有的短信则是拿房子来说事：

> 蜜蜂曾经追求过蝴蝶，蝴蝶后来却嫁给了蜗牛。蜜蜂很不服气，他去质问蝴蝶："蜗牛哪一点比我好？"蝴蝶理直气壮地说."他当然比你好，人家好歹有自己独立的住房，哪像你一辈子都住在集体宿舍里！"

在短信文学中，有关动物相关和恋爱的故事有很多，又如：

（一）

> 斑马深爱着小鹿，表达爱意时却遭到拒绝，斑马大吼："为什么？这是为什么？"小鹿胆怯地说："俺妈叫我不要找文身的，她说文身的青年不太可靠。"

（二）

螃蟹和蜈蚣相亲，见面后螃蟹一直低着头不说话。蜈蚣很不满地说："还来相亲？一点礼貌都不懂，连手都不握一下！"螃蟹感到很委屈："你那么多手，叫我握哪一只好呢？"

（三）

一天，雄鹦鹉向雌信鸽求婚："嫁给我吧，我们的后代会特别优秀。"信鸽："怎么优秀？"鹦鹉："他（她）们如果迷了路，可以说话问别人。"信鸽："那我嫁给啄木鸟也很好，生下的孩子用嘴敲门一点也不会痛。"鹦鹉听了有点失望。

（四）

狗对熊说："嫁给我吧，我一定会给你幸福。"熊说："我才不嫁给你，嫁给你以后生的后代是狗熊，人家都瞧不起。"狗问："那你要嫁给谁呢？"熊很骄傲地说："我要嫁给猫，我们以后生的后代就是熊猫，那可是国宝啊！"

有关动物相亲的短信，在传播中，"人物关系"以及故事情节常有变动和发展。例如蜘蛛和蜜蜂相亲的故事，有人却写成了老鼠和蝙蝠、猫以及猫头鹰的故事：

老鼠一直找不到老婆，有一只蝙蝠终于答应嫁给他，但有人讥笑他没眼光，老鼠说："你们懂什么？人家是个空姐。以后我们生的孩子就可以在空中生活，就再也不怕猫了。"猫听后冷笑一声，指着树上的猫头鹰说："看见没有，她已经怀上我的孩子了。"

很明显，此则短信"人物关系"更复杂了，故事情节有了后续，其实，此则短信的前半部分是戴鹏飞所作，也许这就是短信文学在传播中常有的"二度"创作的特殊现象，有的甚至是 N 度创作了。

动物的幽默

龟和蛇想进游乐场，只有一张票，于是龟让蛇缠在它的脖子上。入场时，检票的猫头鹰说："站住！"它俩吓了一跳，非常紧张，其实猫头鹰并未看出破绽，还对它们调侃地说："看你那鳖样，还打什么领带！"

【链接】短信中以猫头鹰误将蛇缠在龟的脖子上看作是龟打了领带，叫人忍俊不禁，感受到一种幽默的气息。本则短信像一篇微型小说，有"人物"，有故事情节，而且有悬念，极富戏剧性。本书有专条表现动物相亲中的幽默，这里从其它的日常生活中来表现动物的幽默。又如：

> 上帝对大熊猫说："你憨厚可爱，我可以满足你三个愿望。"大熊猫说："我这辈子就两个愿望：一、找个名中医把黑眼圈治好；二、找个高级摄影师，拍张彩色照片。"

众所周知，大熊猫形象可爱，原因之一便是有独特的抹之不去的黑眼圈，任何高明的中医也无法让它褪去与生俱来的黑眼圈。另外，大熊猫黑白相间的皮毛，即使用彩色胶卷拍摄，也无法使黑白变成彩色。读之，无不感到大熊猫的幽默。再如：

> 饿狼觅食，闻一家在训孩子："再哭，就把你扔出去喂狼！"孩子哭了一夜，狼在外守了一夜，无果，狼慨叹："人类说话真不算数，还编什么'狼来了'的故事……"

狼饿得饥肠辘辘，耐心守了一夜却无果，还有心情调侃，如果动物界进行评比，狼可能会夺得幽默冠军，而且它还熟知人间少儿读物出版情况，此狼可能还有点文化素养呢！还有一条短信写道：

> 蜈蚣、乌龟、蛇在一起做饭，发现没有酱油，于是叫乌龟去买。过了好久才发现，乌龟还没走出2米。蛇不耐烦，就自己去了。过了很久以后回来了，可是它没有带酱油回来。蜈蚣问为什么？蛇说："我没有手，没办法拿。"蜈蚣气愤地说："我去拿，两个没用的东西！"可是过了很久，蜈蚣也没有动静，原来蜈蚣一直在穿鞋子，还没出门。

本则短信通过三种动物的生理特征来进行调侃，既表现了动物的幽默，又表现了作者的幽默。有些短信则是从动物的牢骚对话中来表现它们的幽默，例如：

鸡跟牛发牢骚:“人让我多下蛋,自己却计划生育,太不公平了!”牛说:“你那点委屈算什么,那么多的人吃我的奶,谁管我叫妈了?”

奶牛在这里发牢骚,她却不知有驴正冲着她发牢骚呢!话还说很难听呢!

小驴问老驴:“为啥咱们天天吃干草,而奶牛天天吃饲料呢?”老驴叹道:“咱爷们比不了,我们是靠跑腿吃饭,可人家是靠胸脯吃饭呢!”

有的短信却别出心裁,写有些动物不满足于他们之间的牢骚对话,还煞有介事地撰写论文来发泄它们的满腹牢骚,它们的论文题目分别是:

狗:人仗我势新说
鸡:杀我吓猴的阴谋
狼狈:团结就是力量
马:再论拍我的屁股
蚊:人类应该全面保护动物
鹦鹉:我们为何不能参加模仿秀
狼:应该为东郭先生平反,恢复名誉
虎:动物世界不能没有王
鼠:我们应该安全过街
千里马:谈谈伯乐的潜规则
……

从表面上淡淡的牢骚中,我们感到其实质性的浓浓的幽默,无不为之莞尔一笑。

外遇和重婚

公鼠:“你肯定有外遇,最近特别爱打扮。”母鼠:“神经过敏,不理你!”气得钻进草丛中。一不会,草丛中走出一只刺猬，公鼠一把抓住："还说没有外遇，打这么多摩丝，到哪里去约会？"刺猬："你看清，我不是你的老婆。""叭"地打了公鼠一个耳光。这时，母鼠从草丛中来："活该，还看你会不会捕风捉影？"

【链接】本则短信是一则寓言故事，用拟人的手法，通过公鼠、母鼠和刺猬来反映人的生活的某个侧面，通过公鼠对母鼠的猜疑，更通过公鼠对刺猬的误会，用母鼠教训公鼠的话，企图告诉人们一个这样朴实的道理：遇事不要捕风捉影，否则便会自讨没趣。寓言中的误会建立在形似上，公鼠误将刺猬浑身有刺当作是自己的妻子打了许多摩丝，使毛如针似地竖起来了。短信另一个版本写公鼠见刺猬出来说："还说没有外遇，穿谁给的貂皮大衣？到哪里去约会？"则将刺猬的外形当作母鼠穿了别人送的貂皮大衣，也是从形似方面来构写。

无独有偶，另有一则短信也是以寓言的形式，以动物来说人间事，且所说之事与"外遇"是性质相近的——"重婚"，短信写道：

雄鸟很生气，大声叱责："你也太花心，太过分了，还在外面重婚！"雌鸟："对天发誓，我绝对没有！"雄鸟："那你手上的结婚戒指是哪里来的？"雌鸟："跟你说了多少遍了，那不是结婚戒指，那是鸟类研究所给我套的铜环！"

此则短信也是用拟人手法、用误会的手法，写雄鸟误将雌鸟被鸟类研究所给套上的铜环当作是别的雄鸟赠送的结婚戒指，因而指责她"重婚"了。此则寓言中，"铜环"和"婚戒"更加形似，短信选取这一司空见惯的生活细节，同样告诫人们，看待事物不能光看表面，不能捕风捉影，否则，在家庭中，会伤害夫妻感情，在社会群体中，会伤害同事或朋友之间的感情，甚至造成更大的危害。短信以动物来扮演人的角色，愈加形象生动，寓意深邃。

别逗鹦鹉

某酒店一鹦鹉很有礼貌，见客人迈左脚进就说“欢迎光临”，见客人迈右脚进就会说“你好，你好”。阿牛突发奇想，朝着鹦鹉双脚一蹦，鹦鹉一惊，说：“靠，吓我一跳！”阿牛转而引鹦鹉说话：“我会走。”鹦鹉：“我会走。”阿牛：“我会飞。”鹦鹉大笑：“吹牛！别逗了。”鹦鹉转而向老板告状：“老板，有人玩你的鸟。”

【链接】本则短信实由两条短信组成，原来分写两个事情，但相同之处都是有人逗鹦鹉取乐的故事，所以，作者用“集句”的方法，将它们组合在一起，衔接得比较连贯融合，浑然一体，看不出两篇各自独立的痕迹。本则短信用拟人的手法，拟写它与人有着许多交流的趣事。鹦鹉本身有“学舌”的功能，所以，短信发挥它的优势，为它设计了许多生动风趣的对话，尤其是最后一句，它向老板告状的那句话：“老板，有人玩你的鸟！”这句话在某些方言里有双关的意义，令人听了不禁会心一笑。

本则短信也可算是个寓言故事，它从故事的叙述中，寓寄了深入浅出的道理。短信写阿牛与鹦鹉的接触有两个层次。一是阿牛闻知该鹦鹉有一种特殊表现：见客人左脚先进就说“欢迎欢迎”，见客人右脚先进就说“你好，你好”，于是他想为难鹦鹉，搞了个恶作剧式的动作：左右脚同时一蹦，心想看你鹦鹉怎么说话。出乎意料的是，鹦鹉作出了受惊吓后的本能反应：“靠，吓我一跳！”阿牛突发奇想的实验失败了。故事到这里可以独立成篇，但是略显单薄。于是相关的故事作为续集恰到好处地作了补充：阿牛又继续自作聪明地逗鹦鹉，引鹦鹉说话，不期当他说到“我会飞”时，鹦鹉并不跟着学舌，而是出人意料的揭穿他“吹牛”，并向老板告状。短信中的鹦鹉显得非常聪明、智慧、活泼、可爱。从短信的寓言故事中，是否可以解读为：告诉人们做任何事情不要过分，更不要吹牛，做事过分和喜欢吹牛，往往会导致失败和处境的尴尬。

2013 年 3 月一台综艺节目中，有个小品也采用了“教鹦鹉说话”这个细节，很有喜剧效果。

蚂蚁与大象

大象把粪便排在路中央，一只母蚂蚁路过，她抬头望了望那云雾缭绕的顶峰，她非常惊奇，竟然情不自禁地唱起了：呀啦嗦，这就是青藏高原。

【链接】本则短信用拟人的手法，描写了这只母蚂蚁豪爽单纯的一面，但是更多的解读为：她是个一粪障目、未见过世面的井底之蛙似的无知形象。蚂蚁个子小，与庞然大物大象形成巨大的反差和鲜明的对比，故它们搞成一个组合，自然有强烈的喜剧效果，容易渗透出幽默风趣的韵味。短信还借用了流行歌曲《青藏高原》中歌词，更增添调侃的色彩。有关蚂蚁与大象的短信很多，故事也很多，但是以一条爱情线作为取舍和贯穿，可以选择以下一些片段：

（一）

一只母蚂蚁看中了大象的高富帅，悄悄地爱上了大象，于是总想寻找机会与大象接近。一次一群蚂蚁到电影院去看电影，正好大象也在，这只母蚂蚁故意坐在大象的前排，手舞足蹈，想挡住大象看电影。这时，大象不经意地轻轻地咳嗽了一声，众蚂蚁被其气流冲得几丈高，这时，母蚂蚁却趁机爬到了大象的脖子上与大象亲昵，其他蚂蚁都起哄地叫：“卡死他，卡死他！”

（二）

电影散场后，大家高高兴兴地回家。母蚂蚁突然故意钻到路中的土里，只露出一只腿在外，小白兔不解，问她这是干什么？母蚂蚁却很神秘地说：“嘘，别出声，大象来了，老子要绊他一跤。”

（三）

大象走出电影院，不小心真的被她绊一跤，股动脉大量出血，紧急住院。母蚂蚁倒真的以为是被她绊倒的，很内疚，于是组织大家去医院献血。不久，众蚂蚁又排着队回家了，只留下了母蚂蚁一人留在医院。小白兔遇见她们，问怎么这样快就回去？众告诉小白兔：只有那只母蚂蚁的血型与大象相同。

（四）

由于母蚂蚁的主动纠缠，憨厚老实的大象终于与她结婚了。结婚不久，母蚂蚁告诉他："我已怀孕了。"大象有点疑惑不解，心想："不可能吧？莫非她与我结婚前就怀孕了吗？"大象一直忍着，可是后来母蚂蚁竟然生出了一只小蝌蚪，大象彻底崩溃了。

（五）

大象从此高烧不止，到医院却查出患有四号病。大象要求母蚂蚁也验血，母蚂蚁的血也呈阳性反应。大象彻底明白了，就是因为她那次献血把四号病传给了自己。原来这只母蚂蚁是从境外过来的，以前是四号病患者。不久，大象不治身亡。母蚂蚁深知是自己害了大象，有点自责："这也许是报应，我这辈子就该老老实实地为他不停地挖坟墓，好好地安葬他。"

过去，一提到蚂蚁，人们就会脱口而出"蚂蚁搬家""蚂蚁啃骨头"，在过去，蚂蚁简直是"毅力"的象征。然而在以上补充的五则短信故事中，这只母蚂蚁，却是个轻浮、不自量力的形象。毛泽东曾在《满江红·和郭沫若》中也写到蚂蚁："蚂蚁缘槐夸大国、蚍蜉撼树谈何易！"在毛泽东的笔下，蚂蚁也是一个夜郎自大、不自量力的角色。本则短信故事较为连贯，且情节曲折，塑造的形象性格鲜明，且夸张和对比极为强烈，读后耐人寻味，倍感幽默风趣。

5. 戏说名著

四大名著的豪言壮语

红楼——俺们朝里有人；
水浒——俺们江湖上有人；
西游——俺们天上有人；
三国——俺们有的是人。

【链接】要准确地评估一部小说，仅用只言片语就能完成使命，那是绝对不可能的。本则短信只是以调侃的形式，戏说我国古代四大名著的某一特点。本则短信且以拟人的手法，将小说当作一个人物来炫耀自己的社会背景，以显示一种强烈的虚荣和优越感，即炫耀自家有何值得骄傲之处。"红楼"说"俺朝里有人"，撇开了众人关注的贾宝玉和林黛玉等主要人物，而凸显了贾政之女元春，因她被皇上封了"贤德妃"，这是多么有面子的事，而且皇恩浩荡，允许元春回家省亲。这显示了贾家是皇亲国戚的身价和地位。"水浒"说"俺江湖上有人"，这的确是事实，宋江等三十六人在梁山水泊后来发展到一百零八将，的确是江湖上的一股强大势力，可以呼风唤雨，震山动地。但是"三国演义"不服气，我们"三国"中岂止 108 个好汉，"我们有的是人"。更不服气的是"西游记"，他以为你们有再多的人不过是地上的凡人，人家"西游记"里可有的是天上的仙君妖魔。我们的老孙人闹天宫，震惊玉帝。我们还有王母娘娘，还有太上老君，我们光天兵天将就有十万，谁能抵挡得住，所以说起话来，底气十足。用调侃的语调戏说四大名著的段子，还有知名人士洪晃女士编的一段：

《西游记》：出身不好，想成佛是有难度的；
《红楼梦》：出身不好，想嫁人是有难度的；
《水浒传》：出身不好，想当官是有难度的；
《三国演义》：出身不好，想创业是有难度的。

段子别出心裁抓住一个“出身”问题来做文章，似乎有点借古喻今的味道。还有的人把我国古代四大名著比喻成四面镜子：

《红楼梦》映照出中国人民的雅趣；

《水浒传》映照出中国人民的侠义；

《西游记》映照出中国人民的信仰；

《三国演义》映照出中国人民的天下观。

而著名学者刘再复先生在《三大名著　三种文化》一文中，仅对四大名著中的三种进行了比较，他说：“如果说《红楼梦》是一种名士文化，那么，《水浒传》则是一种斗士文化，而《三国演义》似可称为谋士文化。”真可谓仁者见仁，智者见智，各有情趣，各有千秋。其实，如果说《西游记》不好与“士”联系起来，但可与“者”“家”勾连起来，如果来一个狗尾续貂的话，可不可以说《西游记》是一种“旅游者文化”，或称“旅行家文化”。其实，如果仅从主要角色孙悟空来说，他的主要活动是打妖降魔，也可以用“士”来归纳，体现了一种“勇士”文化。

四大名著的结局

西游记：取到了。

水浒传：死光了。

红楼梦：家败了。

三国演义：统一了。

【链接】用一句话概括一部长篇小说的结局也是很不容易的事，本则短信只是出于娱乐，从某一角度用一句话来调侃一部小说的结局，其实，短信每句可以再加一个字：经取到了，人死光了，贾家败了，国统一了。短信对于四大名著的结果分别强调的是：唐僧师徒四人，经过十余年，走完十万八千里，度过九九八十一难，终于到达西天，取到了大乘三藏真经；宋江最初由三十六人，发展到七十二人，又发展到一百零八个梁山好汉，但最终的结局是：彼地人民，重建大殿，添设两廊，奏请赐额，妆塑三十六员于正殿，两廊仍塑七十二将。年年享祭，万民顶礼；荣国府贾家虽然有元春为贵妃的背景，荣耀一时，但最终被御史弹劾，惨遭抄家，贾宝玉也撒手出家，当了和尚，随茫茫大士和渺渺真人而去，贾家彻底败了；天下大势，合久必分、分久必合，原先鼎立的魏、蜀、吴三国，经过多年的争斗，终于三分归一统了。短信每句后而都以一个表过去式的时态助词"了"，表示已成既成史实，加强了"结局"的色彩。

对于四大名著，有着各种各样的调侃，有一篇题为《榨干四大名著》的短文写道：

> 西游记：一个和尚磨磨叽叽，一个猴子咔咔嚓嚓，一个蔫灯哏哏啾啾，一个猪头嘻嘻哈哈。红楼梦：主子和下人黏黏糊糊，男孩和女孩腻腻歪歪，和尚和老道忽忽悠悠。水浒传：砍人时风风火火，用计时猥猥琐琐，上山时咋咋呼呼，招安时，窝窝囊囊。三国演义：情商最高的哭哭啼啼，智商最高的神神道道，地位最高的憋憋屈屈，武功最高的的凄凄戚戚。

有的短信以"救我"来调侃四大名著：

西游——猴哥救我；
红楼——妹妹救我；
水浒——叔叔救我；
三国——军师救我。

有的短信则以"靠不住"来调侃四大名著：

西游记——神仙靠不住；
红楼梦——亲戚靠不住；
水浒传——老大靠不住；
三国演义——战友靠不住。

还有的短信以"故事"来调侃四大名著：

西游记——一个人类和三个动物的故事；
红楼梦——一群男人和一群女人的故事；
水浒传——一群男人和三个女人的故事；
三国演义——一群男人战争的故事。

这几则短信与短信《四大名著的结局》有同工异曲之妙。

对于四大名著，毛泽东同志有其独到的见解。邸延生在《毛泽东纵论古典名著》一文中写道："毛泽东说，《水浒传》要当做一部政治书看。它描写的是北宋末年的社会情况。中央政府腐败，群众就一定会起来革命。……谈到《西游记》时毛泽东很感慨，他说：'一是要看孙悟空对玉皇大帝的造反精神，二是要看到唐僧师徒的坚定信念。……'接下来又谈到了《三国演义》，毛泽东同志对这部书评价很高，他说：'看这部书，不但要看战争，看外交，而且要看组织。……我们选择干部，不能统统按资历，要按能力。'再谈到《红楼梦》，毛泽东的话就更多了。他首先指出第四回是个纲，书中写了'贾不假，白玉为堂金作马……'实际上是当时社会关系和现实的一个缩影。"这就是一个政治领袖对于四大名著的评价和审美目光，与那些调侃的短信和段子形成鲜明的对比。

戏说西游

我们要有唐僧的执著，
我们要有孙悟空的勇敢；
我们要有八戒的欲望，
我们要有沙僧的平庸。

【链接】明代吴承恩的《西游记》是我国古代四大名著之一，想用几十个字对它作出精准的评价那是万万不可能。短信仅仅以唐僧师徒四人的性格品质的某一突出特征方面进行调侃，十分风趣诙谐。唐僧曾在佛前拈香发誓："不取真经，永堕沉沦地狱。"他决心很大，在途中决不为女色所动，历经九九八十一难，耗时十四年，远涉十万八千里，终于取得真经。他总是说"赶路要紧"，一心想早日完成任务，的确有一种坚定执著的精神，值得后人借鉴。孙悟空是个最令人难忘的形象，他会七十二变，一个筋斗十万八千里。他有天不怕、地不怕的大无畏精神，什么妖魔鬼怪他都要斗得显露原形、灰飞烟灭，他剖腹割心下油锅也在所不辞,他真是一个勇敢的化身,连毛泽东主席也写诗以赞赏的语气提及他:“今日欢呼孙大圣,只缘妖雾又重来。”沙僧是个最淳朴老实的人,少言寡语,默默无闻,他负责牵马,诚敬而为。一心保护师傅,他不是说“师傅说得对”,就是说“大师兄说得对”,虽然平庸,却也可爱。猪八戒是个丑角,他的突出特点是好色。他是有严重前科的,早在天界时,他就因醉酒后戏弄嫦娥,才被贬下凡。但他本性不改,即使师傅遇难时,他都想回炉去做女婿,他一心念着高老庄,一心想着“一日夫妻百日恩”,他见到女子便心花怒放,流口水,走不动。所以有人说他是个“充满人欲的形象”。短信调侃地说我们要有八戒的欲望,应该是排除了好色的实质,正如林语堂先生说:“绅士的演讲,应当像女人的裙子一样,越短越好。”我们都要用滤色镜来看这两句话,才能理会到那话的真意,我们不是好色,我们只是要求演讲精短,我们只是在生活中要有理想,要有奋斗的目标!孔子曾经说过:“吾未见好德如好色者也。”我们可以用孔子的本意去理解短信中写“要有八戒的欲望”的意思是:像八戒好色那样去好德,像八戒好色那样去好业,像八戒好色那样去好学……所以,我们如果能够综合的具备唐僧四人的特点,有他们的执著、勇敢、有“欲望”、“平庸”的话,我们在事业、生活上一定是一个全才,是一个优秀的人。

西游新编

一次,唐僧一人在家,遇上妖怪来袭,唐僧赶紧打老孙手机,回答是“对方不在服务范围!”唐僧叹曰:“回来再加一个紧箍咒。”于是拨沙僧,回答是:“对方已关机。”唐僧叹曰:“省吃俭用,也太过分了。”只好拨八戒的,回答曰:“对方正在通话。”唐僧有点恼火了:“这畜生一天到晚就是不停地跟高老庄打长途漫游!”

【链接】本则短信以现代生活方式，现代新科技通讯手段的内容，新编故事。仅通过唐僧一人打手机电话遇到的不同情况，对悟空、沙僧和八戒作的不同评价反映，表现了四人不同的性格特征。仅从本则短信不难看出：唐僧对孙悟空是非常依赖的，遇到紧急情况，首先想到的是孙悟空。但是一有不如意，或不能及时找到，便不分青红皂白，“回来再加一个紧箍咒”予以惩治。从一句“对方不在服务范围”这样简单的话，可见孙悟空是个闲不住的忙人，或许路遇妖怪跟踪追击去了，或许为了替师傅等人找寻美食到远方去了。从唐僧的批评中，还可以看出，沙僧为节省话费经常关机，真是省吃俭用到了过分的地步。而与之相反，猪八戒却是个一天到晚用手机谈情说爱的好色之徒，而且总是给高老庄的美女打长途、打漫游，一点也不在乎话费的多少。短信像一篇超脱微型小说，仅通过打电话这一生动有趣的细节描写，将四个人物的不同性格表现得极富个性，栩栩如生。还有一则短信，也是新编西游故事。但其中涉及的现代化高科技手段，比本则短信听写更加高深，短信这样写道：

> 唐僧一行四人终于来到西天。如来问：“你们带U盘了吗？”四人皆摇头。如来又问：“移动硬盘呢？”唐僧：“没有。”如来：“MP3也可以。”悟空茫然挖起了耳朵。如来叹了口气：“那无法拷贝真经给你们，你们回去吧，我以后用QQ传给你们。”如来又问：“你们有MP4吗？”八戒：“要它干吗？”如来：“那你们一路上靠什么娱乐的啊？”悟空：“打妖怪升级啊！”如来大笑不止。

此则短信中所提及的U盘、移动硬盘、MP3、MP4、QQ，稍有点年纪的人还找不到北呢，远不像打手机那么简单，短信将古代的故事添加了浓浓的现代高科技色彩。还有则短信调侃地写道：

> 沙僧说：“我有18变。”八戒说：“我有36变，是你的2倍。”悟空：“我有72变，又是你的2倍。”唐僧听后大怒：“100倍都没有！都会吹牛，去西天的路上怎不变个电话出来用用，看人家妖怪个个都拿着手机看短信呢！”

短信末尾还有一句“愚人节快乐”，可见是愚人节逗乐的短信。对于西游记，有许多段子进行调侃，其中有一个“读《西游记》的三点感受”的段子这样写道：“一是义气害死人。妖怪们都太讲义气，抓到唐僧总是要等哥们、姐们一起来吃，结果是耽误了时间，事没办成。二是不要太讲程序。妖怪抓到唐僧非要先烧水再把他洗干净，然后再吃，结果效率太低，丧失了机遇。三是别把上级不当回事。孙悟空再能，也逃不出如来佛的手心。”还有的段子借新编《西游记》故事调侃当前房地产的不正常现象：“唐僧等人取经有功，被封为佛爷、菩萨，几人高高兴兴到西天各处找房子，几天后败兴而归。唐僧说：‘咱哥儿几个还是回去吧，西天房价太高，咱连首付都交不起。’沙僧说：‘不是听说有经济适用房么？要不咱问问去？’悟空说：‘傻兄弟，西天大大小小的菩萨谁没几个亲戚，还能轮到咱们？’”类似这样的借古讽今的新编故事，真是不胜枚举。

附录一：

主要写作特色索引

（每条下的数字为在本书中页码）

一、体裁

（一）诗词，歌赋

（二）小说

(149)(150)

3. 对话体小说

(149)(152)(153)

4. 接龙小说

(136)(147)(595)

5. 多段落连续小说

(194)(195)

(三)寓言、童话

(44)(151)(159)(170)(587)(588)(592)(593)

(四)民间传说

(155)(208)(336)(434)(571)(572)

(五)散文(略)

(六)小品、戏剧式

(26)(48)(225)(295)(426)(486)(540)(548)

(七)笑话

(48)(486)(488)(548)(552)(559)(564)(566)(580)

(八)绕口令、脑筋急转弯

(16)(18)(30)(133)(240)(344)(486)

(九)歇后语、成语等

(231)(574)(583)

(十)应用文

1. 配方式

(86)(87)

2. 告示式

(319)

3. 说明书式

(201)

4. 天气预报式

(158)(460)

2. 对联式

(3)(5)(6)(56)(78)(82)(175)(176)(214)(285)(286)(468)(469)(470)

3. 书信式

(571)(572)(611)

二、修辞手段

(一)仿拟(剥改)

1. 仿古代诗词

①仿苏轼《水调歌头·明月几时有》

(437)(444)(509)(523)

仿苏轼《江城子》

(470)(524)

②仿刘禹锡《陋室铭》

(15)(16)(484)

③仿张继《枫桥夜泊》

(517)

④仿李清照《如梦令》

(151)

⑤仿卓文君"怨郎"诗

(162)(163)

⑥仿王勃《滕王阁序》

(255)

⑦仿杨慎《临江仙》

(520)

⑨仿《我爱你，塞北的雪》

(497)

⑩仿《我是一只小小鸟》

(519)

⑪仿《我是风儿你是沙》

(179)⑫仿《保卫黄河》

(522)

6. 仿周立波脱口秀

(198)(521)

7. 仿“基本路线”

(10)

(二)比拟(拟人、拟物)

(1)(108)(126)(151)(159)(170)(337)(399)(589)

(三)顶真

(100)(141)(217)(285)(317)(344)(381)(553)

(四)回环

(217)(218)(273)(381)

(五)呼告

(128)(135)(178)(208)(355)(360)(457)(458)(460)
(465)(474)

(六)拈连

(144)(198)(253)(319)

(七)移就

(41)(42)(96)(143)(144)(145)(254)(259)

(八)用典、引用

(3)(5)(19)(74)(82)(155)(199)(208)(231)(247)
(249)(250)(279)(280)(336)(452)(453)(526)(571)

(九)用数

(86)(87)(88)(161)(162)(163)(406)(439)(440)(450)
(586)

(十)拟字、图示

(578)

(十一)谐音、拟音

(128)(431)(457)(462)(512)(526)(584)(586)

(十二)转类

(465)(466)(505)(512)

(十三)集句、集段

(13)(90)(170)(199)(301)

(十四)混异、同字、同异

(38)(61)(65)(71)(137)(172)(197)(214)(215)
(218)(220)(221)(468)

(十五)易色

(254)(357)(457)(458)

(十六)婉曲

(125)(139)(143)(144)(147)(178)(202)(225)
(489)(559)

(十七)设误

(208)(294)(425)(525)

(十八)别解、曲解

(6)(92)(96)(102)(132)(206)(457)(463)(486)
(567)(576)(580)

(十九)折绕

(128)(154)(190)(198)(233)(240)(425)(486)

(二十)拟问、设问、反问

(102)(128)(135)(256)(271)(437)

(二十一)分合

(119)(154)(157)(158)(222)(224)(268)(274)(392)

(二十二)借代

(82)(89)(227)(237)(341)(358)(386)(489)

(二十三)飞白

(128)

(二十四)节缩

(3)(10)(102)(163)(206)(428)

(二十五)换序

(176)(195)(225)(273)(289)(397)

(二十六)换义

(92)(206)(208)(231)(253)(254)(341)(552)(556)(576)

(二十七)穿越(移时、换境)

(206)(420)(463)(597)(601)(602)(603)

(二十八)撇语

(27)(31)(137)(286)(306)(317)(329)(330)(386)(429)(467)(474)

(二十九)较物

(16)(353)(526)

(三十)层递

(5)(18)(51)(53)(55)(58)(88)(112)(190)(234)(236)

(三十一)映衬、对比、衬跌、起兴、铺垫

(112)(114)(118)(121)(127)(190)(216)(397)(534)

(三十二)析字、析词

(157)(574)(576)(579)

(三十三)镶嵌、藏词

(94)(161)(162)(167)(450)(455)(459)(468)

(三十四)象征

(41)(44)(46)(56)(85)(86)(108)(151)(159)(170)(172)(175)(198)(203)(270)(555)

(三十五)反语、倒辞、讽喻

(6)(26)(34)(79)(125)(152)(163)(164)(166)(223)(225)(227)(230)(233)(234)(236)(237)(242)(243)(246)(438)(457)(528)(537)(559)

(三十六)复叠、反复、叠字

(15)(23)(36)(63)(65)(66)(68)(483)

(三十七)警策

(1)(2)(3)(5)(6)(15)(18)(19)(21)(24)(27)(31)(38)(39)(63)(66)(68)(88)(97)(175)(183)(190)(216)(258)(261)(262)(273)(276)(286)

(三十八)双关

(42)(82)(319)(336)(369)

(三十九)摹状、列锦

(34)(51)(86)(103)(129)(160)(162)(163)(164)(188)(238)(259)(267)(461)

(四十)跳脱

(6)(163)(221)(236)(241)(346)(403)(497)(507)(508)(573)

(四十一)升降

(236)(431)(457)(599)

(四十二)舛互

(92)(139)(140)(357)

(四十三)混搭

(157)(456)(487)(488)(599)(600)

(四十四)退让、抑扬

(6)(146)(282)(317)(471)(474)

(四十五)比喻、对偶、排比、夸张(略)

附录二：

主要参考书目录

李少君主编《扛梯子的人》(中国首届全球通信文学大赛作品选粹)，云南人民出版社 2004.11.

天涯杂志社《E 拇指短信文学选粹》(中国全球通第二届短信文学大赛优秀作品)，南海出版公司 2005.1.

程健主编《手机短信》,吉林大学出版社 2009.4.

松林编著《幽默时尚短信》,浪潮文学出版社 2008.6.

刘元主编《手机里舍不得删的短信》,哈尔滨出版社 2006.11.

白福开编著《实用短信宝典》,贵州人民出版社 2010.9.

巢颖编著《心的方向(手机新短信)》,学林出版社 2004.10.

松林编著《手机短信经典妙语》,内蒙古文化出版社 2002.4.

谢望新著《中国式燃烧》,中国青年出版社 2009.1.

胡洗铭、韩巍、旷琼编著《大拇指一族》,中国城市出版社 2003.4.

短信王子编著《新短信 2010》《新短信 2011》《新短信 2012》《新短信 2013》,经济日报出版社 2010.1—2013.1.

孔见《大拇指短信文学选粹》,云南人民出版社 2011.10.

范昌德编著《风流短信三六九》,敦煌文艺出版社 2007.6.

丁振先《带翅膀的短信》,云南民族出版社 2011.10.

黎葳编《非常拇指》,中国国际广播出版社 2003.1

万里英编绘《心动贴图短信》,明天出版社 2005.12.

万里英编绘《麻辣贴图短信》,明天出版社 2005.12.

杨富生编《拇指风暴——新编快乐短信》,河南大学出版社 2012.2.

动力火锅主编《疯狂短信乐翻天》,朝华出版社 2005.8.

梅梅、晶晶主编《没事逗你乐》,学林出版社 2005.6.

闪儿编《调侃短信大全》,金城出版社 2004.1.
潘沙沙编《友情短信》,新疆科技卫生出版社 2008.1.
沦形草《疯狂短信》,中国戏剧出版社 2010.2.
李秀香主编《痴情短信》,中国戏剧出版社 2007.1.
邓拓编《晶晶亮短信》,北岳文艺出版社 2007.1.
邓拓编《金满堂短信》,北岳文艺出版社 2007.1.
邓拓编《妮妮羞短信》,北岳文艺出版社 2007.1.
欧阳文风著《短信文学论》,中国社会科学出版社 2011.5.
九思著《三平斋夜话》,北京出版社 2010.1
解露曦等编《赠言词典》,上海辞书出版社 1993.5.
徐侗选编《人生幽默妙语词典》,上海辞书出版社 2003.6.
吴再著《沼泽地里散落的花瓣》,中国文联出版社 2009.8.
鲁文编著《百姓话题——当代顺口溜》,中国档案出版社 1998.10.
孙丽芬编著《俏皮话大全》(逆序),内蒙古文化出版社 2006.4.
刘焕辉《修辞学纲要》,百花洲文艺出版社 1997.1.
陈兰香《汉语词语修辞》,中国社会科学出版社 2008.2.
徐国珍著《仿拟研究》,江西人民出版社 2003.1.
郑远汉著《辞格辨异》,湖北人民出版社 1982.7.
吴云楠著《诗词修辞》,作家出版社 2006.6.
邹光椿、李洛枫著《修辞趣话》,福建人民出版社 2000.1.
姜成林主编《普通逻辑学》,中央广播电视大学出版社 1999.10.
李振澜等主编《中外名言大辞典》,四川辞书出版社 1992.4.
秦牧主编《实用名言大辞典》,广西人民、教育出版社 1991.2.
陈光磊、胡奇光、李行杰编著《中国古代名句辞典》,上海辞书出版社 1986.7.
(明)洪应明著、汪乾初校《菜根谭——处世修养篇》,江西教育出版社 1991.4.
(清)朱用纯、佚名等《朱子家训·增广贤文》,新疆青少年出版社 2008.1.

后 记

时间确实是太无情，转眼便成为古稀老人了。十年前刚退休的时候，感到精力还相当旺盛，仍有跃跃欲试的态势。当时正好接到几封有关格言辞书的征稿信，为了激励自己，针对退休的心态，拟写了几条。其一："退休，职位该退，事业不能休。"其二："晚年，不止是发挥余热，还可以重新燃烧，重新放光。"其三："过去，是要我干；如今，是我要干。"目的是督促自己言而有行。我想，人是没有来世的，趁着这世还有点精力，做点自己想做的事情。况且现在生活提高了，寿命延长了，退休后既无工作压力，又不要考虑职称等荣誉问题，更无经济上的压力，何不做点自己有兴趣、力所能及的，对社会有点价值的事情呢？霍达先生说过："事业的追求，并不一定要什么头衔和称号来满足，你爱上一种东西，愿意用全部心血去研究它，掌握它，从中得到乐趣，并且得到了乐趣，并且永远也不舍得丢弃它，这就是事业心，是比什么都重要的。"我以为这段话对退休人员有很大的启示，我在编写完此书后，回过头来再读这段话，觉得回味无穷。

具体干什么呢？干了半辈子的编辑，为人作嫁，退休了，也该为自己做件不一定是很华贵的，但可以是休闲的衣服。我高一时就开始在报刊上发表文章，在剧团里任编剧，也是从事写作。退休后，也不时地发表些千字文，甚至还发表过小品，但总觉得零打碎敲，不过瘾，不满足，于是想编写一本书，把我的"编"与"写"的技能结合起来。

那为什么目标锁定了文学短信呢？主要是发现很多文学短信中，及时地反映社会生活，又蕴含着中华优秀传统文化的积淀，尤其坊间私下的短信交流，非常有趣，例如"相见亦无事，不来忽忆君"，恰好又有"不如来饮酒，可以赋新诗"来回应。这些都是顺手拈来借用古诗句的得心应手之作。另外，还发现不少文学短信极具文学性，其作者很注重运用修辞等手段，使短信写得生动、形象，尤其是不少作品仿拟古代名诗词，将现实生活反映得异常深刻醒人。像仿苏轼《水调歌头》、刘禹锡《陋室铭》、李清照《如梦令》等，用以反映官场、住房、股市等社会热点问题，都写得非常精彩。十来年的短信基本是反映了十来年的社会生活的风云变幻，信息量大，且赏心悦目。

前些年短信书出了很多，但都是有菜就往篮里装的编汇，本书则力求出新、出精。本书编写不是年内几个月一蹴而就，时间周期长，因此，首先要避免与人撞车，要经得起时间的检验。所以本书选取了一个新的切入点，以研究的眼光注重挖掘中华优秀传统文化的精华，揭示其历史文化背景，注意对文学短信与同类短信及有关段子、典故等的横向和纵向的比较，并恰到好处地点评其写作特色。本书还作了精心的分类编排，便于读者查阅。另外本书在体例上不拘泥以往的支离破碎的"注释"，而是以"链接"文字与读者共赏，力求每个条目都是一篇很好的独立的文章。本书虽然不能像小说那样以连贯的故事情节吸引读者，但可以努力创造特色，使之引起读者的浓厚兴趣。

本书所收文学短信均为现代产物，但本书的灵魂却是弘扬中华优秀传统文化。醉翁之意不在酒，本书不是完全着意于短信的形式本身，而是看重其中华优秀文化的丰厚内涵。我觉得弘扬中华优秀传统文化是一件很重要的事情，也是一件不容易办好的事情。因为学习和了解中国传统文化是件费力气的事，所以当下有一些人希望割断和颠覆历史、否认和贬低传统文化，这样就可掩盖他们的懒惰，这样大家就可以在"同一起跑线上""穿越"。所以，这个问题应该引起大家的高度重视。

原来在剧团里从事编剧工作，一天到晚叫嚷"十年磨一戏"，当时，并没有真正用十年的时间去搞一个戏，不期退休后，却花了十年时间来编写一本书，倒成为了"十年磨一书"。也是由于在剧团工作的原因，过去各个剧种之间往往进行移植改编，所以，在本书编写中，也将一些精彩的段子、格言移植改编为短信了，也许有些人不一定认同，其实，这也没有什么禁忌，发短信本来就是一种很自由的行为，无须经过任何部门批准，只要双方持有手机，便可事成。有时如果发现好的段子、格言、短语，用手机转发给自己的亲朋好友，以期“奇文共欣赏，疑义相与析”，就自然让它们加入了文学短信的行列，就成为了新的短信。

对于短信，由于有些人了解不全面，不深入，加之有段时期短信中黄色段子（实际上亚黄色的段子）较多，给人留下不好的印象，所以，有人对短信（文学短信）是鄙视的、嘲笑的，我觉得这是很不公平的。我也是在编写中渐渐地加深了对于文学短信的感情，不知怎的，在石中取玉、沙里淘金的过程中，我甚至对它情有独钟了。也许正如王小平所说：“你付出的多，牵挂就越多；牵挂越多，付出的就更多。牵挂与付出互为因果，直到牵挂达到浓烈程度，责任也就变成了爱。我觉得，当我们爱上一个东西的时候，爱的也许不是这个东西本身，而是我们贯注在上面的心血。”这段话很有道理，也许它说出了我的心声。所以，我为编写此书花费了不少心血。为编写此书，我不接受任何聘用，我不去打工，十多年来，几乎没有外出旅游，但对此，我无怨无悔，总是自信这本书对社会有用。当然，我也时常担心这本书能不能如愿出版，因为市场的前景是很难预料的。我也担心编写此书是件吃力不讨好的事情，担心别人骂我对短信自作多情。许多朋友提醒我：现在搞市场经济，但“有钱人不买书，买书人没有钱”。再者，现在的人都在网上看书，看电视，纸质书要淘汰了。还有的说网络会取代短信。我觉得有点危言耸听，电脑出现后，也有人担心汉字书法会消亡，但现在书法作品拍卖到天价；飞机、火车、汽车愈来愈发达，自行车仍然成为人们不离不弃的伙伴，为了环保，还愈来愈倍受青睐。我以为文学短信永远会存在，并且会精益求精，并给网络文学以营养。我以为本书对于文学短信的欣赏、写作是大有裨益的。同时，我相信总有人会有兴趣对它进行研究，我愿意为他们提供一份丰富的、若干年后难以觅集的资料。

著名学者、出版家陈原曾在《实用名言大辞典》的序中说：“我自己也常用几部‘引语’词典来查阅外文的名言和警句，从中得到的不只是知识，而且是许多启发，甚至可以说翻阅这种工具书是一种享受，多少世代文明和文化精英所给予的享受。”我希望本书也能给读者一定的享受，受到读者的喜欢。

由于本书的体例是对短信旨在进行纵横比较，及至“左右逢源”“旁征博引”，所以，有些文学短信本身是优秀的精彩的，但由于不具备以上条件，或是由于本人资料占有不全所致，所以，也难免有遗珠之憾。

本书得以出版，要感谢中国编辑学会副会长、原江西出版集团副总周榕芳先生，他在阅读本书的样稿后，予以了热情的肯定，并作了有力的荐举。同时，要感谢江西教育出版社的傅伟中、廖晓勇、吴明华等领导，对本书的出版予以了直接的关心和支持。感谢总编辑张德意，对本书书稿以及书名作了重要的调整。再者，要感谢熊阳先生，他很乐意地承担本书的责任编辑，不仅为本书搜集新的资料，还为本书分类细化提出了建设性的意见。

本书在编写过程中还得到了很多老朋友、老同事、老同学的关心和帮助，尤其是朱城、杨鑫福、万萍、雷杰恒等先生，不仅为本书查对了有关资料，还友情审读了本书的部分样稿，并提出了修改意见；对本书予以关心和帮助的，还有谭玮、宋易麟、王琦珍、周崇坡、朱贤民、郭述龙、张延、罗小丽、刘景琳、万哲、范京晔、苏子裕等友，在此，一并对他们表示衷心感谢。

本书所选短信原作多未署名作者，有署名者本书均会在“链接”文字中提及。在此，谨向原作者，尤其是那些“无名英雄”，表示诚挚的谢意。

在此，我还要像运动员、演员获奖一样，感谢祖国，我从初中到大学一直享受高额助学金；感谢我的父亲席流芳先生及母亲、兄妹、家人；感谢恩师余心乐、陶今雁等先生。

由于个人水平和精力有限，本书错谬难免，敬请批评指教。

席联鑫

2014 年 9 月 28 日于滕王阁花园 3F702